# ECONOMY & SOCIETY

제2판

# 경제와 사회

강남호

정독
DEEP READING

제2판

# 경제와 사회

제2판

# 머리글

초판『경제와 사회』가 출간되고 어언 2년이 가까워진다. 그동안 경제와 사회라는 교양교과를 가르치면서 고심해 왔던 새로운 형식을 초판 출간에 반영하였다. 하지만 언제나 그러하듯이 초판에는 아쉬움이 적지 않았다. 전체적인 구성을 체계화하고 내용을 보완하여『경제와 사회』개정판을 출간하게 되었다.『경제와 사회』의 집필동기와 개정판 출간에 대한 필요성을 요약하면 다음과 같다.

첫째, 경제나 경제학이라는 건조하면서도 복잡한 주제들을 어떻게 하면 쉽고 재미있게 설명할 수 있을까에 대한 고민과 노력의 결과물이다.

둘째, 효과적인 교육은 학습자에게 지적 흥미나 호기심을 자극하는 지점에서 출발해야 한다.

셋째, 교육의 궁극적 목적은 남의 것들을 받아들이는 데 있는 것이 아니라 학습자의 창의적 사고역량을 강화하는 데 있다. 따라서 다양한 독서를 유인하고, 사색의 여백을 제공하며, 날카로운 비판적 논리체계를 자생시켜야 한다.

넷째, 융합이나 통섭을 위한 기초는 자연스러운 학제 간의 소통과 연계에서 비롯되어야 한다.

다섯째, 국민의 경제교육이나 교양교육이라면 경제학개론서가 아닌 교양교과다운 경제교육교재가 필수적이다.

초판『경제와 사회』출간 이후 아쉬움도 많았으나, 많은 교수님들과 독자들의 관심과 격려에 고무된 바 있다. 또한 여러 대학에서 본『경제와 사회』가 교과의 주교재나 부교재로 활용되고 있다는 점을 고려하여 개정판 출간을 앞당기게 되었다. 모든 분들께 감사할 따름이다.

개정판은 전체적으로 편제를 정리하고 주제별 내용을 보완하였을 뿐만 아니라 몇 개의 새로운 주제를 추가하였다. 제1부 「패러다임과 교육」에서는 ① 패러다임과 인권, ② 이론과 논리적 함정을 소주제로 다루었다. 제2부 「경제와 경제원리」에서는 ① 경제원리와 경제교육, ② 경제원리와 합리적 선택, ③ 경제위기와 경제학자, ④ 경제문제와 경제체제, ⑤ 정부와 경제를 소주제로 다루었다. 제3부 「인간과 경제」에서는 ① 경제적 인간, ② 생존과 경제, ③ 욕구와 경제, ④ 돈과 경제를 소주제로 다루었다. 제4부 「경제와 사회」에서는 ① 변화와 경제, ② 전쟁과 경제, ③ 미·중경제전쟁, ④ 국민성과 경제, ⑤ 부와 빈곤, ⑥ 유토피아를 소주제로 다루었다.

개정판이 나오기까지 격려해 주신 모든 분들께 다시 한 번 감사드린다. 또한 개정판 출간에 수고를 아끼지 않으신 도서출판 정독의 김중용 사장님께 깊은 사의를 표한다.

2019년 9월

저자

# 머리글

경제는 인류의 생존문제이자 문화와 문명의 바탕을 이룬다. 경제는 인간의 행복을 좌우하는 결정적 요소이고, 자연생태계나 자연환경을 교란하는 중요한 요인이 되기도 한다. 경제를 바르게 이해하는 것은 이 세상을 이해하기 위한 기초가 된다. 경제는 경제학만으로 이해할 수 없다. 경제현상을 연구하는 것을 경제학이라고 정의하지만 경제는 경제적 요소뿐만 아니라 다양한 요인들에 의해 변화하기 때문이다. 경제현상을 만드는 주체는 인간이고 무대는 사회구조이다. 경제를 품고 있는 커다란 둥지는 자원이나 자연환경이라 할 수 있고, 경제를 만드는 도구는 과학과 기술이며, 경제가 나아갈 방향은 철학과 윤리가 결정한다. 경제는 인류역사의 전부라 해도 그리 지나치지 않을 것이다.

정통경제학은 합리적이고 이기적인 인간을 전제로 하고 복잡하고 수준 높은 수학모형들을 동원하여 논리적인 분석틀을 제공하고 있다. 그럼에도 불구하고 모든 과학적 이론들이 그렇듯이 경제학도 모든 경제현상을 설명하기에는 부족함이 많다. 더구나 분석보다는 융합이나 통합의 패러다임을 요구하는 제4차 산업혁명에 걸맞는 경제교육이라면 더욱 공허하다.

저자는 그동안 대학에서 「경제와 사회」라는 교양교과를 오랜 동안 가르쳐왔다. 경제와 사회는 교양교과이기 때문에 경제학개론이나 경제학입문을 가르치는 것은 교양교목의 교육목적에 부합하지 않는다고 믿어왔다. 전공교과가 좁고 깊게 파고드는 현미경적 관점이라면 교양교과는 넓고 다양하게 섭렵하는 망원경적 관점이라는 믿음 때문이다. 따라서 저자는 경제와 사회라는 교과에다 거시적이고 총체적이며 융합적 사고의 틀을 바탕으로, 인간과 사회에 관련된 경제문제들을 종합적으로 인식할 수 있는 통찰력을 담으려고 노력했다. 경제학적 관점뿐만 아니라 많은 학문분야와 경제의 연관성에 주목하고 있다.

이 책을 통해서 독자들의 지적 호기심이나 지적 흥미를 자극할 수 있다면 더할 나위 없겠다. 효율성과 합리성 이외에도 인문학적 감수성, 역사적 성찰 그리고 철학적 고뇌에 불을 지피고 싶다. 인류의 역사는 호기심의 역사이다. 사물에 대한 호기심, 세상에 대한 호기심, 우주에 대한 호기심으로 물질문명을 개척했다면, 이제 우리 자신에 대한 호기심, 그리고 신적 영역에 대한 호기심으로 신적 영역에 도전하고 있다. 문명과 문화는 호기심과 상상력의 결과물이다. 지적 호기심은 인간을 7만 년에 걸친 인류의 역사에서 인지혁명(7만 년 전), 농업혁명(1만 2천 년 전), 과학혁명(500년 전)을 가능하게 했다. 인류의 인지혁명은 인류를 지구에서 가장 우월한 종으로 도약하게 만든 셈이다. 원시인류가 처음 집어든 그 짱돌이 10만 년의 혁신을 거쳐 인공지능의 시대를 열고 있다. 4차 산업혁명으로 대변되는 쓰나미 같은 변혁의 폭풍이 인간과 사회를 덮치고 있다. 1, 2, 3차 산업혁명은 원료를 투입해서 제품을 생산하는 하드웨어적 혁명이었다면 4차 산업혁명은 상상력과 데이터를 투입해서 거대한 혁신을 만드는 소프트웨어적 혁명이다. 지적 호기심, 상상력, 지적 흥미, 공감능력, 그리고 통찰력을 키우는 것이 미래교육의 지향점이다.

이 책이 출간되기까지 저자를 격려해 주신 많은 분들에게 감사의 말씀을 전한다. 특히 책 출간에 수고와 도움을 아끼지 않으신 김중용 마인드탭 사장님께 감사드린다.

2018년 2월

신용벌에서 저자 강남호 손 모음

# 차례

## ▌제 1 부▐ 패러다임과 교육

### 주제 01 패러다임(paradigm)과 인권



### 주제 02 이론과 논리적 함정



## ▌제 2 부▐ 경제와 경제원리

### 주제 03 경제원리와 경제교육

## 주제 04 경제원리와 합리적 선택



## 주제 05 경제위기와 경제학자



## 주제 06 경제문제와 경제체제



## 주제 07 정부와 경제

## 제 3 부 인간과 경제

### 주제 08 인간의 경제



### 주제 09 생존과 경제



### 주제 10 욕구와 경제

제 1 부

# 패러다임과 교육

주제 01

# 패러다임(paradigm)과 인권

1. 패러다임은 교육의 모든 것이다
2. 주관성의 함정
3. 새로운 패러다임을 위하여
4. 인간을 지배하는 것들
5. 아는 것이 인권이다

소크라테스는 외쳤다. "너 자신을 알라!" 너 자신이 얼마나 무지한지 그 무지함을 깨우쳐라! 크리슈나무르티는 말한다. "너희는 결코 아는 것으로부터 자유롭지 못하다." "너희가 이미 알고 있는 것으로부터 자유를 얻기 위해서는 매일 매일 죽어야 한다. 새롭게 태어나야 한다." 데모크리토스는 설파한다. "진실은 깊은 곳에 있다. 인간의 오감은 둔감하다. 우리의 경쟁자인 다른 동물들은 더 민감하게 보고, 듣고, 냄새를 맡는다. 우리는 단지 풍부한 상상력에 의지하여 이러한 한계를 극복했다."

우리는 무지하며, 설령 조금 알고 있다 쳐도 이미 알고 있는 것의 노예이다. 그나마 우리가 만물의 영장이라 치부하는 데에는 기존의 것들을 타파하는 혁신성과 새로운 것들을 상상해 내는 창의성에 기인하는 바가 크다. 더욱이 우리는 전세대로부터 수많은 지식, 자료, 이미지, 가치, 사고, 발견 등의 엄청난 정보를 전수받는 문화복제, 즉 천년학교의 역사적 수혜자이다.

이런 맥락에서 교육이란 세대와 세대를 잇는 문화복제의 징검다리이고, 학교란 무한한 상상력을 바탕으로 모방과 재창조가 거듭되는 과거, 현재, 미래의 융합체이다. 또한 우리가 이미 알고 있는 것들에 대한 과학적, 합리적, 논리적, 윤리적 검증능력을 연마하는 도량이자 기존의 패러다임을 비판하고 새로운 패러다임을 모색하는 모험과 실험정신의 제조창이다.

## 1 패러다임은 교육의 모든 것이다

패러다임이란 한 시대의 사회 전체가 공유하는 이론, 법칙, 지식, 믿음, 관습 등 한 시대를 지배하는 총체적인 틀 또는 개념의 집합체를 말한다.[1] 함께 작용하며 통일되고 통합적인 세계관을 확립하는 신념 및 가정체계로서 설득력이 높고 저항할 수 없는 까닭에 실제상황 그 자체나 마찬가지로 여겨지는 통념을 의미한다. 우리는 세상을 인식한다. 눈으로 세상을 보고 마음으로 세상을 인식한다. 눈으로 세상을 보는 경우, 눈의 모양이나 색깔, 그리고 눈의 높이가 세상의 형상을 규정한다. 아래 그림에서 보는 바와 같이 평원에서 생존하는 동물들의 눈은 가로로 벌어진 모양을 하고, 수직운동으로 생존해 가는 동물들의 눈은 세로로 벌어져 있다.

그런가 하면 지구상의 수많은 생명체 중에서 컬러비전을 지닌 동물들은 제한적이다. 유인류, 물고기, 개구리, 몇몇의 새들만이 형형색색으로 세상을 볼 수 있다.[2] 세상은 그저 존재하는데 세상을 보는 눈은 모양과 빛깔과 높이가 다양하다. 또 다른 차원에서 우리는 세상을 시각의 눈으로 인식하듯이 의식의 눈으로도 세상을 인식한다. 시각적인 눈과 의식의 눈이 우리가 세상과 소통하는 창문과 같은 셈이다. 그렇다면 의식의 눈에도 모양과 빛깔, 그리고 높이가 있을 수 있으며 그것들의 조화에 따라 세상은 우리에게 서로 다르게 인식될 수 있을 것이다.[3]

예를 들어 설명하면 코페르니쿠스적 전회[4]라는 말이 의미하듯이 중세에는 신이 지배하는 세계관이었다. 과학적 세계관은 신성모독죄로 심판되고 마녀사냥

1 토마스 쿤은 『과학혁명의 구조』(1962)에서 하나의 패러다임이 영원히 지속될 수 없고, 항상 생성·발전·쇠퇴·대체되는 과정을 되풀이한다고 하여 패러다임의 개념과 특성을 제시하고 있다.

2 유인류만이 무지개 빛을 감상할 수 있고 나머지는 푸른색과 노란색 정도를 구별할 수 있다.

3 철학에서는 인식론에 해당하겠지만 여기서는 과학적 패러다임에 따라 세계관이 다르다는 점을 설명한다.

4 획기적인 사고의 전환을 의미한다.

의 대상이었다. 성경에 의한 세계관이 모든 것을 설명하고 이해하는 패러다임을 제공하던 시대였다. 르네상스는 신이 지배하던 세계를 인간이 지배하는 세계로 되돌려 놓는 변화와 **성경의 패러다임**에서 **백과사전의 패러다임**으로 세상을 설명하고 이해하는 패러다임의 대전환을 실현시키게 된다.[5]

중세는 바이블적 패러다임이 지배하는 과학의 함흑기이다. 지오다노 브루노는 1600년대에 현재의 우주론에 가까운 "우주의 중심은 없고 우주는 무한하다"는 과학적 패러다임을 주장하였지만 결국 7년간 옥살이와 화형으로 비극을 마주하게 되었고, 갈릴레이는 고문과 온갖 탄압을 견디지 못해 그 유명한 "그래도 지구는 돈다"는 혼잣말을 남겼지만 죽는 날까지 가택연금에 시달렸으며, 죽어서 묘비조차도 세울 수 없는 핍박의 대상이 된다. 그의 저서 『별의 사자』와 『천문학의 대화』는 금서로 묶여 중세의 성곽 속에 갇힘으로써 200년 동안 어둠에 묻히게 된다.

오늘날 지동설을 근간으로 한 우주관과 세계관은 너무나 당연한 것으로 받아들여지지만 천동설을 믿고 있던 중세의 사람들에게는 너무나 충격적이고 이해할 수 없는 패러다임이었다는 사실이다. 르네상스 이후의 백과사전적 패러다임은 "인간의 고향인 지구가 무한한 우주의 변방에 불과하다"는 새로운 패러다임(천동설→지동설), "인간은 절대자에 의한 신성한 피조물이 아니라 자연에 속한 동물에 불과하다"는 새로운 패러다임(창조설→진화설)을, "인간은 이성이 지배하는 합리적 존재가 아닌 무의식이 지배하는 병든 동물에 불과하다"(프로이드의 심리학)는 등등의 받아들이기 쉽지 않은 새로운 패러다임으로 나아가게 된다. 뉴턴은 "사과는 늙어서 고향으로 돌아가는 것이 아니라 지구의 중력에 의해 땅에 떨어진다[6]"는 패러다임을, 아인슈타인과 하이젠베르크는 "물질은 작고 견고하며 파괴할 수 없는 질량체로서의 입자가 아닌 역동적인 에너지 장의 일시적인 현상에 불과한 입자와 파동의 총합"이라는 패러다임을, 애덤 스미스는 "국부의 원천은 금이나 은이 아니라 그 나라의 생산능력이며 소비수준"이라는 새로운 패러다임을 개척하였다. 케인스는 "개입주의와 수요중심의 새로운 패러다임"을 주창하였고, 1960~70년대 모두

5 르네상스 시기까지 수사학과 언어는 단순히 말을 번듯하게 잘하기 위해서가 아니라 세상을 이해하고 바꾸기 위해 필요하다는 믿음을 갖고 있었다. 말에 일종의 마술적인 힘이 있다고 믿었던 것이다. 마술사는 자신의 마음을 정신이 있는 사물과 말의 요동 속에 집어넣을 수 있는 사람이라고 믿었기 때문에 주문으로 하늘을 만족시키고 하늘의 힘을 얻을 수 있는 사람으로 인식되었다.

6 우주에서는 강력, 약력, 중력, 전자기력이 작용하고, 지구에서는 중력, 전자기력, 원심력, 전향력이 작용한다.

를 케인스주의자로 만들었으나 다시 새로운 고전주의, 즉 케인스혁명에 대한 반혁명, 시장의 재발견, 그리고 공급주의에 의해 케인스주의라는 성곽도 무너지게 된다. 1980년대부터 하이에크를 중심으로 하는 소위 신자유주의가 2008년 세계금융위기를 맞을 때가지 세계를 주름잡다가 다시 금융부문에는 정부가 재갈을 물려야 한다는 소규모 개입주의로 회귀하고 있다. 자본주의 경제학에서의 패러다임의 전환을 자본주의 1.0 작은 정부(자유주의), 자본주의 2.0 큰 정부(개입주의), 자본주의 3.0 작은 정부(신자유주의), 자본주의 4.0[7] 작지만 강한 정부(소규모 개입주의)로 정리할 수도 있겠다.

오늘, 지금 이 순간에도 낡은 패러다임은 새로운 패러다임에 의해 위협받고 있다. 더욱이 변화의 속도가 빠른 정보화사회에서 패러다임의 소멸과 생성은 더욱 빠르게 나타날 것이다. 모든 것이 10진법의 패러다임에서 2진법의 패러다임으로 전환되고 분업과 전문화의 패러다임에서 통합과 융합의 패러다임으로 새롭게 탄생될 것이다.

## 2 주관성의 함정

『플루다크 영웅전』 테세우스편에 나오는 프로크루스테스라는 도적 이야기가 있다. 그는 자신에게 걸려드는 여행객을 모두 잡아다가 자신의 쇠침대 위에 결박한 다음 그들의 신장이 침대보다 짧은 경우에는 몸을 늘려서 침대에 맞도록 하고, 반대로 신장이 침대보다 길 경우에는 침대에서 벗어나는 부분을 잘라내어 침대에 맞도록 했다. 이 세상의 수많은 사람들은 자신의 얼굴 생김새가 다른 만큼이나 다양한 신장을 가지고 있다. 이와 같이 자신만의 사이즈로 세상의 모든 것들을 재단한다면 이 세상의 풍경은 어떠할까? 프로크루스테스 침대(Procrustean bed)는 주관성의 함정과 독단의 위험에 대한 상징적 알레고리(allegory)이다.

과학적 접근방식의 기본적 요건은 관찰자가 모든 주관적 요소를 배제시킬 수 있는 환경(진실과 사실에 가까운 조건)을 조성하는 것이다. 그렇게 함으로써 관찰자가

7 아나톨 칼레츠키, 『자본주의 4.0』.

세상이나 사물을 객관적으로 관찰하고 실험하며 증명할 수 있는 객관적 상황이 만들어진다. 한편, 수행자가 온갖 방식의 수행을 통해 득도와 해탈의 경지에 이르는 것도 수행자가 갖고 있는 모든 편착의 틀을 벗어나 혜안[8]과 통찰을 통해 세상을 관조[9]하는 상태에 이르는 것이라 여겨진다. 이런 맥락에서 보면 과학적 분석을 통해 세상을 인식하는 방식과 통찰, 직관, 혜안을 통해 세상을 인식하는 방식에는 유사점이 많은 것 같다. 어찌되었든 우리가 세상을 과학적으로 인식하려 하는 경우에나 혜안을 통해 관조하려 하는 경우에나 하나 같이 감정, 욕심, 편견, 그리고 선입견으로 구성되는 주관성의 함정을 타파해야 한다.

첫째, 선입견(preconception)이라는 함정에서 벗어나야 한다. 우리는 대체로 권위 있는 사람이 주장하는 어떤 논리, 활자화된 교과서나 책자에 인쇄된 내용, 언론매체에 공표된 내용들에 대해서는 대체로 논리적 비판이나 검증의 과정을 거치지 않고 쉽게 받아들이는 경향이 있다. 이런 이유로 해서 우리는 선입견에 의해 잘못된 인식이나 판단 그리고 믿음을 쉽게 받아들이고 합리화하는 경향이 있는 것이다.[10] 하지만 선입견은 논리적 비판이나 추후 경험에 의해 편견보다는 쉽게 교정될 수 있다는 특성도 가진다.

둘째, 편견(prejudice)이라는 함정에서 벗어나야 한다. 우리는 대체로 어릴 때부터 습관적으로 들어온 인식에 대해 집착하는 경향이 있고 고착된 사고의 틀을 벗어나기 어렵다. 인종차별, 성차별 등과 같은 지독하게 고착화된 인식의 편기현상을 말한다. "만일 당신이 미국에서 검은 피부를 가지고 태어났다면 감옥에서 태어난 것이다"라는 말콤엑스의 주장처럼 인종차별이나 성차별은 수세기를 걸쳐 고쳐지지 않는 대표적인 편견의 결과물이다. 편견은 선입견과는 달리 논리적 설득이나 비판에 의해 쉽게 바로잡히지 않는다는 경직된 속성을 가진다.

셋째, 감정이라는 함정에서 벗어나야 한다. 인간이기 때문에 느낄 수 있는 정서적 속성, 즉 감정의 늪에서 벗어날 수 있을 때 우리는 객관적이고 과학적인 관점을 유지할 수 있다. '여도(餘桃)의 죄'라는 중국의 고사가 전해지고 있는데 이

8 우주의 진리를 밝게 보는 눈, 모든 현상에 대한 집착을 버리고 차별의 현상계를 보지 않는 지혜.

9 고요한 마음으로 사물이나 현상을 관찰하거나 비추어 봄. 지혜로 모든 사물의 참 모습과 나아가 영원히 변하지 않는 진리를 비추어 봄.

10 팔만대장경에도 130개의 오타가 있는 것으로 확인되고 있음.

이야기는 감정이 개입된 판단의 이중성, 즉 주관성의 개입으로 인한 판단의 오류를 은유하고 있다. 중국 위나라의 위왕은 미자하라는 신하를 매우 총애하였다. 그를 총애한 나머지 임금이 먹던 음식을 함께 나눠먹을 수 없다는 군신간의 법도마저 무시하고 위왕은 자신이 먹던 복숭아를 미자하와 나눠먹게 된다. 위왕이 미자하와 복숭아를 한입씩 나눠먹는 그 광경은 다른 신하들에게는 미자하에 대한 위왕의 총애와 신뢰의 표현으로 부러움의 대상이었다. 하지만 세월이 흘러 위왕의 감정은 변하게 되고 위왕의 마음속에는 웬일인지 미자하란 신하에 대한 미움과 증오가 가득한 상황에 맞닥뜨리게 된다. 위왕은 미자하를 제거하고 싶지만 미자하에게는 아무런 죄목이 없다는 것이 문제였다. 그래도 위왕은 미자하를 살려둘 수 없을 만큼 증오했던 모양이다. 급기야 위왕은 자신이 그리도 총애했던 그 시절 미자하에 대한 애정의 표현으로 나눠먹었던 복숭아 사건을 죄로 물어 그를 사형대에 올린다는 어이없는 이야기이다. 어쩌면 우리도 사소한 감정으로 인해 위왕이 저지른 여도의 죄를 저지르고 있는지도 모를 일이다. 위왕은 미자하와 복숭아를 나눠먹은 똑같은 사실에 대해 자신의 감정의 변화에 따라 전혀 다르게 판단하는 주관성의 함정에 빠진 셈이다. 감정이입은 우리의 인식과 판단의 기준을 교란시키며 이중적 잣대를 제공하는 주관적 오류의 한 요소이다.

넷째, 욕심이라는 함정에서 벗어나야 한다. 인간은 생존에 대한 욕심, 소유에 대한 욕심, 그리고 존재에 대한 욕심 등으로 무한한 욕심을 가진 존재로 인식된다. 시지프스신화의 바윗돌처럼 우리는 어떤 무엇으로부터 욕망을 향해 끝없이 집착하는 유혹의 바윗돌을 지칠 줄도 모른 채 밀어올리고 있다. 우리는 욕심과 집착으로 인해 허전해 하고, 괴로워하기도 하며 모든 것들을 있는 그대로 볼 수 없도록 인식의 눈을 왜곡시킨다. '무욕견진(無慾見眞)'이라는 말의 의미처럼 우리는 욕심이라는 끈을 놓아버렸을 때 있는 그대로의 사실과 진실을 바로 볼 수 있다. 욕심은 우리의 인식과 판단의 기준을 교란시키며, 객관적이고 과학적인 관점을 왜곡시킨다.

## 3 새로운 패러다임을 위하여

세상은 많은 색깔로 칠해져 있다. 너무 많은 색깔로 되어 있어 아무리 많은 크레파스로도 다 칠할 수 없다. 그런데 우리는 언제나 세상을 두 가지 색으로 본다. 흑과 백, 우리는 색명인 것이다. 우리의 뷰 파인더(view finder)는 흑백이다. 간혹 회색이기도 하다. 그것도 대부분 잘 용납되지 않는다. 나는 그 외의 어느 색이 되고 싶다. 맑은 날의 바다색이거나 여름 하늘색이거나 붉은 포도주색이거나 별과 같은 황금색이거나 익은 모과 열매 같은 질감 있는 짙은 노란색이고 싶다.

- 구본형 -

새로운 색깔은 얼마든지 존재한다. 다만 우리의 눈이 찾아내지 못할 뿐이다. 새로운 패러다임은 새로운 색깔이며 새로운 패러다임을 찾아내고 받아들이는 것이 우리의 지적 유연성이다. 새로운 패러다임은 우리에게 무한한 상상력과 지적 호기심 그리고 이미 알고 있는 것으로부터의 자유를 요구한다. 이미 알고 있는 것으로부터 자유로울 때 우리는 새로운 것을 받아들일 수 있다.

프랭키라는 물리학자는 기존의 방법론이 옳다고 믿고 있는 사람에게 새로운 방법론을 설명하여 이해시키기 위해 노력하기보다는 차라리 기존의 방법론이 옳다고 믿고 있는 세대가 죽기를 기다리는 것이 낫다고 중얼거렸다고 한다. 또한, 쇼펜하우어는 창조적인 생각은 1단계에서 1%를 제외하고는 비웃음의 대상이고, 2단계에서 98%가 반대자이며, 3단계에서 일반상식에 이르게 된다고 주장한 바 있다.

인간의 의식에 관한 영역에서도 혁명적인 패러다임의 전환이 진행 중이다. 지금까지 인류문명의 근간으로 여겨져 왔던 합리주의나 이성주의가 몰락의 위기에 처하고 있다. 무의식과 내면의식, 즉, 감정, 직관, 편견, 동경이라는 요소들이 인간행동의 중심이라는 새로운 패러다임이 물결치려 한다. 이성을 강조하는 프랑스의 계몽주의는 기울어가고 감성을 강조하는 영국의 계몽주의가 새롭게 떠오르는 양상이다.

뇌 연구가 새로운 철학을 만들어내는 경우는 거의 없다. 하지만 기존의 철학이 옳음을 입증할 수는 있다. 이 분야의 연구성과를 보면 감정이 순수한 이성보다, 사회적인 관계가 개인적인 선택보다, 성격이 지능지수보다, 불쑥불쑥 나타나는 유기적인 체계가 선형적이고 기계적인 체계보다 훨씬 중요하다는 사실을 확인할 수 있다. 또 사람은 여러 개의 자아를 가지고 있다는 관념이 단일한 자아를 가지고 있다는 관념보다 더 중요해졌다.

- 데이비드 브룩스의 『소셜 애니멀』(*socal animal*) 중에서 -

과학이란 무엇인가? 과학적인 방법으로 연구하고 그 결과로 생성된 이론체계(진실과 사실을 설명할 수 있는)를 과학이라 정의할 수 있다. 과학적 방법이란 가설의 실험적 검증, 실험결과의 재연, 새로운 현상의 예측, 엄밀한 논쟁, 탄탄한 이론체계의 구축 등으로 규정할 수 있다. 그런데 과학인지 사이비 과학인지를 구분하는 과학의 경계조차도 역사적으로 변하고 있다는 사실에 주목해야 한다.

예를 들면 17세기의 연금술, 18세기의 골상학(phrenology), 19세기 말에서 20세기 중엽까지 우생학은 그 시대에는 과학으로 간주되었다. 하지만 현대에는 그것들이 과학이 아니라는 것이 검증되었다. 그것은 과학에 대한 맹신이었고 유사과학(pseudo science) 또는 사이비과학이 잘못된 믿음(패러다임이나 이데올로기)을 만들 수 있다는 역사적 사례를 보여 주었다.

연금술의 경우, 비금속을 인공적인 수단을 사용하여 귀금속으로 변환시킬 수 있다는 일종의 사이비 자연학에 해당한다. 골상학의 경우, 두개골의 형상에서 사람의 성격을 비롯한 심적 특성 및 운명 등을 추정할 수 있다는 사이비 성상학에 불과하다. 또한 우생학의 경우에는 인류를 유전학적으로 개량할 것을 목적으로 여러 가지 조건과 인자 등을 연구하는 학문으로 우수한 소질을 가진 인구를 증가시키고 열악한 유전소질을 가진 인구를 축소내지는 단종시킬 수 있다는 사이비 과학이다. 과학적 가면을 쓴 우생학이 남용되어 사회적 부적격자는 거세한다든지, 흑인, 유대인, 아시아인들은 지능이 나쁘다든지 하는 인종차별주의가 정당화되는 폐해를 감당해야 했다. 20세기 초 유럽에서 시작된 혈액형과 사람의 기질에 관한 믿음 또한 일종의 우생학적 사이비과학이며 주로 A형이 많은 백인은 우수하고 B형이 많은 유색인종은 열등하다는 인종차별적 편견을 만든 바 있다. 또한, 우리나라의 경우, 일본의 영향을 받은 혈액형과 성격을 결부시킨 유사과학으로 인해 외모, 성별, 그리고 혈액형에 의한 차별문제까지 사이비과학으로 인한 비과학적 편견의 문제가 심화되고 있다.

대학은 자유로운 곳이다. 대학에는 사색과 사상의 자유가 보장된다. 이런 대학의 자유는 무엇보다도 우리에게 상상할 자유, 새로운 것을 받아들일 수 있는 자유, 무엇이든 비판하고 새로운 영역으로 창조할 있는 자유를 강조한다. 우리는 날마다 새로운 지적 세계를 개척하고 탐험하며 이미 알고 있는 것으로부터의 탈출을 시도하고 있다.

## 4 인간을 지배하는 것들

모든 권력은 포문에서 나온다.

- 마오쩌둥 -

왕은 군림하지만 은행은 지배한다.

- 야코프 푸거 -

모형에 칼을 꽂거나 불을 지르는 행위, 교문에 엿을 붙이는 행위

- 동종주술 -

성자의 유골이나 옷을 만지면 병이 치유된다는 믿음

- 감염의 법칙 -

누군가 망상에 시달리면 정신이상이라고 한다. 다수가 망상에 시달리면 종교라고 한다.

- 로버트 퍼시그 -

은유와 모호한 단어는 도깨비불과 같고 이에 대해서 생각하는 것은 수많은 어리석음 속에서 방황하는 것이며, 그 종착지는 투쟁, 선동, 혹은 경멸뿐이다.

- 홉스 -

말에는 아무것도 없다(nullius in verba)

- 에블린 -

인간을 움직이는 힘을 크게 나누면 폭력〈권력〉, 보상, 이데올로기〈믿음 + 행동〉로 요약할 수 있다.

첫째, 권력은 폭력의 속성을 가진다. 마오쩌둥이 "모든 권력은 포문에서 나온다"고 정의했듯이 권력은 직접적이고 강제적인 속성을 가진다. 권력은 일방적이며

획일적이다. 권력은 힘 있는 자만 행사할 수 있으며, 그 속성은 매우 경직적이다.

둘째, 보상은 경제적 교환의 속성을 가진다. 이것이 돈의 위력이다. 기업은 열심히 일하는 자에게 보상함으로써 더욱 열심히 일하게 한다. 국가는 세금을 거두지만 국방, 치안, 소방, 사회간접자본, 보조금, 이전지출 등으로 보상함으로써 더욱 많은 세금을 납부하도록 유인한다. 보상도 경제력을 가진 자 만이 행사할 수 있지만 대가가 지불되는 속성이 있으므로 권력보다 유연하다.

셋째, 이데올로기는 그렇게 해야 된다는 믿음이며 그것을 행동으로 옮길 수 있다는 의지이다. 종교적 믿음이나 과학적 확신에 의해 자신의 신념과 행동을 결정하는 것이다. 어느 누구나 가질 수 있는 것이며 권력이나 보상보다도 유연하면서도 강력하다. 교육은 우리에게 새로운 지식이나 정보를 제공할 뿐만 아니라 새로운 패러다임을 품어내고 부화시키는 역할을 수행한다. 세상은 인간의 둥지이고 교육은 둥지를 변화시킨다.

뒷담화는 악의적인 능력이지만, 많은 숫자가 모여 협동하려면 사실상 반드시 필요하다. 현대 사피엔스가 약 7만 년 전 획득한 능력은 이들로 하여금 몇 시간이고 계속해서 수다를 떨 수 있게 해주었다. 누가 신뢰할 만한 사람인지에 대한 믿을 만한 정보가 있으면 작은 무리는 더 큰 무리로 확대될 수 있다. 이는 사피엔스가 더욱 긴밀하고 복잡한 협력관계를 발달시킬 수 있다는 뜻이기도 하다. … 과학적 연구결과 뒷담화로 결속할 수 있는 집단의 자연적 규모는 약 150명이라는 것이 밝혀졌다. 150명이 넘는 사람들과 친밀하게 알고 지내며 효과적으로 뒷담화를 나눌 수 있는 보통 사람은 거의 없다.

- 유발 하라리, 『사피엔스』(*Sapiens*) 중에서 -

언어는 뒷담화를 가능하게 하고 더욱 긴밀하고 복잡한 협력관계를 발달시키는 데 기여했다. 그런데 과학적 연구결과 뒷담화로 결속할 수 있는 집단의 자연적 규모는 약 150명이라는 것이 밝혀졌다. 이런 언어에 의한 집단화의 자연적 규모를 훨씬 뛰어넘는 수십만명이 거주하는 도시라든지, 수억명을 지배하는 제국을 건설하는 데에는 상상력에 바탕한 이데올로기가 중요한 역할을 수행했다. 신화, 전설, 종교와 같은 허구의 세계를 믿게 됨으로써 서로 다른 수많은 사람들이 친밀한 협력관계를 유지할 수 있게 되었으며, 어떤 개체나 조직을 위해 헌신하고 목숨까지 받쳐 충성할 수 있는 기반을 구축하게 된다.

서로 모르는 수많은 사람이 공통의 신화를 믿으면 성공적 협력이 가능하다. 인간의 대규모 협력은 모두가 공통의 신화에 뿌리를 두고 있는데 그 신화는 사람들의 집단적 상상 속에서만 존재한다. 현대 국가, 중세 교회, 고대 도시, 원시부족 모두 그렇다.

- 유발 하라리, 『사피엔스』(*Sapiens*) 중에서 -

이데올로기나 종교는 수많은 개인들을 하나의 중앙집권적 사회로 집단화하는데 기여해 왔다. 고대 문자의 기능도 이데올로기나 종교를 확산시키는 도구로 활용되었고 지배계층이 피지배계층을 예속하는데 기여했다. 이데올로기나 종교를 공유함으로써 서로 무관한 개인들이 친인척 관계가 아니더라도 유대감을 형성할 수 있기 때문이다. 또한 이데올로기나 종교는 사람들에게 유전적인 이기심을 뛰어 넘어 타인이나 집단을 위해 목숨까지 희생할 수 있는 동기를 부여하기 때문이다. 순교자, 애국지사, 일본의 카미카제가 가능한 이유이기도 하다.

리처드 도킨스는 그의 저서 『만들어진 신』에서 기독교, 이슬람 등에서 주장하는 전지전능한 신은 착각이라고 주장한다. 인간의 존엄성은 오히려 이렇게 만들어진 신에 의해 유린당한다. 신의 이름으로 저질러진 헤아릴 수 없을 만큼의 역사적 악행, 전쟁, 빈곤, 아동학대, 동성애자의 인권침해 등등을 근거로 삼는다. 또한 오늘날에도 저질러지고 있는 종교근본주의자들의 테러와 독선으로 무고한 사람들이 마음에서 희망을 빼앗기고 있다는 주장이다. 신이 사라진다면 오히려 인간사회는 인간을 더욱 의지하며 본연의 가치인 사랑과 연민을 찾게 될 것이라는 주장이다. 과학자들은 인간의 뇌가 도덕적으로 행동하도록 프로그램되어 있고, 가난한 이와 약한 이를 돕고자 하는 타고난 본성이 있다는 것이다. 따라서 신이 없어도 인간은 충분히 열정적이고 영적일 수 있다는 주장이다.

- 리처드 도킨스의 『만들어진 신』(*The God Delusion*) 중에서 -

# 5 아는 것이 인권이다

인간은 생물학적 복제를 통해 생명체로 태어나고 진화해 간다. 인간은 생물학적 복제뿐만 아니라 문화적 복제과정을 거쳐 그 시대에 적합한 문명화된 인간으로 삶을 유지한다. 인간은 하나의 독립된 개체로서 보다는 사회적 존재로서의 가치와 의미가 중시된다. 인간이란 다른 사람들로부터 존중받는 권리, 즉 인권을 부여받은 존재이다. 인권이란 인간이 자유롭고 평등하게 삶을 누릴 수 있는 기본적 권리에 해당한다. 인간이 자신의 인권을 지키기 위해서는 세상을 이해하는 지식과 정보가 중요하다. 지식이나 정보가 부족하면 차별과 착취의 대상이 된다. 지식이나 정보를 많이 가진 자가 부족한 자를 지배하는 권력관계가 성립된다. 또한 지식이나 정보가 많은 자들에게 부가 집중되고 부족한 자들은 소외되기 십상이다. 이런 이유에서 개인의 자유와 평등은 알권리에 의해 좌우된다 해도 지나치지 않을 것이다. 또한 자유와 평등을 이상으로 삼는 민주주의는 개인의 알권리가 보장될 때 그 빛을 발한다. 개인의 알권리를 보장받기 위해서는 교육받을 권리와 언론의 자유가 충족되어야 한다. ① 모든 개인에게 교육 받을 권리가 보장되어야 한다. 신분의 귀천에 관계없이 빈부의 격차에 관계없이 교육받을 기회가 보장될 때 지식이나 정보가 모든 개인에게 고르게 분산된다. 지식이나 정보가 특정 집단에 집중될 때 독재가 가능하고 착취가 가능하다. ② 모든 개인이 자신의 의사를 자유롭게 표현할 수 있고 모든 언론기관이나 언론매체도 자유롭고 공정하게 정보를 전달해야 한다. 개인의 언로가 강제되고 언론이 왜곡될 때 독재나 착취가 가능하다. 자유로운 언론은 지식과 정보를 모든 개인에게 분산시킴으로서 권력관계를 수평화시키는데 기여할 수 있다.

예를 들어 심각한 통증에 시달리는 환자가 있다하자. 그는 의학에 관한 지식이나 정보가 부족하다. 따라서 병원에 가게 되고 의사에게 자신의 몸을 맡기게 된다. 의사는 환자에게 치료를 위한 여러 가지 행동을 강제할 수 있다. 병원에서는 의사가 환자를 지배하게 된다는 점이다. 또한 의료기술이나 신약에 대한 분배과정에서도 지식과 정보 그리고 경제적 불평등에 의해 많은 차별의 문제가 발생할 수 있다.

형사소송법을 잘 모르는 평범한 시민은 법을 집행하는 전문가들에 의해 인권을 침해당할 수 있다. 법에 관한 부족한 지식이나 정보를 평범한 시민에게 채워주는 제도가 변호사제도이다. 세법에 관한 부족한 지식이나 정보는 회계사나 세무사가 대리인으로서 채워줄 수 있다. 이런 제도의 핵심은 부족한 지식이나 정보를 채워줌으로써 수직적 권력관계를 수평적 권력관계로 변환시키는 데 있다. 권력의 분배, 경제적 분배에 이르기까지 지식과 정보는 중요하다. 지식과 정보가 개인에게 고르게 분산될 때 개인의 인권은 보장되고 민주의의가 실현될 수 있다. 교육은 인권을 보장하는 기본적 권리이고, 학습은 개인이 자신의 인권을 지키기 위한 방패이자 무기에 해당한다.

물론 인권의 개념에는 언론의 자유, 종교의 자유, 투표의 자유뿐만 아니라 사회복지권, 환경권, 정보접근권, 평화적 생존권까지 그 개념이 다양하고 그 범위는 넓어져 가고 있다. 급격한 과학기술의 발달로 인해 새로운 지식과 정보가 파고를 이루고 그에 상응하는 인권의 개념과 범위가 따라 물결치고 있다.

> 현대과학은 기술이나 산업 발전과 뗄 수 없는 관계에 있으며, 과학의 이상과는 달리 과학에 기초한 기술과 산업발전의 혜택은 계층별로, 인종별로, 국가별로 불균등하게 배분되는 것이 현실이다. … 정보기술의 발전은 정보기술을 사용해서 더 많은 부가가치를 창출하는 사람들과 정보에서 소외되어 있는 사람들 사이의 경제적·문화적 간격을 더 벌려놓고 있다. 전통적인 방법에 의해서 이 새로운 부를 균등하게 배분하려는 노력은 한계가 있기 때문에, 과학기술의 연구단계부터 그 결과의 사용과 배분을 생각하는 것이 현대 사회에서 인권의 중요한 문제가 된다. … 과학기술 시대에 소중한 인간의 권리를 보존하고 확산하기 위해서는 연구를 담당하는 과학기술자들과 대중, 그리고 이 두 집단을 매개하는 과학 커뮤니케이터 모두가 과학과 인권의 상호관련성에 대해서 진지하게 성찰해보는 것부터 출발해야 할 것이다.
>
> \- 홍성욱, 『인간의 얼굴을 한 과학』 중에서 -

과학기술의 문제는 인간의 삶에 장기적이고 근본적인 영향을 미친다. 과학기술은 인간을 재정의하고 자연과 사회환경을 급격하게 변화시킨다. 따라서 과학기술의 변화가 인권의 새로운 개념과 새로운 가치를 창출할 수 있다. 그런데 여기서 주목해야 할 지점은 과학기술의 문제도 지식과 정보의 문제이고 이것이 지식과 정보의 불균등으로 인한 사회적 차별의 문제를 발생시킨다는 것이다. 따라서 지식과 정보의 문제는 인권의 개념, 가치, 차별의 문제를 이해하고 해결하는 교차점에 맞닿아 있는 것이고, 교육은 지식과 정보를 모든 개인에게 확산시키는 커뮤니케이터로서의 역할을 수행하고 있는 것이다.

주제 02

# 이론과 논리적 함정

1. 이론과 대수의 법칙
2. 논리의 함정
   1) 因果의 오류(The post Hoc fallacy)
   2) 합성의 오류(Fallcy of Compostion)

이론은 진리도 아니며, 있는 그대로의 사실이나 현상 그 자체도 아니다. 이론은 마치 축소지도처럼 추상화나 단순화 과정을 거쳐 완성된다. 따라서 이론이란 이 세상의 모든 것들을 설명하고 예측할 수 있는 전지전능한 진리일 수 없다. 이론은 단지 모든 현상을 평균적으로 설명하고 예측할 수 있을 뿐이다. 또한, 이론은 영구불변의 법칙이라 할 수 없다. 살아 움직이는 생명체처럼 이론은 역동적이며, 새로운 형식과 내용으로 끊임없이 진화해 간다.

## 1 이론과 대수의 법칙

이론은 복잡한 사회현실이나 자연현상을 인간이 이해할 수 있는 언어와 논리체계로 엮어 내는 추상화 과정을 거쳐 만들어진다. 또한, 무한한 변수들을 정리정돈하고 중요한 변수들만을 골라 가정과 가설을 설정하는 단순화 과정을 거치게 된다.[1] 이론은 마치 축소지도와 같다. 모형 속에 담겨진 현실이나 사실보다 생략된 현실이나 사실이 더 많다는 특징을 가진다. 이론을 구성하는 모형(model) 속에 모든 변수들을 포함시키는 것은 아니지만, 이론의 원리(모형)를 이해함으로써 우리는 현실을 이해(understanding)하고 미래를 예측(expectation)하는 데 매우 유용하다. 마치 지도 위에 지표면의 모든 것들이 있는 그대로 나타나는 것은 아니지만 우리는

1 이런 과정을 ceteris-paribus라 한다.

그 지도를 이해함으로써 목적지를 쉽게 찾아갈 수 있다는 점에서 유사하다.

이론은 과학적이며 객관적이고 논리적이어야 한다. 따라서 이론은 일반적인 언어보다는 수학이나 화학적 언어·논리체계를 선호한다. 왜냐하면 일반적인 언어들은 그 의미가 다의적(多意的)이어서 명료한 개념과 일관된 논리를 전개하는데 부적절하다. 반면에 수학이나 화학기호들은 그 의미가 일의적(一意的)이어서 개념을 명료하게 설정하고 일관된 논리체계를 구축하는 데 매우 유용하다. 이 같은 이유에서 자연과학에서뿐만 아니라 사회과학이나 인문과학에서조차도 과학적 논리체계를 구축하는데, 일반적인 언어보다는 수학적 언어체계와 논리체계를 폭넓게 활용하고 있다.

이론은 과학을 의미한다. 경제이론은 사회과학으로 분류된다. 전통적으로 과학이라는 용어는 자연과학을 의미해 왔다. 대부분의 사회과학은 인간연구가 자연과학 연구에 흡수될 수 있다고 가정되었다. 그것은 인간의 본질이 자연의 본질과 다르지 않다고 여겨졌기 때문이다. 사회과학이 과학으로서 널리 받아들여지지 않은 본래 원인은 아마도 이런 유형의 가정에서 비롯된 듯하다. 하지만 인간은 다른 자연을 지배하는 물리법칙의 단순한 종속물이 아니라는 관점에서 사회과학은 독립된 과학으로서 성립될 수 있다. 자연과학은 축적의 학문이다. 위대한 아이작 뉴튼 조차도 보지 못했던 새로운 과학적 사실을 그 이후에 태어났다는 이유만으로 웬만한 물리학 지식이 있는 사람이라면 이해할 수 있다. 자연과학은 전세대로부터 축적된 지식을 기반으로 발전하기 때문에, 위대한 뉴튼보다 늦게 태어났다는 이유만으로 뉴튼이 깨닫지 못했던 새로운 과학적 사실을 볼 수 있는 것이다. 자연에 대한 과학적 이해는 순환하는 것이 아니며 퇴보하지도 않는다. 과학적 논리가 인간의 변덕에 의해 좌우되는 일도 일어나지 않는다. 이런 이유로 자연과학은 누적적이고 진보적인 성격을 가진다. 어떠한 독재자나 의회도 자연법칙을 무효로 만들 수는 없는 일이다. 하지만, 이 같은 자연과학이 축적의 학문이라는 주장에 대해 토마스 쿤은 과학은 불연속적이고 혁명적이다라고 비판한다. 즉 과학자가 자연을 이해하기 위해 사용하는 새로운 패러다임은 과거의 패러다임을 근본적으로 부정하는 데서 출발한다는 것이다. 상대성이론은 뉴튼이론이 구축한 이론적 틀 속에 새로운 지식을 덧붙인 것이 아니라 뉴튼이론 전체를 근본적으로 부정하는 것이다라고 주장한다.

- 토마스 s. 쿤, 『과학혁명의 구조』(*The structure of Scientific Revolutions*)에서 -

우리가 이론을 학습하는 이유는 무엇일까? 이론을 학습함으로써 우리는 어떤 능력을 가지게 되는 걸까? 간단하게 설명하면, 이론을 학습함으로써 우리는 ① 현실세계를 보다 과학적·합리적으로 이해할 수 있고, ② 발생한 현실적 문제들을 합리적으로 해결할 수 있으며, ③ 앞으로 일어나게 될 미래변화를 보다 과학적이고 합리적으로 예측할 수 있게 된다. 예를 들어 의학이론을 학습한 내과의사의 경우, 환자의 배가 왜 아프게 되었는지, 어떻게 하면 환자의 배를 치료할 수 있는지, 그 환자는 앞으로 어떻게 될 것인지를 설명하고 예측할 수 있는 것이다. 마찬가지로 경제이론을 학습한 경제학자는 왜 실업이 발생하는지, 일자리를 늘리려면 어떻게 해야 하는지, 5년 후 또는 10년 후의 일자리는 어떻게 변할 것인지 등에 대해 설명하고 예측할 수 있는 능력을 갖는 것이다.

우리는 정부의 정책이나 그 외 경제와 관련된 갖가지 개인적 결정과 판단에서 자유로울 수 없다. 경제지식 없이는 투표를 제대로 할 수도, 일간신문을 제대로 읽을 수도 없다. 경제생활을 지배하는 힘들이 어떤 것인가를 모르고서 어떻게 우리와 우리의 자녀들이 살아갈 미래를 설계할 수 있겠는가?

- 토드 부크홀츠, 『죽은 경제학자의 살아있는 아이디어』(*New Ideas from Dead Economists*)에서 -

… 경제학자들도 과학적인 객관성을 가지고 경제문제를 연구한다. 경제학자들이 경제현상을 연구하는 것은 물리학자들이 물질을 연구하고, 생물학자들이 생명체를 연구하는 것과 다르지 않다. 경제학자들도 먼저 이론을 만들고, 자료를 수집하고, 이 자료를 분석하여 그 이론이 맞는지를 검증한다. 경제학을 처음 접하는 사람들에게는 경제학이 과학이라는 말이 다소 생소하게 들릴지 모르겠다. 물론 경제학자들이 시험관이나 망원경을 가지고 연구하는 것은 아니다. 그러나 과학의 핵심은 이 세상이 어떻게 되어 있는지에 대한 엄정한 관찰과 검증, 즉 과학적 방법론(scientific method)이다. 이런 방법론은 지구 중력에 대한 연구나 생명체의 진화에 관한 연구, 나라 경제에 대한 연구 등에 모두 적용된다. 아인슈타인의 말대로 "과학이란 일상의 생각을 정밀하게 가다듬은 것에 불과하다."

- 그레고리 맨큐, 김경환 외 역, 『맨큐의 경제학』(*Principles of Economics*)에서 -

이론의 형성과정은 ① 용어의 정의, ② 가정의 설정, ③ 가설의 성립, ④ 가설의 검증 과정을 거치게 된다. 또한 이론은 모형이라는 구체적 형태로 표현된다. 모형은 서술적으로, 기하학적으로, 수식으로 표현되고 있다. 보편적으로 모형은 수식으로 나타내는 경우가 많다. 한 이론을 학습하는 데 있어 가장 먼저 해야 하는 일은 그 이론에서 사용되는 용어의 개념을 정확하게 이해하는 일이다. 다음으로 그 이론에서는 어떤 가정들이 전제되고 가설이 어떻게 전개되었는지를 파악해야 한다. 한편, 이론을 학습하는 과정에서 유의해야 할 것은 이론은 가정과 가설, 즉 '다른 조건이 일정하다면'이라는 조건하에서 중요한 변수만으로 만들어진 모형이므로 모든 경제현상들을 완벽하게 설명하는 것이 아니라 단지 평균적으로 설명한다는 점이다. 따라서 학습한 경제모형을 경제현실에 적용하면서 모형 내의 변수가 아닌 외생변수가 만들어 낸 예외현상에 대해 주의를 기울여야 한다.

이론을 학습하는 과정에서 용어의 개념에 대한 이해가 얼마나 중요한가를 '인간'이란 용어를 예로 들어 보자. 인간(사람)이라는 똑같은 단어임에도 불구하고 학문적 영역에 따라 상당히 다른 의미로 사용된다. 융합이나 통섭을 강조하는 이 시대에 서로 다른 전공영역에서의 언어 내지는 용어의 차이를 바르게 이해하는 것이 이론학습의 출발점이다. ① 인문학에서의 인간은 감성적이고 철학적인 인간을 의미한다. 뜨거운 인간애가 넘치는 돈키호테형 인간으로 정의된다. ② 경제학에서의 인간은 합리적 이기주의자(rational egoist)로 가정한다. 이익과 손실만을 정확하게 계산하는 스크루지형 인간으로 정의된다. ③ 법학에서의 인간은 권리와 의무의 주체를 의미한다. 권리와 의무관계를 설정하는 법적 인격체로 정의된다. ④ 자연과학에서의 인간은 생물학적 인간을 의미한다. 자연 속의 일부인 생명체로서의 벌거벗은 원숭이(naked ape)로 정의된다. ⑤ 사회학에서의 인간은 이성과 합리적인 인간관인 호모 사피엔스(Homo Sapiens)와 비이성적이고 불합리한 광기의 인간관인 호모 데멘스(Homo Demens)라는 상반된 정의가 공존한다. 에드가 모랭이나 미셸 푸코는 인간이 동물과 다른 본질적 특성을 이성과 합리성에서 찾는 전통적인 인간관에 반기를 들고, 인간이 다른 동물과 구별되는 본질적 특성을 비이성, 불합리, 광기에서 찾으려 한다. ⑥ 파스칼은 인간을 "키메라 … 새로운 것 … 혼돈 … 모순의 주체 … , 경이로움이다! 만사의 심판자인 동시에 보잘것없는 지렁이다. 진실의 보유자인 동시에 불확실성과 실수의 소굴이다. 우주의 명예인 동시에 쓰레기다"라고 표현한 바 있다.

『인간의 얼굴을 한 과학』의 저자 홍성욱은 '과학과 인문학의 바람직한 만남을 위해서'라는 주제에서 "다른 전공에 접근하는 것은, 다른 언어를 쓰는 다른 문화 속에 들어가는 것을 의미한다. 자신이 타인의 언어를 잘 이해하지 못할 뿐만 아니라, 타인도 나의 언어에 대해서 생소한 느낌과 심지어 경계심을 가지고 있음을 감안해야 한다. … 다른 문화로 들어가는 것은 다른 언어를 배우는 것이고 자신이 두 개 언어를 구사하는 '바이링구얼(bilinguual)'로 변신하는 것을 의미한다"고 설명한다.

또한 '과학과 언어'라는 주제에서 "과학자는 일상 언어를 조금 변형시켜 사용하기도 하고, 새로운 개념과 어휘를 만들어내기도 하며, 은유와 유비를 사용하고 때로는 다양한 수사법을 구사하기도 한다. 과학의 역사는 몰인간적인 발견의 역사가 아니라, 새로운 발견에 부여한 의미를 자신과 동료들에게 설득하는 과정이다. 이 과정은 언어를 매개로 한다."

이론을 보다 쉽게 이해하기 위해 경제학에서 가장 기본이 되는 수요모형을 예로 들어보자. 수요이론은 "가격이 내리면 수요량이 증가하고 가격이 오르면 수요량이 감소한다"는 수요법칙이 그 모형의 핵심원리이다. 그런데 그 수요이론을 미니스커트 유행이라는 경제현상에 적용해 보자. 미니스커트는 긴치마에 비해 아주 작은 원단으로 만들어지므로 긴치마에 비해 상대적으로 제조원가가 낮게 들고 상대가격이 저렴하므로 긴치마에 비해 미니스커트가 유행하는 것이다. 미니스커트의 유행을 이렇게 수요이론에 대입하여 설명한다면 수요이론이 미니스커트의 유행이라는 현실을 합리적으로 설명하지 못한다는 것을 누구나 알 수 있을 것이다. 이런 상황에서 수요이론에 대한 설명능력을 어떻게 평가할 수 있는 것일까? 이론이 현실을 설명하지 못한다면 그것은 이론으로서의 적합성에서 벗어나는 일일 것이다. 하지만 이 같은 경우, 수요이론의 현실 설명능력에 대해 문제를 제기할 수 없다. 왜냐하면 수요이론은 이미 가정의 단계에서 "어떤 사람의 소비행위가 다른 사람의 소비행위에 영향을 미치지 않는다"라든지, "다른 조건이 일정하다면", 즉 "다른 조건은 일정하고 미니스커트의 가격만이 변한다"와 같은 전제조건을 설정하고 있다. 따라서 수요이론은 어떤 사람의 수요가 다른 사람의 수요에 영향을 미친다는 변수를 모형의 성립과정에서 삭제해 버린 것이다. 그런데 미니스커트의 유행이라는 경제현상은 그 소비형태의 속성이 그 재화의 가격에 의해 결정되는 것이 아니라 다른 소비자의 소비행위에 영향을 받아서 나타나는 경제현상이므로 수요이론의 적용 범주를 벗어난 경제현상이다. 따라서 수요이론이 미니스커트의 유행을 설명할 수 없음에도 불구하고 수요이론은 이론으로서의 적합성을 갖고 있는 것이다. 어느 개별 소비자의 미니스커트에 대한 수요가 독립적인 경우, "미니스커트의 가격이 하락하면 미니스커트에 대한 수요량은 증가한다"는 수요이론의 원리가 유행과 관계없이 작동하고 있기 때문이다. 단지 유행과 같은 경제현상은 “개별 소비자의 수요에 대한 의사결정이 독립적이지 못하며 다른 소비자의 수요에 의해 영향을 받는다”는 조건에서 성립하는 경제행위인데, 이 같은 조건은 수요이론이 성립하기 위해 설정한 “개별 소비자의 수요행위는 독립적이다”라는 가정을 벗어난 예외적인 경우에 해당한다. 따라서 수요이론이 유행을 설명할 수 없다 하더라도 수요이론의 적합성에는 별 문제가 따르지 않는다. 다만 유행과 같은 예외적인 수요현상은 편승효과(Bandwagon Effect)라는 개념으로 설명할 수 있다.

라이벤스타인은 전통적인 소비자이론에서 벗어나는 개인들의 수요행태를 비기능적 수요로 지칭하였다. 비기능적 수요는 ① 밴드웨건효과(bandwagon effect), ② 스놉효과(snob effect), ③ 베블렌효과(Veblen effect)로 설명할 수 있다. ① 밴드웨건효과는 유행과 같은 소비행위를 설명할 수 있다. 유행은 마치 친구 따라 강남 가는 행위에 비유될 수 있다. 미국의 서부개척 시대에 황금을 찾아 너도 나도 할 것 없이 많은 사람들이 밴드웨건을 몰고 서부로 서부로 향했던 것처럼, 다른 사람들의 재화소비가 증가하면 이에 편승하여 개별 소비자의 재화소비가 추가적으로 증가하는 효과를 의미한다. 개별 소비자의 소비행위가 다른 소비자의 소비행위를 흉내내거나 모방하려는 심리로 이해될 수 있다. ② 스놉효과는 별종의 소비행위로 인해 나타나는 현상이다. 다른 사람들의 재화소비량이 증가하면 개별 소비자는 다른 사람들과 다르다는 것을 보여주기 위해 그 재화의 소비량을 오히려 감소시키는 소비행위에서 비롯된다. 마치 청개구리처럼 엉뚱한 행위에 비유될 수 있다. 개별 소비자의 소비행위를 다른 소비자의 소비행위와 철저하게 차별화하려는 선택의 결과로 설명할 수 있다. ③ 베블렌효과는 과시소비 행위에 비유될 수 있다. 재화가격이 상승할 때 개별 소비자가 그 재화의 소비를 증대시키는 소비행위에서 비롯된다. 개별 소비자의 소비행위를 통해서 다른 소비자보다 값비싼 재화를 소비할 능력을 과시하기 위한, 우월감을 표출하는 소비행위로 설명할 수 있다.

덧붙여서 듀젠베리(James Dusenberry)의 전시효과(demonstration effect)와 벡커(Gary Becker)의 내재(in-good)라는 개념도 있다. 전시효과는 사람들의 소비지출이 자신의 소득수준만으로 정해지는 것이 아니며, 주위 사람들의 소비행태에도 영향을 받아서 나타나는 소비행위이다. 내재는 어떤 상품들의 경우(사람들이 유행으로 찾는 식당, 특정한 디자인의 의상, 유행하는 영화 등)에는 전적으로는 아니지만, 다른 사람들이 그 상품을 사용한다는 이유만으로 그 상품의 가격이 오르는데도 불구하고 소비자들에 의해 소비되는 상품을 말한다. 이런 상품의 수요곡선은 우하향하다가 군중효과(crowd effect)가 나타나는 구간에서는 제한적으로 우상향하게 된다.

따라서 우리가 학습하는 이론체계는 모든 경제현상들을 완벽하게 설명할 수도, 모든 경제문제들에 대해 완벽한 해법을 제시할 수도 없다. 또한 앞으로 발생하게 될 어떤 경제현상이든, 완벽하게 예측할 수 있는 능력을 기대하는 것은 무리다. 이론은 단지 '평균법칙', '대수의 법칙'에 따라 작동할 뿐이다. 또한 가설이나 이론은 관찰이나 실험을 통해 지속적으로 검증을 받는 과정에 있다. 만약 반증되는 가설이나 이론이 제기된다면 기존의 이론이나 가설은 빛을 잃고 반증된 새로운 이론으로 대체돼 간다. 이론이 발전해 가는 것이다. 이론은 만병통치약이나 무당의 푸닥거리일 수 없다. 이론을 학습하고 활용하는 우리는 돌팔이 의사, 아니면 선무당이 되지 않도록 주의를 기울여야 한다. 이론체계를 보다 정확하게 이해해야 하고 이론체계를 보다 정밀하게 현실에 적용하여야 한다. 자칫 주의를 기울이지 않는 경우, '선무당이 사람 잡는 우'를 범할 수 있다.

## 2 논리의 함정

양치기 소년과 늑대 이야기가 있다. 양치기 소년이 무료함을 달래기 위해 거짓으로 "늑대다. 늑대가 나타났다"를 외치게 된다. 이때 마을 사람들은 사실이 아닌 것을 사실로 받아들이고 양치기 소년에게로 달려간다. 그런데 이 같은 양치기 소년의 장난기가 몇 번이나 반복되고 난 후 정말 늑대가 나타났다. 이번에도 양치기 소년은 "늑대다. 늑대가 나타났다. 정말로 늑대가 나타났다"고 외쳐대지만 이때 마을 사람들은 사실인 것을 사실이 아닌 것으로 받아들이고 아무도 달려가지 않게 된다는 이야기이다. 이 이야기를 통해 우리가 겪는 오류에는 두 가지 유형이 있다는 것을 알 수 있다. '사실이 아닌 것을 사실인 것으로 받아들이는 오류'와 '사실을 사실이 아닌 것으로 받아들이는 오류'이다.

### 1) 因果의 오류(The post Hoc fallacy)[2]

과학(이론)은 우리에게 세상을 과학적으로 이해하고 문제를 해결하며 미래의 불확실성을 극복하는 지적보고이다. 과학적 지식이 부족한 시대에는 과학 대신에

2 귀납법에서 나타날 수 있는 오류이다.

미신이나 무속, 또는 종교적 교리나 세계관에 의존했던 역사적 경험을 알고 있다. 신화, 전설, 무속이나 예언서 등에 의해 현실을 이해하고 미래를 예측할 수 있다는 믿음이 주류를 이루었다. 옛날에는 병이 낫지 않으면 여러 가지 민간요법으로 노력하다 종국에는 무당을 찾아가는 경우가 잦았다. 어떤 무당이든, 어떤 상황이든 대체로 무당의 진단은 귀신과 관련된 문제이고 처방은 푸닥거리로 귀결된다. 그럼에도 불구하고 그 당시의 많은 사람들은 이처럼 단순하고 획일적인 무당의 진단과 처방에 대해 의구심을 갖지 않았던 이유는 무엇일까? 이런 현상은 사람들이 인과의 오류에 빠진 결과이다. 과학적 인과관계가 아닌 사건이 발생한 순서에 따라 원인과 결과를 판단하는 논리적 함정에 빠졌기 때문이다. 과학적 지식이 전혀 없는 상황에서 현실적으로 가능한 모든 민간요법을 경험하고도 질병에 전혀 차도가 없던, 그 당시 난치병 환자의 경우, 자신에게 무당이 처방한 푸닥거리는 그에게 마지막 생명 줄로 여겨졌을 것이다. 따라서 환자가 죽거나 환자가 병마에서 회복되거나 어떤 상황이든, 중요한 것은 모든 상황이 푸닥거리 다음에 일어난 결과라는 점에 주목하게 된다. 그리고 환자 주변의 많은 관찰자들은 죽은 자보다는 어렵게 살아남은 자들에게 스포트라이트를 비추게 되고, 거의 죽어가던 환자가 살아났다는 사실에 집중하게 된다. 푸닥거리는 죽어가는 자를 살려내는 신비로운 치료법으로 인식되게 된다. 따라서 환자가 푸닥거리 이전에 받았던 치료나 민간요법들은 모두 잊혀지고, 오로지 마지막 요법, 신비로운 푸닥거리가 만병통치약의 자리에 등극하게 되는 것이다. 이것은 너무 단순한 인지의 과정, 즉 사건이 일어난 순서에 따라 형상화된 잘못된 믿음, 즉 미신에 해당한다. 이런 잘못된 믿음들이 인과의 오류, 즉 논리의 함정에서 향불처럼 피어나 사람들을 현혹하게 되는 셈이다. 어떤 사건이 일어난 순서, 즉 앞서 일어난 사건 '푸닥거리'는 원인이 되고, 다음에 일어난 사건 '환자가 치유된 현상'은 결과라는 식의 아주 자연스러운 '인과의 오류'가 비판 없이 받아들여진다.

일본에 가면 관광명소 중에 '단노우라의 비극과 헤이께의 게'라는 곳이 있다. 역사적으로 1185년, 일본의 무사시대에 단노우라라는 해변에서 겐지가와 헤이께가의 해전이 있었다. 이 전투에서 헤이께가가 패했는데, 그 결과 헤이께가는 어린 안토쿠천황(만 6세)마저 바닷속으로 희생당하는 헤이께가의 비극을 마주하게 된다. 안토쿠천황의 할머니는 천황이 적들의 손에 죽임을 당하는 것을 막기 위해, 어린

천황의 눈을 그녀의 치마로 가리고, “천황이시여! 이제 우리가 저 바닷속 황궁으로 가야할 시간입니다”하고 안토쿠천황을 품에 안고 바닷속으로 뛰어 내리는 비극 중의 비극으로 헤이께가의 종말을 맞는 사건이다. 이 같은 역사적 사건 이후 단노우라 해변에서는 헤이께가의 무사들을 닮은 못생긴 게들이 넘쳐나는 재미있는 현상이 주목받게 된다. 이런 현상을 역사적 인과관계로 해석하여 그 지역 사람들은 “헤이께가의 무사들이 아직도 한을 다 풀지 못하고 헤이께게로 환생하였고, 오늘도 차갑고 어두운 단노우라 바닷속을 헤메고 있다”는 전설을 만들어 내게 된다. 이것이 ‘단노우라의 비극과 헤이께게라는 전설’의 사실적 내용이다. 이 같은 전설은 인과의 오류를 설명할 수 있는 좋은 사례이다. 즉, 앞서 발생한 사건 ‘단노우라의 비극’, 그 다음으로 발생한 사건 ‘헤이께게의 번성’으로 먼저 일어난 사건이 원인이 되고, 다음으로 일어난 사건은 결과라는 식의 논리전개의 사례이다. 이것은 과학적으로 ‘인위적 선택에 의한 진화’로 설명되고 있다. 헤이께가의 여자들의 경우, 그 잔인한 전쟁의 종결 이후에도 살아남아야 했고, 선택의 여지도 없이 그 해변에서 대부분 어부들과 결혼함으로써 생계를 유지하게 된다. 이런 상황에서 어부들은 바닷가에서 잡은 게를 집으로 가져가게 되는데, 그 게들은 생김새가 아주 못생긴데다 공교롭게도 헤이께가의 무사들을 연상시키게 된다. 이것이 문제였다. 살아남은 헤이께가의 여인네들은 그 게를 보자 바닷속에 수장되었던 헤이께가의 무사들을 연상하게 되고, 그 게를 요리할 수 없어 바다로 돌려보낸다. 일이 여기에 이르자, 못생긴 게, 헤이께게들은 그 바닷가에서 살아남는 비율이 높아진 것이다. 일련의 사건들은 결국 바닷속에 있는 게들에게 ‘인위적 선택’에 대한 신호를 보내게 되었고, 단노우라의 바닷속에서는 ‘못생긴 게’들이 번성하는 생태계를 조성하게 된다. 게들의 ‘살아남기 위한 못생기기 경쟁’, 이것을 과학적으로는 ‘인위적 선택에 의한 진화’라 한다. 이 같은 논리적 모순이 바로 ‘인과의 오류(The post hoc fallacy)에 해당한다.

미신, 신화, 전설, 징크스 또는 동종주술 등에는 인과의 오류에 의한 잘못된 믿음이 내포돼 있다. 예수가 입던 성의를 입으면 모든 병이 치유된다는 믿음, 곰이 마늘을 먹으면 인간으로 환생한다는 믿음, 교문에 엿을 붙이면 수험생이 시험에 합격한다는 믿음, 미역국을 먹으면 수험생이 시험에서 떨어진다는 믿음, 여성이 개구리 입 속에 침을 세 번 뱉으면 피임이 될 수 있다는 믿음,

> 적대자의 초상이 고통받으면 본인도 고통받고, 초상이 소멸하면 본인도 죽는다는 믿음, 죽인 적의 피를 마시며 뒷머리 부위와 창자를 날것으로 먹으면 죽인 적의 용기를 얻을 수 있다는 믿음 …
>
> … 태평양의 라라통가에서는 어린아이의 이빨이 빠졌을 때, 다음과 같이 기도하곤 했다. "큰 쥐야! 작은 쥐야! 헌 이빨이 여기 있다. 새 이빨을 내게 주렴." 그런 다음에 이빨을 초가지붕 위에 던졌다. 쥐들이 썩은 집단 속에 둥지를 틀고 살았기 때문이다. 이때 쥐한테 비는 까닭은, 토인들이 쥐의 이빨을 가장 강한 이빨로 믿었기 때문이다.
>
> … 주술의 기초가 되는 사고의 원리를 분석해 보면 다음 두 가지로 귀결될 것이다. 첫째는 유사(類似)는 유사를 낳는다. 또는 결과는 원인을 닮는다는 것이며, 둘째는 한 번 접촉한 사물은 물리적 접촉이 끊어진 후에도 계속 서로 작용을 미친다는 것이다. 전자의 원리는 '유사의 법칙', 뒤의 것은 '접촉법칙' 또는 '감염의 법칙'이라고 부를 수 있다. 유사법칙에 근거를 둔 주술은 동종주술, 접촉법칙에 근거를 둔 주술은 감염주술이라고 부를 수 있다. … 한마디로 주술은 그릇된 행동의 지침일 뿐 아니라, 날조된 자연법칙의 체계이기도 하다. 결국 주술은 덜 떨어진 기술인 동시에 거짓 과학인 셈이다.
>
> \- 제임스 조지 프레이저, 『황금가지』(*The golden Bough*)에서 -

이론은 대체로 인과관계를 규명하는 논리체계로 구성된다. 이론은 변수와 변수의 관계로 설정되며, 독립변수가 변하는 경우, 종속변수가 따라서 변하는 인과의 원리가 작동한다. 우리는 이론체계를 구성하고 이해하는 과정에서 인과의 오류에 의한 논리적 함정을 유의해야 한다. 또한 원인과 결과를 판단하는 모든 과정에서 인과의 오류에 의한 논리적 함정을 배제해야 한다.

경제현상을 이해하는 과정에서 발생하는 인과의 오류에 대한 사례를 살펴보자.

어떤 나라의 정책담당자가 세율을 인하시키는 정책을 펴고 난 다음 그 나라의 재정수입을 추정해 보니 세율을 인하시키기 이전보다도 재정수입은 증대하였다 하자. 이런 경우, 우리는 세율의 인하가 한 나라의 재정수입을 증대시킨 것으로 이해할 수 있다. 즉, 먼저 실시된 정책, '세율인하'가 원인, 그 이후 나타난 '재정수입의 증대'가 결과라는 식으로 인과관계를 규정할 수 있을 것이다. 그런데 이와 같은 경제적 과정에는 인과의 오류가 숨겨져 있다. 왜냐하면 재정수입은 세율과 국민소득(과표)에 대한 증가함수로 규정되기 때문이다. 즉, 세율과 국민소득이 높을수록 재정수입은 증대한다. 여기서는 정책적으로 세율을 인하한 경우이므로 재정수입이 증대하기 위해서는 반드시 국민소득의 증대비율이 세율의 인하비율보다 상대적으로 커져야 한다. 만약 국민소득의 증대비율이 세율의 인하비율보다 상대적으로 작아진다면 결코 세율인하로 인한 재정수입의 증대현상은 발생할 수 없다. 즉,

**조세수입(TR) = t(세율) x Y(국민소득)**

**수식에서 조세수입(TR)이 증가하는 경우는 ① 세율(t)과 국민소득(Y) 모두가 커지는 경우, ② 세율(t)은 증가하고 국민소득(Y)은 감소하더라도 세율(t)의 증가비율이 상대적으로 크게 증가하는 경우, ③ 세율(t)이 감소하더라도 국민소득(Y)의 증가비율이 상대적으로 크게 증가하는 경우로 정리할 수 있다.**

따라서 앞에서 제시된 사례의 경우, 재정수입을 증대시킨 직접적 변수가 세율인하가 아니라 국민소득의 증대라 할 수 있다. 세율이 인하되었다 하더라도 국민소득이 보다 더 증대되지 않았다면 재정수입에 대한 증가현상은 일어나지 않았을 것이기 때문이다. 여기서 우리는 세율인하에 따른 국민소득의 증대현상이 국민경제에서의 재정수입을 증대시킬 수 있는 결정변수라는 점을 확인할 수 있다. 만약 국민소득의 증대를 유발시키지 못하는 세율인하 정책이라면 그 정책이 재정수입을 증대시키기는커녕 오히려 재정수입을 감소시켜 버리는 실패한 정책이 되고 말 것이다. 따라서 우리는 세율인하가 아닌 어떤 변수라도 국민소득을 증대시킬 수만 있다면 세율인하로 인한 재정수입의 증대현상과 결과적으로는 다를 바 없는 정책수단임을 확인하게 될 것이다.

### 2) 합성의 오류(Fallcy of Compostion)[3]

발명의 천재 에디슨의 일화이다. 수학시간에 선생님께서 "1+1=2이다. 아닐 수 있다라고 생각하는 사람은 손을 드세요." 에디슨은 손을 들었고, 선생님께서 왜 그렇게 생각하는지 이유를 묻자 에디슨은 미술시간을 위해 준비해 간 찰흙 두 덩이를 붙여버렸다. 그리고는 "선생님 보십시오, 찰흙 한 덩이와 또 한 덩이를 합

3 연역법에서 나타날 수 있는 현상이다.

했더니 두 덩이가 아니라 한 덩이가 되었잖아요"라고 말했다고 한다. 좀 어이없는 억지이긴 하지만 그 발상의 저변에서 천재성을 엿볼 수 있는 재미있는 이야기이다. 이 이야기는 부분의 합이 전체가 아닐 수 있다는 합성의 오류를 암시한다.

예를 들어 설명하면, 숲 속을 날고 있는 새의 경우에는 숲 전체의 형상을 볼 수 없을 것이다. 또한 숲 위를 날고 있는 새의 경우에는 숲 속의 형상을 제대로 볼 수 없을 것이다. 여기서 숲속의 새(부분적 시각)와 숲위의 새(전체적 시각)는 부분적 논리와 전체적 논리가 서로 다른, 즉 합성의 오류의 예시이다. 이런 까닭에서 경제학의 경우에도 두 가지 관점으로 이론체계가 나누어진다. 하나의 관점은 숲 속을 날고 있는 새의 관점으로 미시경제학(microeconomics)을 체계화했고, 다른 하나의 관점은 숲 위를 날고 있는 새의 관점으로 거시경제학(macroeconomics)을 체계화하였다. 케인스는 이 같은 논리적 함정을 영화관 이야기로 설명하고 있다. 짧은 다리의 관람객이 영화관 중간쯤에서 영화를 관람하고 있다. 앉은키가 작다 보니 시야가 가려 영화 관람에 어려움을 겪자 그는 자리를 박차고 일어서서 영화를 관람하기 시작했다 하자. 그는 이제 혼자 일어서서 영화를 관람하게 되니 시야가 확 트일 수 있었을 것이다 그러나 얼마가지 않아 화가 난 다른 관람객들이 모두 일어서서 영화를 관람하게 되었다 하자. 이제 상황이 변하게 되었다. 모든 관객들이 일어선 상황에서 짧은 다리의 관람객은 다시 시야가 가려져 버리는 고통을 감수하게 된다. 여기서 우리는 '관람객 혼자서 일어나는 경우', 즉 부분의 논리와 '관람객 모두가 일어나는 경우', 전체의 논리가 다르다는 것을 발견할 수 있다.

합성의 오류를 잘 함축하고 있는 경제적 사례를 살펴보자. '저축의 역설'(thrift's paradox)이라는 저축이 아닌 소비가 오히려 미덕으로 여겨지는 경제현상이 있다. 어떤 국민경제에서 개인 한 사람 한 사람이 모두 저축을 증대시키는 경우, 그 나라 전체의 총 저축은 증가해야 할 것이다. 그런데 개인저축의 증대가 국민총저축의 감소로 나타나는 경우가 있다. 이런 현상을 '저축의 역설'이라 한다. 이 같은 현상은 국민경제의 경기상태가 불경기인 상황에서 발생하는 특이한 경제현상이다. 왜 이런 일이 발생할까? 그 이유를 살펴보면 어떤 개인이 얻는 일정한 가처분소득 범위 안에서 개인이 저축을 증대시키면 그만큼 개인의 소비는 감소할 것이다(Y=C+S: 국민소득은 소비와 저축의 합이다). 국민경제가 불경기 상황에 놓여 있다면 개인의 저축증대는 개인의 소비감소를 의미하므로 경기를 더욱 악화시킨다. 즉, 쌓여 있는 재고로 실업이 증가하고 있는데 소비감소로 더욱 많은 재고가 쌓이게 되고 이로 인해 더욱 많은 실업이 발생하게 된다.[4] 따라서 실업자는 소득이 없고 소득이 없으므로 저축도 없다(S=f(Y): 한 나라의 총저축은 국민소득의 증가함수이다). 결론적으로 그 나라의 총저축은 오히려 감소하게 된다. 이와 같은 경제상황에서는 개인의 저축은 미덕일 수 없다. 오히려 개인의 소비가 미덕이 된다. 개인의 저축을 장려하는 정책보다는 개인의 소비를 장려하는 정책으로 더 많은 국민저축을 창출할 수 있다. 불경기하에서 개인의 소비증대야말로 기업의 재고를 소진시키고 실업자들을 일터로 복귀시킴으로써 개인의 소득을 증가시킬 수 있는 유효한 정책적 수단이 된다. 어떤 사람의 소득이 만원인 경우, 그 사람의 저축률(한계저축성향=$\Delta s/\Delta Y$)이 0.9라 하자. 이렇게 개인의 저축률이 높지만 저축액은 9,000원에 불과하다. 반면 그 사람의 소득이 백만원이고 저축률은 0.1이라 하자. 저축률은 0.9에 비하면 매우 낮은 수준이지만 저축액은 10만원이나 된다. 저축률보다 국민소득의 크기가 오히려 국민총저축을 결정하는 결정인자가 된다. 따라서 개인의 저축률 증대보다는 개인의 소비율 증대가 국민총저축의 증대를 가져온다.

배추농사를 짓는 농부가 5명 있고 그들을 편의상 A, B, C, D, E라 하자. 어느 해에는 가뭄으로 A만 지하수를 파고 온갖 정성을 들여 배추농사가 풍작을 이루었고, 나머지 농부 B, C, D, E는 게으름을 피우다 모두 배추농사가 망했다 하자. 이런 상황에서 배추 값은 금값이 되었을 것이다. 그런데 다른 어느 해에는 기후가 배추농사에 적합하여 A, B, C, D, E 모두가 풍작을 거두었다. 이런 상황에서 배추 값은 똥값을 면치 못했을 것이다. 여기서 주목할 것은 농부 한 사람만이 풍작을 거두는 경우와 모든 농부가 풍작을 거두는 경우, '배추 값 금값, 배추 값 똥값'이라는 상반된 결과에 직면한다는 점이다. 즉, 부분의 논리와 전체의 논리가 서로 다른 경제사회적 결과를 만들어 내고 있는 것이다. 이와 같은 합성의 오류는 일상적인 사회현상 속에서도 자주 발견된다. 즉, 부분의 합성으로 전체를 설명하는 데에도 오류가 있을 수 있고, 역으로 전체의 논리로 부분을 설명하는 데에도 오류가 발생할 수 있다.

지금까지 살펴본 인과의 오류와 합성의 오류는 연역법과 귀납법에 내재돼

---

4 이런 현상을 풍요 속의 빈곤(poverty midst plenty)이라고 한다.

있다. 우리는 연역법과 귀납법적인 논리체계로 모든 이론을 모형화한다. 또한 연역법과 귀납법적인 논리체계로 이론을 이해하며 현실에 적용하고 있다. 연역법적 논리체계 속에는 합성의 오류가 있을 수 있고, 귀납법적 논리체계 속에는 인과의 오류가 있을 수 있다. 올바른 과학적 판단은 '인과의 오류'나 '합성의 오류'를 벗어나는 논리체계에서 보장받을 수 있다.

## 추천 도서

- 데이비드 브룩스, 이경식 역, **『소셜 애니멀』**, 흐름출판, 2018.
- 데니얼 커너만, 이진원 역, **『생각에 관한 생각』**, 김영사, 2012.
- 리처드 도킨스, 이한음 역, **『만들어진 신』**, 김영사, 2009.
- 제임스 조지 프레이저, 이용대 역, **『황금가지』**, 한겨레신문사, 2009.
- 지두 크리슈나무루티, 정현종 역, **『아는 것으로부터의 자유』**, 물병자리, 2003.
- 토마스 S. 쿤, 김명자 역, **『과학혁명의 구조』**, 까치, 2007.
- 프리초프 카프라, 구윤서 외역, **『새로운 과학과 문명의 전환』**, 범양사, 2007.
- 한스 로슬링 외 2인, 이창신 역, **『팩트 풀니스』**, 김영사, 2019.
- 홍성학, **『인간의 얼굴을 한 과학』**, 서울대학교출판문화원, 2019.

# 제 2 부

# 경제와 경제원리

주제 03

# 경제원리와 경제교육



## 1 경제와 경제학(Economy & Economics)[1]

경제란 인간의 생존과정이라 할 수 있다. 우리는 경제생활 없이는 단 하루도 행복해질 수 없다. 경제활동은 우리가 살아가는 삶의 중요부분이고 생존을 위한 필수조건에 해당한다. 인류의 역사는 경제활동의 역사이다. 경제발전의 역사이고 생산과 소비과정의 역사이다. 어떻게 만들어 내고 어떻게 소비하였는가의 스펙트럼이다. 경제란 바로 생산과 소비가 그 핵심을 이룬다. 생산하지 않았는데 소비할 수 없지 않은가? 생산과 소비는 경제라는 수레를 끌고 가는 두 바퀴와 같다. 생산과 소비가 균형을 이룰 때 경제라는 수레는 잘 나아갈 수 있다. 생산은 과학기술이 주도하고 소비는 문화수준이 결정한다. 잘산다는 것은 무엇인가? 풍요란 생산과 소비가 상대적으로 높은 수준을 유지한다는 것을 의미한다. 부자란 생산력이 높고 소비의 질이 높다는 것의 반영이고 선진국이란 생산능력이 높고 소비수준이 높은 나라들을 일컫는 용어이다. 국민소득이 높다는 것은 그 나라의 생산능력이 높다는 것이다. GNI(gross national Income)란 그 나라 국민들이 1년 동안 소유하고 있는 생산요소를 국내외에 제공한 대가로 벌어들인 소득을 화폐가치로 환산한 개념이다. 또한, 국민소득은 3면 등가의 원칙이 작동하는데 총생산=총소득(분배)=총지

1 강남호·김경표, 『경제학원론』, 정독, 2019, pp.6~11.

출이 모두 일치함을 뜻한다. 어떤 나라에서 생산된 모든 것(총생산)은 그 나라 국민 모두에게 생산에 기여한 바에 따라 모두 분배되어진다(총소득). 총소득으로 그 나라 국민들은 경제활동에 지출하게 되고(총지출) 이것은 다시 기업으로 들어가(소비+투자) 생산을 결정한다.

저축이 투자되고 자본이 축적되여 새로운 생산방식이 기존의 생산방식을 대체한다. 인류의 역사는 저축과 투자 그리고 자본축적의 역사이고 이 과정에서 기술진보가 이루어진다. 원시인류가 집어든 짱돌이 약 10만 년을 거쳐 오늘날 A.I로 진화한 셈이다. 석기시대 → 청동기시대 → 철기시대를 거쳐 산업혁명 → 2차 산업혁명 → 3차 산업혁명 → 4차 산업혁명은 생산의 역사이고 과학기술의 역사이다.

**국민경제는 생산 → 소득 → 지출 → 생산이라는 순환체계를 반복하게 된다.**

**경제란 "만들어내고 사용하는 것", 즉 생산행위(production)와 소비행위(consumption), 그리고 자원배분(allocation)과 소득분배(distribution)의 연속된 과정이라 정의할 수 있다.**

무엇을 얼마나 생산할 것인가?를 결정하고 그 생산물을 생산하기 위해 투입되는 생산요소를 선택하는 과정에서 **자원배분**(allocation)이 이루어진다. 생산된 생산물들을 누가 사용할 것인가?를 결정하는 과정에서 **소득분배**(distribution)가 이루어진다. 현실의 생산과 소비과정은 자원배분과정이며 이것이 경제적 선택의 문제를 야기한다. 모든 경제행위는 선택행위이며 선택의 과정에서 반드시 경제문제가 발생한다. '무엇을 얼마나' '어떻게' 그리고 '누구를 위하여' 생산하는가라는 문제, 즉 국민경제 3대문제가 발생한다. 현실경제는 인간의 욕구에 비해 항상 자원은 부족하기 때문이다.

**이것을 희소성의 원칙**(law of scarcity)**이라 한다. 모든 경제문제는 희소성의 원칙에서 발생한다. 모든 선택은 대가를 치르게 된다. "공짜 점심은 없는 법이다"**(There is no such thing as a free lunch). **현실경제는 무엇인가를 선택하는 동시에 반드시 다른 무엇인가를 포기해야만 한다. 어떤 선택의 결과로 발생하는 다른 선택기회에 대한 포기비용이 발생하는 것이다. 따라서 경제적 선택과 기회비용**(opportunity cost)**은 동전의 양면과 같게 된다.**

경제현상을 가장 쉽고 간단하게 표현한다면 "하루하루 살아가는 과정이다"라고 표현할 수 있을 것이다. 우리가 살아가는 과정에서 가장 중요한 경제행위는 '만들어 내고 사용하는 것'이다. 여러분이 오늘 하루를 편안하게 지내기 위해 필요한 것들은 너무도 많다. 필요한 것들을 일일이 열거할 수 없을 정도로 다양한 종류의 상품들을 소비해야 한다. 그런데 우리는 우리가 소비하는 것들을 우리가 직접 만들지 않는다. 만들 능력도 없으며 직접 만들 필요도 없다. 직접 만들지 않은 것들을 모두 버린다면 우리는 아마도 벌거벗은 원숭이(naked ape)에 불과할 것이다. 생각해 보라! 도대체 화장지의 원료인 펄프는 어느 나라의 원시림에서 어떤 사람들의 손에 잘리어 수많은 세월 넓은 대양을 건너고 어떤 곳에서 어떤 생산공정을 거쳐 화장지로 변신한 다음 단번에 파악할 수 없을 정도의 복잡한 유통과정을 거쳐 오늘 우리의 화장실에서 변기통으로 사라져 버리는 것일까? 우리는 우리가 사용하는 화장지의 복잡한 생산과정과 유통구조에 대해 조사하거나 학습할 필요가 없다. 그저 필요한 것을 시장에서 구매하면 그만이다. 하지만 이러한 경제현상에서 중요한 점은 수많은 사람들의 상호관계에 의해 우리는 오늘 하루를 살아간다는 것이다. 우리들의 경제생활은 세계의 수많은 사람들이 만들어 낸 상호작용의 결과물이다. 따라서 우리는 경제현상을 이해하기 위해 세계 곳곳에 있는 서로 다른 사람들과 서로 다른 기업, 그리고 서로 다른 나라들이 마치 그물망처럼 얼킨 복잡한 경제관계에 주목해야 한다.

소비자는 소득이 있어야 생계를 유지하는데 소득을 가지고 소비와 저축을 선택하게 된다. 소비자의 저축은 금융기관을 거쳐 기업의 투자로 연결되는 순환과정을 거치게 된다. 생산과 소비는 총공급과 총수요로 정리되며 물가수준과 국민소득수준을 결정한다. 결국 생산과 소비가 이루어지는 과정에서 국민소득도 결정되고 경제성장이나 경제발전도 이루어진다. 총수요와 총공급이 균형을 이룰 때 경제는 안정된다. 만약 총수요가 부족하면 공급과잉(surplus)으로 실업이나 공황이 발생하고, 총공급이 부족하면 공급의 부족(shortage)으로 인플레이션이 발생한다. 국민경제에서 실업이나 인플레이션은 경제생활에 있어 고통을 수반하는 경제문제이다. 따라서 어떤 정부든 경제정책의 주요 목표는 실업을 줄이고 물가를 안정시킴으로써 국민들의 경제적 고통을 줄이려 한다.

경제학에서 어떤 경제상태의 변화가 개선인지, 아니면 개악인지를 판단하는 중요한 두 가지 잣대, 즉 효율성(efficiency)은 자원배분을 평가하는 데 기준이 되는 잣대이고, 공평성(equity)은 소득분배를 평가하는 데 기준이 되는 잣대이다. 효율성은 모든 자원, 우유, 돈, 시간, 자본을 가장 가치있는 곳에 배분할 때 증대된다. 예를 들어 우유가 1팩 있는 경우, 우유로 피부를 관리하는 경우와 그 우유로 모유가 부족해서 죽어가는 아이를 살리는 경우, 어떤 선택(자원배분)이 우유를 보다 가치 있게 만들었는가에 관한 가치중식의 문제이다. 공평성은 보다 복잡한 개념이지만 우유를 먹을 수 있는 경제적 능력자에게뿐만이 아니라 필요한 자(경제적 무능력자)에게도 우유를 나누어주어야 한다는 가치판단의 개념이다.

우리가 경제현상을 이해하기 위해서는 기본적으로 희소성의 원칙, 기회비용, 그리고 최선의 선택이 무엇인지를 판단하는 기준인, '**효율성과 공평성**'에 대해 이해해야 한다.

**경제학**(Economics)**은 경제문제와 경제현상을 연구하는 학문이다. 경제학은 희소한 자원을 선택적으로 사용하여 재화와 서비스를 생산·교환·분배·소비하는 과정에서 일어나는 경제문제와 경제현상을 연구한다. 따라서 경제학은 선택과학**(choice science)**이며 모든 사회현상을 이해하는 데 도움을 준다.**

경제현상은 경제를 구성하고, 경제이론은 경제현상을 설명·분석하고 예측한다. 경제현상을 과학적으로 모형화하여 이론체계로 담아낸 것이 경제학이론이다. 따라서 경제학은 경제의 중요한 현상, 즉 생산과 소비, 그리고 **자원배분**과 **소득분배를 다룰 뿐만 아니라** 시장, 교환과 교역, 화폐, 금융, 외환에 이르기까지 다양한 범주를 포괄한다. 또한 어떤 국민경제를 전체적으로 접근한다 하더라도 결국 생산과 소비가 이루어지는 과정에서 **경제성장, 경제안정, 개인의 경제적 자유, 경제규칙이나 제도, 삶의 질** 등의 문제를 다루게 된다.

**따라서 경제학은 경제성장, 경제안정, 개인의 경제적 자유, 경제규칙이나 제도, 삶의 질 등과 관련된 경제현상이나 경제문제들을 다루는 학문이라 정의할 수 있다.**

경제학은 희소성, 기회비용, 그리고 최적화(최선의 선택)라는 개념들로 짜여진 이론체계이고, 사회과학에서 가장 중요한 영역을 차지한다. 경제학은 선택과학이며 사회현상에서 발생하는 모든 선택문제에 폭넓게 적용될 수 있다. 따라서 경제학은 전통적으로 경제현상이 아닌 사회현상으로 분류되어왔던 자녀, 교육, 범죄와 처벌, 스포츠, 예술, 성차별 같은 사회문제들을 이해하고 해결하는 데에도 널리 활용되고 있다.

**경제학은 우리에게 경제현상을 이해(understanding)하고, 경제문제를 해결(solution)하며, 미래의 경제현상을 예측(expectation)할 수 있도록 도움을 준다.**

집안 살림을 꾸려가는 가장이나 가정주부이거나 어떤 기업의 경영자, 사원이거나 또는 자영업을 하는 사업가이거나 정부의 관료나 지방의 공무원이거나 또는 국회의원이나 지방의회의 의원이거나 어떤 **경제적 선택**이나 **정책적 의사결정과 마주하게 된다.**

**대통령은 국가차원에서의 의사결정, 도지사나 시장은 지방자치단체차원에서의 의사결정, 대학총장은 대학차원에서의 의사결정, 개인적으로는 사생활에서의 의사결정 그 내용만 다를 뿐, 누구든 하루하루는 선택(의사결정)의 연속이고 그 선택의 결과에서 벗어날 수 없다.**

어떤 선택을 하면 부자가 될 수 있는지, 이윤을 많이 남기는 기업을 만들 수 있는지, 지역의 발전을 도모할 수 있는지, 풍요로운 국가로 나아갈 수 있는지 모든 것들이 결국 선택에 의해 좌우된다.

경제학은 합리적인 선택의 방법을 제시한다. 합리적인 선택은 어떤 목적을 달성하는 효율적 수단이 된다.

정통경제학에 등장하는 인간을 경제인이라 한다. 경제인은 경제행위의 주체이고 경제학에서는 가계, 기업, 정부, 해외로 구분한다. 대부분의 경제학자들은 경제인은 **최선의 선택**을 찾는 합리적 이기주의자를 가정한다.

**경제학을 연구하는 대부분의 경제학자들은 모든 경제행위의 주체인 경제인(economicus)을 합리적 이기주의자(rational egoist)로 전제하고 있다.**

개개인이 모두 합리적인 것은 아니나 전체적으로 평균적으로 보면 합리적이라 볼 수 있다. **합리성**(rationality)이란 개념을 정의하는 데에도 난해함이 존재하지만 가장 간결하게 설명한다면 어떤 경제적 선택을 함에 있어 이익(편익, 효용)과 손실(비용)을 계산할 수 있고, 손실보다 이익이 되는 선택을 추구한다는 개념이다. 하지만 인지과학이 발달하고 경제학의 영역이 확장되면서 경제주체를 합리적 이기주의자가 아닌 휴리스틱(heuristic)한 인간으로 정의하기도 한다.

### 경제이론과 경제현실

경제이론은 모든 경제현실을 설명할 수 없다. 경제이론은 가정(ceteris-paribus)이라는 설계 과정을 거쳐 현실경제의 복잡한 변수들을 축소하거나 정리했기 때문이다. 그뿐만 아니라 경제현실은 환경에 따라 나날이 변화하는 유기체와 비슷한 특성을 갖고 있다. 예를 들어 생물학자가 꿀벌은 1년 동안 100만 개씩 개체를 번식할 것이라고 예측했다 하자. 그런데 가뭄과 환경오염이 심화되어 꿀벌의 개체 수가 50만 개밖에 번식되지 않았다면, 이 같은 예측과 결과의 불일치를 두고 생물학적 오류라고 단정할 순 없을 것이다. 경제현실은 꿀벌(유기체)의 경우처럼 환경변화에 영향을 받는 생명체와 유사하다. 경제학의 관찰대상인 현실경제는 경제적 요인이나 경제외적 요인에 의해 끊임없이 변화해 간다. 경제적 외부환경의 변화, 즉 유가, 환율, 국제금리, 교역상대국의 경제정책의 변화, 국제경제질서의 변화 등에 따라 현실경제는 변하고 있다. 그런가 하면 경제학자들은 정치적, 사회적, 외교적, 자연적 요인에 의한 변화, 즉, 전쟁, 지진, 가뭄, 태풍, 혁명, 폭동 등으로 인한 돌발변수들을 모두 고려하는 전지전능한 능력을 발휘 할 수 없다. 따라서 경제이론이 경제현실을 정확하게 설명하거나 예측하지 못한다고 해서 그 경제이론이 틀렸다고 단정할 순 없다. 경제이론에 담지 못한 변수나 경제외적인 변수들이 현실경제를 마구 흔들어 댄다는 사실에 주목해야 한다. 이런 이유에서 경제학자와 기상학자를 자주 비교한다. 경제학자와 기상학자 모두 복잡한 수식과 통계를 이용하여 미래를 예측한다. 그런데 예측이 정확하지 않아 적잖은 피해를 발생시킨다. 하지만 기상학자는 예측이 맞았는지 틀렸는지를 오늘 날씨에서 확실하게 확인할 수 있는 반면, 경제학자는 예측이 맞았는지 틀렸는지를 오늘 날씨처럼 확인하기 어렵다는 점이 다르다.

## 2 주요경제원리

경제학은 **선택과학**(choice science)이다. 경제원리는 경제현상뿐만 아니라 다른 사회현상을 이해하는 데에도 널리 활용되고 있다. 경제학을 지배하고 있는 주요 10대 경제원리를 살펴보면 다음과 같다. 경제학의 주요 10대원리를 분류하면 하나, 경제주체들의 경제적 선택을 지배하는 기본경제원리가 있다. ① 모든 선택에는 대가가 있다, ② 선택의 대가는 기회비용이다, ③ 합리적 판단은 한계적으로 이루어진다, ④ 사람들은 경제적 유인에 반응한다. 둘, 경제주체 간에 서로 작용하는 기본경제원리가 있다. ⑤ 자유거래는 모든 사람을 이롭게 한다. ⑥ 일반적으로 시장이 경제활동을 조직하는 좋은 수단이다. ⑦ 경우에 따라 정부가 시장성과를 개선시킬 수 있다. 셋, 전체 국민경제에 적용되는 경제기본원리가 있다. ⑧ 한 나라의 생활수준은 그 나라의 생산능력에 달려있다. ⑨ 통화량이 지나치게 증가하면 물가는 상승한다. ⑩ 단기적으로 인플레이션과 실업 사이에는 상충관계가 존재한다.

경제주체들의 선택원리로써 ① 모든 선택에는 대가가 있다. 자원이 한정된 상황에서 어떤 선택은 반드시 다른 선택의 기회를 구축한다. 예를 들어 10명이 살고 있는 어떤 섬에 10m의 원단이 있다하자. 하나의 제품을 생산하려면 1m의 원단이 소모된다. 5개의 스카프를 만든다면 원단은 5m가 필요하고 남은 원단은 5m로 감소한다. 5개의 스카프를 선택한 경제적 행위는 원단 5m를 대가로 지불한 것이 된다. 10명이 모두 팬티가 필요하다면 5개의 스카프의 선택은 5명의 팬티를 입을 기회를 빼앗는 대가를 지불한 셈이다. 원단이 아닌 어떤 선택이든 한정된 상황에서는 반드시 대가를 지불하게 된다. ② 선택의 대가는 기회비용이다. ①의 예에서 5개의 스카프를 선택한 것에 대한 기회비용은 5명의 팬티 입을 기회가 사라진 비용에 해당한다. 기회비용이 큰 선택은 비효율적인 선택이라 할 수 있다. 유명한 연예인이 자신이 고용한 가사도우미보다 김치를 잘 담근다 해서 가사도우미를 해고하고 김치 담그기에 전념하는 것은 비효율적 선택이다. 연예인의 시간당 수입이 가사도우미의 시간당 수입보다 높기 때문에 연예인이 김치를 담그는 선택은 기회비용이 높은 선택이 된다. 어떤 학생이 다음날 시험인데 1시간 드라마보기를 선택한 경우를 생각해 보자. 만약 그 학생이 시험이 끝난 그 다음날 1시간 드라마보기를 선택한 경우와 기회비용은 달라진다. 동일한 1시간 드라마보기인데도 시험전날의 기회비용은 좋은 평점이고, 시험다음날 기회비용은 빈둥거림일 수 있기 때문이다. 공짜 점심 없다는 말이 의미하듯이 음식을 비롯한 모든 소비품, 시간, 예산, 전공, 직업, 범죄, 친구, 배우자, 자녀의 수, 군사작전, 정부의 정책, 법적 제도, 사회제도 등 어떤 것을 선택하는 순간 기회비용은 발생한다. 기회비용은 장부상비용(explicit cos)에다가 장부상 정산되지 않는 비용(implicit cost)을 포함한다. 기회비용이 작은 선택일수록 합리적 선택이 된다. ③ 합리적 판단은 한계적으로 이루어진다. 한계원리에 대해서는 '04 경제원리와 합리적 선택'에서 자세하게 다루고 있다. 간단하게 설명하면 최소비용으로 최대효과를 얻는 선택조건을 한계원리라 한다. 예를 들어 알사탕을 추가(한계란 변화의 개념)로 1개 먹었을 때의 달콤함(한계효용)이 100원어치인데 알사탕을 1개 만드는 데 들어가는 추가비용(한계비용)은 50원이라 하자. 이 때 알사탕 1개를 추가생산하는 경우, 50원어치의 순효용이 발생한다. 그렇다면 생산을 마땅히 늘려야 총효용은 증가한다. 만약 거꾸로 알사탕을 추가(한계란 변화의 개념)로 1개 먹었을 때의 달콤함(한계효용)이 50원어치인데 알사탕을 1개 만드는 데 들어가는 추가비용(한계비용)은 100원인 경우라면, 알사탕 1개를 추가생산하는 경우, 50원어치의 순비용이 발생한다. 그렇다면 생산을 마땅히 줄여야 총효용은 증가한다. 따라서 알사탕 1개를 추가로 생산·소비할 때 발생하는 한계효용(추가된 달콤함)과 한계비용(추가된 비용)이 같아질 때 총효용은 극대가 된다. 정리하면 한계효용이 한계비용보다 높으면 더 많은 양을 선택해야 하고 그 반대이면 생산량을 줄여야 하며, 같아지면 생산량의 증감을 멈춰야 한다. 한계원리는 양의 증감을 판단할 때 합리적인 선택의 잣대를 제공한다. ④ 사람들은 경제적 유인에 반응한다. 대부분의 사람들은 자신의 이익을 위해서 경제활동을 선택한다. 자신에게 이익이 주어지면 선택하고 손실이 발생하면 회피하는 선택을 한다. 보다 많은 이윤을 위해서 경쟁을 이기기 위한 고통을 기꺼이 감수한다. 반면에 많은 손실이나 고통을 부담하는 행위에 대해서는 선택을 꺼려한다. 따라서 훈장이나 포상, 보조금 그리고 상금과 같은 당근으로 유인하고 형벌, 벌과금, 세금과 같은 채찍으로 선택을 줄일 수 있다.

경제주체 간에 서로 작용하는 기본경제원리로써 ⑤ 자유거래는 모든 사람을 이롭게 한다. 자유거래는 협업, 분업, 그리고 규모의 경제라는 혜택을 누리게 한다. 애덤스미스는 노동자 1명이 핀 만드는 전 공정을 담당하는 경우, 하루 20개의 핀을 생산하는 결과에 비하여 18개 공정으로 나누어 특화하는 경우, 4,800개의 핀을 생산하는 240배의 생산성이 증대되는 특화와 분업의 혜택을 핀공장의 사례로 설명하고 있다. 분업과 특화를 기반으로 하는 자유거래는 거래 당사들뿐만 아니라 사회적 이익까지 창출하는 것으로 밝혀지고 있다. 분업이나 특화는 선택과 집중의 원리가 작용하여 더 많은 것들을 생산하고 교환하며 소비할 수 있게 만드는 사회적 협동의 한 형태라 할 수 있다. 현대사회는 혼자서 생산하고 소비할 수 없다. 거의 대부분의 소비품들이 다른 사람들에 의해 만들어지고 자유거래에 의해 우리의 경제생활을 풍요롭게 한다. 자유거래는 희소한 자원을 가장 필요로 하는 자에게, 또한 가장 가치를 높게 부여하는 자에게 배분해 주는 최적화를 위한 윤활유이다. ⑥ 일반적으로 시장이 경제활동을 조직하는 좋은 수단이다. 시장에서는 효율적인 자원배분을 위한 조정계수, 시장가격이 작동한다. 또한 시장에서는 경쟁을 통해 가장 효율적인 경제활동을 촉진시킨다. 경쟁의 결과에 따른 이윤과 파산은 효율적인 경제주체는 계속 시장에 참여시키고 비효율적인 경제주체는 시장에서 퇴출시킨다. 시장은 수요와 공급의 선호를 반영하고 또한 수요와 공급을 균형화시킴으로써 부족함이나 과잉문제를 자동적으로 조절할 수 있다. ⑦ 경우에 따라 정부가 시장성과를 개선시킬 수 있다. 시장이 부족함이나 과잉공급의 문제를 해결하지 못하는 경우, 정부가 개입하여 미세조정으로 균형에 이르도록 조정할 수 있다. 시장이 실패하는 경우, 정부가 개입하여 시장의 성과를 극대화시킬 수 있다. 독과점과 소득분배의 불균등을 비롯한 금융시장(주식, 외환, 국제금융)의 불안정을 정부가 개입하여 안정화시킬 수 있다.

전체 국민경제에 적용되는 경제기본원리로써, ⑧ 한 나라의 생활수준은 그 나라의 생산능력에 달려있다. 한 나라의 생활수준은 소비수준을 의미하는 것이고 소비수준을 높이기 위해서는 생산수준이 높아져야 한다. 생산되지 않은 것들을 소비할 순 없는 일이다. 생산수준이 높아진다는 것은 그만큼 소득수준이 증가하는 것이고 소비능력이 증대하는 것이다. 또한 노동이나 자본의 생산성이 증대한다는 것을 의미한다. 한나라의 경제발전은 그 나라의 생활수준이 높아지는 것이고 경제가 발전하기 위해서는 자본, 생산인력, 생산기술 같은 생산성을 높일 수 있는 생산요소들이 증대하여야 한다. ⑨ 통화량이 지나치게 증가하면 물가는 상승한다. 화폐경제에서는 돈의 가치가 중요하다. 화폐로 계산된 임금(명목임금)이 증가했다고 해서 반드시 생활수준이 개선되는 것은 아니기 때문이다. 만약 명목임금이 10% 상승했는데 화폐의 가치가 10% 하락했다면 실질임금은 변하지 않은 것이다. 화폐에 대한 구매력이 돈의 가치를 결정하고 실질임금을 결정한다. 화폐의 가치(화폐의 구매력)는 상품의 가격처럼 화폐에 대한 수요·공급에 의해 결정된다. 화폐의 공급이 지나치게 증가한다면 화폐가치는 당연히 떨어지게 된다. 이런 현상을 인플레이션이라 하고 실업률과 함께 인플레이션율을 고통지수(misery index)라고도 한다. 따라서 경제가 안정되기 위해서는 인플레이션이 적정하게 관리되어야 한다. 대체로 한해의 물가수준이 2~3% 정도 상승하면 물가가 안정된 것으로 평가한다. ⑩ 단기적으로 인플레이션과 실업 사이에는 상충관계가 존재한다. 인플레이션과 실업은 국민경제생활을 위협하는 고통지수(misery index)에 해당한다. 대부분의 나라들은 인플레이션과 실업이 적정하게 관리되는 안정된 경제를 위해 노력하고 있다. 단기적으로 유효수요를 증대시켜(통화량을 증대시켜) 일자리를 늘리는 경우, 일자리는 늘어나지만 물가가 상승하는 인플레이션과 실업간의 상충관계(trade-off)가 발생한다. 이를 그래프로 나타내면 필립스곡선(phillips curve)이라 한다. 그런데 장기적으로는 인플레이션과 실업 간의 상충관계(trade-off)가 발생하지 않고 실업률은 자연실업률(natural rate of unempolyment)수준으로 회귀해 간다. 일자리를 늘리기 위해 통화량을 증대시키는 경우, 장기적으로는 단기적으로 늘어났던 일자리가 자연실업률 수준으로 줄어들고 물가만 상승하는 현상이 나타난다. 이처럼 일자리는 늘어나지 않고 인플레이션만 증대시키는 현상을 스태그플레이션(stagflation)이라 한다.

**경제원리와 자원배분**

경제문제는 희소성에 있고 경제원리는 합리적인 선택을 통해 부족함을 해결할 수 있는 방법을 제공하려 한다. 인간의 욕망은 무한한데 희소한 자원으로 모든 사람들의 욕구를 충족시키기는 쉽지 않다. 어떤 방법으로 사람들의 욕구를 채울 수 있을까? 부족한 자원을 사람들에게 배분하는 방법을 자원배분이라 한다. 예를 들어 설악산 정상에 생수가 100병 있고 그 생수는 병당 효율적인 시장가격(한계비용)인 1,000원이라 하자. 그런데 힘들게 등반을 하여 정상에 도착한 등산객들이 200병의 생수를 마시고 싶어 한다 하자. 이런 상황에서 어떤 자원배분기구가 작동할 수 있겠는가? 시장에 의한 자원배분, 선착순에 의한 자원배분, 쿠폰(정부가 발행)에 의한 자원배분, 제비뽑기에 의한 자원배분을 생각할 수 있다. ① 시장에 의한 자원배분은 돈이 없는 사람은 물을 마실 수 없다. 생수 가격은 100명이 기꺼이 지불할 용의가 있는 수준까지 상승할 수 있다. 따라서 산 아래보다 산 정상의 생수가격이 상대적으로 높아지면 산 정상으로 생수가 추가공급될 것이다. 시장원리는 자원배분에 인센티브를 제공함으로써 부족한 재화나 서비스의 생산을 촉진할 수 있다. ② 선착순에 의한 자원배분은 늦게 도착하는 사람은 물을 마실 수 없다. 산 정상에 공급된 생수에는 변함이 없다. ③ 쿠폰(정부가 발행)에 의한 자원배분은 정부의 지침이나 결정을 따르지 않는 사람들은 물을 마실 수 없다. 정경유착의 문제가 발생할 수 있다. 산 정상에 공급된 생수에는 변함이 없다. 정부가 직접 공급을 증가시킨다면 조세나 비효율로 인한 추가비용이 발생한다. ④ 제비뽑기에 의한 자원배분은 운이 없는 사람은 물을 마실 수 없다. 산 정상에 공급된 생수에는 변화가 없다. 흥부처럼 대박을 꿈꾸는 한탕주의가 지배한다. 시장경제원리는 인센티브가 작동하는 경쟁원리에 따라 모든 자원이 효율적으로 배분될 수 있다는 것을 보여준다. 자원의 효율적인 배분을 통해 생산의 질은 개선되고 양은 증대한다. 다만 시장이 실패하는 경우 정부가 조정하여 시장의 성과를 개선시킬 수 있다는 원리도 작용한다. 정부의 조정은 시장원리를 훼손하기 보다는 시장원리를 활성화하는 방향으로 개입해야 한다. 경제원리는 법이나 명령에 의해 말살되거나 바뀔 수 없기 때문이다.

## 3 경제교육의 중요성

우리가 살아가는 삶의 과정은 선택의 연속이다. 좋은 선택은 좋은 결과를 얻게 한다는 것은 경제현상의 기본적인 인과관계이다. 개인이나 기업이 하는 개별적 선택에서 정치인이나 관료가 하는 집단적 선택에 이르기까지 선택의 문제는 중요하다. 우리는 집안 살림을 꾸려가는 가장, 가정주부이거나 어떤 기업의 경영자, 사원이거나 또는 자영업을 하는 사업가이거나, 정부의 관료나 지방의 공무원이거나 또는 국회의원이나 지방의회의 의원이거나 모두 **경제적 선택**이거나 아니면 중요한 **정책적 의사결정**(공공선택)을 하지 않을 수 없다. 경제학은 어떤 선택이 효율적이고 공평한 선택인가를 판별하고 측정하는 이론적 잣대를 제공한다. 어떤 선택적 수단들이 가장 합리적이고 효율적인지를 밝혀 주는 지침서인 셈이다. 예를 든다면 어떻게 하면 부자가 될 수 있는지, 어떻게 하면 이윤을 많이 남기는 기업을 만들 수 있는지, 어떻게 하면 지역을 발전시킬 수 있는지, 어떻게 하면 풍요로운 국가를 만들 수 있는지를 경제학에서 그 해법을 찾을 수 있다.

미국, 일본, 프랑스 등 선진 각국에서는 경제 지력이 국가 경쟁력의 기본이라는 전제 아래 경제 이해력 강화 활동에 많은 노력을 기울이고 있다. 미국은 국가경제교육위원회(NCEE: national council on economic education)를 설치하고 경제교육을 체계적으로 지원한다. 미국의 경제교육위원회는 경제교육 목표를 "기본적인 경제 개념을 이해해 합리적 의사결정 능력을 기르고 책임

있는 시민으로 성장하도록 돕는 것"으로 정의하고 있다. 일본의 경우에도 일본경제교육센터와 경제교육연구협의회 등에서 의욕적인 경제교육사업을 펼치고 있다. 프랑스도 최근 정부 산하에 '경제문화확산위원회'를 출범시키고 경제이론 계몽운동에 나서고 있다. 이 밖에도 영국, 핀란드, 노르웨이 등 북유럽 선진국들도 국민들의 경제이해도를 높이기 위해 다양한 정책을 펴고 있다.

보스하트 미국 애틀랜틱대 교수는 경제교육과 관련한 재미있는 보고서를 발표했다. 적어도 한 과목 이상 경제학을 수강했던 학생들의 졸업 후 생산성과 소득이 그렇지 못한 학생들에 비해 훨씬 높다는 것이다. 재테크 지식이 아니라 경제적 사고능력, 합리성과 사고력이 이런 차별적 성과를 내는 밑거름이 된다는 것이 그의 분석이다. 미국의 경제학자 크리스 패럴은 "경제는 윤리와 정치의 현대적인 언어다"라고 말하고 있다.

우리는 경제교육을 통해서 경제현상을 이해하고, 경제문제를 해결하며, 미래의 경제추세를 예측할 수 있는 능력을 키울 수 있다. 경제교육을 통해서 우리가 이런 능력을 갖추게 된다면 개인적으로 부자가 되고 국가적으로 부유한 나라를 만드는 것은 어렵지 않을 것이다. 금값이, 땅값이, 석유가격이, 달러의 가치가, 주식의 가격이 오를 것인지 내릴 것인지를 정확히 예측할 수 있다면 어느 누구든 부자의 꿈은 아주 쉽게 이루어질 것이다. 경제교육이 잘 이루어진 사회나 국가가 있다면, 그렇지 않은 사회나 국가보다도 모든 경제적인 선택들이 합리적이고 공평한 기준들을 보다 쉽게 충족할 수 있을 것이다.

주제 04

# 경제원리와 합리적 선택



## 1 기회비용과 매몰비용

어떤 선택을 위해 지불한 비용이나 포기한 비용을 기회비용(opportunity cost)이라 한다. 컵라면을 먹기 위해서는 호주머니에 있는 돈을 버려야 한다. 컵라면을 선택하지 않았다면 그 돈은 계속 호주머니에 있고 다른 무언가를 선택할 수 있는 기회가 남아있는 셈이다. 중간고사 전날 야구중계방송을 1시간 즐겼다면 기회비용은 평점이 되고 중간고사가 끝난 다음날 1시간 야구중계방송을 즐겼다면 기회비용은 낮잠이나 빈둥거림일 것이다. 똑같은 1시간 야구중계방송을 선택한 것인데 기회비용은 서로 다를 수 있다. 또한 기회비용은 장부상에 나타나는 비용(explicit cos)에다가 장부상 정산되지 않는 비용(implicit cost)을 포함한다. 우리가 어떤 선택을 할 때 보이지 않기 때문에 무시되기 쉬운 비용을 암묵적 비용이라 한다. 예를 들어 취업준비생이 더 좋은 직장을 얻기 위해 1년 취업준비를 연장했다 하자. 학원비며 생활비 그리고 교재비 등 1년에 3,000만원이 필요하다 하자. 이때 3,000만원은 명시적 비용에 해당한다. 만약 이 사람이 지금 바로 취업한다면 연간 2,000만원을 벌 수 있다면 이것은 암묵적 비용에 해당한다. 따라서 이 사람은 취업준비를 1년 연장하는 선택으로 인해 기회비용이 발생하는데, 이를 계산하면 3,000만원(명시적 비용)+2,000만원(암묵적 비용)=5,000만원이 된다. 어떤 사람이 친구에게 1억원짜리 승용차를 선물했다 하자. 그는 친구를 위해 연료비, 수리비, 보험료까지 지불하기로 약속했다. 친구로부터 무상으로 받은 1억원짜리 승용차를 타고 다니는 이용자의 그 승용차에 대한 기회비용은 1억원+$\alpha$(명시적 비용)+차를 팔아 얻을 수 있는 이자수익(암묵적 비용)+차가 노후화되면서 발생하는 감가상각(암묵적 비용)으로 계상된다. 친구로부터 차와 연료비, 수리비, 보험료까지 지원받은 비용뿐만 아니라 귀속이자와 감가상각이라는 보이지 않는 비용까지 기회비용에 포함되는 것이다. 이처럼 기회비용은 어떤 선택에 따르는 이익과 손실을 합리적으로 계산하고 판단하는데 도움을 준다. 따라서 이것이냐? 저것이냐?를 선택하는 기준으로 기회비용을 활용할 수 있다. 기회비용을 반영한 가격을 잠재가격(shadow price)이라 하고 가장 이상적인 선택기준을 제시하는 가격으로 사용한다. 가장 효율적인 선택은 여러 사람들을 이롭게 한다. 기회비용에 의한 선택은 우유, 돈, 시간, 자원 등 모든 것들을 가장 가치있는 곳에 배분시킨다. 잘못된 선택으로 자원을 오용하거나 낭비하는 것은 그 사회의 구성원에게 죄를 짓는 일이다. 다른 사람들이 그 낭비된 자원을 사용할 수 있는 기회를 날리는 결과를 초래하기 때문이다. 이런 이유로 잘못된 선택은 '비효율 죄'로 경계의 대상이 된다.

한편, 선택을 결정하는 과정에서 매몰비용이란 개념도 유념해야 한다. 매몰비용의 경우에는 기회비용과는 다르게 어떤 선택을 할 때 무시되어야 하는 비용에 해당한다. 매몰비용(sunk cost)은 이미 지출된 비용이기 때문에 어떤 경제적 선택을 하든 그렇지 않든 변하지 않게 되는 비용이다. 한 번 투입되면 회수할 수 없는 성질을 가진다. 따라서 어떤 선택을 하는 경우, 고려하면 합리적 선택이 방해받는 성질을 갖고 있다. 따라서 합리적 선택을 위해서는 매몰비용은 무시되어야 한다.

**매몰비용(sunk cost)은 이미 지출한 비용, 마치 배가 침몰한 것처럼 회수할 수 없는 비용**을 말한다. 어떤 의사결정과정에서 매몰비용은 결과에 영향을 미치지 못한다. 어떤 결정을 하든 매몰비용은 달라지지 않는 특징을 가진다.

이미 투입된 고정비용의 경우에는 공장을 더 가동하든 공장 가동을 멈추든 관계없이 변하지 않는 매몰비용에 해당한다. 영화를 보기 위해 관람권을 지불했다 하자. 영화관에서 영화를 계속 보든 지루해서 영화보기를 중단하든 관람권을 얻기 위해 지불한 관람비용은 회수될 수 없다. 이처럼 한번 지불되면 회수될 수 없는 비용을 매몰비용이라 한다. 따라서 공장을 더 가동할 것인지, 영화보기를 중단할 것인지를 결정하는 기준으로서 고정비용이나 입장료는 무시해야 한다.

우리는 어떤 선택을 해야 하는 경우, 매몰비용은 무시해야 한다. 매몰비용을 선택에 따르는 비용으로 간주하면 비효율적인 선택을 하게 된다. 이미 투입된 매몰비용 때문에 중단해야 할 사업을 계속하는 경우 엄청난 추가손실을 부담하게 된다.

**어떤 의사결정을 할 때 가장 중요한 기준으로 삼아야 하는 비용의 기준은 기회비용과 한계비용**이다.

**매몰비용과 콩코드 오류**

영국과 프랑스가 합작했던 초음속여객기, 콩코드기의 개발과 생산에 대한 의사결정이 매몰비용과 관련된 좋은 사례이다. 매몰비용이란 한 번 투입되면 회수될 수 없는 비용을 말한다. 그런데 이 매몰비용의 규모가 커지면 이 비용 때문에 적기에 의사결정을 하지 못하게 된다. 이미 들어간 비용의 규모가 커질수록 소위 본전생각 때문에 비용을 회수할 수 없다는 것을 알면서도 계속해서 투자를 늘리게 되는 오류에 빠질 수 있다. 기존에 투입된 막대한 비용 때문에 사업을 중단하지 못하고 더 많은 추가비용을 투입한 후에야, 그 사업을 포기할 수밖에 없는 상황에 몰리게 되는 현상, 이런 사례를 콩코드 오류라 한다. 이미 투자된 비용이 아까워서 계속 더 투자하다가 결국 모든 것을 잃게 되는 비합리적 의사결정을 일컫는다. 초기 콩코드에 투자했던 투자가들은 매몰비용이 아까워 투자를 계속했지만 결국 2003년 4월에 콩코드기는 운행을 중단함으로써 총 190억 달러(약 20조원)를 날리게 되었던 실제 사례이다. 콩코드기를 개발하는 과정에서 초기비용, 즉 매몰비용이 많이 들어가게 되었는데 초음속여객기의 위험성, 여객기의 좁은 공간, 높은 연료비 등으로 인한 고비용문제가 발견되었는데도 불구하고 2000년 콩코드기가 공중 폭발하고 승객 전원이 사망할 때까지 이 사업을 지속했던 경제적 선택의 오류이다.

## 2 한계비용과 한계효용(수입)

한계비용(marginal cost)은 어떤 선택의 변화가 비용의 변화를 가져오는 변화되는 비용의 개념이다. 컵라면을 하나 더 선택했을 때 추가로 발생하는 비용이 한계비용이다. 따라서 양을 선택하는 경우, 한계비용은 합리적 선택을 위한 기준이 된다. 얻어지는 한계편익보다 한계비용이 낮은 경우에는 선택해야 하지만 한계비용이 한계편익보다 높은 경우에는 포기해야 한다. 한계편익과 한계비용이 같아질 때까지만 양을 늘려야 한다.

우리가 현실경제에서 어떤 경제적 선택을 하는 경우, 시장가격을 보고 선택을 결정한다. 시장가격은 완전경쟁균형가격이라면 기회비용을 반영한 잠재가격일 수 있고, 한계효용과 한계비용을 반영한 가격이라 할 수 있다. 따라서 시장가격을 선택의 기준으로 삼는 시장경제활동은 합리적인 선택을 보장할 수 있다. 소비자의 수요의도(수요곡선)는 한계효용을 반영한 것이고 공급자의 공급의도(공급곡선)는 한계비용을 반영한 개념이다. 따라서 수요와 공급이 일치하는 시장균형가격은 한계효용과 한계비용이 일치하는 가격을 의미한다. 합리적 선택의 조건을 충족하는 것이다(4.시장균형가격과 선택에서 자세히 설명한다). 어떤 선택을 할 때 한계비용이나 한계수입을 이해한다면 쉽고 빠르게 합리적인 선택에 이를 수 있다.

예를 들어 설명하면 어떤 항공사가 제주공항에서 인천공항으로 가는 여객기에 10석이 비어있는 경우, 할인가격으로 10석을 채워나 하나, 얼마나 할인가격을 적용해야 하나를 의사결정해야 한다고 하자. 이 여객기의 제주공항 → 인천공항까지 운항하는데 드는 총비용은 1,000만원이고 탑승정원은 100명이라 하자. 그렇다면 합리적인 가격은 1인당 10만원(평균비용)이다. 할인가격을 5만원을 제시하는 경우, 10명의 승객이 탑승을 원한다 하자. 이 항공사가 이윤을 증대시키기 위해서 5만원의 승객을 태워야 하나?, 답은 아주 간단하고 명료하다. 이 항공사가 5만원씩 10명을 태우는 경우, 1명당 한계수입은 5만원이다. 그렇다면 한계비용이 얼마인가가 중요하다. 만약 한계비용이 5만원보다 작다고 한다면 태워야 하고, 반대인 경우에는 태우지 말아야 한다. 한계비용이 3만원이라면 1명 추가로 태울 때마다 2만원의 이윤이 발생하지만 한계비용이 8만원이라 한다면 1명 태울 때마다 3만원의 손실이 발생하기 때문이다. 현실적으로 여객기의 좌석이 10석 비어있다는 것은 한계비용이 거의 발생하지 않는다는 것을 의미한다. 10명을 추가로 태우기 위해 비행기 사이즈를 늘려하는 것도, 좌석을 더 설치해야 하는 것도, 조종사를 더 써야 하는 것도, 승무원을 더 고용해야 하는 것도 필요하지 않기 때문이다. 이런 경우 추가비용은 발생하지 않는 것이다. 즉, 10명을 더 태우는데 조종사나 승무원의 임금, 좌석의 설치비용, 비행기를 크게 만드는 비용 등은 변하지 않는다. 따라서 비어있는 좌석에 10명을 추가로 태우는 것은 한계비용이 매우 낮은 상태에 있다는 것을 알 수 있다. 이런 한계의 원리를 잘 이해한다면 신속하고 명확한 의사결정(선택)에 도움이 된다. 기회비용이나 한계원리는 합리적 선택을 위한 중요한 잣대가 된다. 이것이냐 저것이냐를 선택하는 양자택일의 경우에는 기회비용이 유용하고, 규모나 양을 증가시켜야 되나 감소시켜야 되나를 선택하는 수량선택의 경우에는 한계분석이 매우 유용하다.

### 군사작전과 경제원리

제2차 세계대전 당시 연합군은 프랑스 해방을 위해 상륙작전의 지점을 노르망디해안이냐 칼레해안이냐를 결정해야 했다. 연합군은 노르망디해안과 칼레해안을 동시에 공격하기에는 병력이 부족하므로 독일이 예상하고 있던 칼레보다는 노르망디를 공격하는 결정을 내리게 된다. 노르망디는 칼레해안보다 방어망이 허술했고 연합군의 상륙작전은 성공하게 된다. 독일군의 입장에서 보면 그들은 노르망디보다 칼레를 선택했고 패배했던 것이다. 연합군입장에서는 독일군의 허를 찔러 기회비용을 줄이는 선택을 했던 셈이고 독일군의 입장에서는 칼레를 선택해 기회비용을 높이는 선택을 했던 셈이다. 제1차 세계대전 당시 독일군은 프랑스를 육지로 공격하는데 얼마의 병력으로 공격할 것인가를 고민하게 된다. 공격하는 병력과 수비하는 병력의 분배를 결정하는 문제인데 처음 작전계획은 침공군의 병력을 강하게 유지하는 것이었다 한다. 그런데 후임자인 헬무트 폰 몰트케 장군은 본래의 작전계획을 변경하는 과정에서 몇 개의 사단을 수비대로 재배치하는 우를 범하게 된다. 대부분의 역사가들은 독일이 패전한 이유를 공격부대의 병력을 약화시킨 작전변경에서 찾고 있다. 병력을 수비군에 증가시킬 때와 공격군에 증가시킬 때의 한계개념에 대한 이해가 부족했던 결과라 평가할 수 있다. 수비군보다 공격군의 한계비용은 낮고 한계편익이 높았던 상황인데 오히려 수비군에 병력을 증강시키는 오류를 범했던 사례이다.

## 3 한계효용과 가치의 역설

시장에서 거래되는 모든 상품에는 가격이 설정된다. 각각의 상품마다 가격은 다르게 설정된다. 시장에서 상품은 무엇 때문에 서로 다른 가격에 거래되는 것일까?, 일반적으로 사람들은 그 상품에는 그만한 가치에 있기 때문에 그 가치만큼의 가격이 설정된다고 생각하기 쉽다. 과거에는 한때 이런 문제로 경제학자들 사이에서도 **가치논쟁으로 치달았던 시대가 있**었는데, 상품의 가격은 가치가 결정하는 것이 아니라 시장에서의 수요와 공급에 의해 결정된다는 **수요·공급에 의한 시장가격결정론에 의해 가치논쟁이 종결된 바 있다**(시장균형가격에 대해서는 '4.시장균형과 시장균형가격'에서 자세히 설명하고 있다).

경제학에서는 한계원리가 중요한 개념인데 수요측면에서는 한계효용체감의 법칙이 작용하고 공급측면에서는 한계생산력체감의 법칙이 작용한다 소비량(존재량)을 늘리면 한계효용은 체감하고 생산량을 늘리면 한계생산력(한계비용체증의 법칙)은 체감한다는 원리가 작동한다. 한계원리가 소비와 생산과정에 작동함에 따라 수요곡선은 우하향하고 공급곡선은 우상향하는 형태를 갖게 되는 것이다. 한계개념을 바탕으로 한 수요·공급이론은 어떤 상품의 가격이 그 상품의 가치라기보다는 그 상품에 대한 수요(한계효용)와 공급(한계비용)요인에 의해 결정된다는 사실을 설명하게 된다. 애덤 스미스를 비롯한 고전학파 경제학자들은 상품의 가격은 노동가치에 의해 결정된다는 믿음을 가지고 있었다. 노동가치설은 물이나 공기는 사용가치가 높은 데도 교환가치(가격)가 왜 낮은지를 설명할 수 없는 한계에 부딪친다. 그들은 사용가치가 곧 가격이라고 생각하였기 때문에 사용가치가 매우 높은 물이나 공기의 가격이 거의 0에 가까운 이유를 설명할 수 없는 논리적 오류를 범한 것이다. 고전학파가 직면했던 가치와 가격의 괴리현상, 즉 **교환가치와 사용가치 간의 괴리현상을 가치의 역설**(paradox of value)이라 한다.

가치의 역설을 이해하기 위해서는 **총효용**(TU)은 **사용가치**(use value)이고, **한계효용**(MU)은 **교환가치**(exchange value)라는 효용의 개념을 이해해야 한다. 시장가격은 교환가치, 즉 한계효용의 반영이고, 사용가치는 총효용의 반영이어서 사용가치와 교환가치가 서로 다른 경우, 괴리현상이 나타나기 때문이다. 사용가치가 크다 하

더라도 교환가치가 낮은 이유로는 사용가치인 총효용은 높지만 교환가치인 한계효용은 낮기 때문이다.[1]

한계효용은 욕망의 강도에 비례하고 존재량의 크기에는 반비례한다. **한계효용은 존재량과 역의 관계이고 한계효용은 곧 교환가치이며, 가격의 크기를 결정한다. 따라서 대체로 존재량이 많은 물이나 공기 같은 자원의 가격은 낮은 것이고 금이나 다이아몬드 같은 존재량이 희소한 자원의 가격은 높은 것이다.** 사우디아라비아에서는 물이 휘발유보다 5배나 비싸다고 한다. 사우디아라비아에서는 휘발유가 물보다 풍부하기 때문이다. 물이 상대적으로 부족한 사우디아라비아에서는 물의 한계효용이 휘발유의 한계효용보다 높은 것이다.

[물과 다이아몬드의 가치의 역설]

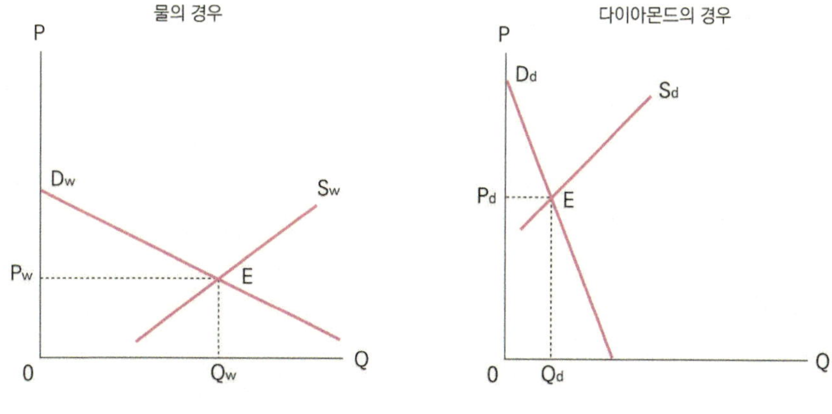


그림에서 물의 총효용은 왼쪽 그림의 $D_w0Q_wE$의 면적이고 다이아몬드의 총효용은 오른쪽 그림의 $D_d0Q_dE$의 면적이다. 물의 총효용의 면적인 $D_w0Q_wE$의 크기가 다이아몬드의 면적인 $D_d0Q_dE$의 크기보다 더 크다는 것을 알 수 있다. 이것은 가치 측면에서 물의 사용가치가 다이아몬드의 사용가치보다 높다는 것을 나타낸다. 하지만 물의 시장가격은 $P_w$수준이고 다이아몬드의 시장가격은 $P_d$수준이어서 물보다 다이아몬드의 가격(교환가치=한계효용)이 월등히 높다는 것을 나타낸다. 물가격이 낮은 이유는 한계효용이 낮은 까닭이고 다이아몬드 가격이 높은 이유는 한

1 가격은 시장의 수요와 공급에 의해 결정되지만 가치는 사회적인 제도나 문화, 그리고 주관적인 가치관(가치기준)에 의해 결정되는 경향이 있다.

계효용이 높기 때문이다.

따라서 물이나 다이아몬드처럼 높은 가격수준으로 평가받기 위해서는 사용가치보다 교환가치를 높게 유지해야 한다. 교환가치를 증대시키기 위해서는 한계효용을 높여야 하고 한계효용을 높이기 위해서는 희소성을 증대시켜야 한다. 또한 교환가치(시장가격=돈)가 가격을 결정하는 중요요소이므로 사용가치는 무시되거나 폄하되는 물신화 현상의 원인이 되기도 한다. 사람들은 황금만능주의에 몰입하게 되고 사회적으로는 물이나 공기 같은 공유자원뿐만 아니라 사랑, 우정, 정의, 연대의식 같은 사용가치의 중요성을 경시하는 원인이 되기도 한다.

### 자기 돈과 눈먼 돈

돈은 욕구충족을 위한 경제적 도구이다. 현실경제에서 욕구충족을 위한 모든 선택은 돈으로 나타낸 시장가격에 의해 이루어진다. 선택과 교환 그리고 가치저장 수단으로서도 돈은 중요하다. 그런데 돈을 어떻게 사용해야 하는가의 선택의 문제는 개인적으로나 사회적으로 중요한 이슈가 된다. ① 자기 돈을 자기 자신을 위해 사용하는 경우이다. 자기 돈이기 때문에 최선을 다해 아껴 쓸 가능성이 높다. 또한 자기 자신이 무엇을 원하는지 가장 잘 알 수 있기 때문에 가장 효용성있게 돈의 사용처를 선택할 것이다. ② 자기 돈을 남을 위해 사용하는 경우이다. 선물, 기부금, 뇌물 등이 여기에 해당한다. 가능하면 사용액수를 줄이려 할 것이다. 또한 선물이나 뇌물의 경우에는 상대가 무엇을 원하는지 정확히 파악할 수 없다. 자칫하면 오히려 선물이나 뇌물의 효과가 역으로 나타날 수 있다. 이런 이유로 선물이나 뇌물은 현금으로 하는 것이 효과적이다. 현금은 그것을 받은 사람에게 자기 돈을 자기를 위해 사용할 수 있도록 받은 돈을 변환시키기 때문이다. 기부금의 경우에는 자신이 지불한 돈의 사용처가 투명하지 않을 수 있다. ③ 남의 돈을 나를 위해 사용하는 경우이다. 공짜는 양잿물도 마신다는 속담이 있다. 눈먼 돈은 주인이 없다는 뜻이다. 도덕적 해이(moral hazard)가 발생한다. 계돈, 회비, 회사돈, 나랏돈 등을 유용하는 이유이다. 불법적이거나 비효율적으로 쓰여질 가능성이 높다. 따라서 투명한 회계처리 및 엄격한 감사체계가 중요하다. ④ 남의 돈을 남을 위해 사용하는 경우이다. 모든 공적인 행위에 해당한다. 정치인, 관료, 공적단체나 기관을 운영하는 사람들의 경우이다. 공공의 이익을 위해 최선의 선택을 한다는 보장이 없다. 자칫 ③의 돈으로 변질될 수 있고 정치적이거나 개인적인 이해관계에 의해 함부로 남용될 수 있다. 공공의 이익이 아닌 공공의 적, 공공의 해악을 만들 수 있다. 주인과 대리인(agent-principle problem)의 문제가 발생한다. 권력분립, 법치주의, 시민참여, 공정한 선거제도, 언론의 자유 등 견제와 균형을 이루는 민주주의 질서가 중요하다.

## 4 시장균형과 시장균형가격

시장균형은 시장이란 무대에서 수요자와 공급자가 가격과 수·급량에 모두 동의한 상태를 말한다. 시장균형은 시장가격에 대해 수요자와 공급자가 모두 동의하면서 수요량과 공급량에 모두 만족하는 상태를 의미한다. 따라서 시장균형은 가격측면에서 소비자와 생산자가 모두 만족하는 가격을 설정한 것이고 수량측면에서 소비량과 공급량이 일치하는 남거나 모자람이 없는 조화로운 상태를 의미한다. 더불어 시장균형가격은 사실상 소비자의 **주관적 가치**(MU)와 생산자의 **객관적 가치**(MC)를 일치시키는 합의된 교환가치의 반영에 해당한다. 예를 들어 컵라면이 1개에 1,000이라 하자. 컵라면 가격은 왜 2,000원이나 500원이 아니고 하필 1,000일까? 그것은 시장균형가격이 1,000이기 때문이다. 소비자는 컵라면 1개를 구매하는데 기꺼이 1,000원을 지불할 용의가 있는 것이고 생산자는 1,000원을 받고 컵라면 1개를 기꺼이 공급할 용의가 있다는 것을 의미한다. 소비자는 컵라면 1개를 먹으면서 1,000원이거나 1,000원 이상의 한계효용(맛있음)을 느낀다는 것이고 생산자는 컵라면 1개를 생산하면서 1,000원이거나 1,000원 이하의 한계비용(수고로움)을 지출한다는 것을 의미한다. 그러므로 컵라면의 시장가격이 1,000원이라는 것은 소비자의 주관적 가치(한계효용)와 생산자의 객관적 가치(한계비용)를 동시에 반영한 결과이다. 우리의 일상적인 생활은 시장가격에 의해 이루어지고 있는 것인데, 우리의 선택을 좌우하는 시장가격이 시장균형가격이라면 우리의 선택은 합리적인 선택이고 결과적으로 가장 효율적인 자원배분상태에 이르게 한다.

아래 그림에서 E점은 수요·공급에 의해 달성된 **시장균형을 나타낸다.** 수요곡선과 공급곡선이 교차하는 E점은 수요자나 공급자가 모두 최선의 선택으로 받아들이는 상태여서 이 상태를 계속 유지하려는 힘이 작동한다. 시장균형에서는 **모자람**(shotage)이나 **과잉공급**(surplus)이 전혀 존재하지 않는 **최적의 상태이고 사회적 후생을 극대화하는 상태이다. 다음 그림에서 삼각형0EP가 가장 커지는 꼭지점이 E점이다. 삼각형0EP는 소비자잉여**(삼각형$P_E$EP)**+생산자잉여**(삼각형$P_E$E0)**를 합한 것이다.** 따라서 시장균형은 소비자는 효용을 극대화하고 공급자는 이윤을 극대화하는 사회적 후생의 극대화를 달성하는 것이다. 또한, 시장균형은 지속되려는 힘이

[수요·공급에 의한 시장균형]

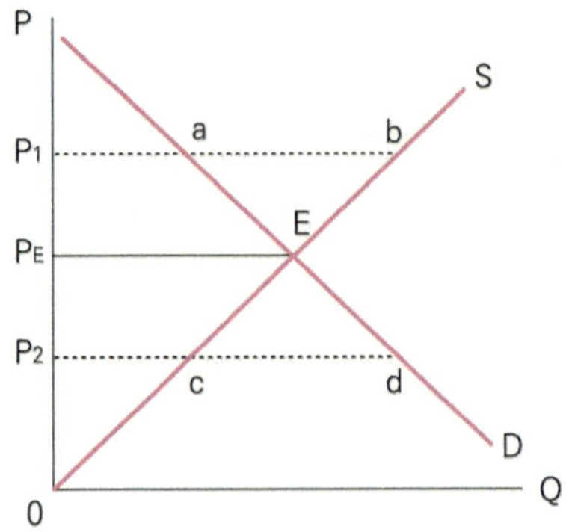


작동하고 균형이 무너지면 다시 회복하려는 힘이 작동하는데, 이런 원리를 균형의 안정성이라 한다.

시장균형이 무너지는 경우, 시장가격은 탄력적으로 조정기능을 발휘하게 되고, 시장가격은 수·급량을 적절하게 조정함으로써 시장을 다시 균형상태로 되돌려 놓는 매개변수의 역할을 수행한다. 시장은 시장가격이 균형가격보다 높게 되면 **초과공급**(excess supply: 그림의 a–b)을 발생시켜 시장가격은 하락하게 된다. 또한 시장가격이 균형가격보다 낮게 되면 **초과수요**(excess demand: 그림의 c–d)를 발생시켜 시장가격은 상승하게 된다. 결과적으로 시장가격이 탄력적으로 수·급량을 조정함으로써 시장은 다시 균형을 회복하게 된다.

정리하면 시장균형은 소비자와 생산자의 자유로운 경제적 선택에 의해 형성되고 가격측면에서 소비자와 공급자가 의견일치를 본 시장균형가격을 설정하며 수량측면에서 남거나 모자람이 없는 시장균형수·급량을 결정하게 된다. 시장균형상태는 소비자의 효용이 극대화되고 생산자의 이윤이 극대화됨으로써 사회적후생도 극대화되는 최적한 경제상태를 의미한다. 현실경제에서 시장균형분석을 통해 여러 가지 선택에 대한 효율성을 비교할 수 있고 해결방안을 도출할 수 있다.

## 5 탄력성과 합리적 선택

탄력성은 경제원리의 중요개념으로서 폭넓게 활용된다. 대부분의 경제이론은 변수(독립변수)와 변수(종속변수)의 관계인데 탄력성이란 이 두 변수가 변하는 비율(%)을 측정하는 개념이다. 수요함수를 예로 들어 가격이 변할 때 수요량이 변하는 비율을 수요의 가격탄력성이라 한다. 측정산식은 다음과 같다.

$$\text{가격탄력성}(\varepsilon_p) =$$
$$\text{수요량의변화율}\left(\frac{\triangle Q: \text{수요량의 변화분}}{Q: \text{원래의수요량}}\right) \Big/ \text{가격변화율}\left(\frac{\triangle P: \text{가격의 변화분}}{P: \text{원래의가격}}\right)$$

수요의 가격탄력성이 1이라면 가격이 10% 변할 때 수요량이 10% 변하는 것을 말한다. 가격이 10% 오르면 수요량은 10% 감소하고 가격이 10% 내리면 수요량은 10% 증가하는 것을 나타낸다. 수요의 가격탄력성이 1보다 큰 2라면 가격이 10% 변할 때 수요량은 20%는 20% 변하는 것을 나타내고 수요의 가격탄력성이 1보다 작은 0.1이라면 가격이 10% 변할 때 수요량은 1% 변한다는 것을 나타낸다. 예를 들어 백화점에서 가격할인을 자주하는 것은 백화점을 찾는 고객들의 수요의 가격탄력성이 1보다 크기 때문이며, 심야택시가 요금을 할증하는 것은 수요의 가격탄력성이 1보다 작기 때문이다. 수요의 가격탄력성은 기업의 총수입(가계의 총지출)과 밀접한 관계를 가진다. 기업의 총수입(가계의 총지출)=가격(P)×수요량(Q)으로 산정된다. 이 수식을 통해 가격변화의 크기와 수요량변화의 크기가 서로 음(-)의 관계이기 때문에 가격변화율과 수요량변화율의 절댓값의 상대적 크기(수요의 가격탄력성)가 총수입(가계의 총지출)의 증감을 결정한다는 것을 알 수 있다.

기업의 총수입(TR)=P(가격)×Q(수요량)

따라서 수요의 가격탄력성은 기업의 가격전략에 따른 총수입의 변화를 예측하는데 유용한 도구가 된다. 다음 그림에서 보는 바와 같이 수요의 가격탄력성($\varepsilon_d = 1$)이 1인 경우에는 가격변화비율과 수요량의 변화비율이 동일하기 때문에 가격변화에 따른 기업의 총수입은 변화하지 않는다. 가격이 변한만큼 수요량이 변하기 때문에 P(가격)×Q(수요량)=TR(기업의 총수입)은 변하지 않는다. 수요의 가격탄력성

[수요의 가격탄력성과 기업의 총수입]

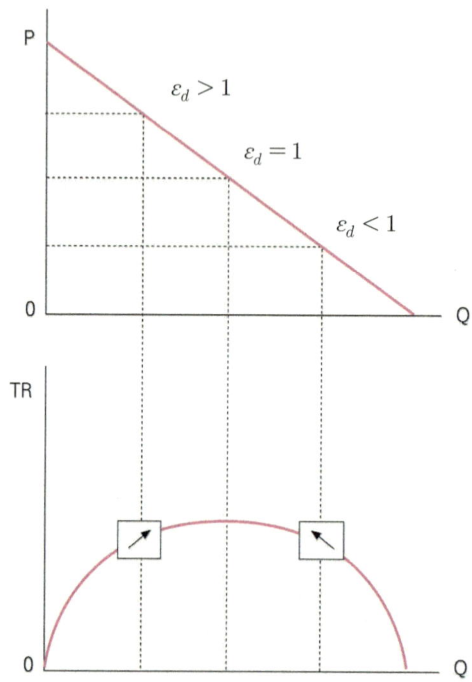


($\varepsilon_d > 1$)이 1보다 큰 경우에는 수요법칙에 따라 가격이 상승하면(수요곡선을 따라 왼쪽으로 이동) 수요량은 감소하는데 가격상승비율보다 수요량의 감소비율이 더 크게 되어 기업의 총수입은 감소하게 된다.

가격이 하락하는 경우에는(수요곡선을 따라 오른쪽으로 이동) 가격하락비율보다 수요량의 증가비율이 더 크게 되어 기업의 총수입은 증가하는 것이다. 수요의 가격탄력성($\varepsilon_d < 1$)이 1보다 작은 경우에는 가격이 상승하면(수요곡선을 따라 왼쪽으로 이동), 수요량은 감소하는데 가격상승비율보다 수요량의 감소비율이 작게 되어 기업의 총수입은 증가하게 된다. 가격이 하락하면(수요곡선을 따라 오른쪽으로 이동) 수요량은 증가하지만 그 비율이 가격하락비율보다 작게 되어 기업의 총수입은 감소하게 된다.

우리는 일상생활에서 매일 가격할인 전단지를 마주한다. 영화관 조조할인, 청소년 할인, 백화점 고객 감사 대세일, 효(경노)세일까지 기업의 마케팅 전략에는 효사상까지 등장한다. 하지만 이런 할인 마케팅은 어디까지나 기업의 수입을 증대시키기 위한 전략적 수단이라 할 수 있다. 이론적으로는 가격차별에 해당하고 기본원리는 수요의 가격탄력성에 기반하고 있다. 기업은 자신의 고객에 대한 수요의 가격탄력성이 서로 다른 시장으로 분리할 수 있는 경우, 가격차별화전략으로 수입을 극대화할 수 있다. 수요의 가격탄력성과 기업의 총수입(가계의 총지출)과의 관계에서 살펴본 것처럼 수요의 가격탄력성이 1보다 크다면 가격을 할인하여 기업의 수입을 증대시킬 수 있다. 영화관의 경우, 오전과 저녁시간을 구분해 보면 수요의 가격탄력성이 서로 다르게 나타난다. 따라서 수요의 가격탄력성이 탄력적인 오전시간대(오전에 영화를 감상하는 사람들은 가격에 예민하다)의 고객에게 가격을 할인해 주는 것은 영화관 수입에 도움이 된다. 조조할인이 가능한 것이다. 성인과 청소년을 구분하면 청소년은 성인에 비해 주머니 사정이 좋지 않으므로 수요의 가격탄력성이 크게 나타난다. 청소년할인이 가능한 것이다. 노인들의 경우에도 일반인에 비해 시간적 여유는 있는 반면 소득은 넉넉지 않으므로 수요의 가격탄력성이 크다. 노인들에 대한 가격할인이 가능한 것이다. 미국시장과 국내시장에 대한 수요의 가격탄력성이 다르다면 이런 경우에도 가격차별은 성립될 수 있다. 자동차시장의 경우, 미국시장이 국내시장에 비해 더 개방적이므로 수요의 가격탄력성이 국내시장보다 크다. 따라서 미국시장에서 자동차의 가격할인이 가능해지는 것이다. 반대로 수요의 가격탄력성이 1보다 작다면 기업은 가격을 인상하는 전략이 기업의 수입을 극대화하는 데 유리하다. 대학의 등록금 같은 경우에는 대학교육에 대한 수요의 등록금탄력성이 1보다 작으므로(등록금으로 인해 대학진학을 포기하는 사람은 많지 않기 때문에) 대학당국은 등록금인상을 통해 대학의 재정수입을 증대시키려 한다. 농민들은 매년 풍년을 기원한다. 그런데 풍년이 되었는데도 농민들의 소득은 증가하지 않는 이유는 무엇일까? 그 해답은 농산물의 수요의 가격탄력성에 있다. 풍년은 농산물의 공급이 증가하는 것을 의미하고 농산물 가격이 하락하는 것을 의미한다. 농산물가격이 하락하는 비율보다 농산물에 대한 수요량의 증가비율이 더욱 증가한다면 농민들의 소득은 증가할 것이다. 농산물에 대한 수요의 가격탄력성이 1보다 큰 경우, 풍년은 농민들에게 축복을 보장하는 것이다. 수요의 가격탄력성이 1보다 작은 경우라면 풍년은 농민들에게 재앙이 될 수 있다. 풍년으로 가격은 떨어지는데 수요량은 가격하락 비율보다 작게 증가하기 때문이다. 또 다른 측면에서 어떤 정책당국자가 농민들의 소득증대를 위해 농산물가격을 인상하는 가격지지정책을 폈다 하자. 농민들의 소득을 증대시킬 수 있을 것인가? 역시 이 경우에도 답은 농산물에 대한 수요의 가격탄력성에 있다. 농산물에 대한 수요의 가격탄력성이 1이라고 한다면 이런 정책은 농민들의 소득증대에 아무런 도움을 주지 못한다. 왜냐하면 농산물가격이 오른 비율만큼 농산물 판매가 줄기 때문이다. 그런데다 쓸데없는 가격인상에 따른 거래비용만 증가하게 된다. 만약 농산물에 대한 수요의 가격탄력성이 1보다 큰 경우라면 이런 정책은 오히려 농민들의 소득을 감소시키는 정책이 되고 만다. 가격이 오른 비율보다 농산물판매비율이 더 크게 줄어들기 때문이다. 농민들의 소득에 기여하기 위해서는 농산물가격을 인상할 것인가? 아닌가의 문제가 아니고 농산물에 대한 소비자들의 수요의 가격탄력성의 크기가 얼마인가를 먼저 파악해야 한다.

**가격차별의 한 형태로서 기업이 광고나 쿠폰을 제공하고 그것을 가지고 오는 소비자에게만 가격을 할인해 주는 방식의 가격차별을 장애물 가격차별**이라고 한다. 또한 **세일기간이나 조조할인 같은 기간이나 시간대별로 가격을 다르게 설정하는 방식을 시점간 가격차별**이라고 한다. **1차 지불가격**(기본료)**를 부과한 다음 2차 지불가격**(사용료)**을 부과하는 가격체계인 이부가격**(two-part tariff)**제도** 역시 가격차별의 일종이다.

놀이공원의 경우, 기본료(1차 지불가격)는 입장하는 사람 모두에게 일정액으로 부과되어 고정비용과 같고 사용료(2차 지불가격)는 이용하는 양에 따라 부담이 증가하여 가변비용과 같다. **콘도미니엄 회원권, 놀이공원 입장료, 전기요금처럼 이부가격제로 요금을 징수하는 경우에는 소비량이 증가할수록 1단위당 지불가격은 작아지게 된다. 소비량이 증가할수록 1단위당 기본료가 작아지기 때문이다**(평균고정비용은 생산량이 증가할수록 작아지는 원리와 같다).

임금인상협상이나 광고효과에 대한 분석도 수요의 가격탄력성을 활용할 수 있다. 임금협상의 경우 생산제품의 수요의 가격탄력성이 상당히 탄력적이라면 제품가격을 인하하여 기업의 수입을 증대시킨 후 임금인상이 가능해질 수 있다. 경영진은 수요의 가격탄력성이 1에 가깝다고 주장하고 노조는 수요의 가격탄력성이 1보다 크다고 주장할 가능성이 높다. 광고효과의 경우에는 광고 이후에는 그 제품의 수요의 가격탄력성이 작아져야 한다. 수요의 가격탄력성이 얼마나 작아졌나를 측정하여 광고효과를 분석할 수 있다. 광고로 인해 가격이 오르더라도 수요량이 줄어들지 않는다면 그 제품에 대한 충성도가 높아졌음을 나타내기 때문이다.

수요의 가격탄력성은 여러 가지 정부정책의 효과를 분석하는 데에도 유용하다. 가격정책이나 임금정책 그리고 흡연이나 마약과 관련된 정책을 결정하는 데에도 중요한 분석수단이 된다. 수요의 가격탄력성이 탄력적인 경우에는 가격인상으로 수요량을 효과적으로 줄일 수 있지만 비탄력적인 경우에는 가격정책보다는 비가격정책을 더 효과적인 수단으로 고려해야 한다.

### 묶어팔기와 끼워팔기(bundling & tie-in sales)

묶어팔기(bundling)란 두 가지 이상의 재화를 하나의 묶음으로 판매하는 것을 말한다. 묶어팔기는 소비자들이 서로 다른 수요를 갖고 있으나 가격차별이 어려운 경우 이윤을 증대시킬 수 있다. 예를 들어 설명하면 철수와 영희라는 두 소비자의 피자와 음료수에 대한 지불용의가 다음 표와 같다.

| | 피자 | 음료수 |
|---|---|---|
| 철수 | 10,000원 | 2,000원 |
| 영희 | 15,000원 | 1,000원 |

두 사람 모두 피자와 음료를 소비하게 하려면 피자는 10,000원, 음료수는 1,000원에 판매해야 한다. 그러면 기업의 총수입은 10,000원x2명=20,000원+1,000원x2명=2,000원이므로 22,000원이 된다. 이런 조건에서 묶어팔기를 해보자. 철수는 총 12,000원에 피자와 음료수를 소비할 용의가, 영희는 총 16,000원에 피자와 음료수를 소비할 용의가 있음으로 피자와 음료수를 한 묶음으로 12,000원에 판매하면 철수와 영희 모두 피자와 음료수 묶음을 기꺼이 소비하게 될 것이다. 따라서 묶어팔기의 결과는 기업의 총수입을 12,000원x2명=24,000원으로 따로 팔 때보다 2,000원의 총수입을 증가시킨다는 것을 알 수 있다. 만약 철수나 영희 중 누구든 피자와 음료수 모두에 대해 높은 지불의사가 있는 경우에는 묶어팔기가 기업의 총수입을 증대시킬 수 없다. 두 소비자의 수요 사이에 양(+)의 상관관계가 있기 때문이다. 끼워팔기(tie-in sales)란 어떤 재화를 구매할 때 부수적인 재화를 끼워판매하는 행위를 말한다. 묶어팔기도 일종의 끼워팔기라고 할 수 있다. 주상품의 시장이 경쟁적이어서 이윤을 낼 수 없는 경우, 보다 덜 경쟁적인 시장의 부수적인 상품을 끼워팔아 이윤을 확보하는 전략으로 활용된다.

- 강남호 · 김경표, 『경제학원론』 중에서 -

## 6 경쟁과 전략적 선택

대부분의 전통경제이론들은 선택의 문제를 확실한 상황하에서 합리적인 선택조건들을 다루고 있다. 하지만 현실경제에서는 항상 불확실성이 존재하며 그 불확실성은 경제주체들의 합리적 선택에 영향을 미치고 있다. 이런 불확실성하에서 선택문제를 다루는 경제이론으로는 기대효용이론, 게임이론, 정보경제학 등으로 나눌 수 있다. ① 기대효용이론은 어떤 결과가 발생할지 정확하게 예측이 불가한 상황에서의 소비자의 합리적 선택을 다루고 있다. ② 게임이론은 경쟁대상인 상대의 전략을 예측 불가한 상황에서 경쟁주체(player)에게 최적한 전략적 선택을 다루고 있다. ③ 정보경제학은 정보가 비대칭적으로 분포된 상황에서 합리적 선택의 문제를 다루고 있다.

현실적으로 우리는 끊임없는 경쟁 속에서 살고 있으며, 시장경제의 작동원리는 경쟁구조하에서 경제주체들의 경쟁에 의한 효율적 자원배분체계가 지배하고 있다. 나와 경쟁하는 자가 누구인지를 파악할 수 있을 정도의 경쟁상태에서는 전략적 대응이 중요하다. 이런 상황을 **전략적 상황**(strategic situation)**이라 하고 시장이론에서는 과점시장구조라 한다. 전략적 상황에서는 자신과 상대의 대응전략에 따라 보수**가 달라진다. 따라서 자신과 상대의 전략은 일종의 조합(set)으로 나타나고 선택될 조합, 즉 경쟁상대가 **어떤 전략을 선택할 것인지는 불확실한 상황으로 예측해야한다. 전략적 상황이란 마치** 상대의 카드가 무엇인지 알 수 없는 포커게임과 매우 유사하다. 우리는 전략적 상황에서 어떻게 하면 합리적인 선택을 할 수 있을까?, 이런 문제에 대한 이론적 모형이 게임이론이다. 게임이론은 포커게임이든, 기업 간의 경쟁이든, 국가 간의 협상이든 불확실한 전략과 보수를 분석하고 예측하는 데 유용한 도구로 활용된다.

게임이론은 **경기자**(player), **전략**(strategy), **게임의 보수**(payoff)로 구성된다. 경기자는 게임에 참여하는 경제주체를 말하고, 전략은 자신의 이윤(효용)을 극대화하는 선택적 대안을 의미하며, 게임의 보수는 게임의 결과로 얻어지는 이윤이나 효용을 의미한다. **게임의 균형은 게임에 참여하는 모든 경기자가 어떤 전략들을 선택하고 그에 따른 결과에 대하여 모두 만족함으로써 더 이상 전략을 변동시킬 유인이**

**없는 상태를 말한다.**

### 1) 용의자의 딜레마(Prisoner's Dilemma)

두 명의 공범자가 공동범죄행위에 대해 검사의 취조를 받는 상황이라 하자. 검사는 범죄행위를 입증할 만한 증거로써 어떻게든 자백을 받아야 하는 상황이다. 검사는 용의자로부터 자백을 받아내기 위해 용의자 1, 2를 분리심문하고 자백을 이끌어내기 위해 아래와 같은 보수행렬을 제시했다 하자.

범죄행위에 대해 1, 2 용의자가 모두 자백하는 경우 모두에게 5년을 구형하고, 한 사람은 자백하고 다른 한 사람은 자백하지 않는 경우, 자백한 자에게는 1년을 구형하고 자백하지 않은 자에게는 10년을 구형하겠다는 조건을 제시한 보수행렬이다. 여기서 보수는 형량을 나타낸 것으로써 값이 작을수록 유리하다.

[용의자의 보수행렬]

| 경기자 1 \ 경기자 2 | 不자백 | 자백 |
|---|---|---|
| 不자백 | (2, 2) | (10, 1) |
| 자백 | (1, 10) | (5, 5) |

심문에 임하는 용의자 1,2는 모두 자백하는 것은 불리하므로 당연히 서로 자백하지 않겠다고 약속한 상태라 하자. 보수행렬에서 용의자 1, 2는 모두 자백을 선택하는 것이 우월전략에 해당한다. 용의자 각각의 입장에서 **우월전략균형**(내쉬균형)**은 두 사람 모두 자백**(형량1년 구형)**인 것이다.** 이 게임의 균형은 내시균형이지만 그 결과가 최선은 아니라는 것을 알 수 있다. 최선은 경기자 1, 2가 모두 약속을 지켜 불자백함으로써 균형에 이르는 것이다. 이런 경우 최소형량(2, 2)에서 균형을 이룰 수 있다.

**용의자의 딜레마**(Prisoner's Dilemma)게임은 다음과 같은 경제원리를 시사해준다.

① 용의자가 모두 서로 신뢰하고 약속을 지킬 수 있게 된다면 모두에게 최선의 결과가 보장될 수 있다. 법은 사회적 약속이다. 그런데 법(약속)을 지키지 않는

자가 개인적으로는 이익을 얻는 현상을 설명할 수 있다. 모든 사회구성원이 법(약속)을 잘 지키는 것이 최선의 결과를 가져오지만 법(약속)을 지키지 않는 자에게 이익이 발생하기 때문에 용의자의 딜레마와 같은 결과를 가져온다.

② 개인의 이익추구가 공동의 이익을 해치는 현상을 설명할 수 있다. 공유지의 비극도 이런 유형에 해당한다. 참여자가 3명 이상이라는 점이 다를 뿐이다.

③ 카르텔의 불안전성을 설명할 수 있다. 협정을 위반하는 자가 이익을 볼 수 있는 유인이 존재하기 때문이다. 하지만 이 같은 게임이 지속적으로 반복된다면 결과는 달라질 여지를 가진다. 약속을 어긴 상대방에게 강한 보복을 가한다면 카르텔의 안정성은 유지될 수 있을 것이다. 조폭이 자기조직의 이탈자에게 보복을 가하는 것도 용의자의 딜레마로 설명할 수 있다.

④ 법과 카르텔 모두 핵심은 약속을 지키는 것이다. 그런데 약속을 어긴 자가 이익을 보는 유인이 존재하는 것이 용의자의 딜레마이다. 이에 대한 해법으로는 "이에는 이, 눈에는 눈"(tit for tat)이라는 해결방식이 주목받고 있다. 실증연구들은 공동체적 해결방식, 즉 보복과 협력으로 문제를 해결할 가능성이 있는 결과들을 보여준다. 서로 협력과 조정을 통해 가장 합리적인 선택을 유인할 수 있다.

⑤ 애덤 스미스의 '보이지 않는 손'의 원리와 충돌한다. 개인의 이익추구가 공동의 이익을 더욱 촉진할 수 있다는 사적 재산권의 한계를 논증한다. 지나친 지적 재산권이 희귀한 과학적 자원들의 활용을 방해한다는 반공유자원의 비극(tragedy of anticommons)을 설명할 수 있다. 또한 협력에 의한 공유사회의 가능성, 즉 공유자원의 희극(comedy of tragedy)에 대한 논리적 근거를 제공한다.

### 2) 겁쟁이 게임(chicken game)

국제정치나 경제에서 치킨게임이라는 용어가 자주 등장하는데 치킨게임도 용의자의 딜레마와 유사한 원리이다. 치킨게임은 자신에게 유리한 우월전략을 선택하면 결국 서로 충돌하여 최악의 결과에 도달한다는 문제점을 보여준다. 치킨게임의 보수행렬은 편익으로 나타냈기 때문에 큰 값일수록 높은 효용을 나타낸다.

[처킨게임]

| 경기자 1 \ 경기자 2 | 회피 | 직진 |
|---|---|---|
| 회피 | (3, 3) | (2, 4) |
| 직진 | (4, 2) | (0, 0) |

보수행렬에서 경기자 1, 2의 우월전략은 모두 직진임을 알 수 있다. 직진을 선택한 경기자 1, 2는 (0, 0)의 보수를 얻게 된다. 전쟁이나 자동차 경주라면 파멸을 의미하는 셈이다. 상대가 직진을 선택했을 때 회피하게 되면 손실을 보게 되기 때문이다. 서로 회피를 약속하고 그것이 지켜질 수 있다면 (3, 3)이라는 차선의 결과를 가져올 수 있다.

현실적으로 미국의 트럼프와 북한의 김정은 간의 비핵화와 관련한 대결구도라든지, 중국의 시진핑과 미국의 트럼프 간의 무역과 관련한 대결구도라든지, 일본의 아베와 한국의 문재인 간의 역사문제와 무역규제에 관한 대결구도라든지 이런 상황들은 겁쟁이 게임으로 설명하고 그 결과를 예측할 수 있다. 협상을 통해 신뢰를 회복함으로써 서로 회피전략을 선택하여 파국을 모면할 수 있다. 협상을 위한 중재자의 역할도 중요하다는 것을 시사한다.

<u>뷰티플마인드와 내쉬균형</u>

게임이론과 내시균형의 개념을 제시한 천재였으나 불운했던 경제학자 존 내시(John Nash)의 파란만장한 삶을 담은 영화, '뷰티플마인드(beautiful mind)'는 많은 사람들에게 감동을 안겨주었다. 존 내시는 20대에 50년 뒤(1994년) 노벨경제학을 수상할 수 있는 창의적인 논문을 발표하였으나 정신분열증으로 그의 삶은 파란만장한 우여곡절을 거치게 된다. 그가 프린스턴대학으로 진학할 때 그의 추천서에는'그는 천재입니다(He is a genius)'라는 단 한 줄의 문구가 씌어져 있었다고 한다. 내시균형은 경쟁상대들 사이에 벌어지는 위협과 반응의 역학관계를 균형의 개념으로 설명한 이론체계이다."상대방이 생각하는 걸 나도 생각한다고 그가 생각하리라는 걸 나는 생각한다"라는 논리체계로 경쟁자가 생각하는 걸 나도 생각하며 행동한다면, 경쟁자와 나 자신 모두가 만족할 수 있는 균형상태에 도달할 수 있다는 추론이다. 따라서 경쟁자가 현재의 전략을 유지한다면 나 자신도 현재의 전략을 바꿀 필요가 없게 되는 그런 상태를 내시균형이라 한다. 용의자의 딜레마게임에서 나타난 내시균형은 게임참가자가 모두 자신의 이익을 극대화하기 위

해 최선을 다하는 경우 결과적으로 서로에게 손실을 입힐 수 있다는 것을 보여준다. 이것은 애덤 스미스의 보이지 않는 손의 섭리, 즉 개인의 이익이 공적이익을 촉진시킨다는 시장균형의 원리를 부정하는 균형의 개념에 해당한다. 내쉬균형은 경제학뿐만 아니라 사회학이나 생물학에 이르기까지 널리 활용되고 있으며 협상전략을 위한 모형으로 다양하게 이용하고 있다.

## 7 위험과 경제적 선택

현실에서 고스톱에서부터 카지노 게임이나 인터넷 도박을 즐기기도 하고 주식이나 선물 및 옵션에서부터 복권, 비트코인에 이르기까지 다양한 위험자산에 투자하기도 한다. 다른 한편으로는 파생상품, 헤징이나 보험 등을 통해 위험을 회피하려 한다. 러시안 룰렛게임과 같은 극단적인 위험에 자신의 생명을 거는가 하면 세인트 피터스버그의 역설처럼 무한대의 기대수익이 걸린 게임에 무관심하기도 한다. 이처럼 불확실성하에서 위험에 대한 선택과 회피의 원리를 기대효용이론(Expected Utility Theory)에 의해 설명할 수 있다.

약 200년전 베르누이(D. Bernoulli)는 불확실성하에서의 개인들의 선택을 설명하기 위해 기대효용(expected utility)의 개념을 정립했다. 하지만 위험과 경제적 선택에 관한 이론으로는 1940년대에 폰 노이만과 모르겐슈테른이 정립한 기대효용가설 이후 현대적 이론으로 발전해 가고 있다.

### 1) 기대치(expeced value)

기대치란 불확실한 상황에서 확률적으로 얻을 수 있는 이득이나 손실을 의미한다. 특정한 결과가 발생할 확률에 그 결과가 나왔을 때 지불되는 상금을 곱한 것을 모두 합한 값을 의미한다. 예를 들어 복권을 구매했을 때 복권이 당첨될 확률에 당첨금을 곱하고 당첨되지 않았을 때 그 결과를 합하면 기댓값을 구할 수 있다. 복권에 당첨될 확률이 $\frac{1}{10}$이고 당첨금은 100만원이라 하자. 당첨금의 기대치(expected value)는 당첨금의 기대치 $= \frac{1}{10} \times$ 100만원 $+ \frac{9}{10} \times 0$원 $=$ 10만원이 된다.

우리는 기대치를 이용하여 불확실한 상황에서 벌어지는 게임의 결과에 대해 공정한 게임인지 불공정한 게임인지를 판별할 수 있다. 위의 사례에서 복권의 구매가격이 만약 10만원이라면 공정한 게임이고 복권의 구매가격이 10만원보다 높다면 불공정게임이 되는 것이다. 게임에 거는 비용이 기대치의 범주에 있으면 공정한 게임이고 그보다 높다면 불공정한 게임에 해당한다.

### 2) 기대효용(expected utility)

복권이나 카지노 게임은 기대치로 계산했을 때 대부분 불공정게임이다. 게임을 주관하는 기업이나 단체가 게임을 통해 얻는 수익만큼 불공정게임이라 할 수 있다. 예를 들어 주택 복권이라면 복권을 판매한 수익으로 당첨금을 지급하고 나머지 수익으로 서민들을 위한 주택공급사업을 추진하는 것이다.[2] 복권의 액면가가 기대수익보다 높다는 것을 의미한다. 그런데 왜 사람들은 불공정게임인 주택복권을 구매하는 것일까?, 다른 한편으로 보험회사들은 보험금을 수입으로 보험수급자들에게 보험금을 지급하고 이윤을 남길 수 있다. 보험가입자들이 부담하는 보험료가 적정보험료(기대손실)보다 높다는 것을 의미한다. 복권을 사는 선택이나 보험에 드는 선택이나 모두 기대수익이나 기대손실의 개념으로는 비합리적 선택이라 할 수 있다. 이런 행위를 이해하기 위해서는 기대효용이론을 이해해야 한다. 위의 예에서 기대치가 10만원이고 복권가격은 20만원인데, 그 복권을 선택하는 것은 불합리한 선택이 분명하다. 기대효용이론은 선택에 영향을 미치는 결정적 요인은 기대소득이 아니라 위험에 대한 소비자의 태도가 좌우한다고 설명한다. 어떤 사람의 위험에 대한 태도가 바로 기대효용의 크기를 결정한다는 것이다. 위험을 기피하는(risk averse) 사람의 경우 기대치가 높더라도 위험상품을 선택하지 않을 수 있고 위험을 선호하는(risk loving) 사람의 경우 기대치가 낮더라도 위험상품을 선택할 수 있다는 것이다. 그렇다면 위험에 중립적(risk neutral)인 사람의 경우에는 기대치가 크다면 위험상품을 선택하고 기대치가 작다면 위험상품을 회피하게 될 것이다. 기대효용이론은 위험에 대한 경제적 선택이 기대치에 의해 결정되는 것

---

2 일반적으로 복권의 경우, 고객이 주로 서민들이라는 것을 알 수 있다. 고급백화점이나 고급호텔에서 복권을 판매하지 않는다. 또한 재벌 총수들은 복권을 사지 않는다. 따라서 복권은 공평성 측면에서도 국민경제에 부정적인 영향을 미치고 있다.

이 아니라 그 사람의 기대효용에 의해 결정된다는 경제원리이다. 기대효용이론으로 적정보험료, 최대보험료(보험회사의 이윤을 결정), 리스크프리미엄(risk premium) 등을 계산할 수 있다.

### 3) 세인트 피터스버그의 역설

1730년대 스위스의 수학자 다니엘 베르누이가 세인트 피터스버그(현재 성 페테르스부르크)의 어떤 도박장에서 제기한 역설이다. 이 도박장에서는 도박 참가비가 10,000루블이었고, 동전을 던져서 처음 앞면이 나오면 게임이 종료되고 상금은 $2^n$인 게임이었다. 그런데 이 게임에 사람들이 참가하지 않았다는 것이다. 이 게임의 경우, 기대치를 계산하면 무한대가 나오게 된다.

$$(\frac{1}{2}) \times 2^1 = 1,\ (\frac{1}{2})^2 \times 2^2 = 1,\ \cdots,\ (\frac{1}{2})^n \times 2^n = 1 \ \rightarrow \ 1+1+\cdots 1 = \infty$$

만약 30번째 앞면이 나오면 상금은 10억 루블을 상회하게 되는데, 이런 게임에 사람들은 왜 참여하지 않은 것일까? 세인트 피터스버그의 역설은 사람들의 경제적 선택은 기대치가 아니라 기대효용이라는 것을 암시하고 있는 셈이다. 기대치가 10,000루블을 엄청나게 상회한다 하더라도 이 게임 참가로 인한 기대효용이 1,0000루블 이하였다는 것을 의미한다.

**우리나라의 사행산업**

우리나라는 사행산업의 규모가 세계에서 4위에 있고 사행산업의 종류로는 7가지 카지노, 경마, 복권, 체육진흥투표권, 경륜, 경정, 소싸움 등으로 세계1위에 있다고 한다. 여기다가 불법도박 규모는 연간 83조 7,000억 규모로 추정된다. 우리나라에서 복권의 경우, 기대수익은 0.5 미만인 것으로 알려져 있다. 그런데 그렇게 많은 종류의 복권이 잘 팔리는 이유는 무엇일까? 리스크를 선호하는 기대효용이 높기 때문이다. 또한 복권은 소득분배에 있어 역진성을 가진다는 점에 주목해야 한다. 주로 복권을 사는 사람들은 서민들이라는 것이다.

주제 05

# 경제위기와 경제학자



## 1 경제위기와 경제학자

경제이론은 위대한 경제학자들의 시대적 사명의식의 산물이다. 어떤 위대한 경제학자의 사상은 우리 인류역사에 엄청난 족적을 남겨 왔다. 특히, 산업혁명 이후 자본주의 경제가 발전하면서 복잡한 경제문제들이 발생해 왔고 치명적인 경제문제들은 자본주의 경제체제의 존립을 위협해 왔다. 자본주의 경제체제의 태동에서 자본주의 경제체제의 위기, 그리고 위기의 극복과 자본주의 경제체제의 변화와 발전에는 위대한 경제학자들의 신념과 열정 그리고 아이디어와 새로운 이론적 패러다임이 강력하게 영향을 미치고 있다.

경제학자 및 정치철학자의 관념의 힘은 옳고 그름을 떠나 일반적으로 이해되는 것보다 훨씬 강력한 것이다. 세계는 그 관념들이 움직여 나간다. 어떠한 지적 영향도 받지 않는다고 믿고 있는 실질적 인간조차도 사실은 이미 죽은 어느 경제학자의 노예이기 일쑤다. … 좋은 일에 이용되든 아니면 나쁜 일에 이용되든 궁극적으로 위험한 것은 기득권의 문제가 아니라 관념의 문제이다라고 케인스는 경제이론의 막강한 파급력에 대해 표현한 바 있다. 또한 그는 경제학자가 갖춰야 할 복합적인 요건에 대해 강조한 바 있다. 그는 수학자인 동시에 정치가이며 철학자여야 한다. … 그는 기호들만으로 이해한 것들을 평이한 말로써 설명해야 한다. 특수한 경우들을 일반적인 시각에서 고찰할 수 있어야 하며, 추상과 구상을 동일한 사고의 지평 위에서 다룰 수 있어야 한다. 과거의 경험 아래 미래를 목표로 현재를 연구해야 하고, 인간의 본성이나 사회규범 중 미세한 일부라 할지라도 관심의 대상에서 빠뜨려서는 안 된다. 무엇보다도 그는 공평무사함과 과단성을 겸비해야만 한다. 예술가처럼 초연하고 청렴하면서도 가끔씩 정치가처럼 치열하게 세속적이어야 한다.

- 케인스, 『일반이론』(*The General Theory*) 중에서 -

애덤 스미스의 경제학은 시장중심의 경제이론이고 공급중심의 경제이론이기도 하다. 정부는 가능한 한 시장경제에 간섭하지 말 것이며, 시장은 스스로 공급에 의해 수요를 창출한다는 믿음이다. 시장에서는 보이지 않는 손의 작동으로 초과공급(실업)이나 공급부족(인플레이션)의 문제가 자동으로 해소된다는 시장섭리주의를 담고 있다. 시장은 스스로의 힘에 의해 항상 균형을 회복한다는 패러다임을 깔고 있다. 이런 시장주의는 1776년 『국부론』 출간 이후 줄곧 세상을 지배해 왔다.

1929~33년간 세계대공황이 발생하고 애덤 스미스의 경제원리로는 그 원인이나 대책을 강구할 수 없게 되자 새로운 경제사상가가 혜성처럼 나타나는데, 그가 바로 케인스이다. 그는 기존의 애덤 스미스 경제학적 믿음을 타파하고 정부지출을 확대하여 세계대공황을 치유할 수 있다는 새로운 믿음을 전파하게 된다. 케인스 경제학은 정부가 실패한 시장에 간섭하는 개입주의이고, 부족한 유효수요를 적극적으로 관리하는 수요 측면의 경제학이다. 이념적으로는 수정자본주의, 즉 복지국가를 지향하게 된다. 정부가 시장실패를 미세조정(fine tuning or smoothing operation)함으로써 경제문제를 해결하고 경제발전을 주도한다는 것이다.

1970년대 들어서면서 시장경제는 또 한 번의 위기에 직면하게 되는데 이른바 스태그플레이션이라는 합병증세이다. 이것은 인플레이션과 디플레이션이 복합적으로 나타나는 현상으로 케인스경제학은 진단과 처방을 제공하는 데 한계를 드러내게 된다. 시장의 실패라는 진흙탕에서 케인스 경제학이 탄생했다면 이제 케인스 경제학은 정부의 실패라는 수렁에 빠지게 된 셈이다. 수렁에 빠진 세계경제를 구할 수 있는 새로운 경제이론의 출현이 요구되는데, 그것은 애덤스미스 경제학과 시장원리주의 부활로 귀결되게 된다. 이것은 케인스경제학의 패퇴이고 **케인스혁명에 대**

**한 반혁명**(counter revolution)이며, **시장의 재발견**(rediscovery of market)에 해당한다.

하이에크를 중심으로 하는 시카고학파 중심의 새로운 **시장원리주의가 경제학을 주도하게 되는 셈이다.** 통화주의경제학, 공급중시경제학, 합리적 기대가설로 분류되는 새로운 주류 경제학의 흐름이 형성된 것이다. 1980년대에 접어들면서 복지국가에서 발생하는 비효율, 일하지 않는 사회(no work society)를 극복하기 위한 반동으로 미국과 영국을 중심으로 신자유주의(neo-liberalism)가 실천되었는데 이를 레이거노믹스와 대처리즘이라고도 한다.

개인의 자유, 시장가격에 의한 자원배분, 세계화된 경쟁, 이윤지상주의를 바탕으로 시장기능의 효율성을 극대화하려는 시장원리주의이다. 신자유주의는 1991년 구 소련을 붕괴시켰을 뿐만 아니라 동구권의 사회주의 국가는 물론 사회주의를 경험한 저개발국가들까지도 미국식 자본주의(워싱턴 컨센서스)를 받아들이게 하는 막강한 파급력을 자랑하게 된다.

하지만 신자유주의는 극단적인 경쟁과 승자독식의 분배구조를 강화시킴으로써 양극화 현상을 심화시키고 있다. 신자유주의로 나타난 폐단을 규탄하는 시위가 2011년 9월 17일 미국의 맨해튼의 월가에서 발생하였는데, 99%의 희생과 1%에 의한 독식을 규탄하는 궐기대회였던 것이다. 또한 **신자유주의**에 대한 파상적 비판은 2008년에는 글로벌 금융위기와 그 이후 어려워지는 유럽의 재정위기의 심각성으로부터 자유롭지 못한 상황으로 전개되었고 신자유주의의 광풍을 잠재우는 계기가 된다. 이와 같은 새로운 세계적인 경제위기 상황은 새로운 경제적 대안을 요청하고 있다. 신자유주의의 위기를 극복할 수 있는 새로운 아이디어와 이론적 패러다임이 필요하다. 시장실패와 정부실패를 동시에 조정해 낼 수 있는 융합된 새로운 경제체제의 출현을 기대하지 않을 수 없다.

더 타임즈의 경제분야 총괄 에디터인 아나톨 칼레츠키(Anatole Kaletsky)는 자본주의 4.0을 제안하고 있다. 자본주의 4.0이란 시장의 인센티브와 공적 부문의 정치적 과정이 조화를 이루는 소위 적응형 혼합경제를 말한다. 자본주의 1.0(애덤 스미스의 자유방임주의), 자본주의 2.0(케인스의 수정자본주의), 자본주의 3.0(시장원리주의인 신자유주의)으로 구분할 수 있다. 2008년 글로벌 금융위기 이후 규모는 작지만 강력한 정부의 역할이 필요하다는 주장이다.

- 아나톨 칼레츠키, 『자본주의 4.0』(*Capitalism 4.0*) 중에서 -

아나톨 칼레츠키는 자본주의 1.0은 작은 정부의 경제, 자본주의 2.0은 큰 정부의 경제, 자본주의 3.0은 다시 작은 정부의 경제, 그리고 자본주의 4.0은 작고 강한 정부의 경제가 필요하다고 주장한다.

한편, 시장경제, 즉 자본주의 경제가 독점자본주의에 이르러 노동자들의 처참할 정도의 생활상과 제국주의 중심의 식민자본 수탈을 목도한 칼 마르크스에 의해 통제경제의 이론체계가 탄생하게 된다. 그것이 **자본론**이다. 공산당선언과 자본론을 이념적 근간으로 한 통제경제 체제인 공산주의 내지는 사회주의 체제가 등장하게 된다. 1917년에는 급기야 러시아에서 볼세비키혁명이 성공하는데, 인류 역사상 최초로 피지배계급에 의한 혁명에 의해 공산주의 국가가 탄생한 것이다. 어찌보면 칼 마르크스의 비판처럼 자본주의 경제는 주기적인 공황과 제국주의 전쟁을 피할 수 없었고, 아이러니하게도 내재된 자본주의의 위기를 극복하는 과정에서 자본주의는 더욱 강해지고 진화했던 것으로 평가할 수 있다.

경제학의 역사는 현실경제를 반영한다. 경제위기는 새로운 경제학의 산실이 된다. 중상주의의 모순에서 애덤 스미스의 '국부론'이 탄생했다면, 시장의 실패에서 케인스의 '일반이론'은 꽃을 피웠고, 정부의 실패에서 애덤스미스의 자유주의는 (하이에크의 '종속에의 길')신자유주의로 부활하게 된다. 마르크스의 자본론은 자본주의의 내적 모순에서 출발하고 애덤 스미스의 국부론을 비판하며 사회주의 혁명으로 나아간다.

## 2 국부론과 시장경제학

애덤 스미스는 1776년 『국부론』(*An inquiry into the nature and causes of the wealth of nations*)을 출간하였다. 그는 국부론에서 국부의 원천은 생산능력이며 시장의 섭리에 의한 경제문제의 해결을 공급 측면에서 설명하고 있다.

17~18세기 유럽을 지배한 경제사상은 중상주의(mercantilism)를 바탕으로 한 중금주의 사상이었다. 국가가 모든 생산과 수출을 주도하고 외국으로부터의 수입은 최소화하여 국내에 금과 은을 많이 축적하는 것이 국가를 부유하게 만들 수

있다는 믿음이다. 애덤 스미스는 『국부론』에서 국부의 원천은 그 나라가 축적한 금과 은이 아니라 그 나라가 필요한 것들을 생산할 수 있는 생산능력임을 밝히고 있다.

중금주의인 중상주의는 국제무역을 'Zero Sum Game'으로 인식한다. 인국궁핍화법칙을 준수한다. 교역 상대국을 가난하게 만들 때 자국이 이익을 볼 수 있다는 경제관이다. 따라서 보호무역주의를 내세우고 무역전쟁을 일삼으며 저개발국을 침탈한다. 크리스토퍼 콜럼버스는 이탈리아에서 태어났지만 스페인 왕으로부터 탐험을 위한 배를 얻게 된다. 소위 대항해 시대를 열게 되는데 탐험의 궁극적인 목적은 중금주의에서 비롯된 황금으로 번쩍이는 나라를 찾는 엘도라도였다. 이 당시 포르투갈과 스페인은 300년 동안 350만kg의 금과 1억kg의 은을 신대륙으로부터 반입했고, 그 결과 16~17세기 유럽에서 2~3배의 물가상승과 화려한 빈곤을 맛보게 된다. 네덜란드에서는 풍부한 유동성으로 그 유명한 튤립 투기가 발생하고 그로 인한 경제적 고통을 경험하게 된다.

17세기 네덜란드의 황금시대(golden era)는 무역, 금융, 운송분야를 지배하면서 유럽 최고의 해상지배능력에서 비롯되었다. 자유무역과 항해의 자유를 두 축으로 하는 경계 없는 자유무역질서가 작은 네덜란드를 생산성이 높고 정치적 영향력이 강한 나라로 부상시켰다. 이에 비해 보잘것없었던 영국은 1949~51년 기간 동안에 39척의 함대를 80척으로 강화하였고 1651년 중상주의 정책의 깃발이라 할 수 있는 항해조례를 통과시키게 된다. 네덜란드는 영국의 중상주의 정책을 자국의 생존권의 위협으로 인식하게 되고 1652년을 기점으로 세 차례나 전쟁을 치르는 상황에 직면하게 된다. 1588년 영국의 엘리자비스 1세가 해적 드래이크를 기용하여 에스파냐의 무적함대를 무찌르고 네덜란드의 독립을 도왔던 과거의 역사를 돌이켜보면 흥미로운 중상주의적 역설을 마주하게 된다.

중상주의와 중금주의라는 잘못된 경제사상으로 인해 아스텍, 잉카문명은 말살되었고, 중남미 인구는 1,000만 명이나 감소하게 된다. 더 많은 금과 은을 채굴하기 위해 값싸고 건강한 아프리카인들을 대상으로 노예무역을 시작하고, 노예무역선을 타고 아메리카로 팔려간 노예의 수가 1,500~4,000만 명이나 되는 것으로 추정된다. 콜럼버스가 아메리카를 정복한 이후 황금신화에 이끌려 스페인과 포르투갈이 16세기 남아메리카를 정복했고, 17세기에 영국·프랑스· 네덜란드가 북아메리카를 정복하게 된다. 황금뿐만 아니라 노예를 이용한 담배, 커피, 면화, 설탕을 소위 삼각무역(유럽, 아메리카, 아프리카)을 통해 유럽국가들은 최대 500%의 이익을 얻을 수 있게 된다.

"고무도 좋고, 후추도 좋다네. 금도 있고, 상아도 있지. 하지만 검은 상품이 더 좋다네. 나는 세네갈 강가에서 검둥이 600명을 값싸게 사들였다네. 내가 준 것은 포도주와 렌즈와 강철뿐. 그것으로 8배의 이익이 남지. 만약 검둥이가 절반쯤이라도 살아남는다면" … . 하이네라는 사람이 쓴 '노예선'이라는 시이다. 노예들은 마치 짐처럼 배 밑바닥 한가득 가지런히 정리되어 쇠사슬에 묶인 채로 누워 있어야만 했고, 배는 아프리카에서 아메리카로 수천 킬로미터를 건너 항해하고 있었다. 하지만 팔려가는 노예들은 몇 달씩이나 음식을 거의 먹지 못했기 때문에 배 안에서 많은 노예들이 죽을 수밖에 없는 비참한 일들이 자행된다.

애덤 스미스는 국부의 원천인 생산성이 발현되기 위해서는 국가가 적극적으로 개입하거나 통제하는 것보다는, **개인의 자유**와 **재산권**을 보장함으로써 자유로운 경제활동과 국가 간의 자유무역을 활성화시켜야 한다는 시장주의와 자유무역주의를 강조하고 있다.

또한 생산되는 것은 완전분배되고 소비됨으로써 시장은 항상 균형을 이룬다는 Say's Law를 신봉하고 있다. 시장경제는 이기심과 시장기구(시장가격, 이윤, 경쟁)가 조화롭게 작동하여 **개인의 사적 이익이 사회의 공적이익**을 극대화하는 데 기여할 수 있다는 **'보이지 않는 손'**(invisible hand)의 섭리를 설명하고 있다. 또한 시장경제는 무엇을 얼마나 생산할 것인지를 생산자가 주도적으로 결정하는 것이 아니라 소비자가 주도적으로 결정하는 **소비자주권**(돈 투표(dollar voting)에 의해 소비자의 선택은 생산을 결정하는 데 영향을 준다)**이 작동한다.**

한편, 신고전파의 거장 앨프레드 마셜은 케인스, 피구, 로빈슨의 스승이자 한계효용이론을 가장 폭넓게 적용한 위대한 경제학자이다. 애덤 스미스의 노동가치설과 한계효용이론을 접목시켜 경제학의 가장 기본적인 분석 틀인 수요-공급모형을 완성한 위대한 경제학자가 바로 앨프레드 마샬이다. 시장원리주의는 애덤 스미스, 앨프레드 마샬, 하이에크로 이어지는 주류경제학의 맥을 형성하고 있다.

## 3 일반이론과 복지국가

제1차 세계대전(1914~18) 이후 세계경제는 황금기(golden era)를 맞이한다. 째즈, 찰스턴, 전화, 컨베이어벨트, 새로운 음악과 춤, 새로운 의사소통 수단과 생산기술들이 경제에 활력을 불어넣어 경제적 호황을 누리게 된다. 1929년 10월 25일 금요일 뉴욕증권시장의 폭락으로 시작된 경제불황은 전 세계를 경제공황의 공포로 몰아넣는다. 하루 만에 주가는 약 40% 폭락하였고 수십 명의 투자자가 뉴욕의 허드슨강에 뛰어드는 검은 금요일의 저주가 세계대공황의 시작이었다. 실업률은 30%대에 육박하였고 미국의 경우 5,000여 개 은행이 파산하였으며 그 여파로 900만 명의 예금통장이 하루아침에 쓸모없는 종이쪽지가 되어 버렸다. 영국 수상 처칠은 세계대공황의 처참함을 30년전쟁에 비유할 만큼 경제적 타격이 치명적이었다. 이런 상황은 시장경제의 폐해가 자유민주주의조차도 위협할 수 있는 자본주의 체제의 최대 위기를 만든 것이라 할 수 있다. **시장의 실패**(market failure)인 것이다.

세계 지성을 대표하던 케인스는 자유민주주의에 대한 위기의식을 가지고 그 해법을 제시하기 위해 1936년 『일반이론』(*The general theory on empolyment, interest and money*)을 출간하게 된다. 시장의 실패는 **유효수요의 부족에서 비롯되므로**, 정부는 확장적 재정지출을 수행해서 적극적으로 부족한 유효수요를 창출해야 한다고 주장한다. **케인스는 적자재정 정책으로 민간부문에서 나타난 유효수요의 부족문제를 치유할 수 있고, 대공황의 늪에서 빠져나올 수 있다고 확신하게 된다. 따라서** 케인스 경제학은 자유주의가 아닌 정부의 개입주의, 공급측면이 아닌 수요 측면, 화폐베일관이 아닌 화폐와 실물의 상호작용관 등으로 그 특징을 설명할 수 있다.

1929~33년간 세계대공항의 발생 원인으로는 유효수요의 부족인데 정부의 경제정책조차도 유효수요를 압박하는 오류를 범했다는 점이 더욱 아쉬운 대목이다. 케인스 경제학이 이미 존재했었더라면 아마도 이런 정책적 실수는 저지르지 않았을 것이다. 제1차 세계대전 이후 미국의 경우 무기 재고가 증대하고 전선에서 돌아온 군인 실업자들은 소비를 줄이고 부채를 갚으려는 상황에다가 전쟁으로 멈추었던 유럽의 공장들이 재가동됨으로써 투자조차도 위축되는 총수요의 절벽 현상이 나타나게 된다. 이런 상황에서 정부의 정책조차도 유효수요를 부양하기는

커녕 오히려 연방준비은행이 금융긴축정책을 강화해 가는 어이없는 실책을 범하게 됨으로써 상황은 걷잡을 수 없는 위기국면으로 진입하게 된다. 케인스는 이런 문제의 맥을 정확하게 진단하고 처방하는 거시경제 이론체계를 담은 일반이론을 출간하게 된다.

케인스는 균형재정이 옳다고 믿고 있는 정치인들에게 적자재정이라는 정책수단을 동원하여 세계경제를 불황의 늪에서 구할 수 있다고 설득하게 된다. 케인스는 정치인들에게 **"경제가 회복되도록 기다리는 동안에 우리는 모두 죽고 말 것이"며,** 루스벨트 대통령에게는 뉴욕타임지를 통해 **"제발, 정부지출을 늘리십시오**(Please, expand government spending)**, 그렇게 해야 미국이 살고 세계가 살게 됩니다**"라고 공개서한을 발표하게 된다.

1933년 테네시강 공사를 시작으로 뉴딜정책이 시행되었고 세계경제는 공황의 늪에서 빠져나오기 시작한다. 실업자들을 모이게 하여 삽을 나눠주고 땅을 파게 한 후 그 다음 모은 실업자들에게 팠던 땅을 다시 메우게 하는 어처구니없는 방식으로도 유효수요를 창출하기 위해 안간힘을 다했다. 케인스경제학은 주류경제학의 중심이 되었고 하버드대학은 케인스경제학을 전파하는 전도사가 되었다. 1930년대 중반부터 케인스이론은 대부분의 나라에서 채택되었다. 1960년대 케네디 행정부와 존슨 행정부는 **"이제 우리는 모두 케인스주의자다**(Now, we are all keynesian)"라고 선언하게 되고 1960년대 말까지 케인스경제학은 주류경제학을 지배하게 된다.

## 4 종속의 길과 신자유주의

하이에크는 프리드먼과 함께 시카고학파의 중심이다. **신자유주의**, 즉 시장원리주의의 전도사이다. 사회주의의 길은 자유의 길이 아닌 노예로 가는 길이라고 그의 저서 『노예의 길』(*The road to serfdom*)에서 역설하고 있다. 그는 케인스식 총수요관리정책의 실패를 예견한 공로로 1974년에야 노벨경제학상을 수상하게 된다.

재미있는 것은 하이에크는 케인스와 함께 영국의 캠브리지 대학에서 공부한 케인스의 가장 비판적인 벗이라는 점이다. 하이에크의 경제학은 케인스의 유명세 때문에 1970년대 후반까지 빛을 보지 못하다가 스테그플레이션이 세계경제를 옥죄기 시작하면서 전 세계 경제에 막대한 영향력을 행사하게 된다. 스태그플레이션이란 정부가 정부지출을 늘려도 경기는 살아나지 않고 오히려 물가만 지속적으로 올라가는 경제적 합병증세를 말한다.

이를 해결하기 위한 대안으로서 복지국가를 지향하던 선진국들은 다시 **시장의 유인**과 **경쟁원리**를 강화하게 된다. 이것이 신자유주의이고 그 내용은 **계획**(plan), **소유**(possession), **규제**(regulation)를 정부가 축소하고 시장원리에 맡기는 것이다. 미국에서는 레이거노믹스, 영국에서는 대처리즘으로 나타나게 된다.

또한 하이에크의 시장원리주의는 자본주의 경제뿐만 아니라 사회주의 경제에도 많은 영향을 미치게 된다. 구 소련과 중국을 비롯한 동구권의 경제관료들이 하이에크의 저서를 탐독하고 비밀토론회를 가지는 등 시장원리주의를 학습하게 됨으로써 개방과 개혁이라는 이름으로 시장경제체제를 탄력적으로 받아들이게 되는 것이다.

하이에크는 두 가지 예측을 하고 있는데, 하나는 **세계대공황을 예측**한 것이고 다른 하나는 **사회주의 경제체제는 반드시 망한다**는 예측이었다. 하이에크의 두 가지 예측은 정확하게 적중하였고 하이에크의 시장예찬론 또한 전 세계에 영향을 미치고 있다. 그는 경제가 발전하기 위해서는 개인이 가지고 있는 능력과 소질을 극대화할 수 있는 제도가 필요한데 이것이 바로 시장이라고 강조한다.

시장이란 **개인의 자유와 사적 재산권의 보장**이 그 축을 이룬다. 시장가격의 자원배분기능과 경쟁의 원리가 시장기능을 강화시킨다. 이것을 바탕으로 개인의 이익이 극대화되는 동시에 공적 이익도 극대화될 수 있다. 애덤 스미스의 보이지 않는 손의 섭리가 작동하는 것이다.

인류역사상 많은 경제체제가 대립하면서 흥망성쇠를 거듭해 왔다. 원시 공유제, 고대 노예제, 중세 봉건제, 자본주의, 사회주의, 특히 20세기 이후 자본주의와 사회주의 경제체제는 치열한 대결구도로 진입하였고, 그 과정은 전쟁을 불사할 만큼 냉혹한 긴장상태를 유지시켰다. 그런데 미국을 중심으로 하는 자본주의 질서와 구 소련을 중심으로 하는 사회주의 질서가 양극체제를 구축하면서도, 경제체제의 내용적으로는 정부중심의 경제질서로 수렴해 가는 유사성을 가지게 된다. 이런 이유로 1970년대 말까지는 복지국가 내지는 수정자본주의가 시장원리주의 경제학자들의 목소리를 압도하는 현상이 유지되는 것이다. 하지만 1970년대의 자본주의 경제는 소위 복지국가가 경제위기를 심화시키면서 거대한 정부개입의 실패를 인정하게 된다. 이런 상황에서 신자유주의는 새로운 경제적 패러다임으로 주목받게 된다. 1980년대에 접어들면서 미국과 영국을 중심으로 복지국가라는 개입주의의 가면을 벗어 던지고 새로운 자유방임주의라는 기치를 내세우며 새로운 자본주의에 대한 열망이 그 빛을 얻게 되고, 그 활력은 자본주의를 회생시키는 데 성공하게 된다. 새로운 자유방임주의의가 빛을 발하는 새로운 시대를 맞이하게 된 것이다.

어떤 경제학자는 시장경제의 위대한 힘을 다음과 같이 표현하고 있다. "자유방임시장 체제는 한 이기적 인간이 아침에 일어나 창 밖의 세상을 바라본 후, 천연자원으로부터 자신이 원하는 것 대신 남들이 원하는 것을 생산하게끔 유도한다. 그것도 자신이 팔고 싶은 양만큼이 아니라 남들이 사고 싶어하는 양만큼, 자신이 꿈꾸는 가격이 아니라 남들이 인정하는 가격에. 시장은 저절로 생겨나지 않았더라면 인류역사상 최대의 발명품"으로 꼽혔을 것이 분명하다. 또 다른 자유방임주의의 전도사인, 통화주의학파로 잘 알려진 시카고대학의 프리드먼 교수의 일화를 소개한다. 시카고대학에서 강의하면서 프리드먼은 학생들의 귀가 닳도록 정부의 예산축소를 주장했다. 졸고 있는 학생에게 "자, 이 경우 가장 효율적인 해결책은 뭐지?"라고 기습적으로 질문하자, "정부예산 축소"(Cut the government spending)라고 답할 정도로 프리드먼은 하이에크와 함께 지독한 시장원리주의자에 속한다.

중국을 변화와 번영의 길로 이끌어 낸 등소평조차도 경제사상적으로는 하이에크의 제자라 할 수 있다. 등소평이 하이에크를 중국으로 초청하여 간곡하게 부탁하였다. **"어떻게 하면 중국의 식량문제를 해결할 수 있습니까?" 하이에크의 대답은 "시장에 맡기십시오."** 간단명료하였다. 농부들에게 소유권을 인정하라는 것이다. 그것이 어렵다면 임대제로 전환하여 농부들에게 이윤동기를 부여하라는 의미이다. 중국은 빠른 속도로 변화하고 있다.

## 5 자본론과 사회주의

칼 마르크스는 다윈과 프로이트에 비견될 만큼 20세기 역사를 변화시킨 강력한 문장과 선동적 문체를 뽐내는 비운의 사상가였다. 그는 1848년 공산당선언문에서 **"프롤레타리아들이여, 단결하라! 그대들이 잃을 것은 오로지 억압의 쇠사슬**

**뿐이다**"라고 역설했다. 그의 저서 『자본론』(*Das Kapital*)은 사상적으로 20세기에 엄청난 파문을 일으키게 된다. 칼 포퍼는 "젊어서 공산주의자가 되어 보지 않은 자는 바보요, 늙어서도 여전히 공산주의자로 남아있는 자는 더 큰 바보다"라는 말로 이상과 현실의 괴리를 표현한 바 있다.

1830년 엥겔스는 공장을 창녀굴의 문간으로 악평하면서 여공의 절반이 임신을 했고 40명당 공동변소가 1개뿐인 열악한 근로환경을 비판하고 있다. 1840년 맨터스터 통계에 의하면 영아들의 57%가 3세를 넘지 못하고 사망하였으며 아동들은 15시간 이상 노동에 시달려야 했다. "공장주변은 좁고, 어둡고, 하수시설이 제대로 되어 있지 않은 길을 따라 건물들이 빽빽하게 들어찼다. 춥고 축축하고, 더러운 건물에서 공장노동자들은 대개 한 집에 두세 가구가 살았고 지하실이 있으면 여기서도 한 가구가 살았다. 이런 환경에서 태어난 아이들의 절반 이상은 5세가 되기도 전에 죽었다. … 아이들은 체구가 작았으므로 아이들이 면직공장에서 일할 나이가 되면 기계 밑으로 기어들어가 재빠른 손놀림으로 끊어진 실을 잇는 일을 담당하였다. 아이들은 하루 12~14시간 노동에 투입됐으며 게으름을 피우면 구타당했다.

- 페니 르 쿠터/제이 버레슨, 『역사를 바꾼 17가지 화학이야기』(*Napoleon's Buttons*) 중에서 -

… 19세기 도시 노동자들의 생활은 지옥을 떠올리게 할 정도로 가혹했다. 그 당시 발표된 소설을 보면 도시를 줄곧 '하수구'에 비유했는데, 충분히 그러고도 남을 정도로 상황이 열악했다. 공장에서는 매일 엄청난 유독가스를 내뿜고 있었고, 노동자들은 하루 16시간 노동에 네살배기 어린 자식까지 동원해도 먹고살기 힘들 만큼 낮은 임금에 시달리고 있었다. … 이런 열악한 생활환경 속에서 많은 사람들이 만성적인 질병과 전염병에 시달렸고, 노동자 가정의 영아 사망률은 90퍼센트에 이르렀다. 자본가들은 이런 도시를 피해 쾌적한 교외로 옮겨 갔다. 마르크스 사상의 배경이 되는 영국의 경우, 자본가들은 공해물질이 바람을 타고 날아오지 않는 도시 서쪽으로 옮겨 가서 고급 주택가를 이루며 살았다. 돈은 도시에서 벌되, 부유한 사람들끼리 모인 별천지에서 생활과 문화를 즐겼던 것이다. 프롤레타리아에 맞서는 자본가 계급, 곧 부르주아는 이렇게 생겨났다. … 돈만 알고 가난한 사람을 범죄자 취급하는 스크루지는 당시 사람들의 머릿속에 박혀 있던 자본가의 모습이었고, 거리는 성냥팔이 소녀처럼 불쌍한 고아들로 넘쳐나고 있었다.

- 안광복, 『철학, 역사를 만나다』 중에서 -

… 자본의 집중과 함께 … 세계시장의 그물과 더불어 자본주의 정권의 국제적인 속성 속에 모든 인민은 얽매이게 된다. 이 변화 과정의 모든 이익을 독점하는 자본 귀족의 수는 줄어가지만, 비참하고, 억압받고, 노예가 되고, 퇴화하고, 착취당하는 대중은 더욱더 늘어만 간다.

- 칼 마르크스, 『자본론』(*Das Kapital*) 중에서 -

그의 생은 경제적으로 비참함과 가정적으로 비극적인 종말을 맞는 어처구니 없는 파노라마라 할 수 있다. 의사의 치료를 받을 수 없을 만큼 경제적으로 궁핍하여 6자녀 중 3명을 폐렴, 결핵, 기관지염 등으로 잃게 되는 고통을 감당하게 된다. 하지만 그의 사상체계는 보다 나은 세상을 꿈꾸는 수많은 혁명가들을 매료시킬 만큼 이상적이며 변화에 대한 역동성을 함축하고 있다.

독일에서의 **변증법적 철학체계**, 프랑스에서의 **유토피아적 이상세계관**, 그리고 영국에서의 **경제학적 자본주의 비판론**이 융합되어 혁명론이 완성된다. 그의 사상체계는 **유물사관**과 **변증법적 혁명론**으로 가득하다. 체제유지를 위한 법, 문화, 종교, 도덕, 가치관 등 **상부구조**(Super Structure)는 **하부구조**(경제구조)에 의해 좌우된다. 물질적 생활능력은 사회적, 정치적, 지적 생활 형태를 좌우한다. 의식이 생활을 결정하는 것이 아니라 생활이 의식을 결정하는 것이다. 따라서 의식구조의 개혁에 의해서는 사회개혁은 불가능하며 오로지 사회구조의 혁명적 변혁에 의해서만 세상은 변화될 수 있다고 주장한다.

그의 묘는 영국 런던의 high gate cemetery에 있고 묘지명은 "만국의 노동자여 단결하라!"(Workers of all lands unite)이다. 그리고 그의 묘비에는 다음과 같은 구절로 그의 사상적 핵심을 강조하고 있다. "철학자들은 단지 여러 가지 방식으로 세상을 해석만 해왔다. 하지만 중요한 것은 그것(세상)을 바꾸는 것이다"(The philosophers have only interpreted the world, in various ways, The point, however, is to change it).

**그의 묘비에 새겨진 문구처럼 그는 오로지 세상을 바꾸는 것이 중요하고 세상을 바꾸기 위해서는 의식구조가 아닌 사회구조의 개혁만이 유일한 길임을 강조한다. 말로 해석하고 말로만 떠드는 지식인들의 무력함을 날카롭게 비평한다. 말과 생각에는 아무것도 없고 오로지 혁명에 의해서만 세상은 바뀔 수 있다는 변증법적 논리를 강조하는 것이다.**

그는 능력에 따라 일하고 능력에 따라 분배한다는 자본주의 원칙을 배척하고 **능력에 따라 일하되 분배만은 필요에 따라** 이루어지는 이상적인 경제관을 사회주의에 장착시킨다. 일은 능력 있는 자가 하고 그 생산물은 필요한 자에게 배분한다는 도덕적 분배의 원칙을 사회주의의 기본원칙으로 설정한 것이다. 이런 원칙이 사회적으로 작동하려면 모든 구성원이 도덕적으로 충만한 이타주의적 경제활동을 실천하여야 한다. 하지만 그의 사상은 현실 속에서 이기적인 인간을 **도덕적**

**인간**으로 바꾸는 데 실패하였고 역사적으로 공유사회가 사유사회보다 더 효율적으로 작동할 수 있는 기제를 만드는 데 실패한 셈이다.

마르크스의 유물사관은 지나치게 유물론적인 원인만을 고집스럽게 추구함으로써 관념론적 원인을 전적으로 무시하였다. 사회현상에 미치는 관념의 강력한 힘을 지나치게 무시하였고 **도덕적 인간관**에 집착한 나머지 이윤동기에서 비롯되는 상상력, 독창성, 경영능력과 같은 인적자본을 경시하였다. 모든 가치창조는 노동에 의해서만 가능한 것으로 고착화하는 우를 범하고 있다. **잉여가치설과 노동착취설로 모든** 가치체계를 설명하려는 가치의 오류를 극복하지 못한 것이다.

**독점자본주의의 모순에서 칼 마르크스는 빛을 발했지만 사회주의의 실험의 실패에서 그는 시들어가고 있다.**

칼 마르크스의 자본론은 도덕적 인간관의 오류, 인적 자본의 가치창조능력에 대한 무지, 노동자들의 소득수준 및 소비수준 향상에 대한 폄하, 서비스산업의 출현으로 인한 새로운 일자리의 창출에 대한 예측오류에서 자유롭지 못하다.

주제 06

# 경제문제와 경제체제

1. 경제문제와 선택
2. 경제문제와 경제체제
3. 시장경제와 보이지 않는 손
4. 왜 시장경제를 받아들이나?
5. 자본주의로 가기 위한 멀고도 험한 길
6. 신자유주의
7. 사다리 걷어차기
8. 질서자유주의

## 1 경제문제와 선택

경제문제는 인간의 욕망은 무한하고 자원은 부족하다는 희소성의 원칙(Law of Scarcity)에서 출발한다. 경제문제의 본질은 부족함이고 그것을 해결할 수 있는 방책은 효율적인 생산과 공평한 분배에 있다. 가장 효율적으로 생산하고 가장 공평하게 나누는 방식이 중요하다.

인류는 그동안 보다 효율적이고 보다 공평한 사회를 꿈꾸며 도전하고 실험해 왔다. 원시공동사회, 고대노예사회, 중세봉건사회, 그리고 자본주의와 공산주의(또는 사회주의)는 생산과 분배에 관한 역사적 진보의 결과물이다.

가장 이상적인 경제사회는 어떤 경제체제가 담보할 수 있는 것인가? 기나긴 이념대결의 승패는 결국 시장과 정부의 성공과 실패로 귀결되고 있다. 우리는 현재 혼합경제(시장+정부)체제에서 살고 있다. 시장과 정부에 대한 필요성에는 대체로 동의하면서도 시장과 정부의 크기, 기능 그리고 역할에 대한 논쟁은 여전하다.[1]

---

1 엔서니 기든스는 그의 저서 『제3의 길』에서 사회정책에 있어 개인의 자율성과 개인적·집단적 책임을 결합하는 것을 목적으로 삼는 적극적 복지(positive welfare)의 개념, 즉 복지국가와 신자유주의 국가의 한계를

지난 100여 년에 걸친 이념대결은 1980년대 이후 시장의 판정승으로 결말을 맺고 있다. 자본주의 진영이든, 사회주의 진영이든 가릴 것 없이 시장원리주의가 세계 곳곳에서 승리의 깃발을 휘날리고 있다. 구 소련이나 중국, 그리고 동구권 국가들의 경우에도 사회주의에 시장경제를 접목하는 일에 골몰하고 있다. 인도, 동남아시아, 라틴아메리카, 아프리카에서도 시장원리는 빈곤의 탈출구로 기대를 모으고 있다.

하지만 지난 2008년 세계경제를 덮친 금융위기는 신자유주의에 대한 의문의 단초를 제공한다. 금융부문의 경우에는 정부가 재갈을 물려야 한다는 주장이 힘을 얻고 있다. 또한 빈부의 격차, 계급갈등, 인간소외, 기득권과 향락주의, 실업, 양극화, 환경의 파괴 등으로 시장주의는 정부의 미세조정을 필요로 한다.

## 2 경제문제와 경제체제

우리는 항상 경제문제에 직면한다. 경제문제는 희소성의 원칙(law of scarcity)에 기인한다. 부족함에서 비롯되는 경제문제, 그것을 해결하는 방식을 경제체제라 한다. 자원이 부족하므로 우선순위를 정해야 하고 비용은 최소화하고 생산은 극대화하는 최적화 방법을 모색해야 한다. 또한 생산된 것은 모두에게 공평하게 분배되어야 한다. 효율적이고 공평한 선택으로 빈곤을 물리치고 풍요를 낳을 수 있다. 모든 국민경제는 효율적이고 공평한 선택의 문제에 직면해 있다. 이것을 국민경제 3대 기본문제라 한다.

경제문제와 경제체제란 무엇인가. ①, ②, ③을 국민경제 3대 기본문제라 한다.

① **무엇을, 얼마나 생산할 것인가?**

② **어떻게 생산할 것인가?**

③ **누구를 위하여 생산할 것인가?**

①과 ②의 문제는 효율성(efficiency)에 관한 문제이고 ③의 문제는 공평성(equity)에 관한 문제이다.

---

넘는 새로운 제3의 길을 제시하고 있다.

**경제체제란 ①, ②, ③을 누가 어떻게 해결하는가, 즉 경제문제들을 해결하는 방식을 의미한다. 경제문제를 시장원리에 의해 해결하는 방식을 자본주의 경제체제라 하고 정부의 계획과 통제에 의해 해결하는 방식을 사회주의 경제체제라 한다.**

지난 반세기 동안 현실경제를 주도했던 자본주의 경제체제와 사회주의 경제체제는 치열하게 대립해 왔다. 그리고 자본주의 경제체제가 판정승을 거두었으나 두 체제는 혼합경제체제로 수렴해 가고 있다.

**자본주의 경제체제는 소비자주권, 자유경쟁의 원리, 이윤의 인정에 바탕 한 효율적인 자원배분을 강조하고, 사회주의 경제체제는 이윤을 불인정하는 도덕적 보상체제, 정부 관료에 의한 생산물의 선택과 분배를 바탕으로 하는 공평한 소득분배를 강조한다.**

역사적 실험의 결과는 역설적으로 자본주의는 공평한 소득분배에 취약성을, 사회주의는 효율적인 자원배분에 취약성을 드러내고 있다. 경제문제가 성공적으로 해결되기 위해서는 효율적인 자원배분과 공평한 소득분배는 필수적이다. 그런데 지금까지 효율적인 자원배분과 공평한 소득분배를 동시적이고 완벽하게 실현하는 경제체제는 존재하지 않는다.

자본주의 국가들은 1929~33년간의 세계대공황 이후 시장실패를 해결하기 위해 정부의 조정과 개입, 즉 미세조정(fine tuning)을 용인하게 되는데 이것을 수정자본주의 또는 복지국가라 한다. 독일 같은 경우에는 시장과 정부 간의 공동작용을 최적화하여 경제사회문제를 해결하는 질서자유주의(사회적 시장경제)를 발전시키고 있다. 한편 사회주의 국가들은 1970년대 이후 특히 구 소련과 중국이 중심이 되어 **개방**과 **개혁**이라는 기치 아래 효율성 증대를 위한 시장가격체계, 사유재산제도, 그리고 자유경쟁의 원리들을 도입하고 있다. 중국의 경우에는 자원배분은 시장에 맡기되 토지와 같은 주요생산수단은 국가가 소유하는 사회주의 시장경제(the socialist market economy)시스템을 구축하고 있고, 러시아를 비롯한 동구권 국가들은 자본주의적 경제요소가 사회주의적 경제요소를 능가하는 체제전환경제(transition economy)체제로 탈바꿈해 가고 있다.

## 3 시장경제와 보이지 않는 손

시장경제체제에서는 개인의 이익추구가 공적이익을 증대시키는 보이지 않는 섭리가 작동하고 있다. 보이지 않는 시장의 섭리가 작동하려면 합리적인 소비자와 생산자가 주인공이 되고, **시장가격, 자유선택, 경쟁, 혁신, 이윤과 파산이 작동하는 시장이라는 무대가 존재해야 한다. 시장에 참여하는 모든** 경제주체들은 자유로운 선택, 그리고 치열한 경쟁에 따라 승패가 좌우되는 시장배분의 원리를 미덕으로 받아들여야 한다.

이 같은 요소들이 상호 작용하여 시장에서의 선택들이 조화를 이루고, 그 결과로 인해 생산과 소비는 효율적인 경제순환고리를 형성한다. 시장경제체제는 보이지 않는 손의 조화 속에서 **개인의 이익이 사회전체의 이익**으로 통합될 뿐만 아니라 개인의 창조정신과 잠재능력을 최대로 발현시키는 기제로 작동하게 된다.

**보이지 않는 손**

애덤 스미스는 『국부론』에서 시장경제를 가장 효율적으로 조율하는 마법의 손, 신의 섭리와 같은 보이지 않는 손의 존재를 다음과 같이 설명하고 있다.

"인간은 항상 다른 사람으로부터 도움을 받아야 한다. 다른 사람으로부터 도움이 그들의 호의에 의존한다면 그것은 헛된 일에 불과하다. 다른 사람들의 이기심을 자신에게 이익이 되는 방향으로 유도할 수 있으며, 자신이 원하는 것을 제공하는 것이 다른 사람들에게도 이익이 된다는 사실을 보여줄 수 있다면, 그 사람은 보다 유리한 입장에 서게 될 것이다. 우리가 오늘 저녁을 풍성하게 먹을 수 있는 이유는 푸줏간 주인, 양조장 주인, 빵굽는 사람들의 호의 때문이 아니라 그들이 자신들의 이익을 얻기 위해 일하고 있기 때문이다. 시장에 참여하는 모든 개인들은 공적 이익을 증진시킬 의도를 가지고 있는 것도 아니며, 그들이 얼마나 공적 이익을 증진시키고 있는 지도 모른다. 하지만 그들은 자신들의 이익을 추구하는 과정에서 자신들이 의도하지 않은 공적 이익을 증진시키고 있다. 그들은 자신들이 공적 이익을 증진시키려는 의도를 가지고 경제활동을 하는 경우보다도 자신들의 사적 이익만을 추구하는 과정에서 공적 이익을 더욱 효과적으로 증진시키는 경우가 많다."

시장경제체제가 국민경제 기본 3대 문제를 해결하는 경제순환모형을 그림으로 나타내면 아래와 같다.

① 무엇을, 얼마나 생산할 것인가?의 경제문제는 그림의 A, B구간에서 결정된다. 기업은 A, B구간에서 무엇을, 얼마나 생산할 것인가?를 결정하게 되는데 이윤을 극대화하려면 소비자가 원하는 것을 원하는 만큼 생산해야 한다. 소비주체인 가계는 생산물시장에서 자신의 효용을 극대화할 수 있는 상품과 상품의 양을 결정한다. 소비자(가계)는 **돈 투표**(dollar voting)**를 통해 자신이 원하는 소비를 실현하는데, 돈투표는 바로 소비자의 선호를 반영한다.**

시장은 소비자가 돈투표한 결과를 개표하여 공개하는데, 이것이 바로 시장가격으로 나타난다. 소비자들이 선호하는 상품의 경우에는 돈 투표가 몰리게 되어 가격이 오르게 되고, 그렇지 않은 상품의 경우에는 소비자의 선호가 줄어들어 가격은 떨어지게 된다. 기업의 입장에서는 **시장가격이라는 신호**를 보고 조사할 필요 없이 소비자들이 무엇을 얼마나 원하는지를 파악할 수 있고, 그 정보를 바탕으로 최적한 공급을 결정할 수 있다. 한편, 경쟁시장에는 항상 경쟁자가 존재하므로 기업은 다른 경쟁자보다 질 좋고 값싼 제품을 공급해야 한다. 그래야만 파산을 모면

[시장경제체제에서의 경제순환모형]

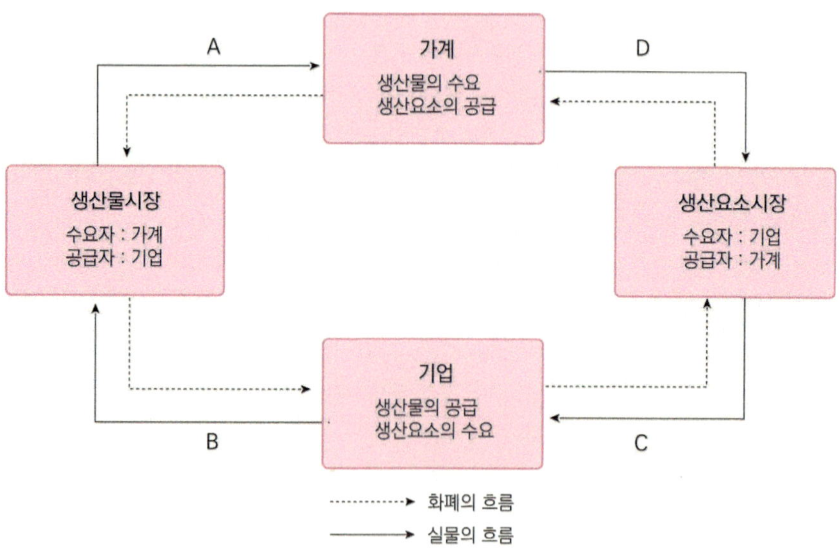

하고 이윤을 취득할 수 있기 때문이다. 따라서 시장원리는 기업이 소비자를 위해서가 아니라 자신의 이윤을 위해서 소비자가 원하는 상품을 원하는 만큼, 그리고 최고의 품질로 가장 싼 가격에 공급하도록 작동하게 된다. 또한 그림의 A, B구간에서는 소비자들의 선택으로 상품의 공급이 결정되는 방식, 즉 소비자주권이 실현되고 있을 뿐만 아니라 생산자와 소비자가 모두 만족하는 생산물에 대한 자원배분의 최적화가 이루어진다.

② 어떻게 생산할 것인가?의 경제문제는 그림의 B, C구간에서 결정된다. 기업은 소비자들이 원하는 상품을 원하는 만큼 다른 경쟁기업보다 우수한 질로 값싸게 공급하여야 한다. 만약 소비자들이 원하지 않는 상품을 생산하거나 다른 경쟁기업 보다 품질이 떨어지거나 값비싼 제품을 공급한다면, 그 기업은 소비자들로부터 버림받고, 시장에서 **퇴출**(파산)**될 것이다.** 경쟁시장은 효율적인 생산자에게는 이윤으로 보상하지만, 비효율적인 생산자에게는 파산이란 채찍으로 처벌하기 때문이다. 따라서 기업은 그림의 C구간에서 가장 효율적인 생산공정과 생산기술을 선택해야하고, 가장 생산성 있는 생산요소로 가장 효율적인 기술적 배합을 결정하게 된다.

③ 누구를 위하여 생산할 것인가?의 경제문제는 그림의 D, C구간에서 결정된다. 기업은 생산과정에서 생산요소들의 조합을 선택하게 되는데, 마치 생산물시장에서 소비자가 돈 투표하듯이 기업의 목적을 달성하기 위한 생산요소에 대한 돈 투표를 결정하게 된다. 가계는 이 과정에서 노동력, 자본, 토지, 경영 등의 생산요소를 기업에 공급하고 그 대가로 소득(기업의 돈투표=생산요소의 가격)을 얻게 된다.

기업은 그림의 C, B구간에서 다른 경쟁기업보다 값싸고 질 좋은 제품을 생산하기 위해 **질 좋고 값싼 생산요소를 고용하고, 가장 효율적인 생산요소의 조합**(기술적 생산방법)**을 선택**하게 된다. 또한 가계는 생산요소시장에서 기업이 어떤 생산성을 갖춘 생산요소를, 얼마나 공급받기를 원하는지 정보를 확보하고 그 수요에 맞는 생산요소를 공급하게 된다.

따라서 그림의 C, D구간에서는 **소득수준이 높은 가계와 그렇지 않은 가계가** 결정되고, C, B구간에서는 이윤을 획득하여 성장하는 기업과 경쟁과정에서 이윤을 얻지 못해 파산하는 기업이 결정된다.

그림의 경제순환모형은 시장기구가 경제문제 ①, ②, ③을 어떻게 해결하는지 A, B, C, D구간으로 설명해 주고 있다. 시장은 경제주체인 가계와 기업이 **모든**

**자원을 효율적으로 배분하도록 유인기구**(당근과 채찍=경쟁과 이윤)**가 작동하는 자원배분 체계라 할 수 있다.** 결과적으로 시장에 참여하는 모든 경제주체가 자신의 이익을 위해 최선을 다하지만 상대의 이익을 훼손하기 보다는 서로의 이익을 증식시키는 경제활동으로 귀결된다는 것을 알 수 있다. 이와 같은 시장경제의 조화를 '보이지 않는 손의 섭리'라 부른다.

## 4 왜 시장경제를 받아들이나?

대니얼 벨은 그의 저서 『이데올로기의 종언』에서 1950년대 미국 사회의 변화를 심층진단하고, 그 분석의 결과를 바탕으로 이념의 시대가 퇴조할 것임을 예고한 바 있다. 그는 기술의 발달과 경제·정치체제의 진화로 인해서 빈곤에서 벗어난 노동자들의 계급투쟁 의지가 급속도로 고갈되어간다는 점에 주목하였다, 따라서 급진사상은 설 자리를 상실하고 있으며, 마르크스주의는 조만간 종말을 고할 것이라고 주장하였다. 그는 다원주의적 정치의 부상, 복지국가의 대두, 과학기술의 발달 등으로 인해 '체제변혁'의 이슈가 노동계급의 관심에서 점점 멀어져 가고 있을 뿐만 아니라 화이트 칼라로 일컬어지는 사무직 노동자를 비롯한 새로운 대중집단의 역할과 의미가 중시된다고 주장하였다.

1980년대 이후 이데올로기에서 강조하는 전통적인 노동자라든지, 계급의 개념은 무의미해지고, 사회변동의 원동력으로서 취급된 불만 가득한 노동자 계급은 쇠퇴해 가고 있다. 자본주의가 발달한 나라일수록 유산계급과 무산계급의 양극화는 무디어 가고, 오히려 계층의 다분화가 사회변혁의 동력을 만들고 있다. 마르크스주의는 그 칼날이 무디어지고 이데올로기를 지키기 위한 성곽조차도 붕괴되는 위험에 처한 것이다. 사회주의에 대한 경제적 비젼은 몽상적이고, 특히 경제부문에서의 생산의 조직화, 자원배분의 문제, 임금지급의 형태, 그리고 새로운 생산물 창조 등에 대한 이론적 모호성은 체제로서의 사회주의를 종언의 길로 몰아세우고 있다.

1988년 소비에트 중앙위원회에서 고르바초프는 "우리 식탁에 매년 고기를 80kg씩만 얻을 수 있었더라면 다른 문제가 이처럼 심각해지지는 않았을 것이다."

라고 구 소련의 심각한 경제상태를 탄식했다. 1980년대 구 소련경제는 2만4,000여개의 공장이 폐업을 했고 80루블(약 3,200원) 이하의 근로자가 4천만 명에 이르렀다. 설탕, 소금, 성냥을 구하기 위해 매일 줄을 서야 했고 중앙정부에 팬티스타킹, 치약, 가루세제위원회가 가동될 정도였다.

중국의 공산주의 지도자들은 1959~62년간 대지주 80만 명을 처형하고 농촌에는 각각 약 2만 명으로 구성된 인민공사를 설립하여 노동자들의 유토피아를 건설하겠다고 약속하였다. 하지만 1959년 중국에서 기아로 사망한 유아, 영아, 아동 수가 1,650만 명에서 3천만 명에 이르는 것으로 추정될 정도로 생산성은 곤두박질하고 먹거리도 해결하지 못하는 최악의 상황에 처하게 된다. 중국은 1958년 대약진운동, 1966~69년간 문화대혁명을 추진하고 관료주의자, 수정주의자, 반혁명분자라는 명분으로 수십만 명의 지식인들을 살해하거나 강제노동수용소로 추방하게 된다. 돌파구를 찾기 위한 특단의 조치들마저 실패하고 1976년 모택동 시대가 막을 내리게 된다. 등소평은 "검은 고양이든 흰고양이든 쥐를 잘 잡는 고양이가 좋은 고양이다"라는 흑묘백묘론으로 중국은 개방과 개혁을 선택하게 된다.

### 1) 시장가격기구를 받아들이고 있다

계획경제에서는 **시장가격** 대신 **계산가격이 작동하여 자원배분을 조정한다.** 계산가격은 정부의 관료들이 생산되는 생산품들의 우선순위를 평가하고 그 상품에 가격을 부여하는 방식의 가격체계이다. 계산가격은 시장가격과 달리 경제주체들의 선호나 수요를 제대로 반영할 수 없는 관료주의적 자원배분의 매개변수라 할 수 있다. 따라서 소비자들이 원하지 않는 관료들의 계획에 의해 생산된 물품들이 창고에 처박혀 자원이 낭비되고 생필품마저 부족해지는 자원배분의 왜곡현상이 나타나게 된다. 이런 문제를 해결하기 위해 구 소련이나 중국 등 구공산권 국가들도 시장가격체계를 도입하여 자원배분의 효율성을 개선하고 있다.

시장가격체계는 경제주체들의 선호나 수요를 직접적으로 반영함으로써 신호기능이나 자원배분기능을 효율적으로 수행한다. 시장가격의 주요기능을 정리하면 다음과 같다.

① 시장가격은 **신호기능을 수행한다.** 소비자들이 무엇을, 얼마나 원하는지, 조사할 필요 없이 돈투표(dollar voting)의 결과로서 시장가격에 반영된다. 따라서 기

업은 시장가격을 보고 무엇을 얼마나 생산할 것인가를 결정할 수 있다. 하지만 시장가격이 존재하지 않는 계획경제체제에서는 정부 관료가 소비자가 무엇을 얼마나 원하는지를 조사하여 계산가격을 설정하여야 한다. 따라서 계산가격체제하에서는 **다양한 소비자의 선호**를 정확하게 파악하기 어려우며, **수많은 상품들에 대한 막대한 선호조사비용을 부담해야 한다.** 또한 정부의 관료들이 소비자의 개인적 선호를 조사하는 과정에서 소비자들의 프라이버시를 침해할 수 있고 개인의 프라이버시와 관련된 조사의 경우에는 소비자들의 정직한 선호표출을 기대하기 어렵다. 이런 이유로 구 공산권 국가들에서 나타났던 **생필품의 품귀**현상은 매우 자연스러운 결과이다. 반면에 소비자들이 원하지 않는 제품들은 과잉 생산되고 상품의 질도 조잡해서 결국 창고에 재고로 쌓이는 결과를 초래했던 것이다.

**계획경제하에서는 화장지 생산이 어떻게 결정될까?**

시장경제체제하에서는 화장지 생산은 시장에서 결정된다. 소비자주권이 작동하여 소비자들이 선택하는 다양한 빛깔과 다양한 향기가 배어 있는 질 좋고 값싼 화장지들이 소비자들이 필요로 할 때 신속하게 공급된다. 그렇다면 시장가격이 존재하지 않는 계획경제하에서는 화장지가 어떻게 공급될 수 있을까? 계획경제하에서는 시장가격이 존재하지 않으므로 소비자들이 어떤 화장지를, 얼마나 필요로 하는지 전달하는 매체가 존재하지 않는다. 따라서 정부의 관료들이 조사와 계산에 의해 화장지 생산을 결정해야 한다. 1년 동안 사용될 화장지의 생산량을 추산하는 경우, 인구×365일×하루에 화장실에 가는 평균횟수×한번에 사용하는 화장지 길이× a (설사날 확률)=? 이런 식의 추산과정을 거치게 되고, 평등을 강조한 나머지 다양한 화장지보다는 단순한 종류의 화장지를 대량생산하는 방식을 취하게 된다.

② 시장가격은 **자율적인 배분기능**을 수행한다. 부족한 자원은 상대적으로 시장가격이 상승하여 절약을 유도하고 반드시 필요한 소비자만 사용하도록 제약을 가하게 된다. 반면에 상대적으로 풍부한 자원에 대해서는 상대적으로 낮은 가격이 설정되어 소비의 영역을 확장시킨다. 따라서 시장가격은 희소한 자원은 아껴 쓰고 절약하게 하고 풍부한 자원은 여유롭게 소비하도록 조절하는 배분기능을 수행한다. 만약 정부가 시장가격을 인위적으로 조정하거나 통제하는 경우, 부족한 자원은 낭비되고 풍부한 자원은 절약하는 **자원배분의 왜곡**을 가져올 수 있다.

**노동자가 개밥을 먹게 된 이유**

구 소련에서 실제로 발생했던 자원배분의 왜곡사례이다. 공산주의 경제체제는 노동자의 천국을 지향한다. 노동자들은 빵을 배불리 먹을 수 있어야 한다. 그러므로 빵 가격은 가축이 먹는 사료가격보다 낮아야 한다. 그럴듯한 논리로 빵의 계산가격을 사료가격보다 낮게 설정하는 오류를 범하게 된다. 이렇게 되자 빵으로 가축의 먹이를 대체하는 현상은 매우 자연스럽게 퍼져나간다. 예를 들어 노동자는 1,000원짜리 점심을 먹는데 가축은 3,000원짜리 점심을 먹는 현실이라 해보자. 감성적으로도 언짢은 일이고 합리적으로도 노동자들은 3,000원짜리 사료 대신 1,000원짜리 빵으로 가축들의 먹이를 해결하려 하지 않겠는가? 이것은 너무 당연한 선택이 된다. 따라서 빵을 사료로 대체시킨 만큼 노동자들의 빵은 부족해지고 가축들의 사료는 남아도는 아이러니가 발생하게 된다. 결과적으로(1년간 빵 생산량은 계획되어 총량이 일정하므로) 빵이 부족한 지역의 노동자들은 빵 대신 사료를 먹어야 하는 계산가격의 오류, 노동자의 비극을 낳은 셈이다.

### 2) 사유재산제도를 받아들이고 있다

모든 생산수단을 공유하는 공산주의체제에서는 소유권을 바탕으로 작동하는 자본주의 경제체제와는 달리 당근과 채찍이라는 유인구조가 부족하다. 자본주의는 사유재산, 즉 이윤을 인정하는 보상체계가 작동한다. 따라서 "능력에 따라 일하고 능력에 따라 분배한다"는 응능주의적 보상체계를 따라 소득이 분배된다. **응능적 분배원리란 열심히 일하는 자에게는 더 많은 이윤으로 보상하고, 게으른 자에게는 파산이라는 채찍으로 응징하는 보상체계이다. 당근과 채찍으로 개인들이 최선을 다하도록 유인기능을 작동시킨다.**

공산주의 경제체제에서는 사유재산이 부정되고 "능력에 따라 일하고 필요에 따라 분배한다"는 도덕적 보상체계가 작동한다. 도덕적 보상체계란 능력 있는 자는 최선을 다해 일하지만, 그 결과물은 능력이 있든 없든, 관계없이 필요한 자에게 분배한다는 원칙이다. **도덕적 보상체계는 역사적 실험을 통해 도덕적 해이(moral hazard)라는 비효율에 직면하게 된다. 인간은 소유권에 의한 이윤동기가 부여될 때 더욱 역동적이라는 애덤 스미스의 인간관이 역사적으로 승리를 거둔 셈이다.**

중국의 경우, 공산화하는 과정에서 농민들의 사적 재산권을 박탈하고 농지를 강제 수용하여 인민공사라는 집단경제체제를 실험하였으나 모두 실패하게 된다.

공동생산, 공동소비체제가 식량생산을 크게 떨어뜨렸고 수천만 명이 아사하는 곤경에 처하게 된다. 대약진 운동이나 문화혁명과 같은 극약처방으로 생산성을 되살리기 위해 노력했지만 모두 실패하게 된다. 이념주의자인 모택동이 사망하자, 실용주의자인 등소평이 집권하고 개방과 개혁을 추진하게 된다.

1979년 등소평은 신자유주의의 대부, 하이에크를 중국에 초청하여 조언을 구하게 되는데, 하이에크는 식량부족문제를 해결하기 위해 "농민들에게 땅을 돌려주세요"라는 권고를 남기게 된다. 등소평은 농민들에게 임대제라는 방식으로 일종의 사유재산권을 인정하게 되고, 2년 후 식량생산은 무려 25%까지 증가하게 된다.

구 소련의 경우를 살펴보면 1에이커 미만의 사유지를 인정하는 제도가 유지되었는데, 그 면적이 전체경작면적에서 1%에 불과하였지만 생산량은 전체농작물의 25%를 차지하게 된다. 이것은 **사유지의 생산성이 공유지에 비해 33배나 높다는 것을 보여준다**.

이런 이유로 인해 구 공산권 국가들이 **개인의 사유재산권을 보장**하고 **이윤을 인정**함으로써 **효율성을 극대화하려는 개혁을 적극 추진하게 된다**. 소유권을 바탕으로 한 이윤동기야 말로 기술혁신과 생산성 향상을 위한 제도적 장치인 것이다. 1993년 노벨경제학상을 수상한 더글라스 노스(Douglass North)는 인류최대의 발명품을 과학기술이 아니라 **소유권제도의 창안**이라고 주장한 바 있다.

소유권이 수많은 발명을 촉발했다는 것이다. 소유권이야말로 개인의 산출물을 절도 및 약탈로부터 지킬 수 있는 훌륭한 보호막이다. 따라서 안심하고 연구개발하고 투자하여 자신의 경제를 풍요롭게 만들 수 있다. 농업사회에서는 **토지에 대한 소유권**, 산업사회에서는 **자본에 대한 소유권**, 지식정보화사회에서는 **지식에 대한 소유권**(특허권, 저작권, 상표권, 영업에 관한 비밀 등)이 중요한 이유이다.

제도학파 경제학자들은 소유권제도가 안정된 나라일수록 풍요로운 선진국이 될 수 있었지만 그렇지 못한 나라일수록 아직도 빈곤한 후진국으로 남게 되었다고 주장한다. 또한 소유권은 개인의 자유를 보장하고 활성화하는 제도적 장치로서 기능한다. 소유권은 배타적 권리여서 그 영역에서는 어느 누구도 간섭할 수 없고 구상권을 행사할 수 있으며 자유롭게 처분할 수 있는 권리를 보장하기 때문이다. 개인의 경제적 자유는 소유권을 기반으로 성립하고 개인의 경제적 자유는 한 나라의 경제발전을 촉진한다.

**경찰차보다 렉카차나 앰뷸런스가 더 빠른 이유**

이윤을 인정하는 경우와 그렇지 않는 경우 어떻게 다른 결과를 가져올 수 있는지? 자동차 사고의 예를 들어 설명해 보겠다. 자동차 사고가 나면 가장 먼저 경찰차가 도착해서 교통정리 및 사고 수습을 하고 그 다음 구급차가 환자를 후송하고 견인차가 부서진 차량을 견인하는 것이 순서에 맞을 것이다. 하지만 현실은 경찰차보다 견인차나 후송차량이 먼저 도착하는 현장을 목격하는 경우가 많다. 왜 이런 일이 벌어지는지 생각해 보라! 견인차량이나 후송차량은 현장에 늦게 도착한다면 어떤 보상도 받을 수 없다. 가장 빠르게 사고현장에 도착하는 것이 이윤을 얻을 수 있는 첩경인 것이다. 이에 반해 경찰차량은 빠르게 도착하거나 조금 늦게 도착하거나 이윤의 획득과는 아무런 관련이 없다는 점이다. 이윤을 인정하지 않는 공산사회는 경찰차량처럼 최선을 다할 유인이 발생하지 않는다는 것이다. 도덕적으로는 최선을 다하는 것이 올바른 일일지 모르지만 현실적으로는 인간은 유인에 의해 보다 적극적으로 활동한다는 것이다. 유인이 없는 공산사회에서 정말 최선을 다해 열심히 일하는 생산성 있는 경제활동을 기대했다는 것은 그저 이상적인 도덕적 환상에 불과했다는 것이 현실로 나타나고 있는 것이다.

소유권과 개인의 경제적 자유는 그 나라의 풍요와 인과관계를 갖는다. 미국은 1776년은 애덤 스미스의 자유주의 시장경제와 정치적 자유주의를 독립선언문에 담아 자유주의 국가를 채택하게 된다. 미국은 애덤 스미스의 경제적 자유와 독립선언문에 담긴 정치적 자유라는 두 개의 수레바퀴로 세계에서 가장 강력한 경제대국을 건설하게 된다.

### 3) 경쟁체제를 구축하고 있다

구 공산권 국가들은 개방과 개혁을 기치로 내세우며 국내시장을 개방하고 있다. 시장을 개방하여 자유무역을 촉진하게 되면 국내산업은 치열한 세계경쟁을 견뎌내야 한다. 구조조정과 혁신을 하지 않으면 세계경쟁에서 살아남을 수 없기 때문이다. 국내 소비자들은 세계에서 가장 값싸고 질 좋은 상품을 구매할 수 있고 국내의 기업들은 세계에서 가장 혁신적인 생산기술을 도입하고 효율적인 자본을 유치할 수 있다.

**주유소 이야기**

1980년대 이전까지만 해도 우리나라의 주유소들은 거리제한에 묶여 있었다. 새로운 주유소가 문을 열려면 관계당국이 허용하는 일정한 거리범위를 벗어나야만 했다. 다시 말하면 일정한 지역 내에서 기존의 주유소가 독점적 위치에 놓이게 된다는 것을 의미한다. 그 당시의 주유소 사장님은 고객들에게 서비스에 대해 무관심했으나 거리제한이 해제되어 누구나 주유소를 개업할 수 있게 되자 주유소의 서비스는 정말 깜짝 놀랄 정도로 변하게 되었다. 세차, 일간지, 생수, 휴지 및 상품의 쿠폰 제공은 물론 그리고 치어걸들의 댄스에 이어 사장님의 운전석 유리 세척과 안전운전 하시라는 정성스런 당부 말씀까지 소비자를 존중하는 달라진 자세가 눈물겨울 지경이었다.

전통적으로 구 공산권 국가들은 칼 마르크스의 반제국주의론에 따라 **자급자족경제**(Autarky)체제를 구축해 왔다. 칼 마르크스는 주기적인 공황과 제국주의 전쟁이라는 예언으로 자본주의 경제체제의 모순을 규정한 바 있다. 자본주의 경제는 자본이 고도화될수록 생산능력이 폭증하게 된다. 그런데 국내의 소비가 폭증하여 이를 모두 소진할 수 없을 것이므로 자본주의 경제는 주기적인 공황에 빠지게 된다. 창고마다 재고가 넘쳐나고 길거리에는 실업자가 득실거린다. 실업자는 소득이 없으므로 유효수요가 더욱 부족해지고 공황의 늪은 더욱 깊어진다. 소위 **풍요 속의 빈곤**(poverty in the midst of plenty)현상이 경제를 병들게 한다. 자본주의 발전과정에서 이런 현상은 주기적으로 반복된다는 것이 칼 마르크스의 주장이다.

자본주의 발전 과정에서 공황이라는 폐해를 극복하기 위해 선진자본주의 국가들은 제국주의를 채택하게 된다. 식민지를 개척하여 새로운 시장을 창출하려는 국가이기주의적 발상이다. **식민지는 새로운 수요를 창출하고, 값싼 원료를 공급하는 착취의 대상이 된다.** 따라서 칼 마르크스는 제국주의적 모순을 타파하고 반제국주의적 경제질서를 구축하기 위해 **자급자족경제를 제안했던 것이다.**

하지만 오늘날 선진국이든, 후진국이든 관계없이 자유무역은 교역 당사국들에게 거래이익을 증진시키고 경제발전을 촉진하고 있다. 부분적으로는 통상마찰이나 보호무역주의가 자유무역질서(자유경쟁체제)와 충돌하는 경우도 종종 발생하고 있다. 그렇지만 구 소련과 중국을 비롯한 구 공산권 국가들조차도 자무역주의(자유경쟁체제)를 보편적인 세계경제질서로 받아들이고 있다.

### 4) 인간의 이기심을 수용하는 자유주의를 받아들이고 있다

애덤 스미스는 자본주의를 상징하고 칼 마르크스는 사회주의를 상징한다. 애덤 스미스가 자본주의 경제원리의 고전, 국부론을 저술했다면 칼 마르크스는 사회주의 경제원리의 고전, 자본론을 저술했기 때문이다. 애덤 스미스가 시장경제체제의 원리와 시장의 성공을 묘사했다면 칼 마르크스는 시장경제체제의 모순과 몰락을 역설하고 있다. 칼 마르크스는 자본주의는 그 내적 모순으로 멸망하고 이상적인 공산주의가 인류의 종착역이 될 것이라고 주장한 바 있다.

애덤 스미스와 칼 마르크스의 서로 다른 경제체제관은 인간에 대한 서로 다른 믿음에서 비롯된다. 애덤 스미스는 인간이란 원래 이기적이고 개인의 이익을 추구하는 것은 인간의 기본적 권리라고 주장했다. 따라서 인간의 본성을 고치려 하기 보다는 이를 수용하는 경제체제가 가장 효과적이라는 경제체제관을 가지고 있다. 반면에 칼 마르크스는 **인간의 탐욕과 이기심은 본성이 아니라 계급사회**에서 기인한 것이므로 **혁명적 사회변혁**(정의로운 사회)을 **통해 인간을 사회주의형 도덕적 인간으로 개조**할 수 있다고 생각한다.

애덤 스미스는 **개인의 이기심과 시장의 보이지 않는 손의 조화로운 작용**에 의해 현실적 경제문제들을 가장 효율적으로 해결할 수 있다는 신념을 가진 사상가라면, 칼 마르크스는 **개인의 도덕성과 정부의 보이는 손에 의해서 경제문제를** 가장 공평하게 해결할 수 있다는 신념을 가진 사상가이다.

칼 마르크스는 역사는 소유양식에서 비롯되는 계급투쟁의 역사이고, 가장 이상적인 경제체제는 소유의 개념을 타파하고 오로지 공유의 이념으로 통제되는 무산계급의 사회, 소위 공산주의(사회주의)사회라고 주장한다. 가진 자와 가지지 못한 자가 없는 사회, 모든 생산수단을 공동 소유하고, 공동생산하며, 공동분배하는 경제체제를 상정한다. 따라서 계급이 발생하지 않으며, 개개인 모두가 공동선을 위해서 최선을 다하는 유토피아적 경제체제가 실현될 것으로 믿었던 것이다.

2차 세계대전 이후 거의 반세기 동안 전 세계 인구의 약 1/3에 해당하는 사람들이 사회주의혁명에 의한 역사적 실험에 동참해 왔다. 결과적으로 도덕주의에 바탕한 이상적인 사회주의혁명은 어디에서도 완성되지 못하고 새로운 길(시장경제)을 모색하고 있다. 아이러니하게도 칼 마르크스가 지적한 자본주의의 내적 모순들은 자본주의를 더욱 강화시켰고 이념의 벽을 넘어 오히려 사회주의 경제체제를 변화시키는 동력이 되고 있다. 도덕적 인간보다는 이기적인 인간의 자유로운 경제활동으로 경제문제를 보다 효율적으로 해결할 수 있고 보다 풍요로운 경제사회를 조성할 수 있다는 시장경제체제가 통제경제를 무너뜨리고 있다.

## 5 자본주의로 가기 위한 멀고도 험한 길

서방의 자본주의 경제체제는 복잡성과 자율성을 내부화하는데 동구의 공산주의 경제체제를 압도하는 유연성을 가지고 있었다. 1948년 이후 유고슬라비아라는 주목할 만한 예외를 제외한 공산주의 정권들은 그들이 탄생할 때부터 본질적으로 독재체제의 틀을 깨뜨리는 데 실패했다. 구 소련에서의 후르시초프의 개혁과 중국에서의 마오저뚱의 문화혁명마저도 그런 단절을 이루어내지 못했다. 상의하달식의 독점적인 통치체제는 소련과 중국뿐만 아니라 모든 공산권에서 고스란히 통용되었고, 결국 스탈린주의, 동유럽의 사회주의, 중국의 모택동주의가 약속했던 새로운 인류의 출현과 위대한 사회건설은 몽상에 불과함을 증명하였다. 중앙집중식 관료주의는 열정과 창의성을 잠재웠으며, 토지집단화는 식량공급을 축소하였고, 작가나 사상가들은 투옥도거나 추방되었다. 또한 여행, 통신, 정보, 종교에 대한 권리와 자유가 묵살되는 반면에 레닌, 모택동, 호지명, 체게바라, 김일성 같은 지도자들은 반신반인의 존재로 추앙되었다. 1958년 모택통의 농촌순방일화는 마르크시즘의 비실용적 비합리적 이념화의 단면을 투사해준다. 집단농장체제로 식량문제가 심각해지자 모택동은 1958~60년간 대약진운동을 추진하는데, 농촌순방길에 곡식을 먹는 참새를 보고 '저 새는 해로운 새다'라고 언급했다고 한다. 그러자 국영연구기관으로부터 참새 1마리가 연간 곡식 2.4kg을 해치워 참새가 연간 70만 명의 먹거리를 축낸다는 연구보고서가 나온데 이어 10억 명에 이르는 인민들이 냄비나 세숫대야를 울려대며 참새박멸운동에 동참하게 된다. 참새가 박멸되자 온갖 해충과 메뚜기들이 창궐하게 되고 곡물생산은 치명타를 입게 되는데, 결과적으로 3,000만 명이 아사하는 참극을 마주하게 된다.

마르크시즘은 정치·경제뿐 아니라 도덕과 사회조직 및 인간의 행동양식까지 이르는 포괄적인 지도이념이 될 수 있다고 주장함으로써, 또 새로운 인류의 출현을 약속함으로써 그 창시자가 아편으로 규정한 종교, 그것도 아주 우스꽝스런 종교가 되어버렸다. … 러시아의 레닌이나 중국의 모택동, 베트남의 호지명, 남미의 체게바라와 같은 반인반신들을 추앙하는 종교 같은 집단이 되어버렸다.

- 문명호, 『공산주의는 끝나는가』에서 -

공산주의는 1985년 고르바초프에 의한 신사고운동과 1989년 동구의 민주화 운동으로 그동안의 힘겹고 지루한 투쟁의 길을 마감하고 있다. 이제 그들은 계급 투쟁의 깃대를 부러뜨리고, 사유화 만세라는 시장경제의 깃발이 나부끼는 자유민주체제를 희구하고 있다. 이것은 공산주의에 대한 또 다른 시험의 시작이며, 희망과 좌절로 범벅된 변혁의 세레나데이다. 공산주의 경제체제는 하나의 떡을 공평하게 나누는 칼질에 성공했다면, 자본주의 경제체제는 그만한 떡들을 여러 개 만들을 수 있는 떡가래를 만드는데 성공한 것이다. 이 같은 떡가래를 만드는 데에는 시장가격, 이윤추구, 자유경쟁이라는 떡고물들이 중요한 역할을 수행했음은 자명한 일이다. 이제 세계경제는 자유와 경쟁을 바탕으로 하는 시장경제체제로 통합돼 가고 있다. 명령과 통제에 의해 하나의 떡을 공평하게 나누기보다는 자유와 경쟁이라는 시장원리에 의해 더 많은 떡가래를 얻으려 하는 것이다.

구 소련의 고르바초프는 무엇보다 경쟁이 극에 달하고 있는 세계경제의 가속화를 목격하지 않을 수 없었다. 이와 함께 그는 절대로 간과할 수 없는 또 다른 사실을 깨닫고 있다. 이대로 가다가는 소련은 세계경제 속에서 더욱더 뒤처지고 말 것이라는 두려움이었다. 구 소련의 고르바초프에 의해 구체화되고 있는 변화들은 희망과 좌절 둘 다를 자아내고 있는 몸부림에 해당한다. 희망이란, 공산주의 국가들의 풍토병과도 같은 폭정과 만성적인 물자부족 속에서 살아온 수백만의 사람들이 다소의 위안을 발견할 수 있다는 것에 불과하다. 그리고 좌절이란, 그렇게도 오랜 세월 동안 그들이 참고 감수해온 그 엄청난 희생, 투쟁 및 상실 따위가 지금에 와서는 모두 헛된 것이었음을 인정해야 한다는 것과 그렇게 많은 것들을 약속했던 공산주의라는 현실세계의 신앙이 지금에 와서는 신자들에게 스스로 실패작이었음을 폭로해야 한다는 것이다.

- 문명호, 『공산주의는 끝나는가』에서 -

구 소련의 경제는 GNP의 25%나 되는 규모를 군사 및 우주분야가 차지하고 있었다. 공산품은 질이 너무 낮아 소련의 영향력이 미치지 않는 지역에서조차도 팔리지 않는 수준이었다. 구 소련의 물가통제에 관한 국가위원회 '고스코므첸'에서는 매년 20만 품목의 가격을 다시 책정(비행기 1대에 수십만 개의 부품이 필요한 시대)하는 계산가격의 오류도 감당해야 했다. 구 소련은 핵물리학자를 구슬리는 데 성공했지만 자주 폭발사고를 되풀이하는 TV 설계기술자들에게는 변변치 않은 대우를 했다. 그런 이유로 소비제품들은 비효율적으로 생산되고 그나마 부족하기 일쑤였다. 중앙정부에 팬티스타킹위원회(치약, 가루세제)가 운영되었고 설탕, 소금, 성냥을 구하기 위해 매일 줄을 서야 했다. 시민들은 필요한 것이 있으면 당장 챙기기 위해 '아포스카〈혹시나〉 가방'을 들고 다니는 불편을 인내해야 했다. 소비에트 제지산업에서 생산된 1톤의 종이가 핀란드에서 생산된 종이보다 7배나 많은 목재를 사용하였고, 석유 1톤(국제시장 150달러)은 루블화로 말보르 담배 한 갑과 거래되었으며, 블라디보스토크에서 모스크바(4천마일)까지 항공요금은 7달러에 불과한데 모스크바 공항에서 붉은광장 호텔까지 택시요금은 10달러나 되었다. 구 소련의 경제는 소비자가 소비하는데 1달러 가치밖에 없는 상품을 1.5달러의 자원을 투입해 생산하는 비효율의 극치를 보여준 셈이다. 생산이란 부가가치를 창출하는 과정인데, 구 소련 경제는 부가가치를 훼손하는 마이너스 부가가치 생산으로 연명했던 것이다.

한편, 1989년 동구의 공산주의체제가 붕괴되기 시작하자, 후쿠야마는 『역사의 종말』이라는 글을 발표하여 마르크스가 주장한 인류역사의 종점이 공산주의가 아니라 자유민주주의가 될 것이라 주장하였다. 그는 인간의 욕구는 생명을 유지하고 재산을 추구하려는 생존본능뿐만 아니라 다른 사람으로부터 인정받고 싶어 하는 존엄이라는 욕구가 강렬하다는 것이다. 이 같은 인간의 존엄성에 바탕한 기본적 욕구를 가장 훌륭하게 반영할 수 있는 체제야말로 역사의 종점이며, 그것은 공산주의체제가 아닌 자유민주주의 체제가 될 것이라는 주장이다.

**헤겔도 마르크스도 인간사회의 진화는 계속되는 것이 아니라 인간의 가장 근본적인 욕구를 채우는 사회형태가 출현했을 때 종말을 고할 것이라고 믿었다. 즉 옛부터 있어온 각종 사회제도와 습관 중에서 인간의 본성에 반하고 인간에게 유익하지 않은 제도는 보다 인간적이고 뛰어난 다른 제도와 접촉하고 충돌하면서 배제되고 최종적으로는 가장 좋은 체제가 나타날 것이라고 믿었**

다. 그런 의미에서 두 사람은 역사의 종말을 하나의 사실로서 인정했지만 헤겔이 그것을 자유주의 국가라고 생각했던 것에 반해 마르크스의 그것은 공산주의 사회였다.

- 프랜시스 후쿠야마, 『역사의 종말』(*The End of History*) 중에서 -

중국의 경우에도 1959년 공산화 이후 1959~62년 대지주 80만 명을 처형하고 농촌에는 각각 약 2만 명으로 구성된 인민공사를 설립해 지상낙원을 꿈꿨지만, 1년에 3,000만 명이 아사하고 외진 농촌마을에서는 생존을 위해 자신의 아이를 솥에 삶아먹는 일까지 벌어지고 만다. 이를 극복하기 위해 모택동은 1958년 대약진운동으로 여성을 생산현장에 참여시키고 탁아소, 기숙학교, 공동식사 및 취침시설을 건립함으로써 전통적 가족의 유대를 해체시키고 새로운 공산주의적 인간을 양성함으로써 생산성 문제를 해결하려 했다. 하지만 여의치 않자 1966~69년에 걸쳐 이 모든 문제의 책임을 지식인에게 돌리는 문화대혁명이라는 최악의 수단을 동원한다. 젊은 홍위병들을 동원하여 관료주의자, 수정주의자, 반혁명분자라는 죄명으로 수십만 명의 지식인들을 살해하거나 강제노동수용소로 추방하는 분서갱유(焚書坑儒)의 우를 범하게 된다. 중국에서는 오로지 모택동 방식만이 통용되었다. 모택동은 소련에 있던 특권적인 인텔리 기술자가 생기는 것을 막기 위해 우선 대약진과 문화혁명기에 지식인에 대한 전면전쟁을 선언한 것이다. 엔지니어와 과학자는 농산물의 수확과 기타의 육체노동을 강제당했고, 기술적 능력이 필요한 직무에서조차도 정치적으로 품행이 방정한 이데올로기 신봉자가 배치되는 웃지 못할 일들이 발생한 것이다.

1976년 모택동이 사망하고 1978년 등소평이 권좌에 오르면서 중국은 변하기 시작한다. 사유재산제도의 도입과 가격체제를 구축하고 이데올로기나 훈계 대신 교육과 경제적 인센티브가 경제를 지배하게 된다. "검은 고양이든 흰 고양이든 쥐만 잘 잡으면 된다"는 논리로 서방의 기계, 기술, 자본 그리고 민간의 자유를 더욱 확장시키는 데 주안점을 두었다. 등소평은 우선 먼저 기술계 지식인의 명성과 권위를 회복시키고 이데올로기가 선행되는 정치의 변덕으로부터 지식인을 보호하는 체제를 구축한다. 등소평의 개방과 개혁은 3단계로 나눌 수 있는데, 1단계는 1978~1984년까지 인민공사를 해체하고 개별 농가가 생산을 책임지는 도급생산제로 농촌경제 생산력을 4배 이상 증가시켰다. 국영기업을 개혁했고 심천, 주해, 산두, 하문에 경제특구를 설치하고 14개 연해도시를 개방했다. 2단계는 이윤과 조세의 분리, 청부 경영제 도입으로 기업의 활력을 증대시켰으며 시장육성, 가격개혁, 거시경제체제 등을 개혁했다. 3단계는 1992년 남순강화로부터 촉발되었는데, 선진적인 사회와 대량생산 방식을 도입하는 데에는 사회주의 성도 자본주의 성도 구분할 이유가 없다며 개혁노선을 더욱 강화시키게 된다.

등소평은 16세 되던 1920년에 중학교를 프랑스 마르세유에서 다녔는데, 공부보다는 르노자동차, 철강, 고무공장 식당 그릇닦기, 기관차 화부, 콩죽가게 등 자본주의를 체험하는 데 많은 시간을 할애했다. 그래서 중국내 어떤 지도자보다도 시장경제원리를 체험하고 잘 이해하고 있는 사람이었다. 등소평은 1982년 한 연설에서 "정치체제가 어떻든 쇄국정책을 유지한 채로 근대화를 수행한 국가는 지금까지 세계적으로 볼 때 한 나라도 없었다"며 개방과 개혁의 중요성을 강조한다. 중국은 천안문사태 이후에도 시장경제와 경제정책 결정에 있어서 분권화의 필요성을 인식하고, 나아가 세계화된 자본주의적 분업체제에 적극적으로 참가할 필요성도 점차 인정하게 된다. 중국은 등소평의 개방과 개혁의 기치 아래 사회주의 시장경제체제로 변화하면서 G2국가로 성장하게 된다. 중국경제는 30여 년간 두 자릿수 경제성장을 통해 세계제조업의 최강자가 되었고 세계최대소비국으로 부상하고 있다.[2]

구 소련에서는 "사회주의란 자본주의로 가기 위한 멀고도 험한 길이다"라는 풍자로, 유고슬라비아에서는 사회주의 6대 경이, 즉 "실업은 없으나 아무도 일하지 않는다, 아무도 일하지 않으나 모두 임금은 받는다, 모두 임금을 받지만 이것으로 아무것도 살 수 없다, 아무것도 살 수 없지만 만인은 모든 것을 소유한다, 만인은 모든 것을 소유하고 있지만 만인은 불만이다, 만인이 불만이지만 모두 체제에는 찬성투표한다"라는 가십으로 사회주의 실험의 패배를 꼬집고 있다.

구 소련의 고르바초프는 그의 연설문 「페레스트로이카」에서 "우리 사회에는 실업이 없다. 게으르거나 직장 규율을 잘 지키지 않아 해고당한 사람들에게도 다

2 1971년 미국과 중국간에 펼쳐진 핑퐁외교를 발판으로 오늘날 중국경제가 미국시장을 바탕으로 한 세계의 공장으로 탈바꿈했다는 사실은 매우 흥미롭다. 미국의 기대와는 달리 중국은 민주주의가 아닌 민족주의 국가로 경제발전을 추동하고 있다.

른 직장을 준다. 비록 일을 열심히 하지 않거나 무능한 사람이라도 쾌적한 생활을 누릴 수 있는 급료를 받는다. 우리는 이것을 자랑스럽게 생각한다. 그러나 동시에 이러한 사회주의의 이점을 악용하는 악질적인 인간들이 있다는 사실도 우리는 잘 알고 있다. 이들은 권리만 주장하면서 자기에게 부여된 의무는 조금도 생각하지 않는다. 일은 제대로 하지 않으면서 빈둥거리며 술만 퍼마신다. 사회주의는 평등화와는 아무 관계도 없다는 것을 분명하게 밝혀 둔다. '능력에 따라 일하고 필요에 따라 분배 받는다'는 원칙은 공산주의에서나 있을 수 있는 일이다. 사회주의는 이러한 생활조건과 소비생활을 보장할 수 없다. 사회주의는 사회적 이익의 배분에 관해서 그와는 다른 기준을 가지고 있다. '능력에 따라 일하고 일한 만큼 받는다'는 것이다. 이것이 사회주의의 기준이다"라고 역설한 바 있다.

러시아의 보리스 옐친은 1991년 6월 1일 모스크바 민주러시아 집회에서 "우리들의 국가는 행복하지 않았다. 이 나라는 마르크스주의의 실험을 하도록 결정지어져 있었다. 운명이 우리들을 정말로 그 방향으로 내몰았던 것이다. 이 실험은 아프리카의 어딘가의 나라가 아니고 확실히 우리들의 조국에서 시작되었다. 그리고 마침내 마르크스주의의 이론이 존재할 여지가 없다는 것이 입증되었다. 이 이론은 우리들을 세계의 문명국이 걸어온 길로부터 벗어나게 했을 뿐이다. 국민의 4할이 빈곤에 시달리는 오늘날의 현상, 나아가서는 배급표를 보이고 상품을 받아야 하는 항국적인 굴욕이 이것을 분명히 반영하고 있다. 이 항국적인 굴욕은 이 나라에서 여러분이 노예의 존재라는 것을 매 시간마다 상기시켜주는 것이다"라고 역설했다.

영국의 윈스턴 처칠은 "자본주의 단점은 모두가 축복을 고루고루 나누어 가지지 못한다는데 있고, 사회주의의 단점은 빈곤을 모두가 고루고루 나누어 가진다는 데 있다"고 평가했고 미국의 칼 포퍼는 "젊어서 공산주의자기 되어보지 않은 자는 바보요, 늙어서도 공산주의자로 남아있는 자는 더 큰 바보다"라고 비평했다. 그렇다고 해서 자본주의가 완전한 승리를 거둔 것은 결코 아니다. 자본주의는 부분적으로 판정승한 것에 불과하다.

휘태커 체임버스는 '나의 아이들에게'라는 편지에서 공산주의 혁명의 철학적 동력에 대해 "그것은 인류가 찾아낸 위대한 대안을 향한 믿음이다. … 세상을 창조한 지적 존재인 신을 대체하는 인간 정신의 기획이다. 합리적 지성이라는 인류의 유일한 힘으로 인간의 운명을 바꾸고 인간의 삶과 세계를 다시 구성하려는 상상력이다"라고 표현한 바 있다.

버리지 못하는 이기주의와 버릴 수 없는 사회적 휴머니즘은 현실이며 이상이다. 자유 없는 평등은 맹목이고 평등 없는 자유는 허무인 것처럼 공산주의의 이상은 자본주의의 모순에서 여전히 숨쉬고 있다.

## 6 신자유주의

1970년대는 스태그플레이션이 장기화되면서 타임지에 "자본주의 과연 살아남을 것인가?"라는 표지기사가 실릴 정도로 자본주의에 대한 위기가 고조된 상황이었다. 물가는 치솟고, 실업도 급증하는 인플레이션과 디플레이션 현상이 합병증으로 나타났을 뿐만 아니라 1973년 제1차 석유파동이 겹쳐 자본주의 국가들은 암울한 경제에 시달리게 된다. 20세기 초까지만 해도 대부분의 선진국에서 정부지출이 총생산에서 차지하는 비중은 3% 이하였는데 세계대공황과 1, 2차 세계대전으로 정부의 시장개입은 증가하게 된다. 게다가 제2차 세계대전 이후 공산주의의 확산, 제3세계 국가들의 사회주의적 개혁, 그리고 자본주의에서도 케인스경제학이 주류를 이루면서 정부의 개입주의가 대세를 이루게 된다.

1970년대까지만 해도 공산주의를 비롯한 후진개발도상국들은 수입대체산업전략에 의한 경제개발 및 성장을 도모하고, 대만·홍콩·한국 같은 나라들은 수출지향적 산업전략을, 인도·제3세계·남미 등에서는 종속이론에 근거한 경제개발기조를 채택한 바 있다. 남미를 지배한 종속이론(프레비시)은 세계경제의 중심국에 비해서 주변국의 무역조건은 상대적으로 점점 악화된다고 주장했다. 뿐만 아니라 라틴아메리카와 같은 제3세계 경제가 낙후된 원인과 책임을 세계화된 자본주의 경제질서에서 찾으려 했다. 그들은 세계화된 자본주의 경제질서가 제3세계 국가들을 영속적이고 종속적인 경제상태로 고착화시킨다고 주장했다. 또한 선진국 경제가 풍요로워질수록 후진국경제는 더욱 가난해지는 종속의 끈을 자를 수 없다고 주장한다. 선진국은 세계무역을 지배하면서 다국적기업을 이용하여 제3세계 국가들에게 소위 불균형적인 발전, 즉 원재료와 상품의 대부분을 미가공 상태로 수출하는 것을 강요하고 있다. 그리고 발전된 선진국들은 세계시장을 자동차와 항공기 등 세련된 상품으로 독점하고, 제3세계를 사실상 세계의 나뭇꾼과 물깃는 사람의 지위로 끌어내리고 있다고 비판하였다.

1960년대 아르헨티나의 경제학자 라울 프레비시에 의해 제창된 종속이론은 후진국들의 빈곤의 문제를 식민지주의의 탓으로 돌렸고, 식민지가 소멸하면 신식민지주의의 탓으로, 최후에는 다국적기업의 탓인 것으로 그 책임을 전가했다. 제3세계에서 마르크스주의를 유지하려는 극히 적은 최근의 시도조차도 소위 종속이론을 논리적 근거로 삼고 있다. 주로 라틴아메리카에서 발달된 민족주의와 연결된 종속이론은 수십 년 동안 제3세계 국가들에게 큰 영향력을 행사했지만 오늘날 그들의 경제는 엉망이 되어버렸다. 1970년대 말부터 개발도상국들의 수입대체산업화 전략(보호관세, 보조금, 무역규제 등)이 실패했음이 명백해졌다. 1980년대 이후 반자유주의적인 정책들은 대부분 폐기되었는데, 1982년의 제3세계 외채위기로 인해 개발도상국들은 신자유주의에 합류하였고 1989년 공산주의가 붕괴하게 된다. 정보·통신 및 운송기술의 비약적인 발전과 함께 대부분의 나라들이 개방을 선택함으로써 세계적 차원의 경제통합이 심화되었고 이를 관리하기 위한 WTO체제(GATT에서 개방을 강화하는 세계무역질서), IFM(단기 세계금융), IBRD(장기 세계투자)가 핵심을 구성하는 범세계적인 관리시스템을 강화해 간다. WTO의 초대 사무총장(레나토 루지에로)은 이와 같은 "신자유주의에 기반한 세계화질서가 21세기 초반에는 전 지구적인 차원에서 빈곤을 일소할 수 있는 잠재력-몇십 년 전만 해도 이상적인 개념이었지만 이제는 현실적인 가능성을 엿볼 수 있다"고 선언하게 된다.

미국의 경제사학자 윌리엄슨은 통계를 바탕으로 종속이론의 부적합성을 증명하였다. 그의 연구에 의하면 자유무역이 확대되던 시대에는 국가 간의 경제력 격차가 좁혀지는 반면, 자유무역이 위축되던 시기에는 국가 간의 경제력 격차가 확대되는 추세가 확인되었다. 윌리엄슨은 개방, 즉 자유무역은 한 나라 경제를 성장시킬 뿐만 아니라 국가 간의 격차도 줄인다는 사실을 통계적으로 검증한 것이다. 중동과 같은 석유부국이거나 라틴아메리카 같은 광산자원의 혜택을 부여받은 나라가 아닌 천연자원이나 자본축적이 거의 없었던 나라들, 한국을 비롯하여 대만, 홍콩, 싱가포르, 말레이시아, 태국 등 동아시아 국가들은 국민이라는 인적 자본 이외에는 아무것도 갖지 못한 상태에서 세계경쟁에 뛰어들었지만 자유무역을 통해 국가의 부를 창출하고 국제경쟁력을 높여 온 국가들이다. 또한 최근에는 통제경제를 지속했던 중국, 인도, 베트남과 같은 국가들이 '개방과 개혁'이라는 신자유주의적 정책기조를 받아들임으로써 성공적인 경제성장을 맛보고 있다.

한편, 미국을 비롯한 선진국에서는 1970년대 시작된 복지국가형 수정자본주의의 위기를 타개하기 위해 조세와 사회복지 지출들을 축소하고, 자유와 경쟁을 촉진하는 시장원리주의의 부활을 적극 추진하게 된다. 소위 신자유주의를 정책의 기조로 삼았던 서방국가들은 조세와 정부지출을 삭감하고, 산업에 대한 규제를 축소하는 한편 국영기업들을 민영화하는 등, 정부의 영역을 대폭 축소하는 개혁정책들로 자본주의를 위기에서 또 한 번 구하게 된다(정부가 plan, possession, regulation을 줄인다).

신자유주의 이론적 기반을 하이에크, 프리드먼, 스티클리츠, 코우즈, 베커, 루카스 같은 경제학자들이 제공하였고, 미국의 레이건 대통령과 영국의 대처수상은 이를 경제정책에 적극 반영하게 된다. 더불어 미국에 거점을 둔 초국적 금융자본의 이해관계와 세계자본주의 패권을 유지하려는 미국의 국가이익이 서로 조응하면서 신자유주의는 강력한 세력을 형성하는데 1990년대에는 남미, 동구권, 아시아에 이르기까지 전 세계로 확산하게 된다. 이런 과정을 통해 워싱턴 컨센서스(Washington Consensus)가 성립하는데, 여기에는 IMF와 세계은행, 미국 내 정치경제학자들, 행정부 관료들의 논의를 거쳐 세제개혁, 무역·투자의 자유화, 탈규제화 등 신자유의주의적 정책기조가 담기게 된다.

돌이켜 보건데 1970년대 자본주의의 위기는 '정부의 실패'에 근거한다. 따라서 정부의 역할을 강조한 케인스는 패퇴하고 시장의 역할을 강조한 애덤 스미스가 다시 부활하는 상황을 맞게 된 것이다. 1980년대 초 미국의 대통령 선거기간 동안 레이건 대통령 후보의 선거운동원들은 애덤 스미스가 인쇄된 넥타이를 매고 다님으로써 애덤 스미스를 대통령 선거에 활용하였다. 레이거노믹스(Reaganomics)의 탄생, 애덤 스미스의 부활, 자유주의의(시장주의)귀환, 공급주의 경제학을 상징하는 것이다. 이론적으로는 케인스의 경제학을 패퇴시키고 애덤 스미스의 시장원리주의를 계승한 하이에크 경제학이 부상하는 전환점이 만들어졌다고 할 수 있다.

1970년대 정부실패로 인한 세계경제 쇠퇴의 상황은 ① 서방 민주국가들은 재정적자와 인플레이션으로 허덕인다. ② 공산국가는 통제경제의 실패를 군사력으로 위장한다. ③ 남미에서는 군중의 인기를 등에 업은 독재자들이 강국의 경제 착취에 맞서지만, 그 과정에서 엄청난 채무와 초인플레이션을 일으킨다. ④ 인도와 아프리카에선 과학적 통제경제로 빈곤을 퇴치하고자 만든 관료조직이 암시장과 부패를 조장하여 기업의지를 꺾어 놓는다. 정부주도의 세계경제가 총체적인 위기에 빠진 것이다.

정부주도경제가 침체의 늪에 빠진 상황 속에서 시장원리주의가 구원투수로 재기에 성공한 상황을 신자유주의의 부흥이라 할 수 있다. 인간의 가장 이기적인 특성을 바탕으로 전체 다수의 최대이익을 성취하기 위해 가장 이기적인 행위들을 찬양해야 한다는 믿음으로 다시 회귀한 애덤 스미스의 부활이다. 정부의 개입보다는 개인의 자유로운 선택으로 거대한 공적 영역의 비효율을 제거할 수 있다는 믿음과 처방의 만연이다.

1980년대에 접어들자 자본주의 경제체제는 위기를 극복하고 강력해지면서 상대적으로 침체와 궁핍의 늪에 빠져 허둥대는 공산주의 경제체제를 위협하게 된다. 미국의 레이건 대통령은 취임 2년 후 헤리티지재단이 제시한 미국의 전략방위구상 SDI를 구체화하고, 1986년에는 베를린장벽 앞에서 고르바초프에게 "이 장벽을 허무시오"라는 연설을 통해 압박을 가하게 된다. 고르디에프스키라는 영국의 이중스파이가 KGB의 개를 감자칩으로 따돌리고 서방세계로 탈출한 사건이 있었는데, 서방세계가 구 소련을 밀어붙일 수 있는 단초를 제공한다. 고르디에프스키를 통해 서방세계는 예산의 절반을 군비로 사용하고, 막대한 재정적자를 석유수출로 위장하고 있던 구 소련 경제의 절박함을 인지하게 된다. 미국의 레이건 대통령은 1982년 국가안보 결정지침에서 구 소련 경제의 약점을 공격할 것을 명령하게 된다. 1970년대 석유파동으로 10배 가까이 치솟은 국제유가로 인해 구 소련 경제는 비효율을 숨기면서 미국과 군비경쟁을 유지할 수 있는 경제력을 확보할 수 있었다. 미국은 1983년 국제에너지기구(IEA)를 활용하여 유럽국가들이 구 소련의 천연가스 구매를 줄이도록 유도하고 사우디와 밀약을 통해 석유생산을 4배 증가시키는 한편, 서유럽과 일본의 비축유를 방출하여 국제유가를 곤두박질치게 만들었던 것이다. 구 소련의 외환보유고는 바닥을 치고 미국이 구 소련에 대한 서방세계로부터의 차관을 차단하자 구 소련 경제는 바닥을 향해 추락하게 된다.

레이건 대통령의 전략적 방위주도권과 레이건구상의 지지자들 및 자문진들의 발언, 여기에 최근에 발표된 미국 국방부와 국무부의 배경설명과 참고자료들을 근거로 판단할 때 SDI는 다음과 같은 세 가지 점을 노린다고 말할 수 있다. ① 비핵무기로 핵무기를 제압한다. ② 상대편의 공격미사일에 대한 방어를 아군의 공격력에 의존하는 형태가 아니라 방어력에 의존하는 형태로 바꾼다. ③ 뛰어난 미국의 기술력을 우주로 지향하게 함으로써 미국 경제의 활성화를 도모하는 동시에 미국의 개척자정신을 불러일으켜 미국 국민의 정신적 결속을 꾀한다.

- 요미우리신문사, 「첨단무기시리즈4」 중에서 -

미국은 SDI라는 방위전력주도권 계획으로 구 소련을 압박하고, 어려운 경제로 인해 이에 대적할 수 없게 된 구 소련의 고르바초프는 1986년 소위 우스코레니에, 글라스노스트, 페레스트로이카라는 개방과 개혁정책을 추진하게 된다. 미국과 영국은 1980년대 저유가 정책으로 군사강국 구 소련이라는 거목을 쓰러뜨리는데 성공하게 된 것이다. 결국 구 소련은 미국의 전략대로 협상테이블에 끌려나오게 되었고 미국과의 무기경쟁체제인 양극체제를 포기하고 냉전종식의 길을 선택하게 된다. 1992년 구 소련은 해체되고 세계는 이데올로기 대결인 냉전체제를 뒤로 한 채, 문명충돌 내지는 경제전쟁이라는 새로운 대결의 축을 형성하며 새로운 세계질서를 마주하게 된다.

장래 세계에서 경쟁과 대항의 주체는 문명이다. 야만과 대비되는 보편적 의미의 문명이 아니라 언어, 종교 등 여러 가지 문화적 특질의 집합체로서 세계의 여러 지역에 자리잡아 온 문명권들을 말하는 것이다. … 탈냉전시대에 들어오면서 깃발을 비롯하여 십자가, 초승달 같은 문화정체성의 상징물이 중요해졌다. 문화가 중요해졌고, 문화 정체성이야말로 대부분의 사람들에게 가장 의미 있는 것으로 받아들여지고 있기 때문이다. 사람들은, 새롭지만 대개는 해묵은 정체성을 발견하여, 새롭지만 대개는 해묵은 깃발 아래 행진을 벌이다가, 새롭지만 대개는 해묵은 적수와 전쟁을 벌인다.

- 새뮤엘 헌팅톤, 『문명의 충돌』(*The Crash of Civilization*) 중에서 -

2차대전 이후 미국을 중심으로 하는 서방세계와 소련을 중심으로 하는 공산세계의 주도권쟁탈전은 막을 내리고, 이념과 국경을 초월한 경제교류와 경제대결의 시대가 도래한 것이다. 강대국 간의 대결의 축이 이데올로기나 군사적인 측면에서 경제적인 경쟁력이나 지역적인 문화권간의 대결 축으로 전환된 것이다. 이제 미국의 적은 소련이나 동구권이 아니라 유럽이나 일본, 그리고 동아시아와 같은 예전에는 우방국이었던 자본주의 국가들이거나 중동과 같은 원리주의 민족주의 국가들로 변해버렸다. 그리고 2001년에는 미국이라는 기독교문명에 대한 이슬람문명권의 공격으로 9.11테러가 발생하게 된다.

**워싱턴 컨센서스와 베이징 컨센서스**

워싱턴 컨센서스는 미국의 국제연구소의 존 윌리암슨이 1989년 금융위기에 빠진 남미국가들을 지원하는 조건에서 출발하였다. ① 예산절감을 통한 균형재정, ② 보건·교육 공공재 확대, ③ 조세개혁, ④ 금리자유화, ⑤ 관세인하 및 경쟁적인 환율, ⑥ 무역자유화, ⑦ 해외자본의 국내 직접투자 자유화, ⑧ 민영화, ⑨ 경쟁제고를 위한 규제완화, ⑩ 사유재산 보호로 정리된다. 베이징 컨센서스는 2004년 중국의 칭화대 교수 조슈아 쿠퍼 라모가 제시했는데 정부주도의 시장경제 발전 모델이라고도 한다. ① 점진적·단계적 경제개혁, ② 조화롭고 균형잡힌 발전전략, ③ 평화롭게 국제사회 강대국으로 부상하는 대외정책, 타국의 주권존중과 내정불간섭을 원칙으로 발전한다는 내용이다.

냉전체제가 무너지고 신데땅트가 도래하면서 1980~1990년대 전 세계는 신자유주의 열풍에 휩싸이게 된다. 인도마저도 소련을 본따 추구했던 거대한 컴퓨터로 보다 엄밀한 선형계획에 의해 자원의 효율적인 중앙계획적 분배경제를 포기하고 시장경제를 받아들인 것이다. 1991~1995년 동안 라오 총리는 정실자본주의, 형식주의, 관료주의 폐해를 제거하기 위해 개방과 개혁을 추진하게 된다. 미국의 경제학자 제프리 삭스는 충격요법을 통해 아르헨티나, 칠레, 쿠바, 볼리비아, 멕시코 등의 경제를 안정시키고 개혁하려 노력한다.[3]

신자유주의가 세계화 물결을 거세게 일으키는 과정에서 1997년에는 한국을

---

3 하버드대학의 제프리 삭스 교수는 1983년부터 20여년간 남미, 동유럽, 아프리카 등을 발로 뛰며 절대빈곤퇴치에 앞장선 바 있다. 그는 지구상의 절대빈곤을 퇴치하기 위해서는 선진국들이 후진국을 도와주어야 할 뿐만 아니라 후진국들도 개방경제의 성장전략(신자유주의)을 도입해야 한다고 주장한다.

비롯한 태국, 말레이시아, 인도네시아 등 동아시아 국가들이 금융위기를 맞게 되고, 1998년에는 브라질의 금융위기와 러시아가 파산하는 등 세계경제가 금융위기에 휘청거리게 된다. 2007년 미국의 서브프라임 모기지 부실로부터 촉발되어 2008년 리먼브라더스의 파산으로 글로벌 금융위기로 발전했고, 2010년에는 그리스에서 시작된 남유럽의 재정위기(PIIGS:Portugal, Italy, Ireland, Greece, Spain), 2013년에는 미국의 재정위기가 신자유주의의 깃발을 훼손하고 있는 것이다.[4] 경제개혁에 실패한 중남미 국가에서 좌파정권 도미노 현상이 일어나고, 부의 양극화 현상으로 선진국과 후진국 간의 격차는 더욱 벌어져 가는 등, 신자유주의는 그 한계를 드러내고 있다. 특히, 남미와 아프리카에서 신자유주의를 도입하고 경제성장률이 거의 반타작나고 있다. 아프리카 경제는 그동안 IMF와 세계은행에서 일하는 신자유주의 경제학자들에 의해 운영된 만큼, '불평등이 증대하고 성장이 더딘 아프리카의 경제적 쇠퇴문제에서 신자유주의는 자유롭지 못하다.

한편, 중국의 경우에는 '개방과 개혁'정책으로 중국식 사회주의 시장경제(the socialist market economy)체제를 구축하는데 성공하게 된다. 중국은 1978년 개방 이후 30여 년간 두 자릿수 경제성장으로 17배의 GDP성장을 이룬 결과, 이제 미국과 함께 G2의 경제적 지위를 누리고 있다. 또한 중국은 중국제조 2025라는 산업정책을 통해 5G, 자율주행차, AI등 최첨단 산업기술 측면에서도 미국을 넘보는 현실이다. 미국은 중국을 견제하고 중국은 베이징 컨센서스(일대일로 등)로 미국에 맞서 싸우려 한다.

## 7 사다리 걷어차기

신자유주의에 대한 비판적인 학자로 널리 알려진 캠브리지대학의 장하준 교수는 그의 저서 『사다리 걷어차기』와 『나쁜 사마리아인들』을 통해 신자유주의에

4 글로벌 금융위기 이후 선진국을 중심으로 다양한 금융개혁조치가 강구된다. 새로운 글로벌 은행규제체제로서 바젤III가 도입되는데, G20 정상들에 의해 금융안정위원회(FSB: financial stability board)를 중심으로 자본규제, 레버리지 규제 및 유동성 규제가 추진된다.

대한 역사적, 이론적 비판을 가하고 있다. 워싱턴 켄센서스를 강조하는 미국을 비롯한 선진국들은 그들이 개발도상국이었던 시절 자국의 유치산업을 보호하기 위해 보호주의의 장벽을 철옹성처럼 쌓아올렸다는 사실을 상기시킨다. 산업혁명 초기의 영국의 왕들은 자국의 유치산업을 보호하기 위해 규제, 특허, 장려제도 등을 활용한 바 있고, 1800년대 초 미국은 미국내의 유치산업인 면, 양모, 철강제품 등을 보호하기 위해 관세장벽을 구축한 바 있다. 오늘날 선진국들은 그들이 취했던 과거의 보호무역주의는 과소평가하면서 개발도상국들의 더딘 경제성장의 원인을 왜곡시키고 있다. 선진국들은 개발도상국들의 경제성장이 더딘 요인으로서 ① 신자유주의 경제체제에 편입되지 않은 외적 요인과 ② 부정부패, 비민주적 체제, 경제발전에 불리한 민족성(문화) 같은 정실자본주의의 폐해라고 주장하고 있다. 이와 같은 선진국 중심의 경제논리를 장하준 교수는 비판한다. 근면, 시간준수, 검약 같은 경제주체의 행동 특성들은 경제발전의 원인으로 작동하는 것이 아니라 경제적 조건에서 비롯된 결과로서 나타나는 현상에 불과하다는 주장이다. 통계적으로도 보호주의가 통용되었던 1960년부터 1980년간의 개발도상국들의 평균 경제성장률은 3% 수준이었고 신자유주의가 세계화를 촉진한 1980년 이후 20여 년간의 개발도상국의 평균 경제성장률은 1.5% 수준에 불과했다고 논거를 제시한다. 특히 1980년대 이후 개발도상국의 경제는 신자유주의로 인해 더 큰 규모의 금융위기를 겪게 됨으로서 경제의 성장(효율성), 경제의 평등(공평성), 경제의 안정에서 모두 실패했다고 주장한다. 개별 국가의 차원에서도 제2차 세계대전 이후 경제개발에 성공한 개발도상국들은 대부분 보호관세, 보조금을 비롯한 다양한 정부정책을 활용한 자유주의가 아닌 민족주의적 속성을 갖고 있다고 지적한다. 19세기 중엽의 미국이나 20세기 중엽의 일본이나 한국의 경우에도 자국의 전략산업을 구축하기 위해 개방과 함께 고율의 관세제도를 활용하였으며, 중국의 경우에도 1990년대까지 평균관세율을 30%가 넘을 정도로 높게 유지하였다. 중국은 일본이나 한국보다 외국인들에 대한 직접투자를 환영하지만 한편으로는 아직도 외국인 자산소유의 상한선을 긋고 있으며 부품의 경우 국내생산부품에 대한 조달의무를 부과하고 있다. 인도경제의 경우에도 1990년대 초 무역자유화이후에도 인도의 평균 제조업 관세는 30%이상이었고, 외국인 직접투자에 대해서도 진입제한, 소유권제한, 다양한 행위요건들을 동원하여 제한을 가하고 있다. 신자유주의에 대한 실험에서 성공한 사례로 칠레의 경우(시카고 군단이 주도한)를 제시하는데, 칠레경제는 지난 30년 동안 제조업이 무너지고 천연자원에 기반한 수출품에 대한 의존도가 높아지고 있는데다가 생산성이 높은 경제영역으로 넘어갈 수 있는 기술적 능력에 대해 의심받고 있다.

**사악한 삼총사**

개발도상국과 관련한 신자유주의의 행동 방침은 미국이 주도하는 부자나라 정부들의 협력체에 의해 추진되고, 주로 그들에 의해 통제되는 '사악한 삼총사'를 이루는 국제경제기구들-IMF와 세계은행, 세계무역기구(WTO)에 의해 중재되어 왔다. 부자 나라 정부들은 원조예산과 자국의 시장에 대한 접근권을 당근으로 내세우며 개발도상국들이 신자유주의 정책을 채택하도록 유도하고 있는데, 이는 때로 특정 기업들에게 이익을 주는 목적도 있지만 대개는 관련 개발도상국들 내에 외국상품과 외국인 투자 일반에 대해 우호적인 환경을 수행하고 있고, WTO는 (농업이나 섬유와 같이)부자 나라들이 취약한 분야가 아니라 부자 나라들이 우위를 점하는 분야에 자유무역의 원칙을 정립하는 데 기여하고 있다.

- 장하준의 『나쁜 사마리아인들』 중에서 -

장하준 교수는 나쁜 사마리아인의 전형을 '사악한 삼총사', 즉 국제경제기구들-IMF와 세계은행, 세계무역기구(WTO)로 규정하면서 그들은 부자 나라들이 원하는 세계경제규칙을 만들고 있다고 주장한다. 우리나라의 경우에도 IMF에서 돈을 빌리는 경제위기를 경험한 바 있지만 이들 국제기구들은 채권자의 지위를 악용하여 채무의 변제와 깊은 관련이 없는 다른 정책부문에까지 손을 대면서 채무국의 경제조정과 본인들에게 이익이 되는 정책들을 강요한다고 비판한다. 그는 '자신에게 6살 난 아들을 예로 들며 아이 스스로 생활비를 벌 충분한 능력이 있다고 여기고 일을 시킨다면 아이는 약삭빠른 구두닦이 소년이 될 수도 있고, 또 돈을 잘 버는 행상이 될 수도 있겠지만, 뇌수술 전문의나 핵물리학자가 되는 일은 결코 없을 것이라고 단언한다. 이런 비유를 적용하여 개발도상국의 산업 역시 너무 일찍 세계적인 경쟁에 노출시킨다면 고도의 산업구조를 갖춘 선진경제로의 도약은 불가능하다는 점을 강조한다. 따라서 개발도상국들의 경우에는 선진기술을 익히고 효율적인 조직을 만들어 운영하는 경영능력을 키워나갈 수 있는 경쟁력 축적의 시간적 과정, 즉, 상징적으로 개도국이 선진국으로 오르기 위한 사다리(보호주의)가 필요하다고 주장한다. 선진국들이 개도국들에게 자유무역질서를 강제하는 것은 사다리 걷어차기에 비유되는 상황논리라고 비판한다. 통계적으로도 1950~1970년의 경우, 전 세계적으로 정부의 개입주의가 강화된 시기였고 1980년대 이후 약 25년간 신자유주의가 주도한 시기였는데, 통제된 세계화시기에 오히려 효율적이고, 공평하며, 안정적인 경제상태를 보여준다고 주장한다. 더욱이 개발도상국의 경우에는 이런 현상이 더욱 강하게 나타난다는 점을 강조한다.

한편, 유치산업 보호론의 원조격인 독일의 경제학자 리스트는 19세기에 이미 '사다리를 타고 정상에 오른 사람이 그 사다리를 걷어차 버리는 것은 다른 이들이 그 뒤를 이어 정상에 오를 수 있는 수단을 빼앗아 버리는 행위로 매우 교활하다.' 고 주장하면서 선진국의 이해에 짜 맞춘 자유무역주의에 일침을 가한 바 있다. 선진국(부자나라)들은 현재 세계생산의 80%, 국제무역의 70%, 외국인 직접투자의 70~90%를 차지하고 있다. 선진국들은 이와 같은 경제력을 바탕으로 그들의 국가 이익을 위한 세계경제의 규칙이나 질서를 규정하게 된다. 선진국에 의해 통제되는 사악한 삼총사(WTO, IMF, IBRD)는 선진국이 원하는 정책을 구상하고 실행이 옮기게 된다. 이런 문제들은 '신자유주의자가 되느냐, 아니면 신바보주의자가 되느냐' 라고 표현했던 전 브라질 중앙은행 총재(구스타보 프랑코)의 비평처럼 세계경제가 선진국과 후진국의 문제, 즉 양극화로 치닫는 불균등의 문제를 어떤 논리와 이론적 관점에서 이해해야 하는지, 고심하지 않을 수 없다.

## 8 질서자유주의

최근 들어 신자유주의(neo-liberalism)에 의해 심화되는 빈부격차의 문제와 사회문제에 대한 하나의 대안으로서 질서자유주의(order- liberalism)가 주목받고 있다. 자유주의란 경제문제는 시장에서 해결하고 사회문제는 각 개인의 문제로 보는 그야말로 시장원리주의이다. 반면에 개입주의는 경제와 사회문제 모두를 국가의 책무로 보는 중앙통제형 계획경제에 해당한다. 시장원리주의는 사회문제에 취약하고 통제경제는 경제문제에 취약하다. 제3의 경제체제, 즉 신자유주의에 대한 대안으로서 질서자유주의가 부상하고 있다. 질서자유주의는 경제문제는 시장이 해결하고 사회문제는 정부나 공공부문에서 해결하는 유도적 시장주의라 할 수 있다. 질서자유주의는 독일에서 발전한 개념인데 독점의 문제점, 그리고 자유방임주의의 문제점을 극복하려는 노력에서 출발한다. 독일의 프라이부르크학파의 발터 오이켄이 주도한 제3의 경제체제라 할 수 있다. 질서자유주의는 자유방임주의와는 달리 정부가 정치·경제적 자유와 사회적 안정을 확립하기 위해 사적 권력을 제어하고 경쟁질서를 확립하는 데 특정한 역할을 수행해야 한다고 강조한다. 다만 여기서 정부의 역할은 단순히 시장에 개입하거나 시장을 왜곡시키는 역할이 아닌 시장의 경쟁질서를 확립함으로써 완전경쟁 시장구조를 유지하는 데 필요한 일정 범주의 역할을 의미하는 것이다.

신자유주의는 시장원리주의이므로 정부의 기능이나 역할 자체를 축소하고 제한하는 개념이라는 점에서 질서자유주의와 차이가 있다. 그러면서도 신자유주의나 질서자유주의는 완전경쟁시장의 자원배분원리를 신봉한다는 차원에서 동질성을 유지한다. 신자유주의는 자생적인 완전경쟁시장을 추구하고 질서자유주의는 인위적인 완전경쟁시장을 규정한다. 질서자유주의는 완전경쟁시장을 유지하기 위해 정부, 학자, 교회라는 세 가지 질서형성세력의 역할을 강조한다. 그중에서도 가장 중요한 역할은 정부의 몫으로 규정한다.

질서자유주의는 시장경제나 시장질서를 강조하면서도 ① 정부는 완전경쟁을 저해하는 독점규제, 독점방지에 적극적으로 나서야 한다. ② 정부는 분배의 정의를 실현시키기 위해 누진과세제도를 시행해야 하고, 생산물시장이나 노동시장에서의 공정경쟁을 보장하여야 하며, 사회적 취약계층에 대한 복지를 강화하고, 중소기업이나 낙후부문을 지원해야 한다. ③ 외부효과와 같은 시장실패요인을 제거하기 위해서는 개인의 자유를 제한할 수도 있다는 원칙을 강조한다.

독일은 일찍이 단순 자유주의체제에서는 기업가보다 투기꾼이 권력을 장악하고 장기적인 사회의 풍요를 추구하기보다는 단기적인 개인의 이익만을 추구하는 보이지 않는 손의 왜곡을 염려해 왔다. 따라서 자유방임주의적 시장주의보다는 협의주의와 경제민주주의, 즉 질서자유주의를 기초이념으로 한 사회적 시장경제를 실현함으로써 시장경제의 한계를 극복하겠다는 시도이다. 지나친 상업주의를 배격하고 복지면에서 정부의 책임과 사회적 연대를 강조함으로써 개인의 이익보다 공동체의 이익을 우선하고 공동체적 연대의식이 경제문화를 지배하는 보다 공평한 경제사회를 지향하고 있다.

현실적으로는 자유시장경제체제는 저부담→저복지를 낳았고 이로 인해 빈부격차가 심화되는 문제를 해결하기 위해 중부담→중복지로의 변화를 모색하고 있다. 반면에 사회적 시장경제는 고부담→고복지를 낳았고 이로 인해 재정건전성이 악화됨으로써 중부담→중복지로의 전환을 모색하고 있다.[5] 신자유주의든, 질서자유주의든 모두 풍요롭고 공평한 경제사회를 지향한다. 개인의 자유를 보장하면서도 공동체의 연대를 담보하는 좋은 경제체제야말로 인류의 지향점이다.

5 정치권에서는 이런 현상을 '개혁보수'와 '중도 진보'라고 표현한다.

주제 07

# 정부와 경제



## 1 정부란 무엇인가?

퓰리처상을 수상한 에르긴과 스텐리스로우는 그들의 저서 *Commanding Height* 에서 20세기 역사는 시장과 정부의 싸움으로 규정하고 있다. 시장을 중심으로 작동하는 자본주의 경제와 정부를 중심으로 작동하는 통제경제 간의 보다 더 잘사는 경제사회 건설을 향한 치열한 도전과 응전과정으로 이해한다. 이 싸움은 결국 1980년대 이후 자본주의 국가들은 신자유주의로 시장경제질서를 더욱 강화하고 계획경제 국가들은 개방과 개혁이라는 슬로건으로 시장경제질서를 대거 받아들임으로써 시장경제가 판정승을 거두게 된다. 하지만 시장경제는 완전한 승리를 거머쥐기에는 여전히 약점을 가지고 있다. 시장은 불완전경쟁시장, 외부성, 공공재 문제, 불완전한 정보 등으로 인해 효율성에 실패하고 소득분배의 불균형 문제로 인해 공평성에 실패한다. 경제의 안정이나 경제성장 문제에서도 시장은 완전한 성공을 선보이지 못하고 있다. 시장이 실패하기 때문에 정부가 필요하다. 시장의 실패를 보완하거나 개선하기 위해서이다. 여전히 정부의 역할이 남아 있는 것이다.

더욱이 2000년대에 들어서면서 세계경제는 금융위기와 양극화라는 복병을 만나 고전을 면치 못하고 있다. 시장이 강조되었지만 어려움에 처하자 정부의 역할을 요청하고 있는 셈이다. 시장과 정부가 경합하였고 시장과 정부는 결국 경쟁과 수렴의 과정을 지속하고 있다. 다만 경제의 주도권을 시장이 지배하느냐 아니면 정부가 지배하느냐를 가름하는 문제에 불과하다. 우리는 현재 시장과 정부가 혼합된 혼합경제(Mixed Economy, 시장+정부의 fine tunning) 체제에서 살고 있는 것이다. 혼합경제에서는 시장과 정부는 서로 보완적 기능을 수행한다. 혼합경제는 상호주의로 귀결된다. 개인의 자유와 이기심은 법적 범위 내에서 극대화되며 그것은 결국 공적 이익을 증대시킨다. 이기적인 유전자와 이타적인 문화의 공진화에 의해 이런 조화로운 결과가 만들어지는 것이다. 인간은 모르는 사람들 간의 대규모 협력을 위해 두 가지 메커니즘을 창조했는데, 그것이 바로 혼합경제이자 경쟁과 협력을 동시에 이끌어 내는 사회적 기술인 것이다.

## 2 정부의 역할과 기능

**공공경제에서는 주인공이 정부**이다. 그리고 **정부가 행하는 경제행위의 궁극적 목표는 사회적 후생의 극대화**라 할 수 있다. 정부경제라는 무대에서 사회적 후생의 극대화라는 시나리오를 연출하는 경제주체는 **정치인**(politician), **관료**(bureaucrats), **특수이익집단**(special inerest group)이라 할 수 있다. 시장경제에서는 가계와 기업이라는 경제주체들이 경제행위의 주인공이다. 그리고 그들은 자유로운 개별적 의사결정에 따라 경제행위를 수요와 공급으로 연출하게 된다. 공공경제의 경우에는 **정부라는 집단적 경제주체들이 집단적 의사결정**(직접민주제+간접민주제)**으로 강제적인 경제행위를 통해 재정수입과 재정지출이라는 정부경제를 만들어 낸다.**

혼합경제에서 정부와 시장은 서로 보완적인 기능과 역할을 수행한다. 정부는 시장경제가 원활하게 작동하도록 규칙을 만들기도 하고 자신이 직접 경기자의 역할을 수행하기도 한다. 또한 공정한 게임을 위한 심판자의 역할을 수행할 뿐만 아니라 직접규제라는 방식을 활용해서 시장경제의 방향을 통제하거나 조정하기도 한다. **정부는 시장에서 벌어지는 경쟁이라는 게임을 위한 경기규칙**(재산권의 확립 등)**을 마련하고, 규칙에 대한 준수 여부를 감시하거나 분쟁을 해소하는 심판자 역할을 수행할 뿐만 아니라 정부가 직접 경기자로서 참여하기도 한다.** 국방과 경찰 그리고 사회간접자본(SOC) 같은 공공재를 직접 생산하여 공급한다. 정부는 다음과 같은 기능과 역할을 수행한다. ① **자원배분**(allocation)**에서 시장이 실패하는 부분을 보완하거나 조정**한다. 공공재를 공급한다거나, 독과점을 규제한다거나, 환경세를 부과하여 과대생산을 조정한다. 효율성을 강화시킨다. ② **소득분배**(distribution)에서 불균등을 해소시킨다. 누진적인 조세제도나 사회보장제도를 통하여 소득재분배를 도모한다. 공평성을 개선한다. ③ **경제안정화**(stabilization)**를 위해 초과수요**(shortage)**나 초과공급**(surplus)**을 해소시킨다. 총수요나 총공급을 조정하는 것이다.** 완전고용, 물가안정, 그리고 국제수지의 균형을 위해 재정정책이나 통화정책을 적절히 사용한다. ④ **경제성장**(growth)**을 위해 지속적인 성장동력을 관리**한다. 투자와 기술개발, 새로운 일자리의 창출 및 새로운 성장동력을 전략적으로 촉진시킨다. ⑤ **삶의 질이 향상되도록 경제행위를 유인하고 조정**한다. 자원개발, 쾌적한 환경, 범죄 없는 안전한 사회, 행복지수가 높은 경제사회를 위해 노력한다.

그런데 **미래의 정부는 세계화와 인터넷의 확산에 직면하고 있다. 조세의 징수가 어려워지고 정부의 역할과 기능은 축소될** 것이다. 국경 없는 경제에서는 인구나 자본의 해외유출을 방지하기 위해 정부간 소득세율과 법인세율에 대한 인하경쟁이 치열해질 것이다. 다국적기업들은 보다 더 많은 이윤을 확보하기 위해 이런 상황을 활용하게 될 것이다. 보다 조세부담이 낮은 나라로 본사나 생산공장을 이전하게 될 것이다. 또한 인터넷을 기반으로 한 전자상거래의 발달과 전자화폐의 출현은 정부가 세원을 확보하고 조세를 징수하는 데 보다 많은 어려움을 갖게 할 것이다. 가상상품(virtual goods)과 개인의 컴퓨터상에서 이루어지는 거래에 대해 과세하고 세금을 징수해야 한다는 것은 미래정부에 대한 새로운 도전이며 미래의 정부가 직면하는 새로운 과제가 될 것이다.

## 3 시장의 실패

모든 것을 시장에 맡기면 시장은 실패한다. 첫째, 불완전경쟁이 존재한다. 불완전경쟁시장에서는 최적수준의 가격이나 산출량 수준이 무너진다. 가격은 최적가격인 한계비용보다 높게 되고 산출량은 독점이익의 극대화를 위해 과소 생산된다. 소비자는 독과점시장에서 높은 가격을 지불하면서도 충분한 상품을 소비할 수 없는 비효율을 감수해야 한다. 독점기업의 입장에서는 효율적인 생산방법의 선택이나 기술혁신을 통하여 이윤을 획득하려 하기보다는 진입의 장벽을 확고히 하여 독점이윤을 지키려 한다. 따라서 독점산업에는 **X-비효율성**(X-inefficiency)이 내재하게 된다. 독점산업에는 경쟁의 압력이 없기 때문에 배분적 비효율성뿐만 아니라 X-비효율성도 있게 된다. 한편으로는 독점시장이 오히려 효율적일 수 있는 상황이 존재한다. ① 시장규모가 협소하거나 경제개발의 초기단계에서는 독점시장의 유지는 오히려 필요하다. ② 독점이윤으로 인하여 기업들의 기술혁신이 오히려 자극받을 수 있고, 독점이윤의 축적이 기술개발의 자원으로 재투자될 수 있다. ③ 규모의 경제가 발생한다면 독점시장은 비용을 줄이는 데 기여할 수 있다. 하지만 독점시장은 소득분배 면에서 소득분배를 악화시키는 방향으로 영향을 미친다. 생산자의 소득이 고소득계층이라면 소비자잉여가 생산자잉여로 전환되고 그 결과 소득분배는 더욱 악화될 수 있다. 또한 **세계적인 부호들의 재산축적에 관한 연구에서도 상당부분은 독점이윤에서 비롯됐다는 증거들이 제시된다. 둘째, 시장은 공공재가 부족하여 실패할 수 있다.** 공공재(public goods)는 그 재화가 지니고 있는 특성 때문에 사회가 필요한 만큼 시장에서 충분히 공급받을 수 없다는 공공재 문제가 발생한다. **공공재는 비배제성**(non-excludability)**과 비경합성**(non-rivalry)을 갖고 있는 재화이기 때문이다. ① 공공재는 대가를 지불하지 않은 자를 배제시킬 수 없다는 특성을 가진다. **이를 무임승차자**(Free rider) **문제라 한다.** 국방, 치안, 소방 같은 공공서비스의 경우에는 대가를 지불하지 않은 사람들의 이용을 배제하기 어렵다. ② **공공재는 생산과 동시에 모두가 공동소비할 수 있는 비경합성이라는 특성을 가진다.** 방송이나 도로와 같은 공공재는 어떤 사람이 이용한다고 해서 컵라면처럼 사라지지 않는다. 따라서 다른 사람을 위해 추가생산을 하지 않아도 된다.

이 같은 **공공재의 특성을 결합소비**(joint consumption)**라 한다. 이것은 한계비용이** 0이라는 것을 의미한다. 공공재의 최적가격은 0인 셈이다. 시장이 자원을 최적배분하기 위해서는 가격은 한계비용과 동일해야 한다. 공공재의 최적가격은 0원이 되는 셈이다. 시장가격이 0인 공공재를 어느 누가 시장에 충분히 공급하려 하겠는가? 공공재 공급은 정부가 주로 맡는 이유이다. 또한 가치재(merit goods)와 비가치재(demerit goods)의 공급에 정부가 개입하는데, 가치재의 경우에는 교육이나 주택처럼 많을수록 사회적으로 좋은 재화이므로 정부가 공급을 촉진시키는 특성이 있고 비가치재의 경우에는 마약이나 폭력, 도박처럼 많을수록 사회에 해가 되므로 정부가 규제하는 특성을 가진다.

셋째, 외부성도 시장을 실패시키는 중요한 요인이다. 완전경쟁시장에서조차도 **외부성**(externalities)이 발생하면 **시장은 효율적인 자원배분에 실패**하게 된다. **외부성**[1]**이란 어떤 경제행위자의 행동이 제3자에게 의도하지 않은 이익이나 손실을 발생시키고 그 손실이나 이익에 대한 대가를 시장을 통하여 지불하거나 지불받지 못하는 현상**을 말한다. 외부성은 외부경제(external economy)와 외부불경제(external diseconomy)로 나누어진다. **외부불경제란 사적 비용**(private cost)**이 사회적 비용**(social cost)**보다 작게 나타나기 때문에 과대생산이 이루어지고 외부경제란 사적 비용이 사회적 비용보다 크게 나타나기 때문에 과소생산이 이루어진다. 사적 비용은 개인이 부담하는 비용을, 사회적 비용은 사회가 부담하는 비용을 의미한다. 환경문제는 외부불경제이고 과대생산의 문제이다. 개인이 부담하는 비용보다 사회가 부담하는 비용이 높기 때문에 나타난다. 따라서 공해세 같은 방식으로 개인의 비용을 높게 만들어 환경오염을 줄일 수 있게 된다.**

넷째, 정보의 비대칭성은 시장을 실패하게 한다. 중고차시장은 정보의 비대칭성을 설명할 수 있는 좋은 사례이다. 새 차의 경우에는 품질과 가격에 대한 정보가 판매자와 구매자 사이에서 대칭적으로 공유되고 있다. 하지만 중고차시장에서는 판매자가 구매자보다 더 많은 정보를 지니기 때문에 구매자보다 유리한 위치를 점할 수 있다. 반면에 구매자의 경우에는 부족한 정보로 인해 중고차를 선별하는데 불리하게 작용한다. 이런 현상을 역선택(Adverse Selection)이라 하고 이런 환

---

1 외부경제에는 예방주사, 과수원 근처에 놓은 벌통 등이 있고 외부불경제에는 미세먼지나 미세플라스틱 같은 공해문제가 있다.

경을 개살구시장(Lemon Market)이라 한다. 예를 들어보자. 겉은 번지르한데 사고로 인해 질이 좋지 않은 중고차와 겉은 별로지만 무사고로 질 좋은 중고차가 있다 하자. 중고차에 대한 정보 면에서 구매자보다는 판매자가 유리하다. 이런 이유로 판매자의 경우 질이 좋은 중고차의 판매기대가격은 높고 질이 나쁜 중고차의 판매기대가격은 낮을 것이다. 그런데 구매자의 경우에는 정반대의 현상이 나타날 가능성이 농후하다. 이런 상황에서는 질은 별로지만 겉모양이 잘 관리된 중고차만이 거래가 활발해지고 겉모양은 별로지만 성능 좋은 중고차는 거래되지 않을 것이다.

완전경쟁시장은 모든 경제주체가 완전한 정보(perfect information)하에서 경제적 선택을 하는 것으로 가정하고 있다. 또한 정보비용이나 정보의 불균형 문제도 발생하지 않는 것을 가정하고 있는 것이다. 하지만 **현실경제에서는 정보부족에 따른 불확실성과 위험**(uncertainty and risk)**이 상존**하고 있고 **정보의 불균형으로 인한 비효율의 문제**도 발생하고 있다. 덧붙여서 부족한 정보로부터 발생하는 문제들을 보완할 수 있는 완전한 조건부상품시장(perfect contingency market)도 현실적으로 존재하기 어렵다. 따라서 **시장에는 정보의 비대칭성**(asymmetric information)이 존재하게 되고 이에 따른 **도덕적 해이**(moral hazard)나 **역선택**(adverse selection) 문제가 발생하게 된다.[2] **도덕적 해이란 정보가 비대칭인 경우 정보가 충분한 경제주체가 정보가 부족한 경제주체에게 바람직하지 않은 행동**(숨겨진 행동)**을 행하는 경향**을 의미한다. 대리인이 본인을 위해 최선을 다하는지에 대한 정보가 비대칭적이어서 발생하는 본인-대리인의 문제(principal-agent problem)가 있다. **역선택이란 정보가 비대칭인 경우 부족한 정보로 인해 불리한 상대방**(숨겨진 특성)**과 거래할 가능성이 높아지는 현상**을 말한다. 중고차시장에서 질이 나쁜 자동차만 거래될 가능성이 높다거나 자동차보험시장에서 사고의 위험이 높은 운전자가 보험에 가입할 가능성이 높아지는 현상에 해당한다. 이 같은 현상을 **개살구시장**(lemon market)이라 한다. 따라서 도덕적 해이나 역선택이 나타나는 경우 시장은 효율적인 자원배분에 실패하게 된다. 시장에서는 **선별**(screening)과 **신호보내기**(signalling)로 부족한 정보의 비대칭성 문제를 해결하려 한다. 상대적으로 정보가 부족한 경제주체의 입장에서는 간접적인 방법을 사용해

2 최고가격입찰제 방식의 경매의 경우, 승자의 불행(winner's curse)이라는 현상도 발생할 수 있다.

서라도 상대에 대한 정보를 얻으려 노력할 수 있다. 이 같은 행위를 선별이라 한다. 상대적으로 정보가 충분한 경제주체의 입장에서도 자신의 이익을 극대화할 수 있다면 품질보증이나 광고 같은 방법으로 정보를 전달할 수 있다. 이 같은 행위를 신호보내기라 한다. 이 외에도 계약, 평판, 유인구조의 설계에 의해 정보의 비대칭의 문제를 해결할 수 있다.

## 4 정부의 실패

시장이 모든 경제문제를 완전하게 해결한다면 정부의 개입은 필요치 않다. 반대로 정부가 모든 경제문제를 완전하게 해결한다면 시장은 퇴출될 것이다. 하지만 **시장도 실패하고 정부도 실패하기 때문에 시장과 정부는 공존하고** 있는 셈이다. 시장의 실패를 해결하기 위해 정부가 개입하지만 정부의 개입으로 인해 새로운 경제문제가 발생하기도 한다. 이 같은 현상을 정부의 실패라 한다. 정부가 실패하는 요인을 정리하면 다음과 같다. ① **제약된 정보로 인해 정부는 실패**할 수 있다. 정책을 설계하고 실행하는 과정에서 필요한 모든 정보를 정치가나 관료가 인지할 수는 없다. 따라서 어떤 정책의 실행결과를 정확하게 예측할 수 없게 된다. 불완전한 정보, 불완전한 예측, 불완전한 정책이 성립되는 것이다. ② **정부의 정책에 대해 민간부문이 어떻게 반응할 것인가를 정확하게 예측하는 것도 불가능하지만 엉뚱한 반응을 보였을 때 그것을 통제하는 것도 불가능**하다. 따라서 정책에 대한 민간부문의 통제가 불가능할 때 정부는 실패하게 된다. ③ **정치적 과정에서의 이해관계가 상충하여 정부가 실패**할 수 있다. 정책결정은 정치적 과정이다. 그런데 어떤 정책이든 그 정책으로 인해 이익을 얻는 집단이 있고 손실을 보는 집단이 발생한다. 이해관계가 상충하는 이익집단의 로비능력에 의해 정책은 왜곡될 수 있다. ④ **관료조직에 대한 통제가 불가능하여 정부가 실패**할 수 있다. 모든 정책의 결정은 정치인들이 수행한다. 하지만 그 정책을 실행하는 것은 관료조직이다. 관료조직은 주인인 국민을 위해 일해야 하지만 그들의 이익을 위해 일할 여지는 항상 남아있다. 관료가 국민을 위해 일하지 않는 경우 정치인이 관료조직을 완벽하게 통제할 수 없다는 데 문제가 있다. 관료들의 도덕적 해이가 나타난다면 정부의 정책은 왜곡될 수 있다.

이와 같은 정부의 실패를 해결하려는 방안으로는 ① 제도개혁을 통해 정부의 실패를 해결할 수 있다. 관료조직은 기업처럼 역할과 성과에 대한 평가가 명료하지 못하다. 기업의 경우에는 비용과 이윤이 분명히 화폐액으로 평가되어 개인이나 조직의 성과가 명료하게 나타나는데 반해, 관료조직은 사회후생이라는 척도로 평가해야 하므로 평가 자체가 불명확하다. 따라서 제도를 개혁하여 개인이나 조직에 대한 성과를 분명히 평가하고 보상이나 인사 및 예산에 반영해야 한다. ② 적절한 유인기구를 설계해야 한다. 예산의 규모에 의해 조직이나 개인의 역량을 평가하지 말고 효율적인 업무추진능력을 평가하여 적절하게 보상하는 유인기구를 개발해야 한다. ③ 관료조직에 경쟁압력을 유입시켜야 한다. 기업처럼 치열한 대내외적인 경쟁에 의해 개인과 조직의 역량이 평가되도록 경쟁구도를 도입할 수 있다. 경쟁압력이 상승하면 독점적 구도에서 나태해진 관료조직이 효율성을 극대화하는 역동적인 조직으로 변화될 수 있다.

### 시장논리와 정치논리

우리는 현실에서 정경유착이니, 관치금융이란 용어를 자주 접한다. 어찌보면 1997년 IMF사태에 대한 발생원인도 당시 우리경제에 만연했던 '정경유착이나 관치금융'의 적폐로부터 자유롭지 못하다. 정치인이나 관료들은 남의 돈을 가지고 남을 위해 선택하는 위치에 있기 때문에 도덕적 해이에 빠지기 쉽다. 또한 정치인은 많은 득표를 통해서 정치권력을 획득하기 때문에 대중적인(populism) 정책을 선호하는 경향이 있다. 이런 맥락에서 중요 경제정책은 정치논리에서 자유로워야 한다는 것이 통설이다. 정치논리가 시장논리를 지배해 버린다면 경제가 위태로워질 수 있다는 것이다. 선진국일수록 중앙은행이 정부권력으로부터 독립성을 보장받는 것도 이런 논리에 기반한다. 1980년대 미국의 FRB의장이었던 폴 볼커의 이야기는 정치논리와 시장논리에 관한 흥미로운 사례이다. 1980년대 미국 경제는 15%대의 고질적인 인플레이션에 시달리고 있었다. 폴 볼커는 고질적인 인플레이션을 잡기 위해서 충격요법을 단행하는데 기준금리를 무려 10.25%에서 20%로 전격 인상하는 결정을 내리게 된다. 폴 볼커는 그 당시 미국의 레이건 대통령과의 갈등을 견뎌야 했고, 경기침체로 인한 수많은 피해자들로부터 쏟아지는 비난과 신변위협까지 견뎌야 했다. 그런데 3년이 지나자 인플레이션은 3%로 안정되었고 1990년대부터 미국 경제는 호황을 누리게 된다. 정치논리에 회유되거나 굴복하지 않은 폴 볼커의 결단이 미국 경제를 살리고 다음 대통령인 빌 클린턴에게 호황인 경제를 선물하게 된다.

## 5 공공선택

시장에서의 경제행위는 개별적 의사결정이며 자유로운 선택이다. 그런데 **정부의 경제행위는 집단적 의사결정이며 정치적 과정**이다. 따라서 공공경제를 이해하는데 무엇보다도 집단적 의사결정(정치적 과정)이 무엇이고, 그 집단적 의사결정의 결과가 무엇이며, 그것이 함축하는 경제적 의미를 이해해야 한다. 이것을 **공공선택**(public choice)**이라 한다.** 공공선택이란 집단적 의사결정이고 정치적 과정에 해당한다. 정치적 과정에는 직접민주제와 대의민주제가 있다. 직접민주제란 정부의 모든 의사결정에 국민이 직접 참여하는 정치제도를 말하고, 대의민주제란 정부의 대부분의 의사결정에 국민의 대리인을 참여시키는 정치제도를 말한다. 현대정치에서 대부분의 국가들은 대의민주제를 채택하고 있다.

첫째, 직접민주제하의 공공선택, 집단적 의사결정은 소규모의 자치단체나 민간기업의 주주총회에서 채택할 수 있다. 집단적 의사결정을 위해 표의 배분을 결정해야 한다. 1인당 몇 표인지, 학력이나 소득수준에 따라 배분기준을 어떻게 할 것인지를 결정해야 한다. 다음으로 의결기준을 결정해야 한다. 전원합의로 할 것인지, 과반수(1/2, 2/3, 3/4)로 할 것인지를 결정해야 한다. 직접민주제에서 사용되는 집단의사결정방식에는 전원합의제, 과반수제, 점수투표제 등이 있다. ① **전원합의제**(unanimity rule)**는 어떤 의결사항에 구성원 모두가 합의하는 의사결정방식**이다. 가장 이상적인 방식에 해당한다. 하지만 **모두가 동의하는 과정에서 시간과 비용을 감수**해야 한다. 또한 **어느 한 구성원이 전략적으로 의사결정을 방해**할 수 있다. ② 과반수제(majority rule)는 어떤 의결사항에 구성원의 과반수 이상이 합의하는 의사결정방식이다. 의사결정과정에서 시간과 비용을 절감할 수 있다. 하지만 이 같은 의결방식은 **다수의 횡포**(tyranny majority)**와 소수의 비극**(tragedy minority)의 결과를 가져올 수 있다. 100명이 의사결정에 참여하는 경우 51명 찬성과 49명 반대로 의사결정될 수 있다. 1명의 표 차이로 49명이 패배자가 될 수 있는 약점을 가진다. 또한 의안을 표결에 붙이는 순서를 달리함에 따라 표결결과가 달라지는 우를 범할 수 있다. 이 같은 현상을 **투표의 역설**(voting paradox)이라 한다. 최적다수결제가 보다 진전된 다수결제도이긴 한데 현실에 적용하기에는 너무 추상적이다. **의사결정비용**과 의사결정에서 소외된 사람들의 불만비용을 **외부효과**로 계산해야 한다는 어려움이 따른다. ③ 점수투표제(point voting rule)는 1인 1표제가 갖고 있는 문제점을 개선한 의사결정방식이다. 1인 1표제는 어떤 사람이나 안건에 투표하면 다른 사람이나 안건에는 선호를 표시할 수 없는 단점을 갖고 있다. **점수투표제는 일정한 점수를 여러 사람이나 안건에 자신의 선호만큼 배분해서 투표**할 수 있다. 하지만 점수를 한곳에 몰아주는 경우 **전략적 행위**가 가능해진다. 의도적으로 어떤 한 사람이나 안건에 몰아서 투표한다면 한 투표자에 의해 무려 100점이라는 표차를 발생시킬 수 있는 것이다.

둘째, 대의민주제하에서 **정부의 의사결정은 대부분 대리인**에 의해 이루어진다. 정부를 움직이는 **대리인은 정치인, 관료, 특수이익집단**으로 분류할 수 있다. 따라서 정부의 의사결정을 이해하기 위해서는 이들에 대한 성격과 행동 그리고 의사결정결과에 대한 경제적 의미에 대해 이해해야 한다. ① **정치가에 대한 모형이 있다. 득표극대화 모형과 중위투표자이론**(median voter theorem)을 통해서 정치가에 대한 성격과 행동을 이해해 보자. 정치가들은 주인인 국민을 위해 최선을 다하는가에 대한 질문에 득표극대화 모형은 답을 제시해 준다. 정치가도 시장이론에서 경제주체인 소비자와 생산자처럼 자신의 이익을 위해 최선을 다한다는 가정에서 출발하여 정치가는 권력을 장악하는 것이 자신의 목표이고, 이것을 달성하기 위해서는 자신에 대한 지지표를 극대화하려 한다는 것이다. 한편 중위투표자이론은 정치가 자신의 지지표를 극대화하기 위해서는 중산층을 위한 정치를 행해야 한다는 것을 암시하는 모형이다. 양 극단의 정치적 성향이나 예산규모를 크기 순서로 나열하고 과반수를 적용하여 표결하면 중도적인 성향의 사람이나 중간 정도의 예산규모가 의사결정된다는 원리이다. 따라서 민주주의 정치질서가 확립된 상황에서 대의민주제는 중산층을 위한 정치가 발전할 수 있다는 가능성을 보여준다. ② **관료제에 대한 모형이 있다. 니스카넨**(W. Niskanen)**의 관료제 모형에서 관료조직의

**비효율성은 관료들의 역량부족에서 비롯된 것이 아니라 관료제의 유인구조**에서 비롯되었다는 것을 보여준다. 관료들도 정치인과 마찬가지로 주인인 국민을 위해 최선을 다하지 않는다. 그들의 경우에도 자신들이 추구하는 목표, 즉 그들이 행사하는 특권이나 권한을 결정하는 예산규모를 극대화하기 위해 행동한다는 모형이다. 따라서 **관료들은 사회적 순편익이 극대화되는 규모에서 예산규모를 결정하는 것이 아니라, 총비용과 총편익이 같아지는 수준에서 예산규모를 결정**한다는 것이다. 과잉예산이 편성되고 집행되며 예산의 낭비가 초래되는 이유를 설명하고 있다. ③ **정치가와 관료만큼이나 대의민주제의 의사결정에 영향력을 행사하는 집단이 특수이익집단**이다. 동일한 이해관계를 가진 사람들이 자신들의 이익을 보호하기 위해 집단적으로 행동하는 조직을 말한다. 전경련, 한국노총, 대한의사협회, 대한변호사협회 등이 특수이익집단에 해당한다. 이들은 로비를 통해 자신들의 이익을 지키려 한다. 정부의 의사결정에 로비력을 동원하여 영향력을 행사하는 것이다. **정치인, 관료, 특수이익집단을 철의 삼각지**(iron triangle)라고도 한다. 이 세 집단이 정부의 의사결정에 가장 막강한 영향력을 행사한다고 볼 수 있는 것이다.

## 6 합리적 무시와 포획이론

이익집단들은 자신들의 이익을 위해 집단행동을 하게 되는 경우, 대규모 집단보다 소규모 집단이 정치적으로 승리할 가능성이 매우 높게 나타난다. 이런 현상을 집단행동의 문제라고 한다. 대규모 집단들은 소규모 집단에 비해 조직을 결성하고 행동하기 더 어렵다는 현상에서 비롯되는 원리이다. 대규모 집단일수록 동일한 총편익에 대해 집단 내 구성원에게 나눠지는 개인별 편익은 작아지고 조직을 형성하고 하나로 움직이는 데 필요한 총비용은 상대적으로 커지기 때문이다. 예를 들어보자. 뇌염환자를 무료로 치료해 주는 프로그램이 있다 하자. 총비용은 1년에 5억이 든다. 이 프로그램에 직접 혜택을 받는 사람은 1년에 겨우 5명인데, 납세자는 5,000만 명이라 하자. 이런 경우 납세자 5,000만 명이 부담하는 조세부담액은 1인당 10원인 셈이다. 겨우 5명의 복지를 위해 정부가 5억을 지출해야 되나, 부당함을 주장하고 해당 프로그램을 없애기 위해 집단행동을 가정해 보자. 조직을 만들고 단체행동을 하는 과정에서 여러 가지 비용이 발생하게 될 것이다. 5,000만 명의 대규모 조직의 구성원 입장에서는 10원의 세금을 절약하기 위해 단체행동에서 발생하는 여러 가지 비용을 부담하는 문제가 발생하는 것이다. 이런 이유로 대규모 집단은 이 문제에 대해 침묵하게 되는 것이다. 이런 현상을 **합리적 무시**(rational ignorance)라고 한다. **편익은 집중되고 비용은 분산**되기 때문이다. 편익은 5명에게 집중되고 비용은 5,000만 명에게 분산되는 현상이 나타나는 것이다. 이와 같은 편익집중(concentrated benefits)과 비용분산(diffuse costs) 현상으로 인해 소규모 집단이 대규모 집단에 정치적으로 승리할 수 있는 것이다. 특수이익집단(special interest group)에 의한 정치적 승리도 편익집중과 비용분산의 원리가 적용되는 사례라 할 수 있을 것이다.

한편, 포획이론은 1982년 노벨상 수상자 조지 스티글러가 제시한 이론이다. 공공의 이익을 위해서 일하는 규제기관이 피규제기관에 의해 포획당하는 현상을 가리키는 용어이다. 공공의 이익을 위해 일하는 피규제기관이 그들의 조직과 인력을 유지하려면 규제가 필요하다는 논리가 성립된다. 이것이 문제의 원인이 된다. 피규제기관(기업이나 이익단체)은 자신의 이익을 위해 규제기관에 로비를 할 수밖에 없고, 규제기관은 오히려 피규제기관을 보호하거나 협력하는 역할을 하게 된다. 공공의 이익이 우선이 아닌 규제기관과 피규제기관 모두에게 이익이 되는 그들만의 리그가 유지되는 셈이다. 한국의 정경유착은 대표적인 사례라 할 수 있다. 정치인, 고위관료, 그리고 재벌은 이미 혈족이고 철의 삼각지(iron triangle)이며 서로 포획된 상태에 있다.

## 7 창문세와 담배세

조세는 현대국가의 중요한 세입원이다. 그런데 조세는 개인의 재산권을 강제하기 때문에 조세저항이 따르게 된다. 지나친 조세는 민란이나 혁명, 국가 간의 전쟁은 물론 정권의 흥망성쇄에도 영향을 미친다. 미국의 독립전쟁을 촉발시킨

1776년의 보스턴 차 사건은 1767년 타운센트세법에서 비롯됐다. 영국 정부는 식민지 미국에 대해 유리, 종이, 잉크, 페인트, 납, 차 등에 간접세를 부과하는 세법을 통과시켰는데 그것이 타운센트세법이다. 이에 대해 미국의 지식인들은 "대표 없는 과세 없다"고 외치면서 독립을 선언하게 된다. 영국의 대처 수상은 1988년 지방재정의 건전화를 위해 주민세(community charge)를 부과하게 되는데, 주민세는 소득과 관계없는 인두세의 성격을 가진 조세로서 커다란 조세저항에 부딪치게 된다.[3] 납세거부운동뿐만 아니라 조세로 인한 폭동까지 발생하게 되었으며, 결국 1990년 11월 22일 대처 수상은 사임하게 된다. 과세란 국민의 재산권을 침해한다는 의미에서 조세법률주의 원칙이 지켜지고, 과세는 국민들의 사회적 합의과정을 거쳐야 한다.

과세는 효율성, 공평성을 확보해야 하고 납세비용이나 징세비용이 최소화되어야 한다. 초과부담(excess burden)을 최소화하고 수평적 공평(horizontal equity)이나 수직적 공평(vertical equity)을 충족해야 한다. 조세의 회피(tax avoidance)나 조세의 탈루(tax evasion) 현상은 근절되어야 한다. 그래야만 조세로 인한 비효율이나 불공평의 문제를 줄일 수 있다.

창문세는 14세기 프랑스에서는 부과했다 폐지됐는데, 17세기 영국에서는 논란이 된 난로세를 대체하기 위해 창문세를 도입하게 된다. 그런데 창문세가 부과되자, 창문세 부담을 피하기 인해 창문을 폐쇄하거나 창문 없는 집들이 늘어나는 자원배분의 왜곡현상이 나타나게 된다. 조세는 개인의 재산권이 국고로 옮겨가는 과정으로 끝나는 것이 아니다. 조세는 개인의 선택을 왜곡시키는 문제를 만들어내기도 한다. 이런 현상을 초과부담이라고 한다. 이런 초과부담을 발생시키지 않는 조세를 중립세(lump-sum tax)라 한다. 한편 네덜란드에서는 땅이 좁기 때문에 건물의 폭에 과세를 한다든지, 러시아에서는 수염에 과세한다든지 비만세, 환경세, 주세나 담배세(sin tax), 그리고 소방귀세에 이르기까지 사람들의 선택을 변화시키려는 과세가 이루어지고 있다. 이런 과세를 교정과세(corrective taxation)라 한다.

최근 한국에서는 증세논쟁이 치열하다. 문재인 정부의 과세정책은 증세를 통

---

3 평균세율은 세금총액/소득총액 = 납세자의 희생의 크기를 나타내고, 한계세율은 △세금/△소득 = 납세자의 선택에 영향을 준다. 주민세와 같은 정액세는 한계세율이 0이어서 납세자의 선택과는 아무 관련 없이 모두 세금을 일정액 납부해야 한다.

한 적극적인 개입주의의가 핵심이기 때문이다. 명예과세냐, 아니면 세금폭탄이냐 하는 정치적 충돌도 가열되고 있다. 한국의 조세부담률은 OECD 국가들의 평균 26.1%보다 낮은 18.5% 수준에 있다. 반면에 사회지출도의 경우에는 GDP 대비 OECD 평균 21.6%인데 한국의 경우에는 10.4% 수준이어서 복지지출이 낮고 사회안전망은 취약하다. 소득집중도는 오히려 최고수준인 미국에 육박하는 양극화현상으로 저부담-저복지-양극화라는 악순환이 지속되는 상황이다. 따라서 증세-고복지-소득재분배의 강화라는 선순환적 정책적 전환도 주목해야 한다. 하지만 증세문제는 간단치가 않다. 조세저항이 뒤따르기 마련이다. 증세를 위한 과세대상으로는 부동산보유세라든지, 특권이익에 대한 과세라든지, 환경과세 같은 과세수단을 고려해 볼 만하다. 덧붙여서 담배세나 비만세 같은 교정과세도 고려의 대상이다. 담배세에 대해서는 박근혜 정부에서 인상하였고 다시 인하하자는 주장이 제기되기도 한다. 담배값 4,500원 중에서 세금은 3,318원이어서 74%를 차지하고 있다. 담배세는 담배소비세 1,007원, 지방교육세 443원으로 지방세수입이 1,450원에 해당하고 건강부담금 841원, 폐기물 24원, 개별소비세 594원, 부가가치세 409원으로 국세수입은 1,868원을 차지하고 있다. 흡연은 과학적으로 건강에 해롭다는 것이 명백하게 밝혀졌고, 간접흡연은 다른 사람들의 건강까지 위협한다는 점에서 사회적으로 많은 비용을 발생시킨다. 남성을 기준으로 흡연율을 국가별로 비교해 보면 한국 40.8%, 일본 32.2%, 프랑스 26.4%, 독일 26.4%, 영국 22.3%, 미국 16.7% 순으로 나타나 있다. 담배가격을 비교해 보면 아일랜드가 가장 높은 수준인 14,975원, 영국 11,525원, 프랑스 9,400원, 미국 5,175원이다.

비만세를 살펴보면 덴마크의 경우에는 2011년 세계 최초로 비만의 주원인인 식품에 대해 세금을 부과하는 소위 비만세를 도입한 바 있다. 이 세금은 피자, 우유, 식용유, 고기, 조리식품 등의 가격을 오르게 했고, 소비자들은 독일 국경을 넘어 쇼핑하게 되고 결국 2012년 물가상승, 일자리 감소, 기업의 비용 부담 증가 등을 이유로 폐지되었지만 그 이후로 유럽, 미국을 중심으로 탄산음료, 패스트푸드, 술 등 비만을 유발하는 식품에 대해 세금을 부과하는 정책들이 확산되고 있다. 멕시코의 경우에는 자녀가 고도비만이면 500달러의 벌금을 매기고, 사후 관리가 없이 계속 비만이면 800달러의 추가 벌금을 매겨 그 부모에게 책임을 묻기도 한다.

## 8 공유자원의 비극

컵라면은 사적재이고 음악은 공공재의 성격을 갖는다. 컵라면은 어느 누군가가 그 컵라면을 먹고 있다면 그 컵라면은 그가 먹은 양만큼 사라져간다. 또 다른 사람이 컵라면을 먹으려 한다면 그 컵라면은 반드시 추가생산이 이루어져야 한다. 그런데 음악의 경우에는 어느 누군가가 그 음악을 듣는다 해서 그 음악은 그가 들은 만큼 사라지지 않는다. 또 다른 사람이 그 음악을 듣기 위해 그 음악을 추가 생산할 필요가 없다는 것이다. 공공재란 음악처럼 추가생산이 필요 없는 비경합적 성격을 갖고 있다. 한번 생산되면 아무리 많은 사람들이 사용한다 할지라도 사라지거나 또는 추가 생산해야 할 필요가 없는 것이다. 따라서 공공재의 경우 추가생산비용인 한계비용은 0이 되는 것이다. 물이나 공기는 우리가 살아가는 데 매우 중요하다. 그런데 물과 공기는 소중하게 관리되지 못하고 마구잡이로 오염되고 있다. 다른 자연자원들도 마찬가지로 훼손되고 있다. 이 같은 현상이 환경문제인 것이다. 자연자원들은 대체로 사적 소유가 아닌 공유자원의 성격을 갖고 있다. 물이나 공기는 대체로 사적 소유의 대상이 아니고 모두가 공동소비하는 공유자원에 해당한다. 깨끗한 물과 깨끗한 공기가 부족해지다 보니 사유권을 인정하게 되고 물과 공기도 사유재처럼 시장에서 거래되기도 한다. 물과 공기를 돈을 주고 사 먹어야 한다는 것을 의미한다. 돈이 없는 자에게는 물과 공기를 마실 권리나 자유가 제한된다는 문제를 야기시킨다. 공기와 물을 사유화하는 것은 인권에 대한 비극이다. 하지만 환경오염을 해결할 수 있는 하나의 대안으로 공유자원에 대한 사유재산권을 활용하자는 주장이 코우즈정리(Coase Theorem)이다.

코끼리는 밀림지대에 널려 있는 주인 없는 공유자원이었다. 따라서 밀림지역의 코끼리는 아무나 사냥하고 판매하는 데 아무런 제약이 없었다. 그런데 미국에서 당구가 유행하자 당구공의 원료인 상아의 수요가 증가하고 코끼리 상아가격이 비싸지기 시작했다. 공유자원이었던 코끼리들에게는 비극의 시대가 열린 것이다. 코끼리는 남획되었고 급기야 멸종위기에 까지 몰리게 되었다. 이런 현상을 공유자원의 비극(Tragedy of commons)이라 한다. 아프리카 국가들은 코끼리 멸종을 막기 위해 두 가지 정책을 펴게 되는데 서로 다른 결과에 주목하게 된다. 사유재산권을 인정하지 않고 코끼리에 대한 직접규제(사냥금지, 상아거래금지) 정책을 편 케냐의 경우에는 오히려 코끼리의 개체수가 감소하였고, 코끼리에 대한 사유재산권을 인정하고 상업적 거래를 허용한 짐바브웨의 경우에는 코끼리의 개체수가 증가하였다. 공유자원의 비극을 해결하는 대안으로서 사유재산권을 활용할 수 있는 가능성을 보여주는 사례이다. 예를 들어 한우가격이 치솟으면 한우가 멸종위기에 처하는 것이 아니라 한우의 개체수가 증가하게 될 것이다. 이런 현상은 바로 한우에 대한 사유재산권이 힘을 발휘하기 때문으로 이해할 수 있을 것이다. 사유재산권은 자신의 소유물을 최선을 다해 관리하도록 유인하는 마술적 능력을 발휘한다.

그런데 제4차 산업혁명이 시작되면서 협력적 공유사회가 가능해지고 있다. 협력적 공유사회는 공유자원을 비극이 아닌 희극으로 전환할 수 있다. 예를 든다면 위키피디아는 글을 올리는 사람들은 모두 공짜로 내용을 제공하는 무료 오픈소스의 온라인 백과사전이라 할 수 있다. 그런데 규모로는 280만 개 항목으로 브리태니커백과사전의 열 배에 이르고 있을 뿐만 아니라 오류 면에서도 전문가집단으로 구성된 브리태니커보다 약간 높은 정도로 우수하다. 어느 누구든 무료로 이용할 수 있는 백과사전이다. 소유권이나 배타성이 없는 협력적 공유가 돋보이는 사전인 셈이다. 이런 현상을 공유자원의 희극(Comedy of commons)이라 한다.

## 9 규제의 역설

정부의 규제에는 비트코인에 대한 규제에서부터 환경오염에 관한 규제에 이르기까지 여러 가지 방식이 있다. 혼합경제하에서 정부는 공공재의 공급에서부터 산업정책, 환경정책, 조세정책, 금융정책, 무역정책, 법제도에 관한 정책 등 여러 가지 분야에 개입하고 있기 때문이다. **정부가 민간기업활동에 개입하여 규제하는 방식에는 ① 독점규제, ② 산업규제, ③ 사회규제로 나눌 수** 있다.

### 1) 독점규제

정부가 시장에 개입하여 독점을 규제하려는 목적은 **자원배분의 효율성을 달**

**성하기 위해 경쟁을 촉진**시키려는 데 있다. 정부는 경쟁을 촉진하기 위한 수단으로 자연독점을 통제하기 위한 공적 규제기관을 설립하거나 독점의 성장을 저지하거나 억제하기 위한 반독점법을 법제화하고 실행하는 데 노력해 왔다. 미국의 경우에는 셔먼 법(1890년), 클레이튼 법(1914년), 공정거래위원회법(1914년), 셀러-키포버법(1950년)으로 독점구조와 독점행위를 규제하고 있다. 우리나라의 경우에는 독점규제 및 공정거래에 관한 법률이 1980년 제정되고 1986년 개정되어 **사업자의 시장 지배적 지위의 남용과 과도한 경제력 집중의 방지, 부당한 공동행위 및 불공정거래 행위의 규제, 대규모기업집단에 대한 상호출자의 금지 등을 규제**하고 있다. 독점규제에 대한 정책적 효과에 대해 두 가지 견해가 대립하고 있다. 독점에 대한 **구조주의적 견해와 행동주의적 견해**이다. 구조주의적 견해에 따르면 시장점유율이 높은 기업들은 독점기업처럼 행동한다. **시장점유율이 높은 기업들을 구조적으로 분할시킴으로써 기업들의 행동과 성과를 개선시킬 수 있다**는 주장이다. 반면에 **행동주의적 견해에 따르면 시장의 구조와 기업의 행동 및 시장의 성과와는 상관관계가 미약하거나 불분명하다**고 주장한다. 시장점유율이 높게 나타나는 이유는 기술수준의 우월성, 상품의 우수성, 규모의 경제에서 비롯되고 있다고 주장한다. 효율적인 경영과 우월한 기술이 상품의 질을 개선시키고 합리적 가격을 형성시켜서 사회적으로 기여한다면 단지 시장점유율이 높다는 이유만으로 규제한다는 것은 옳지 않다는 주장이다. 현재의 **독점은 시간이 흐름에 따라 새로운 기술에 의해 잠식되고 파괴되고 만다는 창조적 파괴의 진행과정이라 주장한다.** 시장의 지배권을 얻기 위해 투쟁, 성공, 독점화, 창조적 파괴의 과정을 거치는 장기적 경쟁과정을 적극적 개입보다는 관망해야 된다는 주장이다. **대부분의 경제학자들은 독점규제는 현실적으로 약탈적이거나 남용적인 독점력 행사를 규제하는 경우에는 유효한 제도인 것으로 평가**하고 있다. 주로 가격담합(입찰조작, 시장분할 등의 합의)이나 반경쟁적 기업결합(주로 수평결합)을 규제함으로써 시장의 경쟁과 효율성을 증대시키는 것으로 받아들여지고 있다.

### 2) 산업규제

자연독점 현상은 규모의 경제가 나타나는 장기평균비용곡선이 우하향하는 산업의 경우 발생한다. 이것을 비용체감산업(decreasing cost industry)이라고도 한다.

초기 고정비용이 대규모로 투입되는 산업의 경우(전력, 상수도, 천연가스 등) 여러 경쟁기업에 의한 생산·공급보다 단일기업에 의한 생산·공급이 평균총비용을 절감할 수 있다. 따라서 **자연독점이 발생하는 대부분의 공익사업의 경우에는 경쟁이 오히려 효율을 떨어뜨린다. 따라서 이 같은 산업의 경우에는 정부가 오히려 독점을 허용하거나 장려해야 한다. 하지만 자연독점의 성과를 개선시키고 그 성과를 사회적으로 공유하기 위해서는 정부가 가격을 규제해야 한다는 공익기반규제이론**이 있다. 이것은 자연독점기업이 독점가격을 부과하지 못하도록 정부가 가격을 규제함으로써 소비자와 사회가 자연독점의 성과를 향유할 수 있도록 유도해야 한다는 이론이다. 자연독점에 대한 **정부의 개입방식은 공적 소유방식과 공적 규제방식**이 있다. 공적 규제방식이 산업규제에 해당한다. 정부는 자연독점의 성과, 즉 평균비용의 감소에서 발생하는 이익의 일부를 소비자나 사회가 나누어 향유할 수 있도록 가격을 규제하는 것을 산업규제라 한다. 전기요금, 가스요금, 전화요금 같은 경우에 규제기관이 생산비용을 충당하고 적정한 수익을 얻을 수 있는 수준에서 가격을 설정하게 된다. 그러나 정부의 독점규제에 의해 오히려 X-비효율이 발생할 수 있다는 주장이 있다. 자연독점기업의 입장에서 생산비용을 줄이는 합리적 경영을 달성하더라도 가격규제에 의해 기업의 이윤은 증가할 수 없다는 점과 근로자의 임금을 인상하고 경영진의 근무여건을 개선하는 등 비용을 증대시키더라도 이윤은 감소하지 않기 때문에 유인기능이 작동할 수 없는 구조적 비효율을 만든다는 것이다. **산업규제의 문제점으로는 새로운 기술의 등장으로 더 이상 자연독점의 요건이 사라졌음에도 불구하고 독점규제가 지속되는 독점의 고착화현상과, 경쟁의 잠재력이 있는 산업임에도 불구하고 정치인과 자연독점기업의 이익이 일치되어 독점규제를 합법화**하는 현상들이 제기되고 있다. 따라서 1970년대와 1980년대에는 항공산업, 트럭운송, 은행, 철도, 천연가스, 통신, 전기산업에 이르기까지 광범위하게 탈규제가 이루어지고 있다. 탈규제는 인터넷, 팩스, 휴대폰, 광케이블, 마이크로파 통신 등등의 기술개발과 신상품의 출현을 촉진시켰다.

### 3) 사회규제

**산업규제가 가격수준, 비용, 이윤 등에 초점을 맞춘 정부의 개입이라면 사회규제는 생산여건, 생산이 사회에 미치는 영향, 재화 자체의 물리적 성질 등을 관리하**

고 통제하는 데 초점을 맞추고 있다. 사회규제는 **제품의 안전성, 환경오염기준, 생산현장의 안전성, 경제적 기회의 균등을 보장하고 개선하여 시장경제의 모순을 극복하고 시장경제에 대한 정치적 지지를 확보하는 데 목적**이 있다. 사회적 규제에 대한 사례는 다음과 같이 정리된다. ① 식품, 화장품, 의약품과 같은 제품들의 유통과 광고에 대한 안정성과 유효성에 관한 기준과 규제, ② 인종, 성, 나이, 종교 등에 따른 근로자의 고용, 승진, 그리고 해고와 관련한 차별의 금지, ③ 생산현장에서의 안전과 보건위생의 확보를 위한 기준과 규제, ④ 제품의 생산과 소비과정에서 발생하는 대기 및 수질오염 그리고 소음공해에 대한 기준과 규제, ⑤ 장난감을 비롯한 각종 소비제품의 안정성 보장을 위한 기준과 규제 등으로 분류할 수 있다. **경제학자들은 대체로 사회규제의 필요성에 대해서는 의견을 함께한다. 하지만 사회규제의 최적수준에 관해서는 찬반논쟁이 뜨겁다.** 사회규제의 찬성론자들은 사회규제로부터 발생하는 편익의 크기가 비용의 크기보다 훨씬 크다고 주장한다. 사회규제로부터 보장되는 안전한 식품, 깨끗한 대기, 안전한 작업장, 안전한 자동차등에 대한 편익이 과소평가된다고 주장한다. 사회규제 반대론자들은 많은 사회규제 법률들이 부족한 정보를 바탕으로 입안되어 규제의 목적과 기준이 명료하지 못할 뿐만 아니라 시장경제에 적대적이고 규제의 효과를 과신하는 경향이 있다고 주장한다. 또한 지나친 사회규제가 소비자 가격을 상승시키고 오히려 기술혁신을 방해하며 경쟁을 위축시키는 결과를 초래할 수 있다고 주장한다. 규제비용이 가격인상으로 소비자에게 전가될 수 있으며, 시설기준이나 안전성기준에 대한 두려움으로 새로운 기술투자가 위축될 수 있을 뿐만 아니라 사회규제로 인한 고정비용의 증가가 중소기업들을 시장에서 퇴출시키는 결과를 초래할 수 있다고 주장한다. 하지만 사회규제는 시장경제의 남용을 억제하고 시장경제의 단점을 극복하기 위한 하나의 수단으로써 활용될 수 있다. 그러기 위해서는 사회규제가 시장경제의 기술개발이나 경영혁신의 동기를 무디게 하고 소득창출이나 경제의 효율성에 대한 강력한 동력을 빼앗는 부작용을 최소화해야 한다. 비용-편익분석이라는 경제적 분석을 활용하여 사회규제의 최적수준에 이르는 사회적 합의를 도출해야 한다.

정부는 규제를 통해 시장을 효율화시키고 시장의 단점을 보완하며 사회적 목적을 달성하려고 한다. 경제법칙에 공짜점심은 없는 것처럼 규제는 여러 가지 측면에서 비용을 발생시킨다. 그런데 최근에 각국 정부는 시장에 비해 공공부문이 확대되면서 비효율과 재정적자 등에 관한 심각성이 대두되자 예산규모의 확대가 아닌 다양한 규제수단을 활용하여 정부의 활동영역을 넓히려 하고 있다. 규제는 정부가 예산을 편성·집행하지 않으면서도 정책목표를 달성할 수 있는 수단으로 이용될 수 있다. 최저임금제도 같은 경우 정부가 저소득 근로자들에게 소득보조를 해 주는 대신 기업에 소득보조에 대한 부담을 전가시키는 결과를 초래할 수 있다. 정부의 예산규모는 그대로이지만 실제로는 예산규모를 확대시킨 결과를 가져온다. 정부가 공공정책을 수행할 때 지출해야 할 비용이 규제비용으로 전환되고 그 규제비용은 개인이나 기업에 전가될 수 있는 것이다. 예를 들면 정부가 환경기준이나 안전성기준을 강화하면 기업의 입장에서는 공기나 물에 대한 정화시설비용이나 안전디자인비용 등이 추가로 발생하는 대신 정부의 입장에서는 환경정책이나 사회정책에 대한 지출을 줄일 수 있다는 논리이다. 한편 각종 직업면허제도와 같은 경우에도 편익보다 규제의 비용이 더 높다는 주장이 있다. 의사협회나 변호사협회는 국민들을 무면허 돌팔이나 허풍쟁이들로부터 보호해야 한다는 명분을 내세우지만 실상은 까다로운 면허제도를 통해 합법적인 카르텔을 형성할 수 있고 독점이윤을 향유할 수 있다는 논리이다. 각종 면허자격시험을 어렵게 하고 합격정원을 줄일수록 그들의 독점적 지위는 더욱 강화될 수 있는 까닭에 그들은 까다롭고 제한된 면허제도를 활용하여 시장진입에 대한 장벽을 높게 쌓으려고 노력하는 것이다.

한국의 경우 선진국에 비해 규제비용이 높은 나라이다. 규제를 새로 만드는 경우, 새로 발생하는 규제비용만큼 기존의 규제를 폐지하여 적어도 규제 총비용을 일정하게 유지하려는 규제비용 총량제를 도입하려 한다. 또한 규제를 줄이기 위한 규제프리존 특별법이라든지, 서비스 산업발전법 등을 입법화하는 과정에 있다.

1차 세계대전 이후 1920~30년 미국은 "주식과 여자의 스커트는 올라가기만 한다"는 풍자가 나돌 정도로 경제황금기(golden era)였다. 째즈, 찰스턴, 전화, 컨베이어벨트가 새롭게 등장하고 경제생활은 흥청거렸다. 미국 사회에서는 독일에 대한 반감이나 종교적인 순결주의가 작동하면서 금주령을 발표하게 되었는데, 그 결과는 참담하였다. 금주령은 술을 먹지 않는 건전한 사회를 만든 것이 아니라 알 카포네와 같은 깽들에게 밀주로 연간 1억 달러 이상의 큰돈을 벌 수 있는 장을 마련해 준 셈이다. 한편, 양질의 술을 사 마실 수 없는 저소득층들의 경우에는 메칠 알코올에 물을 탄 저질의 술을 사 마시게 된다. 이런 저질의 술로 인해 돈이 없다는 이유만으로 20여만 명이 실명을 하게 되는 규제의 역설이 발생하게 된다. 그 당시 맥주 1배럴의 원가가 4달러였는데 금주령으로 인해 맥주가격은 55달러까지 치솟는 왜곡된 현상이 나타난다. 금주령은 술의 제조, 운송, 판매에 따르는 위험 프리미엄(risk premium)을 증대시켰고, 그 결과 술값은 솟구쳐 오른 것이다. 1685년 영국에서는 붉은 깃발법이라는 자동차에 관한 규제가 30년간 유지되었다. 자동차산업은 영국에서 최초로 태동했고 발전했지만, 빅토리아 여왕 시절 영국 정부는 붉은 깃발법으로 자동차산업을 규제한 결과 자동차산업은 영국에서 쇠락해 간다. 영국에서 자동차가 최초로 개발되었던 시대적 상황에서는 마차가 대표적인 운송수단이었다. 그 당시 정치인들에게는 자동차산업 관련자들보다 마차산업 관련자들이 정치적인 이익으로 평가되었을 것이다. 보다 많은 표가 마차산업 관련자들에게서 얻어질 수 있으며 그들의 로비능력이 더 뛰어났던 것이다. 결국 정치인들은 정치적인 이유로 경제 관련 규제법을 통과시키게 된다. 바로 자동차의 속도를 제한하는 붉은 깃발법이다. 자동차의 시내에서의 주행속도를 2마일(시속 약 3.2km)로 제한했을 뿐만 아니라 자동차가 운행될 때마다 마차가 선행하여 붉은 깃발을 흔들면서 자동차가 지나간다는 경보를 알리게 하는 자동차산업 규제법이다. 보행자의 평균시속이 약 4마일(시속 약 6.4km)인 점을 감안한다면 보행자보다 더 느리게 달리는 자동차를 누가 이용한단 말인가? 어처구니없는 규제로 인해 영국에서의 자동차산업은 저주를 맛보게 된다. 독일의 경우에는 영국에서 규제로 인해 자동차산업이 축복의 대상이 될 수 있었다. 자동차산업에서 영국보다 후발국이었음에도 불구하고, 자동차 강국으로 부상할 수 있는 반사이익을 누리게 된다. 정치적인 이유로 경제적 선택의 자유를 제한하는 경우, 개인의 경제적 선택의 자유는 왜곡되고 국민경제 전체에 비효율이라는 이름으로 부정적인 대가를 치르게 한다.

## 추천 도서


- Campbell R. McConnell, Stanley L. Brue, Sean M. Flynn, 최광 외역, 『**경제학이해**』, 생능출판사, 2013.
- Yergin, Daniel, Stanislaw, Joseph, 『**Commanding Heights**』, simon & schuster, 1998.
- 강남호·김경표, 『**경제학원론**』, 정독, 2019.
- 제레미 리프킨, 『**한계비용제로사회**』, 민음사, 2014.
- 그레고리 맨큐, 김경환 외역, 『**맨큐의 경제학**』, 교보문고, 2009.
- 대니얼 벨, 이상두 역, 『**이데올로기의 종언**』, 범우사, 2015.
- 문병호, 『**공산주의는 끝나는가**』, 동아일보사, 1989.
- 새뮤엘 헌팅턴, 이희재 역, 『**문명의 충돌**』, 김영사, 1997.
- 아나톨 칼레츠키, 위선주 역, 『**자본주의4.0**』, 컬처앤스토리, 2011.
- 아담 스미스, 유인호 역, 『**국부론1. 2.**』, 동서문화사, 2017.
- 앤서니 기든스, 한상진 외 역, 『**제3의 길**』, 책과함께, 2014.
- 이준구, 『**재정학**』, 문우사, 2016.
- 장하준, 형성백 역, 『**사다리 걷어차기**』, 부키, 2004.
- ______, 이순희 역, 『**나쁜 사마리아인들**』, 부키, 2007.
- 정갑영, Yergin, Daniel, Stanislaw, Joseph, 『**Commanding Heights**』, simon & schuster, 1998.
- ______, 『**정갑영의 첫경제학**』, 박영사, 2017.
- 존 메이너드 케인스, 이주영 역, 『**고용, 이자, 화폐의 일반이론**』, 필맥, 2010.
- 칼 마르크스, 김문수 역, 『**경제학. 철학초고/자본론 공산당 선언/철학의 빈곤**』, 동서문화사, 2016.
- 토드 부크홀츠, 류현 역, 『**죽은 경제학자의 살아있는 아이디어**』, 김영사, 2009.
- 폴 크루그먼 외, 김재영 외역, 『**크루그먼의 경제학**』, 시그마프레스, 2008.
- 프리드리히 하이에크, 김이석 역, **노예의 길**, 나남, 2006.
- 프랜시스 후쿠야마, 이상훈 역, 『**역사의 종말**』, 한마음사, 1997.
- 황준성, 『**질서자유주의 독일의 사회적 시장경제**』, 숭실대학교 출판부, 2011.

제 3 부

# 인간과 경제

# 주제 08 인간의 경제



## 1 추상적 사고

모든 생물은 통신을 한다. 새들은 지저귀고, 개들은 짖고, 개미는 냄새 길[1]을 만들며, 고래는 울고 코끼리는 발로 진동을 감지한다.[2] 동물들도 이처럼 대화와 통신을 한다. 또한 그들은 자신의 새끼들을 몇 마리인지 헤아릴 수 있다. 어미 새는 품고 있던 알의 개수를 헤아리고 어미사자는 자신이 돌보는 새끼의 수를 기억한다.[3] 동물들도 의사소통을 하고 개체수를 기억한다. 개는 우리보다 후각적으로 훨씬 더 정밀하게 진화돼 있다. 우리의 뇌는 후각을 상쇄시키고 시각영역을 더욱 확장하는 쪽으로 진화하였다. 시각을 통해 많은 정보를 받아들이고 뇌를 통해 기억하고 인식한다. 또한 시각적으로 보지 못한 것일지라도 추상적 사고를 통해 인

1 배 끝부분을 땅에 끌고 페르몬으로 냄새 길을 만든다. 다른 동료들이 냄새 길을 따라간다. 빈 입으로 돌아오는 마지막 개미는 냄새 길을 끝는다.

2 코끼리는 발로 통신을 하는데 약 30km까지 "경고, 인사, 자! 가자." 정도의 의미를 전달할 수 있다고 한다.

3 동물 들은 단지 개체 수만을 절대적으로 기억한다. 새의 경우, 자신이 품고 있는 3개의 알이 지나가는 자동차 3대, 소나무 3그루, 놀고 있는 아이들 3명과 같은 수라는 것을 이해하지 못한다. 우리는 추상적 수를 이해한다.

식하고 소통하는 능력을 가진다. 픽션(fiction), 풍자, 그리고 해학이 가능하다. 하지만 동물들은 기호화된 문자나 숫자를 이해하지 못한다. 왜냐하면 동물들은 추상적으로 사고할 수 없기 때문이다. 인간만이 추상적 사고를 한다. 추상적 사고를 바탕으로 언어는 개념화되고 논리는 정교해진다.

크로마뇽인의 후두는 네안다르탈인의 후두보다 길다는 것이 특징이다. 이는 언어구사 능력이 원시인류의 생존과 멸종에 대한 결정요소였음을 엿보게 한다. 네안다르탈인은 멸종했고 크로마뇽인은 현생인류의 조상으로 진화했다. 현대인의 유전자 속에 네안데르탈인의 유전자가 2%가량 남아 있다는 것은 흥미롭다. … 최근의 연구결과에 의하면, 사람과 침팬지의 유전자 구조는 98.75%가 같다고 한다. 그렇다면 사람과 침팬지는 1%의 유전자 차이에 의해 인간과 동물로 나뉘는 셈이다. 2001년, 영국의 과학자들은 사람에게서 폭스피2(FOXP2)라는 언어유전자를 발견하였다. 그들에 따르면 폭스피2가 사람의 언어구사 능력과 밀접한 연관관계가 있다고 한다. 독일 막스플랑크 진화인류연구소와 영국 옥스퍼드대학교 연구진은 사람의 폭스피2 유전자에서 중요한 변화가 발생해 침팬지나 쥐 등과는 다른 독특한 언어구사 능력을 갖게 됐다고 발표했다. 폭스피2 유전자는 사람뿐만 아니라 다른 포유동물에서도 발견되지만, 사람과 침팬지의 폭스피2 유전자는 염기서열에서 아주 미세한 차이가 있다는 것이다. 사람의 경우, 폭스피2에서 2개의 아미노산이 돌연변이를 일으켜, 그 결과 사람은 혀와 성대, 그리고 입을 매우 정교하게 움직여 복잡하게 발음할 수 있는 능력을 갖게 됐다는 것이다. … 생쥐와 침팬지의 유전자는 아미노산 하나가 다르다. 인간의 유전자와 침팬지는 진화와 유전자의 거의 대부분을 공유하지만, 인간의 FOXP2 유전자는 우리가 침팬지와 갈라진 뒤 어느 시점에서 단기간에 급속히 진화한 듯하다. 그리고 우리와 침팬지의 가장 큰 차이점 중 하나는 우리가 언어가 있는 반면 침팬지는 없다는 것이다.

- 리처드 도킨스, 『조상이야기』(*The Ancestor's Tale*) 중에서 -

이집트의 상형문자와 메소포타미아의 그림문자는 기원전 3천 년경에 나타났고, 중국의 표의문자는 기원전 1천 5백년 경에 나타났으며, 페니키아인들의 알파벳문자는 기원전 1천1백 년경에 나타났다. 기원전 2천 년경에 만들어진 이집트의 아메스 파피루스(Ahmes papyrus)는 오늘날 일종의 수학문제집과 같다.[4] 이 책 속에

4 재레드 다이아몬드는 자신의 저서 『총, 균, 쇠』에서 고대문자는 잉여생산이 가능한 농경사회에서 출현하고 중앙집권을 가능하게 하는 데 기여했다고 주장한다.

는 원 넓이에 관한 놀라울 정도의 정밀한 근삿값이라든지, 피라미드의 부피에 관한 정확한 계산을 비롯한 분수계산, 분수의 응용, 경지면적, 곡식창고의 용량 등의 문제들이 다루어지고 있다. 이 책의 첫머리에는 "모든 대상에 숨겨진 애매한 사실, 모든 비밀을 밝혀 줄 여러 가지 지침"이라는 내용의 과학적 문제의식이 담겨 있다. 또한 그리스인들의 경우에는 이미 기하학적 도형미를 인식하고 있었으며, 이상적인 도형을 그리려고 노력하고 있었다. 독일 슈타델 동굴에서 나온 32,000년 전의 상아 공예품은 몸통은 인간이고 머리는 사자 모양이다. 종교와 관련된 것으로 보이는 이 작품은 인류최초의 예술품으로 평가받고 있다. 그런데 이 작품은 현실에 존재하지 않는 인간과 사자의 조합이어서 이때 당시 인간의 상상력을 증거하는 작품으로 해석된다. 우리 인류역사에서 인간이 도약하는 데 크게 기여한 인지혁명이란 "사자는 우리 종족의 수호신이야"라는 말처럼 허구를 말할 수 있는 언어능력, 즉 상상력을 근간으로 한다. 상상력을 바탕한 인간의 언어라는 점이 다른 동물들의 언어와 구별되는 점이다. 인간의 언어는 제한된 몇 개의 소리와 기호로 서로 다른 무수한 의미의 문장을 만들 수 있는데 이것이 추상성이고 유연성이다. 이런 능력으로 주변의 엄청난 양의 정보를 받아들이고 저장하며 전달하고 소통할 수 있게 되고 인지혁명이 가능해진다. 오늘날 정보의 단위로 비트를 사용하는데 이 세상의 모든 존재를 비트로 나타낼 수 있다. 정보는 모든 존재를 낳는 것이고, 모든 입자, 모든 힘의 장, 심지어 시공연속체 자체까지 비트라 할 수 있다. 생명체의 진화과정은 유기체와 환경 사이에서 지속적으로 이루어지는 정보교환의 장인 셈이다. DNA는 본질적으로 정보분자이자 세포단위에서 가장 발달된 메시지 처리기라 할 수 있고, DNA의 정보 60억비트가 모여서 우리 한 사람을 탄생시킨 것이다. 유기체와 세포는 복잡한 통신네트워크에서 송신과 수신, 즉 코딩과 디코딩하는 노드(node)라 할 수 있다.

인지혁명이란 약 7만 년 전부터 3만 년 전 사이에 출현한 새로운 사고방식과 의사소통방식을 말한다. … 우리는 이것을 지식의 나무 돌연변이라고 부를 수 있다. … 그것은 최초의 언어는 아니었다. 모든 동물은 언어를 구사한다. 벌이나 개미 같은 곤충도 복잡한 의사소통을 하는 능력을 갖추어 먹을 것이 있는 위치를 서로에게 알려 준다. 그것은 목소리를 이용한 최초의 언어도 아니었다. 유인원과 원숭이의 모든 종을 비롯한 수많은 영장류는 목소리를 사용하는 언어를 가지고 있다. 예컨대 녹색원숭이는 여러 종류의 울음소리로 의사소통한다. 동물학자들은 그중 한 울음소리의 뜻이 '조심해 독수리야'라는 것을 밝혀 냈다. 조금 다른 경고 소리는 조심해 사자야라는 뜻이었다. 과학자들이 원숭이들에게 처음의 소리를 들려 주었더니 모두 하던 일을 멈추고 공포에 질려 하늘을 올려다 보았고 두 번째 소리를 들려 주었더니 다들 급히 나무 위로 피신했다.

- 유발 하라리, 『사피엔스』(*Sapiens*) 중에서 -

석기시대의 라스코 벽화처럼 인간은 자연을 보고 아름다움을 형상화하고 있었다. 아름다움을 그림과 시로 표현한다는 것은 인간은 추상화의 길을 걷고 있다는 것을 의미한다. 시와 그림, 그리고 수와 기하학적 공간의 추상화, 이와 같은 언어와 논리체계는 동물의 영역과 인간의 영역을 분리시켰다. 현대철학에서도 인간이 다른 동물과 구별되는 근거를 언어구사 능력에 두고 있다.[5]

언어와 논리는 수많은 지식, 자료, 이미지 등을 시·공을 초월하여 전달하고 복제하며 재창조시킨다. 언어와 논리에 의해 복제되고 재창조된 지식, 자료, 이미지들은 곧바로 우리에게 전수된 셈이다. 이런 이유로 해서 우리는 단지 현대에 태어났다는 이유만으로 과거 위대했던 인물들보다 더 멀리 볼 수 있는 시대적 잇점을 점하고 있는 것이다. 우리 현대인들은 마치 과거에 위대했던 사상가나 과학자들의 머리위에 앉아있는 난장이로 비유될 수 있는 것이다.

추상적 사고, 개념화된 언어, 정교한 논리, 정확하고 풍부한 의사전달 체계가 오늘날처럼 발달된 과학은 물론, 협업과 분업을 가능케 했다. 협업과 분업은 추상화된 언어체계를 필요로 했고, 협업과 분업의 발달은 무엇보다도 추상화된 언어체계의 발달을 촉진시켰다. 인간만의 독특한 생존방식, 즉 경제·사회적 특수성은 바로 정교하고 복잡하게 발달된 협업과 분업체계에서 비롯된다. 또한 협업과 분업체계는 오늘날 경제·사회의 근간을 이루는 그물망처럼 엉켜진 세계화된 시장구조를 파생시켰다.

서로 모르는 수많은 사람이 공통의 신화를 믿으면 성공적 협력이 가능하다. 인간의 대규모 협력은 모두가 공통의 신화에 뿌리를 두고 있는데 그 신화는 사람들의 집단적 상상 속에서만 존재

---

5 호모 로쿠엔스(Homo Loquens)는 말하는 인간이라는 뜻이다.

한다. 현대 국가, 중세 교회, 고대 도시, 원시부족 모두 그렇다.

- 유발 하라리, 『사피엔스』(*Sapiens*) 중에서 -

추상적 사고에 바탕한 협업과 분업체계는 우리에게 급격한 기후와 환경의 변화에 대응하는 혁신과 선택을 이끌게 했고, 그것을 바탕으로 변화의 위험에 대처하는 독특한 경제·사회적 능력을 새롭게 했다. 우리는 어떤 동물보다도 환경의 변화에 유연하며, 변화에 대해 창의적이고 체계적인 선택적 대응을 한다. 이것은 새로운 생존방식, 즉 새로운 경제·사회구조와 새로운 경제·사회 질서의 탄생을 의미한다. 또한 호기심은 인간의 중요한 특성 중 하나이다. 미래학자들은 앞으로 호기심 격차의 시대가 전개될 것이고 인류의 역사를 바꿀 혁명적 변화들도 호기심과 상상력에서 나올 것으로 예측하고 있다.

## 2 손의 자유

리처드 도킨스는 생명체의 진화과정에서 다른 동물과 인간이 결별하게 되는 가장 중요한 생물학적 차이점을 그의 저서 『조상이야기』에서 세 가지로 정리하고 있다. ① 인간은 다른 동물과 달리 척추를 일으켜 세우고 두 다리로 걷게 되었다는 점이다. 인간은 네 개의 다리로부터 두 개의 손이 독립을 선언한 다음, 다리와 손이 각각 다른 역할과 기능을 수행하는 전문화의 길을 재촉했다는 점이다. ② 인간은 진화과정에서 다른 동물에 비해 뇌의 내면적이 팽창하는 쪽으로 진화해 간다. 뇌의 팽창은 인간의 두뇌가 다른 동물에 비해 총명해진다는 것을 의미한다. 손의 섬세한 작업을 통해 인간의 두뇌는 많은 정보를 처리하고 통제해야 하는 생식압력에 직면하게 된다. 인간의 손이 정교해지면 정교해질수록 인간의 뇌는 더욱더 총명해질 수밖에 없었다는 점이다. ③ 인간은 몸의 일부를 제외하고 털을 모두 벗어버리는 벌거벗은 유인원(Naked Ape)의 길을 선택하게 된다. 이것은 다른 동물보다 건강성을 유지하고 성적 매력을 확보하는 쪽으로 인간이 진화했다는 것을 시사한다. 체모가 줄어든다는 것은 체외 기생충으로부터 자유롭거나 성적으로 상대방에게 자신의 건강에 대한 긍정적 신호를 발신하는 것을 의미한다는 점에 주목한다. 우리가 인간의 우월성에 대해 언급하는 경우, 손의 자유, 총명한 머리(추상적 사고), 그리고 강력한 성적 동물(사회적 동물)이라는 특성들을 결코 무시할 수 없다. 인간만이 자랑하는 역사와 문화의 특수성은 바로 추상적 사고, 손의 자유 그리고 교환문화(분업과 전문화)에서 비롯되었다. 초기인류는 나무에서 내려와 직립보행에 도전하고 익숙해짐으로써 손의 자유를 얻게 된다. 인간은 손의 자유를 바탕으로 도구를 창조할 수 있었으며, 그것들을 활용하여 더욱 많은 도구들을 재창조해 간다. 우리는 어찌 보면 손의 자유로부터 우리 인간만의 역사와 문화가 시작됐음을 부정할 수 없다. 손의 자유는 곧 진정한 인간의 독립선언과 같다.[6]

우리는 약 4억 년 동안 육상동물로 살아 왔지만, 뒷다리로만 걸은 세월은 마지막 1퍼센트쯤 밖에 안 된다. 땅에서 산 나머지 99퍼센트의 기간 동안 우리의 척추는 대체로 수평으로 놓였고, 우리는 네 발로 걸었다. 처음에 어떤 선택적 이득이 있었기에 최초의 개체들이 몸을 일으켜 뒷다리로 걸었는지는 우리가 아직 잘 모른다. 이 문제에 관해 조너선 킹던은 『낮은 기원』을 썼고, 나도 『조상이야기』(Ancestor's Tale)에서 얼마간 상세하게 다루었다.

- 리처드 도킨스, 『지상 최대의 쇼』(*The Greatest Show on Earth*) 중에서 -

자연선택의 관점에서 인간이 무엇 때문에 직립보행을 선택했는지에 대한 확실한 증거는 아직 의문으로 남아 있다. 또한, 직립보행뿐만이 아니라 머리의 총명함이나 벌거벗은 이유가 무엇인지에 대하여도 아직 많은 의문이 남아 있다.

우리의 아주 먼 조상, 초기인류는 나무 위에 마련했던 보금자리, 즉 생존의 터전을 버리고 새로운 기회의 영역인 땅으로 내려와 맹수들의 위협을 무릅쓰고 새로운 삶의 터전을 마련하기 위한 새로운 선택과 도전에 직면하게 된다. 새로운 선택이란 아마도 나무 위에서 노력하는 것보다 땅 위에서 노력하는 것이 더 많은 먹거리를 확보할 수 있다는 합리적 판단에서 비롯됐을 것이다.[7] 나무 위에서의

6 우리와 침팬지는 약 600만 년 전에 갈라진 것으로 추정하고 있다.

7 기후변화로 인해 숲이 사라지고 초원이 전개되었기 때문에 땅으로 내려왔다는 학설도 있다. 직립보행에 관해 조너선 킹던은 '쪼그리고 먹기'에서 비롯된 것으로, 리처드 도킨스는 성 선택에 의한 것으로 설명하고 있다.

안전과 나무 위에서의 영양소(특히 단백질)로 구성된 조합메뉴와 땅 위에서의 위험과 땅 위에서의 영양소(특히 단백질)로 구성된 조합메뉴를 비교해 보니 땅 위에서의 조합메뉴가 나무 위에서의 조합메뉴보다 훨씬 매력적이고 합리적인 조합이었다. 나무 위에서는 안전한 반면 영양소가 부족하고, 땅 위에서는 위험한 반면 영양소가 풍부하다는 비용-편익분석의 결과물이다. 땅은 매혹적인 먹거리가 널려 있지만 목숨을 노리는 맹수들의 으르렁거림도 위협적이다. 새로운 선택은 항상 새로운 도전을 낳게 되는 법이고, 새로운 도전은 또한 새로운 삶의 방식을 창출하는 법이다. 새로운 삶의 방식, 그것이 바로 '땅 위에서의 위험을 최소화시키는 응전의 방식', '도구의 사용과 협업'의 출현인 것이다.

원숭이, 침팬지, 인간을 포함한 영장류만이 빨간색, 녹색, 푸른색, 노란색, 등의 무지개 색을 모두 구분할 수 있다. 이와 같은 다양한 색상 구별 능력은 녹색으로 둘러싸인 숲에서 좀 더 맛있고 영양분이 더 많은 붉은 색의 잎이나 열매를 구별하려는 노력의 산물인 것으로 밝혀지고 있다.

땅 위에서의 위험을 줄이기 위해 우리 조상들은 세 가지 선택을 하게 된다. 직립보행, 즉 손의 자유, 도구의 사용, 그리고 떼거리로 대응하는 것이었다. 여기서 도구라는 것은 자본이라 할 수 있고 떼거리로 하는 대응은 협업이라 할 수 있다. 유리할 것이 없는 신체적 약점을 극복하고 사나운 맹수들을 제압하기 위해 필연적으로 하게 되는 선택은 주위에 널려 있는 돌맹이를 집어 들고 그것을 도구로 사용하는 것이었다. 다른 동물들이 날카로운 발톱, 강력한 턱과 이빨, 재빠른 순발력으로 무장한 반면 인간은 불, 칼, 활, 창으로 무장하게 되는 것이다.

최근의 인간과 동물의 악력에 대한 조사에 의하면 이빨과 턱의 악력은 인간(57kg), 들개(143kg), 백상어(303kg), 사자(313kg), 하이애나(453kg), 악어거북(455kg), 악어(1,130kg)인 것으로 나타났다.

대초원에서 직립보행은 사냥감이나 적들을 발견하는 데 용이하다. 그리고 손의 자유를 통해 도구의 사용이나 신호보내기에 능숙해질 수 있었다. 손이 하는 일이 늘어날수록 진화의 압력에 따라 손바닥과 손가락에 신경이 집중되고 섬세한 근육이 발달함으로써 복잡하고 다양한 도구를 만들어 내고 사용하는 일이 가능해진다. 하지만 직립보행은 우리에게 허리와 목에 걸친 통증을 안겨 주었고 여성의 경우에는 엉덩이가 좁아져 출산의 위험도 높인 셈이다. 여성들의 입장에서는 직립보행으로 출산의 위험이 증가함에 따라 아기의 뇌와 머리가 상대적으로 작고 유연할 때 조기 출산하는 것이 산모가 살아남기 쉽고 더 많은 아이들을 낳을 수 있는 자연선택으로 설명된다. 이것은 다른 동물과 비교했을 때 인간의 경우에는 생명유지에 필요한 시스템들이 덜 성숙한 상태에서 태어나는 결과를 가져왔다. 유아기간이 길어진 결과인데, 이런 상황은 갓 태어난 아기가 혼자 힘으로 자생할 수 있을 때까지 어른들이 부양하고 가르쳐야 하는 사회화를 가능케 했다. 이런 생존의 진화과정에서 인간은 큰 뇌를 갖게 되고 도구를 잘 사용하며 뛰어난 학습능력을 갖추게 되고 복잡한 사회성을 연마하는 우수성을 확보하게 된다.

한편, 제인 구달과 같은 동물 연구자들에 의해서, 다른 동물들의 경우에도 예외적으로 도구를 사용한다는 사실이 밝혀지고 있다. 포유동물이나 새들에게서 도구의 사용이 널리 포착되는 것으로 알려지고 있다. 침팬지의 경우, 흰개미를 낚는데 나뭇가지를 사용하거나 호두와 비슷하게 생긴 토종 열매를 깨뜨리는 데 돌을 사용한다는 것이 관찰되고 있다. 하지만 그들은 단순한 도구를 습관적으로 사용할 뿐이다. 인간이 먹이사슬의 최고 정점으로 뛰어오른 것은 약 10만 년 전 호모사피엔스가 출현하면서부터인데 그 핵심은 불이라는 도구를 길들인 것에서 비롯된다. 불의 사용은 자연상태로 소화할 수 없는 밀, 쌀, 감자 등을 주식으로 활용할 수 있게 했고, 더러운 음식이더라도 세균과 기생충을 제거할 수 있게 했다. 화식은 과일, 견과류, 벌레뿐만 아니라 죽은 고기까지도 소화하기 쉽게 만들었기 때문에 다양한 종류의 음식과 식사시간을 줄이는 데에도 기여하게 된다. 뿐만 아니라 화식은 우리 인간의 치아를 더 작게 만들고 창자를 더 짧게 만드는 생물학적 변화에도 기여한 것이다. 이와 같은 생물학적 변화는 우리의 뇌를 더 커질 수 있게 만들었는데, 뇌와 창자가 작동하는 데에는 많은 에너지가 소모된다는 점에서 좀 더 작은 창자는 좀 더 큰 뇌를 가능케 했다는 주장이다. 여기서 또 한 가지 짚고 넘어가야 할 내용이 있는데 불의 사용은 인간과 다른 동물 사이를 현격한 차이로 이끌고 갑작스럽게 인간을 먹이사슬의 정점으로 밀어 올렸는데, 그 속도가 너무 빨라 생태계가 적응할 시간이 부족했고 인간 자신도 빠른 변화에 적응하는데 실패했다는 주장이다.

> 피라미드의 꼭대기에 있던 사자나 상어는 수백만 년에 걸쳐 서서히 그 지위에 올랐다. 그래서 생태계는 사자나 상어가 지나친 파괴를 일으키지 않도록 견제와 균형을 발달시킬 수 있었다. 사자의 포식능력이 커지자 가젤은 더 빨리 달리는 쪽으로 진화했고, 하이에나는 협동을 잘하도록 진화했으며, 코뿔소는 더욱 사나워지도록 진화했다. 이에 비해 인간은 너무나 빨리 정점에 올랐기 때문에, 생태계가 그에 맞춰 적응할 시간이 없었다. 게다가 인간 자신도 적응에 실패했다. 지구의 최상위 포식자는 대부분 당당한 존재들이다. 수백만 년간 지배해 온 결과 자신감으로 가득해진 것이다. … 인간은 최근까지도 사바나의 패배자로 지냈기 때문에, 자신의 지위에 대한 공포와 걱정으로 가득 차 있고 그 때문에 두 배로 잔인하고 위험해졌다. 치명적인 전쟁에서 생태계 파괴에 이르기까지 역사적 참사 중 많은 수가 이처럼 빠른 도약에서 유래했다.
>
> \- 유발 하라리, 『사피엔스』(*Sapiens*) 중에서 -

동물들의 도구사영의 경우에는 우리들처럼 도구를 창안하고 재창조하여 자본을 축적해 가는 주도적이고 창의적인 도구의 사용과는 전혀 다른 차원의 이야기이다. 도구의 선택은 손의 자유화, 즉 직립보행이 필수조건이었고 손은 뒷다리와 전혀 다른 기능을 위해 분업화되고 전문화되었다. 인간은 손이 차별화되면 될수록 더욱 도구에 의존하게 되었고, 도구를 자유자재로 제작하고 사용하면 할수록 그들은 숲을 떠나 보다 넓은 세계로 나아갔다. 그들의 행로는 거친 풀밭을 거쳐 비옥한 평원에 이르는 길이었다. 인간의 자유는 손의 자유에서 비롯된 것이며, 인간의 문명은 손의 힘과 기예로부터 창조되었다. 손의 자유는 인간을 더 이상 나무 위의 유인원이 아닌 만물의 영장으로 꿈꾸게 하는 초자연적 발상의 동기부여이고, 새로운 문명의 세계로 나아가게 하는 모험의 시발점이었다. 원시인류가 초기에 집어든 그 알량한 돌멩이가 석기시대를 꽃피우고, 청동기시대, 철기시대, 정보화시대를 열게 했으며 오늘날 인류의 모든 문명을 일으키는 원조 지렛대가 되었다.[8]

8 우리 인간은 석기시대를 거쳐 오늘날과 같은 초산업사회에 도달하는데 약 10만 년이 걸렸다.

인간이 만드는 도구가 아니라 자연이 부여하는 살아있는 신체의 일부와 같은, 그런 새로운 도구가 만들어지려면, 많은 조건이 없어서는 안된다. 다행히 인간은 그런 일을 기대하지 않았다. 그는 스스로 그것을 만들었다. 삽뿐만이 아니라 칼도 도끼도 그 밖의 많은 도구도 마찬가지다. … 지상에는 거인이 있습니다. 그에게는 가볍게 기관차를 들어 올릴 만한 그런 팔이 있습니다. 그에게는 하루 몇 천 킬로미터나 달릴 수 있는 그런 다리가 있습니다. 그에게는 어떤 새보다도 훨씬 높이 구름 위로 멀리 날 수 있는 그런 날개가 있습니다. 그에게는 보이지 않는 것을 보는 눈이 있고 다른 대륙에서 얘기하고 있는 것을 듣는 귀가 있습니다. 그에게는 산을 꿰뚫고, 떨어지는 폭포를 멈추게 할 만한 그런 힘이 있습니다. 그는 마음대로 대지를 바꿔놓고, 숲을 만들고, 바다와 바다를 이으며, 사막을 물로 적십니다.

- 미하일 일린, 『인간의 역사』(*The History of mankind*) 중에서 -

도구의 사용만큼이나 중요한 인류의 선택은 떼거리로 대응하는 것이었다. 맹수들의 위협으로부터 자유로워지는 또 하나의 발상의 전환은 협업으로 성취되었다. 그런데 협업의 성공 여부는 수많은 사람들이 어떻게 하면 조직적으로 자신의 역할을 수행하느냐에 달려 있었다. 따라서 협업은 무엇보다도 효율적이고 정확한 의사소통이 전제돼야 했다. 또한 조직이 질서를 유지하고 균형과 조화를 유지하는 것도 필수적이다. 각자에게 주어진 역할 분담이 체계성을 유지하고 각자의 역할분담이 조화롭게 통합되어야 했다. 따라서 언어의 발달, 친목이나 보상 및 권력관계에 의한 사회질서 체계의 성립, 이런 조건들이 충족되면서 협업과 분업구조는 발달되었고, 협업과 분업체계는 우리 인간을 매우 강력한 성적 동물에서 매우 복잡한 사회적 동물로 진화하게 했다.

현대 침팬지의 뇌는 전형적인 포유동물의 뇌보다 약 2배 크며, 오스트랄로피테쿠스의 뇌도 마찬가지이다. 진화상으로 오스트랄로피테쿠스와 우리의 중간에 있을 듯한 종들인 호모 하빌리스와 호모 엘렉투스는 뇌 크기도 중간이다. 둘 다 EQ(총명지수)가 약 4이다. 이것은 그들의 뇌가 포유동물을 기준으로 예상한 것보다 약 4배 더 크다는 의미이다. 현대 인류의 뇌는 포유동물의 뇌를 고려했을 때 마땅히 그래야 하는 것보다 약 6배 더 큰 것으로 나타난다. … 지난 300만 년 동안 우리 진화과정에서 이미 커져 있던 영장류 뇌의 재 팽창을 이끈 다윈 선택 압은 무엇이었을까? 그 일이 우리가 뒷다리로 일어선 다음에 일어났기 때문에, 일부 학자들은 손의 자유가 뇌의 팽창을 이끌었고, 그럼으로써 정확성이 높은 수작업을 솜씨 있게 할 수 있게 되었다고 주장한다. 나는 이것이 전반적으로 설득력 있는 개념이라고 생각한다. … 나는 이 팽창을 '소프트웨어-하드웨어 공진화'라는 일반이론으로 발전시켰다. 소프트웨어의 혁신은 하드웨어의 확대를 요구하며, 하드웨어의 확대는 소프트웨어의 확대를 자극하면서 팽창은 점점 가속된다. 내가 뇌에서 소프트웨어 혁신이라고 말할 때 후보자로 염두에 둔 것들은 언어, 자취 추적, 투척, 밈이었다.

- 리처드 도킨스, 『조상이야기』(*The Ancestor's Tale*) 중에서 -

도구를 사용함으로써 우리는 인간의 길을 개척하게 된다.[9] 반복되는 도구의 사용은 두뇌의 발달과 서로 상승작용을 일으켰으며, 직립보행은 집단적인 협력과 언어의 발달도 촉진시켰다. 손의 자유는 도구의 사용과 집단적인 협업체제, 그리고 언어의 발달에 영향[10]을 미쳤을 뿐만 아니라 우리에게 자유, 풍요, 그리고 안전을 가져다 주었다. 또한 손의 자유는 우리에게 교만과 갈등, 상대적 빈곤, 환경의 오염과 파괴, 감정의 오염, 테러와의 전쟁 등으로 요약되는 인간적 재앙도 안겨 주었다. 손의 자유는 우리에게 축복과 재앙의 제비를 뒤섞어 놓고 선택의 자유를 주었을 뿐만 아니라 번영과 종말이라는 보상이 걸린 주사위 게임도 함께 열어 놓았다.

## 3 자본의 역사

자본[11]은 저축과 투자에 의해 형성된다. 우리가 생산한 또는 확보한 먹거리를 모두 소비해 버린다면 자본은 형성될 수 없다. 먹거리가 부족한 상황에서는 저축과 투자, 그리고 자본의 축적은 불가능하다. 먹거리가 남을 정도의 생산력이 갖춰진 상황에서 자본의 역사는 시작되는 것이다. 수렵시대이고 한 사람이 한 달간 먹

9 도구를 만들고 사용하는 능력을 인간의 본질로 보는 인간관은 호모 파베르(Homo Faber)이다.

10 캐나다의 신경학자 와일더 펜필드는 인간의 뇌에 관한 유명한 그림, 즉 뇌의 각 부위와 몸의 각 부위가 얼마만큼 대응하는지를 발표했는데, 흥미로운 점은 인간의 뇌는 손을 가장 존중한다는 점과 얼굴 부위가 두드러진다는 점이 특징이다. 이 그림에 의하면, 손이 가장 강조되면서 부차적으로 얼굴 부위에서는 씹고 말하는 턱의 움직임을 통제하는 부위가 강조되고 있다.

11 자연과 노동이 아닌 인간이 만들어 놓은 생산요소를 자본이라 한다.

을 수 있는 먹거리가 축적되었다고 하자. 이제 어느 한 사람은 한 달 동안은 매일 먹거리를 찾아 사냥터에 나가지 않아도 된다는 것을 의미한다. 따라서 사냥터에 나가지 않은 한 사람은 축적된 그 먹거리를 소비해가면서 사냥이 아닌 다른 일을 할 수 있게 되었고, 그는 다음 사냥을 위해 활과 창을 만들 수도 있고, 활쏘기와 창던지기 연습을 할 수도 있다. 또는 사냥터에서 지쳐 돌아올 다른 동료들을 위해 스트립쇼나 판토마임을 연습할 수도 있다. 또한 위험을 피하고 더 풍성한 다음 사냥을 위해 동굴 속에 벽화를 새기는 일이라든지, 아니면 돌로 제단을 쌓고 그 제단 위에 재물을 바치며 엄숙한 기복행위를 할 수도 있다. 여기서 먹거리가 남았다는 것은 중요한 의미를 가진다. 무언가가 축적됨으로써 저축과 투자 그리고 자본의 역사가 시작되기 때문이다. 생산력이 증대했거나 아니면 소비를 절약했거나 다음 소비를 위해 무언가가 남겨진 상태를 저축, 그것을 소비하는 것은 투자, 투자과정을 통해 생산된 것이 바로 자본인 것이다. 위의 예에서 한 사람이 한 달 동안 먹을 것을 축적했으므로 한 사람은 사냥에 나가지 않고 그것을 소비하면서 활이나 창을 만들었다 하자. 여기서 저축을 소비하는 과정이 투자이고 그것을 통해 생산된 활과 창은 자본이다. 활과 창을 물적 자본(Phygical capital)이라 하고 활과 창을 잘 다루는 훈련을 통해 훌륭한 사냥꾼을 만들었다면 이것은 인적 자본(human capital)이다. 물적 자본과 인적 자본은 저축과 투자과정을 통해 생성되고 축적돼 간다. 또한 노래나 판토마임, 동굴의 벽화, 제단에 제물을 바치는 종교행위와 같은 문화적 행위들도 저축과 투자를 통해 생성된다는 것을 알 수 있다.

[저축(saving) ➔ 투자(investment) ➔ 자본(capital)]
소비와 투자의 차이점 소비는 다음 생산에 투입할 수 있는 결과물이 없다.
투자는 다음 생산에 투입할 수 있는 결과물이 창출된다.
물적 자본(phygical capital) → 활, 창, 칼
인적 자본(human capital) → 명사수

[빈곤의 악순환]
가난한 자(저축이 없다) → 투자가 없다(교육과 훈련) → 명사수가 불가능(저숙련) → 저소득 → 또 저축할 수 없다.

[땅파기]
삽으로 판다 → 천삽뜨기/허리 안펴기/샛별보기 → 평생을 판다
굴삭기로 판다 → 하루만 판다 → 평생을 파는 것보다 더 많은 작업량
* 여기서 삽과 굴삭기는 자본의 차이

선진국 노동자의 생산성이 후진국 노동자의 생산성에 비해 5배가 높다는 것은 가장 단순하게 선진국 노동자의 자본/노동비율이 후진국의 자본/노동비율보다 5배 높다는 것을 의미한다(다른 요소들을 무시한다면). 미국의 아이비리그 명문사립대학들이 세계대학 경쟁력에서 앞서가는 이유도 우리나라의 명문사립대학들보다 등록금 의존율이 훨씬 낮으며 오히려 교육환원율은 더욱 높다는 데서 찾을 수 있다.[12] 전쟁의 경우에도 미국을 비롯한 다국적군은 자본비율이 높은 스마트무기로 전자게임을 즐긴 반면에 이라크군은 자본비율이 낮은 재래식 멍청이 무기로 패전의 비극을 피할 길이 없었다. 미국은 우주 기반 조종 및 감시시스템으로 이라크군의 명령-통제시스템을 붕괴시켜서 이라크군 사령관들의 눈과 귀를 가려버린 것이다. 전쟁의 경우에도 그 승패가 무기체계의 자본비율(기술이 체화된 자본)이 중요한 결정변수로 작용한다.

인간의 역사는 자본의 역사이다. 자본의 축적에 따라 생산력이 결정되고, 생산력의 변화는 생산관계의 변화를 초래하였다. 원시 공동사회, 고대 노예사회 그리고 중세 봉건사회는 생산력이 토지와 노동력에 의해 결정되고, 토지와 노동력을 소유한 자에 의해 지배되었다. 중세 말기부터는 물물교환과 화폐에 의한 교역이 발달하고 이윤이 발생하기 시작하였다. 상업과 교역의 발달로 인한 상업자본이 형성되고 이를 소유한 자본가 계급이 새로이 탄생하게 되었다. 이렇게 되어 자본력을 소유한 자들이 그 사회의 지배계급으로 부상하게 되고 교권이나 황권도 그 앞에 빛을 잃는 자본의 시대, 즉 자본이 왕인 시대가 도래했던 것이다. 15세기에 시작된 대항해시대의 개막은 자본의 시대를 여는 시발점이었다. 포르투갈의 바스코다가마나 스페인의 콜럼버스는 신의 섭리를 미개한 대륙에 전한다는 명분

12 미국의 아이비리그에 해당하는 명문사립대학들은 대체로 등록금 의존율이 20% 이내이고 등록금은 약 8~9만 달러(기숙사비 포함) 수준이다. 우리나라의 명문사립대의 경우, 등록금 의존율은 40% 수준이고 등록금은 1천만원대에 있다.

을 내세우며, 새로운 항로를 개척하는 대모험을 시작하게 된다. 신항로를 개척한 그들의 진짜 목적은 새로운 무역을 통해 막대한 부를 거머쥐는 데 있었다. 그들은 신대륙에서 금과 은, 향신료, 설탕, 면화를 가져다가 무역을 통해 얻게 될 어마어마한 이윤에 눈이 멀어 있었다. 그들이 의도하진 않았지만 18~19세기 유럽에서는 결과적으로 새로운 무역을 통한 향신료, 설탕, 면화에서 창출된 막대한 이윤으로 인해 거대한 상업자본이 축적되고 그 상업자본을 바탕으로 산업혁명은 용트림할 수 있게 되는 것이다.

"그리스도와 향신료를 위해(christos e espiciarias)!" 이 말은 1498년 5월 인도에 도착한 바스코 다 가마 선원들이 향신료로 막대한 부를 챙길 생각에 기쁨에 겨워 지른 환호성이다. 바스코 다 가마가 인도에 도착하기 전, 수세기 동안 향료무역은 베네치아 상인들이 독점하고 있었다. 중세 유럽에서 후추는 매우 귀해서 말린 후추 열매 1파운드(약 453그램)면 중세 영주의 토지에 귀속되어 있는 농노 1명의 신분을 자유롭게 할 수 있었다. 향신료에 대한 수요는 점차 늘어났고 이 거대한 수요로 말미암아 대항해 시대가 열리게 되었다. … 15세기 향료무역은 베네치아 상인들의 독점으로 다른 나라들이 비집고 들어갈 틈이 없었으며 베네치아 상인들이 챙긴 이윤은 어마어마했다. 다른 나라들은 인도에 갈 수 있는 새로운 길, 특히 아프리카를 빙 둘러가는 바닷길의 개척 가능성을 진지하게 검토하기 시작했다. 후추 수요로 인한 대항해 시대의 시작이었다. 후추는 베네치아를 거대한 도시로 만들었고 대항해 시대를 주도했으며 콜럼버스가 신세계를 찾아 나서도록 했다. 1492년 10월, 인도에 다다르는 서쪽 항로 개척에 나선 콜럼버스기 육지에 닿았을 때 그는 인도의 어딘가에 도착했다고 생각했다. 인도에 도착하면 발견할 수 있을 거라 생각했던 웅장한 도시나 왕궁이 없었음에도 불구하고, 그는 그 땅을 서인도제도라고 부르고 그곳에 사는 사람들을 인디언이라 불렀다. … 아프리카 서해안에서 아메리카의 설탕 농장(서인도제도)에 이르는 대서양 중앙항로는 잘 알려진 삼각무역의 두 번째 변을 구성한다. 삼각무역의 첫 번째 변은 유럽을 출발해 아프리카 서해안에 도달하는 항로이다. 여기서 유럽의 물품과 교환한 아프리카 노예들을 싣고 아메리카의 설탕 농장에 도착해 노예들을 내려놓은 선박은 아메리카의 광산과 농장에서 생산된 광석, 럼주, 면화, 담배 등을 싣고 유럽으로 돌아가는데 이때 이용하는 항로가 바로 삼각무역의 세 번째 변이다. 삼각무역의 각 항로마다 막대한 이윤이 발생했고 특히 영국이 이윤을 많이 챙겼다. 18세기 후반 영국이 서인도제도에서 벌어들인 수입은 세계의 나머지 지역과 교역해서 벌어들인 수입보다 훨씬 더 많았다. 설탕과 설탕제품으로 말미암아 거대자본이 등장하고 경제가 빠르게 팽창할 수 있었고 이를 바탕으로 영국과 프랑스는 18세기 후반과 19세기 초 산업혁명을 일으킬 수 있었다.

- 페니 르 쿠터/제이 버레슨, 『역사를 바꾼 17가지 화학이야기』(*Napoleon's Buttons*) 중에서 -

십자군의 원정, 신항로의 개척, 신세계로부터의 원료의 획득과 금·은의 유입, 그리고 상품에 대한 판로의 확대는 상품교환과 무역을 통한 상업자본을 축적시켰다.[13] 상업자본의 축적은 새로운 생산조직의 창출, 새로운 상품의 개발에 밑거름이 되었고, 상품의 유통과정에서 이윤을 남기는 형태가 아닌 상품의 제조과정에서 이윤을 남기는 새로운 수익의 창출, 즉 산업자본의 형성을 촉진시켰다. 산업혁명으로 공장제 기계공업이 발달하고, 시장과 화폐 그리고 운송수단들이 혁신을 거듭해 갔다. 모든 생산과정과 생산수단들이 토지나 노동력의 지배에 의해서가 아니라 자본의 지배에 의해서 가능해졌다. 자본가들은 이윤의 확대를 위해 새로운 기계를 채용하고, 생산비를 절감하기 위해 노동자 한 사람당 자본비율을 경쟁적으로 높여 나갔다. 노동자들의 손에는 삽이나 낫 대신 공장의 공구나 기계가 들려진 산업자본의 시대가 열린 것이다.

1920년 말부터 1930년대 초에 발생한 세계대공황은 유효수요의 부족에서 비롯되었다. 독점자본가들이 많은 생산설비를 갖추고 넘치는 생산물을 공급한 데 반해 노동자들은 최저임금에 시달리고 있었다. 그들에게는 넘치는 생산물을 사 쓸 수 있는 소득이 부족하였다. 초과생산으로 한 공장이 파산하게 되면 실업자가 생기고, 실업자는 돈이 없으므로 사회적 유효수요는 더욱 줄어들게 된다. 그렇게 되면 또 다른 공장이 문을 닫게 되고, 실업자는 더욱 증대한다. 이러한 현상이 거듭되면 공황에 이르게 된다. 이 같은 경우에는 생산설비는 충분하고 공장의 창고에는 재고품이 가뜩 쌓여 있지만, 길거리에는 부랑자들이 어슬렁거리는 빈곤 아닌 빈곤현상이 나타나게 된다. … 산업혁명에 성공한 독점자본가들은 과잉된 생산물을 국내에서 모두 소비할 수 없게 되자 과잉생산으로 인한 대량실업 또는 공황의 폐해를 우려한 나머지 새로운 국외시장을 개척하는데 앞장서게 된다. 그들은 아직 전근대적인 생산방식에 의존하고 있는 후진국들에게 상품시장을 개방하도록 압력을 가하게 되고, 개방을 거부하는 국가에 대해서는 무력으로 위협을 가함으로써 교역을 강요하게 된다. 이것이 바로 식민지 개척을 목표로 삼는 제국주의이고, 함포외교라는 힘의 논리인 것이다.

---

13 베네치아의 상인들은 자본이라고 하는 일정량의 화폐를 가지고, 그것으로 중국, 인도, 아프리카, 아랍 등의 여러 나라에서 물품을 매입했다. 그리고 베네치아에 돌아가서 가진 물품을 모두 팔아 거액의 이윤을 얻고 자본을 증식했다. 그리고는 또다시 중국, 인도, 아랍 등지에서 많은 물품을 매입했다. 포르투갈의 바스코다가마와 스페인의 콜럼버스는 아메리카와 아프리카에 이르는 신항로를 개척하였고, 금·은의 약탈과 토산품·노예에 대한 교역을 시작하였다(리우스, 『자본주의란 무엇인가?』 중에서).

자본가들은 모든 생산능력과 생산수단을 자신의 손아귀에 옭아 메는 독점자본을 꿈꾸고 있었다. 자본가들은 그들의 이윤을 더욱 확보하기 위해 지나친 경쟁, 과잉생산과 과소소비에 의한 실업의 증대, 노동임금의 상대적 하락, 중소기업의 몰락, 거대자본의 횡포, 제국주의 전쟁 등으로 얼룩진 독점자본의 폐해를 두려워하지 않았다. 1851년 영국 런던에서 최초의 세계박람회가 유리로 지어진 수정궁에서 열렸는데, 이 박람회는 독점자본의 과시이자 제국주의자들의 세력과시의 무대로 활용되었다. 독점자본주의하에서는 생산과정이나 생산수단들이 자본가에 의해 모두 지배됨으로써 노동자들은 빈곤하게 되고, 빈곤한 노동자들은 증대해 가는 생산물을 구매할 수 있는 능력을 상실하게 된다. 임금수준은 최저생계비에 걸쳐 있고, 실업자들은 현대판 장발장이 되어 길거리를 어슬렁거린다. 자본가들이 아무리 좋은 상품을 값싸게 만든다 할지라도 노동자들이 그것을 구매할 수 있는 능력이 없게 된다면 공장마다 재고가 쌓여가고 길거리는 '풍요 속의 빈곤'이라는 그림자가 짙어지게 된다. 또한 독점 자본가들은 과잉된 생산품을 국내에서 모두 소비할 수 없게 되자, 새로운 시장을 개척하고 더욱 값싼 원료를 반입하기 위한 식민지의 확장, 즉 제국주의의 길로 돌진해 간다. 독점자본에 대한 끝없는 욕구와 환상은 결국 식민지 쟁탈전인 제국주의전쟁과 풍요 속의 빈곤이라는 세계대공황을 마주하게 된다. 제국주의 전쟁과 세계대공황으로 빚어진 참사와 고통은 독점자본주의가 품고 있던 독성이자 그림자였던 셈이다.

'양이 사람을 잡아먹는다.' '기계가 사람을 잡아먹는다.' 15세기 이래의 영국모직공업의 발달로 목양업이 농업보다 유리한 상황이 전개되자, 영주들은 토지에 대한 농민들의 공동이용권을 빼앗아 버리고 임야나 목초지를 종획하여 울타리를 치고 양을 키우기 시작하였다. 농민들은 삶의 터전을 잃고 도회지로 나아가 자신의 노동을 팔아 생계를 유지하는 임금노동자로 전락하였다. 이 같은 현상을 어떤 소설가는 "양이 사람을 잡아먹는다"고 표현한 바 있다. … 18세기 말이나 19세기 초에는 새로운 기계의 도입에 분개한 노동자들이 폭동을 일으켜 새로 도입된 기계들을 파괴하는 사건도 발생하였다. 이를 러다이스트 운동이라 한다. 오로지 노동력을 팔아 생계를 유지하는 노동자의 입장에서는 새로운 기계의 도입이 곧 기존의 일자리를 잃는 것을 의미하였던 것이다. 따라서 이런 상황을 "기계가 사람을 잡아먹는다"라고 표현할 수 있다. 기계가 새로운 프롤레타리아이다. 노동계급에게는 해고 통지서가 발부되고 있다. … 조만간 모든 공장들이 완전히 자동화될 것이다. 정보화사회에서는 공장의 기계들이 살아 움직이고 스스로 생각하고 판단하는 로봇기계들일 것이다. 모든 생산을 이들이 담당한다면 대부분의 노동자들은 쓸모없는 인간으로 전락할 것이다. 이런 상황이 현실이 된다면 정말 기계가 사람을 잡아먹을지 모를 일이다.

자본의 역사는 인간의 역사이자 생산력 증대의 역사이다. 자본의 축적은 중세사회를 붕괴시키고, 도시와 시장을 축조하였으며, 상업자본주의와 산업자본주의를 거쳐 독점자본주의에 이르게 된다. 독점자본주의는 제국주의를 팽창시키고, 두 차례에 걸친 세계대전을 불러일으켰으며, 과잉생산과 실업이 반복되는 주기적인 공황에 타격을 입게 된다. 제국주의와 공황이라는 독점자본주의의 내적 모순은 독점자본주의를 대변혁으로 유인하는데, 이것이 바로 수정자본주의인 복지국가이다. 다른 한편으로는 독점자본주의적 내적 모순으로 인해 계급투쟁으로 나아가는 새로운 변혁의 길, 즉 사회주의 혁명을 배태시켰다.

경제학에서 자본이란 자본재를 뜻한다. 자본재란 이전의 노동의 결과물이며, 축적된 노동이다. 또한, 새로이 시작되는 인간의 노동에 참여하거나, 적어도 노동의 사용을 용이하게 한다는 조 건을 갖춘 것이다. 자본재는 스스로 재생성되고, 재구성 내지 증가하며, 소득을 만든다. 사실생산은 자본을 흡수하고 끊임없이 자본을 재창출한다.

- 페르낭 브로델, 『물질문명과 자본주의』(*Civilisation Matre'rielle, E'conomie et Capitalisme*) 중에서 -

자본의 축적은 생산력을 증대시켰고, 생산력의 증대는 자본축적을 더욱 가속화했다. 자본은 개인이나 조직, 기업 그리고 국가사회의 성장동력이자 토대가 되었고, 생산성의 보루가 되었다. 자본을 가진 개인이나 국가는 풍요와 번영을 약속받았으나, 자본축적이 열악한 개인이나 국가는 빈곤의 악순환을 끊지 못하고 가난과 절망의 늪을 헤매야 했다. 학교에 진학하지 못하고 산업현장에 뛰어든 어린 근로자들은 축적된 먹거리가 부족하므로 직접 사냥에 나가는 원시인처럼 보다 더 나은 자신들의 미래를 위해 투자할 수 없는 것이며 그로 인해 저숙련 노동자라는 꼬리표를 자를 수 없게 되는 것이다. 국가의 경우에도 민족자본이 열악하거나 역사적으로 제국주의 국가들로부터 오랫동안 민족자본을 수탈당해 온 아시아나 아프리카의 저개발 국가들은 아직도 빈곤과 질병으로부터 벗어나지 못하고 있다.

> 1916년 하니판은 그의 저서에서 사회적 자본을 다음과 같이 규정하고 있다. 사람들의 일상생활에서 가장 중요하게 여기는 유형의 실체, 예를 들면 사회단위를 구성하는 개인과 가족들 사이의 호의, 동료애, 동정심, 사회적 교섭 같은 것을 말한다. … 개인들은 홀로 고립되면 사회적으로 속수무책이다. … 한 사람이 자신의 이웃과 접촉하고, 이 사람들이 또 다른 이웃들과 접촉하는 식으로 계속 확대하면 사회적 자본이 축적될 것이다. 이렇게 형성된 사회적 자본으로 인해 개인의 사회적 욕구는 즉각 충족될 수 있으며, 공동체의 전체 생활조건을 실질적으로 향상시키기에 충분한 사회적 잠재력을 갖게 될 수도 있다. 전체로서의 공동체는 모든 부분들의 협조로 인해 이익을 누릴 것이고, 개인은 자신의 사회적 접촉이 만들어 내는 울타리 안에서 자기 이웃들의 도움, 동정, 동료애가 주는 장점을 찾아 낼 것이다. … 이런 의미에서 사회적 자본은 몇몇 사람들이 '시민적 품성'(civic virtue)이라고 부르던 것과 밀접하게 관련되어 있다. … 시민으로서의 품성은 풍부하게 갖추고 있지만 서로 연결되지 못한 고립적 개인들로 이루어진 사회는 사회적 자본이 풍부하다고 보기 어려운 것이다.
>
> \- 로버트. D. 퍼스넘의 나홀로 볼링(*Bowling Alone*) 중에서 -

한편, 20세기에 들어오면서 물적 자본이나 인적자본에 비유한 개념으로 사회적 자본이 등장한다. 사회적 자본은 물적 자본(굴삭기) 혹은 인적자본(교육)이 개인적 집단적 생산성을 모두 향상시킬 수 있는 것처럼 사회적 접촉역시 개인과 집단의 생산성에 영향을 미치는 특성을 가진다. 사회적 자본이란 개인들 사이의 연계(connections), 이로부터 발생하는 네트워크 및 호혜성(reciprocity)과 신뢰의 규범을 가리킨다. 사회적 자본은 1980년대 말 사회학자 제임스 콜먼에 의해 새롭게 부각되면서 여러 분야에서 널리 활용되고 있다.

최근에는 경제학에서도 새로운 자본의 형태로써 제3의 자본을 주목하고 있다. 어떤 경제·사회가 선진사회로 발전하는데, 인적·물적 자본만으로는 한계가 있다는 것이 밝혀지고 있다. 인적·물적 자본의 축적은 그 사회가 불신과 불균등으로 불안정한 상태에서도 가능하다. 경제적 부와 사회적 안정을 동시에 도모하면서 발전하는 선진형 경제사회가 되기 위해서는 새로운 무형의 자산, 즉 제3의 자본이 필수적인데, 이것을 사회적 자본(social capital)이라 한다. 사회적 자본은 개인 간 협력을 촉진하는 신뢰, 규범, 네트워크 등 사회적 맥락에서 발생하는 일체의 무형자산을 의미한다. 물질적 자산보다도 정신적 또는 문화적 자산이 더욱 강조되고 있는 셈이다.[14]

> 사회적 자본은 다른 어떤 형태의 자본보다도 경제의 선진화에 더 많은 기여를 하는 것으로 평가되고 있다. 신뢰가 높은 사회에서는 지연이나 학연에 의지하지 않고도 공평하고 정당한 거래를 할 수 있으며, 서로 믿기 때문에 복잡한 계약서보다도 신뢰를 담보로 하는 경제활동이 가능하다. 이 결과 경제활동에 수반되는 거래비용이 감소하게 된다. 이런 이유로 세계은행의 수석연구원 스티브 낵과 필립 키퍼는 사회적 신뢰도가 10% 상승할 때, 경제성장률은 0.8%p 증가한다고 분석한 바 있다. 또한 세계은행은 세계 각국의 부를 추정한 연구에서 눈에 보이지 않는 무형자본이 세계 전체 부의 절반 이상을 차지하고 소득수준이 올라갈수록 이러한 경향이 높아진다고 분석했다. 전통적인 견해와는 달리 물적 자본보다 인간관계를 바탕으로 한 사회적 자본이 부의 창출에 더 큰 영향을 미친다는 사실을 지적하고 있다.
>
> \- 이동원·정갑영 외, 『제3의 자본』 중에서 -

어떤 국가나 조직 그리고 개인이든 경쟁력강화나 경제성장이 목적이라면 민족자본, 산업자본, 농업자본, 교육자본, 그리고 사회적 자본 등 자본의 문제에서 자유롭지 못하다. 인적 자본과 물적 자본, 또는 사회적 자본이 빈천한 상황에서는 상대적인 경쟁우위를 확보하기 어렵다. 국가와 국가 간의 경쟁이나 지역과 지역 간의 경쟁, 종교와 종교 간의 경쟁, 기업과 기업 간의 경쟁, 학교와 학교 간의 경쟁, 개인과 개인 간의 경쟁, 모든 경쟁구조에서는 자본은 기본체력이 되고, 전략·전술을 위한 핵심요소가 된다.

## 4 소유의 역사

인간의 역사는 자본축적의 역사이자 소유의 역사이다. 도구의 사용과 농업혁

14 우리나라의 경우, 사회적 자본은 2008년 기준 OECD국가 중 22위를 차지하고 있다.

명으로 인한 생산력의 증대는 저축과 투자에 대한 여력을 향상시켰으며, 저축과 투자가 점증함으로써 자본축척은 더욱 고도화된다. 경제·사회가 발전하는 과정에서 자본이 점증적으로 증대함에 따라 생산능력이 더욱 강력해지는 확장경로를 피할 수 없다. 가히 혁명적인 생산능력의 확대는 누적적인 저축을 가능케 하고, 그 결과로써 사회적 잉여는 더욱 축적돼 간다. 어떤 경제·사회든 축적된 잉여물은 소유권과 처분권에 관한 권리가 성립하는데, 이것이 곧 소유권이고 계급사회로 가는 역사적 출발점이다. 어떤 사람이 무언가를 소유, 지배, 처분하는 권리, 즉, 사람·재물·권리 등에 대한 개인의 배타적 권리가 출현한 것이다. 소유권은 역사적으로 경제·사회의 생산능력을 확장시키는 중요한 동인으로 밝혀지고 있다. 개인에 대한 토지, 자본, 그리고 지적 소유권이 인정됨으로써 인간의 소유욕은 불타올랐고, 이것이 에너지가 되어 새로운 발명과 발견, 기술혁신을 촉진시킨다. 소유권은 농업혁명이나 기술혁명을 위한 촉매제가 되었으며, 농업혁명이나 기술혁명을 발판으로 경제·사회는 더욱 풍요의 길로 나아간다. 어떤 자원에 대한 개인적 소유권은 그 사회의 모든 자원을 가장 효율적으로 배분하게 하는 강력한 유인장치로 작동하게 된다. 토지에 대한 소유권은 농업혁명을 가능케 하고 산업혁명의 도화선에 불을 붙이게 된다. 19세기 말, 독일과 미국에서는 지적 재산권이 법적으로 확립됨으로써 전기, 화학, 자동차 등의 발명과 혁신으로 2차 산업혁명을 재촉하게 된다. 소유의 역사는 기술혁신에 의한 생산성 향상의 역사이면서, 새로운 소유권의 성립과 구축의 연속이라 할 수 있다. 다른 차원에서는 소유권의 확립은 계급적 질서를 기초로 하는 수직적 경제·사회를 배태시켰고, 인간과 인간의 사회적 관계를 소유권을 기초로 하는 계급투쟁의 관계, 즉 유산계급과 무산계급이라는 수직적 종속관계로 재편시켰다. 인간의 존재가 소유에 의해 정의되고 사회계급에 의해 지배되는 새로운 권력관계의 출현이 가능해진다. 가진 자들(유산계급)은 지키려 하고 가지지 못한 자(무산계급)들은 뺏으려 한다. 가진 자들은 보수를 표방하고 가지지 못한 자들은 진보를 표방한다. 따라서 역사는 계급투쟁이며 진보와 보수의 대결장으로 변하게 된다.

**초기의 계급사회의 성립에 관한 비유물론적 관점이 있다. 마르크스와 달리 헤겔은 역사발전의**

원동력을 소유 개념을 바탕으로 한 계급투쟁으로 보지 않는다. 헤겔은 인간이 다른 동물과 다른 점은 인간은 생존에 관한 자연적 욕구뿐만 아니라 사회적 욕구를 가진다는 것이다. 이것이 바로 다른 사람들로부터 인정받고 싶어한다는 인간만이 추구하는 '존재가치나 존엄성'에 대한 욕구이다. 헤겔은 역사발전의 동인을 이와 같은 자신의 존재를 인정받고 싶어하는 욕망에서 비롯된 피비린나는 싸움에서 찾으려 한다. 전통적인 대다수 귀족제 사회는 당초 한층 더 냉혹하고 무정하며 잔학성과 용기를 무기로 정주성 민족을 정복한 유목민족의 용사의 기풍에서 발생한 것이다. 이 정복시대가 끝나자 후세대의 주군들은 자신의 수중에 들어온 토지에 정주해서, 지배하에 있는 수많은 소작농 '노예'로부터 세금이나 공물을 거두어들이는 지주로서의 경제관계가 당연한 것으로 여기게 되었다.

- 프렌시스 후쿠야마, 『역사의 종말』(*The End of History and the Last Man*) 중에서 -

소유의 개념은 계급투쟁의 지렛대이다. 계급투쟁의 최종 고지이고 권력의 창조주이다. 가진 자들의 입장에서 그들은 자신의 소유물을 지키기 위해 권력을 필요로 한다. 가지지 못한 자들의 입장에서는 가진자 들에게 충성하고 복종함으로써 부족한 먹거리와 삶의 터전을 보상 받는다. 이런 상황에서 인간이 인간을 지배하는 권력관계, 즉 계급사회가 출현하게 되는 것이다. 자존심을 고집하다 굶어죽느니 차라리 비굴한 처지를 운명 탓으로 핑계 삼아 충성을 맹세하고 주린 배를 채우는 실리주의가 승리한 결과이다. 가진 자들은 복종과 충성을 활용하여 군대를 조직하고, 군대의 강제력을 사용하여 더 많은 사람들을 복종시키는 조직화된 권력을 확장하게 된다. 확장된 권력은 권리·의무 관계를 공고히 하고, 자신의 소유물들을 지키기 위한 군대, 경찰, 성곽, 감방과 같은 권력형 보호장치를 창안하게 된다. 이런 맥락에서 인류의 역사는 소유의 역사이자 유산계급과 무산계급에 의한 계급투쟁의 역사이다. 경제·사회의 발전과정에서도 보수와 진보는 변화와 균형을 이끄는 동력에 해당한다. 정치권력은 부의 원천을 차지한 사람에 의해 지배되는 속성을 가진다. 봉건사회는 그 경제사회의 부의 원천인 토지를 소유한 지주들에 의해, 자본주의는 그 경제사회의 부의 원천인 금융자본을 장악한 자본가들에 의해 지배되었고, 정보화 사회는 그 경제사회의 부의 원천인 지식과 정보를 지배하는 코그니타리아트에 의해 지배될 것이 분명하다.

일부일처제 가족은 남편의 지배에 따른 것으로서 아버지의 혈통이 확실한 아이를 낳자는 명확한 목적을 가지고 있다. 그리고 혈통이 확실해야 할 필요성은 아이들이 후에 직계상속인으로서 아버지의 재산을 소유해야 했기 때문이다. 영웅시대에 들어와 그들은 반쯤 감금, 폐쇄된 생활을 하고 있었는데 그것은 아버지의 혈통이 확실한 아이를 낳게 하자는 것이었다. 일부일처제와 노예제의 병존, 남자가 자기 마음대로 할 수 있는 젊고 아름다운 여자 노예의 존재야말로 애당초부터 여자에 한해서만 일부일처제이자, 남자에 한해서는 일부일처제가 아니라는 그런 특수한 성격을 부여했다. 일부일처제의 이러한 성격은 오늘날에도 보존되고 있다.

- 프리드리히 엥겔스, 『가족 사유재산 국가의 기원』
(*Ursprung der familie, Privateigentums und des Staats*) 중에서 -

가진 자들은 자신들 소유의 부와 권력을 지키고 영원히 자신의 것으로 유지하기 위해 영생의 끈을 이으려 노력했다. 그들은 죽는다 하더라도 죽어서라도 자신의 소유권이 계속 유지되는 것은 당연한 처사하고 확신했다. 그들의 소유욕은 줄어들기는커녕 다음 세대를 넘나들며 영원하기를 고집했다. 그들은 자신들의 영생을 위해 지하세계를 건설했으며, 소유권이 소멸하지 않을 수 있도록 상속제도를 고안했고 유지시켰다. 우리나라의 고대 순장묘,[15] 중국의 진시황릉, 그리고 이집트 파라오들의 피라미드는 가진 자들의 강렬한 소유욕의 유산에 해당한다. 가진 자들은 이처럼 덜 떨어진 방법을 써서라도 사후의 소유권을 지키려 했다. 하지만 죽은 자는 시공을 초월하여 말이 없는 법이다. 죽은 자는 그가 신의 아들일지라도 결코 소유권을 실질적으로 행사할 수 없음이 명백하다. 이 같은 불변의 진리 앞에서도 가진 자들은 죽은 이후에도 자신의 소유권을 지키려 했다.

중국 최초의 강력한 통일국가인 진제국을 건설한 시황제는 13세에 등극하여, 그때부터 자신의 묘를 만들기 시작했다. 사마천의 『사기』에 따르면, 진시황릉은 17만 명의 수인을 동원해 땅속에 궁전을 만든 다음, 수많은 보물들을 들여 놓았다. 또한 이 보물들의 도굴을 막기 위해 보물의 비밀을 알고 있는 기술자들을 능 안에 가두어 죽였다고 한다. 1974년에는 진시황릉의 동쪽으로 2km 쯤 떨어진 곳에서 또 하나의 거대한 무덤이 발견되었으며, 이곳에서는 약 7천 개 정도의 등신대

15 살아있는 시종을 비롯하여 각종 곡류의 씨앗, 육식을 위한 가축들, 산비둘기, 바다의 상어까지도 함께 매장한 것으로 나타나고 있다.

의 병사와 병마상이 발견되었다. 진시황릉 속에는 일월성신이 있고, 백천대해가 있고, 천구가 돌고, 하천에는 수은이 항시 흐르며, 특수한 기름으로 등불을 켜서 영구히 꺼지지 않는 장치가 되어 있었다. 이 밖에도 옥석으로 조각한 식물과 금은 세공의 동물이 있고, 역시 세공품인 궁전과 백관까지도 있어, 참으로 현세를 그대로 무덤 속에 재현하고 있었다. … 이집트의 파라오들의 묘인 피라미드의 경우(세계 7대 불가사의), 이집트의 나일강변에 기원전 2500~1500년 전에 사각추 모양으로 축조된 거대한 무덤들이 아직도 약 75기나 남아 있다. 이 같은 키오프스 왕조의 피라미드 건설을 위해 8만 4천 명의 남자 노동력이 20년간 1년에 80일씩 지속적으로 동원되었다. 농부와 노동자들을 포함한 말단계급 85%가 무게가 3톤이나 나가는 돌덩이들을 200만 개 채석장에서 나일강변까지 끌어다가 배에 싣고 운반한 다음 하역하여 다시 기자지구까지 사막지대를 가로질러 운반하여 피라미드를 완성했다. 피라미드는 높이가 145미터이고, 바닥의 넓이는 230제곱미터로 오늘날 축구장 열 개의 면적에 해당한다. 또한, 피라미드를 만들기 위해 도로를 건설하는데 걸린 공사기간만도 무려 10년이나 소요되었다.

인류의 역사는 계급 간의 세력균형을 위한 끝임없는 계급투쟁에 대한 이야기들로 가득하다. 계급투쟁의 역사는 국가 간의 국제질서조차도 선진 열강들이 약소국가들을 경쟁적으로 지배하는 권력관계, 제국주의의 상처들로 흉물스런 모습이다. 두 차례에 걸친 1·2차 세계대전은 이런 제국주의적 국제질서가 낳은 사생아요, 탐욕이 저지른 인류의 막장극이다. 소유에 의한 계급의 출현은 인간과 인간의 사회적 관계를 갈등구조, 계급투쟁의 구조, 그리고 착취의 관계로 변질시켰고, 반란과 혁명의 핏자국을 펼쳐 놓았다. 모든 다툼과 투쟁의 과정을 인류의 역사의 진보과정으로 이해한다면, 계급갈등이나 계급투쟁의 역사는 소멸될 것이고 소유의 개념은 타파될 것이다. 하지만 20세기의 공산혁명은 공동생산과 공동소유 그리고 공동소비가 지배하는 무소유의 낙원세계를 실험하였지만, 끝내 소유의 계급사회로 되돌아가기 위한 멀고도 험난한 방황의 길이였음을 확인시켰다. 무소유, 무계급으로 풍요를 이루는 공산사회는 이념으로 존재할 뿐 프롤레타리아 독재, 이기심과 소유양식이라는 독소에 취해 역사의 종말을 마주하게 된다.

구 소련의 지배계층 사이에서도 다챠라는 시골의 별장에 대한 소유가 그 사람에 대한 사회적 위세와 지위의 상징이었다. 이것은 다른 아파트가 종신임대인데 비하여 임대가 아닌 어떤 개인의 소유물이며, 상속될 수 있다는 속성을 자랑했다. 이것이야말로 개인주의적 소유욕, 즉 소유양식의 독소를 의미한다.

원시 공동사회는 모계사회의 특성이 있었다.[16] 이 시대에는 인간이 탄생하는 생리적 과정에 대한 정보가 부족했다. 하여 눈으로 보이는 것에 근거하여 여성은 위대한 생명을 만들 수 있는 신성한 힘을 보유한 존재로 인식되었다. 여성의 능력은 남성의 능력보다 신비하고 경이로운 것으로 받아들여졌다. 결국 엄마만이 존재할 뿐 아빠는 온데간데없는 바람 같은 존재로 인식되었다. 또한 현대의 심리학적 관점에서도 인간의 무조건적 사랑에 대한 열망의 대상은 바로 어머니이거나 어머니 같은 존재로 확인되고 있다. 인간은 어린 아이나 어른이나 미래에 대한 확실성과 위험으로부터의 보호와 사랑을 주는 어떤 힘을 미친 듯이 갈망하는데, 그 대상은 '어머니이거나 어머니 같은 존재'일 것이라는 관점이다.

사람은 태어나는 순간부터 두 경향, 곧 하나는 빛 속으로 나가려는 경향과 또 하나는 자궁 속으로 퇴행하려는 경향 사이에서 갈팡질팡하고 있다. … 발생론적으로 본다면 어머니는 확실성을 보호하고 보증하는 힘의 최초의 구현이다. 그러나 어머니는 그 유일한 구현자는 결코 아니다. 후에는 어린애가 자라남에 따라 한 사람으로서의 어머니는 혈족인 가족에 의해서, 같은 피를 나누어 갖고 같은 땅에서 태어난 모든 사람들에 의해서 대체되거나 보충되는 경우가 많다. 또한 후에 그 집단의 규모가 커짐에 따라 가족과 씨족, 인종과 민족, 종파와 정당이 보호와 사랑을 보증해 주는 어머니들이 된다.

- 에리히 프롬, 『인간의 마음』(*The Heart of Man*) 중에서 -

먹거리를 확보하는 경제적인 측면에서도 여성들이 남성들보다 안정적인 위치에 놓여 있었다. 예로부터 남자들은 수렵과 전쟁에 종사했기 때문이다. 남자들은 대개 사냥을 나가고 여자들은 주로 채집을 하여 먹거리를 확보하였다. 그런데

16 모계사회란 혈통계승과 상속이 어머니 계보로 이어지는 사회를 말한다. 모권사회와는 개념에 차이가 있다. 바흐오펜의 『모성의 권리』(*The law of the mother*), 샤롯 퍼킨스의 『여인제국』(*Herland*), 엘리자베스 굴드 데이비스의 『첫번째 성』(*The first sex*) 등에서 모권사회를 다루고 있다.

사냥이란 불곰을 잡기 위해 사냥터에 나갔다가 오히려 자신이 불곰에게 잡아먹히거나 팔이나 다리를 잃고 고개 숙인 남자가 되어 집으로 돌아오기도 한다. 이런 경우 남자가 여자에 비해 경제적 측면에서도 무능력자가 될 수 있는 확률이 매우 높다는 것이다. 또한 여성은 원시농업에서 남성보다 중요한 위치를 점하고 있었다. 원시사회에서는 종자를 품고 아이 낳는 법은 여자들이 더 잘 알기 때문에 여자들이 심은 종자와 뿌리가 남자들이 심은 것보다 더 풍성한 결실을 거둔다는 믿음을 가지고 있었다. 현재까지 잔존하는, 아직 경작법을 배우지 못한 미개부족들에서조차도 야생식물에서 식용 열매를 채집하고 식용 뿌리를 캐내는 일은 주로 여자들이 담당하며, 남자들은 주로 수렵과 고기잡이를 통해 공동의 식량을 조달하는 것으로 조사되고 있다. 씨뿌리기나 작물의 경작이 오로지 여자들에게 맡겨진 데에는 경제적 고려뿐만 아니라 미신적 고려까지 작용한 것으로 보인다. 이것은 여성의 출산과 관련된 신성에서 비롯된 듯하다. 여자들은 그녀들의 남편에게 식물성 음식을 공급할 수 있었고, 그녀들의 남편들은 그녀들에게 물고기와 육류를 공급할 수 있었다. 따라서 원시사회의 경우, 여성들의 역할과 지위는 출산에 대한 신성뿐만 아니라 안정된 먹거리의 확보라는 경제적 측면에서조차도 남성들보다 경쟁우위를 점하게 된다.

그리스인들은 곡물을 여성으로 의인화했다. 그들은 포도나무의 정령을 남성적인 것으로 사고했고, 보리와 밀의 정령은 여성적인 것으로 사고했다. 이처럼 농업의 발견을 여신의 공으로 돌리는 것은 원시농업에서 여성이 중요한 역할을 수행했기 때문일 것이다. … 남성의 노동에 의지하지 않고는 다루기 힘든 쟁기를 발명하기 전에 세계 많은 지역에서는 괭이로 땅을 일구는 것이 관례였다. 그리고 오늘날까지 적지 않은 미개민족이 땅에 괭이질을 하고 씨를 뿌리는 일을 주로 또는 전적으로 여성에게 맡기며, 남성은 숲의 나무를 베고 쓰러진 목재와 덤불을 불태워 땅을 개간하는 일 이외에는 경작 일에 거의 또는 전혀 관여하지 않았다. … 땅을 파고 작물을 심고 잡초를 제거하는 일이 모두 여자들 몫이다. 창과 방패가 남자의 상징이라면, 괭이는 여자를 상징하는 것으로 볼 수 있다. … '남자아이는 도끼를 위해 태어나고, 여자아이는 괭이를 위해 태어난 것이 아닌가?' … 농경지를 경작하는 부인네가 식량을 소유했다. 그녀는 남편에게 식물성 음식을 공급했고, 남편은 물고기와 육류를 조달하여 부인들과 나누어 먹어야 했다. … 그들은 종자를 품고 아이 낳는 법은 여자들이 더 잘 알기 때문에 여자들이 심은 종자와 뿌리가 남자들이 심은 것보다 더 풍성한 결실을 거둔다고 대답했다. 심지어 아직 경작법을 배우지 못한 미개인들도 야생식물에서 식용 열매를 채집하고 식용 뿌리를 캐내는 일은 주로 여자들이 하고, 남자들은 수렵과 고기잡이를 통해 공동의 식량 조달에 기여한다. 남자들의 우월한 체력과 민첩성, 용감성이 특히 그런 일에 적합한 것이다. … 밀턴도 추수여왕 풍속을 잘 알고 있었던 것이 분명하다. 실낙원에서 그는 이렇게 말한다. "아담은 그녀가 돌아오기를 기다리는 동안, 가장 훌륭한 꽃들로 화관을 엮었다네. 그녀의 치렁한 머리타래를 장식하고 농사일의 수고를 달래 주기 위해 추수꾼들이 흔히 추수여왕에게 하듯이" … 전반적으로 남녀 사이의 자연스러운 분업의 결과로, 여성은 경제사의 가장 위대한 진보, 곧 '유목생활에서 정착생활'로, '자연적 생존기반에서 인공적 생존기반'으로 이행하는 데 남성보다 더 크게 공헌했을 가능성이 아주 큰 것으로 보인다.

- 제임스 조지 프레이저, 『황금가지』(*The Golden Bough*) 중에서 -

… 점점 자동화 내지는 컴퓨터에 의해 관리되는 현대 산업사회에서 여성에 대한 남성의 근력은 그 의미를 상실해 가고 있다. 이것 또한 여성의 사회적 지위가 상승해 가는 현상과 무관하지 않다. 이런 이유 때문에 정보화 사회에서는 남성의 근력보다는 여성의 유연성이 비교우위를 갖게 되고 모든 권력의 중심에 남성보다는 여성이 주류를 이루게 될 가능성이 점쳐지고 있다. 원시사회가 모계사회였다면 자본이 지배하는 사회는 부계사회, 정보가 지배하는 사회는 모계사회로 회귀하는 경향을 보이고 있다. … 미국의 경우, 지난 걸프전에서 흑인 여성 부사관 한 명이 토마호크 미사일 버턴 하나로 이라크의 수도 바그다드를 불바다로 만드는 임무를 수행했다. 미국의 여군은 20여만 명에 이르고 있고, 곧 여성 함참의장이 기대되고 있다. 우리나라의 경우에도, 최근 행정고시나 사법고시에 합격하는 여성비율이 거의 50퍼센트대에 육박하고 있다. 또한 최근 판·검사 임용에서도 여성이 70% 이상을 차지하고 있다.

농업의 출현은 인간을 유목생활에서 정착생활로, 자연적 생존기반에서 인공적 생존기반으로 전환하는 생산혁명이며 인류 문명사적 중대 사건이다. 농업으로 인한 먹거리 증대와 산아간격의 단축은 인구밀도를 증가시켰고 집권화, 계층화를 통한 도시화와 중앙집권적 사회를 탄생시켰다. 또한 인구증가와 먹거리 증가로 인해 다양한 전문가 집단이 출현하였고,군대와 전쟁 그리고 왕과 관료, 국가를 출현시킬 수 있는 조건이 충족되었던 것이다. 농업이란 식물의 작물화와 동물의 가축화 과정을 의미하는 것인데, 특히 동물의 가축화 과정에서는 인류 근대사의 주요 사망원인이 된 전염병들이 동물에게서 사람에게로 전염되고 그것들이 지속적으로 진화과정을 밟게 된다. 천연두, 인플루엔자, 결핵, 말라리아, 페스트, 홍역, 콜레라 등은 동물에서 사람들에게로 전염되고 그런 다음 한 사람에게서 다른 사람에게로 전파되는 공통된 감염, 즉 대중성 질병으로 발전한 것이다. 세균들은 전파하는 방법을 여러 가지로 진화해 왔고 잘 전파되는 세균일수록 더 많은 새끼들을 남길 수 있기 때문에 다양한 숙주를 이용하게 되고, 인구가 충분히 많고 밀집되어진 도시의 출현은 세균들에게 번식의 장을 제공한 셈이다. 오늘날 잘 발달된 도시, 즉 다양한 인종과 다양한 문화의 도가니는 다양한 세균들의 도가니와 다를 바 없다. 이 같은 현상은 바로 자연선택의 원리에 의한 진화의 결과이다. 한편 생산성의 증가는 잉여를 가능케 하고 잉여물은 누군가가 소유하게 되는, 소위 소유의 역사가 시작되면서 남성의 우람한 근육과 공격성은 여성에 대한 보이지 않는 신성(神性)을 압도하고 부와 권력을 지키기 위한 형벌과 권력 그리고 성(城)과 군대를 유지하는 데 매우 적합하게 된다. 남성의 근력을 바탕으로 한 권력에 의해 모계중심의 공유사회가 해체되었고, 부계중심의 계급사회가 형성되었다. 이것이 부계사회의 성립 배경이며, 착취와 계급투쟁의 발로이고, 전쟁과 권력투쟁으로 가는 대서사시였다. 또한 소유의 역사는 국가, 시장, 자본주의, 상속과 세습제도로 압축되는 권력투쟁과 약육강식의 시나리오이며, 엄청난 규모의 무덤, 성곽, 수많은 건축물, 그리고 진귀한 예술품들의 제조창이자 그것들을 축조하고 완성해 낸 힘없는 자들의 한숨과 절규에 대한 숭고한 기록물이다.

## 5 착취의 역사

자본의 역사는 소유의 역사를 탄생시켰다. 또한 소유의 역사는 착취의 역사를 발판으로 성장할 수 있었다. 자본, 소유, 그리고 착취라는 작은 계급투쟁의 나무들은 기나긴 역사적 과정 속에서 문명이라는 거대하면서도 울창한 숲을 조성해 놓았다. 착취의 역사가 전개되면서 인간의 역사는 지배계층과 피지배계층이 벌여온 격전의 아우성으로 가득하다. 계급투쟁에 의한 소유양식의 결정은 여러 단계에 걸친 경제·사회적 발전과정을 서로 다르게 대비시켰다. 계급투쟁의 결과는 생산양식을 결정하고, 그에 따라 생산수단의 지배구조가 결정되었다. '지배하는 자와 지배당하는 자', 지배하는 자의 풍요와 영광은 지배당하는 자의 빈곤과 절망

그리고 반란을 꿈꾸는 아우성으로 점철돼 있다. 웅장하고 거대한 역사적 기념물, 그 역사적 스펙트럼 속에는 착취당하는 자들의 아픔과 절규가 투영돼 있다.

사유(private)라는 말은 라틴어의 빼앗다(privare)에서 유래되었다. 이것은 재산은 고대사회에서 원초적으로 공동체의 것이라는 것을 의미한다. 사회가 공동체적 속성에서 개인적인 속성으로 변화함에 따라 사람들은 사유재산을 집단이 사용하지 못하게 개인이 빼앗은 것이라고 생각하는 것이 아니라, 재산을 갖는다는 것은 일차적으로 사유이며, 사회는 적법절차 없이 이것을 개인으로부터 빼앗을 수 없는 것이라는 의미로 변환하여 사용하고 있다.

- 프리초프 카프라, 『새로운 과학과 문명의 전환』(*The Turning Point*) 중에서 -

생산양식이란, 인간이 생존을 유지하고 사회를 존속 또는 발전시키는 과정에서 필요한 물질적 재화들을 획득하고 지배하는 총체적인 자원배분 방식을 의미한다. 생산양식은 모든 사회제도의 초석이 되며, 모든 사회제도의 독특한 성격을 결정한다. 생산양식은 바로 어떤 사회구조의 성격과 형태를 결정하는 것이다. 예를 들면, 생산양식의 특성에 따라 원시공동체, 노예제, 봉건제, 자본주의, 사회주의 등의 경제·사회적 구분이 가능해진다. 생산양식은 생산력과 생산관계, 이 두 가지 요소에 의해 결정된다. 생산력이란 자연과 인간의 관계에 의해 규정되며, 생산관계란 인간과 인간 사이에서 성립하는 생산과정에서의 상관관계에 의해 성립된다. 자세히 설명하면, 생산수단을 누가 어떻게 소유·지배하는가, 생산수단의 소유에 따라 개인, 집단, 계급 간의 소유·지배, 그리고 착취의 문제는 어떠한가, 마지막으로 생산물의 분배는 어떻게 결정되는가에 관한 해법들이 생산관계에 설계돼 있다.

인간만이 생산하는 것은 아니다. 또한 인간만이 도구를 사용하는 것도 아니다. 다른 동물들도 자신들의 생존을 위해 생산하고 원시적인 도구를 사용한다. 하지만 인간은 생산과정에서 보편적 생산을 유지하고 도구를 사용할지라도 보다 창의적이며 도구 자체를 재창조한다는 점에서 다른 동물과 차별화된다. 보편적 생산이란 인간들은 자기 자신이 사용하지 않는 것, 즉 다른 사람들이 사용하는 것, 또는 다른 종들이 사용하는 것들을 생산·공급하는 생산형태를 말한다. 보편적 생산은 동물들과는 다른 특이한 생산관계를 설정하게 된다. 생산물에 대한 착취에 관한 현상인데, 즉 만드는 자와 그것을 소비하는 자가 일치하지 않는 생산관계를 함축한다. 생산과정에 참여하지 않은 자가 생산과정에서 산출된 결과물들을 합법적으로 차지하거나 지배할 수 있는 생산관계를 가능케 한다. 인간만이 연출하는 보편적 생산의 역사가 착취의 문을 여는 키를 제공하고 있다. 강력한 권력에 의해 축조된 웅장한 역사적 건축물들은 모두 보편적 생산의 결과물이요, 그것은 전적으로 피지배계층에 대한 착취의 아픔이자 증거물이다.[17]

> **인간이 다시 동물이 된다면 그 기술, 그 사랑, 그 행위도 다시 순수하게 자연적인 것이 될 것이다. 따라서 역사가 종언을 고한 뒤에는, 인간이 자기들의 전당이나 예술작품을 만든다고 해도 새나 거미가 집을 만드는 것처럼 될 것이고, 개구리나 매미 같은 방식으로 콘서트를 열고 어린 짐승처럼 행동하고 성숙한 짐승처럼 서로 사랑할 것임을 인정해야 한다.**
>
> **- 코제에브, 『헤겔강의 입문』(*Introduction à la lecture de Hegel*) 중에서 -**

제비는 제비집을 멋지게 지을 수 있고, 개미는 지하도시를 훌륭하게 건설할 수 있으며, 딱다구리는 나무 통속에 안락한 보금자리를 조성할 수 있다.[18] 하지만 이들은 다른 제비에게 제비집을 분양한다든가, 다른 곤충들에게 개미도시를 이양한다든가, 아니면 딱다구리 별장을 부엉이에게 임대하는 행위에 대하여는 전혀 생각할 줄 모른다. 인간만이 아파트를 지어 다른 사람들에게 분양하며, 제비의 집을 지을 수도 있고, 딱다구리의 나무 별장을 조형할 수 있다. 이와 같은 보편적 생산방식은 인간만이 설정할 수 있는 독특한 생산양식이며, 인간만이 구축할 수 있는 독특한 경제관계이다. 인간만이 자신을 포함한 모든 종들의 기준을 이해하고 있으며, 다른 종들의 기준에 맞추어서 생산할 줄 알고, 종마다 각기 다른 고유한 기준을 적용하여 상황에 적절하게 조응하는 능력을 가진다. 이를 보편적 생산양식이라고 하며, 이것이 인간역사 속에서 착취라는 독특한 경제관계의 중심축을 이룬다.

---

17 진시황의 만리장성은 만주에서 시작하여 서쪽 감숙 지방까지 장장 2천 4백km에 이른다. 이 같은 대역사를 위해 약 100만 명의 노역자가 일시적으로 동원되었다 한다.

18 비버는 날카롭고 강한 이를 가지고 나무들을 쓰러뜨리고, 그 나무의 둥치와 나뭇가지를 이용하여 댐을 만든다.

확실히 동물도 생산한다. 어떤 동물은 집을 짓기도 한다. 그러나 동물은 자신이 직접 필요로 하는 것만을 만든다. 따라서 동물의 생산은 '일면적'인 것이다. 그러나 인간은 자기 자신의 욕망으로부터 초월하여 '보편적'으로 생산한다. 동물은 자기 자신만을 생산하지만 인간은 전 자연을 재생산한다.

- 바레 프랑소아, 『노동의 역사』 중에서 -

… 조선조의 궁궐의 모든 건축물은 황금빛 나는 소나무만으로 축조되었다. 그 소나무를 관리하는 황장금산이 전국에 57곳이나 되었고, 황장금산의 소나무들은 임금이 하사한 벼슬을 갖고 있었다. 때문에 그 소나무를 잘라야 할 노비나 평민들은 소나무보다 낮은 신분이었다. 그래서 도끼질할 때마다 고사를 지낸 다음 "어명이오!"라고 외쳐댔다고 한다.

보편적 생산과정이란 인간은 자기 자신에게 필요치 않은 물건, 아니 사용하지 않을 물건을 생산하는 생산체제가 구축될 수 있음을 의미한다. 이것은 생산에 직접 참여한 사람과 그렇지 않은 사람 간에 그 생산물에 대한 권리관계가 왜곡되게 설정될 수 있음을 암시한다. 즉, 생산에 직접 참여하는 자는 자신의 노동력을 생산과정에 투여하기만 하고 그 생산과정에서 얻어진 산출물은 다른 누군가에 의해 소유되거나 지배될 수 있다는 착취의 길이 만들어지는 것이다. 이런 과정이나 이런 논리가 착취의 역사를 가능케 했다. 착취는 노동자들을 그들의 삶을 지탱해 주는 노동의 산출물로부터 소외시켜 버린다. 이렇게 되면, 노동은 개인의 자유롭고 창조적인 개성의 표현이며 삶의 수단이고 기쁨과 보람의 근본이기는커녕 타락과 수탈, 소외와 비인간화를 재촉하는 채찍이며 족쇄이고 수단으로 전락하게 된다. 인간만이 설정해 놓은 보편적 생산과정은 땀 한 방울 흘리지 않고 잘 먹고 잘 사는 불한당(不汗黨)들의 역사를 가능하게 했다. 오히려 노동을 회피하는 것이 명예롭고 칭찬할 만한 행동일 뿐만 아니라, 노동을 찬양하고 숭배하는 것이 부끄러움이요 천박함으로 인식되는 일그러진 사회풍조를 만연시켰다. 인간이 다른 생물들이 생산하는 것들을 생산할 수 있고 다른 사람들이 소비하는 것을 생산할 수 있다는 것은 인간만이 가지는 유일한 능력이다. 인간의 보편적 생산능력은 인간으로 하여금 자연을 지배하게 하고, 인간만이 향유하는 독특한 문화를 축적하게 만들었다. 또한 보편적 생산과정은 노동과 소유를 이원화하고, 생산과 소비를 분리하였으며, 일하지 않는 자가 땀 흘려 일하는 자보다 더욱 잘사는 왜곡된 분배의 길도 열어 놓았다.

아리스토텔레스조차도 자신이 신봉했던 자유와 행복의 모순을 피하기 위해 노예인간을 어떤 사람은 선천적으로 열등하고, 그들에게 있어서 삶의 최고 목적은 더 우월한 사람들을 위해 봉사하는 것이라고 정의했다. … 플라톤은 "지배자는 지배하고, 노동자는 노동하고, 노예가 노예일 수 있다면, 국가는 정의롭다"고 규정하며 계급특권을 정의(justice)라 부르고 있다. … 반면에 … 귀족 작위, 부, 지위 … 그 많은 것을 누리기 위해 당신은 무엇을 했죠? 고작 어머니의 뱃속에서 나오는 수고만 했지요. 그것뿐이라고요! 피에르오귀스탱 보마르셰는 피가로의 결혼에서 귀족들을 조롱한다. … 상층계급의 사람으로서 비천한 노동에 대한 본능적인 혐오감을 느끼지 않는 사람은 거의 없다. 우리는 습관적 사고로 천역에 따르는 의례적인 부정에 대해 하나의 실감을 갖고 있다. 세련된 취미를 가진 모든 사람들은 전통적으로 하인이 필요한 어떤 직업들에 대해 정신적 오염을 떨어버릴 수 없다는 것이다. 비속한 환경, 천한 거주 및 비속한 생산적 노동은 가차없이 비난되고 기피된다.

- 소스타인 베블렌, 『유한계급론』(*The Theory of the Leisure Class*) 중에서 -

… 지주는 그가 소유하고 있는 농노를 제멋대로 팔거나, 농노를 걸고 도박을 하거나, 개나 말과 교환하기까지 했다. 러시아에서 농노제가 존재한 최후의 수십년간에는 농노는 다른 재산과 똑같이 은행에 저당 잡힐 수도 있었다. … 뼈빠지게 일하는 사람은 나 하나뿐이지만, 일이 모두 끝났을 때는 … 보라, 자기 몫을 챙기려고 온 사람들을, 세 사람이나 서 있지 않은가?, 신이라는 양반과, 황제폐하, 그리고, 지주라는 양반.

- 양상철, 『경제사 학습』 중에서 -

… 로마에서는 검투사인 스팔타쿠스가 주동한 노예반란에는 노예와 가난한 자유민들이 무려 10여만 명이나 참여하였고, 3년간이나 반란은 지속되었다. 이 반란에서 생포된 6천여 명의 노예들은 다른 노예들에 대한 경고로 아피아거리에서 십자가에 묶여 처형되었다. … 산 도밍고의 인디언들은 노예가 되어 강제노역을 더 이상 견딜 수 없게 되자 제 자식들을 몽둥이로 때려 죽이고 집단자살을 감행하기도 하였다.

고대 노예사회는 노예를 착취하는 귀족계급과 수탈에 대항하는 노예계급 사이의 계급투쟁의 역사이다. 노예들은 모든 것을 생산하나 아무것도 소유할 수 없으며, 결혼할 자유조차도 빼앗겨 버렸다. 그들은 인간이 아닌 '말하는 도구'에 불과하였다. 귀족들은 노예를 매매하거나 죽일 수 있는 권리를 갖고 있었다. 노예들의 반란과 사보타지, 노예들의 영양부족, 노예들의 결혼 금지 그리고 노예 확보전쟁의 축소 등이 노예생산의 생산능력을 축소시켰다. 결국 귀족들은 생산성의 확대를 위해 노예들에게 토지를 임대해 주는 콜로누스제도를 도입하게 된다. 대토지를 분할하여 임대해 주는 콜로누스 제도는 농노와 영주가 생산관계의 주역이 되는 중세 봉건사회를 새로운 경제·사회로 만들게 된다.

중세 봉건사회는 농노를 착취하는 영주계급과 수탈에 대항하는 농노계급 사이의 계급투쟁의 역사이다. 봉건영주는 일정한 토지를 농노에게 제공하여 경작시키고 그 생산물의 일부를 봉건적 지대의 형태로 거두어 갔다. 영주는 토지를 소유하고, 농노는 그 토지에 대한 경작권을 소유하게 된 것이다. 농노는 영주의 토지를 경작하여 지대를 납부한 나머지로 생계를 유지할 수 있었다. 하지만 그들은 여전히 영주의 토지에 묶여 완전한 자유민은 아니었다. 즉 반은 노예이고 반은 자유민이라는 특징을 가진다. 이러한 특징을 반영하여 농노라 한다. 그들은 화폐뿐만이 아니라 가축, 곡물 그리고 부역까지도 영주에게 바쳐야 했다. 그들의 빈손에는 온갖 종류의 세금과 군사적 위협만이 남게 되었다. 그들은 임금인상을 요구하고, 영지에서의 강제노동을 없애며, 소작료를 낮추고, 한 곳에 평생 묶이는 대신 원하는 대로 이주할 수 있는 권리를 위해 투쟁하였다.

14세기말 영국에서는 와트테일러가 지도하는 농민들의 무장반란이, 프랑스에서는 전국의 약 절반의 지방이 농민봉기에 휩싸였다. 16세기 독일에서는 농민전쟁이 전국을 뒤흔들었으며, 17세기 러시아에서는 스테판 라이진이 지도한 농민봉기가, 18세기에는 트카쵸프가 지도한 농민봉기가 발생하였다. 농민반란들은 모두 참혹하게 진압되었다.

- 양상철, 『경제사 학습』 중에서 -

… 우리는 밭 갈고 씨 뿌린다네. 너무도 너무도 천해서 우리는 더러운 흙속을 판다네. 그러면 들판은 황금빛 곡식이 가득, 골짜기엔 향기로운 건초가 가득, 우리는 처지를 잘 알고 있다네. 너무도 너무도 낮아 우리는 지주의 발밑에 있다네. 곡식을 못뿌릴 만큼 낮지는 않아도, 우리는 그 빵을 먹지 못하게 낮다네. 우리는 낮다네, 우리는 낮다네, 너무도 너무도 낮다네. 하지만 지체 높은 양반들 사지 감싸 빛나는 비단솜도 비단옷도 모두 우리 손가락을 거쳐 간다네. 무엇을 우리가 얻고 무엇을 우리가 주는지, 우리는 알고 있다네, 우리의 몫을 알고 있다네. 옷을 못짤 만큼 낮지는 않아도 우리는 그 짠옷을 입지 못하게 낮다네.

- 안나 파츄스카, 『사회주의』에 소개된 하층계급의 노래 -

한편 야금술의 개량, 철제쟁기를 비롯한 철기도구 및 수차의 광범한 사용은 농업생산력을 증대시키고 수공업의 발달을 촉진하였다. 이에 따라 공장제 수공업인 매뉴팩처가 형성되고, 임금노동자 계급이나 자본가 계급의 출현을 잉태하게 된다. 또한 농업이 양목업에 비해 이윤율이 하락하게 되자 농지를 소유한 영주들은 자신의 토지로부터 소작농들을 내쫓아버리고 울타리를 둘러쳐 양목장을 만들어가는 종획운동을 전개하였다. 토지에 대한 영농권을 상실한 농민들은 도시와 양모 생산의 중심지로 이주해 갔고, 그들은 생존을 위해 자신의 노동력을 파는 방법 이외에는 선택의 여지가 없게 되었다. 상업의 발달과 공장제 수공업의 융성으로 상업자본과 산업자본이 형성되고, 농민들은 도회지로 쫓겨나 노동자계급을 형성하였다. 농민들의 반란에 이은 시민과 자본가들의 야합은 봉건영주와 군왕들을 몰아내고 자본가가 주인이 되는 자본주의 사회를 탄생시켰다.

17세기 서인도제도에 위치한 영국, 프랑스, 네덜란드 식민지에서도 설탕이 생산되었다. 빠르게 증가하는 설탕 수요와 설탕 가공기술의 발달, 새로운 알코올 음료인 럼주의 등장으로 아프리카에서 설탕농장으로 수송된 아프리카 노예들은 급증하였다. 350년간 약 5,000만명의 노예들이 아프리카에서 남북아메리카로 수송되었다. 이 무렵 영국, 프랑스, 네덜란드, 프러시아, 덴마크, 스웨덴, 브라질, 미국 등이 노예무역에 뛰어들었다. 아프리카에서 아메리카로 수송된 노예 중 2/3가 설탕농장에서 노동력을 착취당했다. 설탕 때문에 대규모 노예제도가 필요하였고, 설탕으로 벌어들인 막대한 이윤으로 대규모 노예제도를 유지시켰다. … 영국의 경우, 18세기 산업혁명을 위한 초기자본은 설탕무역에서 축적되었고, 19세기 산업혁명을 위한 필요자본은 면화무역에서 축적되었다. 하지만 설탕무역과 마찬가지로 면화무역도 노예들의 노동력을 착취함으로써 가능해졌다. 1825~1873년 영국의 최대 수입품은 원면이었다. 1840년 영국의 면산업단지가 조성되자 미국의 면화농장의 노예가 150만 명 규모였는데, 1860년 원면 수출액이 미국 수출액의 2/3를 차지하자 미국의 면화농장의 노예가 무려 400만 명에 육박하였다.

- 페니 르 쿠터, 제이 버레슨, 『역사를 바꾼 17가지 화학이야기』(*Napoleon's Buttons*) 중에서 -

시민혁명과 산업혁명은 자본의 축적을 가속화시키고, 산업사회를 열어나갔다. 자본가는 생산수단인 자본을 독점하고, 노동자는 열악한 노동조건과 생계비 수준에 머무는 낮은 임금으로 시달리게 되었다. 어린아이들까지 노동력 착취의 대상이었다. 자본가는 더 많은 이윤을 위하여 기계를 더욱 도입하고, 대규모 생산체제를 구축하여 과잉생산을 더욱 확대시켰다. 따라서 독점자본주의는 실업과 공황이라는 과잉생산의 함정에 빠져 허우적거리고, 노동자들은 더욱 부족해지는 일자리와 더욱 낮아지는 임금으로 절망하게 된다.

자본주의의 모순을 목격한 사회주의자들은 노동자들을 규합하여 정치세력화하고, 노동자들의 반란을 선동하여 새로운 사회를 구축하려는 세계적인 노동운동을 전개하였다. 그리고 급기야 그들은 세계적인 정치세력화에 성공하였고, 인류 역사상 처음으로 피지배계급이 주동한 혁명에 의해 기존의 지배계급을 무너뜨리고 그 경제·사회의 모든 권력을 장악하는 사회주의 혁명을 성공적으로 이끌어 냈다.[19]

## 6 교환과 분업

교환경제, 분업, 그리고 전문화는 인간만이 향유하는 독특한 경제행위이자 특별한 생산양식으로 발전해 왔다. 교환경제의 발전은 보상심리를 바탕으로 하는 교환문화의 숲에서 영양분을 공급받으며 성장할 수 있었다. 교환문화, 교환경제, 분업, 전문화는 하나의 경제사슬을 잇는 각각의 고리와 같다. 만약 우리 인간에게 보상심리가 본성으로 내재하지 않았다면 교환문화나 교환경제는 아예 그 싹을 틔울 수 없었을 것이다. 보상심리란, 우리가 무엇인가를 누군가에게 먼저 건네는 것은 언젠가 받은 자로부터 그 무언가를 되돌려 받을 수 있다는 기대심리, 상응하는 반대급부에 대한 추정심리 상태를 의미한다. 이 같은 보상심리는 우리에게 교환문화를 싹 틔울 수 있는 토양을 제공했을 뿐만 아니라 이를 바탕으로 시장과 교역의 폭을 확장하고 그 형태를 다변화하는 데 에너지를 제공한다. 또한 분업과 특화의 발전으로 개인, 조직, 기업들이 추구하는 전문화의 가지들은 더욱 왕성하게

19 1917년 러시아는 노동당인 볼셰비키에 의해 짜르정권을 무너뜨리고 최초의 노동자혁명에 성공하였다. 하지만, 레닌이나 트로츠키가 주장하는 민주주의를 달성하지 못하고, 스탈린의 '일국사회주의'로 나아가고 말았다.

뻗어나갈 수 있었으며 전문화의 가지들은 더욱 다양하게 또 다른 가지들로 분기되어 갔다. 보상심리, 교환문화, 그리고 전문화는 개인과 개인, 조직과 조직, 기업과 기업, 국가와 국가 간의 교환과 교류관계를 다양하고 심오하게 뿌리내리게 하는 중요한 촉매제가 되었다.

바빌론의 길가메쉬 신화를 보면 큰 홍수가 땅을 휩쓸었을 때, 신들은 인간과 함께 굶주리게 되었다. 물이 빠졌을 때 노아는 하느님께 깨끗한 짐승과 깨끗한 새들을 번제로 드린다. 하나님은 그 달콤한 향기를 맡고 다시는 홍수를 내리지 않겠다고 약속한다. 신의 도움이 없이는 인간은 아무것도 먹을 수가 없을 것이다. 그러한 도움을 얻기 위해서 인간은 신들에게 음식을 바쳐야 한다. 영적 존재인 신들은 자기에게 바쳐진 음식의 영적인 본질만을 먹는 것이 분명하다. 그렇다면 물질적인 부분은 교단 및 정치권력의 비호 아래 재분배될 수 있고, 인간이 즐기도록 신들로부터 허락을 받은 음식으로서 식사될 수 있다. 지배엘리트와 평민들 사이의 위계서열이 점점 엄격해지면서, 재분배적 교환은 물질적인 쪽으로 치우쳐 갔고 사람들이 조상들에게 건네는 선물로 시작된 것이 교회와 국가가 거두는 의무적인 기부, 즉 세금 같은 것으로 변질되어 버렸다.

- 마빈 해리스, 『작은 인간』(*Our Kind*) 중에서 -

인간의 역사는 그들이 쌓아 놓은 제단의 역사와 함께한다. 그 제단 위에 올려지는 다양한 제물들은 어떤 전지전능한 대상을 향한 예물이요, 기대이며 간절한 염원에 해당한다. 그들은 무엇 때문에 제단을 쌓고 희생과 정성을 아끼지 않았을까? 인간의 역사는 안전과 행복 그리고 풍요와 번영의 탄탄대로가 아닌 자연으로부터의 재앙과 질병, 전쟁으로 인한 폐허와 절망, 그리고 기아와 빈곤으로 허덕이는 원망과 탄식의 도가니였다. 그들이 예측하지 못하고 대비할 수 없는 미래의 세계는 공포의 굴이요 위험의 시험대이며, 운명의 장난질이었다. 그들은 언제나 미래에 대한 불안과 공포, 자신의 운명에 대한 불확실과 역마살에 대해 보험을 들고 싶어했다. 보험금을 지불하더라도 미래에 대한 안전과 행운을 보장받으려 했다. 이것이 제단의 문화이다. 물질적인 보험금을 제단에 지불하고 미래를 관장하는 그 누구로부터 불확실한 내일의 안전을 보장받으려는 기대심리, 즉 심리적 안전보장보험에 스스로 가입하는 행위이다. 이런 행위야말로 인간만이 추상할 수 있는 보상심리에서 비롯된 창조된 교환문화의 원초적 행태이며 오늘날 복잡다기한 시장의 탯줄이다.

왕이나 왕자의 희생을 대기근과 결부시키는 전설은 원시부족 사이에 통상 존재하는 믿음, 곧 왕은 기호와 농작물을 책임지는 존재이며, 기후의 불순이나 농작물의 실패에 대해 왕은 응당 자기 목숨으로 보상해야 한다는 믿음을 분명하게 시사해 준다. … 서아시아 셈족 사이에서는 국가에 위기가 닥쳤을 때 왕이 간혹 자기 친아들을 백성들을 위한 희생 제물로 바치기도 했다. … 질병이나 가뭄, 패전 같은 큰 재난이 닥쳤을 때 페니키아인들은 가장 아끼는 자식 중 하나를 바알신에게 제물로 바치는 관습이 있었다. … 이스라엘이 이집트에 속박되어 있을 때, 하느님은 그들을 노예상태에서 구원하여 약속의 땅으로 인도하기로 결심했다. … 이 위대한 승리를 기념하기 위해 하느님은 이후로 이스라엘 사람들의 처음 난 자식과 짐승을 모두 자신에게 바치되, 먹을 수 있는 짐승은 죽여서 바치고, 먹을 수 없는 것 특히 사람이나 나귀는 대체물이나 머릿수에 해당하는 금전으로 보상하도록 규칙을 정했다. 그리고 매년 봄마다 대학살의 밤에 한 것과 똑같은 방식으로 축제를 열도록 했다. 하느님의 명령은 이행되었고, 이렇게 해서 유월절(逾越節)이라는 명절이 생겨났다.

- 제임스 조지 프레이저, 『황금가지』(*The Golden Bough*) 중에서 -

… 예수는 십자가에 매달리기 전날 제자들과 함께 이 유월절을 지키는데, 이것이 바로 최후의 만찬이다.

현생인류(Homo Sapiens Sapiens)와 네안데르탈인의 경쟁에서 현생인류가 승리한 중요한 요인으로 교환과 분업을 통한 경제적 효율성을 지목하는 학자들도 있다. 고고학적 증거를 살펴보면 네안데르탈인의 경우에는 현생인류처럼 불과 석기를 사용했지만, 현생인류와 비교했을 때 교환활동의 흔적이 전혀 발견되고 있지 않다는 것이다. 현생인류의 경우, 그 지역에서 생산되지 않는 토기들이 발견되는 것으로 보아 다른 지역과 교류활동이 활발했던 것으로 추정할 수 있다. 3만 년 전쯤 네안데르탈인이 전격적으로 사라진 미스테리한 원인을 바로 경제적 원인, 즉 교류활동, 분업과 전문화에서 찾은 셈이다. 현생인류의 활발한 교역활동은 분업과 전문화로 이어졌을 것이고 이를 바탕으로 경제적 효율성은 상대적 우위를 점했을 거란 추론이다. 이런 추론이 맞는다면 생존을 위한 먹거리가 부족한 상황에서 경제적 효율성의 차이는 결국 두 집단의 '생존과 도태'를 결정하는 최후의 주사위가 되었을 것이다.

그 인류학자는 컴퓨터 시뮬레이션 모형을 만들어 보았다. 그는 인류와 네안데르탈인이 능력이나 특성의 측면에서 비슷하며 유일한 차이는 교환과 분업을 했는지의 여부뿐이라고 가정했다. 이 시뮬레이션의 목적은 그와 같은 차이가 먹을 수 있는 고기의 양에 어떤 차이를 가져오는지 알아보는 데 있었다. 시뮬레이션의 결과는 인류가 더 많은 고기를 먹을 수 있게 되는 것으로 드러났다. 두 집단이 똑같은 사냥터에서 활동하고 있었기 때문에 인류가 더 많은 고기를 먹게 된다는 것은 네안데르탈인에게 돌아갈 고기가 그만큼 줄어든다는 것을 뜻한다. 영양을 충분히 섭취할 수 있는 인류와 달리, 네안데르탈인은 영양부족에 시달리게 되고 그 결과 출산율이 점차 떨어지게 된다. 바로 이것이 시뮬레이션결과가 시사하는 네안데르탈인의 도태 과정이었다. 또 다른 연구에 따르면, 남녀 사이의 분업이 인류가 경쟁상의 우위를 점하게 된 주요한 이유였다고 한다. 우리가 잘 알고 있듯, 인류의 경우 남자들은 큰 동물을 사냥하는 일을 주로 하고 있었다. 반면에 여자들은 식물을 채집하고 옷이나 도구를 만드는 일에 대부분의 시간을 썼다. 이에 비해 네안데르탈인이 살던 곳을 발굴해 보면 그런 분업의 흔적이 거의 발견되지 않는다. 바로 이 분업의 존재 여부가 두 집단 사이의 승패를 가르는 요인으로 작용했다고 한다.

- 이준구 · 이창용, 『경제학원론』 중에서 -

심청이가 임당수에 제물로 던져진다 해서 황해 바다에 몰아치던 해일이 일지 않을 리 만무하고, 자연법칙에 의해 발생되는 해일이 심청이를 제물로 받친 중국의 특정한 상선만을 피해간다는 것도 기대하기 어렵다. 시집을 가는 신부들은 혼수를 준비한다. 혼수는 결혼을 앞둔 신부의 부모들에게 매우 중요하다. 성장과정이나 생활문화가 이질적인 다른 집으로 자신의 여식을 보내야 하기 때문이다. 그들은 기꺼이 보험금을 준비하고, 딸의 안전과 행복을 기대하려 한다. 시집에 선물로서 준비되는 혼수품들은 늑대 같은 시어미의 이빨을 우둔하게 하고, 여우 같은 시누이의 발톱을 뽑아 보자는 뇌물계에 불과하다. 옛날 전쟁터에서는 온갖 진귀한 선물과 함께 적장에게 사신을 보낼 수 있었다. 선물은 사신의 갑옷을 대신할 수 있었기 때문이다. 콜럼버스가 신대륙에 당도하였을 때 원주민들은 겁에 질러 외계인들에게 담배와 황금 등을 진상하였고, 고대인들은 다른 종족과 접경지대에 선물을 준비해 놓고, 서로 교환해 감으로써 E.T에 대한 공포심을 극복하고자 했던 것으로 밝혀지고 있다. 이와 같이 미래에 대한 불안과 공포 그리고 어떤 알 수 없는 대상들에 대한 기부문화가 발원이 되어 오늘날과 같은 복잡하고 고도화된 교환문화와 교환경제체제가 가능해졌다. 결과적으로 보상심리와 교환문화라는 다양한 날줄과 씨줄로 얽어 내는 능문(綾文)과 같은 결과물로서 오늘날의 경제관계나 경제체제가 성립되었다는 논리이다.

개인은 국가에 세금을 납부하고, 국가는 외부로부터의 침탈과 내부로부터의 폭력을 해결해 준다. 봉급생활자들은 매일 매일 출근하여 조직에 대한 노고를 제공하고, 조직은 급여제도를 통하여 그들의 노동과 경쟁을 더욱 촉진시키며, 그들의 기대욕구에 부응하려 한다. 교환문화는 개인과 개인, 개인과 조직, 그리고 조직과 조직을 연결하는 하나의 궤도이면서 그들 사이에서 교환의 방식과 질서를 중계하고 설정하는 중매자이자 호루라기와 같다. 보상을 바탕으로 하는 선물, 뇌물, 그리고 기부행위들은 시장과 조직을 확대시켰다. 시장과 조직이 확대되면서 보상과 교환은 제도화되었고, 보상과 교환행위를 원활히 수행할 수 있는 화폐나 교환방식도 다양화되었다. 보상심리와 교환문화를 축으로 하는 시장의 발달은 선물교환, 물물교환, 교역, 재분배, 세금제도, 급여제도 등의 경제관계를 새롭고 다양하게 이끌었으며 친구관계, 결혼, 가족공동체, 정치, 기업들의 상호관계를 다양하게 설정하는 데에도 기여해 왔다.

침팬지는 성적인 문제를 권력으로 해결한다. 반면에 보노보는 권력문제를 성으로 해결한다. 보노보는 우리가 돈을 쓰는 것과 다소 비슷하게, 성을 사회적 상호작용의 화폐로 사용한다. 그들은 어린 새끼를 포함해서 연령과 성별에 상관없이 무리의 구성원을 달래고, 우위를 주장하고, 관계를 돈독히 하기 위해서 교미나 교미하는 몸짓을 사용한다.

- 리처드 도킨스, 『조상이야기』(*The Ancestor's Tale*) 중에서 -

… 유인류나 영장류의 교환의 초기형태는 성적인 서비스를 주고받는 것, 즉 섹스와 섹스를 주고받거나, 음식을 위하여 섹스를 허용하는 형태이었다. 또한, 번갈아가면서 기생충을 잡아 주거나 머리와 털에 있는 더러운 것을 떼어 주는 형태의 교환이었다. 이와 같은 행위들이 두뇌의 발달과 언어의 발달 그리고 교환제도의 발달을 거침으로써 오늘날과 같은 다양한 교환문화를 형성시켰다. 결국 교환문화는 개인과 개인, 제도와 제도, 집단과 집단을 연결하는 복잡한 그물망을 형성함으로써, 우리 인류를 단순히 가장 강렬한 성적 동물의 차원을 넘어 가장 강렬한 사회적 동물로 진화하게 하였다.

- 마빈 해리스, 『작은 인간』(*Our Kind*) 중에서 -

경쟁과 협력은 인류생존과정에서 필연적인 문화적 산물이다. 자신자신의 개체생존을 위해 경쟁하고 외부로부터 집단을 보호하기 위해 협력하는 기제를 만든 것이다. 교환문화는 바로 상호교류와 상호의존의 토대이다. 교환문화의 발달은 다양한 형태의 시장과 화폐의 발전을 촉진시켰다. 시장과 화폐의 발달은 자본을 더욱 빠른 속도로 순환·축적시키고 기업의 조직과 규모를 확대시켰다. 교환문화를 기반으로 성립하는 분업과 특화현상은 시장, 화폐, 기업의 발달과 함께 더욱 고도화된다. 인간의 경제활동에서 분업으로 인한 특화가 성립할 수 있었던 가장 중요한 요건중의 하나가 보상심리를 바탕으로 하는 교환문화의 발달과 이에 상응하는 시장의 발달 및 화폐와 통화체제의 발달이었다. 만약 무엇이든 별로 힘들이지 않고 신속하게 교환할 수 있는 교환문화와 시장 그리고 화폐·통화제도의 발달이 선행되지 않았더라면 오늘날과 같은 고도로 심화된 분업과 전문화에 의해 주도되는 경제사회는 상상할 수도 없었을 것이다.

된장국밥집 강아지와 뼈다귀탕집 강아지는 가끔 된장국밥과 뼈다귀탕을 바꾸어 먹을 수 있을까? 안타깝게도 그들의 식단에 대한 교환 가능성은 으르렁거림과 한판의 개싸움으로 종을 치고 말 것이다.[20] 그들에게는 보상심리, 즉 먼저 주면 나중에 돌려받을 수 있다는(때로는 덤까지 덧붙여서) 추상적 사고능력이 존재하지 않는다. 따라서 무엇인가를 양보(또는 가져다 주고)하고, 그것에 대응한 대가에 해당하는 새로운 무엇인가를 현재나 미래의 어느 시점에서 보상받을 수 있다는 개념 자체를 상상할 수도 이해할 수도 없다.

**시장이나 화폐 그리고 교환문화가 존재하지 않는 경우를 상상해 보자. 예를 들어 엿만을 제조하는 엿 공장이 있다 하자. 거기에 고용된 노동자는 엿 만드는 데는 일가견이 있으며, 오로지 엿 만드는 일에 전념한다고 한다. 그는 한 달 동안 열심히 엿을 만들었고, 월말이 되자 엿공장 사장은 그에게 노동의 대가로 일정량의 엿을 지불하게 될 것이다. 그런데 화폐나 시장이 존재하지 않으므로 그는 엿으로 아침, 점식, 저녁 식사를 해결하여야 하고, 엿집이나 엿바지를 만들어야 할 것이다. 열심히 엿 만들고 엿 먹는 경우가 발생하는 상황이 연출될 것이다. 이런 상황이라면 분업이나 특화가 자연스럽게 성립될 수 있을 것인가. … 분업은 인간생활을 엄청나게 편리하게 만**

20 애덤 스미스는 『국부론』 제1권 제2장에서 "그 누구도 어떤 개가 다른 개와 뼈다귀를 공정하고 사려 깊게 교환하는 것을 본 적이 없다"고 적고 있다.

들어 주었지만 본래 그것은 어떤 인간의 지혜가 만들어낸 것이 아니라 그것은 인간본성에 내재하는 특정 성향이 매우 완만하고 점진적으로 발전하면서 만들어 낸 필연적인 결과이다. 이것은 물품을 지급하거나 물물을 교역하고 상품을 교환하는 성향을 말한다.

- 애덤 스미스, 『국부론』(*An Inquiry into the Nature and Cause of the Wealth of Nations*) 중에서 -

애덤 스미스는 『국부론』에서 핀 공장에 대한 이야기를 소개하고 있다. 핀을 만드는 데 18가지 공정이 필요하다 하자. 철사를 가져오면 그것을 바르게 펴고, 자르며, 그 끝을 뾰족하게 하고, 핀머리를 붙이기 쉽도록 다른 쪽 끝을 갈아내고, 머리를 만들기 위해 두세 개의 다른 조작을 필요로 한다. 또한, 머리를 붙이는 것도 특수한 작업이며 못을 하얗게 만들고 종이로 포장하는 것도 별도의 작업이다. 핀 하나를 만드는데 이같이 복잡한 모든 공정을 거쳐야 한다. 그런데, 이 같은 모든 공정을 한 사람이 작업하는 경우, 하루에 20개의 핀조차 만들기 어렵다. 그러나 이 같은 18가지 공정을 여러 사람들이 나누어서 작업하는 경우, 하루에 한 사람당 평균 4,800개의 핀을 생산할 수 있다는 것이다. 분업은 한 가지 제품을 만드는 공정과정을 여러 과정으로 나누어 서로 다른 노동자가 전문화하는 경우, 여러 가지 산업 중에서 자동차, 철강, 조선, 가전제품, 건설, 농수산업 등 업종별로 나누어 전문화하는 경우, 국가간에 미국은 우주산업, 일본은 전자산업, 독일은 기계산업, 이탈리아는 의류산업 등으로 나누어 전문화하는 경우 등 여러 형태가 존재할 수 있다. 이와 같은 분업을 통해 우리들이 얻을 수 있는 효율성은 분업을 통해 생산과정에서 어느 특정한 노동자가 하나의 상품만을 또는 한 가지의 공정만을 작업함으로써, 그 노동자는 그 작업에 대하여 능숙해져 가고, 다른 작업으로 전환하는 시간을 절약할 수 있으며, 그 작업에 적합한 공구나 기계를 고안해 낼 수 있다는 이점을 가진다. 또한 분업은 시장의 규모나 범위를 확장해 가고 시장의 크기는 직업의 종류와 범위를 결정하게 된다.[21] 애덤 스미스의 국부론은 국부의 원인과 본질을 한마디로 분업에서 찾고 있다고 해도 과언이 아니다.

---

21 시장의 규모가 큰 미국의 경우에는 직업의 종류가 약 20만 종에 이르고 시장의 규모가 상대적으로 작은 우리나라의 경우에는 직업의 종류가 약 4만 종에 이른다고 한다.

경제는 얼핏 보면 생산과 소비라는 두 개의 거대한 영역으로 성립되어 있는 것 같다. 소비영역에서는 모든 것이 완수되고 파괴되며, 생산영역에서는 모든 것이 다시 시작된다. "사회는 끊임없이 생산하고 동시에 끊임없이 소비한다"라고 마르크스는 썼다. 정말로 지당한 진리이다. 일하고 먹는 것만이 인간의 명백한 목표라는 프루동의 주장 역시 거의 같은 말이다. 그러나 이 두 세계 사이에 세 번째의 세계가 끼어들어간다. 이 세 번째의 세계는 강처럼 좁지만 활기차며, 앞의 두 세계와 마찬가지로 첫눈에 바로 알아볼 수 있는 것이다. 그것은 바로 교환의 세계이며 달리 말하자면 시장경제이다.

- 페르낭 브로델, 『물질문명과 자본주의』(*Civilisation Matre'rielle, E'conomie et Capitalisme*) 중에서 -

하지만, 분업은 모든 작업과정을 너무 조잡하게 세분화시키기도 하며, 이에 따라 노동자들은 컨베이어 벨트와 좁은 공간 속에 얽매이게 되고, 하루 종일 스위치만 수만 번씩 눌러대는 고독한 노예가 되기도 한다. 뿐만 아니라 지나치게 세분화된 노동의 전문화는 노동자들에게 작업영역의 축소를 강제하고, 이에 따라 노동자들은 잠재능력의 개발이나 다양한 기술축적의 기회를 상실하게 되며, 능력이 있는 자와 없는 자 간에 타고난 생산능력의 격차를 더욱 심화시킨다. 분업에 따른 전문화가 세분화되면 될수록 사회는 거미줄처럼 얽혀 더욱 복잡해지고 집중화된다. 어느 한 부분이 제대로 기능하지 못하면 모든 부분이 심각한 영향을 받는다. 개인이 할 수 있는 일은 세분화되고 제한적이며 독자성을 상실한다. 자신의 본래의 직업이 위기에 처하는 경우 직업을 전환할 수 있는 다양성이나 융통성이 사라져 버리는 것이다. 또한, 분업은 결국 지역적으로도 산업을 분리시키기 때문에 도시지역과 농촌지역 또는 광업지역, 제조업지역 등의 지역 간의 차별을 심화시킨다.

컨베이어 벨트의 도입과 직무세분화, 노동의 단순화를 특징으로 하는 노동조직 방식을 포드주의(fordism)라 한다. 포드주의는 대량생산 체제를 구축하여 높은 생산성을 유인하였으나, 노동자들을 기계의 부속품으로 전락하게 만들었다. 즉, 노동자는 30초짜리 단순작업의 반복으로 창의성이 상실되고, 노동자가 기계의 속도를 조절하는 것이 아니라 기계가 노동자의 리듬과 속도를 조절하게 하는 주객이 전도되는 결과를 초래하였다. 최근 선진국에서는 포드주의의 폐해를 시정하기 위하여 노동자의 작업동작을 15~30분 길이의 다양한 형태의 작업동작으로 개선하고, 노동자가 구상과 실행에 참여할 수 있는 노동조직 방식을 개발하고 있다. 이를 신포드주의(neo-fordism) 라고도 한다.

분업의 심화는 우리들을 분업이 이루어지지 않았던 시대의 사람들보다 무능력한 사람으로 만들어 놓기도 한다. 지나친 분업으로 인해 우리는 이미 자기 자신의 능력만으로는 자신의 생계조차도 유지할 수 없는 무능력자가 되어 버렸다. 우리는 수도·전기·교통·통신·교육·진료·보안 등 어느 것 하나 자신의 분야가 아닌 것은 해결할 수 없다. 누군가의 도움 없이는 결코 하루도 평온을 유지할 수 없는 의존적 인간이 되어 버렸다.

특정한 임무의 반복과 실행은 개인들로 하여금 이들 임무 수행상의 필요에 더욱 잘 적응시킨다. 사람들은 그들의 타고난 능력 중의 어떤 것들을 특별히 발전시켜 다른 사람들을 위축시킨다.

- L. V. 미이베스, 『인간행위의 경제학』(*Human Action a Treatise on economics*)에서 -

… 과도한 전문화는 한 종을 멸망하게 하는 중요한 요인들 중의 하나라고 생물학자들은 말한다. 한 종이 특정한 형태의 생태계에 과도하게 전문화되면, 이 종은 환경의 변화에 적응할 수 없게 된다. 전환에 필요한 융통성이나 다양성을 갖추지 못했기 때문이다. 인간사회도 마찬가지이다. … 그 자신의 의지와 재주로써 세상을 사는 데 있어서는 가장 어리석은 농부나 야만인일지라도 전문가 사회에서 사는 가장 우수한 직업인이나 기술자나 지성인보다 더욱 능력이 있다.

- 제레미 리프킨, 『엔트로피』(*Entropy*) 중에서 -

이런 문제점 이외에도 칼 마르크스는 분업의 심화가 사회계급을 계층화하고 계급간 격차를 더욱 고착화한다고 비판한다. 뿐만 아니라 분업의 심화는 생산과정에서 노동자들을 소외시켜 하나의 도구화하는 비인간화에 결정적 영향을 미친다고 주장한다. 칼 마르크스는 근대 자본주의적 생산성의 기반이 분업이 아니라 오히려 기계생산이라는 측면을 비중 있게 생각했기 때문에, 언젠가는 분업이라는 노동의 조직화는 폐지될 것으로 간주한다.

「나는 몸의 흥분을 노래하네」, 월트 휘트먼의 시이다. 나는 깨우쳤네. 내가 좋아하는 이들과 함께하는 것으로 만족함을, 저녁에 일을 멈추고 사람들과 함께하는 만족감을, 아름답고, 호기심에 찬, 그리고 살아 숨 쉬는 영혼들에게 둘러싸인 것으로 만족함을 … 나는 더 이상의 기쁨은 필요 없다네, 기쁨의 바다를 헤엄친다네. 남녀 가까이 붙어서 그들을 바라보는 일, 그리고 내 영혼을 만족시키는 그들과의 마주함과 그들의 체취에는 무언가가 있다네. 모든 것이 영혼을 만족시키려 하지만 이들은 영혼을 정말 만족시킨다네. … 박부경의「사람, 그 틈새」라는 시이다. 혼자 있으면, 교수대의 꽃나무처럼 외롭고, 둘이 있으면, 형장의 이슬처럼 쓸쓸하고, 셋이 있으면 위증의 증인처럼 뼈가 시린, 사람과 사람 사이, 그래도 나는 사람이 좋아, 사람이라는 천년의 벽, 향기로운 그 틈새에, 기대어 산다.

칼 마르크스는 인간이 분업의 도구로 전락하지 않는 한, 사냥꾼이나 어부, 양치기, 학자가 되지 않고서도 마음먹은 대로 오늘 이 일을 하고 내일 저 일을 하면서 아침에는 사냥을, 오후에는 낚시를, 저녁에는 소먹이는 일을, 저녁을 먹은 후에는 토론을 하는 인간적 삶을 즐길 수 있을 거라고 주장한다. 한편, 에리히 프롬은 끊임없이 기계화되는 산업주의 밑에서는 인간은 사물로 변하고 그 결과로 불안에 휩싸이며 비록 삶을 증오하지는 않더라도 삶에 대해 전혀 무관심한 존재로 전락한다고 지적한다. 그는 지금이 인류가 풍요 속에서 인간답게 살아가느냐 또는 풍요를 대가로 인간성을 상실하고 자동인간으로 살아가느냐 하는 갈림길에 서 있다는 지점에 주목한다. 우리가 살아가고 있는 사회의 형태가 삶을 사랑하게 만드는 구조를 갖고 있는가, 아니면 죽음을 사랑하는 구조를 갖고 있는가에 대한 물음에 천착한다. 자신의 삶을 사랑하고, 독립적이고, 사랑할 줄 아는 능력을 강력하게 품고 있는 사람들, 그런 사람들이 주도하는 우리의 미래사회가 인류의 희망이고 비전이어야 한다.

## 추천 도서

- 로버트 D. 퍼스넘, 정승현 역, 『**나홀로 볼링**』, 페이퍼로드, 2016.
- 리처드 도킨스, 김명남 역, 『**지상최대의 쇼**』, 김영사, 2009.
- ———, 이한음 역, 『**조상이야기**』, 까치, 2005.
- 마빈 해리스, 김찬호 역, 『**작은 인간**』, 민음사, 1995.
- 유발 하라리, 조현욱 역, 『**사피엔스**』, 김영사, 2017.
- ———, 김명주 역, 『**호모 데우스**』, 김영사, 2017.
- 이동원·정갑영 외, 『**제3의 자본**』, 삼성경제연구소, 2009.
- 이준구·이창용, 『**경제학원론**』, 문우사, 2014.
- 제러미 리프킨, 안진환 역, 『**한계비용제로사회**』, 민음사, 2014
- ———, 이경남 역, 『**공감의 시대**』, 민음사, 2015.
- ———, 이창희 역, 『**엔트로피**』, 세종연구원, 2007.
- 페니 루 쿠터/제이 버레슨, 곽주영 역, 『**역사를 바꾼 17가지 화학이야기**』, 사이언스북스, 2008.

주제 09

# 생존과 경제

1. 자연선택과 성선택 그리고 문화
2. 금기문화
3. 소유문화와 존재문화
4. 호모 심비우스(homo-symbious)
5. 재생과 보존

## 1 자연선택과 성선택 그리고 문화

"살기 위해 먹는가, 아니면 먹기 위해 사는가"에 관한 논쟁은 "닭이 먼저인가, 아니면 달걀이 먼저인가"에 관한 논리적 모호성과 유사하다. 이 같은 주재의 논쟁거리는 생존의 본질적인 문제, 생존의 법칙과 욕구의 우선순위에 대한 문제이다. 본질적으로 생존과 욕구는 동전의 양면과 같은 성격을 내포한다. 생존은 욕구를 낳고 욕구는 생존을 유지시킨다. 먹지 않으면 생존할 수 없고, 생존해야만이 먹고자 하는 욕구가 성립된다. 죽은 자에게는 욕구조차도 존재하지 않는다. 이 세상에 생존하는 모든 생명체들은 생존, 그리고 생존을 위한 원초적 욕구, 그리고 먹거리의 확보를 위한 생산성 내지는 경쟁력을 필요로 한다. 생존하는 모든 것들은, 현존하는 우리 인간조차도 생태계의 먹이사슬로부터 자유로울 수 없다. "우리는 밥을 먹었다" 하고, 또는 "어떤 여자를 먹었다" 하기도 한다.[1] 먹는다는 것은 인간이 살아남기 위한 원초적 욕망이자 가장 고상하고 고귀한 삶의 수단이다. 밥을 먹는다는 것은 인간이 단기적으로 살아남기 위한 필연적 수단이요, 성적으로 교접한다는 것은 인간이 장기적으로 살아남기 위한 숙명적 전략이다. 성적 교접

1 '먹다'라는 말은 '음식 등을 섭취하다', '재물 등을 소유하다', '성적으로 교접하다' 등의 다양한 의미를 지닌다.

을 성사시켜 자신의 발가락이라도 닮은 아이를 출산시키려는 성적 욕구충족 행위는 자기복제(自己複製) 행위에 해당하며 세대와 세대를 잇기 위한 살아남기 게임의 결정판이다.

인간은 생물학적으로 60개 조의 세포, 1조 개의 세균, 10억 개의 뉴클레오타이드로 구성된 유기체이다. 염색체(뉴클레오타이드)의 총 길이는 무려 1,000억km, 즉 지구와 태양을 350번 왕복하는 길이이다. 생명체의 역사가 약 30억 년이라 추정한다면 지금 지구상에 생존하는 아무리 보잘것 없고 쓸모없는 생명체라 할지라도 세대와 세대를 잇는 징검다리를 30억 년 동안 단 한 번도 실수하지 않고 이어 온 위대한 존재임이 분명하다. 인간의 경우에도 사회적으로 아무리 시원찮은 존재라 할지라도 지구와 태양을 350번 왕복하는 분량의 엄청난 유전정보를 30억 년 동안 단 한차례의 실수도 없이 전달하고 복제해 낸 다음 재창조하는 위대한 존재라 경탄하지 않을 수 없다. 이런 까닭으로 지구상에 존재하는 모든 생명체는 그 존재만으로도 존엄하고 신성한 존재이다. … 리처드 도킨스는 그의 저서 『지상 최대의 쇼』에서 이렇게 적고 있다. "우리 주위는 너무나 아름답고 경이로운 생명들로 가득하다. 이것은 우연이 아니며, 무작위적이지 않은 자연선택에 의한 결과다. 이것은 진화가 펼쳐낸 지상 최대의 쇼이다."

성의 분화는 약 20억 년 전부터 시작되었다. 또한 성의 분화에 성공하지 못한 생명체들의 경우, 몇 가지 미생물을 제외하고는 대부분 멸종의 덫을 피할 수 없었다. 성의 분화, 즉 유성생식은 우연이 아닌 필연적, 자연선택적 불꽃놀이와 같다. 가장 화려하고 가장 아름다운 지상 최대의 쇼이다. 성의 분화는 자연환경의 변화에 대응한 생명체들의 반란이며 현란한 필살기이다. 또한 살아남으려 하는 생명체들의 생존에 대한 원초적 욕구와 에너지의 결과물이다. 유성생식은 생명체로 하여금 다양성과 적응성을 체화시키는 지혜로운 자연선택이었다. 생명체가 멸종을 모면하고 세대 간의 생명 줄을 이어가기 위해서는 감마선택과 K선택을 융합하거나 특화해야 한다. 감마선택이란 번식력을 지수화한 것이고 K선택이란 생존능력을 지수화한 것이다. 성의 선택은 K선택을 강화하거나 특화한다는 것을 의미한다. 칼 세이건도 그의 저서 『코스모스』에서 성에 대한 과학적·역사적 의미를 다음과 같이 설명하고 있다. 성의 발명은 지금으로부터 약 20억 년 전쯤의 일이다. 성이 발명되기 이전에는 생물의 변종현상이 돌연변이가 중첩되는 경우에만 발생되었고, 따라서 진화는 지겹도록 완만하게 이루어졌다. 그런데 성의 분화가 이루어지자 발가락이 서로 다른 두 개의 생물체들이 DNA의 부호 책을 한 절씩, 한 페이지씩, 혹은 한 책을 몽땅 교환할 수 있게 되었고, 그 결과 새로운 변종이 만들어져 선택이라는 체로 걸러지게 되었다. 성을 행하는 생물들은 선택되고, 성에 관심을 갖지 않은 생물들은 멸종하였다. 성에 관심을 갖지 않으면서도 전멸하지 않은 것들은 20억년 전에도 생존했던 미생물이거나 식물개체에 불과하고, 그들의 경우에도 급격한 환경의 변화에 적응할 필요에 대비하여 유성생식의 길을 열어 두었다. 우리는 인류의 진화과정을 '자연선택'이나 '성선택' 이론으로 이해할 수 있다.[2] 예전에는 자연선택 이론이 주류를 이루었지만 요즈음 진화과정을 이해하는 데 유용한 이론으로서 성선택 이론도 그 중요성을 높여가고 있다.

파라과이 동부에서 수렵채집 생활을 하는 인디오 아체족과 베네수엘라의 바리족 사람들의 자료를 보면, 여러 명의 잠재적 아비들로부터 식량을 얻는 아이는 한 명의 아비로부터 식량을 얻는 아이보다 생존율이 훨씬 높다는 것을 알 수 있다. 힘겨운 상황에서 살아 남으려는 여성의 입장에서 볼 때, 한 명의 믿음직한 아비가 있다면 행운이고, 두 명이 있다면 그것은 보험을 든 것과 같고, 세 명이나 그 이상이라면 바랄 게 없을 것이다. 남미의 많은 전통사회에서 여성은 정부를 '둘째' 아비로 가족의 일원에 포함시켜서 자식에게 식량이 부실하게 공급되지 않도록, 또는 자식이 고아가 되지 않도록 보호한다. 이곳에서 널리 퍼져 있는 생물학적으로 소설 같은 이야기, 즉 '태아는 여러 남자의 정액으로 만들어진다'는 믿음 덕분에 여성은 전략을 짜는 데 유리하다. 이런 생태적, 인구학적, 역사적 이유로 일처다부제가 존재하는 것이다. 즉, 남자가 여자를 선택하는 것이 아니라 여자가 남자를 선택한다는 것이다. … 암컷이 찾는 가장 적합한 수컷이란 '좋은 유전자'를 갖고 있거나 아니면 암컷의 필요에 딱 맞는 수컷을 의미한다. 암컷 공작새가 가장 화려하고 멋진 꽁지를 갖고 있는 수컷을 선택하는 것은 암컷이 유별난 미적 감각을 갖고 있기 때문이 아니다. 학자들은 암컷이 선택한 공작새가 낳은 새끼가 무작위적으로 짝짓기한 공작새가 낳은 새끼보다 훨씬 더 빨리 자라고 더 많이 살아 남는다고 보고한다. 암컷 선택의 진화적 중요성이다.

- 사라 블래퍼 흘디, 유병선 역, 『여성은 진화하지 않았다』(*The woman that never evolved*) 중에서 -

2 우리의 인체도 살아남기 위한 전략으로 일종의 자연선택이 작동하는데, 발이나 손에 동상이 먼저 발생하는 이유를 뇌를 보호하기 위해 추위로부터 손과 발을 먼저 희생시킨다는 데서 찾을 수 있다.

밥과 성의 역사는 생명체의 역사이며 인간의 역사이기도 하다. 밥과 성에 담겨진 모든 것들이 우리의 본질을 함축한다. 밥과 성을 제대로 이해한다면 역사와 문화를 바로 볼 수 있다. 이런 이유에서 "다른 나라나 다른 문화권을 여행할 때 그 나라나 그 문화권을 제대로 이해하려면 반드시 시장과 뒷골목을 살펴야 한다"는 말이 힘을 얻는다. 시장이란 그 지역의 밥 문화의 형상이며, 뒷골목은 그 지역의 성문화의 상징이기 때문이다. 인간과 사회를 이해하는 패러다임도 두 부류로 나누어진다. 하나는, 칼 마르크스와 같은 유물론적 관점이다. 인간의 문제를 사회적 망원경을 들이대고 밥(economy)으로부터 탐구하려는 시도이다.[3] 나머지 하나는, 프로이트와 같은 유심론적 관점이다. 인간의 문제를 개인적 현미경을 들이대고 성(sex)으로부터 구하려는 시도이다.[4]

밥은 인간의 기본적인 욕구 충족에 필요한 핵심적인 관심사이면서 문학에서 되풀이되어 온 문제의식이기도 하다. 김지하 "나는 밥이다", 최승호 "내 욕망은/밥숟갈을 닮았다"라는 표현도 있다.

- 우찬제, 『욕망의 시학』에서 -

… 칼 마르크스는 인간의 문제를 사적 유물론에 의한 사회구조적 관점에서 파악한다. 인간의 진정한 본질은 사회적 관계의 총체성이다. 인간의 의식이 그들의 존재를 결정하는 것이 아니라, 그 반대로 사회적 존재가 그들의 의식을 결정한다. 사회학은 심리학으로 환원될 수 없다 등의 관점을 말한다. … 인간의 모든 사건들은 그 사건보다 앞선 어떤 충분한 원인에 의해 나타난다. 이 같은 원인들을 칼 마르크스는 사회적이고, 경제적인 관점에서 파악하는 것에 반해, 지그문트 프로이트는 개인적이고, 심리적인 관점에서 파악하고 있다.

- 조시 코언, 『How to Read 프로이트』 중에서 -

조선조에는 씨받이와 씨내리 문화가 있었다. 씨받이[5]라는 영화는 "산 자보다

3 사회학적 관점이다. 루카치, 베버, 뒤르켐 등도 사회학적 관점을 유지한다. 프랑크푸르트학파(아도르노, 마르쿠제, 벤야민, 프롬, 노이만 등)는 마르크스주의의 교조주의에 반대하면서도, 마르크스의 동기를 계승하고 프로이트의 정신분석학과 미국의 사회학의 방법을 결합시켜 현대의 경험을 바탕으로 한 비판이론을 전개하였다.

4 심리학적 관점이다. 슈테켈, 아들러, 융, 브로일러 등도 심리학적 관점을 유지한다.

5 1987년 임권택 감독, 강수연 주연의 영화이다. 이조시대 대갓집 종손 신상규와 그의 부인 윤씨 사이에 손이 없자 상규의 어머니와 숙부 신치호가 숙의 끝에 씨받이를 결정한다. 이 영화의 주제는 '죽은 자를 위한 산 자의 고통', 즉 제사를 지낼 수 있는 남자아이를 얻으려는 욕구에서 씨받이를 당하는 한 여인의 고통을 다루고 있다.

죽은 자를 더 위하는 사회가 있었다"라는 유교문화의 성차별의 모순을 부각시킨다. 우리 전통사회에서 죽은 자가 감히 씨받이라는 이름으로 산 자의 고통을 강제한 이유는 무엇이었을까? 그것은 잘못된 유교적 관념이었다. 유교적 관념에 집착한 우리 선조들은 제사문화에 따른 장손존중의 질서를 고집하였다. 영생을 믿고 있던 우리 선조들은 '제사문화와 장손존중의 질서체계'에 의해 사후의 불확실성을 극복하려 하였다. 그들은 선남사상을 바탕으로 씨받이나 씨내리 문화를 구축함으로써 사내아이를 낳을 수 없는 위험에 대해서도 철저하게 대비하였다. 여자는 선조들에게 제사를 올릴 수 없다는 유교적 규범이 문제였다. 사내자식을 두지 못하는 경우, 그 누구든 자신이 죽은 다음 제상을 받을 수 없다는 것은 미래에 대한 불안이며 절망이었다. 따라서 우리 조상들은 사내아이를 얻는 것이야말로 사후세계의 먹거리를 안전하게 공급받는 유일한 방법으로 인식했으며 그 통로를 마련하기 위해 모든 수단을 동원하게 된다. 이런 관념이 바로 씨받이와 씨내리 문화를 배태시켰다. 씨내리의 경우에는 더욱 심각하다. 이것은 생리적으로 자신의 아들이 아닌데도 불구하고 부정한 방법으로 자신의 아들임을 꿰맞추려는 속임수에 불과하다. 자신의 발가락이 닮은 아이가 아닐지라도 사후에 제삿밥을 안정적으로 공급받기 위해서는 자신의 아이라고 우겨야 하는 생존과 먹거리에 대한 처절함을 적나라하게 보여 주고 있다.

우리 인류의 역사를 살펴보면 인구의 증가나 자원의 고갈로 인한 먹거리의 확보가 부족하여 생존을 위협받는 경우, 인구의 조절이나 새로운 생산기술의 개발을 통해서 생존의 돌파구를 마련해 오곤 했다. 새로운 생산기술의 개발을 통한 혁신적인 생산성 증대가 이루어지지 않는 경우, 인구를 조절함으로써 먹거리의 부족을 해결해 왔다. 인구를 조절하는 수단으로는 대단히 비극적이고 극단적인 방식이지만 전쟁, 유아살해, 노인살해와 같은 처절한 선택을 피할 수 없는 경우도 적지 않았다. 우리나라의 경우에도 고구려에서는 늙고 병든 노인들을 산채로 광속에 가둬 두었다가 사망 후 그 속에 매장하였던 고려장이라는 노인살해 문화가 있었다. 에스키모 사회에서는 자기 자신의 식량 문제를 해결할 수 없는 노인의 경우, 그 집단이 이동하는 과정에서 집단으로부터 떨어져나가 목숨을 거두게 하는 노인살해 문화가, 오스트레일리아 안헴랜드 주의 머진족 사회에서는 노인들이 병을 앓게 되면 이미 죽은 사람으로 대접하는 노인살해 문화가 있었던 것으로 알려

져 있다. 일본의 에도시대에도 먹을 것이 없는 가난한 집에 태어난 아기를 그 어미가 죽였는데, 맷돌로 눌러죽이기, 굶겨죽이기, 물을 묻힌 창호지를 코에 붙여 질식시켜 죽이기 등 잔인한 유아살해가 용인되었다. 이런 행위를 고가에시(子返し: 하느님에게 자식을 다시 돌려준다), 마비키(間引き: 솎아내기)라 한다. 이런 유아살해가 만연해지자, 도쿠가와 막부에서는 금령을 내리고 보조금을 하사하여 이 같은 유아살해를 줄이려 노력했다. 어미가 애를 목 졸라 죽이는 이 거짓말 같은 이야기가 신사(神社)의 에마 그림에 남아 오늘날까지 전해지고 있다.

생태계 전반을 지배하는 생존법칙을 자연선택으로 이해한다면 인간의 생존을 위한 투쟁에서 빚어지는 잔인함과 아픔만큼이나 자연계의 생존을 위한 투쟁도 잔인하고 고통스러웠다. 그 하나의 흥미로운 사례로서 맵시벌은 적나라한 생존의 법칙을 적시해 준다. 맵시벌은 희생자를 마비시키되 죽이지 않는다. 그 안에 알을 낳아서, 유충들이 속을 갉아먹도록 한다. 암컷 맵시벌은 애벌레 같은 살아있는 곤충의 몸 안에 알을 낳기 전에 애벌레의 신경절 하나하나에 세심하게 침을 놓는다. 희생자의 온몸을 마비시키되 계속 살아 있게 해서, 그 안에서 자랄 제 유충들이 늘 신선한 고기를 먹게 한다. 유충은 유충대로, 애벌레의 내장기관을 엄격한 순서에 따라 먹어간다. 지방이나 소화기관을 우선적으로 먹고, 심장이나 신경계 같은 핵심적인 기관들은 마지막으로 미룬다. 애벌레를 살려 두려면 그래야만 하는 것이다.

- 리처드 도킨스, 『지상 최대의 쇼』(*The Greatest Show on Earth*)에서 -

문화인류학자인 마빈 해리스에 의하면 원시전쟁은 인구증가와 자원고갈로 인해 먹거리 확보가 위협받을 경우, 원시부족들이 인구조절을 위해 선택했던 해결책이었음을 지적하고 있다. 밴드 및 촌락사회에서 전쟁을 일으키는 이유는 간단히 설명될 수 있다. 그들은 자신들의 음식공급의 원천이 되는 흙, 숲, 사냥감을 둘러싸고 경쟁을 하게 된다. 이러한 상황에서 자원고갈이나 인구증가로 인해 또는 그 두 가지가 겹쳐서 먹거리가 부족해짐으로써 그들의 생존이 위협받게 되는 경우, 그때 그 지역의 집단들은 그들이 스스로 인구를 줄이거나 아니면 음식소비를 줄여야 한다는 것을 깨닫게 된다. 산업사회적 피임기구나 중절수술 같은 것이 없는 상황에서 인구를 줄인다는 것은 그 자체로 많은 대가를 치러야 한다. 그리고 음식소비의 양과 질을 줄인다는 것은 어쩔 수 없이 구성원들의 건강과 원기를 떨어뜨려 영양부족, 굶주림, 질병 등으로 더 많은 사람들을 죽게 할 수 있다는 것을 의미한다. 이러한 위협적 상황에 직면한 밴드 및 촌락사회에서 전쟁은 매혹적인 해결책으로 부상하게 되고, 밴드 및 촌락사회의 경우에는 양쪽 모두가 전쟁으로 인해 멸족하는 경우가 별로 없기 때문에, 각 집단들은 이웃의 인구밀도를 강제로 줄임으로써 자기들의 생활여건을 개선시킬 수 있는 기회를 얻기 위해 전쟁을 기꺼이 합리적인 수단으로 받아들이게 된다는 논리이다.

또한 마빈 해리스는 원시전쟁뿐만 아니라 유아살해나 여아살해도 먹거리의 부족을 해결하기 위한 인구조절의 수단으로 선택되었음을 지적하고 있다. 야노마모족의 인구증가에 관해 이야기할 때 지적했듯이, 산업혁명 이전에 생태계가 과부담과 고갈을 겪게 되는 직전 및 직후의 시기에는 여아살해의 비율이 최고에 달했다는 것이 그 시대의 특징이었다. 13세기 및 14세기 영국의 유아살해에 관한 켈럼의 조사에 의하면 어린이가 스토브에서 엎질러진 항아리의 뜨거운 물에 데어서 죽거나, 냄비의 우유에 빠져 죽거나, 우물에 떨어져 죽거나 하면 검사관을 불러 조사했다고 한다. 반면에 유아 사고사의 가장 빈번한 원인이었던 질식사의 경우에는 교구의 주임사제가 그 사건을 다루었다. 그리고 질식사는 관례적으로 압사로 돌렸다. 그리고 그 어미에 대해서는 공식으로 경고하거나 참회 아니면 빵과 물만 먹게 하는 식사제한 정도이지 그 이상의 가혹한 처벌을 하지 않았다.

인간의 생존을 위한 역사적 여정은 길고도 험난하며 처절한 선택의 연속이었다. 인간이 만들어 온 문화적 요소들은 살아남기 위한 생존전략의 반영이고 합리적 선택의 결과물이다. 씨받이나 씨내리, 전쟁, 노인살해나 유아살해 등등의 문화적 현상들조차 인간이 살아남기 위한 필연적 전략·전술이요, 멸종의 덫을 피해 나갈 지혜로운 결단이었다.

## 2 금기문화

금기문화는 인간이 인간다워지기 위한 금줄에 해당한다. 또한 생존을 위한 먹거리를 확보하고 사회적 관계를 확대하려는 계책이기도 하다. 생물학적 욕구에 금줄을 긋고 문화적인 영역을 확보함으로써 금기문화를 통해 인간적 모럴을 성립시켰다. 중국의 고자(告子) 선생은 일찍이 '식색본야(食色本也)', 즉 인간의 본성을 식욕과 성욕에서 찾고 있다. 앞서 얘기한 생명체의 생존욕구도 성욕과 식욕에서 비롯됨을 알 수 있다. 한마디로 음식문화와 성문화는 인간의 생존력과 번식력을 내포하는 대리변수와 같다. 인간이 다른 동물들과 차별화된 중요한 분기점이 바로 금기문화에 있다. 인간은 같은 동족을 잡아먹지 않는다(식인)는 음식에 대한 금기문화와 인간은 동족과 섹스하지 않는다(근친상간)는 성에 대한 금기문화이다. "인간은 아무거나 먹지 않을 뿐만 아니라 아무하고나 섹스하지 않는다"는 절제와 분별의 미덕을 금기문화로 성립시켰다. 아무거나 함부로 주워먹거나 아무하고나 함부로 섹스하는 것은 곧 짐승을 의미하는 것이다. 이 같은 음식에 대한 금기문화와 성에 대한 금기문화는 경제·사회적으로 독특한 의미를 부여한다. 성에 대한 금기는 근친상간의 금기문화인데, 이것은 진화과정에서 열성이 아닌 우성인자의 복제를 가능하게 하여 인위적 선택에 의한 진화를 확장시켰을 뿐만 아니라, 서로 다른 부족이나 집단 간의 피의 동맹을 강화시킴으로써 보다 폭넓은 사회관계를 생성·발전시켰다.

레비-스트로스는 "근친상간에 대한 금기는 상호교환과 호혜성의 원리가 작동하는 것으로 해석한다. 교환법칙은 집단간의 대립을 완화시킨다"고 주장했으며, 마가렛 미드는 "자기 누이와 결혼하는 것은 매형이나 매제를 포기하는 것이고 따라서 근친상간은 도덕적으로 유죄이기 이전에 사회적·경제적으로 불합리한 것이다"라고 주장한 바 있다. … 음식은 생존의 수단이자 문화이며 이제는 그것이 생존위기의 한 원인이 되고 있다.

- 최창모, 『금기의 수수께끼』에서 -

음식문화에서의 금기에 대한 의미로서는 다양한 관점에서의 해석이 가능하다. 위생학적인 측면에서는 건강에 좋지 않은 음식들을 금기의 대상으로 해석하는 경향이 있으며, 경제학적 측면에서는 희귀한 음식이거나 생태환경, 생태조건이나 음식물의 처리과정에서 비경제적인 요소들을 내포하고 있는 음식들을 금기의 대상으로 해석하는 경향이 있다. 또한, 형이상학적인 측면에서는 금기음식이 공동체 구성원들에 대한 공동체의 규범으로 설정되는 경향이 있다. 그것을 존중하는 사람들은 결합시켜 주고, 그것을 위반하는 사람들은 이방인으로 낙인을 찍어 배제시키는 역할을 한다. 또한, 어떤 특정 음식물에 대한 금기는 이방인을 배제시키면서 공동체의 결속력을 강화시키는 역할을 한다. 허용되는 음식물은 동질성을 만족시키고 금기시하는 음식물은 동질성에 대한 기준을 제시한다.

돼지고기의 금기는 돼지고기에는 주혈원충, 유구조충, 선모충과 같은 기생충들이 기생하고 있기 때문이라는 주장이 있다. 그러나 다른 동물들의 고기도 익혀 먹지 않으면 다른 병을 유발할 수 있다. … 돼지고기의 금기는 열대지방에서 돼지를 사육하는 비용, 돼지고기를 저장하는 비용, 돼지를 통해 다른 영양소를 얻을 수 없는 기회비용(우유), 돼지가죽으로 유용한 공구를 만들 수 없는 기회비용(안장, 장갑, 벨트 등), 돼지는 소나 말 또는 염소처럼 달구지나 쟁기를 끌 수 없다는 기회비용 등등의 이유로 다른 가축에 비해 비용은 높고 편익은 낮은 비경제적인 동물이라는 주장이 있다. … 중동지역의 기후에서 돼지를 기르려면 많은 수고와 비용이 든다. 우선 돼지에게 소나 양과는 달리 그늘과 많은 물을 제공해 주어야 하고, 돼지에게는 먹이로써 풀이나 다른 식물이 아닌 곡물을 제공하여야 하기 때문이다. 돼지는 소나 양, 염소처럼 쟁기를 끌거나, 의복과 신발, 마구의 재료를 제공하지도 못하며 소나 양, 염소 고기처럼 육포를 만들거나 오랫동안 보존할 수 없어 여러 측면에서 비경제적이다. … 힌두교도나 구미 사람들은 다같이 인도에서의 육식의 금기는 식욕에 대한 도덕의 승리라고 본다. 그러나 이것은 문화의 발전과정에 대한 잘못된 위험한 해석이다. 힌두교도의 채식주의는 물질에 대한 정신의 승리가 아니라 생산력에 대한 생산력의 승리인 것이다. 서유럽에서 '맨손'종교의 보급을 촉진시키고 산 짐승을 제물로 바치고 그 고기로 재분배 잔치들을 벌이는 일을 없애고, 돼지와 말, 나귀 같은 가축들의 고기를 못 먹게 금지한 것들과 똑같은 물질적 진행과정이 인도를 이끌어 모든 동물의 고기를 먹는 것을 규탄하고 금지하는 종교를 갖게끔 가차없이 몰고 갔다. 이것은 인도의 정신력이 다른 지역에서의 정신력 보다 뛰어났기 때문에 일어난 것이 아니다. 그것보다는 오히려 인도에서는 생산증강을 위한 노력, 자연자원의 소모 또는 고갈, 그리고 인구밀도의 증가가 멕시코 계곡을 제외하고 산업혁명 이전 세계의 어느 다른 곳에서보다도 더 강력하게 성장의 한계를 넘어서 추진되었기 때문에 일어난 것이었다.

- 마빈 해리스, 『식인과 제왕』(*Cannibals and Kings*)에서 -

… 인도대륙이 인도와 파키스탄으로 나누어지기 이전에는 회교도들이 암소를 잡아먹는 것에 분노하여 힌두교도들의 유혈폭등이 연례행사처럼 일어났다.

인도의 힌두교도들이 암소를 숭배하고 소고기 먹는 것을 금기시하는 근본적 이유는 무엇이었을까? 힌두교도들은 그들의 제단 위에 소의 고기보다는 소의 노동력과 젖 그리고 농사를 위한 거름이 진상되기를 염원하였다. 특히, 소는 사람들이 먹지 않는 곡물 찌꺼기들을 주식으로 삼는 청소동물이다. 인도에서의 소의 역할은 쟁기를 끄는 힘, 신선한 우유, 그리고 농사에 필요한 밑거름을 제공할 뿐만 아니라 암소의 경우에는 이같이 유용한 소들이 늙고 병들어 죽어가는 경우, 새로운 소들을 수태해 줌으로써 재생산을 위한 제조창 기능까지 수행해 준다. 경제적 관점에서 인도인들은 기꺼이 암소에게 신성화된 종교적 계율로 엮은 금줄로써 소를 잡아먹지 못하도록 하는 금기를 엮어 두었던 것이다. 그들은 암소들로부터 풍부한 단백질(우유)과 노동력의 공급을 안정적으로 보장받을 수 있을 뿐만 아니라 농경사회의 생산성을 지속시킬 수 있는 선순환구조를 선택했던 셈이다.[6]

또한 중동의 유대인들과 이슬람교도들은 어찌하여 돼지를 저주하며, 추악하고 지저분한 동물로 매도하였을까? 돼지는 배설물을 먹고 더러운 진흙탕에 몸을 씻는 비위생적인 동물이라는 측면, 특권층의 음식물이 되자 평민들에게 제한하기 위해 돼지고기를 금기시했다는 다양한 주장이 있을 수 있다. 하지만 무엇보다도 설득력을 가진 돼지고기 금기에 대한 해석은 생태적·환경적 요인에 의한 경제적 선택의 결과로 보여진다. 열대지역에서는 특히나 사막지대에서는 곡물생산이 빈곤하다. 이런 상황에서 돼지들은 주식이 곡물이며, 먹어치우는 양도 엄청나다. 중동인들은 자신들의 먹거리 확보를 위협하는 돼지들에게 지저분한 덫을 씌우고 추악한 낙인을 새겨 그들의 왕성한 번식력을 저지하려 의도했던 것 같다. 이 같은 음식물에 대한 금기가 어느덧 종교분쟁을 일으킬 정도의 종교적 계율로 이념화되어 버렸다. 회교도들은 돼지고기를 금기시하고 소고기는 식용으로 사용한다.[7] 반면에 힌두교도들은 소고기를 먹는 회교도들을 소 살해범으로 증오하는 대립각을 세운다.

---

6 최근의 조사결과에 의하면, 육류의 섭취가 동일한 열량을 얻기 위한 곡물의 섭취보다 더 많은 곡물을 소비하게 되는 것으로 나타났다. 1킬로그램의 돼지고기를 생산하기 위해서는 3킬로그램의 곡물이 소비되고, 1킬로그램의 소고기를 생산하기 위해서는 8킬로그램의 곡물이 소비된다.

7 지금도 사우디아라비아 공항당국은 입국자들의 공항검색에서 가공된 돼지고기라 할지라도 반입을 금지시키기고 있으며, 맥도날드의 치즈버그가 가장 인기 없는 도시는 바로 예루살렘이다. 유대인에게는 치즈와 고기를 섞어 먹는 것도 금기에 해당하기 때문이다.

동물 중에 마라톤을 할 수 있는 것은 인간뿐이다. 이것은 발열기관 그리고 엉덩이와 관련이 있다. 다른 동물들은 두꺼운 털가죽을 뒤집어쓰고 있는데 반해 인간은 모든 피부가 발열기관이다. 인간의 엔진은 공랭식인 셈이다. 볼록 튀어나온 둔부비대형 엉덩이로 땀과 함께 체온을 조절한다. 또한 엉덩이에 비축된 지방질은 비상식량이 된다. 코이산족의 경우 마라톤 사냥을 위해 음식도 먹지 않은 채 150km를 지속적으로 걷는 능력을 갖고 있다. 인간만이 42.195km를 한 번도 쉬지 않고 달릴 수 있는 비상연료통과 최상의 공랭식 엔진을 갖춘 셈이다. 이것이 원시적인 사냥법으로 마라톤 사냥이 가능했던 이유이다. 다른 동물들이 단거리에서 가속력에 우위를 보이지만 원시인류는 장거리에서 지구력에 우위를 점했다 할 수 있다. 사슴 떼를 흔적을 쫓아 계속 추적해 가면 한계상황에서 사슴들은 지쳐 쓰러지게 된다. 이때 사슴을 들쳐 메고 집으로 돌아오면 그만이다. 이것이 마라톤 사냥이다.

돼지가 발열기관이 발달하지 않은 반면 개는 기다란 혀를 발열기관으로 활용한다. 긴 혀를 늘어뜨림으로써 엔진의 열을 냉각시킬 수 있다.따라서 사냥개나 늑대와 같은 개과의 동물들은 가속력이 아닌 지구력으로 사냥감을 제압한다. 이와 관련해서 우리 인간의 원시사냥, 그 과정에서 사냥개가 사냥의 중요한 도구였다는 점은 매우 흥미롭다. 또한, 수렵문화에서의 개와 농경문화에서의 개의 역할과 기능은 달랐던 것 같다. 농경문화였던 우리나라의 경우, 개는 똥개였다. 똥개의 역할은 집을 지키거나 사람이 먹고 남은 음식물 찌꺼기를 청소하는 역할을 한다. 그래서 우리 문화에서는 똥개는 인간이 먹고 남은 찌꺼기들을 청소하고 그 축적된 단백질마저도 주인님을 위해 공급해 주는 경제적인 식용동물이었다. 이것이 보신탕 문화이다. 또한, 우리 조상들은 집에서 기른 가축들에 대해 열린계 문화적 관점을 유지한 것으로 이해된다. 전북의 오수지역에 가면 '오수의 의견(義犬)'이라는 유명한 개 이야기가 있다. 술에 취해 잠든 주인을 자신을 희생하고 구한 눈물겹도록 감동적인 의로운 개 이야기이다. 그런데 그 동네의 유명한 음식은 보신탕이다. 이것은 무엇을 의미하는가? 열린계에서의 먹는다는 것은 다른 생명체의 에너지를 포식자의 에너지로 전환하는 작업에 불과하다. 다른 생명체의 에너지가 포식자의 에너지로 체화되어 포식자의 몸속에서 포식자와 함께 살아가는 엄숙한 작업, 이것을 보신탕 문화로 설명한다면 지나친 비약일까?

뉴기니의 기미족 여인들이 죽은 남자를 먹으면서 외치는 전통적인 곡소리가 있다. "우린 남자가 부패하게 버려두지 않을 거예요. 우린 그를 동정해요! 나에게 오세요. 그러면 당신은 땅위에서 썩지 않아도 돼요. 당신의 몸이 내 안에서 동화되게 해 주세요." … 어쩌면 논리적인 귀결은 아닐지도 모르겠지만, 나는 이렇게 생각한다. 배다른 형제들을 둥지에서 밀어내는 어린 뻐꾸기, 노예를 부리는 개미들, 살아있는 애벌레의 몸을 안에서부터 파먹는 맵시벌 유충의 본능은 그들에게만 특별히 부여되었거나 창조된 것이 아니다. 그것은 하나의 일반법칙에서 따라 나온 작은 결과들이다. 모든 생물을 발달시키는 그 법칙인즉, 다양하게 증식해야 한다는 것이다. 강자는 살아남고 약자는 죽는다는 것이다. … 우리는 모든 생물체가 자신의 비중을 높이려고 안간힘을 쓴다는 사실을 항상 염두에 두는 수밖에 없다. 모든 생물체가 한 생애의 어느 기간이든, 연중 어느 계절이든, 어느 세대에든, 세대 사이의 어떤 기간에든, 생명을 위해 투쟁해야 하고, 엄청난 파괴를 감내해야 한다. 그러한 투쟁에 관해 숙고하다 보면, 우리는 다음과 같은 믿음으로 위안을 삼고 싶어진다. 자연의 전쟁도 끝없는 것은 아니라는 믿음, 공포를 느끼지 않아도 될 것이라는 믿음, 죽음은 일반적으로 신속하게 끝날 것이라는 믿음. 생기 넘치고 건강하고 행복한자가 살아남고 번영하리라는 믿음 …

- 리처드 도킨스, 『지상 최대의 쇼』(*The Greatest Show on Earth*)에서 -

반면에 수렵문화에서는 개는 사냥개였다. 사냥개는 인간과 함께 사냥감을 공격하는 동료요 친구이자 자본이었다. 사냥개는 인간의 사냥을 더욱 생산적으로 만드는 중요한 생산수단인 셈이다. 한편, 사냥 중에 사냥감으로부터 인간이 위험에 처했을 때 사냥개는 그를 충직하게 지켜주는 훌륭한 보디가드이자 동업자였다. 수렵문화권이었던 서양에서는, 이런 생산적이며 우호적인 사냥개를 잡아먹는다는 것은 상상할 수 없었다. 자본이자 동료이며 보디가드인 사냥개를 잡아먹는다는 것은 비합리적인 행위이며, 비윤리적이고 비인간적인 행위로 비난의 대상이 되었다. 이런 차원에서 서양에서의 오랜 역사성을 지닌 개를 위한 장례문화나 개를 위한 상속문화는 이해될 수 있을 것이다. 서양에서 발달한 애완견 문화도 이런 맥락에서 이해될 수 있다.

가축인 개가 늑대보다 인간의 얼굴 표정을 더 잘 '읽는다'는 것이 실험을 통해서 밝혀지기도 했다. 이것은 오랜 세대 동안 의도하지 않은 채 이루어진 상호진화의 결과인 듯하다. 그와 동시에 우리도 그들의 표정을 읽었고, 늑대보다 개가 더 인간적인 얼굴 표정을 지니게 되었다. 인간들이 의도하지 않은 채 그렇게 선택을 했기 때문이다. 우리가 개는 사랑스럽고 애처로우며 다정해 보이는 반면에 늑대는 사악해 보인다고 생각하는 것도 이 때문일 것이다.

- 리처드 도킨스, 『조상이야기』(*The Ancestor,s Tale*)에서 -

최근 영국과 미국에서 출간된 아메리칸 내츄럴리스트지에 발표된 개에 관한 한 연구에 의하면, 개는 사람에게 귀여운 외모를 갖도록 진화한다는 내용도 이와 관련성이 있는 듯하다. 인위적 선택에 의한 진화라 할 수 있을 것이다. 또한 개의 경우 녹말을 소화할 수 있는 소화효소를 갖게 되는데, 사람들이 먹고 남긴 음식물을 먹는 과정에서 늑대와 달리 탄수화물을 소화하는 방향으로 진화한 결과이다. 우리 조상들은 사냥개를 전견, 집지키는 개를 폐견, 식용으로 먹는 개를 식견으로 분류한 것을 보면 농경사회에서 개는 애완견의 성격보다는 단백질을 보충하는 식견으로서의 성격이 강했던 듯하다.

다시 돼지 이야기로 돌아와서 뉴기니와 남태평양 군도의 몇몇 부족들은 돼지를 신성한 동물로 인식한다. 그들은 돼지를 신성한 동물로 여겨 조상들에게 제물로 바칠 뿐만 아니라 결혼이나 축제 같은 성스러움을 기념할 때에도 상징적으로 돼지를 사용한다. 그런데 흥미로운 것은 그들도 우리처럼 돼지를 잡아먹는다. 그런가 하면 중국이나 한국의 과거 농경문화에서는 돼지는 단백질을 보충해 주는 중요한 먹거리이며, 사람들이 먹지 못하는 찌꺼기들을 처분해 주는 청소동물이고, 농사에 필요한 밑거름을 생산해 주는 비료공장이었다. 더욱이 우리나라의 경우에는 돼지라는 가축이 사람들에게 행운과 재복을 가져다 주는 지혜로운 동물로 인식되고 상징적인 의미까지 부여하는 경향이 있다. 돼지꿈은 사람들에게 행운과 재복을 가져다 주는 길몽으로 해석되었고, 돼지를 이웃사람들에게 무상으로 나누어 주고 그 돼지가 새끼를 낳을 때마다 한 마리씩 돌려받는 복돼지 풍습은 우리의 미풍양속에 해당한다.

최근 우리나라의 고액복권 당첨자들에 대한 어떤 조사에 따르면, 복권구입 동기에 대해 '꿈 때문'이라는 답변이 가장 높은 비중을 차지하고 있으며, 꿈의 내용에 대해서는 첫째가 '돼지꿈'인 것으로 둘째가 '조상꿈'인 것으로 밝혀진 바 있다. … 밭농사의 으뜸은 역시 보리밭이었고, 비료 없던 시절에 보리밭에는 돼지 똥이 최고였다. '복돼지 같다. 돼지같이 먹는다'는 풍요와 다복함을 상징한다. 「동국세시기」를 보면, 새해 벽두의 돼지날인 상해일에 돼지주머니를 신하에게 나누어 주어 풍농을 염원하는 대목도 있다. … 「삼국지 위지 동이전」 '읍루조'에 이르길 그 지방의 기후는 추워서 부여보다 혹독하다. 그들은 돼지고기를 좋아하며, 그 고기는 먹고, 가죽은 옷을 만들어 입는다. 겨울철에는 돼지기름을 몸에 바르는데, 그 두께를 몇 푼이나 되게 하여 바람과 추위를 막는다.

- 주강현, 『우리 문화의 수수께끼』에서 -

우리 조상들에게 복돼지 풍습이란 조상의 명복을 빌거나 부모의 수복을 기원하기도 하고 자식의 무병이나 과거급제를 염원하는 기복의 수단이었다. 현재에도 남원지방이나 제주지방에는 똥돼지가 있다. 이것은 토종돼지이며 사람의 똥을 먹고 자란다. 우리 조상들은 똥문화를 통해서 돼지와 사람 간의 곡물에 대한 먹거리 경쟁을 현명하게 해결하였다. 똥돼지의 고기, 가죽 그리고 기름덩이는 우리 조상들의 먹거리이면서 유용한 생활용품이었고, 돼지우리에서 생산되는 거푸집이야말로 보리밭을 풍성하게 하는 유일한 밑거름이었다. 우리 조상들의 똥돼지 문화는 먹거리의 부족이라는 생식압력의 상황에서 생태환경의 파괴나 고갈, 먹이경쟁에 의한 개체간 갈등을 최소화하면서 새로운 생산양식을 창조한 사례로 여겨진다.

"가지에 앉은 종다리를 죽이는 그대 살해자여" 새끼뻐꾸기는 배다른 형제들이 부화하여 먹이경쟁을 벌이기 전에, 본능적으로 그들을 살해한다. … 숲 경제에서는 햇빛이 귀중한 일차상품이다. 천개 아래로까지 내려오는 햇빛은 많지 않다. 나무들이 거의 틈을 남기지 않은 채 천개를 조각조각 나눠 갖기 때문이다. … 탁 트인 땅 한가운데 당당하게 서 있는 키 큰 나무 한 그루를 보자. 나무는 왜 그렇게 클까? 태양에 가까워지기 위해서는 절대 아니다! … 성숙한 숲의 천개는 공중에 뜬 초원과 마찬가지다. 풀이 넘실거리는 초원과 똑같지만, 죽마를 타고 높이 올라가 있는 것뿐이다. 천개는 초원과 똑같은 정도로 태양에너지를 수확한다. 하지만 상당한 양의 에너지가 죽마로 투입되어 낭비된다. 죽마는 초원을 하늘 높이 떠받치는 것 외에는 아무런 쓸모가 없고, 공중이라고 해서 땅에 납작 깔려 있을 때보다 더 많은 광자를 수확하는 것도 아니다. 오히려 땅에 있으면 비용이 더 적게 들 것이다. … 식물 개체들은 같은 종이나 다른 종의 개체들과 경쟁하면서 점점 커지다 보니, 설계자가 추천할 만한 높이보다 더 높아지게 되었다. … 서로 다른 숲에서는 서로 다른 최대 높이로 균형이 맞춰진다. 모르긴 몰라도 그 높이가 태평양 연안의 붉은 삼나무 숲을 초월하는 곳은 없을 것 같다. … 우리가 실제로 보는 숲은 자연선택이 모든 나무 종에 대해서 같은 종이나 다른 종의 경쟁 개체를 능가하는 특정 개체들을 선호한 결과다. … 포유류 중에서 가장 빠른 달리기 선수 다섯 종은 치타, 프롱혼, 누, 사자, 톰슨가젤이다. 우리가 주목할 점은, 달리기 종목 상위에 오른 선수들이 모두 사냥감 아니면 사냥꾼이라는 것이다. … 치타는 3초 만에 시속 97킬로미터로 가속할 수 있다. 페라리, 포르쉐, 테슬라 같은 스포츠카들과 겨룰 만하다. 사자도 가공할 가속력을 자랑한다. 가젤은 사자보다 가속력은 좀 못하지만, 대신 지구력이 뛰어나고 방향 바꾸기에 능하다. 고양이과는 일반적으로 단거리 달리기에 알맞고, 끈기가 주특기인 아프리카 사냥개나 늑대 같은 개과는 먹잇감을 지치게 해서 잡는다. … 우리는 메뚜기나 나비의 위장이 지나치게 상세하다고 단언하기 전에, 그 곤충의 천적에게 어느 정도의 인식능력과 구분능력이 있는지 확인해봐야 한다. 그러지 않는다면, 적군의 무장이 어떤 종류고 얼마나 효과적인지 묻지도 않은 채 우리의 순양함이 지나치게 무장되어 있고, 포탄의 사정거리가 지나치게 길다고 단언하는 것이나 같다. 문명화된 전쟁에서 줄곧 개량이 이루어지듯이, 정글의 원시적인 투쟁에서도 줄곧 대대적인 진화의 무기경쟁이 진행된다. 그 결과, 방어하는 쪽에서도 속도, 경계, 방패, 가시, 땅을 파는 습성, 야행성, 독 분비, 고약한 냄새, 보호색, 경계색, 의태색 등의 장치들이 등장한다. 공격하는 쪽에서는 속도, 기습, 매복, 유인, 예리한 시각, 발톱, 이발, 침, 독니, 은폐색, 유인색 등의 대응 속성들이 등장한다. 쫓는 자의 속도가 증가하면 그에 따라 쫓기는 자의 속도도 증가하고, 공격적인 무기에 맞추어 방어적인 방패가 등장하는 것처럼, 완벽한 위장도 인식능력의 개선에 대한 반응으로 진화했다.

- 리처드 도킨스, 『지상 최대의 쇼』(*The Greatest Show on Earth*)에서 -

인류가 생존에 관해 터득해 온 험난한 삶의 체험들은 동물의 왕국에서 펼쳐지는 장대한 스펙터클을 관조하게 하며, 문화란 결국 인간의 생존과 번식을 위한 모든 지혜의 결정체라는 믿음을 확인하게 한다. 모든 생명체의 생존과 번식을 위한 가장 기본적인 요건은 먹거리의 확보 문제이다. 인류가 남긴 먹거리 확보와 관련한 다양한 양식들은 시대적 특성과 환경적 제약의 반영일 뿐이다. 문화적 차별성은 시대적 상황과 환경적 제약이 투영된 서로 다른 생존전략의 잔재들로 가득하다. 마빈 해리스는 가족제도, 재산관계, 정치경제, 그리고 음식의 기호 및 금기 등을 포함한 종교, 신앙 등을 이해하는 데 있어서 생식압력(인구의 증가), 생산강화, 생태환경의 파괴와 고갈, 새로운 생산양식의 출현이라는 과정을 대입시키고 있다. 결국 시·공을 초월하여 인류가 직면하는 생존전략의 계책들은 경제문제에 그 뿌리를 두고 있으며, 각각의 문화적 특성들은 곧 인류의 경제문제를 이해하는 실마리이고, 경제현상의 골격이며, 하부구조[8]의 본질을 지탱하는 주춧돌이다.

## 3 소유문화와 존재문화

문화란 삶의 방식을 의미한다. 생존방식이 곧 문화이고, 그 문화는 어떤 개인의 사고방식이나 가치체계를 반영한다. 리처드 니스벳은 동양인과 서양인의 세상을 바라보는 사고의 차이에 대한 『생각의 지도』(*The Geography of Thought*)라는 책을 집필했다. 그는 이 책에서 '더불어 사는 동양인과 홀로 사는 서양인', 그리고 '전체를 보는 동양인과 부분을 보는 서양인'에 대한 차이의 원인을 밝히고 있다. 동서양 사고방식 차이의 가장 근본적인 출발점은 고대 중국과 그리스의 서로 다른 생태환경에서 찾고 있다. 두 문화의 상이한 생태환경은 서로 다른 경제적·정치적·사회적 체제를 초래했다. 중국의 자연환경은 주로 농경에 적합하였고, 농경은 공동작업이 필수적이어서 이웃과의 화목이 중요한 반면, 그리스의 자연환경은 농업보다는 사냥, 수렵, 목축, 그리고 무역에 적합했다. 이런 일들은 농업에 비해 다른 사람과의 협동이 덜 필요했다. 이런 맥락에서 동양인들은 개인의 힘보다는 외부의 힘을 중시하는 집합주의적이고 상호의존적인 사회에 살기 때문에 '외부환경'에 더 많은 주의를 기울이는 것이고, 반면에 서양인들은 개인주의적이고 독립적인 사회에서 살기 때문에 보다 분석적인 눈으로 세상을 보고 환경보다는 '사물 자체'에 많은 주의를 기울이는 것으로 이해할 수 있다.

---

8 칼 마르크스는 사회의 구조를 건축물과 비유하여 토대(하부구조)와 상부구조로 분리하였다. 토대란 일정한 사회발전 단계에 있는 사회의 경제제도이고, 상부구조란 사회의 정치적, 법률적, 종교적, 예술적, 철학적 견해 및 그에 조응하는 정치적·법률적 기관 등을 말한다.

고대 중국인들은 자연 세계와 초자연 세계의 현상을 이해하는 과정에도 종합적 사고방식을 적용했다. 그들은 땅(인간계)에서 일어나는 사건이 자연계와 우주 전체에 영향을 준다고 생각했다. 이런 생각은 현대의 동양인들에게도 여전히 남아 있는 것 같다. 예를 들면, 도교 사상이나 일본의 신도 사상의 경우 모두 강한 애니미즘을 내포하고 있어서, 동물이든, 식물이든, 심지어 인간이 만들어낸 인공물조차 모든 사물은 영혼을 가지고 있다고 믿는다. 자연을 등장시키는 광고는 서양에서보다 동양에서 훨씬 더 효과적이다. 일본의 닛산 자동차 회사가 '인피니티'라는 고급세단을 미국에서 광고할 때 아름다운 자연 풍경을 계속 보여주고 맨 마지막에서야 인피니티라는 이름을 내보냈다. 예상대로 이 광고는 미국에서 별로 성공하지 못했다. 아이러니컬하게도 인피니티 대신 나무나 바위의 판매고만 증가했다고 한다. 자연과 하나가 되는 메시지는 서양인들에게는 덜 매력적이었던 것이다.

- 리처드 니스벳, 『생각의 지도』(*The Geography of Thought*)에서 -

동양문화는 상생의 가치체계를 반영하고 서양문화는 지배와 착취의 가치체계를 반영한다. 동양문화의 기반을 이루는 동양철학은 "인간의 효용과 관계없이 자연은 신성하다"는 가치체계를 반영한다. 자이나교, 불교, 힌두교, 도교, 전통적인 서구의 다신교 등은 이 같은 존재양식에 부합하는 가치체계를 추구한다. 반면에 서양문화의 기반을 이루는 기독교의 가치체계는 자연에 대한 인간의 우월성과 인간의 특권을 강조한다. "생육하고 번성하여 땅에 충만하라. 땅을 정복하여라. 바다의 고기와 공중의 새와 땅위에 살아 움직이는 모든 생물을 다스려라!" 구약성서 창세기에 나오는 한 구절이다. 서양식 소유문화는 우리의 끊임없는 욕구의 쳇바퀴가 돌고 있는 한, 생산과 소비의 극대화를 위한 자연에 대한 오염과 훼손, 그리고 다른 생명체에 대한 학대와 남벌을 지속시킨다. 서양철학의 거두 헤겔은 인간의 자유조차도 인간과 자연의 완전한 대립구도로 이해한다. 자유란 자연 속에서, 혹은 자연에 순응하여 어떤 제약도 없이 살아가는 자연인을 의미하는 것이 아니다. 오히려, 자연이 끝나는 곳에서 인간의 자유를 발견한다. 인간적인 자유는 인간 본래의 자연적이고 동물적인 존재를 뛰어넘어 '스스로의 힘'으로 새로운 자기를 창조할 수 있는 영역에 존재한다.

1962년 미국의 생물학자 레이첼 카슨은 그의 저서 『침묵의 봄』(*Silent Spring*)에서 "이제 봄에도 새들은 돌아오지 않고, 이른 새벽은 이상할 정도로 고요하다"며

익충과 해충의 균형을 강조하였으며, 환경문제에 대한 심각성을 부각시켰다. 그녀는 또한 1963년 미국 CBS TV 인터뷰에서 "미생물이든, 인간이든 모든 생명체는 지구에 생존할 가치와 권리가 있으며, 누구라도 힘으로 이를 밀어내면 안 됩니다. 인간은 자연의 일부입니다. 인간의 자연에 대한 전쟁은 자연으로 하여금 인간에 대한 전쟁을 피할 수 없게 만듭니다"라고 말하고 있다. 자연의 보존가치가 곧 인간의 존재가치임을 일깨우고 있는 것이다.

DDT가 처음 만들어진 것은 1874년이지만, DDT가 강력한 살충제로 인식된 것은 1942년 제2차 세계대전 중이었다. 장티푸스의 확산을 저지하고 병균을 옮기는 모기 유충을 박멸하기 위해 사용되기 시작하였다. 1970년 이전에 300만 톤의 DDT가 제조·사용되었으며, 환경에 미치는 DDT의 영향에 대한 우려와 DDT에 내성이 생긴 벌레가 출현할지도 모른다는 우려가 현실화되었다. 야생동물, 특히 먹이사슬의 맨 꼭대기에 있는 독수리나 매 같은 맹금류는 DDT의 직접적인 영향을 받은 것이 아니라 DDT 분해산물의 영향을 받았다. DDT와 DDT 분해산물 모두 지용성 물질로, 동물 조직에 축적된다. 조류의 경우 분해산물은 알껍데기에 칼슘을 공급하는 효소의 생성을 막는다. 따라서 DDT에 노출된 조류들은 새끼가 부화하기도 전에 껍질이 깨져 버리는 매우 약한 알을 낳게 된다. 1940년대 후반부터 독수리와 매 개체수가 급격하게 줄어들었음이 드러났다.

- 페니 르 쿠터/제이 버레슨, 『역사를 바꾼 17가지 화학이야기』(*Napoleon's Buttons*)에서 -

경제는 경제가 놓여 있는 생태계와 사회적 체계의 변화에 따라 끊임없이 변하며 진화해 간다. 문화적 가치체계가 변화하면 새로운 형태의 문화적 진화가 발생한다. 오늘날의 가치체계는 동·서양을 불문하고 소유양식을 반영한 경제사회로 나아가고 있다. 많은 것을 생산하고 소비하는 것이 지고의 가치로 여겨지는 소유양식을 지향하는 경제사회가 되어 버렸다. 생산과 소비의 극대화를 지향하는 사회, 많은 것을 생산하고 소비함으로써 만족해하는 소유양식이 지배하는 사회, 그러나 인간은 자신으로부터 소외되어 자신이 만든 물건이나 공장의 기계 그리고 관료화된 조직에 의해 오히려 자신이 지배당하는 사회, 자원의 고갈이나 환경오염 핵전쟁의 위협 속에서 떨고 있으면서도 그러한 사실조차 깨닫지 못하는 사회, 이것이야말로 소유양식으로 인한 인간정신의 왜곡이요 순수한 감정과 양심에 대한 오염이자, 비인간화로 가는 지옥의 문이다.

그대들이 짐승을 죽여야 할 때에는 마음속으로 속삭이도록 하라. 너를 죽이는 힘으로 나 역시 죽이고 있도다. 나 역시 먹힐 것이다. 왜냐하면 나의 손안으로 너를 인도한 법칙은 보다 힘센 손안으로 나 역시 인도할 것이므로. 너의 피와 나의 피는 천공의 나무를 키우는 나무 진에 불과할 뿐이다. 그리고 그대들 이빨로 사과를 깨물 때 마음속으로 속삭이라. 너의 씨앗은 나의 몸 속에서 살아갈 것이며, 너의 미래의 씨앗은 나의 심장 속에서 꽃피리니, 그리하여 너의 향기는 나의 숨결이 되어, 우리는 함께 온 계절을 누리리라.

- 카릴 지브란, 『예언자』(*The prophet*)에서 -

가습기 살균제에서 독성물질 생리대까지 편리성을 위해 이용된 화학물질들이 오히려 우리의 건강을 위협하고 있다. 살충제 달걀 파동은 사용금지 물질인 피프로닐과 발암물질인 비펜트린이 기준치 이상 달걀에서 검출되면서 시작된 문제이다. 피프로닐은 살충제인데, 식용으로 쓰는 작물이나 닭 진드기를 제거하는 데에는 사용이 금지된 성분이다. 바퀴벌레를 잡는 약 같은 곳에 제한적으로 사용이 허용된 독성 화학물질이다. 이 물질은 삶거나 끓이거나 굽는 과정에서 사라지지 않는 독성물질이다. 따라서 유해성분이 있는 살충제 계란을 사용한 빵이나 케익 그리고 과자 같은 제품에서는 그 독성물질이 그대로 잔류되어 우리들의 건강을 위협한다는 사실이다.

「늑대와 춤을」[9]이라는 영화는 우리에게 유토피아가 아닌 아카디아를 꿈꾸게 한다. 유토피아란 인간의 창조적 기술과 정의로운 가치 실현의 결과로 얻어질 수 있는 인공적인 이상사회를 말한다. 아카디아란 푸르른 대지를 무대 삼고, 청아한 하늘빛 조명을 만끽하면서 늑대와 아리랑을 추는 그런 자연적인 이상향을 말한다. 이 영화의 명장면 중에서 백인들의 버팔로 떼 사냥 장면은 매우 인상적이다. 백인들은 버팔로들을 총기를 난사하여 대량살상한 후, 아까운 고기들을 내팽개치고 가죽만을 챙겨 사라진다. 이 처참한 버팔로 떼의 비극을 지켜본 인디언들은 허탈해 하며 독백을 되뇌인다. "저들은 소유를 위한 전쟁을 자행하고, 우리들은 소유를 위한 전쟁이 아닌 생존을 위한 전쟁만을 허용할 뿐이라고 …" 인디언들의 사냥방식은 자신들이 살아남기 위해 꼭 필요한 경우에만 버팔로를 사냥한다. 그들은 생존을 위해 최소한의 버팔로를 희생시키며, 고기와 가죽은 모두 생존을 위해

9 1991년 마이클 블레이크의 원작소설을 캐빈 코스트너 감독이 영화로 만들었다. 자연과 인디언들 속에 동화되어 살아가는 한 백인의 이야기를 감동적으로 연출하고 있다.

요긴하게 사용하고, 고기는 그들의 육체와 합체되어 새로운 생명의 에너지로 발산시킨다. 백인들의 버팔로 떼 사냥 장면은 소유를 위한 욕구충족 양식이 무엇을 의미하는지 그 결과를 적나라하게 보여 준다. 소유양식이 지배하는 경제사회에서는 소유욕구의 포자증식이 멈출 줄 모른다. 한없이 부풀려지는 소유욕구는 신종 바이러스처럼 다른 생명체들을 멸종의 위기로 몰아붙인다.

티리언 퍼플은 로마 원로원, 이집트 파라오, 유럽의 귀족과 왕족의 의복을 염색하는 데 쓰였다. 티리언 퍼플의 원료는 해양 연체동물이나 조개에서 주로 얻을 수 있다. 1그램의 티리언 퍼플을 만들기 위해 약 9,000개의 조개가 필요했던 것으로 추정된다. 티리언 퍼플의 수요가 많아지자 티리언 퍼플 생산에 사용되었던 두 조개 종이 서기 4000년에 멸종위기를 맞게 된다. … 영국을 비롯한 유럽 각국은 자신들의 식민지를 인도, 아프리카, 동남아시아 지역으로 확장해 나가고 있었는데 이 지역들은 말라리아가 창궐하는 지역이었고, 퀴닌은 말라리아의 유일한 예방약이자 치료제였다. 퀴닌은 남아메리카 킨코나(cinchona)속 나무껍질에서 얻었는데 과도한 채취로 킨코나속 나무는 점점 희귀해지고 있었다. … 코끼리 상아의 용도는 빗, 식기류, 단추, 상자, 체스 말, 피아노 건반 등이었다. 코끼리 상아를 얻기 위한 사냥으로 코끼리 개체수가 점점 줄어들면서 상아는 더욱 귀해지고 가격은 더욱 올라갔다. 코끼리 멸종을 우려한 나라 가운데 특히 미국이 눈에 띄었는데, 이는 오늘날 우리가 생각하는 자연보호 때문이 아니라 당구 게임의 폭발적인 인기 때문이었다. 제대로 잘 굴러가는 당구공을 만들기 위해서는 흠 하나 없는 최고급 상아를 정중앙에서 깎아야만 했고 균일한 밀도의 당구공 1개를 만들기 위해서 평균 50개의 최고급 상아를 깎아야만 했다. … 1870년대 영국은 열대 우림지역 야생 고무나무의 끊임없는 벌목을 걱정하기 시작했다. 고무나무 줄기에 칼집을 내서 수액을 얻으면 1년에 1그루당 1.4kg밖에 얻을 수 없었지만, 고무나무를 벌목해서 수액을 얻으면 1그루당 45.4kg이나 얻을 수 있었다. … 야생 고무나무들은 수령이 약 25년이 되어야 수액을 얻을 수 있는 반면 재배된 고무나무들은 수령이 4년을 넘으면 수액을 얻을 수 있었다. 최초의 고무농장 두 곳이 셀랑고르 주(서부 말레이시아)에 들어섰다. 곧이어 네덜란드도 자바 섬과 수마트라 섬에 고무농장을 건설했다. 1907년, 영국 식민지였던 말레이 반도와 실론 섬에는 130만 평방미터의 농장에 약 1,000만 그루의 고무나무가 일정한 간격으로 줄지어 자라고 있었다. 영국이 천연고무 재배에 필요한 노동력을 공급받기 위해 수많은 노동자들의 이민을 받기 시작하자, 중국인들은 말레이 반도로, 타밀인들은 실론 섬으로 밀려들어왔다. 고무 수요는 아프리카에도 영향을 미쳤다. 특히 중앙아프리카 지역에 위치한 콩고가 큰 타격을 받았다. 1880년대, 벨기에 레오폴드 2세는 다른 열강들이 비교적 관심을 두지 않던 중앙아프리카 지역을 식민화했다. 중앙아프리카 지역은 수세기에 걸친 노예무역으로 이미 인구가 대폭 감소한 상태였다. 노예무역 못지않게 19세기 상아무역도 아프리카를 폐허로 만들고 전통 생활양식을 붕괴시킨 터였다. 무역업자들이 상아를 수집하기 위해 즐겨 썼던 방법은, 지역 원주민들을 생포한 다음 석방을 조건으로 상아를 요구해서 마을 사람들을 위험한 코끼리 사냥으로 내모는 식이었다. 더 이상 사냥할 코끼리가 없어지고 전 세계적으로 고무 가격이 올라가자 무역업자들은 상아 대신 콩고강 유역 밀림에서 자생하는 고무나무의 붉은 고무를 요구했다. … 레오폴드 2세는 콩고의 방대한 영토를 영국·벨기에 인도 고무회사나 앤트워프사 같은 상업회사에 임대했다. 이 회사들이 임대료 이상의 본전을 뽑는 방법은 고무를 많이 생산하는 방법 외에는 없었다. 수액채취는 콩고인들의 의무가 되었다. 레오폴드 2세는 군대를 동원해 콩고인들로 하여금 생업인 농업을 포기하게 만들고 고무수액 채취로 내몰았다. 야만적인 처벌은 일상적인 일이었다. 고무를 충분히 채취하지 못하면 고무 벌채에 쓰는 칼로 콩고인들의 손목을 잘랐다. … 고무 제품의 원재료 채취과정은 사회와 환경에 엄청난 영향을 미쳤다. 아마존강 유역의 고무나무 벌목은 열대우림 자원 남용과 희귀 환경 파괴의 한 사례에 불과하다.

- 페니 르 쿠터/제이 버레슨, 『역사를 바꾼 17가지 화학이야기』(*Napoleon's Buttons*)에서 -

백인들이 보여준 버팔로 떼 사냥방식은 소유양식에 의한 생존질서를 상징하고, 인디언들이 전통적으로 고수하는 버팔로 떼 사냥방식은 존재양식에 의한 생존질서를 상징한다. 우리가 살고 있는 현대 산업사회는 소유양식을 기반으로 하는 인간중심의 사회이고 자신들의 소유욕을 위해 자연과의 균형과 조화를 기꺼이 무너뜨리는 지배와 파괴 그리고 탐욕의 속성을 지닌다. 마치 버팔로 떼를 무차별 살상하는 백인들의 사냥방식처럼 그들은 더 많은 것을 소유하고 지배하기 위해 자신의 생존에 필요한 어떤 것, 그 이상의 것들을 획득하고 소유하려 한다. 그들에게는 더욱 많은 버팔로 떼의 가죽이 필요할 뿐, 버팔로의 떼죽음이나 나뒹구는 버팔로 떼의 고기덩이들은 관심조차 없다. 반면에 인디언들의 삶의 방식은 존재양식이다. 다른 생명체와 하나의 삶의 공간을 유지하며, 생존을 위한 소유만을 허용하는 상생의 존재방식이다. 이 같은 존재양식을 중히 여기는 자연중심의 삶의 방식은 저엔트로피 문화를 창출할 수 있다. 존재양식을 기반으로 하는 존재문화는 저엔트로피 사회를 유지하게 하는 반면, 소유양식을 기반으로 하는 소유문화는 저엔트로피 사회를 고엔트로피 사회로 변환해 간다.

저엔트로피 사회에서는 '적은 것이 많은 것'이라는 구호가 광고문구가 아니라 크나큰 비중을 지닌 진리가 된다. 저엔트로피 사회는 물질의 소비를 억제한다. 검소가 슬로건이 된다. 인간의 필요는 충족되겠지만, 변덕스럽고 탐닉하는 욕망(전국 각지의 모든 쇼핑센터들이 영합하고 있는)은 절제되어야 한다. … 적어도 우리의 조상들은 자급자족이 됐다. 그들은 필요로 하는 것을 공급하는 방법을 알았다. 그 반면에 우리는 우리의 고에너지 환경의 완전한 노예인 것이다. 우리는 우리 손으로 자신들의 식량을 경작하고, 여흥을 제공하고, 옷을 지어 입을 줄을 모른다. 우리는 필요한 것마다 받쳐줘야 하는 어쩔 수 없는 아기와 같다.

- 제레미 리프킨, 『엔트로피』(*Entropy*)에서 -

저엔트로피 문화에서는 소비나 소유가 더 이상 인간의 존재목표가 되지 않는다. 인간의 모든 노동은 생물학적인 기능으로 되돌려진다. 인간은 건강하고 인간다운 생활을 위해서만 생산하고 소유하며 소비할 수 있는 여지를 갖는다.

「다르게 사는 사람들」이란 책에서 느리게 사는 시인 도종환은 말한다. "고라니가 밭에 들어가 잎을 따먹고, 멧돼지가 밭을 헤쳐놓기도 합니다. 사람들은 불평하지만 따지고 보면 그들이 살던 땅에 사람이 들어온 것이에요. 호미질 하다가 지렁이가 달려나오면 깜짝 놀라 던져버리는데 사실 사람보다 지렁이가 더 놀랐을 거예요." … 아마존의 마티스족의 경우, 문명은 이들에게서 통나무배와 활을 앗아갔고, 알몸에서 벗어나게 했지만 또 다른 고통을 남겨 주었다. 마을을 떠나 도시로 가는 이들이 늘어나면서 부족이 와해되기 시작했고, 부모 잃은 고아들이 생겨났다. 마티스족은 문명인들이 가져온 감기 탓에 접촉 초기에 많은 부족민이 죽었고, 지금도 간염으로 고생하는 이들이 수두룩하다. 문명의 편리함을 알면 반하는 법이잖아요. 더 이상 카누를 젓고, 활을 쏘며 사냥하지 못합니다. 이미 과거로의 회귀는 불가능한 일이 됐습니다. 문명과의 접촉이 원시부족에겐 행복이 아닌 불행이었습니다. … 아마존의 파괴는 계속되고 있었습니다. 개발업자들은 소를 방목하기 위한 농장이나 가축 사료로 쓰이는 콩을 재배하기 위해 밀림을 밀어냅니다. 농장이 생기면 다음 순서는 길을 내는 거지요. 방목으로 키운 소는 유럽이나 미국 등에서 양질의 소란 평가를 받으며 팔려나간다고 합니다. 이곳에 소만 풀어 놓으면 돈이 된다고 하니 업자들이 덤벼드는 것이지요. … 물과 나무의 천국인 아마존을 지구의 허파라고 합니다. 그러나 그 이상의 의미가 있다고 생각합니다. 미시시피강, 양자강, 황하강을 모두 합한 민물의 양보다 훨씬 많은 물이 흐르는 곳이 아마존인데 이곳의 물길이 인위적으로 막히거나 바뀌면 대기 순환에 큰 문제가 생긴다는 것이지요. 아마존의 물길이 끊기면 지구 온난화는 가속화될 수밖에 없다는 것입니다.

- KBS 환경다큐멘터리 「아마존의 눈물」에서 -

소유양식은 다른 나라의 문화를 말살하기도 하고, 다른 민족의 생존의 터전을 짓밟기도 하며, 다른 사람의 보금자리를 파괴하고, 다른 사람의 목숨을 빼앗아 가기도 한다. 어디 그뿐인가, 다른 생명체의 생존의 길목을 차단하고, 다른 생명체의 특성을 변질시키며, 다른 생명체들을 멸종의 낭떠러지에 밀쳐버리는 일도 서슴지 않는다. 소유양식이 우리의 삶을 지배할 때 우리의 앞마당을 나뒹구는 버팔로의 떼 주검들은 인류의 악몽이며 절망이고 죽음에 이르는 길이라는 것을 상상하기에 충분하다. 핵전쟁의 위협, 생태계의 파괴, 인간의 소외, 감정의 오염 등은 소유문화에서 배출한 쓰레기요 폐기물에 해당한다. 소유양식이란 결국 주체와 객체 모두를 사물화시켜 버리고, 모든 존재들 간에 생성되는 생존의 관계를 '살아 있는 관계'가 아닌 '죽은 관계'로 변질시켜 버린다. 에리히 프롬의 경우에는 그의 저서 『소유냐 삶이냐』에서 소유양식은 물질적 소유와 권력, 일상생활에서의 탐욕, 욕망, 시기, 폭력 등에 기반을 두고 있으며, 존재양식은 소비주의적 성향을 넘어선 진정한 창조적 삶과 기쁨을 공유하는 상호간의 이해에 기초를 두는 것으로 분류하고 있다.

현대인은 소비하고 소유함으로써 자신의 존재를 확인하려 한다. 그래서 모든 종류의 소외된 삶의 형태가 나타난다. 게다가 현대의 모든 체제는 관료제를 닮아 가고 있으며, 그것은 사람에게 끝없는 복종과 거대한 기계의 톱니바퀴가 될 것을 요구한다. 또한 정치적 선전과 대기업들의 광고 선전에 이끌려 가는 현대인의 삶, 소비와 소유에 눈먼 채 무엇인가에 사로잡혀 존재의 위기에 다다른 현대인, 그러면서 그러한 사실조차 모르거나 혹은 알아도 은폐하려 하는 현대인들 앞에서 존재양식은 인간구원의 지향점이다.

- 에리히 프롬, 『소유냐 존재냐』(*To Have or To Be*)에서 -

생산의 논리란 생의 논리나 사회의 논리가 아니며, 이 두 가지에 종속되는 일부분에 지나지 않는다. 그 논리에 의해 해방된 파괴력을 제어하려면, 생산의 논리 자체를 억제함으로써 파괴력 있는 폭발이 정지되기를 기다리는 수밖에 없다. 무서운 기계나 병기를 생산하는 일이 인간의 창조력을 올바르게 이용하는 것으로 간주되고 있는 동안은 테러행위를 억제하려 해도 소용이 없다. 또 생산양식과 소비양식이 다른 생물과 마찬가지로 사람도 따라야 할 우주의 법칙에 맞지 않을 만큼 규모가 크고 복잡하며 폭력적인 것이라면, 공해에 반대하는 싸움도 성공을 거둘 수 없다. 또 마찬가지로 물자는 알맞기만 하면 되며, 너무 많은 것은 악이라는 사상이 어디를 보아도 눈에 띄지 않는 동안은, 자원소비의 속도를 늦추거나, 부자나 권력자와 가난한 사람이나 일반대중과의 관계를 조화시킬 가능성은 있을 수 없는 것이다.

- 에른스트 프리드리히 슈마허, 『작은 것이 아름답다』(*Small is Beautiful*)에서 -

소유양식은 끝없는 생산에서 끝없는 소비로 이어지는 무한궤도 열차이며, 끝없는 욕망의 아우토반을 질주해 가는 제동장치 없는 자동차와 같다. 소유는 우리를 구속하고 거기에 매달리게 하며, 소유한 것들을 잃게 되지 않을까 염려하게 한다. 소유는 인간을 '우리가 누구인가'에 의해서 평가하는 것이 아니라 '우리가 무엇을 소유하고 있는가'에 의해서 평가한다. 값이 나가지 않는 모든 것들은 그 의미를 상실하게 된다.

하지만 대다수의 정통경제학자들은 소유양식에 대한 비관적인 견해에 대해 비판적인 의견을 제시하고 있다.[10] 그들은 사람이 물질적 행복을 더 많이 누릴수록, 세계는 더 질서 있게 된다는 믿음을 신봉하는 신앙인이며, 과학과 기술은 질서 속의 풍요로운 세계를 건설할 수 있다는 테크노피아를 전파하는 전도사이다. 이것은 기계적 세계관이며, 수학과 과학과 기술의 세계관이자, 물질주의와 역사발전에 대한 세계관이다. 오늘날 우리는 경제전쟁의 시대에 살고 있다. 세계화를 부르짖으며, 국경 없는 무한경쟁을 추구하고 있다. 더 많은 것들을 소유하기 위해 치열한 경쟁을 감수해야 하고, 패자에게 주어지는 빈곤과 좌절의 늪을 피하기 위해 경쟁력을 갖추어야 한다. 경쟁에서 승리해야 한다는 강박관념으로 우리는 자신을 학대하기도 하고, 자신의 욕구를 억압하기도 한다. 자연과 인간, 인간과 인간, 인간과 사회의 관계가 경쟁력을 위한 도구로 전락하고 생태계, 인간의 건강과 인격, 그리고 공동체적 사회의 미덕들이 사라져간다. 소유양식에서 비롯되는 경쟁의 논리는 모든 것들의 상호관계를 호혜성의 관계나 상생의 관계가 아닌 이기성이나 적대적 관계로 몰아붙이고 있다. 경쟁을 통해서 인간의 삶에 대한 질적 향상이 이루어지기보다는 인간에 대한 삶의 질을 희생시킴으로써 상품의 경쟁력을 향상시키고 있는 셈이다.

10 종말모형들을 'PIPO'라 부르기도 한다. 'PIPO'란 Pessimism In, Pessimism Out의 약어이다. 즉 비관적인 변수들로 분석하게 되면, 비관적인 결과가 나올 수밖에 없다는 뜻이다.

슈마허는 불교경제학을 제창하고 있으며, 간소와 비폭력은 분명히 깊은 관련이 있다. 적정규모의 소비는 비교적 낮은 소비량으로 만족감을 부여하고, 이에 의해 사람들은 압박감이나 긴장감 없이 지내며, 나쁜 일은 하지 않고 착한 일을 실천할 수 있다고 주장한다. 모든 사람이 부를 충분히 손에 넣을 때까지 한없이 경제성장을 밀고 나가려는 사고방식에는 적어도 두 가지 측면에서 의문이 제기된다. 그 하나는 기본적인 자원의 제약이며, 다른 하나는 경제성장에 의해 초래되는 간섭에 자연이 감내할 수 있는 한도다.

- 에른스트 프리드리히 슈마허, 『작은 것이 아름답다』(*Small is Beautiful*)에서 -

무한정의 범지구적 경쟁은 우리를 생산적 경쟁이 아닌, 파괴적 경쟁으로 몰아세운다. 기업의 경쟁력과 이윤증대를 위해 자연을 포함한 온 사회, 온 생태계가 그 고유의 건강성을 잃어버리고 일그러지고 있는 것이다. … 이 병든 사회에서는 자연과 인간이 철저히 분리되고 인간과 인간의 관계, 개인과 사회의 관계가 철저히 소외되어 있다. 자연은 원료나 기계 등 생산수단으로서의 의미만 갖고, 인간은 기업이 원하는 노동능력과 노동의욕을 가진 노동력으로서만 가치를 인정받는다. 사회를 지탱하는 지배적 논리는 시장경쟁을 매개로 한 인류주의와 이윤추구이다.

- 한스 피터 마르틴 외, 『세계화의 덫』(*Die Globaliserungsfalle*)에서 -

산업혁명 이후 인류는 기계적 세계관을 줄곧 신봉해 왔으며, 결과적으로 대형화, 대량화, 고속화 그리고 산업화를 급가속하는 방향으로 경제·사회를 형성해 왔다. 산업화사회의 에너지체계는 결국 수억 년 동안 생태계가 자연의 힘으로 축적해온 화석연료들을 불과 수백 년 사이에 인간의 욕망으로 고갈시켜 버리는 고엔트로피 사회를 출현시켰다.

제레미 리프킨은 “작동하는 자연계의 힘의 결과로써 또는 자연이 재생할 수 있는 것보다 사람들이 자원을 더 빨리 소모하는 결과로써 사회가 사용하는 특정한 물질 에너지 근원이 고갈되고 있다. 따라서 새로운 기술형태가 출현하고, 새로운 제도, 새로운 가치관, 새로운 세계관(기계적 세계관이 아닌)이 따르게 된다”고 주장한다. … 헨더슨은 “기계적 세계관을 신봉하는 경제학자들이 ‘빛나는 접시와 의복’에 대해 우리에게 이야기하고 있지마는 ‘빛나는 강물과 호수의 상실’에 대해서는 이야기하는 것을 잊고 있다”고 주장한 바 있다.

오늘날 우리는 물질적 풍요와 고에너지를 향유하는 네온사인의 화려함 속에서 옛 로마제국[11]의 멸망처럼 붕괴될지도 모른다는 악몽에 시달리고 있다. 사회주의 체제이거나 자본주의 체제이거나 과학·기술의 최면에 걸려 있기는 마찬가지이며, 관료제의 사슬에 묶여 규격화되고 물신화되기는 마찬가지이다. 과학기술과 소유문화를 기반으로 한 문명이란 이름으로 우리는 야만의 길을 가고 있다. 베르너 슈밥은 그의 작품 『호흐슈밥』에서 "온 세상이 확실히 변하고 있다. 그런데 그 변화의 방향이 아마도 옛날 원시 미개사회로 되돌아가는 것 같다"고 독백하고 있다. 또한, 잭 웨더포드는 『야만과 문명』에서 문명의 야만성을 신랄하게 비평하고 있다. '문명', 즉 Civilization이라는 낱말이 도시 City에서 유래했고, 또 야만 Savage이라는 낱말은 '숲'을 나타내는 라틴어에서 유래했지만, 가장 야만적인 생활방식은 이제 우리의 가장 현대적인 도시 한가운데서 발견된다. 문명은 우리가 한때 원시부족에게 뒤집어씌웠던 것보다 훨씬 더 나쁜 야만을 만들어 냈다. 문명은 문명이 품고 있던 최악의 두려움을 현실로 만들어 냈다. 문명 스스로 수천년 동안 두려워하며 남에게 투사시켰던 바로 그 야만을 만들어내 버린 것이다. 야만은 문명 내부에 자리 잡았다. 문명은 야만을 만들고 북돋아 준다. 도시의 중심부는 새로운 변방지대가 되었다. 문명을 대표하는 도시, 미국의 수도 워싱턴의 경우야말로 수많은 범죄조직, 포주, 마약상, 그리고 가출 청소년들이 판치는 야만의 밀림지대임을 역설하고 있다. 또한, 다니엘 벨의 경우에도 자본주의 문화의 쾌락주의적 속성을 비판하고 있다. 쾌락주의의 세계는 패션과 사진, 광고, 텔레비전 및 여행의 세계이다. 그것은 외관 중심의 세계이다. 섹스는 미국인에게 남겨진 최후의 프런티어였다. 오르가즘 숭배가 현대 미국 생활을 지탱해 온 정열이었다. 한 시대 전의 정열이 물신숭배로 향해졌던 것과 마찬가지로. 즐거움 중심의 도덕이 선행중심의 도덕을 추방하였다. 섹스나 나체, 성적 도착, 마약의 사용, 그리고 록 음악 등이 소비문화의 주류를 이루고 있다.

---

11 로마제국의 멸망과 관련한 흥미로운 이야기가 있다. 인플레이션이 로마제국의 멸망 원인이라는 주장과 지배계층들이 납중독으로 칼리굴라, 클라우디우스, 네로황제 같은 정신이상자가 주류를 이뤘다는 주장이다. 또한, 헤겔의 경우에는 만인에게 법적인 평등을 부여하면서 한편으로 그들의 여러 권리와 존엄을 인정하지 않았기 때문에 로마가 멸망하게 되었다는 주장도 있다.

마르쿠제는 "자본주의와 사회주의 양대 체제가 근본적으로 이론적인 차이에도 불구하고 그 실천에서는 동화 방향으로 나아가며, 이두체제는 사적 기업과 자율성을 능가하는 권력집중과 규제라는 산업문명의 특징을 보일 뿐만 아니라 경제를 조직화하고, 경제적·정치적 관료장치를 연합하며, 매스 미디어와 교육을 통해 사람들의 의식을 조종한다"고 주장한다.

현대사회를 지배해 온 자본주의경제 체제와 사회주의경제 체제에는 두 가지 측면에서 공통점을 가지고 있다. 그 하나는 사람 중심이고, 다른 하나는 물질 중심이다. 즉 유인주의와 유물주의이다. 유인주의는 자연보다는 인간을 중시하는 사상적 편향이고, 유물주의는 정신보다는 물질을 중요시하는 사상적 편향이다. 그리고 유인주의는 결국 물질적 이기주의로 집약되는 생활철학을 보편화시키고, 따라서 정신과 자연은 손상을 입게 된다. 숲이 파괴되고 있다. 숲은 지구상의 모든 생명체에게 에너지를 공급하는 발전소이다. 숲이 황폐화된다면 지구상의 생태계의 모든 에너지시스템은 붕괴될 것이다.

광합성은 10억 년도 더 전에 박테리아들이 발명했고, 지금도 대부분의 광합성을 초록 박테리아들이 담당하고 있다. 왜냐하면 잎사귀 안에서 광합성 작업을 실제로 수행하는 작은 초록엔진인 엽록체가 사실은 초록 박테리아의 직계 후손이기 때문이다. 원래 자유생활을 하던 초록 박테리아가 식물세포에 편승한 뒤, 결국 오늘날의 엽록체로 진화한 듯하다. 생명의 오르막 화학반응(식물이 태양에너지를 써서 화학적 합성반응으로 당 같은 유기 연료를 제조한다는 것을 의미한다)을 식물세포 내부에 융성하는 초록 박테리아들이 주로 담당한다면, 대사의 내리막 화학반응(동·식물 세포 속에서 당이나 여타 연료를 천천히 태워서 에너지를 내놓는 일을 의미한다)은 또 다른 종류의 박테리아들이 전문성을 자랑하는 영역이다. 대사를 담당하는 박테리아도 한때는 자유생활을 했지만 지금은 더 큰 세포 안에서 번식하게 된 것으로, 우리는 이들을 미토콘드리아라고 부른다. … 식물의 엽록체가 포획한 태양에너지는 복잡한 식량사슬의 바닥에 놓인다. 식물의 에너지는 식량사슬을 통해서 곤충 같은 초식동물로 전달되고, 그곳에서 다른 곤충, 식충동물, 늑대나 표범 같은 육식동물로 전달되고, 또 그곳에서 독수리나 쇠똥구리 같은 청소동물로 전달되고, 결국 마지막으로 곰팡이나 박테리아 같은 분해자로 전달된다. … 심해의 열수구에 살면서 화산으로부터 에너지를 얻는 특이한 소수의 예외를 제외한다면, 생명을 움직이는 모든 에너지는 결국 식물이 잡아낸 햇빛에서 온다.

- 리처드 도킨스, 『지상최대의 쇼』(*The Greatest Show on Earth*)에서 -

이제 우리는 죽어야 할 것인가, 혹은 살아야 할 것인가, 아니면 소유양식을 지속할 것인가, 혹은 존재양식으로 회귀할 것인가, 우리의 유토피아를 위하여 우리는 무엇으로 무장하여야 하는가,[12] 자연과 조화된 경제체제, 경제철학, 그리고 경제윤리관은 존재할 수 있는가? 대답해 보라! 현대의 산업사회를 규정하는 과학기술과 소유양식으로 유인주의와 유물주의에 의해 처절하게 할퀴어진 생태계의 상체기와 생명체의 아픔들을 치유해 내고, 약속된 테크노피아를 건설할 수 있는 것인지?

이대로 나간다면 2000년대의 세계는 더 혼잡해지고, 더 오염되며, 더 생태학적으로 파괴되어서 지금보다 한층 붕괴의 위험이 높을 것이다. 과학기술의 혁신적 발달 가능성을 배제한다면 2000년대 사람들의 생활은 지금보다 더욱 위태롭다.

- 미 국무성, 환경자문위원회, Grobal 2000 Report.에서 -

… 인류는 수도승처럼 엄격한 금욕과 절제의 생활습관을 갖는 것이 바람직하다.

- 로버트 하일브르너, 『인류전망에의 탐구』에서 -

… 20세기는 윤리적 위기의 시대이며, 이것은 곧 소비주의와 자연보존주의와의 대결을 의미하므로 미래의 구명을 위한 대안을 찾아야 한다.

- 로마클럽 알렉산더 킹 회장 -

… 지구온난화는 계속 진행 중이며 홍수와 허리케인 같은 자연재해가 심각해지는 것은 온난화와 관련이 있다. 2035년엔 히말라야 전체의 빙하가 사라질 것이다. 온난화 문제를 연구하는 국제기구 '유엔정부간 기후변화위원회(IPCC)'가 2007년 발표한 900여 쪽의 평가보고서의 핵심 내용이다. 이보고서는 노벨평화상을 IPCC에 안겨 주었고 ,'지구를 살릴 수 있는 마지막 기회'라는 모토로 열린 코펜하겐 기후변화회의를 이끌어 내는 데 크게 기여한 바 있다. … 인간이 행복을 얻으려면 근대 테크놀로지가 초래한 끝없는 소비의 확대, 그리고 그것이 창출한 궁핍과 충족의 무한한 반복으로부터 탈출하여 때묻지 않은 자연인의 인간성을 회복하여야 한다. 자연인은 이성과 과학으로 자연을 정복할 필요가 없다. 자연인은 욕구가 거의 없고 아주 조금 존재하고 있는 욕구도 비교적 쉽게 충족될 수 있기 때문에 이웃으로부터 물건을 빼앗는다든가 이웃을 살해할 필요가 없는 존재이다.

- 장자크 루소, 『인간불평등 기원론』(*Discours sur l'origine et les fondements de l'ine'galite' parmi les hommes*)에서 -

12 반유토피아를 다룬 작품들로는 자미아틴의 『우리들』, 헉슬리의 『멋진 신세계』, 조지 오웰의 『1984년』 등이 있다.

에드가 모랭은 『지구는 우리의 조국』이라는 그의 저서에서 제3의 종교를 주창한다. 확실성을 내세웠던 지금까지의 종교들과는 달리 이 제3의 종교는 불확실성 속에서 인류를 서로 이어주는 형제애의 연대를 상징한다. 현대를 살아가는 우리들은 인간과 인간이 운명공동체임을 인정함과 동시에, 인간과 자연이 운명공동체임을 발견함으로써 지구적인 책임을 채득하여만 한다고 주장한다. 그는 이 책에서 데카르트나 뷔퐁, 마르크스가 세워놓은 정복자의 계획을 깨끗이 포기할 것을 권고한다. 이제는 지구를 지배하려 들지 말고 병든 지구를 보살피고, 지구에서 살고, 지구를 정돈하고, 지구를 가꾸어야 한다고 강조한다. 또한, 우리는 이제 그곳에서, 지구 위에서 존재하는 법을 터득해야 하고, 나누며, 소통하고, 일체가 되는 법을 체득해야 한다고 역설하고 있다.

자연을 지배한다? 인간은 그 자신의 본질을 아직도 통제하지 못하고 있기 때문에, 광기가 그로 하여금 자제력을 잃어버리면서까지 자연을 지배하라고 충돌질하고 있다. 세계를 지배한다? 그러나 인간은 수수께끼에 가득 찬 거대한 우주속의 한 미생물에 불과할 뿐이다. 생명을 지배한다? 그러나 만일 인간이 언젠가 박테리아를 만들어 낼 수 있다 하더라도, 그것은 상상조차 불가능했었던 조직복제에 불과할 것이다. 그리고 인간은 제비라든가 물소, 물개, 난초를 창조해 낼 수 있을까? 인간은 박테리아를 수십억 마리씩 전멸시킬 수는 있지만, 저항력이 있는 박테리아들이 번식하는것은 막을 수가 없다. 인간은 바이러스들도 전멸시킬 수가 있지만, 그를 비웃듯 변화하고 되살아나는 신종 바이러스 앞에서는 어떻게 해볼 도리가 없다. … 박테리아와 바이러스에 관해서만도 인간은 생명이나 자연과 타협해야 되고 앞으로도 그래야 할 것이다. 인간은 지구를 변화시켰고, 지구표면의 식물들을 이용했으며, 지구에 사는 동물들의 주인이 되었다. 그러나 그는 이 세계의 지배자도 아니요, 이 지구의 지배자도 아니다.

- 에드거 모랭 외, 『지구는 우리의 조국』(*Terre-Patrie*)에서 -

우리는 이제 더 이상 지구를, 아니 자연을 정복의 대상으로 간주해서는 안된다. 자연 속에서 전해오고 있는 존재의 소리에 귀를 기울이는 법을 배워야 한다. 이제부터라도 우리는 지금까지와는 전혀 다른 새로운 방식으로 자연과 관계를 맺도록 해야 한다. 전혀 다른 시각으로 자연을 바라보아야 한다. 우리가 마음대로 처분해도 좋은 우리 손아귀의 사용부품이 아니라 거기서부터 생명의 자양분을 받고 있는 태반으로, 우리가 언제나 아끼고 보호해야 할 우리의 고향으로, 무엇보다도 먼저 귀 기울여 따라야 할 양심의 소리로 대해야 한다. 우리에게는 양자택일의 길이 주어져 있다. 하나는 테크놀로지와 이성적인 사회를 배척하는 반기술주의로 나아가는 길이고, 나머지 하나는 친환경적인 기술과 녹색혁명에 의해 테크노피아를 건설해 가는 길이다. 도쿄메커니즘은 시장의 활동을 기반으로 환경비용을 내재화함으로써 오늘날의 환경문제를 가장 효율적으로 해결할 수 있다는 믿음에서 출발한다. 물이나 공기를 상품화함으로써 시장논리에 의해 자원이 효율적으로 배분되고 보호될 수 있다는 원리, 즉 자연의 자본화를 추구한다. 이같이 시장논리를 활용한 환경문제 해결방식은 효율성을 극대화시킬 수 있을 것이다. 하지만 이것은 돈이 없는 자들은 물 마실 권리조차도 또는 공기마실 권리조차도 구할 수 없다는 생존권의 박탈을 의미할 수도 있다는 위험을 내포한다. 또한 자원이나 환경문제를 둘러싸고 벌어지는 생태전쟁(ECO-WAR)을 피할 수도 없는 일이다. 이것은 자원에 대한 불평등한 접근과 이용을 더욱 심화시킬 수 있고, 지구의 환경을 더욱 황폐화시킬 수 있다. 한편, 대니얼 골먼은 우리에게 희망의 메시지를 전하고 있다. 녹색두뇌(ecological intelligence)에 의한 녹색혁명에 의해, 우리의 미래가 희망적임을 예견하고 있다. 그는 에코맘과 트위터가 지배하는 시장에서는 한 상품의 탄생에서 폐기까지, 지구 환경에 끼친 모든 영향들이 그들의 녹색두뇌 속에서 분해, 재구성되어 시장에서의 녹색혁명이 들불처럼 번질 것을 예견하고 있다. 그는 주장한다. 국가, 사회가 참여하는 집단녹색두뇌만이 환경문제 해결의 핵심고리임을, 또한 환경문제의 근본적 해결의 실마리가 우리의 마음속에 내재되어 있다는 평범한 진리를, 과학적 실증과 탄탄한 논리로 증거하고 있다.

대니얼 골먼의 에코지능(ecological intelligence)은 인간과 자연의 상호 영향을 이해하는 인식능력, 즉 자신의 소비와 생산활동이 지구환경에 미칠 영향 전반을 파악할 줄 아는, 예민하고 현명한 통찰력을 말한다. 에코지능을 높임으로써 소비자는 글로벌 경제의 강력한 주도권을 갖게 될 것이며, 기업은 녹색비즈니스 시대의 새로운 시장을 창출하게 될 것이다.<에코맘(eco-mom): 아이가 생기면 자연히 제품이 건강과 환경에 미치는 영향을 생각하게 된다는 환경과 건강을 염려하는 소비자의 물결에서 선두에 서 있는 이들을 의미한다. 트위터(Twiter): 회원끼리 휴대전화나 온라인으로 단순 메시지를 실시간으로 주고받게 해 주는 서비스, 소비자가 온라인상으로 관계

를 맺고 있는 사람들에게 특정 제품의 정보와 평가 결과를 클릭 한번만으로 알려줄 수 있는 능력을 의미한다. … 탄소발자국(carbon footprint): 개인이나 단체, 또는 특정 제품이 직·간접적으로 발생시킨 이산화탄소의 총량(워커스의 포테이토칩 작은 봉지는 75g으로 표시되어 있다. 프랑크푸르트에서 뉴욕으로 가는 대형 여객기는 승객 1인당 탄소발자국이 71만 3,000그램이다) 계산비용도 높다(캘리포니아 와인과 프랑스 와인에 수반되는 이산화탄소 배출량이 거의 비슷해지는 지리적 위치는 오하이오 주 컬럼버스 근처다).>

… 우리는 이제 제품의 수명주기 분석을 토대로 정보시스템을 구축하여 특정한 제품의 모든 환경적 영향(샴푸에 들어 있는 유해 화학물질에서부터 태양열 집열판을 제작할 때 발생하는 온실가스에 이르기까지)을 파악하고 제품이 환경에 미치는 피해를 간단한 정보로 요약할 수 있는 시대에 살고 있다. 만일 우리가 그러한 정보를 아는 상태에서 제품을 구매한다면 더 친환경적인 것을 선택하는 쪽으로 구매습관을 변화시킬 수 있다. 그리고 소비자의 이러한 구매습관이 특정 제품의 시장점유율을 변화시키면, 단순히 그린워싱(greenwashing, 겉으로는 환경 친화적 정책이나 그린 이미지를 내세우지만 실제로는 그다지 환경 친화성이 높지 않거나 오히려 환경 파괴에 기여하는 행위를 의미한다)으로 눈속임을 하는 것이 아니라 진정으로 친환경적인 물건을 만들고자 혁신을 지속적으로 추구하는 기업들이 경쟁력을 획득할 것이다. … 나는 환경 영향성을 평가하는 프로그램인 굿가이드(GoodGuide, Inc.: 창립자 다라 오루쿠)는 수많은 데이터를 통합하고 분석하여 제품의 환경영향을 간단한 점수 등급으로 소비자에게 제시한다. … 온라인 매장을 운영하는 몇몇 주요 유통업체들(특히 월마트 세이프웨이)이 굿가이드가 제공하는 제품평가표를 가격표 옆에 부착하는 방안을 검토 중이다. 이렇게 되면 소비자가 제품의 환경영향정보를 얻는 데 들이는 노력이 거의 제로가 된다. … 어스스터(Earthster: 제작자 그레고리 노리스)는 제품의 공급사슬을 분석하여 부정적인 환경영향이 수반되는 부분을 정확하게 진단하는 오픈소스 시스템이다. 기업은 이러한 정보를 활용하여, 공급사슬의 어느 지점을 환경적으로 개선해야 제품의 평가등급을 높일 수 있는지 파악할 수 있다. … 특정 제품을 생산할 때 소비되는 재생 불가능한 자원, 가스 배출이 기후변화에 미치는 영향, 지역 생태계와 인간의 건강에 미치는 영향 등에 관한 데이터를 제공하고 있다. 모든 기업이 어스스터를 이용해 자사의 지속 가능성 발자국을 계산하여 원료 채취단계에서부터 제품 제조단계에 이르기까지 환경·건강·사회에 미치는 영향을 파악할 수 있게 된다. … 역사적으로 볼 때 언제나 정보 비대칭은 존재해 왔다. 즉, 소비자는 자신이 구입하는 물건에 숨겨진 진정한 환경적 영향을 거의 알지 못했다. 생태적 투명성은 그러한 숨은 정보가 소비자 앞에 드러나게 만든다. 앞으로는 시장의 생태적 투명성 실현을 촉진하는 새로운 정보 시스템이 게임의 룰을 혁신적으로 바꿀 것이다. 이는 수많은 기업, 그리고 다양한 영역의 환경 및 공공 보건 전문가들 모두가 주목해야 하는 추세다. … 산업공정에 사용되는 제품에 본질적인 혁신을 가져오려는 시도는 이미 시작되었다. 벽돌을 예로 들어보자. 섭씨 1,000도 이상에서 24시

간 동안 흙을 구워 벽돌을 만드는 방식은 3,000년간 거의 변함이 없었다. 하지만 실리콘밸리의 기업가들이 연구·개발을 진행하여 벽돌 제작에 혁신을 가져왔다. 그들이 고안한 혁신적인 방식에서는 섭씨 100도에서 벽돌을 구워내며 시간도 불과 10시간이면 충분하다. 이 벽돌의 재료로는 석탄을 태우는 발전소에서 발생하는 폐기물의 일종인 탄재가 활용된다. 이 새로운 공정을 사용하면 기존 방식보다 온실가스 배출이 약 80% 줄어들고 에너지 소비량이 90%까지 줄어든다. … 환경영향을 개선하려는 혁신의 물결을 일으키는 중요한 동인은 물론 시장투명성 시스템이 발휘하는 시장의 힘이다. 그러나 모든 것을 시장에 맡길 필요는 없다. 기업이 생태적 개선을 위해 노력하도록 인센티브를 제공하고, 제품의 환경영향 데이터를 대중이 좀 더 쉽게 얻을 수 있는 환경을 조성하는 등, 정부도 적극적인 역할을 할 수 있다.

- 대니얼 골먼, 『에코지능』(*Ecological Intelligence*)에서 -

우리는 새로운 세계관을 모색해야 한다. 해부학적, 기계적 세계관은 유기적이고 생태적인 전일적 세계관으로 전환되어야 한다. 세계는 각각 분리되어진 수많은 부분들로 이루어진 기계조직이 아니라 유기적으로 작동하는 하나의 역동적인 생명체로 인식되어야 한다.

현대문명의 밑바닥에는 뉴턴의 기계론적 물질관과 데카르트의 심신이원론이 깔려 있어, 자연과 인간을 잘못 풀이하고 그 결과가 오늘날의 병폐와 연결된다는 주장이 있다. 상대성이론, 양자론, 열역학 제2법칙을 근거로 새로운 세계관인 전일적인 세계관을 모색해 가는 운동을 신과학운동이라 한다. … 중국철학자들은, 실재를 연속적으로 유동하고 변화하는 과정으로 보았고 그것의 궁극적 본질을 도라고 불렀다. 그들의 관점에서는 우리가 관찰하는 모든 현상은 이 우주적 과정에 참여하고 있는 것이며, 따라서 본질적으로 역동적이다. 도의 기본적인 특성은 부단한 운동의 주기성에 있는 것이며, 물리계에서뿐만 아니라 심리적, 사회적 영역에서도, 자연에 있어서의 모든 발전은 주기적 형태를 나타낸다. 카프라는 사회적 전환기에 우리는 '역경(易經)'의 철학을 따라야 한다고 주장한다.

- 프리초프 카프라, 『새로운 과학과 문명의 전환』(*The Turning Point*)에서 -

… 모든 것은 기술을 도구로써 적당한 방식으로 사용하느냐에 달려 있다. 사람들은 흔히 말하듯이 기술을 정신적으로 장악하기를 바란다. 사람들은 기술을 자유자재로 다루려 한다. 이처럼 기술을 지배하려는 의지는 기술이 인간의 통제를 벗어날 가능성이 커질수록 더욱 절박해질 것이다.

- 마틴 하이데거, 『기술과 전향』(*Die Technik und die Kebre*)에서 -

인간중심이 아닌 자연중심의 세계관으로, 소유중심이 아닌 생명중심의 존재 양식으로, 물질중심이 아닌 정신과 물질이 조화로운 영육쌍전의 길로 나아가야 한다. 과학과 기술은 '소유를 위한 도구'가 아니라 '존재를 위한 지혜'가 되어야 한다.

## 4 호모 심비우스(homo-symbious)

이화여대 최재천 교수가 제안한 개념으로 공생하는 인간을 뜻한다. 배타적 속성이 강한 인간만이 한 종으로 살아가는 유일한 종이지만 다른 생물들과 공생하며 살아가는 종이라는 것을 강조한다. 다윈의 진화론도 경쟁보다는 공생의 메시지를 담고 있다고 주장하며 공생하는 인간을 강조하고 있는 것이다. 1978년 영 제임스 러브록은 가이아이론(gaia theory)을 창안한 바 있다. 그는 『지구상의 생명을 보는 새로운 관점』이라는 저서에서 지구를 환경과 생물로 구성된 하나의 유기체, 즉 스스로 조절되는 하나의 생명체로 소개한 이론이다. 가이아란 그리스 신화에 나오는 '대지의 여신'을 가리키는 말로써 지구를 뜻한다. 가이아란 지구와 지구에 살고 있는 생물, 대기권, 대양, 토양까지를 포함하는 하나의 범지구적 실체로서, 지구를 환경과 생물로 구성된 하나의 유기체로 보는 개념이다. 지구를 생물과 무생물이 서로에게 영향을 미치는 생명체로 바라보면서 지구가 생물에 의해 조절되는 커다란 유기체임을 강조한다. 현재 지구상에서 저질러지는 인간의 환경파괴 문제와 지구온난화 현상 등 인류의 생존과 직면한 환경문제에 대한 경각심을 불러일으키고 있다. 우리는 인류와 지구의 생명계의 지속 가능을 위해 시장의 논리에서 환경정의의 원칙으로 전환해야 한다. 조지 매키디는 그의 저서 『인간의 기원』에서 인간의 경험을 사용 가능한 에너지의 실제사용량이 늘어나는 진화과정으로 본다. 어떤 시대 어떤 민족, 집단이 이룩한 문명의 정도는 에너지를 인간의 발전과 필요를 위해 활용할 수 있는 능력으로 가늠하는 것이다. 문화의 기능은 인간의 편리를 위해 작동시킬 수 있는 에너지를 이용하고 통제하는 것이라 할 수 있다. 생명체에서도 엔트로피 법칙은 작용하는데 그것을 비평형열역학으로 설명할 수 있다. 생명은 보다 더 큰 환경에서 공짜 에너지나 사용 가능한 에너지를 끊임없이 처리함으로서 평형상태, 즉 죽음과 거리를 두고 질서를 유지하는 셈이다. 따라서 진화가 잘 된 종일수록 자신의 비평형 상태를 유지하기 위해 필요로 하는 에너지도 많고 살아있기 위한 과정에서 만들어지는 엔트로피도 많다. 또한 생명의 미래에 대한 우리의 결정은 지금껏 시장의 맹목적인 힘과 덧없는 유행이 좌우해 왔다. 우리는 무모한 소비에 열중한 나머지 우리 행성, 즉 지구의 많은 부분을 파괴하고 있고 많은 생명체들을 파멸시키고 있다. 한 사람이 1년 생명을 유지하기 위해 송어 300마리가 필요하고, 송어 300마리는 9만 마리의 개구리가 필요하며, 개구리 9만 마리는 메뚜기 2,700만 마리가 필요하고, 메뚜기 2,700만 마리는 풀 1,000톤을 소비해야 생명을 유지한다. 세계인구는 연간 8,000만 명 연평균 3%의 증가율을 보이고 있는데다 세계 곡물생산의 70%가 사료로 사용되는 실정이다. 1kg의 돼지고기를 얻기 위해 3kg의 곡물을 사료로 사용하고, 1kg의 소고기를 얻기 위해서는 8kg의 사료가 소비된다. 단백질 중심의 식생활로 인해 식량부족의 문제가 악화될 뿐만 아니라 온실가스 문제에서도 심각성이 대두되고 있다.[13] 육류생산으로 발생하는 온실가스는 채소재배로 발생하는 온실가스의 24배나 되며 전체 온실가스 배출량의 51%나 차지하고 있다. 식량과 환경 문제를 해결하기 위해서는 먹거리에 대한 친환경적 혁신이 필요하고 식생활에 대한 친환경적 개선도 필요하다. 전 세계 인구의 절반이 채식주의로 전환하면 2050년까지 온실가스 267억 톤을 줄일 수 있다는 계산도 있다. 따라서 식물성고기, 배양육, 인공우유, 곤충의 식량화, 유전자 편집이나 유전자 조작 그리고 식물공장과 같은 새로운 먹거리 생산방식이나 체제에 대한 연구나 시도가 이루어지고 있다. 배양육과 같은 인공고기를 사용한 임파셔블 버거 같은 경우 축산업에서 발생하는 온실가스를 줄이고 항생제나 호르몬의 과다사용 및 부작용을 제거할 수 있다. 네덜란드에서는 지속가능식품으로 곤충의 식량화[14]를 시도하고 있는데, 단백질은 소고기보다 높고 온실가스 배출은 적다는 이점이 있다. 사탕, 쿠키, 초콜릿, 샌드위치, 음료 등에 곤충을 활용할 수 있고 우리나라에서도 8가지 식용곤충을 연구하고 있으며, 서울에

13 영국의 런던대 골드스미스칼리지는 2019년 9월부터 축산업이 온실가스배출의 주범인 만큼 기후변화위기대응차원에서 캠퍼스 내에서 소고기를 퇴출한다고 발표했다.

14 10kg의 사료로 소고기 1kg, 돼지고기 3kg, 닭고기 5kg, 곤충 9kg 생산이 가능하다.

는 곤충으로 만든 음료를 판매하는 곤충카페가 영업 중이다. 유전자편집이나 유전자조작 기술을 활용하여 새로운 작물, 새로운 가축을 창조하는 연구도 활발하다. 식물공장에서는 빛, 온도, 습도, 이산화탄소를 적정하게 조정하여 재배환경을 통제하고 생산성을 엄청나게 증대시킬 수도 있을 것이다. 앞으로 햄버거를 먹는다 해도 그 햄버거의 성분이나 제조과정은 달라질 것이다. 곤충, 줄기세포 베이컨, 식물단백질 패티, 식물공장에서 생산된 채소가 사용될 것이다.[15] 공산품의 생산과 소비 측면에서도 재활용이나 지속 가능한 기술들이 혁신을 주도할 것이다. 스위스에서는 주재료가 트럭회사 3,000여 곳에서 폐방수천으로 제작된 프라이탁이라는 국민가방이 수십만원에 거래되고 있다. 이 가방을 만드는 데 사용된 모든 재료는 재활용 제품으로 만들어진다. 가방의 겉면은 방수천, 가방끈은 자동차 안전벨트, 가방테두리는 폐자전거의 튜브로 만들어지며 제품을 세탁할 때 사용하는 물까지도 빗물을 모아서 사용한다고 한다. 네덜란드에서는 누구나 쉽게 분해하고 조립할 수 있는 폰, 페어폰(fairphone)이라는 휴대폰이 생산되고 있는데, 언제나 부품교체가 가능하여 휴대폰을 새로 구매하지 않아도 업그레이드가 가능하고 오래 사용할 수 있다는 이점을 가진다. 또한 휴대폰을 만드는 과정에서 착취노동으로 채굴된 광물은 철저하게 배격함으로써 공정무역에도 기여하고 있다. 독일의 스타트업 위그린에서는 품질승인기관, 비영리단체, 소비자단체로부터 확보한 빅데이터를 기반으로 전 세계 수백만 개 제품의 착한 가치, 즉 가격, 품질, 환경, 공정무역, 인권 등 지속가능성에 관한 정보를 제공하고 있다. 소비자가 스마트앱으로 상품의 바코드를 스캔하면 문제가 있는 제품은 빨간색으로, 추천이 애매한 제품은 노란색으로, 착한 제품은 초록색으로 표시해 준다. 우리나라에서도 페트병으로 재생 폴라폴리스 담요, 현수막으로 가방과 파우치, 슬리퍼를, 지하철 스크린도어의 광고필름으로 클리어 파일을, 이면지로 접착 메모지를, 컴퓨터부품으로 냄비받침을, 불량 양말로 마우스 손목 패드와 같은 재활용제품을 만드는 사회적 기업이 있다.

15 메탄가스는 지구의 복사열을 포획하는 능력이 이산화탄소보다 21배나 높다. 지구상의 사육되는 소 13억마리에 모든 가축들에 의해 발산되는 메탄가스가 지구온난화 원인의 18%를 차지한다.

## 5 재생과 보존

제4차 산업혁명의 핵심기술인 물리학, 디지털, 생물학 분야의 기술 결합으로 자원에 대한 활용과 효율을 획기적으로 높일 수 있다. 세계경제포럼의 주요 프로젝트는 순환경제로의 전환을 촉진하기 위한 동기부여에 있다. 우리는 개인과 조직, 정부가 자연계에 미치는 영향력을 줄이는 것뿐만 아니라, 과학기술과 지능적 시스템 디자인의 활용을 통해 자연환경을 회복하고 재생시킬 수 있는 위대한 잠재력을 찾아내는 것까지 포함한다. 지금까지 이루어진 자원을 대량으로 사용하여 수취, 제조, 처분하는 생산과 소비시스템에서 벗어나 자원과 에너지, 노동력 그리고 정보까지 효율적인 상호작용을 통해 복원 및 재생을 가능하게 하고 생산성을 더욱 높일 수 있는 경제 시스템을 계획적으로 구축하고 그런 산업 모델로 전환할 수 있을 것이다. ① 사물인터넷과 스마트 자산을 활용하여 자원과 에너지의 흐름을 추적하고 이를 통한 가치사슬 전반에 효율성을 증대시킬 수 있다. 시스코에 의하면 10년간 사물인터넷을 통해 공급체인과 물류유통 과정을 개선하여 2조 7,000억 달러를 절약할 수 있었고, 사물인터넷 활용을 통한 솔류션의 작동으로 2020년까지 온실가스 배출을 91억 톤 줄일 수 있다는 것이다. ② 자산의 디지털화로 정보의 민주성과 투명성 증대는 기업과 국가에 대한 국민들의 감시와 감독을 강화시킨다. 반면에 자연훼손에 대한 디지털 정보 확보의 다양성과 유연성은 유발자에게 그 책임을 물을 수 있는 증거 확보를 가능하게 한다. ③ 투명한 정보의 공유가능성이 시민의 행동양식을 지속 가능한 순환경제로의 전환을 가능하게 한다. 정부와 기업, 대학에서 대규모로 진행된 무작위통제실험의 결과를 보면 경제학과 심리학의 생산적 융합이 가능하다는 것을 알 수 있다. 오파워기업의 경우, 전기사용내역서의 동료비교를 통해 사람들의 전기 소비를 줄일 수 있다는 사실이 입증되었다. ④ 자율주행자동차, 공유경제 등 경제·사회에 혜택을 줄 뿐만 아니라 자연에도 혜택을 줄 수 있는 전체시스템을 변화시킬 수 있다. 적절한 시기에 자원을 확보하고 재사용하며 업사이클(재활용품에 디자인 및 활용도를 높인 제품으로 재탄생시키는 일)을 쉽게 만드는데 기여한다.

> 제4차 산업혁명을 통해 기업은 자산과 자원의 시용주기를 연장해, 그 활용도를 높일 수 있다. 또한 추가적인 활용을 위해 재료와 에너지를 재생시키고 새로운 용도에 맞게 변형시킬 수 있는 폭포형 사용(cascades)을 만들어 낸다. 이 과정에서 배출물과 소요 자원의 양을 줄이는 것이 가능하다. 이 혁신적 산업 시스템 내에서 이산화탄소는 단순히 온실가스 오염물질에서 자산으로 변모하고, 비용이 들고 오염물질 저장고의 역할에 중점을 둔 탄소 포집 및 저장의 경제학은 수익성 있는 탄소 포집과 이용 생산 시설로 변화할 것이다.
>
> \- 클라우스 슈밥, 『제4차 산업혁명』 중에서 -

이런 기술과 시스템의 전환으로 모든 경제주체, 기업과 정부, 시민사회가 자연자본의 재생을 위한 전략에 관심과 참여를 유인할 수 있다. 인간이 기술을 활용하여 자연자본을 이성적이고 재생적인 방법으로 사용한다면 지속 가능한 생산-소비경제가 가능해질 것이다.

## 추천 도서

- E.F. 슈마허, 이상훈 역, 『**작은 것이 아름답다**』, 문예출판사, 2002.
- 대니얼 골먼, 이수경 역, 『**에코지능**』, 웅진지식하우스, 2010.
- 레이첼 카슨, 김은경 역, 『**침묵의 아침**』, 에코리브르, 2002.
- 마빈 해리스, 정도영 역, 『**식인과 제왕**』, 한길사, 1995.
- 마틴 하이데거, 이기상 역, 『**기술과 전향**』, 서광사, 1993.
- 세라 블래퍼 허디, 유병선 역, 『**여성은 진화하지 않았다**』, 서해문집, 2006.
- 에리히 프롬, 차경아 역, 『**소유냐, 존재냐**』, 까치, 2007.
- 장자크 루소, 주경복 외역, 『**인간불평등기원론**』, 책세상, 2003.
- 잭 웨더 포드, 권루시안 역, 『**문명과 야만 누가 살아남을 것인가?**』, 이론과 실천, 2005.
- 주강현, 『**우리 문화의 수수께끼(1)**』, 한겨레신문사, 2004.
- 최창모, 『**금기의 수수께끼**』, 한길사, 2003.
- 칼 세이건, 홍승수, 『**코스모스**』, 사이언스북스, 2006.

주제 10

# 욕구와 경제

## 1 욕망의 노예

인간의 욕구는 무한하다. 결코 완성될 수 없는 동그라미와 같고 굴러 올리면 또다시 굴러 내리는 시지프스의 바윗돌과 같다. 인간은 먹고 마시고 부비며 소유하고 지배하며 존경받고 싶어 한다. 또한 그는 자신을 초월하여 신의 경지에까지 이르려 한다. 이가 빠진 동그라미가 있다. 그는 완전한 동그라미의 꿈을 이루기 위해 쪽을 찾아 미지의 세계를 헤매 도는 방랑자이다. 뒤뚱거리는 발걸음으로 산을 넘고 들을 지나며 강을 건너서 외경의 길을 간다. 그는 이 빠진 입을 통하여 애환을 노래하며 망망한 길을 간다. 어떤 때는 너무 작은 입를 만나 허탈해 하고, 어떤 때는 너무 커다란 입를 만나 비탄에 잠기기도 한다. 그에게는 완벽한 동그라미가 되겠다는 바람 외에는 아무것도 바랄 것이 없었다. 드디어 때가 되었다. 그가 그리도 찾아 헤매던 자신의 잃어버린 쪽을 찾았던 것이다. 그리고 그는 완벽한 동그라미가 될 수 있었다. 그 순간 그는 완전한 동그라미에 대한 기쁨과 행복을 노래하고 싶었다. 그런데 이게 웬일인가? 그에게는 이제 더 이상 노래할 수 있는 입이 존재하지 않았다. 그는 이제 완전한 동그라미에 대한 기쁨보다는 노래할 수 없다는 답답함과 두려움으로 떨게 되었다. 완전한 동그라미에 대한 꿈과 욕망은 어느새 식상함과 지겨움으로 변해 있었다. 완전한 동그라미가 된 그의 새로운 욕구는 그가 더 이상 완전한 동그라미로 만족하는 것을 허락하지 않았다. 결국 그는 그리도 찾아 헤매던 한쪽을 버리고 다시 이 빠진 동그라미가 되어 한없는 방랑의 길을 떠난다는 이야기이다. 인간의 욕구는 마치 이가 빠진 동그라미와 같다. 무엇인가를 갈구하지만, 그것이 성취되는 순간 그들은 허탈해 한다. 인간욕구의 속성은 한없이 방황하는 보헤미안이며 김삿갓이고 끝없이 굴러 내리는 시지프스의 바윗돌과 같다.[1]

노벨 경제학상 수상자인 카너먼은 쳇바퀴의 그림을 통해, 이를 테면 돈이 많다는 것과 생활의 만족감 사이에는 별 연관성이 없다는 것을 설명한다. 커너먼은 가장 부유한 사람이 가장 행복하지는 않은 이유를, 우리가 많은 돈을 가질수록 그에 따른 기대치가 올라가고 따라서 더욱 사치스럽고 값비싼 쾌락을 열망하기 때문이라고 한다. 이런 쳇바퀴는 억만장자에게서조차 결코 회전을 멈추지 않는다. 부자들은 가난한 사람보다 더 많은 쾌락을 경험할지 모르지만 동일한 수준의 만족감을 얻기 위해서는 더 큰 쾌락이 필요하다.

- 대니얼 골먼, 『사회지능』(*Social Intelligence*)에서 -

헤겔의 경우에는, 인간적인 욕망이란 원래 일정한 것이 없고, 역사적인 시기와 문화 속에서 변화해 간다고 인식했다. 인간의 욕망은 사회적 환경에 의해 좌우되며, 그 사회환경은 과거의 역사 전체로부터 연유된 것이다. 어떤 욕망의 특정 대상이나 어떤 것이 중요한 욕망인가? 하는 기준조차도 시대의 변화에 따라 인간성의 다양한 측면과 함께 변화해 왔다. 인간의 욕구는 필요를 낳고 필요는 인간의 행동을 유발하게 된다. 인간은 자신의 삶을 생존만으로 이해하는 것이 아니라 생존 그 이상의 것으로 이해한다. 인간은 자연적인 존재이면서 동시에 무한히 자신을 초월하고자 하는 욕구를 가진다. 인간은 근원적으로 결핍을 경험할 수밖에 없

1 시지프스의 바윗돌은 그리스 신화에 나오는 이야기이다. 시지프스는 인간 중에서 가장 지혜롭고 사려 깊은 사람이었다. 그는 제우스의 미움을 받아 큰 바위를 산꼭대기까지 밀어 올리는 형벌을 받게 되었는데, 그 형벌은 바위를 산꼭대기까지 밀어 올리면 밑바닥으로 굴러내려 오고 다시 밀어 올리면 또다시 굴러내려 오는 그칠 줄 모르는 바위굴리기였다.

는 존재이고 이러한 존재성에서 욕구와 필요의 멈춤이 불가능하다. 인간은 부비고, 마시며 성적으로 결합함으로써 생존의 고리를 연결해 간다. 소유하고 지배하며 과시함으로써 다른 사람과의 관계를 설정해 간다. 염원하고 채득하며 성찰함으로써 뿌듯해 하며 신의 경지에 오르려 한다.

경제학자들은 욕구를 효용으로 파악한다. 알프레드 마샬은 욕구는 상호의존적이며, 합리적이라는 견해를 피력한 바 있다. 심리학자들은 욕구를 본능지향적이며 생득적이고 불명확한 일종의 필연적 성격을 지닌 동기로 파악한다. 사회학자들은 욕구는 사회문화적 성격으로 파악한다. 매슬로우는 인간의 욕구를 기본적 욕구, 사회적 욕구, 그리고 자아욕구로 분류하고 욕구계층의 개념을 정립하였으며, 앨더퍼는 매슬로우의 욕구범주를 간결화하여 실존, 관련, 성장 등의 범주로 분류하였다.

[매슬로우와 앨더퍼의 욕구단계]

| Maslow의 욕구단계 | Alderfer의 욕구단계 |
| --- | --- |
| 자아실현 | 자아성장 |
| 존경<br>애정 | 관계 |
| 안전<br>생리 | 생존 |

인간은 욕구를 충족시키기 위해 행동한다. 욕구충족의 양식은 문화적 요인에 따라 다르게 나타난다. 동양문화는 자신의 욕구를 통제하여 만족에 도달하려는 무위(無爲)의 양식이라면 서양문화는 대상물을 획득하여 만족에 도달하려는 유위(有爲)의 양식이다. 서양문화는 인간의 욕구충족을 위해 대상물을 확대 생산하는 구조를 가지며, 동양문화는 인간의 욕구충족을 위해 대상물에 자신의 욕구수준을 조절하는 조화와 상생의 구조를 가진다. 예를 들면, 서양문화의 경우에는 어떤 사람이 열 개의 사과가 먹고 싶은데 다섯 개의 사과밖에 주어져 있지 않다면, 모자

라는 사과 다섯 개를 다른 나라에서 빼앗아 오든 아니면 다른 나무들을 제거하고 사과나무를 심든, 자신의 욕구의 대상을 적극적으로 조절하는 욕구충족 양식인 반면에, 동양문화는 모자라는 다섯 개의 사과를 적극적으로 획득하기보다는 자신의 욕구를 사과 다섯 개로 줄임으로써 욕구충족에 도달하는 소극적인 욕구충족 양식이다. 따라서 서양문화권의 경제·사회는 자연에 대하여 도전적이고 공격적인 물질중심의 특성을 반영하는 반면에, 동양문화권의 경제·사회는 자연에 대하여 순응하고 주어진 환경과 조화를 이루며 살아가려는 정신중심의 특성을 반영하고 있다.[2]

인간은 무한한 욕구의 노예이며, 인간의 문화는 다양한 욕구충족 양식의 반영이다. 권력은 인간이 욕구를 충족하는 사회관계를 형성하는 하나의 힘이며, 인간의 욕구를 충족시키는 수단이기도 하다. 인간이 사회를 형성하고, 사회는 인간이 자신의 욕구를 실현하는 조직된 장이라면 권력은 어디에든 존재한다. 권력은 인간욕구의 산물이면서 인간욕구를 충족시키는 도구이기 때문이다. 인간의 역사 속에서 인간의 욕망으로 인해 권력의 속성을 부여받은 대상물들은 시대성을 반영한다. 원시인류의 경우, 성도 욕구충족의 대상물로서 권력의 속성을 반영해 왔다. 종교 또한 천당이나 극락에 대한 욕구의 대상물로서 권력의 속성에서 자유롭게 벗어날 수 없었다. 오늘날에는 신장이나 미모 또는 피부빛깔조차도 욕구의 대상물로써 권력의 속성을 부여받고 있다.

권력은 사실상 모든 인간관계를 나타내는 한 가지 차원이다. 권력은 실제로 욕망과 상호관계에 있고 또한 인간의 욕망은 무한히 다양하기 때문에 누군가의 욕망을 충족시킬 수 있는 것이면 무엇이든지 잠재적인 권력의 원천이 된다. 마약 한 방을 장악하는 마약 밀매업자는 마약중독자에 대해 권력을 행사한다. 정치가가 득표를 원하기 때문에 표를 모을 수 있는 사람이 정치가에게 권력을 행사한다.

- 앨빈 토플러, 『권력이동』(*Power Shift*)에서 -

---

2 행복지수 = a(충족시킨 욕구의 양/충족시키려는 욕구의 양)이라면 서양문화가 분자에 초점을 맞춘 욕구충족 양식이라면 동양문화는 분모에 초점을 맞춘 욕구충족 양식이라 할 수 있다(유시민, 『경제학 카페』, 돌베개, 2003. 17~23면 참조).

욕망은 인간을 앞으로 나아가게 하는 엔진에 해당한다. 인간의 역사를 통해 욕망이 완벽하게 충족된 시대는 존재할 수 없었다. 충족될 수 없는 욕구, 누군가를 능가하려는 소유와 지배에 대한 욕구에 의해 새로운 기술이 창안되었고, 더욱 생산적인 공법들이 개발되었다. 새로운 욕구들은 경제성장이라는 경주마들을 채찍과 당근으로 몰아붙였다. 새로운 도전과 모험, 개발과 개척, 투쟁과 전쟁, 이 모든 것들이 욕구충족을 위한 선택 가능한 수단들로 간주되었다.

> 부에 대한 욕망은 그 성질상 어떤 개인의 경우에도 만족을 느끼게 하는 일은 결코 없으며 또한 분명히 부에 대한 일반적인 욕망을 충족시킨다는 것은 있을 수 없는 일이다. 아무리 부가 광범위하게 평등하게 또는 공정하게 분배될지라도 그 사회의 총체적 부의 증가는 재화의 축적에 있어서 다른 모든 사람을 능가하려는 만인의 욕망에 기인된 욕구를 결코 충족시키지 못한다. … 현대사회에서 인간을 경제적으로 활동하게 하는 가장 중요한 동인은 저축이나 거래가 아니라 자신의 이웃을 능가하려는 욕망이다.
>
> \- 소스타인 베블렌, 『유한계급론』(*The Theory of the Leisure Class*)에서 -

인간의 욕구가 자연적 조건에 맞도록 완벽하게 조절될 수 있다면 이 세상에 경제문제는 발생하지 않는다. 경제학이나 경제이념, 경제체제에 대한 논쟁도 사라질 것이다. 필요나 욕구가 적절하게 조절될 수 있다면 인간의 재앙인 분쟁과 전쟁 또한 줄일 수 있다. 자연이 인간에게 허락한 물질에 비해서 인간의 욕구는 턱없이 부풀려진다. 그들은 항상 빈곤하며, 어디에서든 만족할 줄 모른다. 따라서 무한하게 팽창하는 인간의 욕구로 인해 자연은 수탈이나 정복의 대상이 되며, 경제·사회는 인간의 욕구로 인한 경쟁과 투쟁의 콜롯세움이 된다.

> 욕망을 부채질하거나 조장하는 일은 예지와는 정반대의 것이다. 그것은 자유 및 평화와도 정반대의 것이다. 욕망이 불어나면 마음대로 움직일 수 없는 외부에의 의존도가 심화되고, 따라서 생존을 위한 걱정이 증대된다. 욕망을 줄여야만 다툼이나 전쟁의 궁극적인 원인인 여러 가지의 긴장을 진정으로 풀 수 있는 것이다.
>
> \- 슈마허, 『작은 것이 아름답다』(*Small is Beautiful*)에서 -

경제학의 본질적 문제의식은 "인간의 욕구는 무한하고, 그 욕구를 충족시키기 위한 자원은 한정되어 있다"라는 희소성의 원칙에서 출발한다. 욕구에 비해 자원이 부족하므로 반드시 필요한 것을 효율적으로 생산하고 유용하게 소비하여야 하며, 공평하게 분배하여야 한다. 인간의 욕구에 비하여 자원은 턱없이 부족하므로 경제문제가 발생하고, 그러한 경제문제에 대해 최적한 해법을 탐구하려는 학문적 문제의식이 경제학을 지배한다.

## 2 감투와 위신

인간을 자연과학적인 차원에서 이해한다면 인간의 왕국은 곧 자연의 왕국이다. 모든 것이 자연의 법칙에 따라 결정될 것이며, 인간의 모든 행동은 궁극적으로는 하등동물의 행동이나 다를 바 없다. 인간의 모든 행동들이 심리학이나 인류학, 그리고 생물학이나 화학에 의해 설명될 수 있을 것이다. 인간은 한편으로는 동물적인 존재이면서도, 다른 한편으로는 형이상학적인 존재이다. 자유의지와 가치판단, 즉 철학적으로 사유할 수 있는 능력을 가지고 있다. 인간은 자유의지를 통해서 자연법칙을 거스를 수 있는 자유를 획득할 수 있고, 인간은 모든 존재와 사물에 대한 가치를 판단하는 능력을 통해서 인간의 존엄성을 확보할 수 있다.

일찍이 플라톤은 인간의 영혼에는 욕망, 이성 그리고 튜모스(Thymos)[3]라는 요소가 잠재돼 있다고 생각했다. 여기서 욕망은 인간이 갖고 있지 않은 것을 구하도록 자극하는 요소이며, 이성은 인간으로 하여금 자신이 원하는 것들을 최선의 방법으로 손에 넣을 수 있도록 계산하는 요소로 이해된다. 여기서 욕망이나 이성은 어느 정도 동물적인 것과 크게 다르지 않다. 우리 인간을 인간다운 존재로 고양시키는 것은 바로 튜모스, 즉 패기이다. 이것은 인간이 자기 자신에게 어떤 가치를 부여하고 다른 사람들로부터 그와 같은 가치를 인정받기를 원하는 욕구이다. 이와 같은 욕구가 감투나 위신을 만들어 낸다.[4] 헤겔은 이 같은 인간으로서 인정받

3 이것은 패기라고 부르는 것인데, 이것에 의해 인간의 존엄에 대한 욕구가 발생한다.

4 현대 생물학은 동물도 인간과 마찬가지로 위신을 위한 싸움을 한다는 것을 시사하고 있다.

고 싶어하는 욕망이 역사의 출발점에 선 인간으로 하여금 세력 확장을 위한 생명을 건 피비린내 나는 싸움을 만들었다고 주장한다. 우리들이 싸우는 것은 자기가 자진해서 생명을 걸고 있으며, 그렇기 때문에 자기는 자유로운 인간이라는 것을 다른 사람으로부터 인정받으려는 처사로서 이해한다. 만약 가족을 지키기 위해서라든가, 적의 땅이나 재산을 빼앗기 위해서라는 목적(합리적인 목적) 때문에 피비린내 나는 싸움을 했다고 한다면, 그런 유형의 싸움은 본질적으로 동물적인 욕구를 충족시키려는 수단에 불과하다. 인간은 자신의 죽음에 대한 두려움으로부터 자유롭다는 것을 보여주기 위해서, 그리고 자신이 하나의 복잡한 기계나 스스로의 정념(자연상태에서 인간은 먹을 것, 여성, 휴식과 같은 자신의 본능적 요구에 자유롭게 따른다)으로부터 자유롭다는 것을 보여주기 위해서, 감히 피비린내 나는 전투에 주저 없이 나서게 된다는 주장이다. 즉, 인간은 자유롭기 때문에 존엄하다는 것을 증명하려 한다. 이것은 곧 인간은 위신을 구하는 싸움에 자신의 목숨을 자진해서 건다는 것을 의미하기도 한다. 헤겔에 있어서도 역사를 움직이는 원동력은 바로 위신을 인정받으려는 욕구, 즉 패기임을 강조하고 있다. 따라서 인간은 사회적 동물이며, 형이상학적 동물이고, 위신을 추구하는 동물이다. 유물론자인 홉스와 관념론자인 헤겔 모두가 인간은 필요를 위해 싸우기도 하지만, 오히려 '하찮은 일'을 둘러싼, 즉 인정받기 위한 싸움 쪽이 많다는 데 동의한다. 홉스는 자신의 저서 『리바이던』에서, 인간의 자연상태를 만인의 만인에 대한 싸움으로 표현하고 있다. 인간의 본성 속에는 싸움의 주요원인이 세 가지 있다. 첫째가 경쟁이며, 둘째가 불신, 셋째는 영예이다. 세 번째 원인에 관해서 말하면 한 마디의 말, 한 번의 미소, 하나의 이견, 그 밖의 여러 가지 과소평가의 징조가 되는 사소한 것 때문에, 사람은 그것이 직접 자신의 인격을 향하고 있는지, 아니면 간접적으로 자신의 친척이나 친구, 국민, 직업 또는 이름을 향해 있는가를 묻지 않고 폭력을 사용하게 된다. 홉스가 주장하는 자연상태에서의 '만인의 만인에 대한 싸움'이나 헤겔의 '존엄성을 인정받기 위한 투쟁'이나 그 본질은 흡사하다. 이런 맥락에서 인간은 사회적 존재인 동시에, 위신과 감투를 쟁취하려는 투쟁적 존재이다.

인간은 누구나가 스스로 자신을 평가하는 것만큼 친구도 자신을 평가해 주어야 한다고 생각하고 있다. 그리고 당연히 어떤 경우에 있어서든 경멸받거나 과소평가 받는 낌새를 눈치 채면, 자신을 경멸한 사람에게 위해를 가하고, 그 밖의 사람들에게는 그러한 예를 보임으로써 그들로부터 보다 높은 평가를 받으려고 열심히 노력한다.

- 홉스, 『리바이어던』(*Leviathan*)에서 -

소비행위는 소비자가 어떤 상품에 대한 단순한 선택적 소비행위 이외의 경제사회적·사회심리적 투영의 결과이다. 소비행위는 소비자의 합리적 선택, 뿐만 아니라 그 소비행위가 의미하는 사회심리적 영향과 결과의 반영이기 때문이다. 과시적 소비행위는 인류의 역사와 함께 했으며 사회적 위신의 증표이고, 부와 권력을 지탱하는 지렛대이자 주춧돌이었다. 과시적 소비행위는 자신의 위신을 과시하거나 자신의 사회적 위신을 상승시키려는 소비자의 심리적 의도가 반영된 경쟁적 욕구의 발현이며, 다른 소비자의 소비행위와 차별을 통한 자신의 사회적 지위를 향상시키려는 과장된 행위이며 표식에 해당한다.

탈공업화 사회, 후기 자본주의 사회, 스펙터클의 사회, 테크놀로지의 사회 등으로 부르는 현대의 사회를 보드리야르는 '소비의 사회'로 지칭한다. 그는 상품의 소비란 사용가치의 소비를 포함하면서도 그것을 훨씬 넘어선다. 즉 행복, 안락함, 풍부함, 성공, 위세, 권위, 근대성 등의 소비도 포함하는 것인데, 특히 이 후자에 소비의 본래의 의미가 있다고 주장한다. 이러한 착상은 그로 하여금 사물을 기호로 파악하게 하고, 또 사회를 의미작용의 체계로 해석하게 한다. 그리고 그는 인간의 욕구를 특정한 사물에 대한 욕구로 해석하지 않고, 차이에 대한 욕구로 해석한다. 이러한 사회적 차별화의 논리로 사람들은 상품의 구입과 사용을 통해 자신을 돋보이게 하며 동시에 사회적 지위와 위세를 나타낸다는 것이다.

- 장 보드리야르, 『소비의 사회』(*La Socie'te' de Consommation*)에서 -

'감투'라는 말과 '갓 쓰고 망신 한다'는 말이 있다. 여기서 갓이나 감투는 소비되는 물건인데 그 의미는 사회적 지위나 위신을 상징한다.[5] 인간은 누구나 사회

---

5 미니스커트의 유행이나 맨가슴을 내놓는 행위는 서양에서는 여성운동가들의 여권신장에 대한 상징적 행태로 사용했던 반면, 인도의 여성들은 이 같은 패션들을 거부함으로써 계급적 차별성을 극복하려 했다.

적 지위나 위신을 통해 자신을 드러내고 다른 사람들로부터 추앙받기를 희망한다. 또한 한번 획득한 위신은 어떠한 비용을 지불하더라도 사회적으로 자랑하고, 그것을 유지하려 한다. 즉, 감투 쓰고 행세하려는 것이다. 특히 유교권 문화에서는 사람들의 사회적 관계를 형성함에 있어 '명분과 위신'이라는 것이 매우 중시되었던 것 같다. 경제적으로 빈곤했던 시대에도 결혼잔치, 회갑잔치, 돌잔치 그리고 제사 등은 빚을 내서라도 치러야 하는 중요한 사회적 통과의례였다. 그런데 흥미로운 것은 이 같은 과시행위가 주최자의 입장에서는 사회적으로 자신의 위신을 드러내려는 과시적 표출행위인 데 반해, 참여자의 입장에서는 상호부조하고 먹거리를 나눠먹는 재분배를 위한 경제·사회적 행위였다는 점이다.

포트래취(portlatch)는 가진 자들이 주고, 못 가진 자들이 받는다는 사전적 의미를 가지고 있다. 갖지 못한 자들이 굶주림을 면하기 위해서는 이웃부락의 추장이 위대한 인물이라고 인정만 하면 된다.

- 마빈 해리스, 『문화의 수수께끼』(*Cows, Pigs, Wars and Witches: the riddles of culture*)에서 -

… 뱅쿠버 섬의 콰키우틀족이 행한 포트래취는 손님들에게 막대한 양의 음식을 대접하거나 소중하게 모아둔 물건들을 나누어 주거나 또는 그들 앞에서 모조리 파괴함으로써 주최자의 부와 지위를 과시하였다. 포트래취는 경쟁적 축제임과 동시에 지배계급이 아직 확립되지 않은 부족들 가운데서 부의 생산과 분배를 명확히 실현시켜 주는 거의 보편화된 메커니즘이다. … 솔로몬 군도의 카오카족에게는 "잔치를 베푸는 사람은 뼈다귀와 상한 빵을 먹고, 고기는 다른 사람들에게 돌아간다"는 말이 있다고 한다. 소니라는 무미가 베푼 큰잔치에는 무려 1,100명이 초대되어 엄청난 양의 아몬드에다가 돼지 32마리를 먹어치웠다. 소니와 그의 가까운 추종자들은 쫄쫄 굶었다. 그러면서 그들은 말했다. "우리는 소니의 명예를 먹고 살지요."

- 마빈 해리스, 『작은 인간』(*Our Kind*)에서 -

축제는 여러 가지 기능을 수행한다. 신과 자연을 향해 감사하고 더욱 풍요로운 자연의 산물을 기원하는가 하면, 축제를 통해서 축제를 베푸는 자의 위신과 계급적 우위를 확인하게 하고, 재분배를 통한 교환의 장을 마련하기도 한다. 계급이 발생하기 이전의 사회에서는 축제를 베푸는 자는 자신이 다른 사람들에게 많은 것들을 베풀 수 있는 능력을 가질 수 있다는 점에서 다른 사람들로부터 존경과 칭찬을 얻어 낼 수 있었다. 그들은 단지 위신을 드높이기 위해 허리띠를 졸라 매면서 다른 경쟁자들이 감히 흉내 낼 수 없을 정도의 성대한 먹거리를 마련하면 그만이었다. 계급이 발생하기 이전의 사회에서는 축제를 베푸는 자는 자신의 경제적 능력을 뽐내고 과시함으로써 주최자의 사회적 위신과 지위가 확보되는 것이 아니라, 베푸는 자의 공손함과 겸손함에 의해서 사회적 위신과 지위가 보장될 수 있었다.

계급이 발생하고 계급에 의해 사회적 위신이 계층화되자 교환이나 소비행위가 자신들의 신분을 다른 사람들에게 확인시키고 그 지위를 유지하기 위한 비용으로 간주되게 된다. 지배자가 베푸는 축제에서는 베푸는 자의 경제적 능력과 관대한 인품을 뽐내고 과시함으로써 그의 위신을 증명하고자 한다. 그들은 과시적 소비를 통해 일반대중들이나 잠재적인 경쟁자들로 하여금 경외감을 갖게 하고, 자신과는 경쟁의 대상이 아니라는 점을 부각시켜 그들의 지배권에 대한 도전의식을 잠재우려 한다. 또한 그들은 일반대중이나 다른 경쟁자들에게 특정한 소비에 대하여 제도적으로 제한을 가함으로써 지배자의 권위를 지키려 한다. 이 같은 과시적 소비행위나 제한된 소비행위는 지배계층의 사회적 위신을 강화함으로써, 지배권을 안정화시킴은 물론 지배권을 최소경비로 유지하려는 정치적 술책이자 지배이데올로기에 해당한다. 그들은 특별한 호칭이나 복장 그리고 왕관 등을 사용하여 그 힘을 과시하려 한다. 또한, 과시적 유한(有閑)이나 독특한 격식에 의해서 위엄을 지키려 하고, 혈통이나 상속의 룰을 만들어 선전함으로써 자신들의 권력이나 부에 대한 역사적 정당성[6]을 확보하려 한다.

북부 인도의 지배계급인 라지푸트는 하류층인 차마르 사람들이 샌달을 신지 못하게 했고 엉덩이 위로 올라가거나 무릎 아래까지 내려가는 옷을 입지 못하도록 했다. 뿐만 아니라 차마르 여인들은 가슴을 내놓고 다녀야 했고, 착색 염료로 화장할 수도 없었으며 꽃을 달고 다닐 수도 없었다. 그들은 집에서 투박한 토기만을 사용해야 했다. … 그들의 사치기준은 자신들의 신성한 출생기원에 걸맞아야 하며, 백성들의 능력을 훨씬 웃도는 수준이어서 도저히 건널 수 없는 격차가 존재해야 한다. 최상의 옷감에 화려한 수를 놓아 만든 외투를 입는 것, 보석이 박힌 터번과 모자와

6 이집트의 파라오나 하와이의 최고 족장, 그리고 고대 페루와 중국의 황제나 일본의 천황 등등은 모두 자신들이 우주를 창조한 태양신의 직계 후손임을 각각 독자적인 방식으로 강조하고 있다.

왕관을 쓰는 것, 현란하게 조각된 보좌에 앉는 것, 귀금속 접시에 정성들여 요리한 음식만 먹는 것, 사치스런 궁정에서 사는 것, 그리고 또한 그렇게 사치스런 무덤과 피라미드에 묻히는 것.

- 마빈 해리스, 『작은 인간』(*Our kind*)에서 -

… 존장을 호칭하거나 왕이나 신에게 아첨할 때 쓰는 존칭이나 칭호는 대체로 이런 호칭을 받는 사람들에게 위압적인 폭력과 저항할 수 없는 파괴력을 주는 결과를 낳는다. 문장의 도안에 탐욕스러운 맹수나 맹금을 즐겨 사용하는 것도 똑같은 견해를 강조하는 것이다. 중국이나 우리나라에서는 용이 새겨진 문양은 곧 천자나 임금을 상징하였다. 중국 송나라의 경우에는 발톱이 5개 달린 용이 천자를 상징하였고, 고려나 조선의 경우에는 발톱이 4개 달린 용이 임금을 상징하였다. 용의 발톱 숫자의 차이가 곧 천자와 임금에 대한 권위의 차별화였던 셈이다. … 일을 손에도 안대는 것은 명예롭고 갸륵한 행동일 뿐만 아니라 고상함의 전제조건이 되기도 한다. 어떤 폴리네시아의 추장이 격식을 지키기 위해 자기 손으로 음식을 먹느니 차라리 굶어 죽는 길을 택했다고 한다. 격식을 차리는 데 너무 힘을 쓴 나머지 목숨을 잃은 어느 프랑스 왕의 이야기도 있다. 이 왕은 왕좌를 옮기기로 된 담당관이 없어서 화염 앞에 묵묵히 앉아 치유될 수 없을 정도로 화상을 입었다는 것이다. 그러나 그렇게 함으로서 국왕의 권위를 더럽히지 않았다 한다. … 부유층이란 돈과 재산을 소유함으로써 아주 흥미 있고 매우 우스꽝스런 행동을 하게 되는 인류학적 표본에 불과하다. 자신의 우월성을 드러내고 그에 따른 존경과 찬사를 받고 싶어 하는 것은 일반적인 인간경향의 하나이다. 반더빌가나 휘트니가의 의상, 축제의식, 기타 장식품들이 매우 복잡하다. 그렇더라도 그들의 동기 자체는 야만족들의 그것과 조금도 다를 바 없을 게다. 그들의 연회는 야만인의 축제와 공통된 특징을 지닌다. 야만인들이 온몸에 자상행위를 하는 것은 부유층이 그 부인들에게, 혹은 그 부인들 스스로의 손으로 코르셋 같은 고통스런 옷으로 온몸을 꼭 졸라매는 것과 다를 바 없다.

- 소스타인 베블렌, 『유한계급론』(*The Theory of the Leisure Class*)에서 -

… 고대 염료 중 가장 값비싼 염료는 티리언 퍼플(tyrian purple)이라는 자주색 염료였다. 일부 문화권에서 자주색 옷은 왕과 황제만이 입을 수 있었다. 이런 연유로 로열 퍼플(royal purple), 귀족 가문에 태어난(born to the purple)이라는 말도 생겨났다. 오늘날에도 자주색은 황제의 색깔로 여겨져 왕권을 상징한다.

- 페니 루 쿠터/제이 버레슨, 『역사를 바꾼 17가지 화학이야기』(*Napoleon's Buttons*)에서 -

… 산업발달로 소비시장이 확대되자 중·하류 계층들도 검소한 습관을 버리지 않을 수 없게 되었다. 광고와 메스미디어가 결탁하여 중·하류 계층을 현혹함으로써 저축을 그만두고, 사고, 소비하고 파괴하라고 권장하게 된다. 점점 늘어나는 상품과 용역을 써 없애라고 부추긴다. 그래서 중·하류의 계층 내 신분 추구자들 간에는 이제 가장 잘 써대는 소비자에게 최고의 명예가 주어지게 되었다.

- 마빈 해리스, 『문화의 수수께끼』(*Cows, Pigs, Wars and Witches: the riddles of culture*)에서 -

계급사회가 무너지고 어느 누구든 경제적 능력에 의해 자신의 사회적 위신을 상승시킬 수 있는 여건이 마련되자, 과시적 소비행위는 신분상승을 실현할 수 있는 하나의 탈출구로써 작동하며, 사회적 위신을 증명할 수 있는 일종의 상징물로써 기능하게 된다. 현대 사회와 같은 민주 시민사회에서조차도 사람들은 자신의 사회적 신분 상승을 위한 조건으로써 과시소비 행위를 선택하는 경향이 있다. 어느 누구든 옛날 왕이나 귀족이 먹던 음식을 먹을 수 있고, 옷을 입을 수 있으며, 잔치를 베풀 수 있다. 다만 이 같은 소비행위의 가능 여부는 사회적 신분이 아니라 개인적 경제능력에 달려 있다. 현대 소비사회는 자신의 사회적 지위나 위세를 얼마든지 자랑할 수 있으며, 이를 위해 그들은 기꺼이 낭비적 소비를 선택할 수 있다. 우리가 사용하는 상품들은 단지 물건으로서의 기능만을 위해 구매되는 것은 아니다. 그 상품들에는 다른 상징적 의미들이 부여돼 있으며, 우리의 소비행위는 그 같은 의미들까지 구매하는 포괄적 구매행위인 것이다. 명품에 집착하고 명품이 불티나게 팔리는 이유이기도 하다. 또한 상품의 교환, 진열, 귀중품의 파괴와 같은 행위들도 과시적 소비행위와 같은 사회적 상징성을 가진다. 이 같은 맥락에서 과시적 교환, 과시적 진열, 과시적 파괴, 과시적 여가 행위들은 권력과 부를 획득하고 경쟁자로 하여금 자신의 사회적 지위를 감히 흉내 내지 못하도록 차별화하려는 상류계층의 문화적 전략이며, 상징적 수단으로 이해될 수 있다. 또한 신분상승을 추구하는 중·하류계층의 경우에도 상류계층의 이 같은 행위들을 모방하고 재현함으로써 신분상승의 에스컬레이터에 오르려 한다. 중·하류계층의 사람들은 고귀한 계층의 과시적 소비행태를 추종하고 모방함으로써 자신의 경제적 능력이나 사회적 위신을 상류계층의 그것들과 다르지 않다는 것을 증명하려 한다.

좀바르트는 인간의 성적 욕구에 부응하려는 경쟁적 사치, 경쟁적 사치를 충족하기 위한 이윤동기가 상승 작용하여 자본주의 발전의 동력을 형성한다고 주장한다. 사치와 사치가 유인해 내는 이윤동기가 공업의 발달과 기술혁신을 이끌 수 있었고, 이 같은 요소들이 연결고리를 형성하며 자본주의를 생성시키고, 자본주의의 발달을 촉진시켰다. 그에 따르면, 인간은 원초적 본능이 성욕에 바탕하고 있으며, 인간은 그 성적 욕구를 충족시키기 위한 수단으로써 자신의 아름다움을 포장하고 과시하여, 성적인 경쟁자로부터 경쟁우위를 확보하려 한다. 사람들은 자신의 아름다움을 한층 돋보이기 위해 의상의 사치, 가구의 사치, 건축물의 사치를 더욱 강렬하게 추구하였고, 중·하류계층의 사람들조차도 고위계층의 사치와 고급 창녀들의 사치를 모방하려한다는 것이다. 따라서 유행이 창조되고, 각종 가공업 제품들에 대한 소비가 증대됨으로써, 자본주의 초기단계에 나타났던 소비재산업의 발달이 가능해졌다고 주장한다.

여자는 역시 현모양처의 역할, 특히 세속화된 양처의 역할을 다하려면 남편이 정상적으로 귀가하여 아내의 곁을 떠나지 않게 꼭 붙들어 두어야 할 것이다. 그렇다면 아내는 남편에게 우선 성적인 매력을 은근히 표현하며 접근해야 할 것이며, 이를 위해서 옷맵시, 화장, 잠옷, 목욕시설 등에 보다 사치스러운 고급품을 사용하지 않을 수 없다. 그리고 집안 분위기를 고급화하는 데에 신경을 씀으로써, 멋있는 커텐, 값비싼 세련된 의자, 장롱, 침대, 양탄자, 장식품, 그림 등 일련의 가구의 고급화가 요구된다. 결과적으로 가정주부의 남편에 대한 애정이 사치적인 소비를 불러일으키게 된다. … '사치'는 확실히 하나의 해악이며 죄악이기도 하다. 그러나 그것은 산업을 촉진시킬 수 있다는 점에서 사회 전체의 이익을 가져온다는 사고방식은 영국에서 널리 알려졌다. 낭비적인 소비는 죄악이며 인간에게 해를 가져온다. 그러나 산업 또는 상업에 대해서는 그렇지 않다. 이러한 생각은 사회철학의 한 체계로서 버나드 드 맨더빌의 그 유명한 「꿀벌의 우화」에서 잘 소개되고 있다. 그가 시에서 읊고 있는 '사치'는 다음과 같다. 욕심은 죄악의 뿌리이다. 그래서 그 누구를 미워하고 저주할 것인가. 방탕과 낭비의 노예, 그것들은 고귀한 죄악이다. 수백만의 가난한 사람들에게 일자리를 줄 수 있으니, 자랑스럽네. 부러움과 허영심, 사치는 산업을 이롭게 하네. 사치의 애인은 어리석음과 변덕, 음식, 가구와 의상, 이상하고 우스꽝스러운 죄악. 그러나 상업의 바퀴를 움직이는 힘이 놀랍게도 사치에 있다네.

- 베르너 좀바르트, 『사랑과 사치와 자본주의』(*Liebe, Luxus und Kapitalismus*)에서 -

인간은 위신의 노예이다.[7] 과시소비는 위신을 확보하고 증거하며 정당화하는 하나의 수단이다. 과시소비는 경쟁적 욕구의 화신이고, 사회적 위신의 증표이며, 계급을 포장하려는 전략이다. 또한 부와 권력을 지지하는 버팀목이고, 성적 매력을 강조하는 화장술이요, 상업과 자본주의를 이끄는 마차인 동시에 역사의 발전을 견인하는 엔진에 해당한다.

---

7 데이비드 리스먼은 그의 저서 『고독한 군중』에서 현대인은 타자들로부터 인정을 못 받는다는 것이 가장 심각한 불안심리라고 진단한다. 현대인은 또래집단, 친구집단(peer group)의 눈치를 보면서 그들의 영향에 따라 행동하는 타자지향형으로 규정한다.

## 3 합리적 이기주의

옛날 어느 고을에 독사가 출몰하여 많은 사람들이 독사에 물리는 사건이 발생하였다. 원님은 독사를 전멸시켜 평화롭고 안전한 고을을 만들기 위해 방을 써 붙였다. “독사를 잡아오는 자에게는 독사 한 마리당 100냥씩 주겠노라.” 독사를 소탕하기 위해 독사에게 일종의 현상금을 붙인 셈이다. 그때부터 동헌 마당에는 독사가 쌓이기 시작했고, 급기야 수천만 냥의 상금이 독사 사냥으로 지출되었다. 원님께서는 이쯤 되었으면 고을의 독사가 전멸되었으리라 판단하고 이방을 불러 독사의 전멸 여부를 조사·보고토록 하였다. 이방은 고을을 순시하고 돌아왔으나 거친 숨을 몰아쉬며 원님께 보고하기를 “원님 큰일 났습니다. 온 마을에 독사가 득실거립니다.” 온 마을에 독사가 득실거리다니 이게 웬일일까? 그렇다면 동헌 마당에 쌓인 독사들의 사체는 무엇이란 말인가? 왜 이런 아리송한 일이 발생하였을까? 이유인즉 독사에 현상금이 붙자 고을 사람들은 독사를 없애는 데 앞장서기보다는 차라리 독사를 기르는 것이 합리적인 선택이라 생각했기 때문이다. 고을 사람들은 집집마다 지하실에 독사를 정성스럽게 사육한 후 매일 한 마리씩 잡아다가 현상금을 챙길 수 있는 행운을 잡았던 것이다. 이 이야기는 인간의 선택행위에 이기심이 얼마나 중요한 요인으로 작동하는지를 보여주는 하나의 사례이다. 또한, 어떤 정책적 목적을 효과적으로 달성하려면, 인간의 선택행위에 유인이 되는 인간본성에 대한 이해가 중요하다는 사실을 암시한다.[8]

> 생물학적으로도 모든 생명체는 이기적인 존재이며, 이는 이기적인 유전인자에 의해서 비롯된다. 개인들이 이기적이지 않은 마음으로 공동의 이익을 위해 서로 협력하는 사회를 만들어야 한다면, 이는 생물학적 본성에 의존해서는 도움이 되지 않는다는 주장이 있다. 생명체의 본성이 이타주의라는 견해는 ‘집단선택론’에 속하고, 이기주의라는 견해는 ‘개체선택론’에 속한다.
>
> \- 리처드 도킨스, 『이기적인 유전자』(*The Selifish Gene*)에서 -

8 요즈음 심리학이 인기학문으로 부상하는 현상도 자기 자신을 이해함은 물론 사회관계를 맺고 있는 다른 사람들을 본질적으로 이해하려는 풍조에서 비롯된 듯하다.

… 개체가 포식자에게서 도망칠 때 자신과 같은 종의 경쟁 개체들을 앞지르기 위해서 달리기 도구를 사용한다는 점이다. 함께 등산하던 두 사람이 곰을 만났다. 한 사람은 얼른 달아나기 시작했는데, 다른 사람은 멈춰서서 러닝화를 신었다. "미쳤어? 러닝화를 신어도 불곰보다 빨리 달릴 순 없다고." 물론 그렇지. 하지만 너보다 빨리 달릴 순 있어." 이와 같은 러닝화와 곰에 관한 이솝우화급 농담은 아주 옳은 이야기다. 치타가 한 무리의 가젤을 쫓기 시작했을 때, 가젤에게 중요한 것은 치타를 앞질러 달리는 게 아니라 제 무리의 느린 가젤들을 앞질러 달리는 것이다.

- 리처드 도킨스, 『지상 최대의 쇼』(*The greatest Show on Earth*)에서 -

누구나 자기 자신만을 위해 산다. 그리고 그렇게 살기를 원한다. 사회생활은 이런 사실을 통해 방해받기보다 더욱 활기찬 모습을 갖게 된다. 개인은 오직 사회를 통해서만 자신의 생활을 더욱 높은 단계로 완성시킬 수 있기 때문이다. 이것이 바로 이기주의가 근본적인 사회법칙이란 학설에 포함된 진정한 의미이다.

- 알렉산더 H. 샨드, 『자유시장의 도덕성』(*Free Market Morality*)에서 -

중국의 역사가 사마천은 일찍이 「화식열전」에서 "사람의 귀나 눈은 아름다운 소리와 색을 즐기려 하고, 입은 소나, 양, 개와 돼지의 맛을 다 보려하며, 몸은 편안한 것을 좋아하고, 마음은 권세나, 재간으로 얻은 영화와 부귀를 자랑하려고 한다. 노자의 절묘한 이론을 가지고 집집마다 설득하고 다녀도 결국 감화시킬 수가 없을 것이다. 그래서 제일 현명한 위정자는 이익을 미끼로 이끌며, 그 다음의 위정자는 도덕으로 백성을 설교하고, 또 그 다음의 위정자는 형벌로 백성을 길들이며, 최하위의 위정자는 백성과 다툰다"라고 주장한 바 있다. 사마천은 기원전 91년경에 사기를 완성하였는데, 애덤 스미스의 국부론에 나타난 이기적인 인간을 바탕으로 국가사회를 효율적으로 이끄는 정치의 도를 꽤 뚫고 있다. 인간은 탐욕의 화신이며, 욕망의 활화산이고, 자신의 이익만을 추구하는 이기적 존재인가? 아니면 인간은 욕구를 절제하고 필요욕구의 충족에 만족하며 공동의 선을 추구하는 이타적인 존재인가? 칼 마르크스는 인간의 본성을 이타적인 존재로 이해하였던 반면, 애덤 스미스는 인간의 본성을 이기적인 존재로 이해하였다. 이타주의를 바탕으로 하는 공산주의에 대한 실험은 역사적으로 실패하였고, 이기주의를 바탕으로 하는 시장경제체제는 역동적으로 요동치며 오늘을 지배하고 있다. 공산주의가 도덕으로 백성을 설교하려 하고 자본주의가 이익으로 백성을 이끌었다 하면 지나친 논리의 비약일까? 애덤 스미스는 『국부론』에서 각 경제주체의 합리적 이기심이 시장을 통하여 사회 전체의 공적 이익을 더욱 증대시킬 수 있는 소위 '보이지 않는 손'의 섭리를 역설한 바 있다.[9] 또한 "우리가 저녁식사를 할 수 있는 것은 푸줏간 주인이나 양조장 주인, 빵을 만드는 사람들의 박애심 덕분이 아니다. 오히려 그들의 돈벌이에 대한 관심이 우리의 저녁식탁을 풍성하게 한다." 아무리 돼지 잡기, 맥주 양조, 빵 굽기를 즐기는 사람일지라도 아무런 보상이 없다면 하루 종일 그 일을 즐길 사람은 아무도 없을 것이다. 애덤 스미스는 인간이 오로지 이기적 본능에 의해 움직인다고 주장하는 것은 아니다. 단지 이기적 본능이 친절함, 박애심, 희생정신 같은 것보다 더욱 강력하고 지속적으로 인간에게 동기를 부여한다는 사실을 강조하고 있을 뿐이다. 하이에크는 이 같은 개인의 이기심을 바탕으로 한 보이지 않는 손의 원리가 작동하는 자유시장에 대해 "만약 자유방임시장 체제가 저절로 생겨나지만 않았다면 인류역사 최대의 발명품"이라고 언급한 바 있다. 또한 홉스는 자본주의 사회의 인간관과 흡사한 경쟁적 사회상을 그리고 있다. 사실 경제학자의 순수한 시장 개념은, 엄밀히 말하면 자기 자신의 이익에만 관심을 갖는 각 개인의 누적적 선택을 이용하는 개념이다. 합리적 경제인에 대한 일반적인 개념은 기회가 생길 때마다 다른 사람을 이용해서라도 자신의 이익을 도모하려는 자를 의미하기도 한다. 반면에 칼 마르크스는 "공산주의에서는 생산성이 비교할 수 없을 만큼 높아지고, 개인은 일 자체에서 본질적인 만족을 얻을 뿐만 아니라 인간의 연합에 대한 필요에 의해 사물에 대한 필요가 줄어든 협조적이고 공동체적인 존재가 될 것이다"라고 주장하였다. 현대사를 주도했던 자본주의와 공산주의 간의 줄다리기는 원초적으로 인간본성에 대한 상충된 이해에서 출발하였다. 따라서 자본주의는 이기적인 인간형을 바탕으로 "능력에 따라 일하고 능력에 따라 분배한다"는 효율성의 원칙에 충실한 경제체제의 작동을 의미하는 것이라면, 공산주의는 도덕적인 인간형을 바탕으로 "능력에 따라 일하고 필요에 따라 분배한다"는 평등성의 원칙에 충실한 경제체제의 작동을 의미하는 것이다.

우리는 이익이나 손실의 결과들이 공동으로 분산되는 경제시스템에서는 그 경제체제의 전체적인 효율성이 떨어진다는 역사적 체험을 부정할 수 없다.[10] 자동

---

9 애덤 스미스의 이기주의적인 인간관은 홉스, 흄, 그리고 공리주의자인 벤담의 사상에 근거하고 있다.

10 능력 있는 사람들이 생산한 것을 능력 없는 사람들에게 나누어 준다거나, 사고를 내지 않은 사람들이 사고를

차운전보험의 경우를 보자. 이 보험에 가입한 경우와 그렇지 않은 경우에 운전자의 운전과정에 대한 심리적 태도를 비교해 보자. 보험에 가입한 운전자에 비해 보험에 가입하지 않은 운전자가 더욱 조심 운전에 노력한다는 것은 상식적인 이야기이다.[11] 그렇다면 교통사고를 줄이기 위해서 우리는 이 보험 제도를 폐지해야 한다는 결론에 이를 수 있다. 평등성의 원칙이란 보험제도와 같이 공동선을 추구하는 원리이기는 하나, 인간의 기본적인 속성으로 볼 때 사회 전체의 효율성 증진에는 매우 취약한 제도이다.

우리 속담에 "빈대를 잡기 위해 초가삼간을 태운다"는 말이 있다. 이 말은 목표와 수단 간에 비합리적인 관계가 설정되는 것을 일컫는 비유이다. 빈대를 잡는 것이 목표이고, 초가삼간을 태우는 것은 수단이다. 목표를 달성하기 위해서 우리는 수단을 선택한다. 빈대를 잡는 데에는 손톱을 사용할 수도 있고, 파리채를 사용할 수도 있으며, 빈대 약을 뿌리거나, 초가삼간을 태워버릴 수도 있다. '빈대박멸'이라는 목적을 달성할 수 있는 수단들은 매우 다양하다. 가장 적은 비용으로 가장 효율적인 목표달성을 위한 수단의 선택을 합리화라 한다. 초가삼간을 태워 빈대를 잡으려는 수단의 선택은 '빈대박멸'이라는 목표달성에는 충실하나, 그 목표를 달성하여 얻은 이익보다 오히려 그 과정에서 발생한 손실이 너무 높다는 것이다. "거꾸로 가도 서울만 가면 된다"는 말이 있다. 서울에 가는 것이 목적이고, 그것도 빠른 시간에 도착하는 것이 목표라면 합리적인 수단은 지름길을 찾는 것이요, 또한 비용을 최소화하는 교통수단을 찾는 것이다. 거꾸로 가는 수단을 선택하는 것은 비합리적인 행위이다. 거꾸로 간다 할지라도 언젠가 목표에 도달할 수는 있겠지만, 그 과정에서 시간비용과 교통비용을 낭비하는 것은 합리적인 선택이라 할 수 없는 일이다.

정통경제학이 합리적 이기주의자를 전제하고 시장의 성공이론을 수학적으로 증명해 왔다. 하지만 요즈음 행동경제학이라는 경제학의 돌연변이는 인간의 합리성과 시장의 완전함에 이의를 제기하고 있다. "인간의 뇌는 다소 복잡하게 작용한다. . … "우리가 사는 세상에 이콘들만 존재한다면 사회를 설계하는 데 아무런 고민의 여지가 없을 것이다. 어떻게 선택 설계를 하든 가장

---

낸 사람들에게 비용을 분담해 주는 것과 같은 시스템을 말한다.

11 이를 도덕적 해이(moral hazard)라 한다.

합리적인 결론이 도출될 테니 말이다. 그런데 너와 나 모두 대개는 이콘이 아닌 인간이다. 따라서 우리의 선택을 좀 더 똑똑한 방향으로 이끌기 위해 바람직한 선택 설계를 해야 한다."

- 리처드 탈러/캐스 선스타인, 『넛지』(*Nudge*)에서 -

정통경제학은 경제행위의 주인공인 인간의 모습을 합리적인 이기주의자(Rational Egoist)로 가정해 놓고 있다. 또한 경제학에서는 경제현상에 대한 가치판단의 개입을 배제시키는 경향이 있다. 그동안 이러한 문제들은 경제학적 논점에서 벗어나 있었다. 합리적인 경제인이라는 가정에 대한 비판은 아예 제기하지 않는 것이 정통경제학자들의 불문율처럼 여겨져 왔다. 이러한 상황에서, 합리적인 경제인을 경제주체로 삼아 합리적인 경제적 선택을 다루어 온 주류경제학이 경제현실을 제대로 설명하지 못하는가 하면, 인간의 경제문제를 본질적으로 해결하지 못하는 문제의 본질을 어디에서 찾아야 하는 것인가? 아마도 이 같은 문제들은 인간이 본질적으로 합리적인 존재일까?라는 의문과, 아니면 정통경제학이 경제적인 수단의 합목적인 합리성만을 지상주의로 삼아, 경제행위의 목적에 대한 가치판단의 합리성을 무시해 온데서 그 실마리를 찾아야 하지 않을까?[12] 가치판단이 배제된 경제인을 전제하는 경제이론에서는 경제사회의 특정한 인간관이나 특정한 가치체계가 다루어질 수 없다. 적정한 생산의 원리나 적정한 소비의 원리가 배척되고 오로지 극대의 원리나 극소의 원리가 지배할 뿐이다.

수단과 목표의 연결성은 합목적인 합리성의 문제이고, 목표가 옳은 것인지 그른 것인지에 대한 판단의 문제는 가치판단에 대한 합리성의 문제이다. … 현존 경제학자들은 그들의 전문 분야에 과학적 엄격성을 부여하려는 그릇된 시도 속에 가치의 문제를 언급하지 않고 꾸준히 회피하여 왔다. 미국경제학회의 회장으로서 케네스 보울딩은 이 일치된 시도를 "가장 실패한 시도, 경제학자의 전 세대, 실로 수세대의 관심을 막아 놓았고 우리 시대의 가장 중요한 문제점을 완전히 묵살시킨 것"이라고 말했다.

- 군나르 뮈르달, 『경제학 비판』(*Against the stream*)에서 -

12 사회현상에 대한 몰가치적 분석에 대해 마르크스주의자들은 "모든 사회과학은 가면을 쓴 이데올로기다"라고 비판한다.

미국의 시사주간지 뉴스위크지는 “최근 부각되고 있는 이론의 공통점은 인간은 비이성적인 존재이고 시장이 늘 효율적이지는 않다는 점을 전제로 하며, 다른 학문의 이론을 빌려 경제현상을 설명하고 있다는 공통점이 있다”는 기사를 내고 있다. … 이와 같은 맥락에서 최근 발전하고 있는 행동경제학이 주목을 받고 있다. 행동경제학자들은 합리적 소비자라는 개념 전체에 의문을 가진다. 그들은 사람들이 합리적으로 행동하는 것처럼 보이지 않는 상황에 초점을 맞춘다.

- 폴 크루그먼, 『경제학』(*Economics*)에서 -

정통경제학이 추구하는 수단의 합리화란 인간의 욕구충족을 위해서 어떻게 하면 더욱 많이 생산하고, 더욱 많이 소비할 수 있는가를 궁리하는 것에 지나지 않는다. 인간의 욕구충족이라는 그 목표가 옳은 것인지 그른 것인지를 판단하는 데 주의를 기울이지 않는다. 인간의 욕구충족에 대한 극대화가 먼 훗날 어떠한 결과를 가져올 것인지, 또는 인간의 욕구충족의 수단들이 자연을 얼마나 수탈하고 자원을 얼마나 탕진하고 있는지에 대해서는 침묵하고 있는 것이다.

자본주의적 경제의 합리화란 생산단위당 비용절감의 방안으로 추진되는 생산의 기계화, 자동화 및 작업의 표준화, 규격화 등을 의미한다. … 체계적이고 타산적인 노동조직, 정확하고 순수하게 계량된 회계절차, 절차에 좌우되고 순수하게 수단적인 법·정치제도, 비인간적이고 순수하게 수단적인 시장교역, 사려 깊고 체계적인 이익추구를 말한다.

- R. 브루베이커, 『합리성의 한계』(*The Limits of Rationality*)에서 -

… 사회를 원자화하여 모든 개개의 원자를 경제적 합리주의라는 세계의 원리에 따라 행동하도록 하는 것은, 어떤 의미에서 인간존재의 전체를 그 깊이 그리고 풍요와 함께 시장의 준거 틀 가운데 위치시키려 하는 것이었다.

- 칼 폴라니, 『인간의 경제』(*The Livelihood of Man*)에서 -

… 경제학이 전제하고 있는 합리성은 제레미 벤담의 공리주의에서 엿볼 수 있다. 인간의 삶의 목적은 행복을 추구하는 것이고, 행복은 고통은 피하고 쾌락을 얻는 것이다. 그런데 여기서 무엇이 쾌락이고 고통인지는 개인 자신만이 알 수 있다. 현실적인 인간은 시기심과 동정심을 가진 의존적 존재이지만 경제학에서의 합리적 인간은 언제나 혼자서 행복을 키우는 데만 관심이 있는 이기적이고 고립된 존재이다. 이런 가정은 경제학의 이론화 과정에서의 기술적 어려움과 이론은 평균적 법칙이라는 관점에서 이해된다.

- 유시민, 『경제학 카페』에서 -

경제학은 합리적인 경제인을 전제하고, 자본주의는 합리화를 목적으로 추구해 간다. 근대 자본주의는 형식적으로 자유로운 노동의 합리적인 조직을 통해서 그리고 합리적인 회계절차에 의해서 인도되고, 합리적인 법·정치제도에 의해서 보장되는 합리적인 시장교역을 통해 이루어지는 합리적인 이익추구라고 정의된다. 경제이론에서 모형화된 시장기구란 경제인들이 자신의 목적을 달성하기 위하여 합리적 선택수단들을 취득해 가는 이념화된 합리화의 장이라 할 수 있다. 자본주의가 경제인을 통해서 합리적·체계적으로 이윤추구를 지향하는 한 자본주의 사회를 지배하는 것은 도구적인 목적, 수단의 합리성, 계산적 합리성일 뿐이다.[13]

자본주의나 사회주의 이론에 따르면, 경제활동은 폐물을 재화로 만든다. 자연에 있는 모든 것은 사람의 노동이 가해짐으로써 교환할 수 있고 사회에서 소비할 수 있는 재화로 바꾸어진다. 하지만 엔트로피 제 1법칙과 제2법칙은 전혀 그 반대이다. 현대 경제이론은 모든 경제활동의 근본을 완전히 잘못 해석하고 있다. 제2법칙에 의하면 모든 물질이나 에너지는 일정하여 결코 창조되거나 소멸되지 않으며, 다만 변형될 뿐이다. 제2법칙에 의하면 에너지는 한 방향으로만 변한다. 즉 따뜻한 상태에서 차가운 상태로, 집중된 상태에서 분산된 상태로, 사용 가능한 상태에서 사용 불가능한 상태로, 혹은 유용한 상태에서 무용한 상태로만 변할 수 있다.

- 제레미 리프킨, 『엔트로피』(*Entropy*)에서 -

사회주의 경제학자들은 시장주의를 부정하면서도 물질주의가 전체 경제환경을 결코 소멸시키지 않는다는 관점에서는 자본주의 경제학자와 견해를 같이한다. 그들은 모두 새로운 기술이 자원을 찾아내서 새로운 공급을 가능하게 한다고 가정한다. 즉, 자원은 결코 바닥나지 않는 무한한 것이라는 전제에 사실상 동의하고 있는 것이다. 단기적으로 경제학과 유물주의는 합리성이라는 지상제일의 목표를 추구함으로써, 우리들에게 효율적이고 합리적인 선택의 수단을 밝혀 주는 등불이었다. 하지만 장기적으로는 자연을 훼손하고, 자원을 고갈시키며, 인간과 사회를 획일화하고, 도구화하는 침울한 그림자를 드리운다. 만약 경제학이 밝혀 주는 최

13 베버는 사회적 행동의 유형을 ① 목적합리적 행동, ② 가치합리적 행동, ③ 정의적 행동, ④ 전통적 행동 등으로 분류한다. 서구의 사회발전을 특징지어 온 합리화의 과정은 ②, ③, ④를 희생시키면서 목적합리적인 사회적 행동을 보다 강조하는 방향으로 전개되었다. - 하순애 외, 『교양철학』에서 -

적화의 불빛보다도 수단의 합리성이 빚어내는 어둠의 깊이가 인간의 미래를 암흑 속의 세계로 몰아간다면, 정통경제학이 전제하고 있는 합리적 이기주의는 오히려 빈대를 잡기 위해 초가삼간을 태워버리는 비합리성의 오류에 귀착될지도 모를 일이다.

## 4 휴리스틱(heuristic)과 넛지(nudge)[14]

주류경제학은 경제주체가 일관성있게 합리적으로 행동하는 경제인(homo economicus)이라는 가정하에 이론을 전개해 왔다. 하지만 심리학에서는 인간은 감정적이고, 이타적이며 공정성을 추구한다고 주장해 왔고 최근에는 심리학적 접근방법으로 경제현상을 현실적합성있게 분석할 수 있다는 것이 경제학계에서도 받아들여지고 있다. 따라서 심리학을 결합한 새로운 형태의 경제학을 행동경제학(behavioral economics)이라 한다. 최근 인지과학, 즉 인지심리학, 인공지능, 언어학 등 인간의 지능과 인식에 대한 다학문적·학제적 연구가 진전되면서 인간의 합리성이나 이기심에 대한 반론과 새로운 과학적 증거들이 제기되고 있다. 인간의 기억, 사고, 지각, 동기부여 등에 관한 연구에 주목할 필요가 있다.

주류경제학과 행동경제학의 차이점을 정리하면 다음과 같다.

① 주류경제학은 인간의 행동을 모두 합리적인 것으로 간주한다. 완전한 정보, 정보의 완전한 처리, 극대화, 최적화를 선택하는 완전한 합리성을 가정한다. 행동경제학은 인간의 행동을 비합리적인 패턴으로 간주하고 적정한 정보, 정보의 적정한 처리, 적정한 이윤 등 제한적 합리성을 가정한다.

② 주류경제학은 인간의 심리가 실제행동에 중요한 요소가 아니라고 본다. 행동경제학은 인간의 심리가 실제행동에 중요한 영향을 미친다.

③ 주류경제학은 정보가 충분하면 할수록 좋은 선택을 할 수 있다. 행동경제학은 정보가 너무 많으면 선택하는 과정에서 혼란과 어려움을 준다.

14 강남호·김경표, 『경제학원론』, 정독, 2019, pp.325~329.

④ 주류경제학은 합리적인 이기심을 선호관계의 주축으로 본다. 행동경제학은 공정성이나 정의심도 선호관계에 영향을 미친다.

⑤ 주류경제학은 비합리성, 이타심, 심리적 요인 등이 사회 전체에 영향을 주지 않는다. 행동경제학은 비합리성, 이타심, 심리적 요인 등이 사회 전체에 중요한 영향을 미친다.

트버스키나 카네만 같은 행동경제학자들은 합리성보다는 "휴리스틱(heuristic)"이라는 개념으로 인간의 경제적 선택을 설명하고 있다. 그들은 시간이나 정보가 불충분하여 합리적인 판단을 할 수 없거나, 굳이 체계적이고 합리적인 판단을 할 필요가 없는 상황에서는 사람들은 신속하게 사용하는 주먹구구식이나 어림짐작(heuristic)의 기술을 사용한다는 것이다. 현실적으로 시간이나 정보가 충분하지 않은 상황에서 사람들은 보편적으로 체계적이거나 합리적인 분석을 통한 종합적인 판단에 대해 현실적으로 인지적 부담을 느낀다는 점을 부각시킨다. 또한, 합리적 판단을 위해 정보수집과 분석에 최선을 다하기 보다는 경험이나 감정 같은 요소들에 지배당하는 어림짐작으로 신속한 의사결정에 쉽사리 경도된다는 것이다.

사람들은 현실의 상황을 판단하고 선택하는 일은 매우 복잡성을 동반하기 때문에 이를 단순화하기 위한 3가지 어림짐작(heuristic)을 사용한다는 것을 발견한 것이다. 이를 정리하면 다음과 같다.

① 대표성 휴리스틱은 우리가 어떤 대상이나 사람을 판단함에 있어 선입견이 작용하는 것을 말한다. 즉, 어떤 범주의 전형적인 특성이나 대표성을 근거로 판단하는 오류를 말하는데 이를 도박사의 오류라고도 한다. 실험횟수가 작은데도 평균치에 가까운 결과가 나오리라 기대하는 어림짐작에 해당한다. 동전던지기 게임에서 앞면이 몇 번 나왔기 때문에 다음에는 뒷면이 나올 확률이 높다고 판단하는 현상을 말한다.

② 가용성 휴리스틱이란 어떤 사건이 발생한 빈도를 판단할 때 그 사건의 객관적인 정보를 활용하는 것보다는 사건에 관한 구체적인 예를 얼마나 떠올리기 쉬운가를 근거로 발생빈도를 판단하는 현상을 말한다. 예를 들어 사망원인에 대한 판단에서 방송에서 교통사고에 대한 뉴스를 자주 접한 사람은 교통사고에 의한 사망을 우선순위로 갖게 되고, 자기 주변에 암환자가 많은 것을 체험한 사람은 암에 의한 사망에 대해 우순순위를 갖게 되는 어림짐작이다.

③ 기준점 효과(anchoring effect)는 어떤 비율을 추정할 때 그 기준점을 문제의 본질과는 관계가 없는 숫자인데도 그 숫자를 기준점으로 생각하는 편향을 말한다. 닻을 내리고 있는 배는 그 배가 흔들린다 해도 물결에 따라 그 부근에서 맴돈다는 현상의 비유이다. 예를 들어 어떤 물건을 살 때 정가와 할인가를 보고 정가를 기준으로 얼마나 할인했는가가 비싼 것인지 싼 것인지를 판단하게 하는 정가기준의 오류가 발생할 수 있다. 기준점인 정가가 조정된다면 판단이 달라질 수 있다.

다음으로는 휴리스틱과 같은 인간의 비합리적 성향으로 나타나는 특이현상(anomaly)을 정리하면 다음과 같다.

① 현상유지편향(status quo bias)은 현재의 상황을 유지하려는 성향인데 귀차니즘이라고도 한다. 합리적인 선택은 아니지만 나름대로의 일관성을 가진 행동이라 할 수 있다. 상황이 변화했음에도 불구하고 현재의 상황에서 벗어나지 않으려는 성향을 말하는데 어떤 변화를 선택하는 경우, 손실회피성향이 발동하여 현상을 유지하려는 관성작용에 해당한다.

② 부존효과(endowment effect)는 어떤 물건이나 상태(재산, 지위, 권리, 주장 등)을 소유할 때 그런 것들을 소유하지 않았을 때보다 더 높게 평가하는 성향이다. 사람들은 동일한 상품이더라도 자신이 소유한 것에 대해 가치를 높게 부여하는데, 이런 형상은 보유효과와 손실회피로 설명된다. 손실회피란 사람들은 똑같은 금액이라도 손실을 이득보다 더 높게 평가하는 성향을 말한다.

③ 틀짜기효과(framing effect)는 어떤 선택을 할 때 특정한 결정 틀(decision frame)을 사용하여 결정하는 성향을 말한다. 똑같은 사안인데도 불구하고 자신의 틀이 어떤 것이냐에 따라 서로 다른 선택을 하는 현상을 말하는데, 사람들의 의사결정이 질문이나 문제의 제시방법에 따라 달라지는 현상을 설명한다.

④ 심적회계(mental accounting)는 어떤 금전적 선택을 할 때 다양한 요인이나 선택대안에 대한 종합적 평가에 의해 결정하는 것이 아니라 특정한 틀에 끼워 결정하는 성향을 말한다. 사람들은 마음속에 장부를 기록해 두고 어떻게 생긴 돈이며 어디에 쓸 돈인지를 다르게 선택하는 것을 말한다. 똑같은 돈인데도 우연히 번 돈과 정상적으로 번 돈은 사용하는 방식도 서로 다르다는 것이다. 또한 어디에 쓸 것인지 마음에 정한 계정에서 돈의 가치를 다르게 평가한다는 것이다. 도박이나 복권으로 번 돈은 땀 흘려 어렵게 번 돈보다 쉽게 쓰는 현상을 설명할 수 있다.

비합리적인 선택으로 문제가 발생했다고 하는 경우 그러면 우리는 어떻게 합리적인 선택을 유도할 수 있을까에 대한 하나의 아이디어로 "넛지"라는 개념을 주목하고 있다. 경제학과 심리학의 가교를 이어 이성적인 인간행동의 비밀을 밝혀낸 공로를 인정받아 2017년 노벨경제학상을 수상한 시카고대학의 석좌교수인 리처드 탈러는 인간의 비합리성을 전략적으로 활용하여 보다 합리적인 선택으로 유도한다는 넛지라는 개념을 제시하고 있다. '넛지'는 자유주의적인 개념이면서 개입주의가 가미된 황금률의 법칙으로서의 비대칭적 개입주의라 할 수 있다.

> **우리는 천재인 동시에 바보다. 인간의 뇌는 다소 복잡하게 작용한다. 우리가 일부 과업들은 적절하게 수행하는 반면, 다른 과업들에 대해서는 무지한 이유는 무엇인가? 베토벤은 청각을 잃고도 놀랍도록 훌륭한 교향곡 9번을 작곡했다. 그러나 그가 종종 집 열쇠를 어디에 두었는지 잊어버렸다고 해도 그리 놀라는 사람은 없을 것이다. 어떻게 한 사람이 그토록 똑똑한 동시에 그토록 멍청할 수 있는가?**
>
> **- 리처드 탈러/캐스 선스타인, 『넛지』(*Nudge*) 중에서 -**

'넛지'가 필요 없다는 개념은 완벽한 경제주체(합리적인 설계자+합리적인 대중)가 존재하고 그들은 완벽한 시장에서 경제행위를 선택한 결과로 시장은 반드시 성공한다는 원리에 해당한다. 모든 경제주체가 자신의 이익을 추구하는 합리적 선택을 했을 경우에도 그 결과는 공공이익도 극대화한다는 논리이다. 그렇다면 애덤 스미스의 '보이지 않는 손'의 승리이며 합리적 이기주의가 모든 경제현상을 지배한다로 귀결된다.

그런데 최근의 인지과학과 신경경제학(neuroeconomics)에 관한 연구들은 인간행동의 비합리성을 밝혀내고 있다. 따라서 사람들의 행동을 변화시킬 어떤 개입이 필요하다는 논리가 설득력을 얻고 있고 그런 이론에 의한 정책들이 실효성을 거두고 있다. 다른 사람의 팔을 끌어 당겨서 어떤 행동으로 강제하는 것이 아니라 단지 팔꿈치로 툭툭 치는 정도에서 합리적인 방향으로 넌지시 어떤 행동을 유도한다는 개념을 '넛지'라 한다.

예를 들어 운동이나 다이어트 같은 경우에는 비용은 즉시 발생하지만 효과는 한참 후에나 나타나는 특성을 갖고 있다. 흡연이나 알코올 같은 경우에는 쾌락은 즉시 일어나지만 고통스러운 결과는 장래에 발생한다. 합리적 선택을 어렵게 하는 이유이다. 또한 다원적 무지(pluralistic ignorance), 비합리적인 사회적 관행들에 대해서 우리가 그것을 좋아하거나 옹호할 가치가 있어서 동조하는 것이 아니라 다른 사람들이 대부분 좋아할 거라는 착각에서 옹호한다는 사실이다. 독재나 나치주의도 이런 이유로 가능하다. 이런 모든 비합리적 선택에는 넛지가 필요하다. 넛지는 사람들에게 명령이나 지시 또는 계몽 같은 직접적 수단을 배제하고 교묘한 이벤트나 엔터테인먼트 같은 형식으로 사람들을 설득하고 유인하는 기술에 해당한다. 좋은 넛지의 사례로는 소변기의 파리라든지, 주유소의 연료공급 노즐의 차별화, 병원에서의 약물투입 노즐과 연결 관을 약물마다 서로 다르게 설계하는 것 등을 들 수 있다. 넛지는 한편으로는 자유의지를 손상시키고 어떤 사람들은 넛지를 통해 다른 사람들을 조종할 위험을 지적하기도 한다. 하지만 아직도 정부나 공공기관들이 노골적인 계몽이나 훈계를 내용으로 하는 선전 메시지가 넘쳐나고 있는 현실에 비추어 볼 때 넛지라는 설득의 기술은 유용한 대안으로 활용가능하다.

휴리스틱을 바탕으로 한 행동경제학은 경제주체가 경제행동을 선택함에 있어 경제적 합리성 이외에도 심리적 사회적 요소를 반영하여 주류경제학보다 사회현상들을 폭넓게 설명하는 장점을 가진다. 하지만 행동경제학은 아직 주류경제학을 대체할 만큼 완성된 이론체계를 갖췄다고 평가할 수 없는 수준에 있다. 따라서 행동경제학은 주류경제학의 한계를 보완하면서 새로운 경제학의 지평을 열어주는 첨병과 같을 것이다.

## 5 호모 엠파티쿠스(Homo-empathicus)

우리의 삶에는 생존을 위한 빵뿐 아니라 삶의 아름다움이라는 장미도 필요하다. 사람들은 생존의 위험이 높을수록 나눔의 폭도 키우게 된다. 이기주의와 이타주의란 장기적인 관점에서 보면 하나의 굴렁쇠이다. 부모들은 이타주의적인 봉공의 정신으로 어린자식들을 부양하며, 그들이 노인이 되었을 때 그들의 아이들은 성장하여 그 은혜에 보답하게 된다. 어떤 경제학자는 에스키모들의 관습적인 경제규칙에서도 이 같은 현상들이 발생한다는 것을 주장한 바 있다. 어느 추운 겨울날 폭설이 내려 대부분의 에스키모들이 사냥에 실패하였다. 그런데 어느 한 에스키모만이 곰 한 마리를 사냥해 왔다 하자. 이런 경우에 에스키모의 관습적인 경제규칙은 곰 고기의 부위만이 서로 다를 뿐 모든 사냥꾼들이 그 곰 고기 맛을 즐길 수 있도록 작동한다. 이 같은 배분방식은 곰 사냥에 성공한 에스키모에게는 이타적인 행위임에 분명하다. 그러나 장기적인 관점에서 관찰해 보면 곰 사냥에 성공한 에스키모도 언젠가 사냥에 실패하는 날이 있게 될 것이다. 그리고 그런 이타적인 분배원리는 그때에도 어김없이 작동할 것이다. 그도 다른 에스키모가 사냥해 온 곰 고기를 맛봄으로써 보상의 혜택을 누릴 수 있다. 단기적인 관점에서 보면 부모의 무조건적인 자식사랑이나 곰 사냥에 성공한 에스키모의 이타적인 곰 고기 분배원리는 이타적인 경제행위임에 분명하다. 하지만 장기적인 관점에서 보면 그들의 이타적인 경제행위는 결국 자기 자신을 위해 미래의 보험에 가입하는 것과 같은 결과를 초래한다. 이런 행위를 자기상관식 이타주의라 한다. 이기주의는 개인의 이익을 증대시킬 수 있고 이타주의는 공공의 이익을 증대시킬 수 있다. 그런데 개인의 이익과 공공의 이익은 서로 독립적이라기보다는 보이지 않는 의존적 연관성을 가지고 있다. 이기주의든 이타주의든 그것이 어떤 원리에 의해 작동하는가에 따라 그것은 우리가 살고 있는 공동체에 공동선을 증대시키고 있다.

**브로드는 이와 같은 이타주의를 자기상관식 이타주의(self-referential altruism)라 칭한다. 동물사냥, 식물채집, 원시적인 농경의 성공에는 우연이 크게 작용하기 때문에, 어느 날 운 좋게 큰 수확을 올린 사람은 이웃에게 나누어 줄 필요가 있다. 그러니까 불가피하게 맞이할 운 나쁜 날을 대비하는 현명한 방법은 관대하게 베푸는 것이다. 인류학자 리차드 굴드는 "위험부담이 크면 클수록, 나눔의 폭도 커진다. 호혜성은 소규모 사회의 은행인 셈이다"라고 표현한 바 있다.**

우리는 현실적으로 혼합경제(mixed economy)라는 상호주의에 의해 경제사회를 작동시키고 있다. 자유와 이기심은 법적 범위 내에서 사적 이익을 극대화시키는

데, 애덤 스미스가 발견한 보이지 않는 손의 섭리는 사적 이익과 공적 이익을 동시적으로 촉진시키는 마력을 발휘한다. 역사적으로 검증된 상호주의는 이기적인 유전자와 이타적인 문화의 공진화에 의해 생성되는 것으로 이해된다. 인류사회는 모르는 사람들 간의 대규모 협력과 경쟁을 조화롭게 엮어내는 기제로써 시장과 정부를 창안하였고, 시장과 정부가 효율적으로 작동할 수 있는 사회적 기술을 개발해 왔다. 또한 대규모 협력을 위한 어떤 사회의 구성원 모두에게 공유되는 하나의 패러다임으로써 이데올로기는 강력한 힘을 발휘해 왔다. 이데올로기는 전혀 모르고 전혀 다른 사람들이 가족처럼 하나로 결속하게 하고 자신이 아닌 다른 사람이나 조직을 위해 희생할 수 있는 가치와 믿음을 제공한다. 종교와 교육은 이데올로기를 그 사회의 구성원들에게 널리 전파하고 다음세대로 전수하는 메신저 역할을 수행한다. 다른 한편으로는 인간은 이기적인 존재인가, 아니면 이타적인 존재인가를 연구하는 과정에서 인간은 이기심만으로 가득 찬 스크루지가 아니라는 사실이 밝혀지고 있다. 최근 제러미 리프킨은 그의 저서 『공감의 시대』에서 에너지 커뮤니케이션의 변화가 인간본성까지 바꿀 수 있다고 주장한다. 변화의 핵심은 바로 공감인데, 타인에 대한 배려, 동물과의 교감, 우리 삶의 절대조건인 생물권 인식이라 할 수 있다. IT와 인터넷 혁명은 경제적 게임의 본질을 바꾸고 있다. 이기심을 바탕으로 한 기존의 시장가설을 흔들고 있다는 것이다. 다른 사람들의 관심을 최대로 활용하는 네트워크가 자신의 자산가치를 증대시킬 수 있기 때문이다. 사회가 복잡해질수록 자아의식이 더 확실해야 하고 다양한 종류의 다른 사람들과 접촉이 많아야 하며, 공감을 확대할 수 있는 가능성도 높아진다는 것이다. 생존과 다른 더 깊은 어떤 것들이 정교하고 상호의존적이며 복잡한 사회구조를 만들었다고 믿고 있다. 인간은 본성적으로 끊임없이 다른 사람들과 관계와 교섭을 심화시키려는 정서를 가진 종이라는 가정도 가능해 진다. 새로워지고 복잡해진 에너지-커뮤니케이션-의식구조라는 공식이 우리를 시간과 공간적인 차원에서 공감영역을 확장해 주고 있다. 거울신경체계에 대한 논란이나 마음이론에 이르기까지 인간은 타인을 이해하고자 하는 동기와 능력을 사용하여 다른 사람들과 상호작용하며, 다양한 경험 역시 타인의 행동을 이해할 수 있는 인간의 능력을 확장하는 데 영향을 미치는 것으로 정리된다. 1982년 독일 훔볼트대학의 베르너 구스 연구팀은 최후통첩 게임(ultimatum game)이라는 실험연구에서 인간은 때로 이익을 포기하더라도 공정함을 기준으로 행동하고 자신의 선택이 사회적으로 미치는 영향을 고려하는 존재라는 사실을 확인한 바 있다. 독재자게임(dictator game)에서도 사람들은 개인적 이익 못지않게 공정성(fairness)을 중요시 하는 행동을 하는 것으로 확인되었고, 공공재게임(public goods game)에서는 모든 사람들이 항상 이기적인 선택으로 행동을 결정하는 것도 아니며 그렇다고 해서 이타적인 선택만으로 행동을 결정하는 것도 아니라는 사실이 밝혀진 바 있다.

## 6 협력적 공유사회(한계비용제로사회)

공유사회는 개인의 사유권 또는 개인의 인권을 바탕으로 하는 자본주의 시장이나 대의정치보다 더 오래된 제도이다. 또한 천년이 넘는 역사를 자랑하며 세계에서 가장 오래된 형태의 제도화된 민주적 관리방식이라 할 수 있다. 시장경제는 소유권과 매수자 위험부담의 원칙, 독립체 추구를 바탕으로 작동한다면 공유사회는 오픈소스 혁신과 투명성, 공동체 추구를 바탕으로 작동한다. 제4차 산업혁명으로 부상한 사물인터넷은 떠오르는 협력적 공유사회의 기술적 소울메이트이기도 하다. 이 새로운 인프라의 특징은 지식이나 정보를 분산시킨다는 데 있다. 협력과 시너지 모색을 촉진하고 나아가 사회적 경제를 증진시킬 수 있는 이상적인 기술체계가 될 것으로 평가된다. 사물인테넷의 운용 논리는 수평적 대중 협업과 보편적 접속, 비배제성을 최적화하는 특성을 가진다. 시장은 네트워크에 자리를 내주고 있고 소유권은 접근권보다 그 중요성이 약해지며 자기이익의 추구는 공동이익의 매력적인 가치에 의해 억제되고 부를 축적하고자 하는 전통적인 꿈은 지속 가능한 양질의 삶이라는 새로운 꿈으로 대체되고 있다. 시장의 교환가치는 갈수록 협력적 공유사회의 공유가치에 의해 밀려나고 있다. 수백만에 달하는 프로슈머들이 소셜 공유사회에서 자유롭게 협력하고 있다. 그들은 지적재산권의 구속으로부터 자유로운 오픈소스의 법적 계약을 이용하며, 새로운 정보기술과 소프트웨어, 새로운 형태의 오락, 새로운 학습도구, 새로운 미디어 수단, 새로운 녹색에너지, 새로운 3D프린팅 제조 제품, 새로운 피어 투 피어 건강연구계획, 새로운 벤처사업 등을 창출하고 있다. 결과적으로 20세기 동안 자본주의 시장경제가 경험했던 거대한 혁신추력에 뒤지지 않는 창의성에 기반한 혁신의 물결이 몰아치고 있는 셈이다. 모든 상품이 거의 무료에 가까워지는 세상에서 새로운 재화나 서비스를 공급할 동기, 새로운 혁신을 추구할 이윤동기가 사라진다 해도 금전적 보상에 대한 기대보다는 인류의 사회적 행복을 증진하려는 욕망에 기초한 새로운 차원의 유인기구가 작동하고 있다. 사회적 자본은 금융자본보다 훨씬 더 중요한 요소로 떠오르고, 이에 따라 점점 더 많은 경제활동이 협력적 공유사회를 기반으로 활성화되어질 것이다. 경제사회를 움직이는 인프라는 커뮤니케이션, 에너지, 물류체계인데 사물인터넷은 여러 다양한 재화와 서비스의 생산성을 증대시킬 뿐만 아니라 한계비용은 거의 제로수준에 이르게 하여 해당 재화와 서비스가 사실상 무료로 공급되는 공유사회의 영역을 확장시키고 있다. 따라서 전통적인 기업의 이윤은 낮아지기 시작했으며, 재산권은 약화되어 가고, 희소성에 기초한 경제사회는 서서히 공유의 경제사회에 자리를 내어주고 있다. 수확체감의 법칙에서 수확체증의 법칙으로 전환하는 공유사회는 희소성보다는 풍요가 특징인 새로운 경제양식과 구조로 변해가고 있다. 이기심과 사유권을 기반으로 한 자본주의적 경제의 작동방식은 분업이나 다른 사람들에게 의존하는 생산체제를 의미했는데, 이런 방식의 생산체제는 환경파괴, 물질숭배(교환가치만 중시), 지나친 경쟁, 인간성 상실(인간소외) 등의 문제로 피폐해지고 있다. 공감과 공유권을 기반으로 한 협력적 공유사회가 그 폐해의 틈에서 자라나고 있는 상황이다. 융합과 통합, 인공지능 로봇, 인터넷, 휴대전화에 의존한 생산체제는 경쟁이 아닌 협력, 이기심이 아닌 이타심, 개인의 이익이 아닌 공동의 이익에 의해 유인되는 경제체제를 추동하고 있다. 소유권중심의 경제에서 비롯된 공유자원의 비극(Tragedy of commons)은 시들어 가고, 공유권중심의 경제에서 비롯되는 공유자원의 희극(Comedy of commons)은 녹음을 자랑할 것이다.

## 7 나눔의 경제와 가치소비

지난 12년간 우리나라의 소비트렌드는 과시소비에서 가치소비로 전환 중인 것으로 분석되고 있다. 소위 명품의 인기가 한풀 꺾이고 유통채널의 왕좌였던 백화점이 마트나 편의점, 그리고 온라인상의 상거래에 그 자리를 빼앗기고 있는 추세에 있다. 우리나라의 소비자들은 최근 브랜드 파워에서 가치소비를 지향하는 쪽으로 선택의 혁신을 체험하고 있다. 2008년 글로벌 금융위기 이후 경제성장이 정체되면서 가계의 실질소득이 감소한 것도 소비자들에게 실속소비를 부추키는 하나의 요인으로 고려되지만, 무엇보다도 소비자들에 의한 자기지향적 소비성향으로의 소비트렌드가 물결의 중심에 있다. 우리나라의 경제사회는 초개인주의화 내지는 극단적인 원자화 사회이면서 네트워크를 중심으로 거대한 공유사회로 변신하고 있다. 과거에는 소비과정에서 남에게 어떻게 보일 것인가라는 것을 중시했다면, 이제는 나 자신이 얼마나 만족할 수 있는가를 중시한다. 또한 인터넷이나 SNS상에 다른 소비자들이 남겨 놓은 이용후기나 댓글들도 소비자의 선택에 영향을 미치고 있다. 이런 이용후기라든지 댓글은 비교적 객관적이고 중립적인 소비자 정보의 성격을 갖고 있다. 따라서 객관적 소비자의 정보가 충분해질수록 소비자들은 브랜드나 광고에 의존하는 성향을 줄일 수 있다.

디지털 미디어의 발달로 개인주의적 성향이 뚜렷해지고 SNS의 확산으로 소유에 머무르기보다는 더 나아가 경험을 통해 만족을 증대시키는 경험중시 소비행태로 전환하고 있다. 소득의 증대와 1인 미디어의 증가현상은 소비자들을 소유중시 소비에서 경험 중시 소비로 이끄는 촉매에 해당한다. 소비의 질적 고도화가 이루어지고 있는 셈이다. 소비중시란 어떤 물품을 구매하여 내 곁에 둠으로써 수시로 사용도 하고 남에게 과시도 할 수 있다는 관점이라면, 경험중시란 여행이나 영화 감상처럼 소비행위가 물리적으로 남거나 남에게 과시하는 것이 아니라 기억과 행복에 가치를 두는 관점에서 기인한다. 물리적 소비보다는 기억에 남는 소비가 우리를 더 행복하게 만든다는 논리가 적용된다. 무엇을 물리적으로 소비한다는 원초성을 뛰어넘어 정신적인 차원의 만족을 더 중시하는 소비패턴의 변환에 해당한다. 우리나라 경제가 그동안 절대적 빈곤에서 성취지향적 욕구가 분출했다면 이제는 소유를 넘어 행복을 지향하는 가치지향적 욕구의 발현으로 업그레이드되고 있다. 경험소비의 중시 현상은 또 다른 측면에서 정주형 소비에서 유목형 소비로의 전향을 촉진해 준다. SNS가 발달하면서 사람들은 다양한 물품들을 쌓아놓는 정주형 소비에서 끊임없이 변화하고 이동하면서 행복해지는 유목형 소비로 진화하고 있는 셈이다.

4차 산업혁명과 함께 공유의 개념이 확산되고 네트워크 효과가 증대되면서 세계 곳곳에서 착한 소비 움직임이 배가되고 있다. 나의 행위가 다른 사람과 함께 살아가는 우리라는 경제·사회에 영향을 미친다는 사실에 주목함으로써 교환가치보다는 사용가치에 방점을 두는 가치소비가 빛을 발하고 있다. 세계적으로 착한 기업으로 평가받는 40여 개의 기업주식에 대한 수익률이 S&P 500기업의 주식수익률을 상회하고, 투자자들의 기업에 대한 신뢰도에 있어서도 높은 평가를 받는 것으로 나타나고 있다. 경쟁보다는 협력, 개인의 이익보다는 공동의 선을 위해 선택하고 행동하는 패턴이 소비와 생산에서 동시적으로 확산되고 있는 것이다. 독일에서는 길거리에 나눔냉장고가 100여 곳 놓여 있는데 누군가가 음식물을 넣어놓으면 필요한 사람들이 언제든 이용할 수 있는 나눔이나 공동소비의 장이 마련돼 있다. 그리스에서는 서스펜디드 커피(suspended coffee) 가게가 100여 곳 운영되고 있는데 자신의 커피값 외에 한잔 값을 추가 지불함으로써 노숙자, 실직자 등을 위해 커피 한 잔을 남겨 두는 가치소비가 실현되고 있다. 미국, 영국, 호주, 캐나다, 불가리아 등에서도 150개 이상의 카페가 가치소비의 환경을 조성해 가고 있다. 신발 브랜드 '탐스'라는 기업에서는 2006년부터 신발 한 켤레 팔 때마다 빈곤국 아이들에게 일대일 기부(one for one)를 통해 신발을 나누는 사업을 지속하고 있다. 우리나라에서는 2015년 소셜다이어리 앱 '어라운드'의 한 사용자가 서울 지하철 2호선 강남역의 물품보관함에 초콜릿을 넣어 두었으니 누구든 꺼내먹으라는 글을 올리면서 소위 나눔의 '달꼼창고'가 생겨났으며, 불과 몇 개월 만에 백여 곳으로 확산된 바 있다. 서울 서촌 카페 '투포인트 커피'에서는 공정무역 커피를 원료로 사용하는 것을 고집하면서, 실제 커피농부에게 정당한 가격을 지불하고 직접 구매한 원료만으로 커피를 판매하고 있다. 커피의 경우, 세계에서 석유 다음으로 교역량이 많은 상품인데도 불구하고 산유국은 부유한데 커피생산국은 가난에서 벗어나지 못하게 하는 불공정 무역에 대한 경종에 해당한다. 다국적기업이나 중간 유통업체들이 폭리를 취하기 때문인데 커피 콩 1kg에 1달러에 거래되던 것을 공정무역으로 커피 콩 1kg에 3~7달러까지 커피생산 농가에 적정가격을 지불하고 있다. 서울 마포구에 있는 '바라봄 사진관'에서는 사진을 찍을 때마다 장애인, 미혼모, 다문화가정, 독거노인 등 소외계층에게 촬영권을 기부하는 사진나눔의 가치소비가 빛을 발하고 있다.

## 추천 도서


- KBS 명견만리 제작팀, 『**명견만리**』(윤리, 기술, 중국, 교육 편), 인플루엔셜, 2018.
- 군나르 뮈르달, 최광열 역, 『**경제학 비판**』, 현암사, 1978.
- 김난도 외 8인, 『**트랜드코리아2019**』, 미래의 창, 2019.
- 대니얼 골먼, 장석훈 역, 『**사회지능**』, 웅진지식하우스, 2006.
- 데니얼 카너만, 이진원 역, 『**생각에 관한 생각**』, 김영사, 2012.
- 데이비드 리스먼, 류근일 역, 『**고독한 군중**』, 동서문화사, 2016.
- 리처드 도킨스, 이용철 역, 『**이기적인 유전자**』, 동아출판사, 1992.
- 리처드 탈러/캐스 선스타인, 안진환 역, 『**넛지**』, 리더스북스 2009.
- 마빈 해리스, 박종열 역, 『**문화의 수수께끼**』, 한길사, 2006.
- 베르너 좀바르트, 이필우 역, 『**사랑과 사치와 자본주의**』, 까치, 1997.
- 소스타인 베블렌, 한성안 역, 『**유한계급론**』, 지만지고전천줄, 2008.
- 알렉산더 H. 샨드, 이상호 역, 『**자유시장의 도덕성**』, 문예출판사, 1996.
- 앨빈 토플러, 이규행 역, 『**권력이동**』, 한국경제신문사, 1990.
- 장 보드리야르, 이상률 역, 『**소비의 사회**』, 문예출판사, 1992.
- 칼 폴라니, 박현수 역, 『**인간의 경제**』, 풀빛, 1983.

주제 11

# 돈과 경제



## 1 돈이란 무엇인가?

"돈이 없으면 적막강산이요, 돈이 있으면 금수강산이다", "돈은 사람의 피와 생명이요 명함이다", "돈만 있으면 귀신도 부린다"라는 말이 있다. 이 같은 격언들은 돈의 힘과 돈의 중요성을 상징하고 있다. 돈은 마치 인체의 피와 같다. 돈이 부족하게 되면 모든 조직이나 기업, 그리고 가계가 건강함을 잃고 비틀거리게 된다. 돈이 충분하게 공급되고 원활하게 공급될 때 모든 개인의 경제활동이나 모든 조직의 경제활동은 활력을 유지할 수 있다. 돈은 모든 경제주체들의 소통과 믿음을 바탕으로 교류와 협력을 가능하게 한다.

돈의 뿌리를 소급해 오르면 원시시대의 제사에서 신명에게 바쳤던 희생물에 이른다. … 한데 신명이 그 고기를 먹는 것이 아니요 제사가 끝난 다음 그 신명의 보호를 받고 싶은 사람끼리 나누어 먹음으로써 그 위대한 신의 우산 속에 들고 더불어 사는 사람과 유대를 돈독히 할 수 있었던 것이다. 신과 연결되는 수직가치와 이웃과 연결되는 수평가치를 누리고 싶은 사람이 많아지면 희생물을 나누어 먹기에 양이 너무 적다. 그래서 그것을 지님으로써 수직-수평가치를 더불어 누리는 상징물이 필요하게 된다. 그 상징물이 바로 희생물을 담은 그릇이거나 그 희생고기를 구워 먹기 위해 꽂았던 쇠꼬치이거나 그 희생물을 자르는 칼이거나 했다. 바로 이 상징물들이 돈의 기원인 것이다. 고대 유럽에서는 경기의 우승자에게 주었던 컵이 바로 희생고기를 담았던 그릇이요, 그 컵을 새긴 금-은-동의 메달로 발전한다. 또 희랍에서는 돈을 오베로스라 하는데 바로 희생고기 쇠꼬치를 일컫는 말이다. 중국이나 우리나라에 칼 모양의 도화가 있었는데 바로 희생고기를 자르는 칼에서 비롯된 것이다.

- 조선일보, 『이규태코너』 -

돈의 가치나 돈의 흐름은 그 돈이 보증하고 있는 신용의 반영이다. 돈의 가치에 대한 믿음이 깨어지게 되면 그 돈의 가치는 추락하고, 돈의 흐름은 돈맥경화에 걸려 돈이 필요한 적재적소에 공급될 수 없다. 돈은 거래와 나눔의 상징이고 신성한 믿음을 바탕으로 한다. 돈을 통해서 우리는 쉽게 나누고 쉽게 거래할 수 있으며, 나눔과 거래에 대한 조건을 돈으로 표시할 수 있다. 또한 거래와 나눔의 중매자로써 돈이 기능하기 위해서는 돈의 가치에 대한 믿음이 성립해야 한다. 돈으로 표시된 거래의 조건이 거래 당사자들을 모두 만족시켜야 하기 때문이다.

오늘날의 돈은 돈 자체가 액면가가 나타내는 그만한 가치를 지니고 있지 않다. 액면가를 보증하는 믿음이 그 돈의 기능과 역할을 부여해 줄 뿐이다. 돈의 생명은 유동성이다. 유동성이란 돈을 지불하고 원하는 것이라면 무엇이든 획득할 수 있는 능력을 말한다. 즉, 돈의 구매력을 말하는 것이다. 돈의 유동성을 유지하려면 그 돈을 발행하는 권력이 그 돈에 대한 믿음을 보장하여야 한다. 돈을 발행하는 권력이 돈에 대한 믿음을 보장하지 못한다면 그 돈은 휴지조각에 불과하다. 외환의 경우에도 마찬가지이다. 한국의 돈이 그 가치를 유지하려면 한국의 정치력이나 경제력이 그 돈에 대한 믿음을 보장하여야 한다. 한국의 정치력이나 경제력이 불안정하다면, 한국 돈에 대한 믿음이 흔들리고 그 돈의 가치는 평가절하되게 된다. 따라서 사람들은 한국 돈보다는 외화를 선호하게 되고, 외화에 대한 수요가 증가한다. 돈은 그 나라의 정권에 대한 신뢰도이며 다른 나라 사람들이 평가하는 그 나라의 신용이고 경제적 능력의 지표가 된다.

나는 해가 지지 않는 잉글랜드제국을 통치하는 왕이 누군지 상관하지 않는다. 대영제국의 통화공급을 통제하는 사람이 곧 대영제국의 통치자다. 그 사람은 다름 아닌 바로 나다.

- 네이선 로스차일드(Nathon Rothschild) -

금은 전통적으로 가치보장을 뒷받침한다. 금융시장이 불안하면 금값이 치솟는다. 금은 가장 안전한 자산이며, 어느 정도 유동성도 갖고 있기 때문이다. 따라서 금과 관련된 경제 용어나 어구들도 많이 등장하게 되는데, 금본위제(gold standard), 경제적 호황기(golden era), 65세를 이후를 의미하는(golden years), 아주 착한(good as gold) 등이 있다. 또한 과거 미국의 달러화의 경우에도 충분한 금이 있었기에 금본위제를 바탕으로 국제적인 기축통화의 위치를 확보하게 된다.

돈은 믿음이다. 모든 화폐나 금융은 믿음에서 출발한다. 미국 중앙은행은 지하실에 있는 금괴를 바탕으로 믿음을 담보한다. 미국 달러에는 "In God We trust, Will promise to pay"라는 믿음을 강조하는 문구가 새겨져 있다. 믿음이 있다면 무엇이든 화폐의 기능을 수행할 수 있다. Yap 군도에서는 The Flintstones 이라는 돌기둥이 화폐로 사용되었고, 1600년대 뉴프랑스에서는 트럼프카드가 화폐로 사용된 적도 있다. 고대국가들의 흥망성쇄의 경우에도 그 당시 화폐에 대한 순수성과 불변성이 얼마나 신뢰를 확보하는가와 관계가 있다. 로마제국의 경우에도 왕성했던 초창기에는 순도가 높은 은화에서 쇠퇴기에는 순도가 낮은 변질된 은화로 전락하게 된다.

영어로 돈을 뜻하는 money란 단어는 주전소(mint) 또는 주화(coin)란 말과 같은 어원을 가진다. 고대 그리스 신화에서 주피터 신의 처인 주노 여신은 모네타(moneta)라는 멸명을 갖고 있었다. 로마시대에는 이 주노 모네타를 모시는 사원에서 화폐를 주조하였는데, 이런 까닭으로 moneta로부터 유래하여 mint와 함께 money라는 낱말이 생겼다고 한다. … 실제 무게 단위가 화폐 단위 그리고 화폐명칭으로 된 예는 다른 나라에서도 쉽게 찾아볼 수 있다. 오늘날 영국의 화폐단위인 '파운드'도 무게단위이며, 그 표시인 '£'나 이탈리아 및 터키의 '리라'는 고대 로마의 무게단위 또는 저울을 뜻하는 말에서 유래되었다고 한다.

- 백용호, 『돈의 경제학』 중에서 -

은행의 기능은 금융의 중개, 신용창조, 그리고 결제기능이라 할 수 있는데, 최초의 은행은 금세공업자에서 출발하였다. 초기의 은행은 안전한 금고의 역할에서 출발한 셈이다. 은행이 발전하면서 통화를 창조하고 금융을 주도하는 영역으로 확장해 간다. 은행(bank)이라는 말은 이탈리아어 banca(벤치)에서 유래되었고 파산(bankrupt)이라는 용어는 이탈리아어 banca rotta(부러진 의자)에서 비롯되었다. 베네치아의 시장에서 벤치에 앉아 곡물을 담보로 대출을 시작한 것이 이탈리아 최초의 상업은행이라 할 수 있다. 은행은 시장의 효율성과 유동성을 증대시켜 자유거래와 시장경제를 발달시키는 데 촉매제가 되었다. 베네치아 시장골목에서 벤치를 놓고 앉아 대출을 시작한 금융행위가 오늘날 슈로더, 워버그, 로스차일드, 베어링이라는 금융기관들의 모태가 되었다.

돈이라는 말은 돌고 도는 것이 돈이기 때문에 '돈다'라는 어원에서 비롯됐다고 하기도 하고, 돈이라는 말은 옛날 엽전의 무게를 측정하는 단위로서 10푼은 1돈이고 10돈은 1냥이라는 무게의 단위에서 비롯됐다고 하기도 한다. 어찌되었든 돌고 돈다는 의미에서의 돈은 돈의 교환기능을 상징하고, 무게를 재는 단위로써의 돈은 가치척도기능을 상징한다고 볼 수 있다. 우리는 매일 시장에서 돈투표를 행사한다. 원하는 물건과 원하는 만큼에 대하여 구매의사를 돈의 액수로 나타내는 것이다. 상품의 가격을 지불하고 그만큼의 상품을 가져간다. 거래는 항상 돈과 상품의 가치가 일치할 때 성립한다. 우리는 이것을 시장가격이라 한다. 돈은 어떤 상품의 가치를 재는 척도이며, 가격은 그 상품에 대한 교환가치의 반영이다. 통닭 한 마리가 2,000원이라면 이 가격은 수요-공급에 의해서 결정된다. 수요-공급에 의해서 결정된 가격이란 통닭 한 마리를 먹으면서 느끼는 소비자의 효용이나 통닭 한 마리를 기른 공급자의 노고가 동일한 가치로 등가되었음을 의미한다. 통닭 한 마리를 먹으면서 느끼는 소비자의 한계효용과 통닭 한 마리를 기르면서 지불한 공급자의 한계비용이 돈의 단위로 측정되었으며, 이것이 바로 돈으로 표시된 통닭의 시장가격으로 나타난다.

돈이나 시장가격이 존재하지 않는 물물교환경제를 상상해 보라. 통닭 한 마리를 먹는 일은 그리 쉬운 일이 아닐 것이다. 통닭 한 마리를 찾는 사람이 담요 한 장을 들고서 통닭 한 마리를 찾아 나섰다 하자. 돈이나 시장가격이 존재하지 않으므로 그는 먼저 통닭을 가지고 있으면서 담요가 필요한 사람들을 찾아야 할 것이다. 통닭을 가지고 있으면서 담요가 필요한 사람들을 찾은 이후에는 담요 한 장과 통닭 한 마리를 등가로 교환하는 경제행위에 만족해하는 사람을 찾아내야 한다. 이같이 번잡스러운 과정으로 '통닭 하나 먹기 위해 담요 한 장 들고 '통닭 찾아 삼만리'하는 고행을 감수해야 한다. 돈이나 시장이 출현하지 않았다면 우리는 아마도 자급자족경제나 물물교환경제의 수준에서 머물러 있었을 것이 분명하다. 돈과 시장은 판매자와 구매자의 기대가격을 정확하게 일치시켜 교환이나 거래를 성사시키는 조화로운 손이며 윤활유라 할 수 있다.

> 돈은 언어와 같은 것이다. 내가 당신의 말을 이해한다는 것은 나에게뿐만 아니고 당신에게도 도움이 된다. 내 집의 푸른 잔디가 당신에게 좋은 기분을 가져다주는 것과 같은 이치이다. 돈도 이와 같다. 내가 당신 돈을 받아 주기 때문에 거래가 단순화되어 당신에게도 도움이 된다.
>
> - 김학은, 『돈의 역사』 중에서 -

돈은 물품화폐에서 출발하여 칭량화폐, 주조화폐, 지폐, 신용화폐, 그리고 가상화폐로 발달해 가고 있다. 돈의 변천은 돈으로서의 기능을 다할 수 있는 돈의 조건을 충족하는 방향으로 발달해 간다. 돈은 ① 내구성(durability), ② 동질성(homegeneity), ③ 인지성(recognisability), ④ 가분성(divisibility), ⑤ 휴대의 편리성(portability), ⑥ 수·급의 안정조건(stable demand and supply conditions) 등을 충족해야 한다. 동양에서는 주로 조개껍질을 돈으로 사용했는데, 이런 이유에서 한자에는 재(財), 화(貨), 자(資), 귀(貴), 매매(賣買)라는 조개(貝)를 의미하는 패자가 사용된다. 서양에서는 주로 소를 돈으로 사용했는데, capital의 어원은 라틴어의 소의 머리, 인도의 동전이름 rupee는 소떼를 의미하는 어원으로부터 유래한 것이고 화폐에 관한(pecuniary)이라는 단어도(pecunia, pecus) 라틴어의 소를 의미하는 어원에서 비롯됐다. 소금은 아시아, 아프리카, 유럽 등 널리 사용되었고 로마시대에는 회계를 하거나, 노동자의 임금과 군인의 급료지급에 사용하는 등 화폐로서 기능을 충실히 수행하였다. 이런 연유에서 오늘날의 봉급(salary)이라는 단어는 라틴어 살라디움에서 비롯되었다. 이 외에도 스코틀랜드 북서쪽 헤브리디즈 열도에서는 명석, 태평양의 캐롤라인 군도에서는 구멍 뚫린 돌바퀴, 알래스카에서는 생선, 멕시코에서는 코코아씨, 인도에서는 쌀, 이집트에서는 벽돌, 몽골에서는 차 등이 교환의 매개 역할을 수행한 것으로 밝혀졌다.

**화폐=돈(money)과 통화(currency)**

돈과 통화는 어떻게 구분될까, ① 돈(화폐)의 정의는 구체적인 형태를 의미하는 것이 아니고 한 사회에서 일반적인 거래수단으로 통용되는 모든 것을 통칭한다. 화폐는 교환의 매개수단 수단뿐만 아니라 가치의 척도, 가치저장수단 그리고 회계의 단위로서 기능한다. ② 화폐가 경제적으로 통용되는 것을 통화라 한다. 통화란 돈이 한국은행 금고에서 나와 시중은행이나 민간부문으로 유통되는 것을 말한다. 예를 들어 박물관에 들어앉아 세상출입을 마다하는 고화폐라든지, 중앙은행에서 잠자는 화폐는 통화라 할 수 없다. 통화는 통용되는 화폐, 곧 제 구실을 하면서 돌고 도는 돈이다. 지불수단으로 구매력을 발휘하고, 가치저장수단으로 수요되는 기능이나 역할을 수행할 때 통화가 되는 것이다. 한국조폐공사에서 인쇄된 돈은 아직 법화가 아닌 종이에 불과하다. 금통위에 위해 결정된 통화량이 한국은행 금고에서 생명을 부여받음으로써 화폐가 된다. 한국은행 금고에 있는 돈은 화폐이지만 통화는 아니어서 통화량으로 산정되지 않는다. 통화량은 일정시점에서 얼마나 많은 양의 화폐가 유통되는지를 나타내는 저량(stock)의 개념이다. 통화량을 측정하는 지표로는 ① 통화지표($M_1$, $M_2$)와 ② 유동성지표(Lf, L) 등이 있다. 통화지표 $M_1$은 화폐의 지급결제기능을 중시하는 통화지표로서 '협의통화'라 한다. 통화지표 $M_2$는 화폐의 거래적 기능과 가치저장기능까지 포괄하는 통화지표로서'광의통화'라 한다.

- 강남호·김경표, 『경제학원론』 중에서 -

## 2 돈의 기능

돈은 교환의 수단인 동시에 욕구충족의 수단이다. 돈으로 자신이 원하는 것을 대부분 얻을 수 있다. 이런 이유 때문에 홍콩 사람들은 명부화폐(冥府貨幣, hell bank note)라는 冥通은행이 발행한 돈을 망자의 관에 넣어준다. 우리나라에서도 죽은 자에게 사잣밥이나 사잣돈을 준비해 준다. 돈은 의사통일의 수단이 되기도 한다. 돈은 마치 언어의 통일과 같아 경제통합은 돈의 통일에서 완성된다. 유럽의 통합은 유로화라는 돈의 통일에서 완성되었듯이 우리의 통일도 어쩌면 돈의 통일로써 완성될 수 있을 것이다.

우리나라의 돈은 1950년 8월 17일 최초의 한국은행권이 발행되고 1953년 2월 15일 2차 통화개혁을 거쳐 1962년 6월 10일 3차 개혁으로 현재의 화폐체제가 이루어졌다. 2009년에는 최초로 5만원권이 출시되었고 최초로 여성인 신사임당이 인물로 각인되었다. 우리나라 은행의 최초 대출로는 1887년 조흥은행에서 당나귀를 담보로 대출하였고 업무용으로 타고 다녔다 한다. 낫, 호미를 담보로 하는 대출도 이루어졌다. 우리나라 돈의 수명은 평균 6개월에서 1년 6개월인 것으로 조사되었는데, 선진국의 경우 2~3년인 것과 비교하면 화폐유지비용이 많이 든다는 것을 알 수 있다.

### 계와 로스카스(ROSCAS)

계는 정기적으로 공동의 기금을 조성하여 정해진 순번에 따라 회원에게 대출해 주는 비제도권 금융이라 할 수 있다. 중국에서는 후이(hui), 인도에서는 치츠(chits), 멕시코에서는 탄다스(tandas) 등으로 불리고 있다. 이와 같은 개인들의 자조그룹형태인 순번제 저축·대출의 금융방식을 로스카스(ROSCAS)라 한다. 금융시장이 잘 발달되지 않은 국가나 지역에서 활용되는 비제도권 금융의 일종이다. 또한, 무슬림지역에서 발달한 비공식 금융시장으로는 하왈라 네트워크 (hawala network)가 있다. 하왈라 네트워크는 송금자가 하왈라업자에게 송금할 돈과 주소를 전달하면 하왈라업자는 송금자에게 코드번호를 발행해 준다. 송금자는 그 코드번호를 수신할 자에게 전달한다(전화든, 우편이든, 인편이든). 하왈라업자는 수신할 지역의 동료에게 전화로 송금액수와 코드번호를 알려준다. 수신자(수신자는 특정되지 않는다는 점이 특징이다)는 수신지역의 하왈라업자에게 코드번호만 제시하면 송금액수가 지급되고 송금이 완료된다. 이런 방식의 송금네트워크는 자금추적을 어렵게 한다. 하왈라 네트워크는 미 정보당국이 9.11테러 당시 알 카에다의 자금흐름을 정확하게 포착할 수 없었던 원인으로 지목된다.

최초로 5만원권이 출시되면서 검은 돈의 유통규모나 지하경제의 활성화에 대한 우려가 제기되기도 하였는데, 007가방으로 1만원권으로는 1억원이 전달 가능한데 5억원이라는 현금전달이 가능하다는 이유에서 비롯된 것이다. 화폐개혁이나 금융실명제의 본질적인 목적은 검은 돈의 흐름을 차단하거나, 숨은 돈의 환류를 도모함으로써 돈의 배분이나 흐름이 경제에 긍정적으로 기여하도록 유인하는

데 있는 것이다.

돈은 부정부패의 수단이기도 하다. 우리나라의 경우, 정경유착으로 인한 뇌물수수 문제는 기업인이나 정치인들에게 벗어날 수 없는 유혹의 덫이라 할 수 있다. 뇌물은 자금의 추적을 피하기 위해 현금으로 전달되는데, 화폐의 단위와 화폐를 담을 용기가 중요하다. 화폐의 단위가 커지면 전달용기를 소형화, 경량화, 그리고 다종화할 수 있기 때문이다. 1만원권 지폐가 통용될 때에는 주로 사과상자, 007가방, 굴비상자 등 비교적 커다란 용기들이 사용되었던 것이 5만원권 지폐가 출현함으로써 비타500 박스 같은 작으면서도 가벼운 용기로 변하고 있다.

돈은 권력이며 지배의 수단이다. "하나님은 저승을 다스리고, 돈은 이승을 다스린다. 왕은 군림하지만 은행은 지배한다"라는 경구처럼 돈은 인간의 마음을 지배하고 사회의 시스템을 작동시킨다. 어느 시대에나 금권정치는 횡행했던 것이고 정경유착의 싹이 돋아나는 이유이다. 오늘날의 사회적 질서 중에 하나인 보상체계라는 것도 돈에 의해 작동한다. 돈에 의해 직업이나 직업에 대한 열정도 유인되는 것이고, 조직이나 사회에 대한 충성도 또한 돈의 배분에 의해 결정된다.

돈은 가치를 저장하는 가치저장기능을 수행한다. 2,000원어치의 통닭 한 마리를 돈으로 교환하면 다음에 2,000원을 가지고 통닭 한 마리를 구입할 수 있다. 즉 돈 2,000원은 통닭 한 마리의 가치를 보관하는 금고라 할 수 있다. 그런데 어떤 사람이 통닭 한 마리를 돈 2,000원으로 교환하여 가지고 있었다 하자. 그리고 1년 후에 돈 2,000원을 가지고 다시 통닭 한 마리와 교환하려 한다. 이때 3가지의 상황이 발생할 수 있다. 돈 2,000원으로 통닭 한 마리를 얻을 수 있는가 하면, 돈 2,000원으로 통닭 두 마리를 얻을 수도 있다. 하지만 불행하게도 돈 2,000원으로 통닭 한 마리는 고사하고 병아리 한 마리도 얻을 수 없는 상황도 발생한다. 통닭 한 마리의 시장가격이 1년 후에도 그대로 유지된다면 돈 2,000원의 가치는 통닭 한 마리 그대로 저장된 셈이 된다. 그러나 1년 후의 통닭 한 마리의 가격이 1,000원으로 하락하거나 4,000원으로 상승하는 경우에는 그 돈의 가치가 그대로 저장될 수 없다. 통닭 한 마리가 돈의 가치저장기능을 통하여 통닭 두 마리의 가치로 절상될 수도 있으며, 아니면 1년 후의 통닭 한 마리의 시장가격이 4,000원으로 상승하여 통닭 한 마리는 돈의 가치저장기능을 통하여 통닭 1/2마리의 가치로 절하되는 것이다.

이 같은 현상은 돈을 소유하는 것이 어떤 물건의 가치를 그대로 저장할 수도 있으며, 어떤 물건의 가치를 증식시킬 수도 있는가 하면 어떤 물건의 가치를 잃게 할 수도 있다는 것을 의미한다. 따라서 우리가 가지고 있는 물건을 돈으로 바꾸어 가지고 있는 경우, 그대로 가지고 있는 경우, 주식이나 외국돈과 같은 유가증권이나 부동산, 채권 같은 다른 자산으로 바꾸어 가지고 있는 경우, 그 가치가 그대로 유지될 수도 있으며, 증식될 수도 있는가 하면 감소될 수도 있다는 현상에 주목해야 한다.

따라서 우리가 가지고 있는 자산의 형태를 어떻게 교환하여 보유할 것인가가 부를 증식하는 데 중요한 수단이 된다. 돈을 그냥 땅속에 묻어 두거나 항아리에 담아 둔다면 그 돈은 자산을 증식시키기 어려울 것이다. 적어도 이자소득을 포기한 것이기 때문이다. 돈을 주식, 채권, 외환, 금, 부동산 등 무엇으로 교환하여 보유해야 하는가 하는 선택의 문제, 즉 자산배분의 문제가 발생한다. 예를 들면 이자율 상승은 채권수요를 증대시키고, 주식의 수요나 부동산 수요는 감소시킨다. 이자율 하락은 채권수요를 감소시키는 반면 주식 수요나 부동산 수요는 증가시킨다. 재화와 서비스는 현재의 소비를 통해서 소유자에게 가치를 제공하는 소유물이지만 자산의 경우에는 재화나 서비스와는 달리 미래에 더 많은 재화와 서비스를 소비할 수 있는 그 자산의 가치를 증식시킨다는 차원에서 서로 다르다. 금융자산이 미래 소비를 증가시킬 수 있는 방법은 두 가지가 있다. 많은 금융자산들은 이자나 배당 지급 형태로 자산을 소유한 사람들에게 정기적으로 소득을 제공한다. 또 하나는 어떤 금융자산(채권이나 주식)에 대한 현재가치가 그 자산의 미래가치 또는 가격에 대한 투자자들의 믿음에서 결정되고 그 자산가치의 상승이 미래 소비를 증가시킨다.

**9.11테러와 워터루 전투**

2001년 9월 11일 알 카에다에 의해 가해진 미국의 테러사건은 세계금융시장을 패닉으로 몰고 갔다. 나스닥의 경우 6%폭락으로 시작하였고, 코스피의 경우 하루 하락폭으로는 최대 폭인

12%를 기록하는 등 금융시장을 패닉에 빠지게 했다. 그런데 이런 와중에서도 떼돈을 거머쥔 무리들이 존재한다. 선물인 풋옵션에 투자한 사람들은 하루 만에 최고 504배의 수익을 올릴 수 있었다. 9.11테러 전날 풋옵션 종가는 0.11포인트인 1,000원이었는데 9.11테러 당일 장중 한 때 5.05포인트인 54만 5,000원까지 치솟았다가 5.05포인트인 50만 5,000원으로 마감한 것이다. 풋옵션은 매수하는 기초자산(외환, 예금, 채권, 주식 등)가격이 하락하면 수익이 발생하고 콜옵션은 매수하는 기초자산 가격이 상승하면 수익이 발생하는 파생금융상품이다. 만약 9.11테러에 대한 확실한 정보를 갖고 있는 알 카에다가 풋옵션에 투자했다면 엄청난 수익을 얻을 수 있는 것이다. 이런 이유로 테러조직이 자본시장에서 돈세탁이나 다른 범죄자금을 마련하기 위해 테러를 자행하는 경우도 있다. 한편, 1815년 6월 프랑스의 나폴레옹과 영국의 웰링턴 장군의 대결, 즉 프랑스와 영국의 운명을 건 한판 승부가 펼쳐지는데 이를 워터루 전투라고 한다. 로스차일드 가문은 워터루 전투 당시 빠른 정보를 이용하여 때 돈을 벌게 됨으로써 영국의 금융을 장악하게 된다. 그 당시 로스차일드 가문의 마차와 배가 유럽의 각지와 해협을 누비고 있었으며, 거리마다 로스 차일드 가문의 스파이들이 네트워크를 형성하고 있었다. 이런 연유로 런던금융시장의 경우에는 로스 차일드 가문의 최신 정보에 의존하는 투자자들로 넘쳐나고 있었다. 네이션 로스차일드는 워터루 전투의 승패에 관한 정보를 초초하게 기다리고 있었는데, 당일 그의 첩보원들로부터 영국정부의 공식 정보채널보다 30시간이나 앞질러 웰링턴 장군이 전투를 제압하고 있다는 정보를 입수하게 된다. 그는 증권시장에 나타나 자신의 거래원들에게 눈짓으로 국채를 매도할 것을 주문한다. 로스차일드 가문이 국채를 매도하는 것을 목격한 놀란 대부분의 투자자들이 국채를 투매하기에 이르고 그 결과 국채 가격은 하루 만에 5파운드까지 추락하게 된다. 이 때를 기다려 네이션은 휴지조각이 된 국채를 헐값에 모두 사들인 다음 영국 승리의 공식발표를 기다린 것이다. 다음날 영국이 워터루 전투에서 승리한 사실이 공표되자 국채가격은 일주일 만에 100만 파운드까지 치솟게 되고 네이션은 무려 20만 배의 수익을 올리게 된다.

돈은 교환을 위한 매개체이며, 교환을 위한 가치의 척도이고, 물건의 가치를 보관하는 저장창고이기도 하다. 돈은 다른 유가증권이나 다른 실물자산에 비해서 가치저장기능보다는 교환기능이 탁월하다. 돈은 어떤 귀금속이나 가치 있는 자산보다도 다른 것들과 교환할 수 있는 유동성이 뛰어난 것이다. 돈은 다른 것들과 교환하는 데 있어서는 무엇보다도 빠르고, 정확하며, 세분화하는 능력을 발휘한다. 금, 수표, 신용카드, 땅, 주식, 채권, 공장, 건물 어떤 유가증권이나 실물자산에 비하여 빠르게 교환할 수 있는 능력이 갖추어져 있다는 뜻이다. 그런데 돈에 대한 믿음이나 가치가 불안정하게 되면 돈에 대한 유동성이 감소하게 된다. 돈은 실물이 아니며 다만 실물을 교환할 수 있는 믿음에 불과하기 때문이다. 따라서 돈에 대한 믿음이 약화된다면 그 돈의 가치는 추락하게 되고 그 돈의 유동성은 줄어들게 된다. 따라서 어떤 돈에 대한 유동성은 그 돈의 교환능력을 보증하는 신용능력이 좌우하고 이 신용능력에 의해 그 돈의 가치는 평가되는 것이다. 2008년에 미국에서 발생한 금융위기의 경우에도, 주택이라는 자산가격이 계속 오를 것이라는 믿음에서 비롯되었다. 2000~2006년간 미국의 주택가격은 두 배 이상 상승하였고 그로 인해 거품이 형성되었던 것이다. 그런데 2006년이 되어 주택가격의 상승세가 주춤거리자 투자자들은 미래에도 주택가격이 상승할 거라는 믿음을 상실하게 되고 주택가격은 여지없이 무너져 내렸던 것이다. 그러자 주택을 담보로 대출을 해 준 주택담보채권들이 부실채권으로 전락하게 됨으로써 연쇄적으로 파생상품들까지 폭락하며 미국의 금융위기를 촉발시키는 기폭제로 작용했던 것이다.

## 3 이자율(금리)과 경제

돈의 흐름을 결정하는 것은 이자율이며, 이자율은 마치 우리 인체에서의 혈압과 같은 역할을 수행한다. 돈은 이자율이 낮은 곳에서 이자율이 높은 곳으로 흐르게 된다. 왜냐하면 금융기관의 입장에서 이자율이란 돈을 대출하고 받아들이는 수익률이므로 이자율이 낮은 곳에서 돈을 확보하고 이자율이 높은 곳으로 돈의 대출을 확대하기 때문이다. 또한 이자율이 높다는 것은 돈의 공급에 비하여 돈에 대한 수요가 많다는 것을 의미하고, 돈의 수요가 많다는 것은 돈을 투자하여 얻을 수 있는 이윤율이 높다는 것을 의미한다. 따라서 이자율에 따른 돈의 흐름은 효율적인 자원배분을 보장할 수 있다. 그런데 정치적 논리가 작용하여 인위적으로 이자율을 조정하게 되면 돈의 흐름이 왜곡될 가능성이 높아지게 된다. 또한 금융기관은 돈에 대한 자원배분을 결정하는 과정에서 비효율적인 곳으로 돈이 배분되는 것을 걸러주는 역할을 한다. 금융기관은 돈을 공급해 주고, 원금과 이자를 회수하는 돈의 중개기관이다. 금융기관은 돈의 공급을 결정하는 과정에서 기업에 대한 신용능력을 평가하고, 그 신용등급에 따라 돈의 공급 여부를 결정한다. 돈의 공급이 금융기관이 평가한 신용등급에 따라 결정되는 경우에는 기업들은 적정한 투자와 건실한 재무구조를 유지하지 않을 수 없다. 만일 어떤 기업이 과잉투자나 부실한 재무구조를 유지하는 경우, 금융기관은 그 기업에 대해 신용등급을 하향평가함으로써 그 기업에 대한 대출이자율을 높여 적용하거나 추가대출을 억제할 수 있고, 기존 대출금까지 회수조치할 수 있기 때문이다.

### 금융시장과 이자율

현대경제는 화폐(돈)경제이다. 거의 대부분의 거래가 화폐(돈)에 의해 이루어진다. 상품시장과 금융시장은 마치 동전의 양면과 같다. 따라서 국민경제가 성장하기 위해서는 상품시장 못지 않게 금융시장이 발달해야 한다. 금융(finance)이란 재화나 서비스의 개입 없이 화폐(자금)에 대한 수요자와 공급자 간의 화폐(자금)거래를 의미한다. 실물거래는 실물과 화폐를 교환하는 형식을 취하지만 금융거래는 화폐와 증서(증권)를 교환하는 형식을 취한다. 실물거래는 시장가격(실물의 수.급에 의해 결정)이 교환을 매개하지만 금융거래는 이자율(돈의 수·급에 의해 결정)이 교환을 매개한다. 금융에는 직접금융과 간접금융이 있다. 직접금융(direct finance)이란 자금을 수요자와 공급자가 직접 거래하는 방식을 말하고 간접금융(indirect finance)이란 자금을 중개기관(금융기관)을 통해 거래하는 방식을 말한다. 예를 들어 기업이 주식이나 회사채를 발행하여 자금을 조달하는 방식을 직접금융이라 하고 기업이 은행을 통해 자금을 조달하는 방식을 간접금융이라 한다. 금융이 원활하게 이루어지려면 금융시장이 발달해야 한다. 금융시장이란 자금에 대한 수요자와 공급자가 거래함으로써 이자율과 자금거래액이 결정되는 시장을 말한다. 금융시장은 단기자금시장(1년 이내)과 장기자금시장(1년 이상)으로 나뉜다. 장기금융시장에는 장기대부시장과 증권시장이 있다. 단기자금시장은 콜시장(call market)과 할인시장(discount market)으로 나뉜다. 콜시장은 만기가 하루에서 2주 이내의 최단기자금시장으로서 공급자 측에서는 자금을 콜론(call loan)이라 하고 수요자 측에서는 자금을 콜머니(call money)라 한다. 할인시장이란 어음, 통화안정증권, 양도성예금증서(CD), 환매조건부채권(RP), 재정증권 등이 거래되는 시장을 말하는데, 만기일까지의 이자를 빼는 할인형식으로 거래가 이루어진다. 금융시장에는 외환시장과 파생금융상품시장(선물, 옵션 등)도 있다.

그런데 우리나라의 경우, 1960년대부터 1990년대 IMF사태를 경험하기 이전까지는 소위 정부 주도의 개발독재와 정경유착의 그늘 아래서 돈의 흐름이 경제논리가 아닌 정치논리가 지배하는 경우도 적지 않았다. 정책자금이란 미명 아래 금융기관에 의한 효율적인 돈의 배분이나 기업에 대한 적절한 견제기능은 제쳐두고, 소위 관치금융이라는 정치논리에 따라 돈을 배분하고 기업을 지원하는 비효율적인 금융질서가 만연해 있었다. 이런 상황에서 기업은 분식회계를 조장하고 기업의 신뢰도를 포장하며 정치자금을 동원하여 더 많은 정책(특혜)금융을 위해 경쟁하는 건강하지 못한 금융시스템이 작동했던 것이다. 따라서 기업의 세계적 경쟁력은 취약해지고, 그에 따른 부실채권은 양산되었으며, 부실기업이 무더기로 파산하는 IMF체제라는 경제적 홍역을 피할 수 없게 된다. 1997년 11월 말 한국은행의 외환보유액은 89억 달러이고 실제로 쓸 수 있는 외환보유액은 39억 달러에 불과했다. 일본은행을 비롯하여 외국은행들이 우리나라 은행들에게 추가로 돈을 빌려주는 것은 고사하고 기존에 빌려준 돈에 대한 연장을 중단하고 자금을 회수하기 시작했다. 국내은행들은 자체능력으로 단기외채를 갚을 수 없는 국제적 부도상태에 빠지게 되자 정부는 IMF에 구제금융을 요청하고 IMF와 구조조정 프로그램에 합의한 다음 총 310억 달러 규모의 자금지원을 약정받게 된다.

**IMF와 한국의 경제위기**

제2차 세계대전이 종결되면서 미국과 영국 주도로 출범한 IMF는 국제수지가 위기에 처한 나라들이 디플레이션 정책을 사용하지 않도록 자유무역질서를 지탱하는 세계금융질서의 안정화를 목적으로 설립되었다. 그런데 제3세계 외채위기가 발발했던 1982년 이후, IMF는 IBRD와 함께 소위 구조조정 프로그램(SAPs)합동작전을 펴며 개발도상국들의 정책전반에 막강한 영향력을 행사한다. 정부의 예산, 산업규제, 농산물가격, 노동시장 규제, 민영화에까지 간여하게 된다. 1990년대부터는 차관에 이른바 체제관련 융자조건(governance conditionalitis)을 달아 민주주의의 진전, 정부의 분권화, 중앙은행의 독립, 기업의 지배구조까지 개입하기에 이른다. 1997년 한국의 경제위기는 세계화를 운운하며 실질적인 대비도 없이 외환시장의 빗장을 푼 김영삼 정부와 미국의 고달러 정책, 그리고 월가의 국제투기금융자본이 합작으로 발생한 경제환란이라 할 수 있다. IMF는 한국에게 ① 한국금융을 '글로벌 스탠다드'에 맞춰 외국계 자본에 개방한다. ② 재벌의 족벌체제를 타파하기 위해 투명한 공시를 비롯한 일대 쇄신을 단행한다. ③ 국가의 수출보조금과 금융기관을 좌지우지하는 관치금융을 혁파한다.

한국경제는 (1997~1998년 IMF체제 당시)IMF와 협의된, 콜금리 수준이 무려 30%수준까지 치솟는 고금리정책을 용인하였고, 이로 인해 우량기업들조차 도산을 맞는 폐해를 경험한 바 있다. IMF체제 이후 한국경제는 10대 대기업의 지분 60% 이상, 주식시장 43%, 시중은행 지분 65%, 대기업 30%가 외국자본에게 잠식되었다. 필리핀 대학 월든 벨로(Walden Bello) 교수는 국제투기금융세력이 한국기업들에게 자금을 과도하게 빌려 쓰도록 부추긴 다음 외환위기를 조장해 한국의 재벌과 은행을 약탈했다고 주장한다. 말레이시아와 러시아(1997년, 1998년)는 외환위기를 우리나라와는 다르게 대처하여 위기를 극복한다. 마하디 전 말레이시아 수상은 '아시아적 가치'를 강조하며 IMF가 주문한 엄격한 국제금융 시스템 및 시장개방을 거부하고 고정환율제와 외환거래와 주식거래를 통제하는 경제명령으로 위기를 극복한다. 또한 러시아의 경우에도 마하티를 좇아 서양자본의 카르텔에 의한 음모라고 규정하고 IMF의 통제 대신 모라토리엄(moratorium)[1]을 선언한다. 2008년 미국에서 발생한 금융위기에 대한 IMF의 처방은 돈잔치로 귀결되었다는 사실에서 시사하는 바가 크다.

금리는 자원을 배분하는 중요한 척도이기 때문에 건강한 경제를 유지하는 면역체계와 같다. 또한 어떤 개인, 기업, 그리고 국가의 신용위험을 경고하는 신호등이 될 수 있다는 점에서도 중요하다. 그뿐만 아니라 국민경제가 불황이나 거품경제에 빠지지 않도록 예방하고, 문제가 발생하면 불황이나 거품경제의 늪에서 빠져나올 수 있도록 견인하는 정책수단이 되기도 한다. 정책당국은 경기가 불황에서 허덕이면 금리를 낮춰 소비나 투자를 촉진시킬 수 있고, 경기가 호황기로 접어들면 금리를 올려 인플레이션을 미연에 방지할 수 있다. 세계경제에서도 금리는 국가 간의 금융자원을 배분하는 매개변수로서 기능한다. 특히 미국의 금리는 전 세계 경제에 결정적인 영향을 미치기 때문에 미국의 금리결정은 세계의 이목을 집중시킨다. 따라서 미국의 금리를 결정하는 연방준비제도(FED) 의장의 언행은 세계경제 대통령으로서의 기능과 역할로서 해석한다 해도 지나치지 않을 것이다.

일반적으로 금리가 오른다는 것은 자금에 대한 수요가 많아진다는 것을 의미하는 것이고, 자금수요가 많아진다는 것은 그만큼 경기가 좋아질 것이라는 예측을 반영한 결과이다. 그런데 미국의 금리가 오르게 되면 신흥국들의 경우, 금융혼란을 야기할 수 있다. 신흥국에 투자된 금융자산들이 미국으로 돌아가기 때문이다. 우리나라의 경우에도 미국의 금리가 오르면 우리나라에 투자된 달러가 미

1 국가나 지방자치단체가 외부에서 빌린 돈의 만기가 도래했는데도 일방적으로 지불을 연장하는 것을 말한다.

국으로 빠져나갈 수 있다. 이를 방어하려면 우리도 금리를 올려야 한다. 하지만 이것은 우리 국내경제에 부정적 요인으로 작용한다(국내경기가 침체된 상황이기 때문이다). 소비와 투자, 즉 총수요를 위축시키는 것이기 때문이다. 또한 많은 가계부채에 대한 이자부담으로 가계가 대량으로 파산할 가능성도 배제할 수 없다.

**이슬람과 금리**

무슬림의 경전인 코란에는 대출에 대한 이자를 지급받는 것을 금하고 있다. 1970년대 중반 이후 주로 아랍국가에 백여 개 이상의 이슬람은행이 문을 열었다. 그 은행들은 예금자와 차입자 간의 중개역할을 하면서도 차입자에게서 이자를 받지 않을 뿐만 아니라 예금자에게도 이자를 지급하지 않는다. 차입한 기업에게서 그 자금이 상환될 때까지 발생한 이윤의 일정비율을 받아내고 그 수입을 예금자와 나누는 형태이다. 이슬람권에서 투자자금을 빌리기 위한 가장 대중적인 기구는 무라바하라는 금융기관이다. 무라바하는 고객을 위한 재화와 서비스를 구매한 후 일정기간 경과 후 최초의 비용에다가 이윤을 추가하여 상환금액을 결정하는 방식의 금융시스템이다.

## 4 인플레이션과 경제

일반물가 수준이 지속적으로 상승하는 현상을 인플레이션(inflation)이라 한다. 인플레이션은 발생원인에 따라 수요견인 인플레이션(demand pull inflation), 비용인상 인플레이션(cost push inflation), 혼합형 인플레이션(mixed inflation)으로 구분한다. ① 수요견인 인플레이션은 초과수요(excess demand)에 의해 발생한다. 서울의 아파트 값이 치솟는 것은 공급에 수요보다 부족한 현상, 즉 초과수요 때문이다. ② 비용인상 인플레이션(cost push inflation)은 생산비용의 지속적인 상승으로 발생한다. 임금, 자본비용, 원자재 가격이 지속적으로 상승하여 생산성을 앞지르기 때문이다. ③ 혼합형 인플레이션(mixed inflation)은 수요측 요인과 비용측 요인이 혼재되어 발생한다.

인플레이션이 발생하면 소비자 입장에서 모든 상품의 가격이 상승한다. 하지만 임금이나 자본서비스 등 생산요소 가격도 그만큼 상승한다면 소득이 증가하게 된다. 소득이 물가보다 더 많이 오른다면 생활수준은 향상되지만 물가가 소득보다 더 많이 오른다면 생활수준은 떨어진다. 이런 경우, 인플레이션이 발생하면 화폐를 비롯한 모든 금융자산의 가치는 하락하고 그 결과 구매력도 하락하게 된다. 또한 물가가 상승하면 임금을 비롯한 모든 요소비용도 상승하여 기업은 생산을 줄이게 된다. 따라서 인플레이션은 구매력의 감소로 인한 소비자들의 수요를 줄어들게 하고 생산자들은 생산비용증가로 인해 공급물량을 줄이게 된다.

**인플레이션이 미치는 효과**

인플레이션은 여러 가지 측면에서 사회문제를 일으킨다. 예상치 못한 인플레이션과 예상된 인플레이션이 사회에 미치는 영향은 서로 다른데, 예상치 못한 인플레이션이 미치는 영향이 더 부정적이다. 예상치 못한 인플레이션이 사회에 미치는 영향은 다음과 같다. ① 인플레이션은 생산과정을 거치지 않고 소득과 부를 재분배한다. 생산에 기여하지 않은 누군가에게 소득과 부를 배분할 수 있다. 인플레이션은 불로소득을 발생시키는 원인이 된다. 현금, 예금, 증권 등 금융자산을 소유한 사람들과 채권자를 가난하게 만든다. 물가상승이 금융자산의 가치를 떨어뜨리기 때문이다. 채무자는 명목화폐가치나 명목이자율로 부채를 상환할 수 있고 채권자는 실질화폐가치나 실질이자율보다 낮은 금융자산으로 변제받게 된다. ② 정부의 화폐발행으로 예상하지 못한 인플레이션이 발생하는 경우 인플레이션조세효과(inflation tax effect)가 나타난다. 세금을 부과하지 않았지만 소비자들은 물가상승으로 인해 세금을 징세당한 것과 같은 구매력을 상실하게 된다. 정부는 세금을 부과하지 않고서 화폐를 발행한 만큼 재정정책의 재원으로 사용할 수 있게 된다. 또한 기업의 경우에는 자금에 대한 수요자이기 때문에 소비자로부터 부가 이전되는 효과를 누리게 된다. ③ 예상하지 못한 인플레이션이 발생하고 단기적으로 임금이나 요소비용에 반영되지 않는다면 생산과 고용은 증가하게 된다. 하지만 장기적으로는 물가상승은 상품의 가격만 오르게 하는 것이 아니라 임금을 비롯한 모든 생산요소비용을 증가시키게 된다. 따라서 장기적으로 인플레이션은 물가수준을 올려놓을 뿐 생산과 고용에는 아무런 영향을 미치지 못한다. 또한 경제주체들의 안정된 장기적인 소비계획이나 투자계획이 어려워지고 불확실성으로 인한 경제적 효율성이 낮아지게 된다. 예상된 인플레이션이 사회에 미치는 영향은 다음과 같다. ① 예상된 인플레이션이 발생하면 사람들은 그 몫만큼 명목이자율에 반영하여 실질이자율은 일정하게 유지하려 한다. 따라서 채권자로부터 채무자에게 소득이 재분배는 현상은 발생하지 않는다(명목이자율=실질이자율+인플레이션율). ② 인플레이션이 예상되면 명목이자율도 그만큼 상승하므로 실질이자율은 일정하게 되는 현상을 피셔가설(Fisher hypothesis) 또는 피셔효과(Fisher Effect)라 한다. 경제전반에 피셔효과가 발생하면 화폐에 대한 기회비용은 증가하게 되는데, 이런 이유로 사람들은 화폐보유를 줄이게 되고 금융기관을 자주 방문하는 결과를 가져오게 된다. (화폐가치가 떨어지므로 화폐보유를 줄이는 대신 수익이 높은 실물자산으로 갈아타기 위해서) 이 때 거래비용이 증가하고(금융기관에 자주 왕래하면서 구두창이 닳게 되는 비용), 이를 구두창비용(shoe-leather cost)이라 한다. 기업들의 경우에는 물가상승에 맞춰 상품가격을 조정해야 하는데 이때 발생하는 비용(가격표나 매뉴판을 자주 교체하는 비용)을 메뉴비용(menu cost)이라 한다. ③ 예상된 인플레이션이 지속된다면 경제의 효율성을 왜곡시킨다. 경제주체들은 인플레이션으로 인한 조세효과를 피하기 위해 금융자산을 효율적인 생산부문에 투자하기보다는 부동산이나 귀금속과 같은 실물자산에 투기하게 된다. 따라서 예상된 인플레이션이더라도 사회제도, 법률, 규정 등이 예상된 인플레이션을 충분히 반영하지 못한다면 자원을 생산적이지 못한 곳에 배분하는 비효율의 문제를 발생시킨다. 금융저축이 감소하므로 투자재원조달이 제약되고 장기적으로 경제성장이 위축된다. ④ 인플레이션이 예상되면 국내에서 생산된 재화의 상대가격이 상승하므로 수출이 감소하고 수입은 증가하여 국제수지를 악화시킨다.

- 강남호 · 김경표, 『경제학원론』 중에서 -

인플레이션과 실업은 모든 정부의 주요 정책과제이다. 인플레이션을 억제하고 실업을 줄이는 것이 권력을 창출하고 권력을 유지하는 첩경이기 때문이다. 경제학에서도 이 두 마리의 마녀를 고통지수(misery index)라 한다. 역사적으로 살펴보면 돈의 가치는 그 나라의 정권의 흥망성쇄와 그 괘를 같이한다. 새롭고 강력한 정권이 탄생하면 돈의 가치가 충실한 새로운 화폐들이 탄생하였고, 그 돈의 가치가 쇠락함에 따라 그 정권의 권력도 기울어갔다. 정치권력이 효율적이고 생산적으로 정치를 운용하면 돈의 가치가 유지되고 국민들의 정권에 대한 신뢰가 지속된다. 정치권력이 비효율적이고 비생산적으로 운용되면 방만한 정부지출이 이루어지고, 국가재정이 빈곤해진다. 빈곤한 재정을 확충하기 위해 그들은 화폐를 남발하고 지나친 조세를 통해서 국민들의 신뢰를 상실하게 된다. 화폐남발로 인플레이션이 가속화되고, 과도한 조세수탈로 인해 민간경제는 휘청거린다. 백성들은 생계를 위협받고 살아남기 위한 투쟁과 반역을 감행하게 된다. 결국 정권은 돈의 가치의 하락과 함께 붕괴되고 새로운 권력이 탄생하게 된다. 현대국가에서도 돈의 가치를 유지시키지 못하는 정권은 무너지고 돈의 가치를 유지시키는 정권은 유지되는 경향을 보인다.

> 로마제국의 초창기에는 '데나리우스'라는 새 황제의 옆모습이 새겨진 순은으로 제조된 주화가 통용되었으나, 400년 이후 로마가 멸망해 갈 무렵에는 구리로 만든 모조 동전이 통용되고 있었다.
>
> - 맥스 샤피로, 『인플레로 돈버는 사람들』(The penniless Billionaires) 중에서 -

1차 대전 이후에 독일은 1조%에 이르는 초인플레이션을 경험하였다. 이때 유명한 일화가 있다. 형제가 있었는데 형은 봉급을 대부분 예금하였고, 동생은 맥주 마시는 데 거의 다 써버렸다. 1년 후에 동생이 모아 놓은 빈 맥주병 값이 형이 저축해 놓은 돈의 가치보다 많았다는 일화이다. 독일의 히틀러 정권은 독일의 초인플레이션이 탄생시켰다 하여 히틀러를 '인플레이션의 양자'라 하기도 하며, 중국의 국민당 정권의 패망과 칠레의 아옌데 정권의 붕괴, 로마의 멸망 등은 모두 화폐의 가치저장기능을 유지시키기 못한 데서 비롯되었다.

> 독일의 국민들은 경제가 이처럼 어려워지자 자유보다는 빵이 해결되기를 원했다는 것이다. 즉 강력한 정부가 나타나서 경제적 혼란을 수습해 주기를 바라고 그 같은 정부를 선택했던 것이다. 이것이 전체주의인 나치즘의 선택이요 히틀러의 탄생인 것이다. 이 같은 독일 국민들의 심리적 요인을 에리히 프롬은 자유로부터의 도피라고 표현하고 있다.

2008년 짐바브웨에서는 돈 한 바구니로 달걀 3알을 살 수 있었다. 2008년 1월부터 7월까지 짐바브웨가 발표한 공식 인플레이션은 30,000,000%였다. 이 때 당시 1,000억 짐바브웨달러로 살 수 있는 상품은 달걀 몇 개에 불과했다 한다. 1987년부터 2017년까지 짐바브웨를 지배해 온 무가베 정권은 1990년대 최악의 가뭄으로 경제가 악화된 이후 바닥난 국가재정을 채우기 위해 화폐를 대량으로 찍어댔던 것이다. 그 이후 여러 차례 화폐개혁을 시도했지만, 새로운 화폐들조차 버림받게 되자, 2009년 4월 무가베정권은 자국 화폐를 포기하고 미국 달러를 공식 결제수단으로 채택하게 된다. 스스로 경제주권을 포기하고 다른 나라의 화폐를 수입하는 화폐식민지로 전락함으로써, 짐바브웨는 세계최빈국의 수모를 당하게 된다. 결국 무가베 정권은 37년간의 독재를 마감하고 2017년 11월 쿠데타 군에 의해 쫓겨나는 신세가 된다.

지구상에 돈의 가치와 생명이 영원한 화폐는 없다. 그 나라의 돈은 그 나라의 흥망성쇠에 부응하여 가치가 변동할 뿐만 아니라 그 나라의 명운에 따라 그 수명을 함께하는 경향이 있다. 따라서 동서고금을 불문하고 돈의 가치를 유지하는 화폐관리정책은 무엇보다 중요한 일로 여겨진다.

## 5 환율전쟁

환율이란 두 나라 화폐 간의 교환비율이다. 두 나라가 교역한다면 두 나라의 화폐의 가치가 반영된 비율이 환율이다. 국제무역에서 환율과 관세는 중요한 역할을 수행한다. 환율이나 관세가 공정할 때 자유무역이 유지되고 확장될 수 있기 때문이다. 환율도 외환시장에서 수요와 공급에 의해 결정된다. 예를 들어 달러에 대한 수요가 많아지면 달러의 가치가 상승하고 그 반대이면 달러의 가치는 하락한다. 우리나라의 돈의 가치는 역으로 결정된다. 이것을 우리나라 환율에 반영하면 원화가치가 오르면 환율은 내리게 되고, 원화가치가 하락하면 환율은 오르게 된다. 우리나라는 자국통화표시법(rate in home currency)으로 환율을 나타내기 때문이다. 즉, 1달러당 몇 원이라는 표시법을 사용하는 것이다. 그러므로 환율이 오른다는 것은 원화의 가치가 하락하는 것을 의미하고 환율이 내린다는 것은 원화의 가치가 상승하는 것을 의미한다. 이를 교역에 적용하면 환율이 오르면 우리나라의 제품가격이 하락하므로 교역상대국에서 물건이 잘 팔릴 수 있다는 것이고, 환율이 내리면 우리나라 제품의 가격이 상승하므로 교역상대국에서 물건이 잘 팔리지 않는다는 것을 의미한다. 따라서 수출을 늘리기 위해 인위적인 환율조작이 가능해지고 교역국가들이 서로 자국의 수출증대를 위해 환율을 경쟁적으로 조작하는 환율전쟁의 가능성이 상존하는 것이다.

### 프라자합의와 추락한 일본경제

미국은 제2차 대전이 종결되고 소련을 중심으로 한 공산권이 세력을 확장하게 되자(동유럽의 공산화, 중국의 공산화, 북한의 공산화 등) 아시아에서의 공산주의 확산을 막기 위한 정책으로 일본을 대상으로 마샬플랜(전후부흥계획)을 펼치게 된다. 일본을 경제적으로 번영시켜 아사아에서의 자본주의 샘플로 삼아 아시아지역에서의 공산주의의 확산을 차단하겠다는 전략에 해당한다. 따라서 미국은 1949년부터 1달러당 360엔이라는 고정환율을 적용하여 일본경제를 재건하는 데 성공하게 된다. 그런데 1971년 미국은 달러화에 대한 금태환을 포기하고 새로운 국제통화체제인 달러본위제, 즉 킹스턴체제(1976년)로 이행하는 금융위기를 겪게 되는데, 이런 상황에서 미국은 일본에 대해 1974년 슈퍼 301조를 적용하여 변동환율제로 이행하게 하고 달러당 266엔까지 엔화가치를 평가절상시킨다. 1985년 일본경제는 엄청난 무역흑자를 기반으로 일본 외환심의회에서 엔화를 기축통화로 만든다는 계획을 공식화하면서 미국을 넘보기 시작한다. 미국은 1985년 미국 뉴욕의 프라자호텔에서 미국, 영국, 프랑스 재무장관회의를 소집하여 독일과 일본을 환율조작국으로 위협하며 엔화의 평가절상을 요구한다. 이를 프라자합의라 한다. 일본의 엔화는 1987년 달러당 130엔대로 1995년 100엔 아래 수준으로 평가절상의 길을 재촉하게 된다. 1989년 일본경제는 엔화의 평가절상과 미국의 금리인하 효과로 미국의 국채, 부동산, 주식, 기업들을 마구잡이로 사들이는 호황을 만끽한다. 예를 들어 일본의 소니는 미국의 콜롬비아영화사를, 미쓰비시는 록팰러재단을 사들이고 LA번화가의 부동산의 절반 이상과 하와이 투자의 96%가 일본자본에 의해 침식된다. 1990년 미국은 주가지수선물이라는 트로이 목마를 일본에 침투시켜 일본경제를 무너뜨리고 20년 동안 일본경제를 불황 늪에서 헤매게 한다. 1990년 일본의 니케이지수는 4만 포인트였는데, 1992년 1만 5,000포인트로 폭락하게 된다. 주식과 부동산을 비롯한 자산가격이 폭락하고 엔고로 인한 수출경쟁력은 쇠락했으며 기업들은 해외로 이전하는 최악의 상황을 마주하게 된다. 프라자합의가 잃어버린 20년 일본경제의 분기점이 되었던 사례이다.

환율은 외환시장에서 외환에 대한 수요와 공급에 의해 환율은 결정된다. 외환의 수요와 공급에 영향을 미치는 요인으로는 국민소득, 물가, 이자율, 통화량 등을 들 수 있다. 우리나라의 국민소득이 증가하면 외국 상품에 대한 수요가 증가하므로 외화에 대한 수요가 증가한다. 따라서 환율은 상승한다. 교역상대국의 국민소득이 증가하면 그들의 우리나라 상품에 대한 수요가 증가하여 수출이 증대하고 외화가 국내로 반입되어 환율은 하락한다. 우리나라의 물가가 상승하면 수출이 감소하고 외화의 공급이 줄어들어 환율은 오르게 된다. 교역상대국의 물가가 상승하면 수출이 증가하고 외화공급이 증대하므로 환율은 하락한다. 우리나라의 이자율이 상승하면 국내의 투자수익률이 상승하고 외국인의 국내투자가 증가하여 외화공급이 증가하므로 환율은 하락한다. 반면 교역상대국의 이자율이 상승하면 외국의 투자수익률이 증가하고 외국인의 국내투자가 감소하여 외화공급이 감소하므로 환율은 상승한다. 국내의 통화량이 증가하면 물가가 상승하여 외환의 공급이 감소하므로 환율은 상승한다. 교역상대국의 통화량이 증가하면 교역상대국의 물가가 상승하여 외환의 공급이 증가하므로 환율은 하락한다.

이처럼 어떤 국가의 경제변수나 경제정책이 변하게 되면 환율 또한 영향을 받아 변하게 된다. 또한 환율의 변동은 수출과 수입에 영향을 미쳐 국가경제에 변동을 초래한다. 특히, 미국의 금리나 환율의 경우에는 전 세계 경제에 커다란 영향을 미치게 되므로 미국의 경제정책에 대한 관심과 대응이 중요하게 된다.

그런데 최근 미국 대통령에 취임한 도널드 트럼프는 미국 제일주의, 우선주의를 내세우며 무역전쟁으로 치달으면서 교역대상국들을 긴장시키고 있다. 총성 없는 전쟁이라 하는 환율전쟁에 대한 우려가 깊어지고 있다. 트럼프는 대미흑자 200억 달러 이상 국가, 중국, 일본, 독일, 한국, 말레이시아, 싱가포르, 베트남, 아일랜드, 이탈리아 등을 환율관찰대상국으로 지정하여 교역상대국들을 긴장시키고 있다. 트럼프가 미국 대통령으로 당선되었을 때만 해도 확장적 재정정책에 대한 기대감으로 강달러 현상이 나타났었는데, 최근 들어서는 트럼프의 환율전쟁에 대한 가능성이 높아지면서 달러화가 약달러로 돌변한 상태이다. 트럼프 미국 대통령은 취임 직후부터 중국과의 무역불균형 문제를 해결하겠다면서 중국과의 경제전쟁을 가속화하고 있다. 트럼프는 1979년 미·중 수교 이래 양국관계의 원칙으로 자리 잡아온 '하나의 중국'이라는 정책을 훼손하는 대만 총통과의 통화를 시도했을 뿐만 아니라, 무역과 일자리를 총괄하는 국가무역위원장에 대중국 무역불균형을 비판해 온 중국 저격수 피터 나바로를 임명하는 등 중국과의 경제전쟁을 준비해 온 바 있다. 미국발 경제전쟁의 기운이 퍼져 나가자, 영국의 파이낸셜 타임스는 미국이 달러 가치를 낮추려 한다면 2009년 글로벌 금융위기 때보다 더 큰 규모의 환율전쟁이 발발할 수 있다고 경고하면서, 환율전쟁은 보다 폭넓은 무역전쟁으로 가는 도화선이라고 위험을 경고한 바 있다. 2019년 미국은 관세폭탄으로 중국을 압박하면서 중국이 위엔화의 평가절하로 맞대응하자 중국을 환율조작국으로 지정하여 맹폭을 가하고 있다.

**빅맥지수와 환율**

빅맥지수란 맥도날드에서 판매하는 가장 대표적인 햄버거인 빅맥을 이용하여 각국의 화폐가치를 평가하는 지수이다. 이런 평가방식은 구매력평가의 일종이라 할 수 있다. 영국에서 발간되는 이코노미스트지에서 1986년부터 매년 빅맥지수를 발표하고 있다. 최근 미국의 트럼프 대통령은 빅맥지수를 근거로 교역상대국들에게 환율조작국이라며 평가절상을 압박하고 있다. 빅맥지수는 각국의 통화가치를 각국의 맥도날드 빅맥 햄버거 현지 통화가격에 대한 달러로 환산한 다음, 각국의 화폐에 대한 구매력을 비교·평가하는 방식으로 계산된다. 이런 방식을 햄버거의 버거와 이코노믹의 노믹을 따서 버거노믹이라고도 부른다. 예를 들어 2016년 1월 미국 매장 빅맥가격은 4.93달러, 한국 매장 가격은 4,300원이었다. 그런데 달러대 원화환율은 1달러당 1,198원이었다. 이것을 환율로 환산하면 한국에서의 빅맥가격 4,300원은 3.59달러가 된다. 따라서 원화환율은 적정 환율보다 27.2% 저평가된 것으로 볼 수 있고, 미국에서의 빅맥가격과 한국에서의 빅맥가격이 같아지려면 환율은 1달러당 872.21원으로 평가절상되어야 한다는 계산이다. 최근에는 스타벅스에서 판매하는 대표상품인 카페라테를 이용하여 계산한 카페라테지수도 발표되고 있다.

- 강남호·김경표, 『경제학원론』 중에서 -

## 6 화폐전쟁

미국 대통령 트럼프시대가 개막되면서 트럼프와 관련한 신조어가 만들어지고 있다. 트럼프 쇼크를 넘어 트럼포비아(Trump+Phobia), 트럼프 공포라는 신조어가 부상하고 있는 것이다. 미국은 환율전쟁에 이어 화폐전쟁까지 일으키는 상황에서 만들어진 신조어이다. 대규모 감세와 인프라투자를 약속했던 트럼프 효과로 미국 증시가 2만선을 돌파하고 강달러 현상이 나타나는가 싶더니, 트럼프의 반이민 행정명령 조치로 인한 정치적 혼란이 커지면서 트럼포비아 현상이 급부상하고, 국제정치의 불안정과 혼란은 서방세계의 증시를 하락시키고 금값은 오르게 하는 금융시장의 불안요인으로 작동하고 있다. 금은 본래 무국적 통화로서 일반적으로 기축통화인 달러와 역의 관계에 있다. 금은 이자가 붙지 않기 때문에 경기가 확장되고 금리가 인상된다면 금보다는 다른 금융자산이 유리한 투자처가 되고, 경기가 후퇴하고 금융시장이 불안정해지면 금은 안전자산이기 때문에 금에 대한 수요가 증가한다. 일반적으로 미국의 국채나 달러가 안전자산으로 선호되지만 금융시장 자체가 불안정해지면 달러보다도 금은 안전자산으로 더 높게 평가되기 때문이다.

트럼프는 "최근 중국이 무슨 짓을 하는지, 일본이 수년간 무슨 짓을 했는지 보라. 중국과 일본은 자본과 환율시장을 조작했고 우리는 바보처럼 앉아 있었다"고 거품을 물었을 뿐만 아니라 경제전쟁을 주도하는 트럼프의 최측근 피터 나바로 백악관 국가무역위원회 위원장은 "독일이 유로화 가치를 큰 폭으로 절하해 미국과 유럽연합 회원국을 착취하고 있다"고 대미 무역흑자국 들에게 으름장을 놓으면서 경제전쟁으로 몰아가고 있다. 그런데 중요한 것은 미국이 과연 이런 주장을 거침없이 늘어놓을 자격이 있는지에 대한 도덕적 검증 문제이다. 미국은 국제적인 결재수단인 달러를 마음대로 찍어 낼 수 있는 기축통화에 대한 화폐발권차익, 즉 세뇨리지 효과를 마음껏 누려온 나라라는 점은 이미 널리 알려진 사실이다. 또한 후발 산업국은 2차 세계대전 이후 미국의 일방적 통화정책에 따른 환율 급변동으로 괴멸적 피해를 입었던 사례들도 넘쳐나고 있다. 1994~1999간 미국의 강달러 정책은 남미와 아시아 그리고 동유럽 경제를 망가뜨리는 환율전쟁의 핵무기였다. 2000년대 들어서면서 일본경제가 침체하자 미국은 아베노믹스라 불리는 엔저정책을 용인하게 되는데, 이것은 중국을 견제하고 미·일동맹을 강화하기 위한 미국의 전략적 선택으로 설명된다. 그런데 엔저 현상은 공교롭게도 한국경제에 악영향을 미치게 된다. 엔저는 우리와 경쟁관계에 있는 일본상품의 가격경쟁력을 강화시켜는 역할을 하기 때문이다. 일본의 수출은 증가하고 한국의 수출은 감소하게 되는 것이다.

미국은 기축통화인 달러를 마음대로 찍어대면서 자신들의 경제위기를 넘기고 있고, 상황에 따라 힘의 논리로 자신들의 국익을 챙겨온 패권적 행태를 정당화하고 있다. 미국은 자국의 경제가 어려울 때마다 세뇨리지 효과로 위기를 극복해 왔다. 미국은 대외적자를 달러를 찍어내고 새로운 신용창조를 통해 끝없이 메워 나갔다. 세뇨리지(불어의 seignior)란 중세 봉건영주가 자신의 성내에서 화폐주조에 대한 독점권을 이용하여 재정을 확충하기 위해 금화에 불순물을 섞어 유통시킨 데서 유래한다. 실제 화폐의 액면가에 비해 제조비용이 적게 들기 때문에 그 차액만큼 이익을 본다는 것을 의미한다. 미국은 기축통화국이라는 지위를 이용하여 세뇨리지 효과를 독점적으로 향유하고 있는 것이다. 뿐만 아니라 미국은 기축통화를 통해 국제유동성을 공급하고 일본, 독일, 중국, 동아시아, 산유국들의 무역흑자로 인한 넘쳐나는 달러가 미국의 국·공채에 투자됨으로써 다시 미국으로 돌아가게 되고 무역적자와 재정적자인데도 불구하고 미국국민들은 실제소득보다 더 많은 소비가 가능해진다. 이런 현상을 국제불균형(global imbalance)이라 한다. 미국은 세뇨리지 효과와 국제불균형의 혜택을 독점적으로 누리면서도 무역흑자국에 대해서는 불공정무역국가라고 압박하며 관세폭탄, 환율조작국지정, 화폐전쟁(약달러)이라는 무기들을 휘두르며 압박하는 양상이다. 또한 쑹훙빙의 화폐전쟁에서 제기한 소위 양털깎기(fleecing of the flock)로 인한 미국의 자본잠식에 대해서도 주목해야 한다. 달러를 찍어 유동성을 증대시켜 거품경제를 조장한 후 갑자기 통화량을 줄여 자산가격을 폭락시키는 수법으로 보다 많은 양질의 자산을 잠식해 가는 미국 금융자본의 수탈방식도 경계해야 한다.

**양털깎기**

국제금융재벌들은 시중에 유동성을 실컷 풀어 놓고 경제적 거품을 조장한다. 경제적 거품이 만연하게 되면 수많은 사람들은 투기에 집중하게 되고 거품경제는 극도로 팽창하게 된다. 이런 시점을 노려 국제금융재벌들은 통화량(유동성)을 갑자기 회수하고 거품은 터지게 된다. 경제는 불황의 나락으로 빠지게 되고 우량 자산가격은 폭락을 면할 수 없게 된다. 우량한 자산이더라도 가격이 1/10~1/100까지 추락하고 이 때를 기다렸다가 국제금융재벌들은 헐값으로 우량자산들을 마구잡이로 사들이게 되는데, 이 과정에서 서민들의 이득을 국제금융재벌들이 착취해가는 먹이사슬이 형성되는 셈이다. 이런 과정을 되풀이 하면서 국제금융재벌들이 이익을 증식해 가는 현상을 양털깎기(fleecing of the flock)라 한다. 양털깎기는 쑹훙빙의 화폐전쟁에서 비롯된 용어이다.

뉴욕타임스 칼럼니스트 토머스 프리드먼(Thomas Friedman)은 글로벌 자본의 행태를 소 떼에 비유했다. 글로벌 자본은 이익이 있는 곳이라면 지구촌 어디든 우르

르 몰려다니며 환율의 오버슈팅(overshooting)[2]과 자산가격 거품을 일으키며 맛있는 풀(이윤)을 경쟁적으로 뜯다가도 조금이라도 위험을 느끼는 순간 화들짝 놀라 안전한 피난처로 폭주하는 습성을 드러낸다. 그들은 때로 너무 겁이 많고 때로 너무 난폭하게 질주하며 정글경제를 휘젓고 있다. 그들은 펀드매니저의 컴퓨터 마우스 클릭 한 번으로 거칠게 움직일 수 있는 전자 소 떼(electronic herd)인 셈이다. 전 세계적으로 하루에 거래되는 단기 국제자본은 평균 1조 5,000억 달러에 달하고 있다. 이 같은 전자소떼의 폭주과정에서 아일랜드를 비롯한 신흥국들이 로드 킬(road kill)당한 바 있고, 1990년대 후반부터 핫머니가 세계적인 골칫거리로 부상한 바 있다. 전자 소떼들로부터 로드 킬 당하지 않기 위해서는 소 떼들이 국경을 넘어 밀어 닥치는 것을 적절히 통제하는 장치가 필요하다. 신흥국 중심으로 자본자유화의 바퀴에 모래를 뿌리기(sand in the wheels) 시작했고 유럽 선진국들까지 전자 소 떼의 속도를 줄이기 위해 금융거래에 세금을 매기는 조치, 즉 토빈세(Tobin tax) 도입을 검토한 바 있다. 또한 1995년에는 G7정상회의에서 미국의 반대에도 불구하고 토빈세를 의제로 상정하였고, G7산하 연구그룹에서 토빈세에 대한 효과를 검토중에 있다. 단기국제자본, 즉 전자 소떼에 0.05%의 거래세(토빈세)를 부과한다면 연간 최소 1,000억 달러의 조세수입이 발생하며, 국제금융시장의 안정과 빈부격차를 해소하는 데 기여할 것으로 기대하고 있다. 토빈세는 일부 지역에서만 부과되는 경우, 전자 소 떼가 다른 지역(토빈세가 부과되지 않는 지역)으로 몰려들 것이기 때문에 국제적 공조가 필요한 제도이다.

## 7 암호화화폐

돈의 발전과정에서 마지막 단계는 암호화화폐(cryptography)인 것 같다. 암호화화폐는 디지털 화폐, 가상화폐 등으로 불리고 있는데, 우리나라 정부는 가상통화로 규정한다. 우리나라에서는 가상화폐의 하나인 비트코인의 가격이 2017년 한

2 일시적으로 가격이 폭등하고 폭락하는 현상인데, 장기적으로는 균형가격으로 수렴한다.

해 동안 무려 10배 이상 수준으로 치솟으면서 20대 대학생에서부터 70대 노인에 이르기까지 비트코인에 대한 묻지마 투자가 확산된 바 있다. 마치 네덜란드에서 웃음거리가 되었던 튤립에 대한 투기와 유사한 경우이다. 1637년 튤립 한 뿌리로 고급주택 한 채를 살 수 있을 만큼 튤립에 대한 투기가 확산됐다가 어느 날 귀족의 요리사가 값비싼 튤립 뿌리를 양파인 줄 알고 요리해 먹어버리는 사건이 발생했다. 화가 난 귀족이 요리사에게 소송을 걸게 되었고 재판부는 튤립 뿌리에 대한 가치를 인정할 수 없다는 판결을 내리는 바람에 튤립 가격은 폭락하게 된다. 빚을 내 투자했던 수많은 사람들이 하루아침에 파산자로 전락하는 거품경제의 대표적인 사례이다.

비트코인은 온라인상의 디지털 통화인 가상화폐의 일종이다. 2008년 나카모토 사토시라는 이름으로 위장한 컴퓨터 프로그래머가 창안한 사이버머니이다. 2009년 미국이 금융위기를 극복하기 위해 막대한 양의 달러를 찍어내면서 달러가치의 하락을 우려한 상황에서 주목받게 된 대안화폐의 하나이다. 국가나 중앙집중적 권력은 화폐의 가치에 대한 믿음을 역사적으로 저버려 왔다는 점에서 중앙은행, 금융회사 또는 중앙집권적 어떤 권력으로부터도 자유로울 수 있는 화폐, 즉 비트코인이 대안으로 떠오른 것이다. 은행을 거치지 않고 전 세계 누구에게나 돈을 직접 전할 수 있고, 환금과 송금을 하면서도 수수료가 절약되며, 서버가 필요 없는 안전한 새로운 금융거래시스템이라는 장점을 갖고 있다. 비트코인은 이런 장점들 때문에 미래의 화폐로써 주목받고 있는 것이다. 또한, 제4차 산업혁명의 저자 클라우스 슈밥의 경우에는 2025년이 되면 비트코인으로 세금을 징수하는 국가들도 등장할 것이라며 비트코인의 상용화 가능성에 무게를 두고 있다. 지금까지는 금융거래에 대한 원장을 금융기관이 서버에 보관하고 그 원장에 의해 금융거래가 이루어지는 것이 현재의 화폐와 금융거래 시스템이다. 그런데 비트코인은 원장이나 금융기관이 필요 없게 되는 기술의 혁신에서 탄생한 전자화폐이다. 클라우드 컴퓨팅에 기반한 블록체인이라는 기술의 활용인데, 블록체인은 정보 분산을 통한 공공거래장부를 만드는 기술에 해당한다. 모든 비트코인 사용자는 P2P(peer to peer)라는, 쉽게 말하자면 서로 알지도, 믿지도 못하는 개인과 개인 휴대전화나 인터넷만으로 거래하고 비즈니스를 수행할 수 있는 플랫폼을 활용한다는 것이 특징이다. 이런 관점에서 암호화기술을 사용한 비트코인 같은 전자화폐가

P2P(peer to peer) 종류의 네트워크거래에서 안전한 거래를 보장할 수 있다. 블랙체인기술을 바탕으로 하는 암호화화폐의 특징은 중앙집중형이 아닌 분산형이라는 것이 요점이고, 기존 금융거래는 금융회사의 서버에 거래기록을 보관하지만 블록체인은 암호화화폐를 사용하는 모든 사람의 컴퓨터에 공동으로 저장된다는 것이 다르다. 10분 주기로 거래된 모든 내용이 검증돼 블록으로 저장되는데, 이 블록이 이전의 블록 뒤에 자전거 체인처럼 붙는다 해서 블록체인이라 한다. 블록체인은 몇몇 사람이 장부를 조작하려 해도 과반수가 인정한 거래내역만이 장부에 기록되는 블록이 형성되기 때문에 해킹하기 어렵다는 장점도 가진다. 따라서 중개기관은 사라지고, 익명의 모든 거래가 가능할 뿐만 아니라 모든 거래장부가 안전하게 보관될 수 있는 새로운 기술에 기반한 화폐인 것이다. 이와 같은 블록체인 기술은 금융뿐만 아니라 정치, 교육, 의료, 복지, 에너지 등 사회 전반에 걸친 변화의 원동력이 될 것으로 평가되고 있다. 과거 30년이 인터넷의 역사였다면 앞으로 다가올 30년은 블록체인의 시대가 될 것이라는 주장까지 제기된다.

투기장으로 변한 비트코인을 비롯한 가상화폐 시장에 정부가 강력한 규제를 단행했다. 하지만 강력하게 규제하자니 미래의 기술발전을 차단할까 봐 우려스럽고, 그냥 두자니 튤립처럼 언젠가 폭락해 사회문제가 우려스러운 딜레마에 빠진 셈이다. 비트코인에 대한 광풍은 도박심리, 사행심리, 불안심리로 해석될 수 있고, 복권이나 인형뽑기보다 훨씬 중독성이 높다는 것도 문제인 셈이다. 정부에서는 거래소 폐지 가능성을 언급하면서 금융기관의 가상투자 금지, 외국인과 미성년자의 거래 금지, 그리고 거래소가 투자자에 대한 보호장치를 마련해야 한다는 내용들을 법제화하고 있다. 또한 가상통화거래에 대한 과세, 가상통화와 관련된 범죄에 대한 단속과 처벌까지 가상화폐에 대한 규제를 강화하고 있다.

G20회의에서 독일, 프랑스, 이탈리아는 비트코인에 대한 세계공동 규제에 나서고 있다. 중국의 경우에는 가상화폐에 대해 가장 강력한 규제를 실행하고 있는데, 가상화폐거래소를 폐쇄시켰으며, 가상화폐를 통한 자금모집을 전면금지하였고, 비트코인 채굴업체의 전기공급을 차단하는 등 강력한 규제수단을 동원하고 있다. 비트코인은 전 세계 총 33개 거래소에서 2019년 8월 기준으로 약 1,450만원~1,360만원대에서 거래되고 있다. 하지만 비트코인과 같은 가상화폐들이 암호화화폐로 인증받기 위해 가야 할 길은 멀고 험난하다. 아직 화폐로서의 지위와 기

능을 공인받지 못했을 뿐만 아니라 기존화폐제도의 벽을 뛰어넘는 일은 쉽지 않기 때문이다. 미국의 경우에는 조심스럽게 접근하고 있다. 가상화폐를 화폐나 지급수단이 아닌 금융상품으로 규정하면서 거래에는 양도소득세를 부과한다. 미국은 비트코인을 제도권 금융 안으로 들여 놓은 셈이다. IT강국인 에스토니아에서는 2017년 8월 암호화화폐인 에스트코인(Estcoin)을 발행했고 ICO(가상화폐공개)를 진행하고 있다. 이에 대해 유럽중앙은행(ECB) 드라기 총재는 유로화를 사용하는 어떤 회원국도 자국 통화를 도입할 수 없다고 경고했다. 에스토니아는 에스트코인은 유로를 위협하는 통화가 아닌 에스토니아의 전자주민증을 보유한 자들에게 편의를 제공하는 암호화화폐라는 점을 강조한다. 현재 암호화화폐에 대한 '평가는 난해하고 우아한 사기에 불과하다'는 주장과 '기존의 화폐를 대체하는 효율적이고 안전한 미래의 화폐'다라는 주장이 맞서고 있다.

## 8 돈과 윤리

돈은 잘 사용하면 천사의 미소이고 잘못 사용하면 악마의 발톱이 된다. 돈은 우리에게 자유를 선물하기도 하지만 우리를 구속하고 유혹하는 미끼가 될 수 있기 때문이다. 돈에 잘못 중독되면 우리는 마약과 같이 돈에 의해 끌려다니는 노예로 전락할 수 있다. 돈은 사람들의 욕구를 실현시키는 해방구이고, 개인이나 조직을 통제하는 고삐이자 조종간에 해당한다. 돈은 인간에게 원하는 것이면 무엇이든 쉽게 획득할 수 있는 마력을 지니고 있다. 모든 의식주와 관련된 재화들이며 권력, 명예 그리고 사랑까지도 돈으로 실현할 수 있다는 믿음을 갖게 한다. 돈은 보상이기 때문에 무엇이든 쉽게 얻을 수 있다. 불법이긴 하지만 인간의 신체의 일부까지도 돈으로 살 수 있다. 인간의 생명까지도 돈으로 해결할 수 있는 여지를 갖고 있는 것이다.

돈은 인간에게 가장 심각한 고통과 최고의 행복이라는 모순을 불러일으킴과 동시에 인간으로 하여금 경멸적인 무관심과 복종적 헌신 사이의 여러 단계의 감정을 환기시킨다. 인간은 돈을 갈망하는 열렬한 욕망을 지님과 동시에 돈의 본질적인 공허함과 수단적인 성격 때문에, 목적과 수단의 전도 현상이라는 불합리성을 목도하게 된다. 베이컨의 지적처럼 돈은 최선의 종이면서 최악의 주인이기도 하다.

- 우찬제, 『욕망의 시학』 중에서 -

돈은 봉급이나 벌금 그리고 상금의 모습으로 인간과 조직을 통제하고 있다. 돈은 인간을 악의 소굴로 유인하기도 한다. 돈을 위해서 자존심과 명예와 인간으로서의 기본적인 윤리까지도 팔아넘길 수 있다. 몇 푼의 돈 때문에 살인을 하고, 부정을 저지르며, 사랑하는 사람들을 배신하기도 한다. 그야말로 돈은 위대한 힘이면서 엄청난 가능성인가 하면, 돈은 철저한 파괴자이면서 탐욕에 대한 저주이기도 하다. 돈은 야누스와 같은 두 개의 얼굴을 가지고 있으면서 지킬 박사와 하이드 같은 두 개의 마음을 가지고 있다.

근대사회에서는 확신도 없이 돈을 많이 가지고 있는 사내는 절조가 없이 가난한 여자보다도 더 위험하다.

- 쇼, 『유쾌극과 불유쾌극』 서문에서 -

돈은 인간의 욕구를 해결하는 마법의 상자이며, 인간의 욕구를 분출시키는 욕망의 화신이다. 돈이 지니는 유동성은 무엇이든지 가능케 하는 마력을 지닌다. 돈이 있으면 인간이 바라는 어떤 욕망일지라도 충족시킬 가능성이 있다. 돈은 곧 보상이므로 사람들의 목숨을 걸게 하기도 하고, 열심히 일하게 하기도 하며, 다른 사람을 해치게 하기도 하고, 부정과 부패를 자행하는 수단이 되기도 한다.

당신은 언제나 나를 움켜 쥐고는 나를 당신의 것이라고 말합니다. 그러나 따지고 보면, 당신이 나의 것이지요. 나는 아주 쉽게 당신을 지배할 수 있어요. 우선 당신은 나를 얻기 위해서라면 죽는 것 말고는 무엇이든지 하려고 합니다. … 그렇지만 나는 거룩한 일을 하는 사람들이나, 가난하고 굶주린 이들을 돕는 선한 사람들, 환자들의 고통을 줄이려는 이들과도 만납니다. 나의 힘은 사실 무한하답니다. 부디 나의 노예가 되지 않도록, 조심스럽고 현명하게 나를 다루십시오.

- 이의용, 『돈이 보낸 편지』 중에서 -

돈은 믿음을 생명으로 하고, 그 가치를 얼굴로 삼으며, 그 기능과 역할에 의해 개인과 사회가 건강성을 유지할 수 있다. 돈은 인간을 유익하게 하고 경제·사회를 활기차게 만든다. 돈의 배분은 혈액처럼 적재적소에 공급될 수 있는 유동성과 효율성에 근거해야 하고, 돈을 사용하는 목적과 수단은 모든 사람을 이롭게 하는 윤리적 정당성을 충족해야 한다.

## 추천 도서


- 김학은, 『**돈의 역사**』, 학민사, 1994.
- 니콜라스 로렌스 웬커, 서문식 역, 『**비트코인 대소동**』, 피앤씨미디어, 2018.
- 맥스 샤피로, 박정삼 역, 『**인플레로 돈버는 사람들**』, 한울, 2015.
- 밀튼 프리드먼, 김병주 역, **돈의 이야기**』, 고려원, 1992.
- 백용호, 『**돈의 경제학**』, 비봉출판사, 1997.
- 빌보너/애디슨 위긴, 이수정 역, 『**세계사를 바꿀 달러의 위기**』, 돈키호테, 2006.
- 쑹훙빙, 홍순도 역, 『**화폐전쟁1.2.3.4**』, 랜덤하우스, 2012
- 에리히 프롬, 김석희 역, 『**자유로부터의 도피**』, 휴머니스트, 2012.
- 이의용, 『**돈이 보낸 편지**』, 대림기획, 1991.

제 4 부

# 경제와 사회

주제 12

# 변화와 경제



## 1 변화의 역사

우주의 탄생은 137억 년 전이며, 지구의 탄생은 46억 년 전으로 추정된다. 우주의 역사를 1년으로 환산하는 경우, 은하계는 5월 1일에 탄생하였고, 지구는 9월 1일에 태어났으며, 공룡은 12월 25일에 부화한 셈이다. 인간의 경우에는 12월 31일 밤 11시 55초에 농사짓는 법을 터득하였고, 12월 31일 밤 11시 59분 58초에 로마제국은 멸망하였으며, 12월 31일 밤 11시 59분 59초에는 문예부흥이라는 전환점을 돌아서게 된다. 우주와 지구가 형성된 기나긴 여정에 비하면 인류의 역사는 촌각에 불과하다. 하지만 짧은 시간 속에서 인간의 역사는 엄청난 변혁을 거듭해 왔다. 인간은 문명과 문화란 측면에서 대단한 혁신과 발전을 이룩한 것이다. 인간의 문명과 문화라는 것은 인류사회의 총체적 생활방식, 생존과 욕구의 충족양식을 말하는데 그것은 인류가 생존해 온 사회 속에서 면면히 전승돼 오면서 우선적으로 중요성을 부여한 가치기준, 제도, 사고방식을 담고 있다. 문화의 동질성이란 혈연, 언어, 종교, 생활방식을 공유하는 것을 말하며 문명은 언어, 역사, 종교, 관습, 제도 같은 공통된 객관적 요소와 사람들의 주관적 귀속감 모두를 포함하는 개념이다.

역사에서 숫자는 그리 중요하지 않다. 역사를 만들어가는 사람들은 뒤를 돌아보는 대중이 아니라, 앞을 내다보는 소수의 혁신가들이다. 1만 년 전에는 대부분의 사람들이 수렵채집인이고, 중동에 사는 소수의 개척자들만 농부였다. 그런데도 미래는 농부들의 것이었다. 1850년에는 세계 인구의 90% 이상이 농부였고, 갠지스 강, 나일 강, 양쯔강을 따라 형성된 작은 시골마을들에서 증기기관, 철도, 전신에 대해 아는 사람은 아무도 없었다. 하지만 맨체스터와 버밍엄에서 소수의 공학자, 정치인, 금융가들이 산업혁명을 진두지휘할 때 이 농부들의 운명은 이미 결정되어 있었다. 증기기관, 철도, 전신은 식품, 섬유, 자동차, 무기의 생산에 일대 변혁을 가져왔고, 그 결과 산업강국들은 전통적인 농업사회들에 결정적 우위를 점했다.

- 유발 하라리, 『호모데우스』(*Homo Deus*) 중에서 -

인간은 몇 초 동안에 걸쳐 별빛만큼이나 빠른 새로운 변화들을 만들어내고, 모래알만큼이나 많은 것들을 지워버렸다. 인간의 역사는 창조와 파괴의 역사이며 변화와 혁명의 역사이다. 약 7만 년에 걸친 인류의 역사를 되짚어 볼 때 인지혁명(7만년 전), 농업혁명(1만 2천년 전), 과학혁명(500년 전)을 통해 지구에서 가장 번성한 종으로 진화할 수 있었다. 그런데 이제 우리는 인류의 긴 역사와 맞먹는 혁명적 변화가 매년 일어나는 시대에 살고 있다. 지식과 통신혁명의 시대, 제4차 산업혁명의 시대인 것이다. 음식채집자이던 인류가 정보채집자가 되었다. 호모 사피엔스가 처음 집어든 짱돌이 10만 년에 걸쳐 정보를 창조하고 정보를 검색하며 정보를 처리하고 정보를 저장하는 인공지능으로 변신한 것이다.

레이 커즈와일은 그의 저서 『특이점이 온다』에서 2045년이면 인공지능이 우리 인간의 모든 지능을 합친 것보다 강력할 것으로 예측하면서 우려를 나타내고 있다. 만약 인공지능이 만들어낸 연구결과를 인간이 이해하지 못할 상황이 된다면 이것은 바로 인간이 인공지능을 통제할 수 없는 지점에 이를 것인데, 이것을 특이점이라 한다. 특이점이라는 용어는 본래는 천체물리학에서 블랙홀을 설명하는 개념이다. 이런 개념을 산업혁명에 대입하여 자신의 저서를 통해 일반인들에게 널리 알린 인물이 바로 알파고를 개발한 구글의 기술부문 이사인 레이 커즈와일이다. 여기다가 최근 내셔널지오그래픽에서는 이어 밀리언(year million)이라는 시리즈 방송에서 "AI가 인류를 지배하는 시대가 온다"는 주제를 다룬 바 있다. 이 프로그램에서 인간이 인공지능의 능력에 위협을 느끼게 되는 경우, 인간은 인간화된 컴퓨터를 따라잡기 위해 스스로 자신의 뇌를 컴퓨터로 대체하는 선택을 할지도 모른다고 추정하고 있다.[1]

이미 인공지능은 인간을 닮아 있으며 곧 인간의 수준과 같아질 것이고 머지않아 인간을 능가할 것이라는 기대와 불안이 함께하고 있다. 또한 인공지능이 대부분의 인지과제에서 인간을 능가한다면 인간은 노동의 종말을 맞이하게 될 것이다. 인간은 더 이상 경제적으로 쓸모있는 자원에서 쓸모없는 자원으로 추락할 것이다. 쓸모없고 할 일이 없으며, 소득도 없는 그런 새 계급이 탄생하는 것이다. 또한 나노기술이나 재생의학으로 노인들은 갑자기 젊어질 수 있을 것이다. 생명공학으로 맞춤아기가 탄생하고 빈부격차가 유례 없이 벌어진다면 우리 사회에는 어떤 일들이 벌어질 것인가? 이런 일들은 사람들의 정치적 연대, 대인관계, 가족, 연금, 의료, 교육 등에도 많은 변화를 몰고 올 것이다.

유발 하라리는 그의 저서 『사피엔스』와 『호모데우스』에서 지난 10만 년의 인류의 역사를 기아, 역병, 그리고 전쟁을 견뎌내고 살아남아 지구상에 번성한 종족이라는 점에 초점을 맞춘다. 그리고 앞으로 전개될 인공지능과 함께 전개될 인류의 역사에 대해서는 인간의 자유의지(인본주의)가 아닌 불멸, 행복, 그리고 신적 영역에 도전하는 역사에 주목하고 있다. 미래의 인류역사에서는 영혼, 자유의지, 자아존재라는 것들은 유전자라든지 호르몬 그리고 뉴런 같은 과학적 개념으로 대체되는, 다시 말하면 비의식적 알고리즘에 의해 새로운 생명이 탄생하고 인간을 지배하는 인간의 정체성까지도 파괴되는 지점에 천착한다. 신이 아닌 생명공학, 인조인간, 비유기체적 합성에 의해 새로운 생명체가 창조될 수 있는 상황이다. 얼마 전 사우디아라비아에서는 소피아라는 로봇에게 시민권을 부여했고, 유럽연합에서는 로봇에 대한 민사규율 결의안을 채택한 바 있다. 인간과 인공지능이 공존하는 세계에서 인공지능에 대한 권리능력, 행위능력, 책임능력도 문제가 되고 있다. 유럽의회는 소위 로봇민사규율 결의안을 통해 인공지능의 법적 책임에 관련한 규칙과 로봇과 인공지능 개발·프로그래밍·이용 등에 필요한 윤리규칙을 마련

1 이미 이세돌과 알파고의 대결에서 인공지능(AI)이 인간을 능가할 수 있는 가능성을 보여주었다. 바둑은 경우의 수가 우주의 원자 수보다 많고 인간에 의해 5,000년 이상 터득해 온 바둑판의 진리라 할 수 있다.

할 것을 권고한다.

법적인 측면에서 인간은 권리와 의무의 주체인데 지금까지는 권리·의무의 주체로서 자연인과 법인만이 존재했다. 그러나 이제 로봇도 권리·의무의 주체, 즉 법적 인격체가 될 수 있다는 것이다. 법인처럼 정관에 따라 법적 인격을 부여하는 전자인(electronic persons)이 등장하는 것이다. 인간과 함께 상생하고, 경쟁하며, 협력하는 새로운 세계가 열릴 것이다. 전자인이란 로봇에게 권리능력, 행위능력, 책임능력을 부여하는 법적 개념인 셈이다. 이렇게 되면 로봇은 물건이 아닌 법적인 인격체가 되는 것이고 등기나 등록제도 등을 통해 하나의 고유한 법적 존재로서 권위와 책임을 부여받게 된다.

2017년 1월 미국 캘리포니아주 아실로마에서 스티븐 호킹, 레이 커즈와일, 엘론 머스크를 비롯한 2,000여 명의 인공지능 관련 산·학·연 연구자들이 인공지능의 국제규범에 서명한 바 있다. 소위 아실로마 인공지능 23개 원칙이라는 것인데 주요 내용으로는 ① 인공지능의 연구목적은 유익한 지능을 창출하는 것이어야 하고, ② 인공지능은 인간의 존엄성, 권리, 자유 및 문화의 다양성과 양립할 수 있도록 설계되고 운영되어야 하며, ③ 인간은 의사결정을 인공지능에 의존하느냐 아니면 자유의지에 의해 결정하느냐를 선택할 권리가 보장되어야 하고, ④ 치명적인 무기나 군비경쟁을 방지해야 하며, ⑤ 엄격한 안전과 통제조치가 마련되어야 하고, ⑥ 한 국가나 조직보다는 모든 인류의 이익을 위해 개발되어야 한다는 내용을 담고 있다. 또한 구글의 딥마인드와 같은 민간기업 차원에서도 인공지능 연구 5대 핵심원칙을 제시한 바 있다. ① 글로벌 사회와 환경에 도움이 되는 방식으로 기술개발이 이루어져야 한다. ② 엄격하고 철저한 증거에 기반을 두고 연구한다. ③ 자금조달방식을 비롯해 모든 연구과정이 투명하고 개방적이어야 한다. ④ 다양한 목소리를 담고 학구적이어야 한다. ⑤ 포괄적으로 협업해야 한다는 내용으로 되어 있다.

인간의 모든 것을 대체하는 인공지능 로봇의 등장으로 노동의 종말에 대한 우려도 제기되고 있다. 노동이 없는 곳에는 소득이 없고 그리고 소비능력이나 납세능력도 불가하다. 이렇게 되는 경우 대부분의 중산층은 무너지고 자본주의 시스템은 붕괴될 가능성이 높아질 것이다. 또한 4차 산업혁명은 소프트웨어, 네트워크, 정보서비스에 의해 수확체증의 법칙이 작동하는 네트워크 외부성도 나타날 것이다. 또한 네트워크와 플랫폼에 의해 많은 가치가 창출될 것인데 소수의 사람들에게 혜택과 가치가 집중되는 플랫폼 효과(platform effect)로 극단적 양극화에 대한 우려도 깊어질 것이다. 따라서 모든 소비자들에게 기본소득을 보장해 주는 시스템을 만들어야 하고 그 재원을 만들기 위해 로봇에게 세금을 부과하는 로봇세제도가 검토되고 있다. 또한 공적인 봉사활동조차 노동으로 인정하는 새로운 보상체제의 도입에 대해서도 고민해야 한다.

## 2 변화의 속도

우리는 인류역사에서 가장 변화가 빠른 시대에 살고 있고 이 변화의 속도는 앞으로 더욱 빨라질 것이다. 소위 정보·통신혁명은 우리를 5초 시대로 몰아가고 있다. 5초 시대란 초스피드, 초정밀성, 초복잡성, 초네트워킹, 초지능성을 줄인 것인데 변화의 초고속, 나노기술과 같은 초정밀성, 융합으로 가는 초복잡성, 인간과 인간뿐만 아니라 인간과 사물, 사물과 사물, 그리고 현실과 가상세계까지 연결되는 초네트워킹, 모든 것들이 빅데이터와 인공지능에 의해 분석·예측되는 초지능성을 말한다.

무어의 법칙은 컴퓨터의 성능이 2년마다 2배로 증가하는 현상을 말하는데 100만원짜리 컴퓨터가 2030년에는 사람의 두뇌 수준, 2060년경에는 모든 인류의 두뇌를 합한 성능(매트릭스, 마이너리티 리포트)에 버금가는 인공지능이 탄생할 것으로 예측된다. 이런 엄청난 변화의 속도는 우리 사회의 모든 면에서 범위와 깊이를 가늠하기 어려울 정도로 충격을 가할 것이다. 아마도 국가, 기업, 산업사회 전체의 모든 시스템에 패러다임의 전환을 압박할 것이다.

농업혁명은 수천 년에 걸쳐서 농업사회라는 하나의 생산양식을 만들어냈다. 산업혁명은 300년이라는 단축된 기간에 산업사회이라는 공업화된 대량생산체제를 구축하였고, 앞으로 수십 년 안에는 지식과 정보를 중심으로 하는 새로운 생산체제가 완성될 것이다. 이 같은 변화의 단계는 생산과 소비뿐만 아니라 사회를 구성하는 모든 영역에 급격한 변화를 초래한다. 농업사회에서는 노인들이 젊은이들보다 더욱 유용하고 풍부한 지식과 지혜를 보유한 것으로 평가된다. 왜냐하면 지식이나 기술의 수명이 100~200년이었기 때문이다. 변화의 속도가 느린 시대에는 한번 배운 지식은 평생 활용할 수 있을 뿐만 아니라 거기에 연륜이라는 지혜까지 덧붙여질 수 있었기 때문에 젊은이들의 힘보다는 노인들의 지혜가 문제해결능력으로 발휘된다. 산업사회에서는 40~50대의 중장년층이 노인들보다 유용하고 풍부한 지식과 정보를 보유하게 된다. 왜냐하면 지식이나 기술의 수명이 30~40년으로 단축되었기 때문이다. 변화의 속도가 빨라져 새로운 생산은 새로운 지식과 기술을 요하게 되고, 30~40년 전에 터득한 지식과 기술로써는 현실적으로 대두되는 문제들을 해결할 수 없는 것이기 때문이다. 앞으로 닥쳐오는 정보화사회에서는 20~30대의 청년층이 40~50대의 중장년층보다 더욱 유용하고 풍부한 지식과 기술을 보유하게 된다. 지식과 기술의 수명이 5~3년으로 더욱 짧아졌기 때문이다. 새롭게 터득하는 지식과 기술에 대한 유연성만이 현실의 문제들을 해결할 수 있는 능력을 담보할 것이다. 변화의 속도가 빨라질수록 노인보다는 젊은이들이 중요해지고, 역사학보다는 미래학이 미래에 대한 비전과 방향을 제시할 수 있다. 변화의 속도가 완만한 시대에는 현실의 문제들을 해결하고 미래에 대한 방향을 설정하는 데 역사학이야말로 유용한 참고서였다. 하지만 변화의 속도가 급격한 시대에는 역사학을 가지고는 현실을 이해할 수도 없거니와 미래에 대한 방향을 예측할 수 없다. 역사학은 과거의 데이터에 바탕하고 미래학은 미래에 대한 예측을 근거로 삼기 때문이다.

변화가 빠른 시대에는 무엇보다도 시간의 가치가 중시된다. 짧은 시간이라 할지라도 엄청난 변화가 발생할 수 있다. 예를 들어 어떤 사람이 졸면서 3분 동안 산책길을 걷고 있다 하자. 재수가 없으면 물웅덩이에 빠지거나 나무에 부딪치는 정도에 그칠 것이다. 시속 100km로 질주하는 자가용 운전자가 30분 동안 졸았다 하자. 아마도 대형사고를 모면하기 어려웠으리라. 이번에는 마하의 속도로 비행하는 제트기의 조종사가 30분 동안 졸았다 하자. 그 비행기는 아마도 추락하여 산산조각이 나고 말았거나 지구를 떠났을 것이다. 30분이라는 동일한 시간에 대한 어떤 행위의 결과가 변화의 속도에 따라 달라진다는 것을 알 수 있다. 변화의 속도가 빨라질수록 동일한 시간대에 일어나는 사건의 결과는 더욱 파격적이다. 따라서 변화가 느린 시대의 시간의 가치와 변화가 빠른 시대의 시간의 가치는 달라지는 것이다. 또한 시간의 가치가 높아질수록 시간의 단위가 정밀해지고, 시간의 단위가 표준화되는 경향도 나타나게 된다.

변화가 느린 농경사회에서는 영겁, 24절기, 한참 등의 단위의 간격이 크고, 정밀하지 못한 시간의 개념들을 사용하였고, 변화가 빠른 산업시대에는 시, 분, 초 등의 정밀한 시간의 개념들을 사용하게 된다. 또한 변화의 속도가 더욱 가속화돼가고 있는 정보화사회에서는 나노초(10억분의 1초), 피코초(1조분의 1초) 등의 초정밀한 시간의 개념들이 사용될 것이다.

어떤 미래학자는 교통과 통신이 전무한 이집트인과 같은 시대의 시간의 가치를 현대의 1년과 견주어 평가해 보니 현재의 1년은 이집트인들에게는 4,000년의 가치가 있었다 한다. 생각해 보라! 이집트인들이 4,000년에 걸쳐 이룰 수 있는 변화들을 현대인들은 1년 안에 해치울 수 있다는 것을 의미한다. 이처럼 변화가 빠른 현대사회에서는 시간의 개념이 중요하다. 따라서 모든 생산과 소비에 시간의 가치가 반영되고 시간에 대한 생산성이 중시된다. 예를 들면 음식그릇, 젓가락, 기저귀, 팬티에 이르기까지 1회용 상품들이 범람하고, 인스턴트 라면, 인스턴트 음식들이 소비자들을 유혹하는 현상들도 시간의 가치나 시테크의 개념이 반영된 결과이다. 또한 어떻게 하면 시간을 효율적으로 사용할 수 있는가를 고민하고 연구하게 된다. 변화가 빨라질수록 시태크의 중요성이 부각되는 셈이다.

미래학자 버크민스터 풀러는 지식두배증가곡선(knowledge doubling curve)을 도출했는데 인류의 지식 총량은 100년마다 2배씩 증가해 왔다. 1900년대부터는 인류의 지식 총량이 2배되는데 25년이 소요되었고 현재는 13개월 소요되고 있으며, 2030년에는 지식 총량은 3일마다 2배씩 증가하는 지식빅뱅의 시대를 예고한다. 지식 총량이 2배로 증가하는 기간이 짧아진다는 것은 그만큼 지식변화의 속도가 빨라지는 것을 의미한다. 경제적 측면에서도 부의 증가 속도와 지식 총량의 증가 속도는 정(+)의 상관관계를 보이고 있다. 1900년대부터 세계의 평균 1인당 GDP 수준이 국가별, 지역별 차이가 있긴 하지만 1900년대 이후 급속한 증가세를 보이고 있다.

## 3 제4차 산업혁명

세계경제포럼 회장을 맡고 있는 클라우스 슈밥은 제4차 산업혁명이란 자신의 저서에서 이제 세계는 4차 산업혁명의 시대에 진입했다고 선언했다. 제4차 산업혁명은 2017년 1월 스위스의 다보스포럼(세계경제포럼)에서 핵심 어젠다로 다루어지면서 세계적 관심과 논제로 부상하고 있다. 제조업의 상징인 GE가 2020년까지 소프트웨어 기업이 되겠다고 선언하고, 소프트웨어 기업인 애플과 구글은 자동차를 생산하는 기업으로 변신하고 있다. 이것은 컴퓨터파워 중심에서 소프트파워 중심의 시대로의 전환을 의미한다.

> **지금까지 인류가 겪어온 1, 2, 3차 산업혁명은 원료를 투입해서 제품을 만드는 하드웨어 혁명이었다. 4차 산업혁명은 그 성격이 완전히 다르다. 4차 산업혁명은 상상력과 데이터를 투입해 거대한 혁신을 일으키는 소프트웨어 혁명이다.**
>
> **- KBS 명견만리제작팀의 명견만리(정치, 생애, 직업, 탐구 편) 중에서 -**

제4차 산업혁명은 빅테이터, IOT(사물인터넷), AI(인공지능)와 같은 소프트웨어와 결합한 하드웨어가 생산혁명을 이끌게 된다. 1차 산업혁명이 철도와 증기기관에 의해 인간의 노동력을 대체한 사건이라면, 2차 산업혁명은 전기엔진과 컨베이어 벨트에 의해 대량생산체제를 구축한 사건이고, 3차 산업혁명은 컴퓨터에 의한 자동화 생산체제를 구축한 사건이다. 3차 산업혁명을 이끈 핵심 기술은 반도체, 메인프레임 컴퓨팅, PC, 인터넷 등에서 비롯됐다. 그런데 4차 산업혁명은 디지털 혁명을 기반으로 한 유비쿼터스 모바일 인터넷, 더 저렴하고 강력해진 센서, 인공지능과 기계학습능력이 주도하는 기술혁명이라 할 수 있다. 4차 산업혁명을 이끌어갈 메가트렌드로는 무인운송수단, 3D프린팅, 첨단 로봇공학, 신소재를 바탕으로 한 물리학, 새로운 플랫폼을 만들어낸 디지털, 유전자 활성화와 편집이 가능한 생물학 등을 언급할 수 있다.

"모든 것이 연결되고 보다 지능적인 사회로의 진화"

- 다보스 포럼, 2016 -

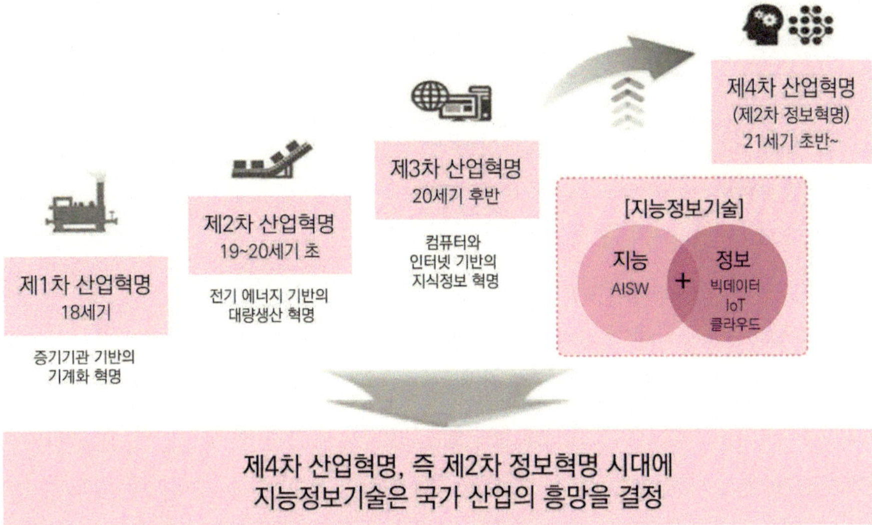


자료: ZDVet KOREA(2016.7.13), "4차 산업혁명"

4차 산업혁명에서 빼놓을 수 없는 또 하나의 키워드가 빅데이터이다. 디지털 발자국(digital foot print)인 우리의 모든 언행이 CCTV, 인터넷 글, 모바일에 남겨져 데이터로 활용되고 있다. 개인의 행동, 말뿐만 아니라 모든 경제활동까지 기록으로 남아 분석되고 활용된다. 우리의 모든 일상적인 행위들까지 데이터로 생성되는 것인데 현재 전 세계의 데이터 90% 정도가 지난 2년 이내에 만들어진 것이며 2020년에는 현재의 10배 이상 증가할 것으로 예상되는 상황에 있다. 데이터 빅뱅의 시대이고 데이터가 원유처럼 사용되는 시대인 것이다. 이런 엄청난 변화는 30년 만의 변화이다. 1980년 초 IBM PC가 출현하고 1995년 인터넷이 등장했으며 2007년 애플의 스마트폰이 출현했다. 그리고 유비쿼터스 모바일 인터넷, 저렴하고 강력해진 센서, 인공지능과 기계학습능력이 모바일 혁명과 소셜미디어 혁명을 통해 우리 사회를 초연결사회(super-connected society)로 이끌고 있는 것이다. 1970년 자료송신비용은 1조 비트에 15만 달러에서 1999년 0.12달러로 낮아졌으며 태블릿과 같은 간단한 기기의 능력은 30년 전 데스톱 5,000개의 처리능력이지만 저장비용은 거의 제로 수준이다. 1기가 바이트를 저장하는 비용은 20년 전 1만달러를 상회했는데 현재는 연평균 0.03달러에도 미치지 않는다. 데이터를 활용하고 인터넷, 스마트폰, 수많은 앱을 통해 편리하고 생산적인 생활이 가능해졌다. 기업의 효율성을 1%만 증가시켜도 전 세계 GDP가 약 15조원 증가한다는 계산이다.

이미 우리는 고도로 정보화된 사회에서 인터넷, 스마트폰, 수많은 앱을 통해 정보를 생산하고 공유하며 빅데이터(big dada)의 홍수 속에서 살아가고 있다. 모바일 혁명과 소셜미디어가 초연결사회를 출현시킨 것이다. 사람과 사람뿐만이 아니라 사람과 사물, 사물과 사물까지도 서로 네트워크가 설정돼 있고 서로 정보를 주고받는, 특히 모든 사물이 무선인터넷으로 연결돼 사용자의 편의를 돕는 사물인터넷은 우리의 모든 생활영역을 침범하고 있다. TV, 세탁기와 같은 가전제품, 자동차, 기차, 항공기와 같은 대중교통수단, 그리고 개인의 통신장비에 이르기까지 인터넷망에 편입되지 않는 기기가 없을 정도다. 현재 전 세계 15억 개 정도인 IoT 기기가 2020년에는 최소 200억 개에서 최대 500억 개까지 30배 이상 폭증할 것으로 보인다.

과거보다 정보가 더 많이 생성되는 이유로는 많은 사람들이 카메라든지, GPS를 이용하고, 또한 각종 센서가 부착된 스마트기기를 사용하여 다양한 정보를 생산할 뿐만 아니라 블로그라든지 소셜 네트워크를 활용하여 생산된 정보를 실시간으로 공유할 수 있기 때문이다. 빅데이터란 단순하게 많은 양의 데이터라는 개념보다는 기존에 주로 사용되던 문서화된 데이터와는 다른, 즉 동영상, 음성, 사진, 위치정보 등의 다른 형태의 정보를 의미한다. 블로그, 트위터, UCC 등과 같이 개인이 능동적으로 정보를 생산하고 동시에 소비하는 정보 프로슈머들이 초연결사회의 주역인 셈이다. 우리는 특정된 사람들에게 제공되던 제한된 정보를 이용하던 시대를 웹 1.0시대, 블로그·트위터·UCC처럼 어느 특정 개인만이 아닌 모든 사람들이 지식과 정보를 생산·공유·활용하는 시대를 웹 2.0시대, 정보를 공유하던 수단이 개인용 컴퓨터뿐만 아니라 스마트폰, 태블릿 PC 등 각종 모바일 기기로 확산되는 것은 물론 자동차 내비게이션이나 스마트 TV 등의 매체를 통해서도 인터넷 이용이 가능해지고 참여와 공유뿐만 아니라 개인에게 맞는 맞춤형 정보를 제공할 수 있는 시대를 웹 3.0시대라 하고 있다. 지금은 웹 2.0시대에서 웹 3.0시대로 넘어가는 전환기라 할 수 있다.

그런데 가전제품이나 대중교통수단들도 인터넷으로 통제되고 개인의 모든 것들이 디지털 발자국으로 남는 웹 3.0시대로 전환되면서 사이버보안 문제나 개인의 사생활침범의 문제들이 대두되고 있다.

사이버보안 문제는 이미 2017년 10월 21일 미국 동부지역의 인테넷망 마비사건에서 볼 수 있듯이 기존의 컴퓨터로 향하는 사이버공격에만 집중했던 사이버보안 문제가 이제 생활에 필요한 모든 기기들이 서로 연결된 웹 3.0시대에는 해커들의 침입통로가 거미줄처럼 얽혀진 상황이어서 사이버보안에 대한 위험성을 더욱 높이게 된다. 또한 인터넷으로 연결된 편리한 가전제품들이 순식간에 무시무시한 사이버 공격무기로 전환될 가능성 또한 배제하기 어렵다. 거기다가 개인의 사생활이 인터넷에 의해 무제한 침범당할 수 있는 위험에 노출될 수 있어 빅데이터나 사물인터넷의 활용은 생활의 유연성이나 편리성을 증대시키는 반면, 사이버보안이나 개인의 사생활침해와 같은 치명적인 위험도 안고 있는 것이다.

디지털시대의 많은 기업이 저장, 운송, 복제에 드는 비용이 거의 없는 한계비용 제로인 정보재(information goods)를 제공하고, 기술정보를 개방하고 공유하는 공동창조경제로 나아가고 있다. Big Data나 IoT를 활용해 집단적 지혜, 즉 크라우드소스(crowd-sourced)를 집대성하는 것이다. 개방과 공유의 플랫폼은 한 명의 뛰어난 천재가 이끄는 시대에서 공동창조의 시대를 열어가고 있다. 다수가 함께 창조한 결과물이 더 높은 가치를 인정받는 시대가 도래한 것이다. 세계적인 전기차 업체 미국의 테슬라 모터스는 자사가 보유한 전기차 특허기술 1,400여 개를 무료로 공개했고 일본의 토요타 또한 수소차 특허 5,680여 개를 공개한 바 있다. 실리콘밸리의 개방과 공유나 세계적인 기업들의 특허기술에 대한 개방과 공유를 바탕으로 하는 혁신의 문화는 제4차 산업혁명시대의 새로운 플랫폼이다.

플랫폼은 오늘날 단순한 대인간의 만남의 공간 그 이상의 의미다. 플랫폼 위에서 서비스와 서비스가 만나고 기술과 기술이 만나는 등 무궁무진한 새로운 가치로 확장되고 확산된다. 더 이상 제품으로 경쟁하는 시대는 끝났다. 가시적인 실체도, 손에 잡히는 그 무엇도 없는 플랫폼이 세상을 바꾸고 있다. 플랫폼 혁명은 하드웨어적 사고가 아닌 소프트웨어적 사고다. … 실리콘밸리는 개방과 공유의 플랫폼 정신으로 혁신을 이루었고, 결국 폐쇄적인 일본의 제조업 문화를 압도했다. 실리콘밸리가 개방의 문화를 꽃피울 수 있었던 것은 인터넷, 모바일이라는 시대적 전환 속에서 새로운 생태계를 구축했기 때문이다.

- KBS 명견만리제작팀의 명견만리(윤리, 기술, 중국, 교육 편) 중에서 -

GE의 사물인터넷, Google의 인공지능, Google, Tesla의 무인자동차 등 4차 산업혁명의 핵심기술들은 대부분 미국이 주도하고 있다. 독일의 경우에는 Indusrty 4.0을 통해 제조업과 ICT융합에 의한 스마트공장, 예를 들면 지멘스와 SAP를 중심으로 공장의 고성능설비와 스마트 디바이스를 연결해서 데이터를 공유하는 전략을 추진 중이다. 일본의 경우에는 4차 산업혁명에 대한 첨단기술 개발지원뿐만 아니라 교육, 노동, 금융 등 경제·사회 전반에 걸친 국가 총체적 변화를 시도하고 있다. 예를 든다면 로봇을 신산업 성장전략으로 중심에 두고 토요타, 화낙 같은 회사들이 사물인터넷 혁명을 주도하는 전략을 추진 중이다. 중국의 경우에는 설비와 단말기를 중심으로 노동집약형 제조업을 스마트 제조업으로 전환하는 제조업과 IT의 융합과 녹색제조 등을 통한 제조대국에서 제조강국으로의 도약에 방점을 찍고 있다. 작지만 강한 IT강국 북유럽의 에스토니아는 디지털 혁신을 통해 지난 20여 년 동안 연간 1인당 GDP를 15배나 증가시키며 제4차 산업혁명의 중심에 놓인 나라다. 세계 최대 인터넷 화상통신 스카이프, 해외송금 서비스의 혁신 트랜스퍼와이즈 모두 에스토니아의 스타트업 기업들이다. 남한의 절반 크기의 국토와 서울 인구의 1/8인 좁은 국토와 작은 인구의 한계를 디지털로 확장하겠다는 발상으로 디지털국가로 성장하고 있다. 에스토니아는 세계에서 가장 먼저 초등학생 코딩교육을 실시했고 현재 유치원에서도 기초 코딩교육을 실시하고 있다. 컴퓨터에게 일을 시키려면 컴퓨터에 대한 언어와 논리를 이해해야 한다는 취지에서다. 수학교육에서도 문제풀이가 아니라 수학적 개념을 이해하고 수학적 수단과 응용법을 학습하면서 사고력, 지식, 그리고 지혜를 체득하는 것이다.

에스토니아의 디지털 환경은 세계 최고의 편리함과 투명성을 자랑한다. 에스토니아에서는 도시 어디에서나 와이파이를 무료로 사용할 수 있고 지난 2000년에는 세계 최초로 인터넷 접속권을 인권으로 선언했다. 행정 또한 전자정부 시스템으로 투명하게 이뤄지고 있다. 모든 시민은 전자 서명을 기초로 한 아이디카드인 'e-레지던시'를 사용하는데, e-레지던시를 이용하면 금융, 통신, 교육, 사업 등 모든 디지털 서비스를 자유롭게 이용할 수 있다. 2015년 에스토니아는 새로운 실험을 시작했다. 바로 '디지털국가' 선언이다. 100유로, 우리 돈으로 12만원이면 누구나 에스토니아의 디지털 시민이 될 수 있다. 심사를 거쳐 e-레지던시를 발급받으면 에스토니아의 모든 디지털 서비스를 내국인과 똑같이 이용할 수 있다. 회사를 창업할 수 있고, 은행에서 계좌도 개설할 수 있고, 디지털 서명을 이용하여 모든 계약이 가능하다. 참정권을 제외한 모든 권리를 누린다고 봐도 무방하다. 1년 동안 135개국, 1만 4,000명이 에스토니아의 디지털 시민권을 받았고 e-레지던시를 받아 설립된 외국회사는 1,000곳이 넘는다. 창업까지 걸리는 시간은 한 시간에 불과하다.

- KBS 명견만리제작팀의 명견만리(정치, 생애, 직업, 탐구 편) 중에서 -

클라우스 슈밥은 그의 저서에서 제4차 산업혁명은 경제, 기업, 국가, 세계, 사회, 개인에 이르기까지 막대한 영향을 미칠 뿐만 아니라 노동력의 위기, 양극화, 국제안보, 개인정보의 위험 등 부정적인 요인에 대해서도 언급하고 있다. 그는 이런 문제들을 해결하기 위한 네 가지의 리더십을 제시한 바 있다. 첫째, 어떤 문제와 사안에 대해 총체적이고 유연하게 접근할 수 있고 지속적으로 다양한 이해관계와 의견을 통합해 낼 수 있는 상황맥락지능(정신)이 필요하고, 둘째, 자기인식, 자기조절, 동기부여, 감정이입, 사회적 기술인 정서지능(마음)을 발달시켜야 하며, 셋째, 협력과 신뢰를 바탕으로 한 공유능력인 영감지능(영혼)을 발휘해야 하고, 넷째, 건강을 유지하고 큰 압박감 속에서도 평정심을 유지하는 신체지능(몸)이 중요하다고 진단하고 있다.

우리는 두 개의 지구에서 살고 있다. 하나는 우리가 발로 딛고 있는 지구이고, 또 다른 지구는 눈에 보이지도 않고 만질 수도 없는 디지털 지구이다. 첫 번째 지구에서 우리가 차지하고 있는 면적은 축구장에 놓은 침대 하나에 불과하지만, 국경이 없는 디지털 지구는 무한하다. 물리적 지구가 무대였던 1,2,3차 산업혁명은 좁디좁은 지구에서 물건을 만드는 하드파워 경제를 발전시켜 왔다. 하지만 어느덧 우리 앞에 쓰나미처럼 닥친 4차 산업혁명에서 거대한 파도를 헤쳐 나갈 힘은 물리적인 힘이 아니라 상상이라는 총알에, 도전이라는 방아쇠를 당겨, 혁신이라는 거대한 폭발을 일으키는 소프트파워일 것이다.

- KBS 명견만리제작팀의 명견만리(정치, 생애, 직업, 탐구 편) 중에서 -

우리가 혁신해 온 생산과 소비의 역사는 우리의 삶과 사회구조까지 변화와 변혁을 연계시켰다. 과학과 기술은 생산과 소비의 패턴을 변화시키고, 산업구조와 사회구조를 끊임없이 변동시킨다. 또한 앞으로 완성될 제4차 산업혁명은 또한 차례의 커다란 산업구조, 사회구조의 대변혁을 예고하고 있다. 산업사회가 지탱해 온 생산, 소비, 부의 축적, 가족, 자원, 에너지, 조직, 도시, 시장, 권력구조, 탄생과 죽음에 이르기까지 낡은 사회양식들을 물리치고 새로운 양식들로 채워 나갈 것이다.

## 4 과학과 기술

농업시대에는 전통과 관습이 지배하는 손기술이 생산을 주도했다. 할머니의 손은 마법의 손이었다. 생활에 필요한 모든 것들을 생산해 내고 환자까지도 손기술이 담당했다. 산업사회는 물리학이 주도하는 기계화, 시장의 섭리에 의해 작동하는 분업과 전문화가 생산을 지배했다. 프롤레타리아의 기계기술이 생산의 주역이었던 셈이다. 지식정보화 사회는 생물학과 물리학이 융합되는 컴퓨터와 자동화가 생산을 지배한다. 코그니타리아트와 인공지능이 지능화기술로 모든 생산을 전담할 것이다. 모든 학문이 융합되고 모든 정보가 공유되며 그리고 모든 생산과 소비기기들이 연결된 초연결사회가 될 것이다.

물리학 기술에서는 무인운송수단과 드론이 주목받고 있다. 트럭, 항공기, 보트, 잠수정 등 대부분의 운송수단이 무인화되고 드론은 전쟁, 택배, 농업에서 중요한 역할을 맡게 될 것이다. 첨단 로봇공학(생체모방: biomimicry) 기술은 정밀농업, 간호, 가사, 변론, 회계감사, 투자에 활용될 것이다. 신소재기술은 자가치유와 세척이 가능한 소재, 형상기억합금, 압전세라믹, 수정·재활용이 가능한 열경화성플라스틱(thermoset plastics), 폴리헥사하이드로트리아진(PHTs), 강철보다 200배 강하고 두께는 머리카락의 100만분의 1, 열과 전기에 대한 뛰어난 전도성(지구상에서 가장 비싼 물질: 1마이크로미터 1,000달러) 그래핀(graphene) 등의 새로운 자원으로 창출할 것이다. 절삭가공이 아닌 적층가공 기술인 3D프린팅(additive manufacturing)은 대형 풍력발전기, 회로판 같은 통합전자부품, 인간의 세포 및 장기, 소형 의료 임플란트, 자동차, 항공우주, 의료, 의류, 신발산업에 이르기까지 폭넓게 활용될 것이다.

디지털 기술 부문에서는 사물인터넷(IOT), 만물인터넷(internet of all things)이 주역을 담당할 것이다. 상호 연결된 기술과 다양한 플랫폼을 기반으로 한 사물(제품, 서비스, 장소 등)과 인간의 관계를 소통시킬 것이다. 집, 의류, 액세서리, 도시, 운송망, 에너지네트워크 분야까지 연결시키고 센서, 송신기, 전자테그(RFID) 등을 통하여 모든 기기들을 원격제어로 통제할 수 있게 할 것이다. 블록체인(blockchain) 기술은 거래 기록과 승인을 컴퓨터 네트워크상의 공동검증을 통해 비트코인(bitcoin) 같은 가상화폐가 기존의 화폐를 대체시키는 데 기여할 것이다. 블록체인 기술은 금융거래, 출생 및 사망증명서, 소유권, 결혼증명, 학위문서 발급, 보험금청구, 의료기록, 투표에 이르기까지 코드화할 수 있는 모든 종류의 거래를 주도할 것이다.

생물학 기술에서는 인간게놈프로젝트에 의해 10년 동안 27억 달러가 투자된 유전자 활성화 및 편집기술과 DNA 데이터를 기록하여 유기체를 제작할 수 있고 개인 맞춤형 헬스케어와 표적치료를 가능케 할 합성생물학(Synthetic biology)이 주도할 것이다.

> 세계경제포럼의 글로벌어젠다카운슬에서는 '소프트웨어와 사회의 미래(the furture of software and society)'라는 주제하에 800명이 넘는 경영진을 대상으로, 세계의 흐름을 바꾸는 기술이 공공 영역에 깊숙이 침투한다면 그 시점은 언제일 것으로 예상하는지, 그리고 이런 변화가 개인, 기관, 정부와 사회에 미칠 영향을 충분히 이해하고 있는지에 대한 설문조사를 실시했다. <거대한 변화-기술의 티핑포인트와 사회적 영향(deep shift-technology tipping points and social impact)>에 대한 설문조사 보고서는 2015년 9월에 발표되었다.
>
> \- 클라우스 슈밥, 『제4차 산업혁명』(*The Fourth Industrial Revolution*) 중에서 -

클라우스 슈밥은 『제4차 산업혁명』이란 저서에 수록된 2025년 티핑포인트를 인용한다. 2025년 나타날 티핑포인트(Tipping Point)는 다음과 같다.

- **인구의 10%가 인터넷에 연결된 의류를 입는다.** 2015년에 출시된 스마트워치는 인터넷과 연결된 스마트폰과 크게 다르지 않다. 앞으로 의류, 장신구, 침구

등에도 칩이 내장되어 인터넷에 연결될 것이다. 이미 랄프 로렌에서는 옷을 착용한 사람이 흘리는 땀의 양과 심박수, 호흡 등을 측정해 실시간 운동 데이터를 제공해 주는 스포츠 셔츠를 개발했다.

• **인구의 90%가 무한 용량의 무료저장소를 보유한다.** 지난 몇 년 동안 저장기술이 급격히 발전하면서 점점 많은 기업들이 사용자에게 서비스 혜택의 일환으로 무료에 가까운 저장소를 제공하고 있다. 이를 위해 많은 기업들이 이미 클라우드를 통해 2기가 바이트에서 50기가 바이트까지 무료저장소를 제공하고 있다. 전 세계 데이터의 약 90%가 지난 2년 동안 만들어진 것으로 추산되고, 기업이 생산한 정보량은 매 14.4개월마다 두 배씩 늘고 있다. 저장소는 이미 상품화되어 아마존 웹서비스와 드롭박스가 이런 추세를 이끌고 있다.

• **1조 개의 센서가 인터넷에 연결된다.** BMW는 2014년에 이미 전 세계 자동차의 8% 또는 8,400만 대가 어떤 방식으로든 인터넷과 연결돼 있고 2020년까지 22% 또는 2억 9,000만 대로 증가할 것이라고 발표한 바 있다. 심지어 은하수에도 고작 2,000억 개가량의 항성이 있을 뿐인데, 2020년까지 500억 개 이상의 기기가 인터넷으로 연결될 것이다. 미래에는 모든 상품이 유비쿼터스 통신 기반시설(ubiquitous communication infrastructure)로 연결되고, 사람들은 언제 어디서나 센서를 통해 자신이 처한 환경과 상황에 대해 정확히 인식하고 전달할 수 있게 된다.

• **미국 최초의 로봇 약사가 등장한다.** 로봇공학은 제조업부터 농업, 소매업에서 서비스업까지 다양한 일자리에 영향을 미치기 시작했다. 국제로봇협회에 따르면 전 세계적으로 110만의 일하는 로봇이 있고, 자동차 제조 과정의 80%를 기계가 처리하고 있다.

• **10% 인구가 인터넷에 연결된 안경을 쓴다.** 스마트 글래스인 구글 글래스(Google Glass), 아이웨이, 헤드셋, 안구추적기기 등이 지능적이 될 것이고 눈과 시야가 인터넷이나 인터넷과 연결된 기기에 연결될 것이다. 명령, 시각화, 상호작용을 통해 시각이 즉각적이고 직접적인 인터페이스가 된다면 학습, 네비게이션, 명령, 피드백의 방법을 변화시켜, 상품과 서비스를 생산하고 엔터테인먼트를 즐기고 장애가 있는 사람들을 돕는 데 응용될 것이다.

• **인구의 80%가 인터넷상 디지털 정체성을 갖게 된다.** 휴대전화 번호, 이메일 주소, 개인 웹사이트, 마이스페이스 페이지에서 수많은 온라인 플랫폼과 미디어

의 출현에 따라 새로운 디지털 정체성이 창조되고 있다. 현재에도 페이스북 페이지, 트위터 계정, 링크드인 프로필, 텀블러 블로그, 인스타그램 계정 등 디지털 정체성을 1개 이상 가지고 있고 규모가 가장 큰 소셜 미디어를 국가와 비교한다면 페이스북이 14억 명, 중국인구 13억 6천만 명, 인도인구 12억 4천만 명, 트위터가 6억 4천 6백만명 규모를 자랑한다.

• 3D 프린터로 제작한 자동차가 최초로 생산된다. 3D 프린팅 기술은 복잡하고 정교한 제품을 복잡한 장비 없이 만들 수 있게 한다. 결국 플라스틱, 알루미늄, 스테인레스강, 세라믹 심지어는 다양한 첨단재료를 사용할 수 있고, 예전에 공장 전체가 가동되어야 할 수 있는 일을 이제 3D 프린터가 해낼 수 있게 되었다. 이 기술은 이미 풍력터빈 제조에서 장난감 제조까지 여러 분야에서 활용되고 있다.

• 인구조사를 위해 인구센서스 대신 빅데이터를 활용하는 최초의 정부가 등장한다. 빅데이터를 활용하면 광범위한 산업 분야와 애플리케이션에서 더욱 빠르고 나은 의사결정이 가능해진다. 의사결정의 자동화를 통해 시민의 번거로움이 줄어들고, 기업과 정부는 고객과의 상호작용에서부터 자동화된 세금신고 및 납부까지 모든 것에 관해 실시간 서비스가 가능해진다.

• 상업화된 최초의 인체 삽입형 모바일폰이 등장한다. 우리는 점점 기기에 연결되고, 인체에 연결되며, 체내에 삽입하기에 이를 것이다. 전자문신(smart tattoo)이나 다양한 인체삽입형 칩은 신원확인, 위치확인, 생각과 감정 전달, 행동의 모니터링, 치료약의 인체 투여까지 가능해질 것이다.

• 소비자 제품 가운데 5%는 3D 프린터로 제작된다. 3D 프린팅 기술은 일반 소비자가 자신이 필요한 물건을 직접 제작할 수 있게 할 것이다. 소비자가 소비재에 접근하는 비용은 낮아지고 3D 프린터로 제작된 물건의 효용성은 높아진다. 최근 3D 프린팅 기술의 활용은 소비자 제품을 개발하고 제작하는 다양한 분야에 활용되고 있다.

• 인구의 90%가 스마트폰을 사용한다(13억 명 전기 무, 40억 명 인터넷 무). 현재 우리가 사용하는 구글 서치에서 한 가지 내용을 검색할 때 소용되는 처리능력은 아폴로 우주선을 발사한 아폴로 프로그램을 위해 십수 년간 사용된 컴퓨팅 능력을 합친 것과 맞먹는 규모이다. 현재의 스마트폰과 태블릿은 과거에 방 한 칸을 모두 차지했던 크기의 슈퍼컴퓨터보다 컴퓨팅 파워가 훨씬 높다. 애플워치가 아이폰4

두 대의 속도와 맞먹는다. 스마트폰의 소매가는 50달러 아래로 떨어졌고 처리능력은 훨씬 좋아지고 있다. 신흥시장의 스마트폰 수용 역시 가속화되고 있기 때문에, 머지않아 우리 주머니 속에 말 그대로 슈퍼컴퓨터를 넣고 다니게 될 것이다.

• 인구의 90%가 언제 어디서나 인터넷 접속이 가능하다. 현재 세계 인구의 43%가 인터넷에 연결돼 있다. 2015년 모바일폰의 매출은 컴퓨터 매출의 6배를 앞질렀다. 인터넷의 수용속도가 다른 미디어 채널의 속도를 앞질러 성장해 왔으므로, 몇 년 안에 세계인구의 3/4이 언제 어디서든 인터넷을 사용하게 될 것이다.

• 미국 도로를 달리는 차들 가운데 10%가 자율주행자동차다. 구글은 2020년까지 자율주행자동차를 상용화할 계획이다. 네바다주는 2012년 미국에서 처음으로 자율주행자동차의 운행을 허용하는 법률을 통과시켰다. 현재 캘리포니아, 네바다, 플로리다 등 5개 주는 무인자동차의 운행을 허용했고, 단 두 개 주를 제외한 모든 주에서 허용할 계획이다. 자율주행차는 교통혼잡을 줄이고 배기가스 발생을 낮출 수 있으며, 현재의 교통기관과 물류 시스템을 완전히 바꿀 것이다.

• 3D 프린터로 제작된 간이 최초로 이식된다. 바이오 프린팅 기술은 인간의 장기까지도 제작하게 될 것이다. 장기를 제작하는 데 사용되는 재료는 인공 뼈를 만드는 데 쓰이는 티타늄 파우더처럼 활용 가능한 재료에 대한 실험이 진행될 수 있다. 3D 프린팅 기술은 소비자 맞춤형 서비스를 제공하는 데 강점을 가진다. 인간의 신체는 무엇보다 소비자 맞춤형 서비스가 필요할 것이다.

• 인공지능이 기업 감사의 30%를 수행한다. 옥스퍼드 대학교 마틴 스쿨에서 진행한 연구에서 앞으로 10~20년 사이에 2010년 미국에 존재한 직업군 가운데 많게는 47%가 자동화될 것으로 예상했다.

• 블록체인을 통해 세금을 징수하는 최초의 정부가 등장한다. 블록체인은 어떤 중앙은행에 의해서도 규제되지 않고 감독받지 않기 때문에 통화정책에 대한 국가의 지배력이 감소하겠지만 블록체인 자체 시스템 안에 소액거래세 같은 새로운 과세 구조를 내장할 수 있다.

• 가정용 기기에 50% 이상의 인터넷 트래픽이 몰리게 된다. 인터넷의 가정용 트래픽은 현재 통신수단과 오락, 취미목적의 개인적 소비가 대부분인데 이제 가정의 자동화가 빠르게 진행되면서 전등과 블라인드, 환기와 에어 컨디셔닝, 오디오, 보안 시스템 및 가전제품을 작동시키고 조절하는 데 사용되고 있다.

• 전 세계적으로 자가용보다 카셰어링을 통한 여행이 더욱 많아진다. 재화와 서비스의 공유는 보통 온라인 시장, 모바일 애플리케이션·위치기반 서비스 혹은 여타 기술기반 플랫폼을 통해 이루어진다. 이런 방법들을 활용하면 시스템 내 거래 비용과 마찰을 줄여 참여한 모든 관계자들에게 경제적 이익을 발생하고, 그 경제적 이익은 훨씬 더 미세한 단위로 나뉠 수 있다.

• 5만명 이상이 거주하나 신호등이 하나도 없는 도시가 최초로 등장한다. 스페인 북부의 산탄데르 시는 상호작용 및 관리 프로토콜과 같은 기능성 실험과 검증의 장소이자, 부품개발 외에도 계정관리 및 보안과 같은 지원 서비스를 실험해 볼 수 있는 물리적 장소를 제공하고 있다. 앞으로 센서기술 네트워크가 확산되고 데이터 플랫폼이 구축된 스마트 도시들이 증가할 것이다.

• 전 세계 GDP의 10%가 블록체인 기술에 저장된다. 현재 블록체인 내 비트코인의 총 가치는 200억 달러 정도로, 이는 80조 달러에 이르는 전 세계 GDP의 약 0.025%에 해당한다.

• 기업의 이사회에 인공지능 기계가 최초로 등장한다. 인공지능은 자동차 운전뿐 아니라 조언을 위해 과거의 상황을 통해 학습하고 미래의 복잡한 의사결정 과정을 자동화하여 데이터와 과거의 경험을 바탕으로 더욱 쉽고 빠르게 결정을 내릴 수 있게 해 준다.

• 직접적이고 의도적으로 유전자가 편집된 최초의 인간이 탄생한다. 2003년 최초로 전체 유전자 서열 방식을 밝힌 휴먼게놈 프로젝트는 27억 달러의 비용이 소용되었다. 2009년 유전자 염기서열 분석 건당 10만 달러가 소요되었는데, 오늘날에는 연구자가 유전자 염기서열 분석을 위해 해당 분야 연구실에 지불해야 하는 비용은 고작 1천 달러에 불과하다. 유전자 편집 분야 역시 유전자 가위기술인 크리스퍼의 발전으로 유사한 추세를 보이고 있다. 크리스퍼는 기존의 방법에 비해 효율성이 뛰어나고 비용 또한 저렴해 널리 채택되고 있다.

• 인공기억을 완벽하게 이식받은 인간이 최초로 등장한다. 지난 몇 년간 세계에서 가장 많은 투자를 받은 두 개의 프로젝트가 바로 뇌 과학 분야에 관련된 것이다. '휴먼 브레인 프로젝트(유럽연합집행위원회에서 10년간 10억 유로를 지원)'와 '오바마 대통령의 혁신 신경기술의 발전을 통한 뇌 연구가 있다. 이 두 연구는 근본적으로 과학과 의학 분야의 연구에 초점을 맞추고 있으며 신경기술은 뇌의 활동을 모니터

링하고 뇌가 어떻게 변하고 세상과 교류하는지를 밝힐 수 있다. 뇌 과학에서 영감을 받아 제작된 차세대 컴퓨터는 인간의 뇌 피질(지능이 자리 잡고 있다고 알려진 뇌의 부분)과 같이 논리적으로 사고하고, 예측하며 반응할 수도 있을 것이다. 대뇌피질 알고리즘은 이미 캡차(인간과 기계를 구분하는 테스트) 문제를 푸는 능력을 보여줬다. MIT 신경과학자들은 우울증 증상을 보이는 쥐에게 인공적으로 행복한 기억을 재활성화하여 증상을 치료할 수 있음을 증명했다.

## 5 노동과 생산

산업사회에서는 분업과 대량생산체제를 기반으로 생산라인을 설정하고 생산에 참여하는 모든 사람들이 그 생산라인에 늘어서야만 하나의 완성된 제품이 만들어지는 특성을 가진다. 농업사회는 생산과 소비가 가정이라는 동일한 공간에서 이루어지는데 산업사회는 생산은 공장에서 이루어지고, 소비는 가정에서 이루어지는 이분법적 경제시스템이 작동한다. 모든 노동자들은 가정에서 직장으로 출근하여 가정과는 분리된 공간에서 정해진 작업을 수행한다. 생산과정은 가정과는 분리된 공장이나 사무실이라는 공간에서 이루어지고 동일한 시간대에 작업이 동시적으로 이루어진다. 따라서 많은 사람들이 동일한 시간대에 동일한 장소에 집결하여야 하며, 사람들이 모여드는 장소는 곧 생산라인이라는 동일한 공간이 된다. 동일한 시간대에 동일한 공간에서 작업이 이루어지려면 출·퇴근시간이라는 러시아워가 성립한다.

농업사회는 토지의 생산성이, 산업사회는 자본의 생산성이 부의 축적을 결정한다. 지식·정보화사회는 지식이나 정보에 의해 부가 결정되며 제4차 산업혁명은 상상력과 데이터에 의해 모든 가치나 부를 증대시킬 것이다. 지식·정보화사회에서는 생산과 소비가 통합되고, 네트워크에 의해 가정과 직장은 하나가 되며, 대량생산체제는 무너지고 소량의 다양한 주문생산체제가 구축될 것이다. 지식·정보화사회에서는 부나 권력의 문제가 토지나 자본을 얼마나 소유했는가의 문제가 아니라 지적자산이나 자원들을 얼마나 유용하게 사용했느냐의 문제로 귀결될 것이다. 토지를 중심으로 생산이 이루어지는 농업사회는 착취권문화의 특성을, 자본을 중심으로 생산이 이루어지는 산업사회는 소유권문화의 특성을, 지식이나 정보를 중심으로 생산이 이루어지는 지식·정보화사회는 사용권문화의 특성을 내포한다.

특히 4차 산업혁명의 특징은 공유된 IT기술을 바탕으로 혁신적인 물건을 생산하고, 생산노하우를 공유하는 IT플랫폼, 3D프린터로 동료들과 협력생산이 가능해진다. 산업사회가 소품종 대량생산이었다면 다품종 소량생산 내지는 맞춤형 생산으로 변환하는 것이다. 제3차 산업혁명이 단순한 디지털화였다면 제4차 산업혁명은 새롭고 다양한 방식으로 기술이 결합되는 생산방식이다. 다양한 산업분야에서 기존과 전혀 다른 방식으로 수요에 응하고 전통적인 가치사슬을 파괴하는 수많은 혁신기술이 도입되고 있다. 데이터 분석을 통한 고객의 경험, 데이터 기반 서비스 그리고 자산성능이 측정되는 세상에서는 새로운 형태의 협력이 요구된다. 기업들이 협력적 혁신을 통해 자원을 공유할 때 경제와 기업 모두에게 중요한 가치가 창출될 수 있다.

현재의 지식정보 관련 기술혁신 속도를 고려할 때 현재 초등학교에 입학한 학생들이 사회에 진출하는 경우, 현재에는 존재하지 않는 일자리 70%에서 일하게 될 것이다. 노동의 대체가 이루어지거나 기존의 일자리가 사라지고 새로운 일자리로 빠르게 변환되고 있는 것이다. 이미 2016년 세계경제포럼에서도 2020년이 되면 주요 15개국에서 710만 개의 일자리가 사리지고 200만 개 정도의 새로운 일자리가 만들어질 것으로 예측한 바 있다. 우리나라의 고용정보원에서 발표한 인공지능이나 로봇에 의해 대체 가능한 직업군을 살펴보면 행동이 수반되는 육체노동자의 일자리가 오히려 전문직종의 일자리보다 오래 살아남을 것으로 예측된 바 있다. 변호사, 회계사, 의사, 법무사, 기자, 금융전문가와 같은 선망의 직종들이 인공지능에 의해 더 빨리 대체될 것으로 예측되는 반면, 오히려 목수라든지 전기배선공과 같이 비용 대비 효율 측면에서 인간의 노동이 더 시장가치가 있는 직종들이 더 오래 살아남을 가능성이 높다. 또 다른 관점에서 후진국의 경우, 값싼 노동력이라는 유인 때문에 선진국의 자본이 후진국에 공장을 지을 수 있었는데 로봇에 의해 대체된다면 후진국에 공장을 지어야 할 이유가 사라진다는 점이다. 선진국과 후진국의 격차는 더욱 커질 수밖에 없고 선진국들보다는 후진국들에서 제

4차 산업혁명에 대한 충격이 더 커질 수 있다는 것을 시사하고 있다.

국보 303호 『승정원일기』는 세계에서 가장 방대한 역사기록물 중 하나다. 그 풍부한 내용과 정확한 서술은 유네스코 세계기록유산으로 등재될 만큼 가치를 인정받고 있다. 조선시대 역사를 연구하는 기본 자료인 조선왕조실록도 이 일기를 참조하여 썼을 정도로 조선시대 연구의 핵심자료이다. 승정원일기를 한글로 번역하기 위해 1994년부터 전문고전번역가들을 동원하였고, 그 분량이 2억 4,000만자인 3,243책에 이를 정도로 방대하여, 23년 동안 번역한 결과는 겨우 21%에 불과하다고 한다. 이런 방식으로는 승정원일기가 번역 완료되기 위해서는 앞으로도 40년은 더 기다려야 하고, 번역을 위한 전문고전번역가를 양성하는 교육기간만 해도 7~8년씩 소요되는 어려움을 겪고 있다. 따라서 한국고전번역원, 한국정보화진흥원 등의 관련기관에서는 2017년부터 인공신경망 기계학습 자동번역모델을 개발하고 있다. 인공지능에게 승정원일기의 번역을 맡긴다면 번역완료기간을 크게 단축할 수 있기 때문이다. 또한, 인공신경망 기계학습 자동번역모델을 활용하여 삼국시대-조선시대에 이르는 천문, 의학, 농업에 관련한 방대한 고문서들을 번역할 수 있다면, 그 데이터를 널리 활용할 수 있는 시기가 앞당겨질 수 있을 것이다.

경제학자 제라드 번스타인은 지난 50년 동안 기업의 생산성과 고용의 관계를 분석했는데 노동생산성은 증가한 반면 고용은 늘어나지 않는 관계를 확인하였다. 이런 상황을 그래프로 그리면 뱀의 턱처럼 벌어진 모양을 보여 뱀의 입(Jaws of the snake)이라 한다. 우리나라의 경우에도 한 경제연구소에서 우리나라 2000대 기업의 성장률을 분석했는데, 2000~2010년까지 10년간 두 배 이상 증가한 반면 고용은 156만 명에서 161만 명으로 겨우 5만 명 늘어나는데 그친 것으로 나타났다. 또한, 고추장으로 유명한 순창지역에서는 1989년부터 거대자본이 몰려 우리나라 전체 고추장 생산의 약 40%를 생산하는 고추장 생산의 메카가 되었다. 고추장 생산 기업 중 규모가 가장 큰 기업의 매출액은 25년 동안 20억원에서 2,000억원으로 100배 증가한 반면 고용은 단 10자리 증가한 것으로 나타났다.

일자리가 사라지는 상황은 600만 년 인류역사에서 단 한 번도 없었던 일이다. 인류는 역사의 99%에 달하는 기간 동안 수렵과 채집활동을 하며 살았다. 일을 해서 가족을 먹여 살리기도 했고 사회적 관계를 만들기도 했다. 그런 의미에서 일은 우리에게 본능이다. 일이 있어야만 인간은 인간다워질 수 있다.

- KBS 명견만리제작팀의 명견만리(인구, 경제, 북한, 의료 편) 중에서 -

또한 제4차 산업혁명은 남녀평등에 있어서도 부정적인 영향을 미칠 것으로 분석되고 있다. 세계 성 격차 리포트 2015(global gender gap report 2015)를 살펴보면 전 세계적으로 남녀평등 실현을 위해서는 앞으로 118년의 기간과 노력이 필요한 것으로 분석되었고, 제4차 산업혁명 핵심직업군인 컴퓨터공학, 수학, 엔지니어링 분야에서 남성이 압도적인 직업분포를 보이고 있는 것으로 분석된 바 있다. 여성들의 우세한 직업군으로는 심리사, 치료사, 코치, 이벤트 플래너, 간호사, 의학보건 분야인 것으로 나타났다. 1980년대 이후 과학기술 분야에서 여성인력이 꾸준히 증가되어왔지만 고급 직종에 자리를 잡은 여성의 비율은 아직도 낮은 수준에 머물러 있다. 우리나라의 경우에는 2001년 과학기술부의 여성과학기술인력 양성을 위한 다양한 프로그램들이 추진되어지고, 그 결과로 대학생의 절반, 박사학위자의 30%를 여성인력이 차지하게 되었지만, 아직도 고급연구자 중 여성인력의 비율은 10%대에 머물고 있다. 2005년 서울에서 개막된 제13차 세계여성과학기술인대회에서 회장인 모니크 프라이즈 박사는 여성 과학기술인이 세계의 모습을 규정하고 설계할 수 있다면, 세상은 좀 더 평화롭고 평등하게 될 곳이라고 주장하면서 그동안 여성과학기술자의 참여가 높았다면 지금 과학기술이 더 친환경적, 친자연적, 융합적으로 발전했을 거라고 강조한 바 있다. 최근의 연구에서는 여성 과학기술자의 차별문제를 제도적인 한계에서 원인을 찾거나 현대 과학이 명백하게 남성적이어서라기보다는 무의식적인 일상생활에서의 성별화된 접촉, 언어, 태도, 경험에서 그 원인을 찾을 수 있다고 지적하고 있다.

2013년 옥스퍼드대학교의 자료에 의하면 노동의 대체에 있어 고위험 직업군은 텔러마케터, 세무대리인, 보험조정인, 스포츠 심판, 법률비서, 레스토랑, 커피점 종업원, 부동산업자, 비서직(법률, 의학, 경영 임원의 비서직은 제외), 배달직인 것으로 나타났으며, 저위험 직업군으로는 정신건강 및 약물남용치료 사회복지사, 안무가, 내과·외과 의사, 심리학자. HR 메니저, 컴퓨터시스템 분석가, 인류학자, 고고학자, 선박기관사, 조선기사, 세일즈매니저, 전문경영인인 것으로 나타났다. 현재의 직업능력으로는 인지능력, 시스템 기술, 복잡한 문제 해결능력, 콘텐츠 기술, 프로세스 기술, 사회적 기술, 자원관리 기술, 기술적 능력, 육체적 능력 순으로 우선순위가 나타나는데, 2020년에는 〈직업의 미래보고서, 세계경제포럼〉에 따르면 복잡한 문제 해결능력(36%), 사회적 기술(19%), 프로세스 기술(18%), 시스템 기술(17%), 인지능력(15%), 자원관리 기술(13%), 기술적 능력(12%), 콘텐츠 기술(10%), 육체적 능력(4%) 등으로 직업능력이 요구될 것으로 예측된다.

제4차 산업혁명은 근로자와 기업의 관계와 일과 사람의 관계에도 영향을 미치고 있다. 온디멘드 경제가 확산되면서 휴먼 클라우드(human cloud)의 방식으로 고용을 해결하는 기업이 늘고 있다. 전문직활동은 구체적 업무와 개별적 프로젝트로 나뉘어져 세계 곳곳의 잠재노동자가 등록된 가상의 클라우드에 업로드된다. 노동자는 이제 지속적 고용관계가 아닌 일시적 계약관계로 전환하는 것이고 노동자 자신이 자신의 수익을 창출하기 위한 포트폴리오를 작성하고 홍보해야 하는 프리에이전트가 되는 것이다.

미국의 미래경영학자 대니얼 핑크는 자신의 저서 『프리에이전트의 시대(*Free Agent Nation*)』에서 "이제 우리는 원하는 사람을, 원하는 때에, 원하는 방식으로 고용할 수 있습니다. 그들은 우리에게 소속된 노동자가 아니기 때문에 고용 과정에서 발생하는 성가신 일이나 규정에서 자유로울 수 있습니다"라고 휴먼 클라우드 플랫폼 시대를 예상하고 있다. 휴먼 클라우드 서비스란 수요에 따라 적절하게 활용할 수 있는 가상 근로자를 확보해 관심 있는 구매자에게 다양한 부류의 서비스를 제공하는 것을 말한다. 클라우드 슈밥의 경우에도 자신의 저서에서 "휴먼 클라우드 플랫폼은 노동자를 자영업자로 분류하기 때문에 기업은 지금과 같은 최저임금제와 고용에 따른 각종 세금에서 자유로워진다"라고 말하고 있다. 프리에이전트란 개인의 전문화된 지식·도구를 사용하여 조직에 얽매이지 않고 독창적이고 자유롭게 일하는 개인을 지칭하는 개념이다. 마티아 호르크스는 "프리에이전트란 일과 삶을 나누어 살지 않고 이를 일치시켜 즐겁게 살아가는 사람을 말한다. 그들에게 일은 일차적으로 생계수단이 아니라 정신세계의 외적 표현이며 자기존재의 상징이다. 그들은 스스로 정의내린 성공을 위해 일하며, 독립 노동자이면서 1인 기업가로 살아가는 존재"라고 정의한다. 노동은 인간에게 생계유지라는 수단 이외에 삶의 의미라는 목적을 부여한다. 노동의 문제는 무엇보다도 일과 삶의 조화가 중요하다. 온디멘드 경제는 자유로운 노동선택의 폭을 넓힐 수 있고 일과 삶의 조화로운 조합 가능성을 높일 수 있다는 긍정적인 면이 있으면서도, 더 이상 고용의 안정성과 장기근속의 혜택이 단절되고 노동자의 보호에 대한 시스템이 무너질 수 있다는 우려도 있다. 휴먼 클라우드 플랫폼에서 그때 그때 필요한 노동자와 계약하는 것이 노동공간에 구속 없이 노동자라면 누구나 자유롭게 일하며 누구나 일할 기회를 얻을 수 있는 노동자의 천국, 프리에이전트의 세계를 펼쳐낼 수 있는 것인가? 아니면 일할 권리, 단체교섭권, 고용안정도 없는 프레카리아트(precariat)라는 자유로운 노동자에 대한 저주의 시작인가? 온디멘드 경제가 답해야 할 중요한 질문이기도 하다.

## 6 가정과 사회

농업사회에서는 생산과 소비가 일치됨으로써 직장과 가정이 하나였다. 남편과 부인은 농사에 관한 정보를 공유하고, 농토라는 공동의 일터에서 자신들이 필요한 것들을 주로 생산하였다. 그들은 직장에 출근할 필요도 없으며, 생활에 필요한 것들을 대부분 자신의 일터에서 해결하였다. 또한 중요한 생산요소는 땅과 육체적인 노동력이었으며, 손기술과 손의 힘이나 가축들의 힘에 의존하였다. 농업의 발달, 무거운 것들의 운송, 적의 침공을 효과적으로 물리칠 수 있는 도시의 발달은 강을 필요로 하였고, 마을이나 도시의 발달은 커다란 강줄기를 따라 이루어졌다. 또한 소비를 위한 가족단위의 생산을 위해서는 대가족제도, 다산이 장려되는 가족문화, 여성의 다산능력과 손기술이 중시되는 결혼제도 등이 유지되어야만 했다.

산업사회에서는 생산과 소비가 분리되고 분업이 발달함으로써 가정과 직장은 분리되고 대부분의 생필품들이 공장에서 생산되었다. 남편은 직장에 출근하고 부인은 집안에서 아이를 양육하고 가사만을 전담하게 된다. 가정은 생산활동의 터전이 아니라 음식을 요리하고 아이들을 낳아 기르는 장소에 불과하였다. 아내는 남편이 소유하는 생산과 관련된 정보를 접할 수 없게 되었고, 남편의 생산활동은 아내와 함께 이루어지는 것이 아니라 직장동료들과 함께 이루어지게 되었다. 남편은 아내보다는 직장동료들과 더욱 많은 시간과 정보를 공유하게 되었다. 따라서 생산은 교환을 위한 공장에서의 대량생산으로 대체되었으며, 노동자의 근력은 기계의 힘으로 대체되고, 손기술은 기계기술로 대체되었다. 생계유지의 중심이 농촌에서 도시로 이동하고, 가족제도는 대가족제도에서 핵가족제도로 전환되었다. 분업과 공장제생산은 많은 자녀와 가족들의 협동작업을 필요로 하지 않았으며 여성들의 임신능력은 오히려 피임이라는 수단으로 절제되어야 했다. 여성들의 다산능력이나 손기술은 더 이상 결혼상대자로서의 조건이 아니었으며 여성의 아름다움이나 경제적 능력이 그 자리를 메우게 되었다.

산업사회는 농업사회의 대가족제도를 붕괴시키고 산업사회에 적합한 핵가족제도를 탄생시켰다. 이제 정보화사회는 핵가족제도를 붕괴시키고, 정보화사회에 걸맞는 새로운 가족제도들을 모색해 가고 있다. 몇몇 선진국에서는 이미 전통적인 핵가족이 해체되어 가고 있으며, 결혼하지 않는 합의동거, 자식 안 갖는 결혼생활, 동성연애, 동성연애자들 간의 결혼, 동일한 직종에 종사하는 가족끼리 연대하는 연합가족 등의 새로운 가족형태가 나타나고 있다. 이러한 새로운 가족형태의 특이한 점은 무자녀 생활양식을 채택하고, 복잡한 혈연관계를 유지한다는 점이다. 전통적인 촌수관계도 무너질 수 있다. 현재의 기술로도 시아버지의 정자를 냉동 후 며느리의 난자에 수정하여 아이의 탄생이 가능하다. 이런 경우 아버지와 아들의 촌수는 무엇인가?

미국에서 중산계급의 아이를 대학에 다니는 연령까지 돌보는 데 부모가 부담하는 비용은 약 8만 달러가 된다. 이 중에서 극소 부분만이 돈이나 재화나 용역으로 되돌아온다. … 이것이 미국의 출생률이 계속 떨어지고 이혼, 결혼하지 않는 합의동거, 자식 안 갖는 결혼생활, 동성연애, 동성연애자간의 결혼 등 이 모든 것이 증가추세에 있는 이유이다.

- 마빈 해리스, 『식인과 제왕』(*Cannibals & Kings*) 중에서 -

20세기 초에는 독신자가 별로 없었고 또 막내가 독립하여 나간 후에 오랫동안 생존하는 부모도 상대적으로 적었다. 이 때문에 대부분의 가정은 자녀 중심적이었다. 이에 반해 1970년에는 벌써 18세 미만의 자녀와 함께 사는 어른의 수가 3명 중 1명꼴로 줄어들었다. … 켈람, 엔스밍거, 터너 등 3명의 정신과 의사가 시카고 지역의 흑인 빈민가 한 군데를 대상으로 가족형태의 변형을 조사해 본 결과 86가지 이상의 성인결합 형태를 밝혀냈다. 그중에는 여러 가지 형태의 어머니-할머니 가족, 어머니-숙모 가족, 어머니-의붓아버지 가족, 어머니-타인 가족 등이 포함되어 있었다.

- 앨빈 토플러, 『제3의 물결』(*The Third Wave*) 중에서 -

가족제도에 있어서도 규격화나 대중화가 해체되며 다양화나 탈대중화가 실현되고, 가정에서의 여성에 대한 역할은 남편과 동일한 정보를 공유하여, 함께 생산활동 동반자로서 활동하는 역할이 될 것이다. 배우자는 사랑의 조건뿐만 아니라 생산활동의 동반자로서 요구되는 지적 요건들을 갖추어야 할 것이다. 4차 산업혁명은 역사적 이주 패턴과 저렴한 비용의 연결성 덕분에 가족의 구성이 새로 정립되고 있다(가족 정체성의 재정립). 더 이상 공간의 제약을 받지 않자 디지털 수단을 활용해 지속적으로 가족간에 연락을 주고받으며 전 세계로 뻗어나간다. 전통적인 가족단위는 점점 초국가적 가족관계망으로 대체되고 있다.

손수 만드는 사람들은 항상 깨어진 유리창, 고장난 전기시설, 금이 간 판석 등을 시간을 허비해 가면서 수리해 왔다. 그런 일은 새로운 것이 아니다. 놀랄 만큼 변화한 것은 손수 만드는 사람과 전문적인 건축업자, 목수, 전기기술자, 연관공 등 간의 관계이다. 불과 10년 전까지만 해도 미국에서 각종 전기공구들 중에서 손수 만드는 사람에게 판매된 것은 30%에 불과했고 70%는 목공 등 전문기술자에게 판매되었다. 그 후 불과 10년 동안에 이 비율이 역전되어 지금은 30%가 전문기능공들에게 판매되고 70%는 손수 만드는 경향이 날로 늘어나고 있는 소비자들에게 판매되고 있다.

- 앨빈 토플러, 『제3의 물결』(*The Third Wave*) 중에서 -

산업사회의 특징이 생산자와 소비자가 분리되어 모든 생산과정과 판매과정을 생산자가 담당하는 시스템이라면, 정보화사회의 특징은 생산자가 곧 소비자이며 생산과정이나 판매과정에 소비자가 개입하게 된다는 점이다. 소비자가 자신이 사용할 제품을 직접 조립한다거나 소비자가 직접 상품을 고르고 직접 운송하는 노동비용의 외부화가 진행되고 있는 것이다.

권력이 기업생활의 정점에서만 전환되고 있는 것은 아니다. 회사 관리자와 공장 작업장의 감독자는 모두 이제는 노동자들이 전처럼 맹목적으로 명령에 따르지 않는다는 것을 발견하고 있다. 노동자들은 질문을 하고 대답을 요구한다. 군장교는 사병들에 관해, 경찰책임자는 경찰관들에 관해, 교사는 더 한층 학생들에 관해 이 같은 사실을 깨닫고 있다. … 다른 여러 분야에서도 전문가들이 꽉 장악하고 있던 지식이 이제는 통제를 벗어나 일반시민에게 전해지고 있다. 마찬가지로 대기업 내부에서도 종업원들이 종래 경영층이 독점하고 있던 지식에 접근할 수 있게 되었다. 그리고 지식이 재분배됨에 따라 지식에 기초하는 권력도 역시 재분배되고 있다.

- 앨빈 토플러, 『권력이동』(*Power Shift*) 중에서 -

또한 정보화사회는 일부의 지배계층이 독점하던 정보를 보통사람들에게 확산시킴으로써 정보독점에 의해 유지되던 권력구조를 재분배시키고 있다. 고위 관료, 정치지도자, 기업경영자, 과학자, 의사 등이 독점하던 정보들이 매스컴이나 컴퓨터를 통하여 일반국민이나 유권자, 근로자, 그리고 평범한 시민들에게까지 분산됨으로써 권력구조가 수평화돼 가고 있다. 미디어는 사회와 공동체에 대한 우리의 개인적, 집단적 구상을 점차 주도하고 있다. 세계경제포럼의 〈디지털 미디어와 사회〉 보고서에 의하면, 디지털 미디어는 우리를 일 대 일, 일 대 다수라는 완전히 새로운 방식으로 연결해 시간과 거리를 초월한 인간관계를 유지할 수 있도록 해주고, 새로운 이익집단을 형성하며 사회적, 물리적으로 고립된 사람들을 자신과 생각이 비슷한 사람들과 연결한다. 높은 효용성과 낮은 비용, 그리고 지리적으로 중립적인 디지털 미디어의 특징으로 인해 사회적, 경제적, 문화적, 정치적, 종교적, 이념적 경계를 뛰어넘는 소통이 가능해진다. 개인이 자신의 목소리를 내고 토론과 의사결정과정에 참여할 수 있는 기회를 제공한다.

그러나 한편으로는 국가와 지역 거버넌스가 주도하는 기관과 제도, 그리고 권력집단에게 시민사회그룹의 독립성과 활동을 제한하는 법과 정책이 가능해지고 그런 법과 정책들이 현실적으로 만들어지고 있다. 우리의 바람과는 전혀 다르게 악용되어 개인과 공동체가 기술로 인해 권력을 얻는 동시에 정부, 기업, 이익집단으로부터 소외될 수 있다. 정부와 기업의 활동에 투명성과 변화를 요구하는 시민사회나 개인 그룹을 법과 정책을 통해 탄압할 수도 있다. 이 같은 현상을 침묵의 나선이론(The spiral of silence theory)으로 설명할 수 있다. 여론이 형성되는 과정에서 자신의 입장이 다수의 의견과 동일하면 적극적으로 동조하지만, 소수의 의견일 경우에는 남에게 나쁜 평가를 받거나 고립되는 것이 두려워 침묵하는 현상을 말하는데, 디지털 미디어의 발달은 이처럼 다수에 의해 소수가 지배되는 여론의 왜곡을 만들 수도 있는 것이다. 또한 디지털 미디어는 권력을 잃은 시민들을 만들어 내고, 테러조직의 선전을 유포하거나 추종자를 모집하는 수단으로 이용될 수 있다. 우리가 소셜 미디어를 통해 읽고, 공유하고, 보는 모든 것이 정치적, 시민적 의사결정에 영향을 미치기 때문이다.

넓은 관점에서 보면 디지털화의 가장 큰 효과는 개인중심(me-centred)사회, 즉 개인화의 과정이자 새로운 형태의 소속과 공동체의 출현이다. 과거와는 다르게 공간(지역공동체), 직장, 가족보다는 개인의 프로젝트와 가치, 이해관계가 공동체 소속에 대한 개념을 규정하고 있다.

농업사회에 형성된 대도시들은 하나같이 커다란 강을 끼고 있다. 강은 농업사회의 젖줄이며, 효과적인 운송로이고, 견고한 방어벽이었다. 서울은 한강을, 런던은 템즈강을, 파리는 센강을, 로마는 티베르강을 끼고 형성된 도시이다. 산업사회에서는 자본에 의해서 생산능력과 부의 축적능력이 평가될 수 있었다. 또한 생산을 지배하는 주요 에너지는 석유·전기·가스와 같은 화석에너지였으며, 생산과 소비의 중심지는 도회지이며, 도시들은 도로, 전기선, 가스관을 따라 발달하게 된다.

정보화사회는 산업사회에서의 중요한 자원이나 에너지체제를 새로운 대체자원이나 대체에너지 체제로 변환시킬 것이다. 광섬유, 탄소섬유, 형상기억합금, 섬유혁명 등의 소재혁명이 진행될 것이며 핵, 수소에너지, 바이오에너지, 생체에너지, 태양에너지, 화산이나 번개에너지 등의 새로운 대체에너지가 개발되고 실용화될 것이다. 도시는 도로나 전력선을 따라 발전하는 것이 아니라 네트워크가 다다르는 곳이라면 어디에든 형성될 것이다.

정보화사회는 실리콘밸리와 같은 네트워크가 도시의 만들어지고 도시기능을 수행할 수 있다. 싱가포르와 바르셀로나 같은 진보적인 도시는 이미 주차 해결, 쓰레기 수거, 가로등 시스템 등에 스마트하고 지능적인 기능을 적용해 다양하고 새로운 데이터 기반 서비스를 실행하고 있다. 스마트 도시는 지속적으로 센서 기술 네트워크를 확산시키고 데이터 플랫폼을 구축하고 있다. 앞으로 더 많은 스마트 도시들이 출현할 것이다. 많은 도시들이 서비스와 공공사업, 도로를 인터넷과 연결되도록 할 것이다. 이런 스마트 도시들은 에너지와 물류흐름, 로지스틱스와 교통상황, 그리고 범죄까지도 지능형 플랫폼으로 관리할 수 있다.

## 7 공유경제와 온디멘드 경제

4차 산업혁명은 소프트웨어, 네트워크, 정보서비스에 의해 수확체증의 법칙이 작동하는 네트워크 외부성을 만들고 있다. 네트워크와 플랫폼에 의해 더 많은 가치들이 창출하게 된다. 하지만 소수의 사람들에게 혜택과 가치가 집중되어 버리는 플랫폼 효과(platform effect)도 함께 발생한다. 네트워크 외부성이란 네트워크나 플랫폼에 의해 사용자수가 증가할수록 상품이나 서비스의 가치가 대폭 증가하는 현상을 말하는데, 소프트웨어나 웹사이트에서 디지털화하는 정보재의 경우에는 초기개발비용은 높지만 추가생산비용은 거의 제로 수준에 가까운 수확체증의 법칙이 지배하는 특성을 가진다. 플랫폼효과란 초기에 막대한 자본을 투자하여 플랫폼을 장악한 기업은 이용비용을 낮출 수 있고 사용자에게 다양한 서비스를 제공함으로써 감김효과(다른 플랫폼으로 이전하지 못하게 하는 효과)가 발생하고 수확체증과 네트워크효과가 반복됨으로써 승자독식의 구조를 만드는 현상에 해당한다.

제4차 산업혁명은 디지털 플랫폼이 중시되는 공유경제(sharing economy)나 온디멘드 경제(on-demand economy)로 나아가고 있다. 디지털 플랫폼은 개인이나 조직이 자산을 활용하여 거래를 하거나 서비스를 제공할 때 발생하던 거래비용과 마찰비용을 대폭 감소시켜 준다. 기존의 산업생산과 달리 한계비용을 거의 제로에 가깝게 한다. 다양한 제품과 서비스를 디지털 플랫폼을 통해 저렴하게 이용하거나 공유할 수 있게 되는 것이다. 따라서 플랫폼비즈니스는 부동산, 피트니스, 세탁, 쇼핑, 집안일, 주차, 홈스테이, 장거리합승에 이르기까지 그 영역을 확장해 간다. 컴퓨터 기술의 비약적 발달로 O2O나 핀테크기술이 융합되면서 대출, 의료서비스, 가사노동, 차량제공, 법률자문, 전문연구개발 등 온디멘드 경제가 그 범위를 확장하고 있다.

세계에서 가장 큰 택시 기업인 우버는 소유하고 있는 자동차가 없고, 세계에서 가장 많이 활용되는 미디어인 페이스북은 콘텐츠를 생산하지 않는다.

세계에서 가장 가치 있는 소매업체인 알리바바는 물품목록이 없으며, 세계에서 가장 큰 숙박제공업체인 에어비앤비는 소유한 부동산이 없다. 개방하고 공유하라! 제품만 만들지 말고 플랫폼을 만들어라!(D'ont just build a product, build a platform) 물리적 한계가 분명한 오프라인 플랫폼에 비해 정보통신기술은 가상공간에서의 개방과 공유를 통해 무한한 플랫폼으로 창조하고 변신해 간다. 플랫폼은 인간과 인간, 서비스와 서비스(O to O), 기술과 기술(peer to peer)들이 만나게 함으로써 무궁무진한 가치를 창출하고 있다. 이것을 플랫폼 혁명이라 할 수 있을 건데, 플랫폼 혁명의 핵심은 하드웨어적 사고에서 소프트웨어적 사고로의 전환에 있다. 하나의 천재가 아닌 수많은 사람들에 의한 혁신에 의해 기술혁명이 가속화되고 있는 것이다. 개방과 공유의 플랫폼은 한 명의 천재가 이끄는 시대에서 다수의 지혜(crowding wisdom)가 이끄는 공동창조의 시대를 열고 있는 것이다.

1910년 미국의 하버드대학교 윌리엄 모턴 휠러 교수는 "우리는 나보다 똑똑하다(we are smart than me)." 개미 한 마리는 미미하지만 수십만 마리의 개미가 집단으로 뭉치면 놀라운 지적 능력을 발휘한다. 거대한 거미왕국을 건설하고 주변 환경에 빠르고 효과적으로 대응하는 높은 지능을 보여준다. 휠러 교수는 개미 연구에서 개미의 사회적 행동과 집단지성을 발견한 바 있다.

> 찰스 다윈 하면 약육강식과 적자생존을 머릿속에 떠올리지만 그를 사로잡았던 또 다른 중요한 화두는 이 자연계에 왜 경쟁만큼이나 협력이 가득할까 하는 것이었다. 다윈은 공동체 전체의 이익 때문에 협력이 진화할 수 있다고 생각했다. 이제 다윈의 목소리를 경청해야 할 때다. 진화론적으로도 혼자서 살아남은 개체는 지구상에 존재하지 않는다. 단기적으로는 승자독식이 이득일 수 있지만, 장기적으로 볼 때 공생과 협력이 더 큰 파이를 나눠 갖게 한다. 암사자는 혼자 사냥해도 충분히 먹고 살 수 있지만, 무리와 같이 사냥하고 먹이를 나눈다. 그것이 모두에게 이득이 되기 때문이다.
>
> - KBS 명견만리제작팀의 명견만리(인구, 경제, 북한, 의료 편) 중에서 -

실리콘밸리의 구글, 페이스북, 애플, 트위터, 페이팔 등 세계적인 스타트업 기업들은 이미 플랫폼 혁명을 추구하면서 "혁신은 이제 더 이상 내것만을 끌어안는 탐욕만으로는 발전할 수 없다"고 선언한 바 있다. 개방과 공유를 바탕으로 한 혁신의 문화가 혁신의 생태계를 지배한다는 사실을 체감하고 있는 것이다. 세계적인 많은 기업들이 그들이 소유하고 있던 수많은 특허기술들을 공개하고 어느 누구든 그 기술들을 사용하도록 특허기술의 공유를 허용하고 있다. 생산 측면에서의 공유경제가 움트고 있는 셈이다.

공유경제(sharing economy)란 2008년 미국의 하버드대학교의 로런스 레식 교수가 처음 사용한 용어인데 그동안 자본주의를 지배해 온 대량생산체제의 소유개념과는 대비되는 이미 생산된 제품을 필요에 의해 서로 공유하는 새로운 차원의 경제개념을 의미한다. 2008년 세계금융위기로 저성장, 취업난, 가계소득 저하 등 사회문제가 심각해지자 과소비를 줄이고 합리적인 소비생활을 하자는 인식에서 시작되었으나 SNS나 인터넷을 중심으로 하는 IT기술의 발달로 수요와 공급의 미스매칭을 줄이는 새로운 유통공간과 소비혁명으로 업그레이드 되어 가고 있는 추세이다. 공유경제는 거래형태에 따라 ① 셰어링, ② 물물교환, ③ 협력적 커뮤니티로 나뉠 수 있는데 현재 자신의 공간을 여행자에게 제공하는 에어비앤비, 지식공유 플랫폼인 위즈돔, 도서공유인 국민도서관 책꽂이, 의류공유인 키플, 사무실 공유인 코업, 여행공유인 마이리얼트립, 정장공유인 열린 옷장, 유아용품이나 가전공유인 다날 쏘시오 등이 공유경제를 선도하고 있다.

소위 3저시대, 즉 저성장, 저출산, 저고용시대에 사는 요즘 젊은이들 사이에서는 소유가치보다는 활용가치를 우선시하는 경향이 두드러지고 있는데, 이런 세대를 이케아세대라 하고 공유경제를 이끌어갈 소비주체라는 점에서 주목받고 있다. 이케아세대란 교육수준이 높고 뛰어난 스펙을 가지고 있지만 낮은 급여와 고용불안으로 시달리는 세대인데, 그들은 모든 것들이 우버화되는 온디멘드 경제인 맞춤형 경제의 주인공이라 할 수 있다. 이케아세대의 생존전략으로 나타나는 경제적 특징 중 하나가 주로 혼자 거주하며 가성비를 중시하는 소비과정에서 소유중심의 경제생활이 아닌 공유중심의 경제생활로 전환하고 있다는 점일 것이다. 여기에 더하여 제4차 산업혁명으로 나타나는 정보기술혁명은 정보처리비용을 거의 제로 수준으로 떨어뜨릴 뿐만 아니라 유통공간을 플랫폼화할 수 있는 가능성을 더욱 넓혀가고 있다. 이런 현상들은 공유경제가 자라날 환경을 조성하고 공유경제가 성장할 유인을 제공하고 있는 것이다. 온라인과 오프라인이 통합된 플랫폼, 즉 O2O방식의 기술적 가능성이 공유경제의 기반이 될 수 있는 종합포털을 활성화시킨 데 기여한 것이다.

우버(Uber)니 애어비앤비(Airbnb)니 하는 오프라인에 온라인 기술을 접목한 공유경제방식의 경제규모가 매년 80%씩 성장하는 추세를 보이고 있다. 2016년 전 세계 10억 달러 스타트업 기준 상위 13개 중 12개 기업이 공유경제와 관련성을 가진다. 전 세계 공유경제 시장규모는 186억 달러지만 2022년에는 402억 달러에 이를 것으로 전망되고 있다. 북미가 전 세계 공유경제의 60%를 차지하고 있고, 영국에서는 공유경제가 1년에 두 배씩 성장하고 있으며, 일본은 공유경제로 경제 성장을 도모하고 있고, 중국은 이미 공유경제 인구가 6억 명에 달하고 있다. 우리나라의 경우에도 최근 서울, 부산, 광주, 대전, 경기, 전북 지역 등에서 조례가 만들어지거나 조례를 준비 중에 있다. 중앙정부 차원에서도 공유경제에 대한 발전 전략과 정책을 마련하고 있고 제반 법적·제도적 장치를 준비 중이다.

O2O 방식과 같은 공유경제의 출발점은 지속 가능한 지구를 만들기 위한 시도에서 비롯됐다. 불필요한 자원의 낭비를 제거하여 지구오염을 막기 위한 온디맨드 서비스를 구축하려는 시도에서 출발한 것이다. 온라인과 오프라인을 융합한 효율성을 수단으로 지속가능한 지구를 만들겠다는 공유경제(sharing economy) 정신에서 출발한 것이다. 생산된 제품을 한 사람이 소유하는 것보다는 여럿이 공유하고 사용함으로써 불필요한 자원낭비를 막을 수 있다는 시도인 셈인데, 대량생산과 대량소비라는 소유권경제에서 필요생산과 필요소비라는 사용권 경제로의 전환을 의미한다. 2015년 월스트리트 저널에서 선정한 기업가치가 가장 높은 10개의 스타트업 기업들 대부분이 O2O에 기반을 둔 공유기업이라는 점과 기업가치를 기준으로 O2O기업의 1위는 우버이고, 3위는 애어비앤비이며, 8위는 중국의 디디콰이디(택시앱)이라는 점도 주목할 만하다.

공유경제는 이용자와 중개자 그리고 사회 전체 모두가 이익을 향유하는 윈윈(win-win)구조를 지향한다. 모든 거래 당사자들이 모두 이익을 얻을 뿐 아니라 거래 자체가 본질적으로 자원절약과 환경문제 해소에 기여할 수 있어 사회전체이익에도 기여하게 된다. 공유경제는 인터넷 접근성, 네트워크와 공유를 중시하는 문화, 환경지향적 소비습관, 가성비를 중시하는 소비문화 등이 확산되면서 그 범위를 넓혀가고 있다. 온디멘드 경제는 공유경제에서 O2O와 핀테크가 융합되면서 온라인 또는 모바일 네트워크를 통해 차세대 비즈니스 전략으로 떠오르고 있다. 공급중심이 아닌 수요중심의 경제를 의미하는데, 디지털 플랫폼과 기술력을 가진 기업이 수요자가 요구하는 대로 서비스나 물품 등을 온라인이나 모바일 네트워크를 통해 즉각 제공하는 시스템을 말한다. 소비자는 휴대폰의 앱 하나로 제품에 대한 맞춤형 소비욕구를 충족시킬 수 있는, 즉 모든 것이 수요에 의해 좌지우지되는 특성을 가진다. 공유경제가 세계적으로 확산하고 있는 추세임에도 불구하고 공유경제의 기반이 되는 제도적 장치의 미흡, 상거래 의식의 부족, 고용의 불안정성, 노동자의 복지 문제 등 해결해야 할 과제들이 얽혀 있는 것도 현실이다. 공유경제나 온디멘드 경제는 온라인을 통한 거래이다 보니 대개 불특정 다수인 개인들의 비대면 거래의 속성을 가지게 된다. 따라서 거래의 안전성이나 제품의 질을 보장하기 어려운 문제가 발생하고 기존의 산업을 위협하거나 법적 제도의 미비로 인한 지하경제를 양산할 가능성도 배제할 수 없다. 또한 O2O 기업의 경우에는 정규직보다는 계약직의 비중이 월등히 높기 때문에 노동자의 복지문제나 고용의 안전성 측면에서 약점을 드러낼 수 있다.

하지만 디지털 기술에 바탕한 공유경제나 온디멘드 경제는 이미 전 세계 경제를 잠식해 가고 있으며 기존의 경제체제를 사회적 경제 모델로 변환시켜 가고 있다. O2O의 기업들은 종합 포털로 진화돼가고 글로벌 기업으로 변신하고 있다. 중국의 우버로 알려진 디디콰이디는 미국의 리프트, 인도의 올라, 싱가포르의 그랩택시와 제휴하면서 글로벌화를 추진하고 있고, 독일의 음식배달업체인 딜리버리히어로는 우리나라의 요기요와 베달통에 대한 투자뿐만 아니라 전 세계 34개국의 배달 스타트업 기업들을 인수하면서 글로벌화를 가속화하고 있다. 카카오의 경우에는 카카오 택시, 카카오 내비, 카카오 뷰티, 농산물직거래, 여행, 카카오 헤어숍, 카카오 트래블라인 등의 다양한 온디멘드 서비스로 확장해 가고 있는 것이다.

## 8 정체성과 윤리

과학기술의 발달은 새로운 변화의 물결들을 거침없이 형성시킨다. 변화의 물결들이 거대한 파도를 이루어내면서 기존의 양식들은 하나둘 사라져간다. 생산과 소비, 시장, 도시, 가족구조, 권력구조, 탄생과 죽음, 시간의 가치, 공간의 재편성, 자원과 에너지 등 모든 것들이 새로워지고 새로운 물결을 형성하려는 혁명적 에너지를 발산한다. 새로운 패러다임은 우리를 새로운 세계로 안내하는 가이드이며 미래를 형성하는 새로운 설계도이고, 시간의 대해를 건너 미래에 이르게 하는 탐험가이며 개척자이다. 제4차 산업혁명은 우리의 행동양식뿐만 아니라 우리의 정체성까지 변화시킨다. 유전공학, 생명공학, 인공지능에 이르는 급격한 과학기술의 변동은 증강인간(human augmentation)을 거쳐 신적 인간의 영역에 도전할 것이다. 수명이 연장되고 건강은 더욱 개선될 것이며 인지능력과 실행능력은 인간의 한계를 뛰어 넘으려 한다. ① 하드웨어적 신체에 관한 부문에서는(신체적 한계) 인간배아복제, 체세포복제, 유전자가위, 크리스퍼가위 기술을 활용하여 질병이나 노화를 극복하고 신적 경지에 도전하고 있다. ② 소프트웨어적 정신에 관한 부문에서는(정신적 한계) 학습인공지능 인공신경망, 딥러닝, 창의인공지능(알파고제로), 유전자알고리즘, 퍼지이론을 활용하여 창의성과 감성을 장착한 인간형 AI에 도전하고 있다. ③ 펌웨어적 증강인간에 관한 부문에서는(인간과 기계의 결합) 비침습바이오닉스 뇌파, 자기공명영상, 침습바이오닉스 전자칩, 인공지능결합기술들을 활용하여 인간과 기계, 인간과 컴퓨터의 결합에 도전하고 있다. 맞춤형 아기나 기억추출인간의 등장이나 인간을 뛰어넘는 인공지능로봇의 출현은 이제 시간문제일 뿐이다. 이런 상황이 전개되면 우리는 '인간은 무엇인가?', '무엇을 위해 존재하는가'와 같은 정체성에 대한 의문을 맞이하게 될 것이다. 개인의 프라이버시나 사회적 관계가 크게 흔들릴 것이다. 계급, 자유와 평등, 로봇과 인간의 관계, 인위적인 생물과 인간의 관계 등 새로운 정체성과 윤리 문제가 떠오를 것이다. 정체성의 혼란은 우리 인간 사회를 통합하고 질서 있게 만드는 종교나 윤리에도 타격을 가할 것이다. 인간의 자아인식의 문제, 사회관계에서 정체성의 문제, 자연과 인간의 문제, 신과 인간의 문제 등 기존의 인식이나 믿음들은 붕괴될 것이다. 그리고 새로운 인식과 윤리 그리고 종교적 관념들이 들불처럼 번지게 될 것이다.

> 이제 인간은 과학을 통해 자연선택을 지적 설계로 대체하고 유기체가 아닌 생명을 만들기 시작할지 모른다. 과학은 자연선택으로 빚어진 유기적 생명의 시대를 지적 설계에 의해 빚어진 비유기적 생명의 시대로 대체하는 중이다. 특히 오늘날의 과학은 우리에게 스스로의 몸과 마음을 재설계할 수단을 제공하기 시작했다. 역사과정 동안 수많은 경제적, 사회적, 정치적 혁명이 존재했지만 인간 그 자체는 변하지 않았다. … 하지만 우리의 몸과 마음도 유전공학, 나노기술, 뇌기계 인터페이스에 의해 완전히 바뀔 것이다. 몸과 마음은 21세기 경제의 주요한 생산물이 될 것이다.
>
> \- 유발 하라리, 『사피엔스』(*Sapiens*) 중에서 -

생명공학에서 인공지능까지 제4차 산업혁명으로 촉발된 엄청난 혁신은 인간이란 무엇인가에 대한 개념을 재정립하고 있다. 인터넷이나 스마트폰과 같은 일부 특정 기술은 인간에게 미치는 영향이 대체로 잘 파악되고 있다. 그러나 인공지능이나 합성생물학 같은 기술들은 인간에 미치는 영향을 확실히 파악하기 매우 어렵다는데 문제가 있다. 유전자 맞춤아기라든지, 유전적 질병의 제어라든지, 인간의 인지능력의 증강이라든지, 인공기억을 이식한다든지 이런 기술들은 우리 인간의 정체성 자체를 뒤흔들 수 있다. 공공의 이익이 아닌 특정 집단의 이익을 위해 악용될 소지가 있다. 비싼 치료법으로 불평등이 심화되고 인간의 본질에 대한 윤리적 딜레마에 빠질 수 있다.

특히 디지털 기술의 발달은 정보의 불균형(영화 net)으로 인한 차별과 권력남용의 문제가 불거질 수 있다. 디지털기술의 발달은 국가(권력)가 개인을 더욱 효율적으로 통제할 수 있는 수단을 제공할 수 있을 것인데 주민등록증, CCTV, 바코드, 인체삽입형 기기 등을 통해 개인의 프라이버시를 침해하고 개인의 자유를 제한하며 인간으로서의 기본권리를 억제할 수 있는 능력을 갖게 한다. 또한 모바일 기술의 진화는 우리를 항상 온라인상의 무엇인가와 연결돼 폰과 같은 기기에 집중하거나 집착하게 한다는 문제를 만들고 있다. 사색이라든지 명상 그리고 미디어의 도움 없이 누군가와 실질적인 대화를 나누는 소중한 인간적인 자산 중 일부를 빼앗기고 있는 것이다. 우리가 디지털 홍수에 빠져 있는 시간이 많아지면 많아질수록 우리는 스스로 주의력을 통제할 수 없고 그렇게 되는 경우 우리의 인지능력은 퇴화하게 된다.

> MIT대학교의 셰리 터클 교수에 따르면 10대 청소년 가운데 44%는 운동경기를 할 때나 가족과 혹은 친구와 함께 식사를 하는 자리에서도 온라인 세상과 연결을 끊지 않는 것으로 밝혀졌다. 서로 얼굴을 맞대고 하는 대화는 온라인 소통에 밀려났고, 온라인 미디어에 휩쓸린 젊은 세대 전체가 타인의 말을 듣거나 눈을 맞추거나, 타인의 몸짓을 이해하는 데 어려움을 겪을 수 있다는 공포심이 생기고 있다. … 우리는 항상 연결되어 있기 때문에 잠시 멈춰 사색하는 시간과, 기술 및 소셜 미디어의 도움 없이 실질적인 대화를 나누는 시간이라는 소중한 자산 중 일부를 빼앗기고 있다. … 니콜라스 카는 우리가 디지털 홍수에 빠져 있는 시간이 길어질수록, 우리 스스로 주의력을 통제하지 못해 인지능력이 퇴화하게 된다고 밝혔다. 그는 인테넷은 의도적으로 구축한 방해체계로서 우리의 집중력을 분산시키기 위해 만들어진 기계다. 잦은 방해는 우리의 생각을 흩뜨리고, 기억력을 약화시키며 우리를 긴장하고 불안하게 한다. 생각의 흐름이 복잡해질수록, 우리의 집중에 방해가 되는 요소는 사고에 더 큰 손해를 준다.
>
> - 클라우스 슈밥, 『제4차 산업혁명』(*The Fourth Industrial Revolution*) 중에서 -

전 세계적으로 유전자 분석기술을 바탕으로 한 시장은 2010년 24억 달러 수준이었는데 2017년 60억 달러 수준을 넘어 급속도로 성장하고 있다. 바이오기술에는 유전자분석 기술과 게놈을 바탕으로 한 의료서비스, 치료제, 의료기기와 같은 모든 기술이 포함된다. 최근에는 정보통신 기술과 바이오 기술이 접목된 바이오 IT산업도 빠르게 성장하고 있다. 이런 바이오·유전자 관련 기술들은 피 한 방울이면 우리 몸의 설계도를 모두 알 수 있게 된다. 홍콩에서는 쓰레기 무단투기 용의자의 몽타쥬를 유전자기술로 만들었는데, 그 몽타쥬는 길거리에 버려진 담배꽁초에서 유전자를 추출한 다음 범법자의 인종, 얼굴 생김새, 신체적 특징 등을 특정하여 제작하였고 버스정류장에 붙여진 그 몽타쥬의 정확도는 90% 이상이라 하니 놀라운 일이다.

우리 DNA의 게놈지도를 분석하면 우리의 미래를 예측할 수 있다. 언제 무슨 병에 걸릴지, 어떻게 치료를 받아야 할지, 얼마나 오래 살지에 관한 정확한 수치가 제시될 수 있다. 유전자 기술이 이 시대의 과학적 사주팔자인 셈이다. 질병의 위험에 대비해서 수많은 보험에 들고 다양한 질병을 예방하고 치료하기 위해 수많은 약을 먹는 그런 시대는 끝나가고 있다. 유전자 기술은 앞으로 의료, 보험, 교육, 먹거리 산업에 걸쳐 사회 전반에 영향을 미칠 것이다.

따라서 미국과 유럽을 비롯한 많은 나라들이 유전자정보분석사업에 막대한 자금을 투자하며 정부와 민간 차원에서 공을 들이고 있다. 이 부분에서 미국, 영국, 일본 등이 돋보이는데, 특히 중국은 규제가 느슨하고 정부의 대폭적인 지원 아래 빠른 속도로 성장하고 있다. 반면에 우리나라는 황우석 교수의 줄기세포 논문조작사건 이후 규제가 강화되고 신뢰에 타격을 입어 주춤거리고 있다. 2015년 3월 저명한 과학자들은 학술지 〈네이처*nature*〉에 게재된 논문을 통해 인간 배아의 유전자 조작에 대한 모라토리움을 촉구하며 "이 연구에 따른 윤리적 영향과 안전성에 관해 깊은 우려를 표명한다"고 생명윤리의 중요성을 강조한 바 있다. 그런데 불과 한 달 후인 2015년 4월 중국에서는 세계 최초로 인간 배아의 유전자 편집에 관한 과학 논문을 발표함으로써 생명윤리(bio etics)의 문제를 다시 떠오르게 하고 있다. 생명공학이나 유전공학 기술의 발달은 줄기세포에 의한 장기이식이라든지, 유전자 분석·편집·조작 등을 통한 불치병이나 희귀병을 치료함으로써 인간의 생명을 연장하고 보다 건강한 인간을 만드는 데 기여할 것이지만 혈액, 안구, 장기, 그리고 정자·난자에 이르기까지 인체를 상품화하거나 제품화한다는 측면에서는 생명윤리의 중요성을 피할 길이 없을 것이다.

과학기술의 발달은 인간의 탄생과 죽음의 패턴까지도 변화시키고 그 의미에 영향을 미치고 있다. 농업사회에서는 인간은 집에서 태어나고 집에서 죽는 것을, 산업사회에서는 병원에서 태어나고 병원에서 죽는 것을 하나의 패턴으로 받아들였다. 이제 지식·정보화사회에서는 선택으로 태어나고 선택으로 죽는 삶과 죽음의 패턴마저도 새롭게 변해가고 있다. 우리는 어느 날 찰슨 브론슨의 가슴, 플라시도 도밍고의 목소리, 아인슈타인의 두뇌, 이주일의 대머리, 황영조의 다리를 특정하여 맞춤형 아이를 주문할 수 있을 것이고, 네덜란드의 사업가 안힐라리우스가 구상한 죽음의 호텔(Hotel on Horizon)의 서비스 중에서 자신이 선택한 메뉴에 따라 행복한 죽음을 맞이할 수 있을 것이다.

이제 우리는 죽음을 극복하기 위해 예수나 부처를 기다릴 필요가 없다. 전통적으로 죽음은 사제와 신학자의 전공이었지만 오늘날 이 분야를 공학자들이 넘겨받았고 실험실의 괴짜 연구자 두 명이 이를 해결해 낼 수도 있다. 2년 전 구글은 '캘리코'라는 자회사를 설립했는데 그 회사의 목표는 '죽음'이라는 문제를 해결하는 것이다.

- 유발 하라리, 『사피엔스』(*Sapiens*) 중에서 -

세계에서 처음으로 안락사를 허용한 나라는 네덜란드이다. 현재 적극적인 안락사를 허용하는 나라로는 네덜란드, 벨기에, 룩셈부르크, 그리고 미국의 오리건주뿐이다. 우리나라를 비롯한 대부분의 나라들은 소극적인 안락사, 즉 존엄사만을 인정하고 있다. 미국의 죽음의 의사(Dr. Death) 잭 케보키언은 1998년 루게릭병에 걸린 토마스 유크라는 환자의 안락사 장면을 비디오 테이프에 녹화한 다음 CBS방송의 시사프로그램에서 60분 동안 방영하게 해 2급 살인죄로 8년 6개월간 복역 후 가석방되었다. 그는 130여 명을 안락사시켰으며 환자들의 죽을 권리, 즉 죽음에 대한 선택의 자유를 주장하였다. 프랑스에서는 '품위 있게 죽을 권리'를 인정하여 소극적 안락사를 인정하였고, 영국에서는 '왜 우리가 죽기 위해 남의 나라에까지 가야 하는가'를 외치며 안락사 허용을 요구하고 있다. 안락사가 잘 발전한 나라는 스위스인데 잘 알려진 안락사 지원병원의 이름이 라틴어 '디그니타스', 즉 존엄이란 뜻이다. 이 병원은 1998년 설립 이래 304명을 안락사시켰는데 52개국에 걸쳐 4,154명의 회원을 두고 있고, 그 안락사 환자 가운데 2/3가 다른 국가에서 온 환자들이다.

세계적인 물리학자 스티븐 호킹 박사는 "인공지능이 인류의 종말을 불러올 수 있다"며 인공지능이 100년 안에 인류를 넘어설 것 이라고 경고했다. 마이크로소프트의 창업자 빌 게이츠 역시 "인공지능이 인류에 위협이 될 수 있다"고 했고 영화 <아이언맨>의 실제 모델이자 스페이스X와 테슬라의 최고경영인 일론 머스크는 "인공지능은 악마를 소환하는 일"이라고 경고했다. 인공지능이 무기화되는 경우, 누구의 손에 들어 가느냐에 따라 인종청소나 대량학살이 가능해진다. 핵무기처럼 재료 구하기나 생산이 어렵지 않을 것이기에 대량생산도 가능할 것이다. 이미 50개국에서 전투용 로봇이 개발되고 있다는 현실도 우려를 깊게 한다.

- KBS 명견만리제작팀의 명견만리(윤리, 기술, 중국, 교육 편) 중에서 -

산업사회가 발전하면서 애완견과 같은 반려동물들이 인간을 위로하고 인간과 공감하며 인간의 정서적 허전함을 메우고 있다. 제4차 산업혁명은 인공지능의 발달로 반려동물의 역할조차도 인공지능이 대체하게 될 것이다. 이미 요양병원에서 뇌손상 환자들의 친구가 되어 주는 '로봇 파로'라든지, 치매환자들의 치료를 돕는 '로봇 파를로' 등 복지로봇이 등장한 지 오래다. 인공지능은 중국의 대기오염이라든지, 원전사고와 같은 국가재난이라든지 기후변화, 질병, 범죄, 재해 등 인류를 위협하는 많은 부분에서 해결사로 떠오를 것이다. 하지만 2015년 7월 스티븐 호킹, 일론 머스크, 스티브 워즈니악 등 세계적인 과학자들과 기업가 1,000여 명이 인공지능개발의 위험성을 경고하는 공개서한에 서명한 만큼, 인공지능개발에 대한 투명성, 안전성, 그리고 인류문명에 기여해야 한다는 원칙주의는 아무리 강조해도 지나침이 없다.

## 추천 도서

- KBS 명견만리제작팀, 『**명견만리**』(윤리, 기술, 중국, 교육), 인플루엔셜, 2018.
- ___ 명견만리제작팀, 『**명견만리**』(인구, 경제, 북한, 의료), 인플루엔셜, 2018.
- ___ 명견만리제작팀, 『**명견만리**』(정치, 생애, 직업, 탐구), 인플루엔셜, 2018.
- 레이 커즈와일, 김명남·장시형 역, 『**특이점이 온다**』, 김영사, 2007.
- 비비안 포레스테, 김주경 역, 『**경제적 공포**』, 동문선, 1997.
- 앨빈 토플러, 김진욱 역, 『**제3의 물결**』, 범우사, 2014.
- __________, 이규행 역, 『**권력이동**』, 한국경제신문사, 1990.
- 유발 하라리, 김명주 역, 『**호모 데우스**』, 김영사, 2017.
- __________, 전병근 역, 『**21세기를 위한 21가지 제언**』, 김영사.
- __________, 조현욱 역, 『**사피엔스**』, 김영사, 2015.
- 제레미 리프킨, 안진화 역, 『**한계비용제로사회**』, 민음사, 2014.
- ____________, 이경남 역, 『**공감의 시대**』, 민음사, 2010.
- ____________, 이영호 역, 『**노동의 종말**』, 민음사, 2005.
- 제임스 글릭, 박래선·김태훈 역, 『**인포메이션**』, 동아시아, 2017.
- 클라우스 슈밥, 송경진, 『**제4차 산업혁명**』, 새로운 현재, 2016.

주제 13

# 전쟁과 경제



## 1 인간과 전쟁

전쟁의 역사는 인류의 발자취이며, 파괴와 살인에 대한 처절함으로 얼룩져 있다. 그런가 하면 전쟁의 역사는 새로운 변혁의 도화선이고 새로운 문명의 분출구이다. 또한 전쟁의 역사는 우리를 전율케 하는 문학과 영화, 그리고 드라마를 구성하는 소재거리이기도 하다.[1] 어떤 기록에 의하면 인류역사의 90% 이상이 전쟁의 역사이고, 나머지가 평화의 역사라 한다.

사람들은 늘 평화가 정착되면 전쟁은 종식될 것이라 기대해 왔다. 그렇지만 이러한 생각은 모두 빗나가고 말았다. 이는 전쟁이야말로 문명의 탄생 이전부터 인간이 끊임없이 겪어 온 경험의 일부라는 사실을 망각한 결과이다. 역사를 통틀어 통계적으로 볼 때 전쟁은 평화보다 훨씬 더 일

1 오딧세이(페르시아전쟁), 전쟁과 평화(나폴레옹의 러시아 침입), 바람과 함께 사라지다(미국의 남북전쟁). 누구를 위하여 종은 울리나(에스파냐 내란), 마지막 황제(만주사변), 여명의 눈동자(한·일전쟁) 등은 전쟁을 소재로 한 소설, 영화 그리고 드라마이다.

반적인 상황이었다. 한 연구조사에 의하면 지난 3천년 이상 동안 전쟁을 치르지 않은 기간은 286년에 불과했다. 그러기에 일찍이 그리스의 철학자 헤라클레이토스는 전쟁을 일컬어 "만물의 아버지"라 부르지 않았던가.

- 도널드 케이건, 『전쟁과 인간』(*On the Origins of War and the Preservation of Peace*) 중에서 -

제2차 대전 이후 평화의 시기라 할 수 있는 1945년부터 1990년 간을 주로 환산하여 보면 2,340주인데, 이 기간 동안 평화의 주는 겨우 3주에 불과하였다. 1945년 평화가 마련된 이후 전 세계에 걸쳐 일어난 전쟁과 내전은 계산방법에 따라 조금의 차이는 있겠지만 150~160회에 달한다는 사실에 놀라지 않을 수 없다. 이 과정에서 군인 약 720만 명이 살육당했을 뿐만 아니라 부상자, 고문받거나 불구가 된 사람들까지 포함한다면 희생자 수는 더욱 증가된다. 전쟁으로 인한 사망자건 부상자건 군인보다 훨씬 많은 민간인 피해자 수는 이 통계에 포함되지도 않았으며, 전쟁으로 인한 충격으로 죽은 사람들까지 고려한다면 그 피해는 더욱 커지게 된다.

인간의 역사는 전쟁의 역사이다. 전쟁의 원인이나 목적은 시대에 따라 매우 다양하다. 인간은 전쟁을 통해서 영토를 확장하고, 인구를 조절하며, 자신들이 추구하는 종교나 이데올로기를 전파하려 하고, 국가의 힘과 명예를 획득하려 한다.

전쟁의 원인은 여러 가지 형태의 힘일 뿐이다. 민족주의적 허세, 이데올로기를 전파하려는 야욕, 인접영토에서의 혈연보호, 보다 많은 영토나 상업권을 확보하려는 욕망, 패배나 모욕에 대한 복수심, 보다 강력한 국력과 독립에 대한 열망, 동맹을 과시하고 굳건히 하려는 소망, 이 모든 것들이 포장은 다르지만 다 힘을 나타낸다. 경쟁국간의 상충적인 목적은 언제나 힘의 갈등인 것이다.

- 도널드 케이건, 『전쟁과 인간』(*On the Origins of War and the Preservation of Peace*) 중에서 -

에리히 프롬은 전쟁이나 대량학살의 문제를 정신적 문제로 접근한다. 죽음에 대한 사랑, 자기도취, 근친상간적 공생 등이 악의 근원이라고 분석한다.

히틀러나 스탈린은 죽음을 사랑하고 자기도취적이고 어머니에 대한 공생적 집착이 강했기 때문에 이미 성격적으로 독재적이고 파괴적인 방향으로 나가게 되어 있었다는 주장이다. 히틀러는 그의 자서전 나의 투쟁에서 게르만 민족을 매독으로부터 구하고 유태인에게 오염되지 않게 함으로써 게르만 민족의 피를 순수하게 유지해야 한다고 강력한 집착증세를 보여주고 있다. … 그들은 그들의 정위를 애국, 의무, 명예 등으로 합리화하려고 할 것이다. 그들은 증오를 찬송하는 노래를 부를 것이고 그들은 생기가 나서 죽음에 이바지할 수 있을 때에는 온갖 힘을 다 발휘할 것이다. 사실상 전쟁과 폭력 분위기는 쇠퇴의 증세군(죽음에 대한 사랑, 자기도취, 근친상간적 공생)을 가진 사람이 그 힘을 충분히 발휘하게 되는 상황이다. 아마도 이러한 증세군에 의해 동기 부여가 되는 사람들은 극소수에 지나지 않을 것이다. 그러나 그들이나 또는 이러한 동기를 갖지 않은 사람들이나 진정한 동기를 알지 못한다는 사실 때문에 그들은 투쟁, 분쟁, 냉전 또는 열전의 시기에는 증오라는 전염병을 퍼뜨리는 위험한 보균자가 된다.

- 에리히 프롬, 『인간의 마음』(*The Heart of Man*) 중에서 -

산업시대 이전에는 대체로 영토를 확장하고, 종교적 위신을 세우기 위한 전쟁이었다. 원시사회에서는 먹거리의 공급원천인 흙, 숲, 사냥감을 확보하기 위해 경쟁집단간에 전쟁이 벌어지곤 하였다.

밴드 및 촌락사회에서 전쟁을 일으키는 이유는 간단히 설명될 수 있다. 그들은 자신들의 음식 공급의 원천이 되는 흙, 숲, 사냥감을 둘러싸고 경쟁을 하게 되기 때문이다. 이러한 자원들은 고갈되거나 인구증가로 인해 또는 그 두 가지가 겹쳐서 부족해진다. 그때 지역 집단들은 인구 증가율을 줄이거나 아니면 음식 소비를 줄여야 한다는 것을 알게 된다. 산업사회적 피임기구나 중절수술 같은 것이 없는 상황에서 인구를 줄인다는 것은 그 자체로 많은 대가를 치러야 한다. 그리고 음식소비의 질과 양을 줄인다는 것은 어쩔 수 없이 성원들의 건강과 원기를 떨어뜨려 영양부족, 굶주림, 질병 등으로 더 많은 사람들이 죽게 된다. 이러한 대안들에 직면한 밴드 및 촌락사회에게 전쟁은 매혹적인 해결책으로 다가온다. … 밴드 및 촌락사회에서는 전쟁으로 인해 양쪽 모두 멸족하는 경우가 별로 없기 때문에, 각 집단들은 이웃의 인구밀도를 강제로 줄임으로써 자기들의 생활여건을 개선시키는 기회를 얻기 위해 전쟁의 치명적인 위험을 합리적으로 수용한다.

- 마빈 해리스, 『작은인간』(*Our Kind*) 중에서 -

중세에는 7회에 걸친 십자군전쟁이 있었다. 유럽의 기독인들은 회교도들로부터 예루살렘을 회복하려 하였다. 전사들은 예수의 성유물들을 차지하기 위해 앞을 다투어 원정군에 편입되었다. 십자군시대에 막대한 성유물이 동방에서 서방으로 흘러들었다. 그리스도가 못박힌 십자가 조각이라고 일컬어지는 것들의 대부분이 이때 유럽으로 옮겨졌다. 이 과정에서 십자군에 의해 저질러진 침략과 약탈 행위는 만연하였다. 2001년 그리스를 방문한 교황 요한 바오르 2세는 과거 십자군전쟁 중에 벌어진 침략과 약탈, 그리고 끔찍한 살육에 대해 사과의 뜻을 밝힌 바 있다. 소위 군중 십자군은 그리스인들이 사는 마을을 습격했고 심지어 기독교를 믿는 마을 주민들을 잔인하게 살해했다. 십자군들은 잔인하게도 어린아이들의 팔, 다리를 찢어 죽였고 몇몇 아이들은 나무 말뚝에 꽂은 뒤 불에 구워 죽였다. 사실 십자군전쟁을 일으킨 교황 우르바노 2세는 그 전쟁의 목적이 신성로마제국의 황제를 제압하고 자신의 교황권을 강화하려는 야욕에서 비롯됐다. 영주나 기사들이 싸우는 것은 교회에 전혀 보탬이 될 리 없었다. 기사들의 넘치는 에너지를 전쟁에 쏟아붓게 하여 두 마리의 토끼를 한번에 잡으려는 책략이었다. 당시 유럽의 장원제도는 땅이 있어야 주종관계를 이루며 권력을 누릴 수 있는 구조였다. 전쟁에서 승리하면 동로마제국 내 토지를 자기소유로 만들 수 있었다. 영주들은 이런 전쟁에 환호했던 것이고 도시상인들은 새로운 시장의 개척을 위해 전쟁이 필요했던 것이다. 또한 농민들조차도 주린배, 분노, 무기력은 현실적으로 값비싼 전리품에 눈독을 드리며 농기구를 버리고 칼과 창을 들게 했던 것이다. 십자군전쟁은 결과적으로 서방세계와 동방세계 간의 교통과 교역의 발달을 촉진하였고 자유도시의 출현을 앞당겼으며, 동방세계의 비잔틴문화나 회교문화가 유럽인들을 자극하였고 새로운 문명에 눈뜨게 함으로써 근세문명을 발달시키는 데 기여하게 된다.

전쟁의 가능성은 사회제도의 합리화를 재촉하고 문화의 차이를 초월한 균질한 사회구조를 만들어 낼 수 있는 커다란 요인이 된다. 어느 나라나 정치적인 독립을 유지하려고 하면 적국이나 경쟁 상대국이 지닌 테크놀로지를 도입하지 않으면 안된다. 그러나 그 이상으로 전쟁의 위협은 각국에 대해서 테크놀로지를 최대한으로 창조하며 이용할 수 있는 구조로 사회조직을 재편성할 것을 강요한다. 가령 국가라는 것은 이웃나라와 대항하기 위해 일정규모를 갖지 않으면 안되고 그것이 국가통일의 강력한 동기가 된다. 모든 국내자원을 전시 체제에 편입시키는 능력도 필요하고 그것을 위해서는 징세와 각종 규제를 실현할 수 있는 강력한 중앙집권제의 확립이 요구된다. 또 국가로서는 국민의 단결을 저해할 우려가 있는 갖가지 지방적, 종교적, 혈연적인 연관을 잘라내야만 한다. 테크놀로지를 취급하는 능력이 있는 엘리트 육성을 위해 국민의 교육수준의 향상을 도모해야 한다. … 역사를 살펴보면 군사적인 위협에 직면하여 할 수 없이 일련의 개혁을 추진했다는 소위 '방위적 근대화'가 수없이 많다. 루이 13세 치하의 프랑스와 필립 2세 치하의 스페인 등 16세기부터 17세기에 걸친 강력한 중앙집권제는 이웃나라와의 전쟁에 필요한 자금을 확보하기 위해 영토 전역에 걸친 권력의 통합 강화를 도모했다. … 군대의 육성을 위한 막대한 경제적 수요에 응하려고 한 것이, 중앙정부에게는 봉건적인 지방정권을 타파하여 근대적인 국가구조를 만들어낸 계기가 되었다. … 일본에서도 페리 제독이 이끄는 군함의 위협은 개국과 국제경쟁에 참가하는 이외에 선택의 여지가 없다는 것을 모든 다이묘가 깨닫게 하는 결정적인 사건이었다. … 일본의 새로운 지배층은 부국강병이라는 표어 아래 종래의 테라코야(에도시대의 서당)에 대신하여 국가가 운영하는 의무교육 제도를 도입하여 사무라이가 아니라 농민을 모집하여 거대한 군대를 편성하고 전국적인 징세 · 금융 · 통화제도도 구축하였다. 거의 명치유신기에 실현된 일본사회의 변화와 국가적 권력의 재집권화는 청나라처럼 유럽의 식민지 정책에 굴하여 국가의 독립을 잃지 않으려면 서양의 기술을 흡수해야 한다는 다급한 문제의식에 기초한 것이었다.

- 새뮤엘 헌팅톤, 『변화하는 사회에서의 정치질서』(*Political Order in Changing Societies*)에서 -

사회제도, 문화, 그리고 기술수준이 서로 다른 나라들이 전쟁을 통해서 사회제도의 합리화를 재촉하고 문화의 차이를 초월한 균질한 사회구조를 만들 수 있다는 가설이 가능하며 새로운 기술을 빨리 도입하라는 압박으로도 작용할 수 있는 것이다.

하버드대의 그레이엄 앨리슨은 그의 저서 『예정된 전쟁』(*destined for war*)에서 지난 500년 동안의 기록을 분석한 투키디데스의 함정프로젝트 결과를 설명하고 있다. 투키디데스 함정, 즉 2,500년 전 고대 그리스의 두 주요 도시국가를 초토화시킨 아테네와 스파르타간의 전쟁, 즉 펠레폰네소스전쟁의 구조적 요인을 분석하고 다른 유사한 사례에 적용하고 있다. 그는 투키디데스의 함정프로젝트를 통해서 우리에게 전쟁을 촉발시키는 요인은 직접적인 사건보다 그 기저를 형성하고 있는 구조적 상황이라는 사실을 강조하고 있는 것이다. 지난 500년 동안의 역사적 상황을 분석한 결과 주요 신흥 국가의 부상이 지배국가의 입지를 무너뜨린 사례 열여섯 개를 찾아냈고 그 사례 중에서 열두 사례가 전쟁으로 귀결된 원인을 설명한다. 신흥국가의 경우에는 높아진 자의식, 관심사 그리고 국제적 인정과 존중에 대한 권리의식이 높아지는 신흥세력 증후군을 나타내게 되고, 기존 지배세력의 경우에는 쇠락을 경험하면서 공포와 불안심리로 인한 비이성적인 피해망상, 즉 지배세력증후군을 앓게 된다는 것이다. 양 당사국이 전쟁할 의도가 없었다할지라도 이 같은 신흥세력증후군과 지배세력증후군이 충돌하는 경우 자연스럽게 전쟁으로 귀결되는 사례를 구체적으로 설명하고 있다.

## 2 전쟁의 변화

산업시대에 들어오면서 상품시장의 개척과 값싼 원료나 노동력을 확보하기 위한 제국주의 전쟁이 시작되었다. 선진공업국들은 자원이 풍부한 식민지를 확보하기 위해 전쟁도 불사하였다. 독일의 빌헬름 2세는 식민지의 판도를 재편하려는 의도하에 1차 세계대전을 주도하였는데 독일은 이웃 국가들이 용인할 만한 방법을 써서 자국의 국가적 이익을 지키거나 국익을 신장시키려는 어느 유럽 국가하고는 달랐다. 1890년대부터도 제국주의 독일은 근본적으로 불만이 많은 세력이었고 가능하다면 협박으로, 필요하다면 전쟁을 통해서 현 상태를 파괴하고 확장 목적을 실현시키려는 의도를 내 보이고 있었다. 독일의 나치즘, 이탈리아의 파시즘, 일본의 군국주의는 자기민족의 번영과 지속적인 안정을 위한 생존권역의 확보를 목표로 2차 세계대전을 주도하였다. 이탈리아는 '옛로마제국의 영광을', 독일은 '레벤스라움(생존을 위한 영역)의 건설을', 일본은 '대동아공영권의 확보를' 슬로건으로 내세워 또 한차례의 제국주의전쟁을 수행하였다. 특히 일본의 대동아공영권은 섬나라인 일본제국이 자원부족 문제를 해결하기 위해 일본이 필요로 하는 자원부존국들을 자기영토화하려는 제국주의 구상에서 비롯되었다.

**신흥세력과 지배세력 간의 세력다툼으로 희소한 자원에 대한 경쟁이 더 격화되는 경우가 많다. 신흥세력이 팽창하는 경제 때문에 필수 자원을 확보하기 위해서 더 멀리까지 갈 수밖에 없**

어, 지배세력의 지배나 보호 아래에 있는 자원에까지 손을 뻗게 될 때 경쟁은 자원쟁탈전으로 비화될 수 있다. 이 때 한 국가가 스스로 자국의 생존이 걸린 품목이라고 판단하는 수입품을 인정하지 않으려는 시도는 전쟁을 불러올 수 있다.

- 그레이엄 앨리슨, 『예정된 전쟁』(*Destined for War*) 중에서 -

2차 세계대전 이후에는 소련을 중심으로 하는 공산권과 미국을 중심으로 하는 자본주의 권역이 대결하는 이데올로기 전쟁이었다. 한국전쟁, 베트남전쟁, 아프카니스탄 침공 등은 이데올로기 전쟁의 대표적인 예이다. 1989년 미국과 구 소련간에 몰타협정이 체결되자, 이데올로기 전쟁은 종언을 고하고 전쟁의 성격은 전환돼가고 있다.

『문명충돌론』(*The clash of civilizations*)의 저자 새뮤엘 헌팅턴은 미국과 소련 중심의 양극체제가 붕괴되고 1990년대 이후 세계의 긴장은 문화권역 간의 대결로 전환할 것이라 예측한다. 국제적 갈등의 주요 원인이 이데올로기, 즉 공산권이냐 아니면 자본주의권이냐가 아닌 문화적 요소, 즉 서방문명과 비서방문명의 충돌로 성격이 전환할 것이란 주장이다. 특히 서방을 중심으로 한 기독교문명권과 비서방에 흩어져 있는 유교문명권이나 이슬람문명권이 주목의 대상이라고 강조한 바 있다. 『문명충돌론』은 1993년 여름 '포린 어페어스(Foreign Affairs)'지에 실리게 되어 세상에 알려지게 되었고 그 후 3년 동안이나 열띤 논란의 장을 제공한다. 그런데 2001년 9월 11일에 엄청난 사건이 발생하는데 그것은 이슬람 근본주의자들이 지원하고 오사마 빈라덴이 이끄는 테러조직 알카에다가 미국의 뉴욕과 워싱턴을 공격하여 3,000명 이상이 사망하게 된다. 이 사건은 미국의 세속적이고 자유방임적인 문명에 대해 위협을 느낀 이슬람문명, 전근대적이고 봉건적인 무슬림 공동체로의 회귀를 꿈꾸던 이슬람 근본주의자들의 두려움에서 비롯된 것으로 해석된다. 여기서 조금 흥미로운 것은 최첨단 정보체계나 무기체계를 자랑하는 미국이 왜 그렇게 알카에다의 공격에 취약했었는지에 관한 것이다. 소련이 1979년 아프카니스탄을 침공하자 미국은 소련을 저지하기 위해 반소 무장단체 무사헤딘을 1979~89년까지 지원하게 된다. 이 과정에서 미국은 군사기술 및 무기지원, 사우디는 재원을, 파키스탄과 터키 등은 이슬람 의용군 2만 5천 명 등을 미국 주도로 이슬람

지하드에 지원한 셈이 되는 것이다. 미국을 공격한 알카에다는 이런 지원을 바탕으로 전투경험이 노련한 병사, 막사, 훈련장, 병참시설, 이슬람세계를 두루 연결하는 정교한 인적 조직적 연계, 300~500기의 스팅어 미사일 등으로 무장한 미국을 공격 가능한 테러조직이 될 수 있었다는 점이다. 결국 미국의 군사적 지원은 아프칸 의용군의 지하드, 즉 성전을 지원한 셈인데 세계 초강대국 중 하나인 소련을 물리친 다음 또 다른 하나의 초강대국인 미국을 공격할 수 있는 능력을 제공해 준 셈이다. 또 하나 알카에다가 미국을 공격하는데 기여한 요인은 이슬람의 독특한 금융네트워크라 할 수 있는데 하왈라 네트워크(hawala network)라 한다. 하왈라는 비공식 금융시스템으로 이슬람의 독특한 송금 네트워크인데, 송금액수와 코드번호만 알면 세계 어디에서나 돈을 송금받을 수 있다는 특징이 있다. 미국은 송금자와 수신자의 주소나 이름이 전혀 남겨지지 않기 때문에 테러리스트들에게 지원되는 자금줄을 추적할 수 없었다 한다. 이슬람권이 기독교권을 공격한 9.11테러는 신십자군전쟁이라는 해석도 있다. 여기다가 91년 1월 17일부터 38일간 미국을 중심으로 11개의 다국적군이 전개한 사막의 폭풍 작전도 신십자군전쟁의 성격과 자원전쟁의 성격을 부인하기 어렵다. 사실 걸프전의 계기가 된 후세인의 쿠웨이트 침공은 중동지역의 아픈 역사를 반영하고 있고 후세인은 이 전쟁이 군사적으로는 실패하더라도 제2의 낫세르(1956년 이집트의 낫세르 대통령은 프랑스 소유의 수에즈운하를 봉쇄함으로써 전쟁에서 패배했지만 아랍민족의 영웅이요 아랍민족의 민족혼을 일깨우는 데 기여함)가 될 수 있다는 망상에서 시작했다고 볼 수 있다. 사실 제1차 세계대전 이전만 해도 중동지역의 산유국들은 서방의 식민지였고 서방의 정유기술과 유통독점에 따른 가격결정력의 상실로 수탈의 대상이었다. 석유 이전에는 고래기름 정도가 등잔불을 켜는 데 사용되었는데 석유가 채굴되면서 정제, 가공, 수송, 유통, 판매의 모든 이익을 서방기업들이 독식하게 된다. 1960년대 들어서면서 낫세르에 영향받은 아랍민족주의자들이 석유를 국유화하고 OPEC을 결성함으로서 자신들의 자원에 대한 이익을 방어하려 한다. 미국의 경우, 1970년대 초반까지만 해도 이란은 미국의 친구임에 확실했다. 그런데 이란에서 정변이 발생하고 원리주의자인 호메이니가 미국인들을 인질로 잡으면서 사태가 뒤바뀌게 된다. 미국이 이란에서 수모와 축출을 당하게 되는 것이다. 그런데 1980~88년간 이란과 이라크가 전쟁을 치르게 되자 미국은 이라크의 후세인을 지원하기로 결정한다. 미치광이보다 망나니가 낫다는 명분을 내세우면서 말이다. 그런 다음 1990년대에는 걸프전이 전개되고 후세인은 미국에 의해 제거되고 만다. 1991년 미국은 한 달 만에 사담 후세인의 군사력을 궤멸시키는데, 다국적군의 전사자는 150명 미만에 불과했다. 미국은 우주기반 조종 및 감시 시스템, 토마호크미사일과 같은 정밀 유도탄, 레이더를 피할 수 있는 스텔스 전투기를 동원하여 이라크 군의 명령-통제 시스템을 파괴시킴으로써 이라크 사령관들의 눈과 귀를 멀게 하는 데 성공했던 것이다.

걸프전을 보도하는 아랍 언론들은 말끝마다 미국을 위하여 신의 가호를 들먹이는 부시 대통령의 발언에서 이것이 종교전쟁이라는 확신을 갖게 한다고 주장한다. 타임스 오브 인디아지는 이 전쟁이 강하고 오만한 유대-크리스트교의 세계와 허약한 이슬람 세계의 종교적 열정을 매개로 한 전면적 대결로 비화할 수 있다고 걸프전을 강하게 비판하기도 한다. 미국의 한 관리가 걸프전의 성과를 언급할 걸 보면 걸프전의 성격이 자원전쟁이라는 점도 부각된다. 걸프전은 세계최대의 유전을 서구의 군사력에 안보를 의탁하는 사우디, 아랍 토호국들이 관리하느냐, 아니면 서구에 석유를 무기로 활용할 능력이 있고 또 그럴 의사가 있는 독립적인 반서구 국가들이 관리하느냐를 둘러싼 대립이었다. 서구는 후세인을 권좌에서 몰아내지는 못했지만은 걸프국가들의 안보가 서구에 달려 있다는 점을 단적으로 드러냈다는 점에서 승리를 거두었고, 평화시에도 이 지역에 군대를 주둔시킬 수 있게 되었다. 전쟁 전에는 이란, 이라크, 걸프협력회의와 미국이 걸프의 주도권을 놓고 각축을 벌였다. 전쟁이 끝난 후에는 걸프만은 미국의 호수가 되었다. 걸프만은 중동지역의 석유가 서방세계로 나오는 통로라는 점에서 서방의 입장에서는 전략적 요충지이다. 미국은 2차 걸프전에서 후세인 제거에 성공하고 걸프만을 완전히 장악하는 데 성공한다. 2차 걸프전을 수행하는데 미국이 쏟아부은 전쟁비용은 600억~1,000억 달러에 이르는 것으로 추정된다. 우리나라의 경우에도 1차 걸프전에 의무병과 공병부대를 파견했고 모래가 날리는 사막전에서 한국산 콘돔은 총구마개로 미군의 손실을 줄이는 데 기여했다. 2차 걸프전에서는 자이툰부대가 파병되어 지역개발이나 지역주민에 대한 계몽에 주력하는데 이를 민사작전이라 한다. 또한 한국가스공사를 비롯한 우리나라 기업들도 자이툰부대 파병과 함께 이라크 개발사업에 참여하게 된다.

탈냉전 시대가 열리면서 깃발을 비롯하여 십자가, 초승달 같은 문화 정체성의 상징물들이 중요성을 가지게 된다. 문화가 중요해졌고, 이데올로기가 아닌 문화적 정체성이야말로 대부분의 사람들에게 가장 의미 있는 것으로 받아들여졌기 때문이다.

사람들은, 새롭지만 대개는 해묵은 정체성을 발견하여, 새롭지만 대개는 해묵은 깃발 아래 행진을 벌이다가, 새롭지만 대개는 해묵은 적수와 전쟁을 벌인다. 세계적 규모의 문명 전쟁을 낳을 수 있는 좀 더 위험한 원천은 문명과 문명 사이에서, 그리고 핵심국과 핵심국 사이에서 나타나는 세력판도의 변화이다. 중국의 부상이 지금처럼 지속될 경우 중국은 인류사의 가장 덩치 큰 주역답게 21세기 초반의 국제 안정에 막대한 압박을 가할 것이다. 중국이 동아시아와 동남아시아의 패권국으로 떠오르는 것은 미국이 이제까지 추구하여 온 국익에 정면으로 배치된다.

- 새뮤엘 헌팅턴, 『문명충돌론』(*The clash of civilizations*) 중에서 -

인류 역사를 통해 볼 때 인간은 공동의 문화에 대한 일체감보다 공동의 적에 대한 반감이 더 크게 작동한다. 새뮤엘 헌팅턴은 어찌보면 미국과 이슬람의 충돌을 예견한 셈이고 그 다음으로 미국과 중국의 충돌 가능성에 무게를 두고 있다. 인간은 다양한 문명들이 평화로운 교류와 공존 속에서 서로의 역사, 이상, 예술, 문화를 서로 배우고 서로의 삶을 풍요롭게 하는 방향으로 나아가야 한다. 만약 그렇지 않을 경우, 인구과잉으로 비좁고 복잡성이 증강된 이 세계는 오해, 갈등, 충돌로 인한 파국을 피할 수 없을 것이다. 무엇보다도 서로 다른 문명권이 충돌하는 것이야말로 가장 치명적인 세계평화의 위협이 될 것이며, 문명에 바탕을 둔 국제질서만이 세계대전을 막는 가장 확실한 방어 수단이라는 점에 주목해야 한다.

## 3 전쟁과 경제

전쟁을 수행하는 수단들은 무기체계이며 한편으로는 경제적 생산능력이다. 과학기술의 수준이 무기체계를 구축한다면, 경제적 생산능력은 군수물자를 조달해 준다. 전쟁의 성격은 범위, 살상력, 속도라는 매개변수에 의해 규정된다. 전산업시대의 전쟁이 활, 창, 칼이라는 무기체계가 결정하는 범위, 살상력, 속도에 의해 규정된다면, 산업시대의 전쟁은 기관총, 탱크, 비행기가 결정하는 범위, 살상력, 속도에 의해 규정되고, 정보화시대의 전쟁은 레이저, 미사일, 인공위성이 결정하는 범위, 살상력, 속도에 의해 규정된다. 경제력은 군사력을 구축하고, 군사력은 경제력을 확장하고 유지하는 힘으로써 작동한다. 경제력을 확장하고 유지하기 위해 군사력이 필요하다면, 군사력을 확장하고 유지하기 위해 경제력이 그 바탕을 이룬다. 또한 전쟁의 승패의 요인이나 전쟁수행의 전략·전술도 경제적 생산능력과 밀접한 관련성을 가진다. 강대국 간의 주요 장기전쟁 모두의 결과는 생산적 경제력이 가장 중요한 영향을 미친다는 것을 보여줄 뿐만 아니라 전쟁기간이 아닌 기간에도 경제성장률은 강대국들 간의 상대적 강약관계를 규정하게 된다.

쿠웨이트의 경우에는 이라크보다 경제적으로 우위를 점하고 있었다. 하지만 쿠웨이트는 그 경제력을 지키기 위한 방위체제를 구축하는 데 무기력하였다. 이라크가 침공하자 그들의 경제력은 일거에 파괴되고 말았다. 구 소련의 경우에는 미국과 경합하는 양극체제를 유지해 갈 수 있는 경제력을 유지하는데 실패하였다. 최첨단의 무기체제를 유지할 수 있는 과학기술과 경제력이 빈곤했던 것이다. 또한 경제력에 대한 군사적 과잉신장이 구 소련의 경제를 더욱 괴롭히는 멍에가 되어 버렸다. 구 소련은 군사적인 용도로 자원을 유용하기 위해 만든 이중가격제 때문에, 소비에트의 경제계획 관리들은 저들이 안고 있는 적자와 숨겨진 인플레이션을 파악할 수 없었다. 이런 결과가 1980년대 미국과의 군비경쟁을 포기하는 몰타협정과 1990년대 신데탕트체제로 미국과의 체제경쟁에서 한 발 물러서게 되는 것이다. 후한 말 중국에서는 조조, 유비, 손권이라는 군웅들이 전하통일을 목표로 치열한 군사적 대결을 도모해 간다. 소위 삼국시대라하는 군웅할거시대를 말하는 것이며, 이것을 문학작품화한 것이 삼국지이다. 여기에서 제갈공명은 변화무쌍한 기습전술로 단기전을 구사하는가 하면, 조조는 정규전을 중심으로 하는 장기적인 전략·전술을 구사하고 있다. 한 연구에 의하면 조조의 나라인 위나라의 경제력이 5라면 유비의 나라 촉나라의 경제력은 1이라는 것이다. 따라서 위나라는 장기전에 유리하고 촉나라는 단기전에 승부를 걸어야 했다는 주장이다. 제1,2차 세계대전, 한국전쟁 그리고 베트남전쟁 등은 전쟁에 참전한 국가들은 물론 전장에 인접한 이웃국가들에 이르기까지 국가경제에 전쟁으로부터 파급된 긍정적

효과를 나누게 된다. 전쟁에 참여한 국가들의 경우, 패전국은 말할 것도 없고 전쟁에 승리하였다 하더라도 경제적으로는 침체의 늪에 빠지기도 한다. 전쟁을 수행하는 과정에서 엄청난 재원이 소진되고, 산업시설이 파괴되었기 때문이다.

국가간 적대관계의 무질서하고 경쟁적인 성격 때문에 지난 5세기 동안의 국제문제의 역사는 전쟁 또는 적어도 전쟁준비의 역사로 점철되어 사회가 공적 또는 사적인 재화를 위해 사용할 자원을 탕진해버리는 경우가 많았다.

- 폴 케네디, 『강대국의 흥망』(*The Rising and Fall of the Great Powers*) 중에서 -

또한 전쟁을 수행하는 기간 동안 전시동원체제를 구축하고, 산업구조를 재편하여 전쟁 이후에 경제적 도약을 이룩한 국가들도 있다. 한편 전장에 이웃한 국가들의 경우에는 오히려 전쟁특수로 인해 경제적 성장의 계기를 맞이하기도 한다. 전쟁을 수행하는 국가들에 물자를 공급하고, 재원을 조달하며, 기술을 용이하게 이전받을 수 있기 때문이다.

## 4 1, 2차 세계대전과 세계경제

1, 2차 세계대전은 제국주의적 전쟁의 속성을 가진다. 유럽인들의 전 세계 지배율 추이를 살펴보면 1680년 35%, 1878년 67%, 1차 세계대전이 발발한 1914에는 무려 84%까지 치솟고 있다.

1911년 37세의 영국해군 장관 윈스턴 처칠은 동료장관들에게 평화를 원한다면 전쟁을 준비하라는 로마시대의 경고를 공유했다. 처칠은 전쟁준비는 부, 천연자원 그리고 영토의 보존을 보장받을 수 있는 유일한 방법이라고 강조했다.

처칠은 1911년부터 1차 세계대전이 발발한 사이의 약 1,000일 동안 독일의 군사력 증강에 대해 압도할 수 있는 영국 해군의 우위를 유지하기 위해 초인적 노력을 기울였다. 처칠은 기술

발전에 개방적이고 그 기술을 적용하려는 의지도 강했으므로 '당대의 전쟁도구'의 '가장 효과적인 응용'도 확실히 실현했다. 전함을 더 많이 만들었을 뿐 아니라 첨단 기술을 이용해서 그 전함의 위력을 더 강화했다. 예컨대 새로 만든 15인치짜리 총으로 무장수준을 높이고, 석탄 대신에 석유를 동력으로 삼아 더 빨리 움직일 수 있게 만들었으며, 새로운 전쟁 도구인 전투기를 배치했다.

- 그레이엄 앨리슨, 『예정된 전쟁』(*Destined for War*) 중에서 -

영국은 독일을 비롯한 신흥세력들에 대한 불안에 시달렸고 독일을 비롯한 신흥세력들은 야심과 분노에 사로잡혔다. 사라예보에서 일어났던 오스트리아 왕세자 암살사건은 영국의 입장에서 발칸지역에 대한 중요한 국가이익이 걸려있는 문제도 아니었다. 문제는 강력한 독일이 대륙에서 하는 일을 방관한다면 영국에 대한 위협으로 돌아올 수 있다는 두려움에서 비롯되었다. 영국은 무적의 해군력을 바탕으로 해가 지지 않는 제국을 건설하였고 1880년까지 전 세계 제조업과 무역의 1/4을 담당하는 세계의 공장이며 세계 경제성장의 동력이고 세계무역의 보호자였다.

그 당시 열강 국가별 식민지 분포를 보면 프랑스는 베트남·인도차이나반도·알제리·북아프리카, 벨기에에는 콩고, 네덜란드는 인도네시아, 독일은 남서 및 동부 아프리카, 일본은 조선(태프트 카쓰라 밀약으로 일본과 미국은 서로 식민지를 인정), 미국은 필리핀, 하와이, 중남미 등을 차지하고 있다. 그런데 해가 지지 않는 나라 영국은 그야말로 팩스 브리타니아 시대를 구가하고 있었다. 영국의 경우에는 경제적으로 가치있고 전략적으로도 중요한 대부분의 나라들을 식민지로 선점하고 있었다. 영국의 식민지를 살펴보면 미(1783), 이집트, 앤티카바부다, 오스트레일리아, 바하마, 바레인, 방글라데시, 바르바도스, 벨리제, 브루나이, 도미니카, 피지, 감비아, 가나, 그레나다, 기아나, 홍콩, 인도, 아일랜드, 자메이카, 예멘, 캐나다, 카타르, 케냐, 키리바시, 쿠웨이트, 레소토, 말라위, 말레이시아, 몰디브, 말타, 모리셔스, 미얀마, 나우루, 뉴질랜드, 나이지리아, 오만, 파키스탄, 파푸아뉴기니, 르완다. 세인트 키츠네비스, 세인트루시아, 세인트빈센트, 솔로몬군도, 잠비아, 세이셸, 시에라리온, 짐바브웨, 싱가포르, 스리랑카, 남아프리카, 수단, 스와질랜드, 통가, 트리니다드토바고, 투발루, 우간다, 바누아투, 아랍에미리트, 사이프러스 등

총 60개국이나 된다.

1899년 보어전쟁으로 영국의 지위가 흔들리는 모습을 보이기 시작하면서 여러 경쟁국들은 과학과 산업분야에서도 상당부분 영국을 추월하기 시작하였다. 영국의 입장에서는 독일, 미국과 프랑스 그리고 러시아가 가장 우려스러운 경쟁국가로 부각되었다. 러시아는 유럽에서 가장 큰 육군과 세 번째로 큰 함대 그리고 빠르게 성장하는 산업기반을 갖추고 있었으며 프랑스와 동맹을 맺음으로써 영국을 위협하였다. 미국은 1870년 무렵 경제적으로 영국을 따라잡았으며 1913년에는 영국이 세계 공산품 생산의 13%인 반면 미국은 32%로 증가하였다. 1895년 미국은 베네수엘라를 두고 영국을 압박하였고 먼로주의(1823년)를 실현하기 위한 군사적 외교적 조치들을 강화하였다.

독일은 1866년 비스마르크(오스트리아와 프랑스와의 전쟁에서 승리)에 의해 수십 개의 독립국으로 묶여진 독일제국을 건설하였고 1910년에는 독일경제가 영국을 능가하였다(세계공산품의 14.8%를 차지, 영국은 13.6%로 하락). 1914년에는 강철생산능력에서 영국의 2배를 능가하였고 독일은 중공업이나 공산품 영역뿐만 아니라 전기나 석유화학영역에서도 영국을 따라잡아가고 있었다. 독일은 1901~1914년간 노벨상을 18개 수상할 정도로 물리학과 화학을 비롯한 과학전반에서 세계최고 수준에 다다르게 된다.

독일은 1888년 젊은 황제 빌헬름 2세가 즉위하면서 독일의 국력에 걸맞는 세계열강, 세계정책을 강력하게 추진하게 된다. 비스마르크 대신 베른하르트 폰 뷜로를 외무장관에 임명하고 세계확장이라는 비전을 실현할 것을 노골화하기 시작한다. 뷜로는 "우리는 이제 아늑한 양지쪽 자리를 요구한다." "세계는 이미 분할이 끝났는데라고 말하게 내버려둘 수 없다"고 공언하였고 빌헬름 2세는 이제 옛 제국은 사라지고 새로운 제국이 만들어지는 중이라고 연설하였다.

1890년 미국의 해군 전략가 앨프리드 세이어 머핸이 쓴 『제해권이 역사에 미친 영향』이라는 저서는 빌헬름 2세에게 강력한 해군력만이 독일의 세계확장을 실현시킬 수 있는 유일한 수단임을 확신케 했다. 독일은 1898년과 1900년에 통과된 제1차 및 제2차 해군법을 통해 전함을 대규모로 확장해 가는데 그 규모가 38척으로, 1904년 러일전쟁에서 러시아 함대가 참패하자독일은 세계3위라는 해군력의 지위를 확보하게 된다. 영국은 독일과의 해군 경쟁을 멈추게 하기 위해 1908

년 빌헬름 2세에게 군비경쟁을 제한하는 제안을 거절당하자 1906년부터 진수한 드레드노트 전함(이전 전함보다 더 빠르고, 더 크고, 화력이 더 강한)을 더욱 확장하였고 1914년 1차 대전 발발 당시 영국은 드레드노트가 20척인 반면 독일은 13척이어서 영국은 우위를 점할 수 있었다.

1차 세계대전은 독일이 식민지에 대한 지배구도를 깨부수고 영국 중심의 식민지 질서를 파괴함으로써 독일이 세계열강의 반열에 오르려는 욕망에서 비롯된 세계사적 비극으로 해석할 수 있다. 1차 세계대전은 신흥세력을 대표하는 독일을 비롯한 오스트리아, 헝가리, 불가리아, 투르크 대 기득권 세력을 대표하는 영국을 비롯한 세르비아, 러시아, 프랑스, 미국, 일본 등의 대결에서 비롯되었다.

1913년에는 영국, 프랑스, 이탈리아가 생산하고 소비한 전기를 모두 합쳐도 독일이 생산,소비한 전력의 80% 정도밖에 되지 않았다. 1914년 까지 독일인이 보유한 전화기의 수는 영국의 두 배였고, 철도의 수도 거의 두배였다. 독일의 과학기술은 영국을 능가하여 세계 최고 수준이 되었다. 정부의 적극적인 부양 정책과 권위있는 대학들의 지원 덕분이었다. 첫 노벨상 수상자가 나온 1901년과 1914년 사이에 독일이 받은 총 노벨상 수는 18개에 달해서, 영국의 두 배가 넘고 미국의 네 배에 이르렀다. 물리학과 화학 분야에서 받은 상만도 10개로, 영국과 미국이 받은 것을 합한 수보다 거의 두 배에 달했다. … 이 시기에 일본과 이탈리아와 미국, 심지어 벨기에를 포함한 많은 나라들이 제국주의의 길을 걷기 시작했다. 그러나 독일에게 주목할 만한 부분은, 당시의 식민지 상황을 바꾸고자 하는 강렬한 열망과 이런 시도를 할 수 있게 해준 엄청난 국력 그리고 세계가 급속하게 분할, 점령되고 있는 테이블에 늦게 도착한 탓에 정당한 몫을 빼앗기고 말았다는 심리가 결합되어 있었다는 것이다.

- 그레이엄 앨리슨, 『예정된 전쟁』(*Destined for War*) 중에서 -

영국은 1차 세계대전의 주승전국이었다. 하지만 1차 세계대전을 수행하는 과정에서 영국은 막대한 경제자원을 소진하였고, 미국이나 일본으로부터 물자를 조달함은 물론, 재원조달을 위해 막대한 차관을 도입하기에 이른다. 1차 세계대전이 마무리되자 전쟁물자를 조달하였던 미국과 일본은 채권국으로 부상하게 되는 반면, 승전국으로 개선하였던 대영제국은 채무국으로 전락하고 만다.

> 1914년 이전 산업화는 제1차 세계대전으로 크게 가속화되었다. 그것은 협상국의 군수품주문과 일본 해운업에 대한 급격한 수요 때문이기도 했지만 일본의 수출업자들이 서양이 더 이상 공급하지 않게 된 아시아 시장에 발을 들여놓았기 때문이다. 전쟁기간 수출입은 3배로 늘고 강철·시멘트생산은 2배로 늘었다. 화학과 전기산업도 크게 늘었다. 미국과 마찬가지로 일본은 전쟁기간 중 외채를 변제하여 채권국이 되었다. … 국제연맹의 월드 이코노믹 서베이에 의하면 전쟁으로 제조업 부문의 생산량은 미국을 능가하였고, 1919~1938년 기간 그 같은 성장을 지속하여 신장률은 소련 다음이었다.
>
> - 폴 케네디, 『강대국의 흥망』(*The rising and fall of the Great Powers*) 중에서 -

일본은 1902년 맺은 영일동맹(영국은 독일함대의 위협에 대비하기 위해 서반구에서의 패권을 미국에게 내어주고 극동지역에서 일본과 방위동맹을 맺음으로서 영국해군의 부담을 줄이려는 전략적 동맹)을 근거로 참전했으나 전선은 어차피 유럽과 태평양에서 벌어진 상황이어서 1차 대전 과정에서 전사자 독일 180만 명, 러시아170만 명, 프랑스 140만 명, 영국 95만 명, 미국 12만 명이었지만 만주에 주둔한 일본군의 인명피해는 거의 제로에 가까웠다. 일본은 오히려 아편전쟁 이후 독일의 조차지역에 주둔한 독일군을 무장해제시킨다는 명목으로 산둥반도로 이동 청도(찡타오)를 차지하게 된다. 1차 세계대전은 베르전투에서 사상 최초로 기관총, 탱크, 비행기, 잠수함, 독가스가 동원된 대량살상의 전쟁이었고 양 진영 간 참호전투의 장기화는 더욱 많은 사상자를 양산했다. 1,000만 명 이상이 사망하고 약 3,000만 명이 중상으로 평생을 불구로 살아야 했으며, 770 만명이 포로 및 실종되는 살아남을 수 있는 확률이 50% 미만인 참극이었다. 참호전투의 참혹상을 그린 영화가 1930년대 『서부전선 이상없다』이다. 경제적 손실도 어마어마해서 3,300억 달러 규모에 이르는 것으로 추산된다. 독일은 전쟁 초반에는 승기를 잡고 있었지만 전통에 빛나는 영국 해군에 제해권을 뺏기게되자 물자수송 불가능, 해외식민지 상실에 의한 식량 및 물자부족으로 당시 영아사망률이 90% 이상으로 치닫게 된다. 독일은 최후의 수단으로 1917년 무제한 잠수함전을 명령 U보트를 동원하여 태평양을 왕래하는 민간상선, 중립국의 상선과 여객선까지 침몰시키자 유럽전쟁으로 많은 경제적 이득을 얻고 있던 미국마저도 드디어 1917년 4월 2일 독일을 상대로 선전포고하게 된다. 미국의 참전의 결정적 계기는 이외에도 독일의 외무장관 아서 치미만이 멕시코 외무장관에게 암호전통문을 보냈는데, 연합국이 이 암호문을 해석한 결과 1846~48간의 미-멕시코전쟁의 결과인 과달루페히달고협정(켈리포니아, 애리조나, 텍사스, 뉴멕시코 등을 미국에 양도하기로 한 협정)을 미국을 후방에서 공격해 준다면 이것을 멕시코에 되돌리겠다는 내용이였다.

제1차 세계대전은 영국인이 쇠퇴를 자각하는 하나의 전기로 작용한다. 영국은 제1차 대전에서 113억 2,500만 파운드라는 막대한 경비를 쏟아붓게 된다. 영국은 전쟁비용을 마련하기 위해 많은 해외자산을 팔아야 했고 미국으로부터는 거액의 자금을 빌려야 했다. 따라서 영국은 제1차 대전에서 승전했지만 경제적으로는 채권국에서 채무국으로 전락하는 수모를 당하게 된다. 따라서 유럽의 경우에도 전체적으로 국제채무가 증가하고, 반면 미국의 경우에는 세계 최대의 채권국으로 부상하게 됨에 따라 세계의 금융중심지는 1914~1919년 사이에 자연히 대서양을 건너 런던에서 뉴욕으로 넘어가게 된다. 미국은 1차 대전을 계기로 농업국에서 공업국으로 전환하게 되는데 이때 군산복합체의 기초가 마련되는 것이다. 미국은 1차 대전 기간 동안 식량과 군수물자를 유럽에 수출하여 30억 달러 채무국에서 150억 달러 채권국으로 전환되고 금보유고가 4배 증가하는데 세계금유통량의 2/5를 미국이 보유하게 된다. 이를 바탕으로 뉴욕의 세계금융 중심가인 월스트리트가가 구축되는 것이다.[2] 1차 세계대전은 공산주의자들에게 제2차 인테내셔날의 실패를 확인시켜 주는데, 1912년 공산주의자들은 세계전쟁의 징후를 예상하고 제국주의 전쟁을 비판하면서 "프롤레타리아에게는 조국이 없다. 만국의 노동자여 단결하라! 그대들이 잃을 것은 쇠사슬밖에 없다"고 반전 결의를 공포한 바 있다. 그러나 전쟁이 터지자 노동자계급이 모두 자기 조국의 국기를 달고 전선에서 계급이 아닌 조국을 위해 싸우고 만 것이다. 노동자라는 계급적 이데올로기가 민족주의라는 국가적 이데올로기를 제압하지 못한 결과이다.

다른 한편으로는 1차 세계대전을 마무리하는 과정에서 맺어진 베르사이유조약에서 부과되었던 독일에 대한 지나친 전후배상 문제와 1920년대 말 세계대공황의 여파는 세계무역과 신용체제에 치명타를 가하게 된다. 독일의 전후배상금은

2 맨해튼 섬은 미국이 네덜란드에서 24달러에 매입한 것이고 1924년 리버티 33번지에 뉴욕연방은행 지하금고가 만들어진다. 이 금고에는 57만 4천 개의 골드바가 보관돼 있고 관광상품화되었다. 이 금고는 지금까지 한번도 털릴 적이 없고 영화 『다이하드 3』는 이 금고를 터는 내용이다.

400억 달러이고 2년 동안 전후배상금을 금으로 갚아야 하며 10만 이하의 군대유지 및 해외식민지 포기라는 내용까지 독일을 압박하였다. 1933년 히틀러가 집권하게 되는데 군축회의와 국제연맹에서 탈퇴하고 1935년에는 베르사이유조약의 군비제한조항을 일방적으로 파기선언하였고, 유럽의 의혹의 눈길을 피하기 위해 1936년에는 베를린올림픽까지 치르게 된다. 히틀러 사망후 발견된 1936년에 작성된 히틀러의 비밀메모에는 "4년 안에 전투태세를 갖출 것이다. 독일경제는 4년 안에 전쟁의 발판을 마련할 것이다"라는 내용이 기록돼 있다. 베르사이유조약에는 유럽의 경제적 재건을 위한 조항이 없었다. 경제문제에서 벗어난 주된 이유는 배상 때문이며, 배상은 종교, 정치, 선거용 문제로 다루어졌기 때문이었다.

세계경제는 대공황에 빠지게 되고 교역국들은 자국의 이익만을 고집하며 보호주의로 일관하는 국제경제환경이 더욱 악화의 길을 걷게 된다. 1932년 여름 대다수 나라의 산업생산이 1928년의 절반 수준으로 축소되었고, 세계무역은 1/3이나 줄었다. 유럽의 무역량은(1928년 580억 달러) 1935년에도 여전히 208억 달러 수준에 머물렀는데 이 같은 퇴조는 해운과 조선·보험업 등을 강타했다. 미국에서는 공화당의 하딩이 민주당의 윌슨을 제치고 대통령에 당선되자 하딩 대통령을 중심으로 하는 국가제일주의가 국제질서를 규정하였고, 윌슨이 제창하였던 민족자결주의는 무너지고 전쟁의 참화를 저지하려던 국제동맹마저도 허수아비가 되어버렸다. 1차 세계대전이 종결되고 맞이한 1920년대는 황금의 시대였다. 전쟁으로 촉진된 기술개발이 째즈, 찰스턴, 전화, 컨베이어벨트, 새로운 음악, 춤, 의사소통수단, 새로운 생산기술 등으로 경제를 호황으로 밀어붙인 것이다. 그런데 1929년 10월 25일 금요일(검은 금요일) 뉴욕증권시장의 대폭락으로 세계최초의 경제대공황이 발생한 것이다. 주가가 하루 만에 1/3가격으로 폭락하고 그 여파로 11명이 허드슨강에 뛰어든, 영국의 처칠 수상이 30년전쟁이라고 표현할 만큼 충격적인 경제공포가 세계경제를 덮친 것이다. 미국에서 비롯된 세계대공황은 우선 유럽에서 전쟁종결로 인한 유럽 공장들이 재가동되고 미국에서는 무기재고가 증가하였고 더구나 전장에서 돌아온 군인 실업자 증가 등이 재고증가와 유효수요 부족을 심화시켰는데, 정부의 정책조차 긴축재정의 기조로 헛발질을 하면서 사태는 더욱 악화된 것이다. 여기다가 보호무역주의로 돌아선 세계경제는 1932년 캐나다 오타와에서 열린 경제대책회의에서조차 블록경제를 심화시키는 악수를 선택하게 된다. 세계경제가 달러, 파운드, 마르크, 프랑, 엔화 등 통화권별로 블록화를 형성하고 차별관세, 구상무역, 수입통제, 외환의 관리 등으로 경쟁적 평가절하와 근린궁핍화(beggar-thy-neighbor) 정책을 앞세우고 만다. 자유무역주의는 고사되었고 세계경제는 일본공영권, 대영제국, 프랑스연합, 독일-동유럽, 민주주의 미국 등으로 재편하게 된다. 세계교역이 1/3 감소했고 실업률은 30~40%로 치솟았으며 인플레이션은 독일의 경우 9년 동안 1조 퍼센트라는 살인적인 수준에 이르게 된다. 이탈리아는 식량난과 생필품 부족으로 거의 폭동수준이었고 100만 명 이상의 노동자와 농민이 파업을 하게 되며 미국의 경우에는 5,000여 개 은행이 부도를 냈고 900만 명의 통장이 종이쪽지가 되어 버렸다. 모든 나라들이 국가이기주의에 빠져 세계경제는 블록화됐고 그 결과 모든 나라들이 수입을 억제했기 때문에 당연히 수출이 감소됐고 경기는 더욱 하락했으며 그럴수록 경제장벽은 높아졌고 결국에는 군사장벽과 전쟁의 기운이 높아졌던 것이다. 세계경제위기는 몇몇 국가에서 전체주의(totalitarianism) 정권을 탄생시키게 되는데 일본의 군국주의(militarism), 이탈리아의 파시즘(fascism), 독일의 나치즘(nazism) 정권이다. 전체주의란 개인은 전체를 위하여 개인의 자유를 무시할 수 있으며, 자신을 희생하여야 한다는 일종의 독재정치에 해당한다. 자기 민족이나 국가의 생존과 번영을 위해 개인의 희생은 감수해야 한다는 이데올로기로 또다시 세계대전의 길로 나서게 되는 것이다. 자신의 이익은 뒤로 하고 커다란 공동체의 일원으로서 조화를 이루며 살아야 한다. "다른 민족과의 경쟁에서 이겨낼 수 있고, 위대한 민족국가로 다시 태어날 수 있다. 복종하고 투쟁하라."

히틀러의 나치당이 1933년에 독일에서 정권을 잡을 수 있던 것은 바로 지독한 초인플레 덕분이었다. 경제학자들은 히틀러를 인플레이션의 양자라 비아냥대기도 한다. 1914.7.~23.11. 9년간 독일은 1조%의 인플레율을 기록했는데 1914년 7월 독일의 구두 1컬레가 4마르크에서 1923년 11월에는 4조 2천억 마르크가 되었고 1920년 감자 1포가 1마르크에서 1923년 11월에는 1천억 마르크가 되었다. 1923년 미국의 국회의원 앤드류가 독일을 방문했는데 미국달러 7달러로 40억 마르크를 환전했으며 식사 한끼에 10억 5,000마르크, 그리고 4억 마르크의 팁을 지불했다. 1923년 식당에서 식사를 시작했을 때 식대가 1천억 마르크에서 끝날 무렵에는 1천 150억마르크가 되었고 계산서 받을 무렵에는 1천 250억 마르크가 되었다. 우표 1장에 5억 마르크였다니 그런 상황에서 독일 국민들은 자유보다는 빵을 원했던 것이다. 에리히 프롬은 이런 현상을 자유로부터 도피라 분석했다. 히틀러는 전쟁준비를 자동차 산업과 고속도로 건설로 몰아가는데 1933년 9월부터 아우토반(Autobahne) 건설이 시작되자 무려 20만 명이 넘는 인원이 동원되었고, 1939년 대략 3,000km의 도로망을 건설하게 된다. 자동차산업과 고속도로 건설로 제조업이 활기를 찾고 실업이 감소되자 독일 국민들은 히틀러에게 열광하게 된다. 히틀러가 독일 국민들을 선동했던 레벤스라움은 독일민족의 생존을 위한 영역확보에 있다. 여기다가 인종주의까지 가미했는데 "프랑스, 에스파냐, 이탈리아에 깔려 있는 라틴족은 인종쓰레기이고, 아시아의 황인종은 인간이라 할 수 없는 저질 족속이며, 흑인은 입에 담기조차 부끄러운 가장 낮은 생물이다. 무엇보다도 지구상에 존재하는 인종 가운데 가장 악질은 유대인이다"라며 세계경제의 어려움을 공산주의와 유대인들의 탐욕으로 그 책임을 전가시킨 것이다. 히틀러는 심리적으로 독일국민들의 자유로부터의 도피라는 사회적 심리상태를 이용했고 사상적으로는 니체의 초인주의(짜라투스트라는 이렇게 말했다)를 이용했으며 이론적으로는 독일에서 발달한 역사학파들의 국수주의라는 경제이론을 이용했다.

세계경제질서가 무너지자 일본에서는 군국주의자들이, 독일에서는 나치주의자들이, 이탈리아에서는 파시주의자들이 정권을 장악하고 자신의 국가이익을 위해서는 전쟁도 불사해야 한다고 국민들을 선동하기 시작하였다. 일본의 경우에는 1894~95년 청일전쟁에서 승리하였으나 3국 간섭으로 얻은 땅에서 철수하는 치욕을 견디면서 10년 동안 러시아와의 일전을 준비하게 된다. 러시아가 만주의 뤼순항을 조차하고 시베리아 횡단철도를 연장해서 모스크바와 황해를 연결하려는 시도는 일본의 입장에서 러시아가 동양 전체를 지배할 수 있는 제해권이나 경제적 영향력에 대한 위협으로 간주하게 된다. 1904년 일본은 러시아에게 만주의 핵심지역에 대한 지배권을 양도할 것을 요구했고 이를 거부하자 일본은 선제공격을 감행한다. 러일전쟁의 승리로 일본은 랴오둥반도, 남만주철도, 사할린섬 절반의 지배권과 한반도를 점령하고 1931년에는 소위 난징의 강간이라 불리는 중일전쟁을 일으켜 중국 본토의 절반가량을 차지하게 된다. 1933년 일본은 아시아인을 위한 아시아를 선포하면서 극동지역의 평화와 질서 유지의 책임은 일본에 있다는 일본판 먼로독트린을 발표하게 된다. 자원이 부족한 섬나라 일본은 대동아공영권을 내세우며 군국주의 국가로 변신한 것이다. 현역 장군이었던 도죠히데끼가 수상을 맡아 전쟁준비에 치중한 나머지 1930년대 대장상 다카하시가 지나친 군비지출을 공개적으로 비판하다가 암살당하는 사건까지 발생한다. 일본은 외자를 적극으로 도입하고 1936~37년간 방위예산을 47%까지 급신장시킨다. 일본은 100만 대군, 200만 예비군, 제로전투기, 세계최대 야마토급 군함으로 무장한 또 하나의 전체주의, 즉 군국주의 국가로 부상하게 된다.

미국은 일본의 야심과 행동을 더 이상 용납할 수 없게 되자 처음에는 미국이 일본으로 수출하는 고품질 고철과 항공기연료에 대한 금수조처를 취하게 된다. 일본의 야욕이 계속되자 미국은 철, 구리, 놋쇠 그리고 석유까지 수출이 금지되면서 일본의 지도자들은 진주만에 선제적인 타격을 준비하게 된다. 진주만 기습공격 계획을 수립한 야마모토 이소로쿠 장군은 미국과 영국을 상대로 전쟁을 시작한다면 6개월에서 1년 동안은 승리할 수 있으나 전쟁이 2,3년 지속된다면 승리를 자신할 수 없다고 주장한 바 있다.

일본은 '동아시아에서 새로운 질서'를 구축하고자 1931년 만주를 점령하기 위한 군사행동을 일방적으로 감행했다. 일본의 군대는 중국의 심장부까지 확장되었고 1937년의 난징 대학살에서 그 무자비함이 절정에 달했다. 미국은 자국의 동맹국에 대한 일본의 공격을 실망스러운 마음으로 지켜봤지만 처음에 프랭클린 루스벨트 대통령은 대응을 자제하려고 노력했다. 심지어 일본이 미국인들을 구하기 위해 난징 근처로 온 미국 배를 폭파시켰을 때조차 마찬가지였다. 그러나 다음 몇 년 동안 미국은 중국을 돕기 위한 수순을 밟기 시작했고 일본에 대한 경제적 제재를 점차 심각한 수준으로 늘려나갔다. 이 섬나라는 원유, 고무, 고철 같은 핵심적인 원자재를 거의 완전히 수입에 의존했기 때문에 그리고 영토 확장이 이런 천연자원 조달과 강대국으로서의 미래에 필수라고 여겼기 때문에, 일본 대사 노무라 기치사부로는 1941년 12월 워싱턴을 향해 이렇게 말했다. "일본인들은 … 미국으로부터 그들의 입장에 굴복하도록 심하게 강요받고 있으며, 압력에 굴복하느니 차라리 싸우는 게 낫다고 믿고 있습니다." … 결과적으로 1941년 8월에 프랭크린 루스벨트가 일본을 상대로 단행한 원유 금수 조치가 결정타였다. … 필사적이 된 일본 지도자들은 동남아시아와 네덜란드령 동인도의 자원이 풍부한 땅을 점령하기 위한 길을 확보하기 위해서 진주만에 있는 미 태평양 함대에 결정타를 가하는 선제공격 계획을 승인했다.

- 그레이엄 앨리슨, 『예정된 전쟁』(*Destined for War*) 중에서 -

여기다가 일본은 옥쇄(천왕을 위한 절대적 충성), 즉 '최후의 한 사람까지 싸운다'는 가미카제 정신까지 무장하게 된다. 1944년 궁지에 몰린 일본은 가미카제 특공대로 미국의 함대를 공격하는데 그 당시 어머니에게 보낸 한 병사의 유서가 관광지에서 상품화되어 있다. "오카상 저는 사쿠라 잎이 산화하듯 스러질 것이며, 그 죽음이 구슬 부서지듯 아름답기를 바랄 뿐입니다." 마치 무사가 벚꽃처럼 주군을 위해 할복하는 모습의 연장처럼 보인다. 미얀마전투에서 미군이 최초로 일본군과 전투를 치르는데 그 결과 포로 대 전사자가 세계평균 4:1인 데 반해 일본군은 1:120라는 놀라운 상황에 직면하게 된다. 놀란 미국인들이 일본인을 문화인류학적으로 연구한 결과가 『국화와 칼』이란 책으로 출간된다.

세계경제의 어려움과 이런 상황에서 출현한 전체주의 국가들에 의해 1939년에는 또 한 차례의 세계대전이 발발하는데, 이 전쟁도 결국 영토확장이나 자원확보를 목적으로 삼는 제국주의적 전쟁의 속성을 가지게 된다. 일본은 1937년 난징을 공략하고 1940년 북부 인도차이나를 공격함으로써 미국으로부터 경제제재를 당하게 된다. 일본은 동남아시아로부터 여러 가지 천연자원들을 확보하여야 하는데 미국이 해상수송로를 봉쇄해 오자 1941년 12월 8일 진주만 기습작전을 수행하게 되고, '도라 도라 도라'라는 진주만 기습작전의 성공이 본국에 타전됨으로써 마침내 미국을 상대로 한 제1차 태평양전쟁에 돌입하게 된다. 권위 있는 일본의 잡지 '오리엔털 이코노미스트'는 1941년 9월호 논설에서 이렇게 기술하고 있다. 석유는 근대국가의 생존에 불가결한 생필품인데도 일본의 석유공급이 미국의 변덕과 호의에 의존한데서야 일본이 살아남을 수단은 비굴하게도 미국의 비위를 맞출 수밖에 없다는 데 문제가 있다. 그러나 어떠한 인종이나 민족도 자존심이 있다면, 그와 같은 생존의 길을 감수할 수는 없다. 미국의 해상봉쇄 전략에 대해 일본은 이미 내부적으로 전의를 불태우고 있었다는 것을 알 수 있는 것이다.

정치학자 야베 데이지는 이 결점을 알아채고 1940년에 해군성에 제출한 논문에서 이렇게 지적하였다. 만일 미국이 굳이 일본 경제의 전면봉쇄를 감행한다면, 대일본제국은 고철, 석유, 특히 항공기 연료, 기계, 구리, 몰리브덴, 바나듐, 목화 등의 확보에서 매우 어려운 상황에 직면할 것이다. 그리고 만일 캐나다, 오스트레일리아, 뉴질랜드, 인도, 영국령 말레이시아, 필리핀 군도 등이 협력을 거부한다면 일본은 양모, 목화, 고무, 펄프, 니켈, 납, 구리, 보크사이트, 철 등에 대해서도 다시 문제를 안게 될 것이다.

- 조지 프리드먼, 『제2차 태평양전쟁』(*The coming War with Japan*) 중에서 -

일본에 의한 진주만 기습을 도화선으로 미국은 2차 세계대전의 참전을 정당화하였고, 일본의 군함과 상선 그 밖의 모든 선박에 대해 무차별 공격을 가함으로써 일본의 기습에 대응하였다. 미국은 잠수함에 의한 일본의 상선이나 민간 선박에까지 무차별 공격을 가함으로써 일본이 필요로 하는 석유·광물자원 등의 수입로를 차단하였다. 결국 일본과 미국이 벌인 제1차 태평양전쟁은 자원을 확보하려는 일본의 도전에서 비롯되었고, 미국이 일본에 대한 해외자원 수송로를 차단함으로써 이미 승부는 결정되었던 것이다. 1940년부터 1944년 사이에 일본의 석탄 수입은 62%, 철광석 수입은 65%, 그리고 총수입량은 54%나 감소하게 된다. 1945년에는 일본의 총수입량이 전전년 수준의 90%에 이를 정도로 감소 폭이 커지게 된다. 미국의 잠수함들은 인도로부터 남북 해상로와 일본 연안에서 해상봉쇄작전을 전개함으로써 일본으로의 원료공급을 철저히 막아버린 결과이다. 해외로부터의 원료의 유입이 차단된다는 것은 일본군이 군대를 유지하기 위한 군수물자 공급에서 결정적인 타격을 입었음을 의미한다. 미군의 공습과 해상봉쇄 작전으로 일본은 이미 전쟁능력을 상실해 버린 것이다.

1945년 무솔리니는 스위스로 도주하던 도중 이탈리아 유격대에 피살되고 아돌프 히틀러의 권총 자살로 독일은 1945년 5월 8일 무조건 항복하게 된다. 이런 상황에서 미국은 전후 세계질서에 대한 주도권을 고민하게 되는데, 결국 1945년 8월 6일 히로시마에 8월 9일에는 나가사키에 원폭을 투하하게 된다. 지열이 6,000도로 모든 구조물은 불에 타거나 무너져 내렸고 오렌지색 섬광과 함께 수많은 유리조각이 사람들의 목을 뚫고 지나갔다. 지역인구의 30%인 7만 명이 그 자리에서 사망하였고, 13만 명이 부상당했다. 제2차 세계대전은 5,500만 명이 사망하는 참극이었다. 특히 독일과 일본이 저지른 인종참사는 잔인하기 그지없다. 히틀러의 인종청소로 아우슈비츠 수용소에서 유대인들이 1942년 하루 평균 2만 명씩 학살당했고 폴란드에서 1942년부터 집단살해계획인 홀로코스트에 의해 600만 명이 살해당했으며 살아남은 유대인은 겨우 200만 명 정도이다. 이런 와중에서 인종청소를 당한 집시들도 60~80만 명에 이른다. 인간을 가장 경제적으로 죽이는 방법으로 독가스를 활용했고, 시체에서 기름을 추출하여 비누를 만들었으며, 머리카락으로는 매트리스를 만들어 사용했다. 아우슈비츠 수용소에서 히틀러에게 보고된 보고용 사진에는 서너살 딸, 대여섯살 아들을 꼭 껴안은 젊은 어머니가 자녀들을 안심시키며, 가스실을 향하여 어거지로 걸어가는 모습 한쪽에는 총을 든 간수들이, 다른 한쪽에는 유태인 수용소 동료들로 구성된 악대가 히틀러가 좋아하는 바그너의 행진곡을 연주하며, 죽음을 축하하고 있다. 일본의 경우에는 중국 하얼빈에 주둔한 731부대에서 소위 마루타를 대상으로 인간에 대한 생체해부실험과 냉동실험 같은 잔학행위를 자행하였다. 731부대는 세균을 담은 사탕을 농촌 마을에 뿌리는 등 생체실험 대상으로 어린이까지 노렸을 정도로 잔혹했다. 생체실험에 약 3,000여 명이 희생되었고 1937~1942년까지 일본은 모두 1,700여 발의 세균탄을 생산했다. 전후 전범재판이 열렸으나 이시이 시로를 비롯한 731부대 부대원들은 기소면제를 받았을 뿐만 아니라 15만~20만 엔(현재가치로 약 2,000만~4,000만 엔)에 가까운 보상금까지 챙기는 아이러니가 발생한다. 연구원들 중에는 우리 한국인도 끼어있었고 그들 대부분은 전후 일본의학계와 한국의학계에서 왕성하게 활동한 것으로 드러났다. 이런 이해하기 어려운 사태는 미국 정부와 맥아더가 생체실험자료를 일본으로부터 넘겨 받기 위하여 저지른 인종차별적 반인륜적 암거래에서 기인했으며, 1995년 미국의 기밀문서가 공개되면서 이와 관련한 숨겨져 왔던 비밀들이 낱낱이 밝혀지게 되었다.

전쟁이 종결될 무렵 1944년 미국과 영국이 중심이 된 연합국 대표들은 어려운 세계경제가 세계대전을 2차례나 발생시켰다는 반성하에서 전후 세계경제질서에 대한 국제기구의 필요성을 공감하게 된다. 서방세계의 지도자들은 1944년 미국의 브레튼우즈에서 전후의 세계경제질서를 규정하는 GATT체제(브레튼우즈체제)와 IMF, IBRD를 마련하는 데 합의하게 된다. GATT란 자유무역을 확대하는 실물교역의 질서를 유지하기 위한 장치이고, IMF란 자유무역을 보장할 수 있는 국제금융의 질서를 유지하기 위한 장치이다. IMF는 국제수지가 위기상황에 처한 나라들이 디플레이션 정책을 사용하지 않고서도 국제수지 적자를 줄일 수 있도록 차관을 제공하는 목적을 갖고 있다. IBRD의 경우에는 전쟁으로 파괴된 유럽국가들이나 식민지에서 벗어나 독립한 지 얼마 되지 않은 국가들의 재건이나 경제발전을 돕기 위한 목적으로 설립되었다. GATT체제는 WTO체제로 발전하여 여전히 자유무역질서를 보장하고 있다. 미국은 이때 당시 미국이 주도적으로 전후 세계경제질서를 마련해야 한다고 확신하였다. 왜냐하면 잘못하면 또다시 세계경제질서를 경제 블록화가 망칠 우려가 있기 때문이었다. 일본과 독일의 군국주의를 군사적으로 때려 부술 수가 있다고 해도 국제경제질서가 혼란해지면 사회주의나 파시즘 등과 같은 전체주의 국가가 또다시 등장하게 되고, 그것은 또다시 세계전쟁을 유발할 수 있는 가능성을 경계한 결과물이다.

## 5 한국전쟁과 일본경제

2차 대전이 일본의 무조건 항복으로 종결되고 우리나라는 광복을 맞이했지만 한반도에 주둔한 일본군을 무장해체시킬 정식 군대가 없다는 이유로 우리는 분단의 아픔을 맡게 된다. 미국과 소련의 군정을 거쳐 통일국가를 염원했지만 북한지역은 친소정권인 김일성 정부 그리고 남한지역은 친미정권인 이승만 정부로 갈라서는 분단의 역사가 시작된 것이다. 미국의 안전보장선인 애치슨 선언에서 한국과 대만이 제외되고 1949년 소련도 핵실험에 성공함으로써 한반도에서는 전쟁의 가능성이 높아지게 된다. 미국은 군사적으로나 경제적으로 한국보다는 일본의 가치를 중시했기 때문에 어찌보면 일본이 당해야 할 아픔을 우리가 감당했다는 역사적 아이러니에 씁쓸함을 감출 수 없다. 전후 일본을 통치한 맥아더는 일본을 효과적으로 제압하고 친미정권을 세우기 위해 전범인 천왕을 사면하고 그의 신적 지위를 인간으로 하야시킴으로써 자신의 권위를 강화하는 길을 선택하게 된다. 미국은 전범국가인 일본을 다룸에 있어 독일과 다른 선택을 하게 되는데 이 과정에서 맥아더의 역할이 지대했다. 맥아더는 본국 정부에 "그를 기소하는 것은 의심할 여지없이 일본 국민들의 엄청난 반발을 불러일으킬 것입니다. 그는 일본인을 하나로 묶는 상징적인 존재입니다. 만약 그를 죽인다면 일본은 붕괴될 것이고 그로 인해 오랜 기간 동안 유지되어야 할 수백만 명의 군대가 필요해질 겁니다"라는 내용의 전문을 본국에 보냈던 것이다. 맥아더의 일본통치에 대한 이런 전략은 성공하게 되는데, 전쟁에 대한 모든 책임을 도조 히데끼 장군에게 지워 끝내기를 한 것으로 볼 수 있으며 함상에서 넥타이를 풀어 재낀 맥아더가 히로히토 일본 천왕과 악수하는 사진을 공개함으로써 일본인들의 절대적 통치자를 신적 존재에서 인간적 존재로 끌어내리는 데 성공한다.

한편, 일본은 태평양전쟁에서 패전함으로써 1945년 동경지방법원 판사가 법정 식량기준을 준수하다가 아사할 정도로 경제가 피폐해 있었다. 한국전이 발발하자 일본의 총리인 요시다는 "이제 일본은 살았다" 하고 소리쳤다.

1949년에 간행된 '태평양 전쟁에 의한 일본의 피해 종합 보고서'에 따르면, 일본 공업의 전쟁 피해는 설비 기계의 피해율에서 20.1%, 가장 피해율이 높은 석유 정제업은 58%였다. 수력발전 설비는 거의 피해가 없었으나 화력발전 설비는 30%가 파괴되었다. … 가장 중대한 것은 패전 후 국제무역이 점령군의 관리하에 놓여져서, 부족한 식량을 보충하는 정도의 대외무역으로 제한되었다는 점과, 가혹한 대일 전쟁배상구상이 현실적으로 대두되었던 것을 알 수 있다.

- 아사히 저널, 『세계경제삼국지(하)』(*The Romance of Three Empires*) 중에서 -

1950년 6월 24일에는 가미야 쇼타로 토요타 자동차 사장이 로스앤젤레스 공항에 내리고 있었다. 토요타 자동차는 300대 미만의 월간 판매량과 막대한 재고로 인하여 위기에 처해 있었다. 쇼타로는 미국의 포드가 토요타의 트럭을 구매해 줄 것을 간청하기 위해 절박한 심경으로 미국 땅을 밟았던 것이다. 그런데 2개월 후 쇼타로가 일본에 돌아와 보니 상황은 전혀 반전돼 있었다. 한국전이 발발하여 미국 국무성은 한국전에 투입할 트럭들을 월 수천 대씩 주문해 놓고 있는 것이 아닌가. 한국전쟁 기간 동안 미국은 일본에서 트럭에서 마대에 이르기까지 온갖 군수물자들을 조달하였고, 이에 따라 일본의 무역수지는 개선되었으며 미쓰비시, 히다치, 가와자키, 니혼 마타이 등의 일본 기업들이 불황에서 구제될 수 있었다. 여기서 가장 주목할 것은 미군이 필요로 하고 있던 자재를 일본이 공급함으로써, 일본은 기간산업을 발전시킬 수 있었고, 그것이 나중의 대량소비재의 생산확대로 이어질 수 있었다는 점이다. 또한 일본에는 미국의 진보된 생산기술을 활용할 기회도 주어졌고, 미국은 전쟁에 이기기 위해서 이런 기술들을 자진해서 일본에 양도하는 상황이 벌어진 것이다. 여기다가 전쟁에서 승리하기 위해서는 미국이 일본에 필요한 만큼의 자원을 공급하지 않을 수 없는 상황논리까지 적용받게 된다. 이렇게 되자 일본 경제는 공업생산고 측면에서 1953년에는 1949년의 2배 이상으로 치솟게 된다.

또한 일본경제는 2차 대전 이후 미국과 구 소련을 중심으로 하는 양극체제를 활용하여 더욱 도약해 간다. 미국은 공산주의 확산을 방지하기 위해 서유럽에 마샬플랜이라는 경제지원계획을 추진하였고, 아시아의 경우에는 일본을 마샬플랜의 대상으로 설정하였다. 일본의 산업스파이들을 용인하고 일본의 고정환율제 1949~74년까지 1달러당 360엔을 유지시킨다. 미국의 입장에서는 대외원조로 유럽과 일본의 부흥을 도모하려는 미국의 의도가 성공하고 있었다. 유럽부흥계획(마샬플랜)과 일본에 대한 비슷한 계획은 당면한 사회적 및 경제적 위기를 극복하는데 지렛대 역할을 수행했으며, 이런 결과로 유럽이나 일본 어디에서도 반미 정당이 정권을 장악할 우려가 사라져버린 것이였다. 미국은 일본에서 대 공산권에 대한 정보를 수집하고, 군사기지를 활용하는 대가로 경제적 번영을 지원해 주었던 셈이다. 일본은 양극체제라는 대결 축 사이에 끼어 미국의 군사력을 이용함은 물론 경제적 이득까지 챙길 수 있는 지정학적 위치를 잘 활용하는 행운을 누릴 수 있었다.

1953년에 스탈린의 죽음이 보도되자 도쿄 주식시장의 주가가 폭락했을 정도였다. 왜냐하면 스탈린의 호전성이 일본을 구제하였기 때문이었다. 그가 죽음으로써 평화가 초래되는 게 아닐까 하는 억측이 일본의 투자가를 벌벌 떨게 만들었다. 한국전쟁이 끝나자 역시 1954년에는 경기후퇴가 일어났다.

- 조지 프리드먼, 『제2차 태평양전쟁』(*The coming War with Japan*) 중에서 -

미국이 수십 년 동안 일본을 구 소련, 중국, 베트남, 북한 같은 정치적·군사적 적대 세력에 대한 정보활동의 전초기지로 활용해오는 동안, 일본은 경제와 군사안보라는 두 가지 목표를 동시에 추구해 왔고, 또한 달성할 수 있었다.

- 필립 차일드, 『경제전쟁과 미국 CIA』 중에서 -

## 6 베트남전쟁과 한국경제

한국경제는 1961년 1인당 GNP 76달러였고 UN 회원국 120개국 중 119위로 인도 다음으로 빈곤한 나라였다. 이 때 필리핀은 1인당 GNP가 170달러였고 태국은 1인당 GNP가 220달러 수준이었다. 2017년 필리핀의 1인당 GDP는 3,000달러 수준이고 우리는 거의 30,000달러를 돌파하려 한다. 1961년은 군사쿠데타에 의한 박정희 정권의 출범으로 한국내 경제적 사정은 더욱 악화되었다. 미국으로부터 쿠데타 정권이라는 비난과 함께 모든 식량원조가 중단되었기 때문이다. 이런 급박한 상황에서 박정희 정권은 독일에 우리 근로자들을 파견하고 베트남에 우리 군대를 파병하는 전략으로 돌파구를 찾으려 했다. 1962부터 경제개발 5개년계획을 바탕으로 화폐개혁과 함께 수출지향적 경제정책을 추진했지만 기술수준이나 자본의 부족으로 우리의 1호 수출품은 가발, 2호 수출품은 플라스틱 꽃, 3호 수출품은 코리안 밍크(쥐털 옷) 수준이었다. 한편 독일은 전쟁을 일으킨 책임을 물어 동독과 서독으로 분단되는데 미국은 동구권을 비롯한 유럽의 공산화 도미노를 막기 위해 서유럽부흥계획(Marshall plan)을 추진하게 된다. 따라서 서독은 경제 붐이 일어나고 인력은 부족한 상황을 맞이하였는데 이를 이용하여 박정희 정권은 독일과 광부와 간호사 수출을 협상하게 된다. 이들의 월급을 담보로 하여 독일 정부로부터 1억 4천만 마르크의 차관을 일으켰으며 1964년 독일을 국빈 방문한 박정희 대통령은 라인강의 기적과 아우토반(약 3,000km)을 가슴에 새기고 귀국하게 된다. 1964년 한국은 1인당 GNP 100달러를 달성하고 1965년에는 수출 1억 달러를 달성하였으며 서울-부산간 고속도로 건설을 계획하게 된다. 박정희 정권은 한편으로는 미국과의 관계 개선과 부족한 외화를 확충하기 위해 월남전 파병을 결정하게 되는데 1965~70년까지 약 31만 명의 젊은이들을 미국의 용병으로 베트남전선에 수출한 셈이다. 이 전쟁에서 한국 군대는 가장 위험한 밀림지대에 배치되었고 그 결과 2만여 명의 고엽제환자가 아직도 고통받고 있으며 약 4,700여 명의 전사자라는 희생도 발생한 것이다.

통킹만 사건으로 발발한 베트남전쟁은 1960년대 미국에서는 뜨거운 감자에 해당하는 문젯거리였다. 미국의 민주당 정권에 쿠데타 정권으로 무시당하던 박정희 정권은 베트남전쟁에 우리 젊은이들을 용병으로 보내는 선물을 제공함으로써 미국으로부터 환심과 차관을 얻어내는 데 성공한다. 베트남전쟁은 1960년대 자본이 부족한 한국경제가 외화를 획득하는 데 기여하였을 뿐만 아니라 1970년대 석유파동의 험난한 파고를 이겨내는 데에도 중장비 인력양성으로 동력을 제공하게 된다. 미국은 한국군이 베트남전에 참전하는 대가로 간접군비를 포함한 장병들의 월급과 생명수당을 지급하였다. 또한 베트남전 참전으로 한국의 기업들이 베트남에 파견되어 미군의 중장비 기술을 습득할 수 있었다. 1965~70년간 미국이 한국에 지급한 간접군비는 14억 8천만 달러였고 한국정부는 장병의 월급과 생명수당에 대해 80%를 본국으로 송금하도록 조치하였다. 대월남경제협력단에서 6억 2,502만 달러가 유입되었고 미국으로부터 1억 5천만 달러 규모의 차관이 이루어졌다. 이런 자금들을 바탕으로 우리나라에도 독일의 아우토반에는 비교가 되지 않지만 최초의 고속도로 경부고속도로 430km가 1970년에 개통되게 된다. 그 당시 고속도로 건설비용은 1km당 1억원이었는데 일본의 경우 1km당의 4억원으로 질적으로 열악하지만 사회간접자본이 형성된 것이라 할 수 있다. 이 당시 베트남에 진출한 우리나라 기업들은 대림, 현대, 삼한, 한진, 대한항공 등 79개 업체였으며, 25,000명의 민간 기술자들이 파견되었다. 1973년 석유파동이 일자 석유가격은 하루 아침에 3~4배로 뛰어오르고, 중동에는 소위 오일달러가 넘치게 되었는데 한국경제는 외국자본을 빌려다가 중화학공업에 투자하랴, 석유수입에 충당하랴 외환위기에 직면하게 된다. 석유 한 방울 나지 않는 한국경제는 선택의 여지가 없게 된다. 중동으로 몰려드는 오일달러를 획득하기 위해 베트남전쟁에서 채득한 중장비 기술을 바탕으로 건설업체들이 중동으로 진출하게 되고 중동 건설수출은 1970년대 한국경제의 외화부족 문제를 해결하는 데 일등공신이 된다. 소위 정주영 신화가 만들어지는 것인데 사우디 주베이 신산업 항만공사는 국제적인 건설사업에 경험이 없던 우리 기업들에 가능성과 자신감을 제공한 사건이었다. 철빔을 포항에서 제작하여 뗏목에 실고 사우디아라비아까지 끌고가 주베이 항만공사를 완공시킨 것이다. 조선산업의 경우에도 정주영 회장의 기업가정신이 빛을 발한 일화도 유명하다. 영국 버클레이 은행으로부터 1만 톤급 조선공장을 짓기 위해 차관을 끌어오는데 1592년 우리는 철갑선 거북선을 만들었다는 점을 부각시켜 상대를 설득하는 데 50원짜리 지폐를 활용했다는 이야기이다.

## 7 전쟁과 과학기술

제1차 세계대전 중 폭약과 고무에 대한 독일과 연합국 간의 기술경쟁은 치열했다. 연합군은 동남아시아에서 독일로 가는 천연고무 공급선을 봉쇄하게 되는데 여기에 대응하여 독일은 대형 화학회사들로 하여금 유사 고무 제품들을 개발하게 한다. 유사 고무 제품들 가운데 가장 뛰어난 제품은 수타이렌 뷰타다이엔 고무(styrene butadiene rubber, SBR)로 이 제품은 천연고무와 매우 유사하다는 특징을 가진다. 또한 제1차 세계대전 초기에 독일은 TNT(트라이: tri, 나이트로: nitro, 톨루엔: toluene) 기반의 폭약을 사용하였고, 반면에 프랑스나 영국은 피크로산 기반의 폭약을 사용했는데 폭약에서 독일은 프랑스나 영국보다 우위를 점하게 된다. 젖은 피크로산은 점화가 어렵고 충격에 민감하며 두꺼운 장갑판을 뚫을 수 없을 정도로 폭발력이 약하다는 데 문제가 있었다. 따라서 영국은 폭약개발계획(crash program)을 수립하고 미국의 도움으로 많은 양의 TNT를 확보하여 TNT 기반의 폭탄과 폭약을 개발하게 된다. 또한 폭약을 만드는 과정에서 질산($NHO_3$)이 필요하고 질산을 만들기 위해서는 암모니아($NH_3$)가 필요하게 된다. 이런 필요에 의해서 독일의 화학자 프리츠 하버는 수소기체와 공기 중의 질소를 결합시켜 암모니아를 인공적으로 합성하는 공정을 개발하는 데 성공한다. 1913년 최초로 암모니아 합성공장이 독일에 세워졌는데 이 공장은 비료 제조를 위한 암모니아와 폭탄제조에 쓰일 나이트로 화합물 제조를 위한 질산을 보유하는 능력을 갖게 한다. 지금까지도 비료생산을 위한 암모니아가 하버공정으로 생산되고 있으며 나이트로 화합물은 전쟁과 테러, 터널, 운하, 도로, 철도의 건설 등에 사용되고 있다.

영국과 미국의 경우에는 전쟁으로 인한 인명피해와 산업시설의 파괴가 경제에 악영향을 미치기도 하였지만 경제정책, 산업구조, 기술개발 측면에서 전쟁은 이롭게 작용하였다. 2차 세계대전 과정에서 정부에 의한 동원체제가 국민경제에 새로운 수요를 창출하고 실업문제를 해결하는 능력을 보여줌으로써 민간경제에 대한 정부의 간섭을 수용하는 계기가 마련되기도 하였다. 2차 세계대전은 미국의 루즈벨트 정권이 정책으로 해결하려다가 실패한 일을 성공할 수 있게 영향을 미쳤다. 전쟁으로 인해 미국은 대공황으로부터 벗어나고 사회의 위협이 되었던 대량실업에 종지부를 찍을 수 있었던 것이다. 미국 서부의 공업화가 가속화되었고 그로 인한 경제적 과실은 최소 20년간 유지되었다. 전쟁이 일어나는 순간 정부의 역할과 국민의 의식은 일대 전환을 맞이하게 된다. 즉 정부가 경제운영에 깊이 관여하게 되고, 생산이 민수에서 군수로 크게 전환되며 자유주의자들조차도 정부의 개입을 받아들이는 계기가 된다. 또한 생산라인이 민수에서 군수로 전환되면서 응용범위가 넓은 최첨단기술들을 양산해 내고, 대량생산 시스템이나 설계의 개량, 품질관리제도의 획기적인 도입 등으로 생산성을 향상시키게 된다. 2차 세계대전 기간 중 군사적 연구분야가 가장 폭넓은 응용범위의 최첨단 기술들을 창출했는데 레이더, 제트엔진, 핵분열, 전자계산 시스템, 인조 고무, 나일론, 플라스틱, 항생물질, 살충제 등이 이 때 영국에서 태어난 것이다.

1941년 12월, 일본의 진주만 습격으로 미국은 제2차 세계대전에 참전하게 되자 임박한 전시 고무 부족문제해결을 위한 여러 가지 안이 제시되었고 미국 대통령 프랭클린 델러노 루스벨트는 특별위원회를 만들어 여러 안들을 검토할 것을 지시했다. 위원회는 "고무의 대량 공급선을 빨리 확보하지 못하면 전쟁과 내수 경제 모두 실패할 것이다"라는 결론을 내렸다. … 제2차 세계대전 중 러시아는 고무를 얻기 위한 미봉책으로 자국에서 자라는 민들레를 사용했지만 루스벨트의 위원회는 그렇게 해서 얻은 수액은 양도 적고 품질도 믿을 수 없다고 생각했다. 위원회가 결론 내린 유일한 합리적인 해결책은 합성고무를 생산하는 것이었다. … 1920년, 미국 뉴저지의 스탠더드 오일사는 독일기업 이게파르벤과 합성원유관련 공정을 공유할 것을 골자로 하는 제휴를 맺었다. 이 협정에 따르면 스탠더드 오일이 SBR공정을 포함한 이게파르벤의 일부 특허에 대한 접근 권한을 가진다고 규정되어 있었다. 그러나 이게파르벤이 자신의 기술 세부 사항을 스텐더드 오일과 공유할 의무가 있는 것은 아니었다. 1938년, 나치 정부는 독일의 선진 고무 제조 기술에 관한 어떤 정보도 미국으로 넘어가서는 안 된다는 통고를 이게파르벤에 전달했다. 그렇지만 결국 이게파르벤은 SBR 관련 특허를 스탠더드 오일에 보여주고 만다. 이게파르벤은 SBR의 특허 내용을 스탠더드 오일에 보여 준다고 해서 SBR을 상용화할 수는 없을 거라 확신했다. 이 생각은 판단 착오였다. 미국의 화학산업계가 총동원되어 SBR 제조 공정을 급속도로 발전시켰다. 1941년 미국의 합성고무 생산량은 겨우 8,000톤이었지만 1945년에는 80만 톤 이상으로 늘어났는데 이는 미국 전체 고무 소비량의 상당량을 차지하는 양이었다. 단기간에 그렇게 많은 양의 고무를 생산한 것은 원자폭탄의 발명 다음으로 20세기 공학의 가장 위대한 업적으로 여겨진다.

- 페니 르 쿠터-제이 버레슨, 『역사를 바꾼 17가지 화학이야기』(*Napoleon's Buttons*) 1권 중에서 -

제4차 산업혁명을 주도하는 기술들은 국가안보에서도 광범위하게 사용될 것이다. 드론, 자율무기, 우주의 군사화, 웨어러블 기기, 적층가공기술, 재생에너지기술, 나노기술, 생물학 무기, 생화학 무기, 소셜미디어 등 모든 기술들이 공격이나 방어무기체계나 전술·전략에 활용될 것이다. 전쟁의 범위는 우주영역까지 확대되고 살상력은 치명적이며 더욱 정밀해질 것이다. 속도 면에서도 포탄이나 미사일의 속도가 아닌 빛의 속도로 빨라질 것이다. 드론기술은 하늘을 나는 로봇을 가능하게 하고 인공지능과 결합되면 자율무기로 발전할 것이다. 위성시스템을 활용한 극초음속 활공무기는 전쟁의 범위를 우주공간으로 넓히고 속도를 빛의 속도로 증강시킬 수 있다. 90kg의 무게를 쉽게 들어 올릴 수 있는 외골격기기와 같은 웨어러블 기기들은 군인의 건강증진과 전투력을 향상시킬 것이고 재생 가능한 에너지 기술은 어디에서나 에너지 공급이 가능하게 할 것이다. 적층가공기술은 전쟁터에서 필요한 부품을 현장에서 사용 가능한 재료를 사용하여 제작할 수 있게 하고, 나노기술은 인공물질인 메타물질이나 지능물질의 개발을 앞당기고 더욱 스마트하고 정밀한 무기를 만드는 데 이용될 것이다. 생물공학이나 유전공학, 그리고 게놈 분야의 기술들은 공기로 운반되는 바이러스, 인공적으로 조작된 슈퍼버그, 유전적으로 변형된 전염병을 만들 수 있게 하고 치명적인 무기로 활용될 수 있을 것이며, 소셜미디어 기술은 악의적 콘텐츠나 선전활동에 활용될 가능성이 높다.

## 8 평화분담금

2차 세계대전 이후 세계는 미국중심권과 소련중심권이라는 대결체제를 구축하였다. 1960년대 미국은 베트남전쟁에 개입함으로써 과대한 군사비지출을 자초하였고, 1970년대 소련은 아프가니스탄을 무력침공함으로써 과도한 군비의 부담을 가중시켰다. 미국과 소련 모두 베트남전쟁과 아프가니스탄 침공을 통해 제국적 팽창의 경제적 고통을 경험하게 된다. 1970년대의 미국경제의 어려움과 1980년대의 소련경제의 위기가 제국주의 팽창을 노리는 두 강대국의 무리한 군사행동에서 비롯되었음을 부인하기 어렵다. 1980년대 미국의 지식인들이 미국의 몰락을 염려한 것도 로마가 멸망했듯이 미국의 과도한 군비지출이 지속될 경우, 미국경제력은 약화되고 이에 따라 미국의 정치적·군사적 힘까지도 쇠퇴해갈 것으로 우려했기 때문이다. 폴 케네디 교수는 그의 저서 『강대국의 흥망』에서 이전의 제국들과 마찬가지로 미국도 경제력에 근거해 세계를 지배하게 됐다고 보고 있다. 미국은 지배적 위치를 지키기 위해 이전의 제국들처럼 갈수록 군사비 지출을 늘려야만 했다. 경제가 성숙기로 접어들면서 부의 창출능력과 군사비 간의 균형이 무너졌고, 따라서 미국은 케네디 교수가 말하는 제국적 팽창에 몰두했다. 경제력이 약화되면 정치적·군사적 힘도 뒤따라 쇠퇴한다는 것이 그의 주장이다. 그런데 1980년대의 현실은 그가 말한 것과는 정반대로 움직였다. 우선 미국은 경제적 이익을 지키기 위해 군사비 지출을 늘리지 않았다. GNP 대비 국방예산의 비율도 점차 낮아지는 추세이다. 지금 미국은 GNP의 6%를 군사비로 쓰고 있으며 이는 케네디 대통령과 아이젠하워 대통령 시절의 10%에 비해 훨씬 낮은 수준이다. GNP의 25%를 국방예산으로 써 왔다고 자인한 소련과 비교하면 미국은 강대국으로서의 지위를 공공히 할 수 있는 것이다. 따라서 1980년대는 구 소련과 동구권의 몰락이 시작되는 것이다.

1989년 몰타협정이 체결되고 1991년 걸프전이 미·소의 대결축이 아닌 일방적인 서방세계의 승리로 나타나자 바야흐로 세계의 패권구도는 이데올로기 대결이나 군사적 대결축이 무너지고 새로운 데탕트체제로 진입하게 된다.[3] 이제 세계의 대결축은 미·소를 중심으로 하는 군사대결 체제가 아니라 경제문제를 중심으로 하는 다극화체제가 도래했음을 의미한다. 군비지출로 쓰여지던 재원들이 각 국민경제의 상품경쟁력을 강화하는 재원으로 활용되고 있는 것이다. 군사적 대결이 종결되고 경제적 대결로 전환됨으로써 세계는 평화배당금이라는 경제적 혜택들을 나누어 가지게 되었다. IMF의 한 보고서에 의하면 군비지출의 감소는 단기적으로 국민소득의 감소와 실업증대라는 부작용을 낳을 수 있으나, 장기적으로는 국민소득을 증대시킬 것이라고 분석하고 있다. 동구권은 GDP의 50%, 중동지역은 46%, 북아프리카지역은 40%, 아시아지역은 30%, 북미지역과 유럽 선진국들은

---

3 2001년 9.11테러 이후 미국은 아프카니스탄, 이라크, 그리고 테러리즘과의 전쟁비용으로 2010년 말 기준 1조 500억 달러를 투입한 것으로 추정된다.

20%, 사하라 이남의 아프리카지역은 10%의 증대효과를 예상하고 있다.

## 9 북핵과 한국경제

북한의 핵 문제는 최근의 문제가 아니라 1950년대 한국전쟁 과정에서 배태되고 1961년 발생한 쿠바사태에서 행동으로 옮겨지는 역사성을 가지고 있다. 한국전쟁 당시 한반도에 진입한 중공군을 몰아내고 북한의 지휘부를 초토화시키기 위해 북한 주요 지역에 약 1백만 갤런의 네이팜탄을 투하했고 20여 개 주요도시와 산업시설을 초토화하는 데 주력했다. 이 네이팜탄은 2003년 이라크전쟁에서 사용된 모든 폭탄의 어머니로 불리는 모압폭탄(TNT 1만8천 파운드)과 그 위력이 비슷하다. 당시 뉴스위크지는 "왜 세계는 미국을 두려워하는가"라는 제목으로 이 폭탄을 커버스토리로 다룬 바 있다.

> **내 주변의 모든 사람들이 불에 탔다. 그들은 눈 위를 나뒹굴었다. 내가 알고 있던, 함께 행진하고 싸웠던 동료들이 나에게 차라리 총으로 쏘아 달라고 애걸했다. 그것은 끔찍한 일이었다. 네이팜탄으로 타버린 피부는 포테이토칩처럼 얼굴·팔·다리에서 벗겨져 나갔다.**
>
> **- 브루스 커밍스, 『김정일코드』(*North Korea: Another Country*) 중에서 -**

1961년에 발생한 쿠바사태의 결과는 북한의 김일성 정권을 가장 두렵게 만들었다. 쿠바사태는 미국의 미사일 기지가 터키로 이전한 반동으로 소련은 미국의 바로 턱밑인 쿠바에 비밀리에 미사일 기지를 구축하게 되면서 발생한다. 그런데 미사일 기지가 완성되기 13일 전 미국의 정보기관이 이를 탐지해 내면서 미국과 소련은 베를린 사태 이후 2번째 핵전쟁의 위기에 직면하게 된다. 미사일이 날아가는 거리에 따른 몇 분의 시차(time lag)가 불러온 미·소 간 치열한 군비경쟁의 민낯인 셈이다. 미국의 케네디 대통령은 비선라인을 가동하여 핵전쟁의 위기를 벗어나게 되는데 그 협상과정에서 소련이 한 발짝 물러나는 모양새를 취하게 된다. 미국의 U-2 정찰기가 격추당했음에도 불구하고 케네디는 핵전쟁을 피하기 위해 참모들의 권고를 무시하는 대신 흐루시초프에게 더 생각하고 조정하며 외교적 해결책을 선택하도록 시간을 벌어주었다. 흐루시초프가 쿠바에서 미사일을 철수하는데 동의한다면 미국은 쿠바를 침략하지 않겠다. 또한 만약 소련이 쿠바에서 미사일을 철수한다면 터키에서 미국도 미사일을 6개월 안에 철수하겠다는 협상이 성공을 거두게 된다.

북한의 김일성 정권은 이 모습을 보고 핵전쟁에 대한 위기의식, 즉 한국전쟁에서 경험했던 폭탄에 대한 트라우마에 즉각 반응하게 된다. 이때부터 김일성 정권은 소련의 핵우산도 믿을 수 없다고 판단한 것 같다. 김일성공대, 김책공대 등에서 인력을 양성하고 북한의 모든 자원을 미사일과 핵무기 개발에 쏟아붓는 핵개발프로젝트에 집착하게 된다.

맥아더는 한국 전역에 원자폭탄을 사용할 수 있는 사령관 재량권을 희망했다. 제거 목표물 리스트를 제시하며 26개의 원자폭탄이 필요하다고 말했다. 그는 또 침략군에 투하할 원폭 4개와 적 공군의 핵심시설 밀집지역에 파괴용 원폭 4개를 추가로 요구했다. 맥아더가 사망한 뒤 공개된 인터뷰에서 그는 자신이 10일 만에 전쟁에서 승리할 수 있는 계획을 가지고 있었다고 언급했다. "나는 30에서 50개 정도의 원자폭탄을 투하하여 … 만주의 목을 끊을 것이다. 그 다음에는 압록강에 50만 국민당 군을 투입한 뒤 우리 뒤쪽에-동해에서 서해에 걸쳐-방사능을 내뿜는 코발트 폭탄을 살포한다 … 코발트의 효력이 60년~120년이니까 최소 60년 동안은 북한으로부터 어떠한 침략도 없을 것이다."

- 브루스 커밍스, 『김정일코드』(*North Korea: Another Country*) 중에서 -

북한의 핵개발의 목표는 핵보유국의 지위를 인정받는 데 있을 것이다. 현재 국제적으로 NPT(핵확산방지조약)가 인정하는 핵무기 보유국으로는 미국, 영국, 러시아, 프랑스, 중국 등 5개국에 불과하다. 그런데 비공식적으로 인정되는 핵무기 보유국은 인도, 파키스탄, 이스라엘이라는 예외가 있다. 북한은 이런 형태의 핵보유국의 지위를 노리는 것 같다. 1980년대 말 파키스탄의 핵 개발의 아버지 압둘 카디르 칸 박사가 핵무기 제조 필수기술인 원심분리기 설계도와 완제품을 북한에 제공한 것으로 알려져 있다. 또한 양탄일성이라는 중국의 핵개발 과정도 벤치마킹하는 것 같다. 양탄일성이란 원자탄, 수소탄, 인공위성(미사일) 개발을 의미하는 핵무기개발전략을 의미하는 것이다.

북한이 실행했던 6차 핵실험의 경우 그 폭발력이 50kt에서 120kt 수준인 것으로 추정되고 있어 히로시마 원폭의 3배에서 8배에 이르는 엄청난 폭발력인 것으로 탐지되고 있다. 만약 북한의 주장대로 화성-14형 대륙간 탄도미사일에 장착이 가능할 정도로 핵탄두 소형화에 성공했다면 미국의 워싱턴, 일본의 도쿄, 그리고 우리 서울은 커다란 위험에 직면한 상황이다. 2010년 미국의 랜드연구소가 밝힌 핵전쟁으로 인한 피해규모를 살펴보면 10kt급 핵폭탄이 서울에 터지는 경우 사망 12만 5,000명에서 20만 명, 사상자 29만에서 40만 명이 발생할 것이고 병원에 몰려드는 환자는 134만 명 규모에 이를 것으로 추정한 바 있다. 경제적인 측면에서는 우리나라의 GDP는 10년 동안 매년 10%씩 감소할 것이어서 화폐액으로 환산하면 1조 5,000억 달러의 손실이 예상된다.

북핵문제를 해결하기 위해 UN을 비롯한 국제사회가 공조에 나서고 있다. 미국의 경우에는 독자적으로 세컨더리 보이콧을 실행하였으며, 해상봉쇄 및 코피작전(bloody nose strike)까지 테이블 위에 올려놓은 바 있다. 전쟁으로 치달을 수 있는 위기상황에서 문재인 정부의 중재외교를 통해 2018년 4월 27일 판문점 선언이 채택되었고, 2018년 6월 12일에는 북미정상회담이 싱가포르에서 개최되었다. 2019년 2월 베트남 하노이에서 열린 2차 북미정상회담이 결렬되면서 북한의 비핵화를 위한 실무협상은 또 한 차례 위기를 맞고 있다. 2019년 6월 30일에는 판문점에서 북미정상회담이 파격적으로 성사되어, 2~3주 이내에 실무협상이 재개될 것으로 예측되었지만, 북한은 한·미연합훈련 등을 빌미로 삼아 미사일 발사는 물론 한국과 미국을 비난하고 있다. 북한이 불가역적 비핵화(CVID)를 실현하고 한반도의 평화경제체제를 구축하는 과정에는 아직도 해결해야 할 난제들이 수두룩하게 남아 있다.

2016년 1월 유엔안보리 대북제재조치가 시행되면서 북한 경제는 어려운 국면을 맞이하고 있다. 북한의 주요 수출품인 무연탄, 철광석, 직물, 수산물 등의 수출제재가 현실화되면서 북한은 무역의 질적 저하를 비롯한 유동성 부족, 그리고 대중 의존도의 급격한 상승으로 인한 압박을 부담하고 있는 상황이다. 단기적으로는 북한 당국의 강력한 경제안정화 정책으로 물가에 대한 상승압력을 누르고 있으며, 북한 지역에서 급격하게 확산되는 시장경제(450~500개의 시장이 형성)시스템에 의해 생필품에 대한 수·급문제는 어느 정도 충족하는 것으로 분석되고 있다. 하지만 강력한 국제사회의 대북제재가 지속되는 경우, 북한 경제는 수입량의 급감에 따른 시장가격상승압력을 견뎌내기 어려울 것이다. 북한 경제가 침몰할 가능성이 높아지는 위기국면을 마주하게 될 것이다.

북한은 대외교역에서 중국과의 거래가 95%를 차지하고 있으며 원유 및 석유제품의 경우에도 중국의존도가 90%로 매우 높은 경제구조이다. 중국이 경제제재에 적극 동참한다면 경제적 측면에서 북한에게 치명상을 줄 수 있을 것이다. 하지만 중국이나 소련의 경우 이 같은 조치에 협력할 가능성이 낮다는 우려가 있다. 북한의 체제에 대한 안전보장과 비가역적인 비핵화에 대한 빅딜이 성사되고 한반도에 평화경제체제가 구축되어 전쟁 없는 한반도, 유라시아로 뻗어나가는 한국경제를 기대해 본다.

## 추천 도서

- G. 프리드먼, M. 르바드, 남주홍 역, 『**제2차 태평양전쟁**』, 동아출판사, 1991.
- 도널드 케이건, 김지원 역, 『**전쟁과 인간**』, 세종연구원, 2004.
- 브루스 커밍스, 남성욱 역, 『**김정일코드**』, 따뜻한 손, 2005.
- 새뮤엘 헌팅턴, 이희재 역, 『**문명의 충돌**』, 김영사, 1997.
- 아사히 저널, 김광희 역, 『**세계경제삼국지(상, 하)**』, 나남, 1990.
- 폴 케네디, 이일주 역, 『**강대국의 흥망**』, 한국경제신문사, 1997.

주제 14

# 미·중 경제전쟁



## 1 중국 몽(China Dream)

미국의 닉슨 대통령은 '아시아의 방위는 아시아인의 힘으로 해야 한다'는 닉슨독트린(Nixon Doctrine)을 1969년 7월에 발표하게 된다. 1969년 중국은 우수리 강을 두고 소련과의 영토분쟁으로 위협받고 있던 터여서 미국의 손짓에 반응하게 된다. 미국은 소련과 중국의 틈새를 노려 공략한 셈이다. 1971년 미국 정부는 베트남 전쟁으로 인한 재정적 부담과 국내의 반대여론에 시달리고 있었다. 미국은 중국과의 외교를 통해 베트남에서 발을 빼는 동시에 소련을 견제하는 강대국 중심의 세력균형외교를 추진하게 된다. 1971년 일본 나고야에서 열린 세계탁구선수권대회가 끝난 다음 중국은 미국선수단 15명을 베이징으로 초청하여 친선경기를 치름으로써 냉전의 벽을 뛰어넘을 수 있는 새로운 전기를 마련한다. 3개월 후 헨리 키신저 미국 대통령안보보좌관이 베이징을 극비방문한 후, 1972년 2월 닉슨이 베이징을 방문함으로써 미국과 중국은 오랜 적대관계를 청산하고, 중국은 기나긴 겨울잠에서 깨어날 수 있는 기회를 마주하게 된다.

15세기 초, 중국(명)은 나침반, 화약, 종이, 인쇄술 등 새로운 기술들을 발전시켰고, 일곱 차례에 걸쳐 해외원정을 다녀올 정도로 막강한 함대[1]까지 보유하고 있

1 정화의 배는 9개의 돛으로 작동하는, 그 당시 3개의 돛으로 작동하는 콜럼버스나 바스코다가마의 배에

었다. 그런데 아이러니하게도 명제국은 정화제독이 이끌었던 그 당시로서는 세계 최강의 남방함대를 몽고족의 압력을 받는다는 이유로 폐기처분하는 퇴행의 길로 들어서고 만다. 더욱이 명제국은 조선소를 비롯하여 운하, 신무기, 천문시계 등을 폐기하였고, 제철소는 폐쇄하였으며, 지폐는 사용을 금지시켰다. "우리에게는 없는 것이 없다. 그러므로 다른 나라와의 교역은 필요 없다"고 외쳐대며 교만과 쇄국을 강화시켰다. 명제국은 극도로 중앙집권적이고 전제적이었다. 창의력과 비판정신은 묵살되었고 상업은 엄격하게 규제되었다. 상부의 명확한 지시가 없이는 아무리 급박한 일이라도 움직이지 않는 관료주의적 매너리즘(mannerism)에 빠져들었다.

18세기에 접어들면서 영국을 비롯한 유럽 국가들은 녹차, 비단, 도자기 등을 제한적으로 중국에서 구입했는데 중국은 은으로만 거래를 고집했다. 유럽은 신대륙에서 약탈한 은으로 중국에서 물품들을 수입했지만 영국의 경우 은이 부족해지자 차와 아편교역으로 부족한 은을 보충하였다. 결국에는 영국은 식민지인 인도에서 아편을 가져다가 대량으로 중국에 뿌리게 되는데, 중국은 자신의 백성들이 아편에 중독돼 파탄에 이르는 망국의 현상을 그대로 용인할 수 없었다.[2] 이런 상황에서 아편전쟁이 발발하였고, 산업혁명에 의한 무기체계를 갖춘 영국의 전함들은 청나라의 덜떨어진 전함들을 아주 쉽게 격파해 버렸고, 베이징까지 진격해 항복을 받아내고 말았다. 중국은 1842년 난징조약과 1860년 베이징조약으로 상징되는 물망국치(勿忘國恥)의 길을 가게 된다. 중국은 아편전쟁 이후 의화단 사건, 태평천국의 난, 청일전쟁, 만주사변, 중일전쟁에 이르는 치욕의 한을 감내하게 된다.

중국은 우여곡절 끝에 1949년에는 공산화되었고, 모택동의 이념 아래 대약진운동, 문화혁명의 굴곡을 지나 1976년이 되어서야 실용주의에 대한 희망을 엿보게 된다. 이념 제일주의인 모택동이 사망하고 실용주의의 대표주자인 등소평에 의해 중국은 개방과 개혁을 맞이하게 된다. 1976년~1989년까지 13년간 등소평은 빛을 감춰 밖으로 새지 않도록 한 뒤 은밀히 힘을 기른다(도광양회). 1989년~2002년까지 장쩌민은 필요한 역할을 한다(유소작위). 2002년~2008년까지 후진

---

비하면 월등하게 우월한 함대였다

2 청나라는 임칙서에게 영국 상인들의 아편을 몰수하고 아편무역금지조치를 내리게 한다.

타오는 평화롭게 우뚝서다(평화굴기). 2010년~2011년 후진타오는 거침없이 상대를 압박한다(돌돌핍인). 그리고 2012년부터 시진핑은 중국의 위대한 부활을 꿈꾸고 있다. 물망국치를 한으로 여겨 온 중국의 민족주의가 중국의 부흥(rejuvenation)을 꾀하자는 '중국 몽'(China Dream)으로 시진핑에 의해 설계된 셈이다.

중국은 정치적 자유를 위한 '개방과 개혁'이 아니라 중국의 국제적 위상이나 국가적 자존심을 회복하기 위한 민족주의적 리더십에 열광하고 있다. 시진핑은 '중국 몽'을 현실화할 전략으로서 '중국제조 2025(Made in China 2025)'와 '일대일로(One Belt, One Road)' 정책에 집중하고 있다. 시진핑은 중국공산당 100주년인 2021년까지 1인당 GDP 1만 달러를 실현하고, 인민공화국 수립 100주년인 2049년까지 중국을 현대적이고 풍요롭고 강력한 진짜 선진국을 완성할 것을 중국 인민들에게 비전으로 제시하고 있다. 경제뿐만 아니라 국방, 과학, 기술 그리고 문화 모든 면에서 세계최고의 중국을 약속하고 있는 셈이다.

닉슨독트린 이후, 미국의 역대 행정부에서는 미국이 주도하는 국제질서 안으로 중국을 편입시키는 데 공들여 왔다. 그렇게 함으로써 중국은 자유시장경제, 민주주의체제로 변신하게 되고, 결과적으로 중국은 국제사회의 책임있는 국가로서의 역할을 수행하는 면모를 갖출 것이라는 기대와 희망을 버리지 않았었다. 하지만 지금에 와서 미국은 중국에 대한 기대와 희망 대신에 중국을 잠에서 깨워낸 전략적 오류를 후회하고 있다. 미국은 중국을 증오와 공포의 시선으로 경계하고 있는 것이다. 그동안 중국은 미국의 거대한 시장을 바탕으로 거대한 생산공장으로 변화하였고, 이제는 중국 자체가 거대한 시장으로 발전해 버렸다. 그리고 경제 강국으로서 미국과 어깨를 나란히 하거나 미국의 패권을 넘보려 한다. 2백여 년 전 나폴레옹은 중국의 저력을 다음과 같이 평가한 바 있다. "중국을 깨우지 마라. 거기에는 잠자는 사자가 있다. 만약 그 사자가 잠에서 깨어나는 날에는 전 세계를 뒤흔들 것이다."[3]

3 미·중 무역전쟁으로 인한 불확실성 증가로 2021년 세계 GDP 0.6% 감소, 보복관세로 0.3% 감소로 총 0.9% 감소할 것으로 블룸버그 이코노믹스는 추정했다.

## 2 부상하는 중국경제

중국은 1978년 개방 이후 무려 17배에 이르는 경제성장을 이루었다. 중국은 장난감, 옷, 인형을 만들어 수출하는 국가에서 선박, 철, 알루미늄, 가구, 섬유, 휴대전화기, 컴퓨터를 만들어 수출하는 세계 최강의 제조국가로 부상하였다. 중국은 중국제조 2025정책을 추진 중인데, 반도체, 디스플레이, 전기차 및 자율주행차, 로봇(AI), 해양플랜트, 바이오의약품 등 캐치업(catch-up)전략에서 선진화전략으로 진화하고 있다.[4] 중국은 이제 세계 최대의 생산기지로서의 면모와 세계 최대 소비시장으로서의 역량을 모두 갖추게 된 것이다. 2015년 기준 중국의 억만장자의 수가 이미 미국을 앞지르고 있다. 2015년 전 세계 사치품의 절반은 중국 소비자들에 의해 구매되었다. 루비이통, 샤넬, 구치, 프라다 할 것 없이 세계명품들이 중국에서 날개 돋친 듯 팔리고 있다. 세계 최고가품 경매시장인 소더비나 크리스티가 뉴욕이나 런던이 아닌 베이징과 상하이에서 성황리에 열리고 있다. 1981년~2000년 기간 동안 중국은 5억 명 이상이 극빈상태에서 벗어나고, 인민들의 기대수명은 1949년 36세에서 2014년 76세로 현격하게 연장되었으며, 1949년 거의 80%에 가까웠던 문맹률은 2014년에는 5% 이하로 떨어졌다. 1980년대부터 2005년까지 중국은 2주마다 로마만한 도시를 새로 건설하였고, 2011년~2013년 기간 동안 중국이 사용한 시멘트는 20세기 내내 미국이 사용한 시멘트보다 더 많은 양이었다. 지난 10년 동안 중국은 1,900km의 고속철도를 건설하였는데, 중국은 전 세계 고속철도를 다 합한 것보다 더 긴 고속철도를 보유하게 되었다. 중국은 전자상거래와 인터넷을 사용하는 인구수에서도 세계 최대를 기록 중이다.

4 독일의 씽크탱크인 매릭스는 "한국이 가장 심각한 타격을 받게 될 것이다. 삼성, 현대차, SK, LG의 주력사업이거나 신규사업에 부정적인 영향을 미칠 것이다. 특히, 스마트폰, 디스플레이, 백색 가전제품 등이 위협받게 될 것"으로 예측한 바 있다.

## 3 중국의 일대일로와 미국의 인도·태평양전략

2013년 시진핑 중국 국가주석은 카자흐스탄에서 최초로 실크로드 경제벨트를 제안하였고 2014년 중국에서 개최된 아시아태평양 경제협력체 정상회의에서 '중국몽'을 공식화하였다. 시진핑은 일대일로 정책을 사실상 '중국몽'을 실현시킬 전략적 수단으로 여기고 있다. 일대는 중국 서부에서 중앙아시아를 거쳐 유럽으로 이어지는 육상 실크로드이며, 일로는 중국 연안에서 동남아, 스리랑카, 아라비아 반도의 해안, 아프리카 동해안을 연결하는 해상실크로드에 해당한다. 일대일로는 2030년까지 육상 3개, 해상 2개의 내륙과 해상의 실크로드를 포함하여 참여국 80개국, 인구 44억 명(세계인구의 63%), GDP 21조 달러 규모에 이르는 중앙아시아와 동남아시아를 포괄하는 거대한 경제벨트를 담고 있다. 일대일로는 외교, 물류유통, 금융, 지역개발, 문화교류 등 많은 것들을 통합할 수 있는 거대한 경제통합 프로젝트라 할 수 있다. 일대일로 정책은 정책소통, 인프라건설, 무역의 확대, 자금조달, 민심상통이라는 5대 이념을 바탕으로 중국경제의 지속가능성을 확보하려는 목적을 갖고 있기도 하다.

중국의 과잉 산업능력을 수출하고, 건설, 철강, 시멘트 산업에 대한 충격완화장치를 구축하려는 계획이기도 하다. 이 계획에는 미얀마의 수력발전 댐과 주석광산을 개발하고, 약 2,900km에 이르는 파키스탄까지의 관통도로, 철로, 파이프라인을 건설하는 것도 포함된다. 이렇게 되면 네덜란드 로테르담에서 중국의 베이징까지 1개월 소요되던 화물열차가 이틀 이내로 단축될 수 있다.

미국은 1979년 중국과 수교하면서 '하나의 중국'원칙에 동의해 주었고, 대만과는 단교하였으며, 지난 40년 동안 정책적 기조를 유지해 왔다. 그런데 미국은 이제 대중국 정책에 대해 근본적인 재편을 시도하고 있다. 미국은 대만을 강력하고 번영하는 민주적인 우방으로 인정하면서 대만과의 파트너십을 강화해 가고 있다. 사실상 '하나의 중국원칙'을 부정하는 쪽으로 기울고 있는 것이다. 2018년 미국은 태평양사령부를 '인도태평양사령부로 전환하였고, 인도태평양지역에서 미·일동맹은 평화와 번영을 위한 주춧돌(corner stone)이라고 강조하고 있다. 미국은 중국공산당을 '억압적인 세계질서 비전'의 설계자로 규정하였다. 또한, 중국은 자국

[미국의 인도·태평양 전략]

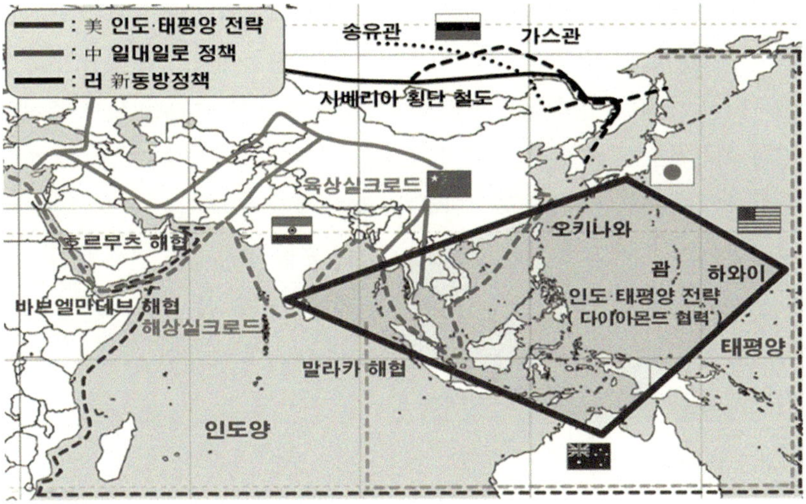


의 이익을 위해 인도태평양지역을 재편성하려는 야욕을 갖고 있으며, 이를 위해 군사력 현대화, 영향력의 강화, 약탈적 수단으로 다른 나라의 이익을 침해하고 있다고 비난하고 있다. 미국은 중국의 경제적·정치적·군사적 급부상을 아시아 태평양 지역의 안보와 경제질서를 뒤흔드는 위협요소로 파악하고 있다. 미국은 러시아에 대해서도 경계를 강화하고 지역내 안정과 평화를 해치는 악성국가로 규정하고 있다. 러시아는 인도태평양지역에서의 정치·경제·군사적 영향력을 행사하기 위한 기회를 엿보는 국가이며, 아시아 지역으로의 에너지 수출을 확대함으로써 지역 내 안정과 평화를 위협할 수 있다고 경고하고 있다.

우리나라의 경우에는 미국과 중국, 그리고 러시아라는 강대국들 사이에서 복잡성이 증대하고 있다. 중국의 일대일로는 우리 정부의 신북방정책이나 신남방정책과 겹치는 부분이 많고 중국정부는 일대일로 프로젝트에 우리나라가 참여하기를 원하고 있다. 하지만 과도한 차입이라든지 여러 가지 외교적 차원에서 고려해야 할 변수들이 많아 쉽게 결정할 수 없다. 또한 미국은 2017년 한·미정상회담에서 우리나라가 미국의 인도·태평양 지역안보 구상에 참여해 줄 것을 제안했으나 일본이 주도하는 전략이라는 점과 중국과의 관계 등 여러 가지 외교변수들을 고려하여 거절한 바 있다.

블라디미르 푸틴 러시아 대통령은 극동지역을 러시아의 경제수도로 만들겠다는 정책에 공을 들이고 있다. 2015년부터 극동 개발에 주력하고 있는 러시아 연방정부는 동방경제포럼을 이끌면서 신동방정책의 플렛폼으로 활용하고 있다. 러시아는 이미 12개 지역의 선도개발권역을 설정하고 블라디보스토크 주변의 15개 항구를 자유항으로 개방하였다. 이 구역을 일종의 경제특구로 선언하였고, 인프라는 정부가 구축하고 토지이용, 인허가 절차, 세제 등에 있어 특혜를 부여함으로써 국내외의 투자를 유치하고 있다. 러시아의 푸틴 대통령은 연해주 남부 자유항지역을 홍콩이나 싱가포르 같은 세계적인 자유항으로 육성함으로써 유럽중심의 경제구조를 갖고 있는 러시아 경제의 중심을 아시아 태평양 경제권역으로 확장하려는 계획을 추진하고 있는 것이다.

## 4 차이나머니

세계의 공장이었던 중국이 세계의 시장으로 부상하면서 하이얼(백색가전), 알리바바(온라인 쇼핑), 샤오미(삼성과 애플을 위협하는 휴대폰), 유쿠투더우(한류의 주류 미디어인 동영상 사이트) 등 중국 기업들이 한국 기업을 위협하고 있다. 차이나머니의 기세가 전 세계에 막강한 영향을 미치고 있다. 중국은 13억 5천만의 인구(베이징 2,000만 명, 상하이 2,300만 명, 충칭 2,900만 명 등)로 미국의 4배, 유럽연합의 2배 규모의 내수시장을 자랑한다. 외환보유고는 세계 1위이고, 외환보유액 순위는 중국(3조 8,877억 달러), 일본(1조 2,644억 달러), 스위스, 러시아, 대만 순이다. 여기다가 전 세계 168개국에 흩어진 약 4,500만 명의 화교들은 2/3가 동남아(말레이시아, 싱가포르, 인도네시아, 태국, 필리핀 등)에 살고 있으며 동남아시아의 상권 80%를 장악하고 있다. 전 세계 화교출신 기업의 총자산 규모는 약 3조 9천억 달러이고, 이 중 약 1조 2,000억 달러가 동남아지역에 집중되어 있다.

중국은 과거 저가제품을 미국에 수출하였고, 미국에서 지급받은 달러로 다시 미국의 국채를 매입하면 중국에 있던 달러가 다시 미국으로 돌아가 수요를 창출하는 순환과정을 통해 급성장해 왔다. 따라서 중국은 넘쳐나는 달러로 그래도 가장 안전하다 할 수 있는 미국 국채를 세계에서 가장 많이 사들이게 된 셈이다. 이것은 중국 내의 인플레이션을 막고 미국의 국내시장에서의 중국 제품에 대한 구매에 필요한 유동성을 공급하는 역할을 수행한다. 중국은 덩샤오핑의 개방과 개혁으로 시장경제를 도입한 이후, 지속적인 성장을 유지하면서 수출과 내수시장을 동시에 성장시켜 왔다. 중국은 실질구매력기준 GDP로 현재 세계 1위이며, 소비능력은 이미 미국을 앞지른 지 오래이다. 텐진, 베이징, 상하이 등 소득수준 만 달러 이상 지역의 인구가 5억 명을 넘어섰고 10억 이상 현금자산가가 240만 명에 육박한다. 이처럼 막강한 소비시장을 바탕으로 중국의 소비구조가 세계의 경제구조를 바꾸어 버리는 엄청난 변화도 발생하고 있다. 아르헨티나의 경우 최대 소고기 수출국이었는데, 중국의 콩 소비 증가로 인해 최근 20~30년간 아르헨티나의 목초지는 모두 콩밭으로 변해 버렸다. 2000년대 들어 중국은 이른바 저우추취(해외시장 개척) 전략에 따른 해외자원 개발에 엄청난 투자를 하고 있다. 초기에는 중국이 넘쳐나는 외화를 빌려주고 자원을 확보하는 방식이었는데, 최근 외국의 사회기반시설에 투자하고 필요한 자원을 확보하는 방식으로 전환해가고 있다. 아프리카 잠비아의 경우에는 세계적인 구리 매장 국가인데 중국의 국영기업이 채굴권을 독점해 버렸다. 중국의 아프리카 교역액은 미국의 약 2배이고 아프리카 총무역의 약 15%를 차지하고 있으며 남아공, 앙골라, 나이지리아, 이집트, 알제리 등 자원부존 국가들을 집중 공략하고 있다. 또한 베네수엘라, 페루, 칠레, 콜롬비아 같은 라틴아메리카 국가들의 경우에도 어떻게 하면 중국으로부터 차입이나 차이나머니의 투자유치를 성공시킬 수 있나 고민하고 있다.

안데스 횡단철도와 같은 라틴아메리카에 대한 중국의 사회기반시설 투자는 중국이 브라질과 아르헨티나에서 대두와 철광석을 확보하면서 중국의 사회기반시설기업들이 라틴아메리카에 원활하게 진출할 수 있는 교두보로서의 역할을 하고 있는 것이다. 다른 한편으로는 차이나머니가 재정위기에 빠진 유럽을 집중 공략하고 있다. 중국의 최대 수출시장은 유럽인데 유럽의 재정위기를 틈타 중국 자본이 그리스 아테네 항의 세계화물부두를 4조원을 투자해 35년간 부두 운영관리권을 취득했을 뿐만 아니라, 프라하로 운행하는 철도운영권을 확보하는 식으로 유럽을 중국의 수출전진기지로 만들어가고 있다. 또한 차이나머니는 캐나다, 미국, 영국, 호주의 석유기업이나 유전들을 공략하고 있다. 이것뿐만이 아니다. 최근 남사군도와 관련된 분쟁문제에서도 적극적인 공세를 취하고 있다. 남사군도 주변에는 엄청난 양의 석유나 천연가스가 매장돼 있기 때문이며, 말라카 해협(말라이시아와 인도네시아 사이의 해협)은 중국의 유조선들이 드나드는 중국의 자원수송로이기 때문이다.

2015년 기준 영국 파이낸셜 타임스가 매년 발표하는 글로벌 500대기업에 중국은 37개 기업으로 209개 기업인 미국 다음으로 2위를 차지하고 있다. 우리나라는 4개 기업인 삼성전자, 현대차, 하이닉스, 한국전력 정도이다. 13억 내수시장을 바탕으로 초기에는 허접한 제품을 생산하더라도 4~5년 지나면 표준화가 되고 저렴한 비용을 앞세워 세계시장을 공략하는 전략이 성공하고 있는 것이다. 샤오미의 경우에도 중국 내의 수요만으로도 삼성과 애플을 위협할 수 있는 수준인 것이다. 엄청난 인구와 중산층의 구매능력을 바탕으로 내수시장과 수출시장 모두를 유지할 수 있는 경제적 환경을 발전시키고 있다.

얼마 전 중국의 항저우에서 열린 G20정상회의에서 시진핑 중국 국가주석은 미국 중심의 세계 경제질서에 대한 개편의지를 분명히 하였고, 미국과 어깨를 나란히 하는 세계리더로서의 면모를 과시했다는 평가가 있다. 항저우 G20 정상회의에서는 시주석과 중국 정부가 G20 정상회의를 세계경제회복의 분기점으로 규정하고 세계경제의 저성장 국면 탈피를 위한 국가간 정책공조를 골자로 하는 소위 항저우 컨센서스를 채택하는 데 성공하였다. 그 내용은 각국 정부가 보호무역주의와 통화절하 경쟁에 반대하며 세계경제 성장을 위한 재정지출 확대, 통화정책 및 구조조정 등의 정책수단을 적극 활용하여 경제위기를 극복하자는 취지이다. 중국은 항저우 컨센서스를 도출하는 과정에서 주도적인 역할을 했을 뿐만 아니라 브릭스(BRICS: 브라질, 러시아, 인도, 중국, 남아프리카공화국) 5개국의 정상회담을 개최함으로써 브릭스의 발언권을 등에 업고 자국의 입지를 공고히 하는 데 성공했다.

중국은 베이징 컨센서스를 확산시키기 위해 이미 우리나라를 비롯하여 아시아 그리고 중남미 국가들과 통화스왑을 체결하였고, 2016년에는 57개국이 가입한 아시아인프라투자은행(AIIB)을 중국 주도로 설립한 바 있다. 미국 주도의 세계은행이나 아시아개발은행(ADB)을 견제하고 베이징 컨센서스를 지원하려는 의도인 것이다. 중국은 제품을 생산하고 그것을 파는 전략에서 자본을 팔아 영토를 넓혀가는 전략으로 전환하고 있다. 중국은 일대일로 프로젝트를 중국의 자금을 대출해 주고, 중국의 인력을 투입하며, 중국 제품만으로 추진하고 있다. 일대일로에 참여하는 있는 대부분의 국가들이 큰 부채와 이자부담을 견뎌야 한다. 일대일로 프로젝트에 참여하고 있는 파키스탄은 자국 내 인프라 건설 자금의 80%(620억 달러)를 중국에서 조달하였고 경제가 파탄에 이른 베네수엘라도 거대한 중국부채로 고심하고 있다. 중국은 차이나머니를 동원하여 미국의 팍스 아메리카에 도전하고 있는 것이다. 2007년~2008년 미국과 세계의 금융위기를 기회로 삼아 중국은 세계 금융위기의 구원자로 등판하였다. 중국은 엄청난 금을 사들이면서, 미국의 달러가 아닌 IMF 중심의 새로운 글로벌 통화체제의 구축을 언급하였고, 이제 더 이상 미국의 국채를 마음 놓고 사기 어렵다면서 기축통화 개편에 대한 속내를 드러낸 바 있다. 2010년 중국의 후진타오 주석은 서울 G20정상회의에서 "기축통화인 미달러는 과거의 유물이다. 따라서 새로운 글로벌 기축통화 메커니즘의 구축이 필요하다"고 역설한 바 있다. 2016년 10월에는 중국의 위안화가 IMF특별인출권에 편입되었다.

## 5 미국과 중국의 패권전쟁

미국에 대한 중국의 경제규모를 1980년 대 2015년을 상대적으로 비교해 보면 다음과 같다.

| 미국경제에 대한 중국경제의 상대적 비율 | 1980년 대 2015년 |
|---|---|
| GDP | 7% → 61% |
| 수입 | 8% → 73% |
| 수출 | 8% → 151% |
| 지금준비금 | 16% → 3,140% |

중국경제가 세계경제에서 차지하는 비중은 1980년에 2%에 불과하였지만 2013년 기준 18%로 급등하였다. 반면 미국의 경우에는 제2차 세계대전 직후 세

계경제에서 50%의 비중을 차지하였는데, 1980년 22%였고, 2017년에는 16%대로 추락하였다. 이런 추세라면 미국경제는 아마도 30년 이후에는 11%대로 내려앉고 말 것이다. 중국의 경우, 이런 성장추세가 지속된다면 2040년경에는 중국경제의 비중은 세계경제에서 무려 30%대를 넘길 것으로 추정된다.

미국의 트럼프 행정부는 다가오는 미국의 패권위기를 돌파하기 위해 '위대한 미국의 재건'(Make America Great Again)을 선포하고 미·중경제전쟁과 다양한 무역전쟁을 시도하고 있다. 미국의 트럼프 대통령은 2017년 국가안보구상에서 '국경이 없는 국가는 국가가 아니다. 자국 내에서 번영을 보호하지 않는 국가는 해외에서의 이익도 보호할 수 없다'라면서 자국 우선주의와 보호주의를 강조하고 있다. 과거와는 전혀 다른 프레임인 국가안보와 경제안보를 함께 묶어 적성국과의 전쟁의 룰을 동맹국들에게도 적용하는 파격을 행사하고 있는 것이다. 미국은 중국을 사이버 절도를 통해 해외 첨단기술들을 훔쳐가고 남중국해에 무력을 증가시켜 영유권 분쟁을 주도하며 막강한 경제력을 동원하여 아시아 국가들의 자원을 통제하고 주권을 침해하고 있다고 비난하고 있다. 중국기업들에 대해서는 일반적으로 테러나 핵확산을 막기 위한 이상한 조치들까지 남발해 가며 경제전쟁으로 몰아가고 있다. 시진핑의 중국 몽 대 트럼프의 팍스 아메리카나가 충돌하면서 파열음이 진동하고 있는 셈이다.

미국은 제조업의 부활을 위해 감세정책, 규제철폐, 그리고 저가의 에너지 정책을 추진하고, 제조업 강국들을 압박하여 무역적자를 해소하려는 적극적 공세를 감행하고 있다. 미국 무역적자의 절반은 중국, 캐나다, 독일, 일본, 멕시코, 그리고 한국에서 발생하고 있다. 이런 국가들에 대해 자유무역협정을 파기하거나 재조정하고, 관세로 압박을 가해댐으로써 미국 내 제조업에 활력을 불어넣겠다는 의도의 반영이다. 트럼프 행정부는 법인세율을 35%에서 21%로 낮추었고, 신규제 1건당 구규제 20건을 폐지하였으며 셰일가스를 기반으로 낮은 에너지정책을 유지하고 있다. 2009년 미국의 금융위기 직후 유령도시로 전락했던 디트로이트가 새로운 모터시티로 부상하고 있고, 디트로이트에 본사를 두고 있는 GM, 포드, 크라이슬러 자동차 업체 빅3가 재창업수준의 구조조정을 통해 회생하고 있다. 지난 6년간 디트로이트와 인근 지역을 포함하여 약 15만 개의 일자리가 새롭게 창출되었고, 이로 인해 디트로이트 지역의 실업률은 2009년 16.3%에서 최근에는 4%대이하로 떨어지는 효과를 보고 있다.

미국의 경제전쟁을 이끌고 있는 트럼프 대통령의 핵심 참모로는 슈퍼매파 3인방인, 피터 나바로 미 백악관 무역제조업정책국장, 마이크 펜스 미 부통령, 그리고 로저트하이저 미무역대표부 대표로 알려져 있다.

피터 나바로 백악관 무역제조업정책국장은 가장 강력한 중국제제론자이고, 그가 저술한 책, '중국이 세상을 지배하는 날', '중국과의 임박한 전쟁', '웅크린 호랑이'는 강력한 중국위협론을 담고 있다. 중국은 환율을 조작하고 불공정무역관행을 일삼으며 미국의 첨단기술을 탈취하는 방식으로 미국을 위협하고 있다며, 중국제제의 필요성을 강하게 주장하고 있다. 피터 나바로는 경제안보가 곧 국가안보라면서 트럼프행정부의 미국우선주의를 정책적으로 강하게 뒷받침하고 있는 인물 중 하나이다. 진행 중인 중국에 대한 미국의 5G 손보기가 바로 화웨이제재와 보복이라는 형태의 기술전쟁으로 부상하고 있다. 5G는 빅데이터를 데이터센터까지 가져가는 석유로 치면 송유관과 같은 정보고속도로에 해당한다. 정보고속도로를 누가 장악하느냐에 따라 세계패권전쟁의 승패가 결정될 것이다. 미국은 중국을 관세와 환율조작국으로 압박하고 있고 중국은 환율인상(달러당 7위엔 이상으로 용인하는 평가절하)과 희토류 수출금지로 반격하고 있다. 중국은 '다른 나라들이 중국의 희토류로 제품을 만들고, 이를 도리어 중국발전을 억제하는 데 쓰는 것은 용납할 수 없다(희토류는 첨단제품에 필수적인 광물자원이다)며 공세를 취하고 있다.[5]

미국과 중국의 경제전쟁으로 인한 공방전이 거듭될수록 중국을 겨냥한 미국의 공세가 심상치 않은 상황이다. 단순한 무역갈등의 차원을 넘어 전방위적 패권전쟁의 양상을 보이고 있다. 트럼프 정부는 치밀하게 준비된 정교한 공격 카드를 하나씩 꺼내며 중국을 몰아붙이고 있다. 패권전쟁은 무역전쟁, 통화전쟁, 금융전쟁 그리고 에너지 전쟁의 양상을 갖게 될 것이다. 무역, 산업, 환율, 금융, 군대, 원가, 인재를 중심축으로 하는 패권전쟁은 전장의 폭을 더욱 넓혀 갈 것이다.

세계 최강을 넘보는 중국에 대한 미국의 공포와 분노가 경제전쟁을 넘어 군사적인 전쟁의 위험까지 내포하고 있다. 신흥국가의 경우에는 높아진 자의식, 관심사 그리고 국제적 인정과 존중에 대한 권리의식이 높아지는 신흥세력 증후군에

---

5 중국의 희토류 매장량 점유률은 37% 수준이고, 실질적 공급비중은 90% 이상이다. 2010년 센카쿠열도 분쟁 당시 (일본과의) 희토류를 국제분쟁해결수단으로 사용한 바 있다.

빠져들고, 기존 지배세력의 경우에는 쇠락을 경험하면서 공포와 불안심리로 인한 비이성적인 피해망상, 즉 지배세력증후군을 앓게 되는 현상에 주목해야 한다. 양 당사국이 전쟁할 의도가 없었다 할지라도 이 같은 신흥세력증후군과 지배세력증후군이 충돌하는 경우 자연스럽게 전쟁으로 귀결할 수 있다는 투키디데스 함정(Thucydides trap)을 경계해야 한다.

예정된 전쟁의 저자 미국의 하버드대 그레이엄 앨리슨 교수는 미·중 두 나라가 지금가지 해오던 대로 행동한다면 전쟁으로 이어질 가능성을 경고하고 있다. 그는 미·중 전쟁을 피하기 위해서는 소련과의 직접적인 전쟁을 피하기 위해 고안된 '냉전전략'이 필요하다고 권고하고 있다.

## 추천 도서

- 그레이엄 앨리슨, 정혜윤 역, 『**예정된 전쟁**』, 세종서적, 2018.
- 야마구치 마사아키/궈잉, 이인애 역, 『**차이나머니**』, 전략과문화, 2008.
- 최윤식, 『**미중전쟁시나리오**』, 지식노마도 2018.
- 필립 M. 차일드, 정형근 역, 『**경제전쟁과 미국 CIA**』, 고려원, 1994.

주제 15

# 국민성과 경제

1. 축소지향과 확대지향
2. 개방과 개혁
3. 비판문화
4. 가족주의와 집단주의
5. 신뢰사회
6. 리더십과 노블레스 오블리주
7. 선진국을 위하여

## 1 축소지향과 확대지향

한국, 중국, 일본은 모두 동양문화권에 속하고 지리적으로 가까울 뿐만 아니라 한자라든지, 젓가락을 사용한다든지 공유하는 문화적 요소가 많다. 하지만 가까우면서도 아주 먼 문화적 이질성과 다양성도 가지고 있다. 중국에서 한자문화와 문명이 발원하여 한국을 거쳐 일본으로 전파되었다. 지리적으로 한국과 중국은 인접해 있고, 일본은 섬나라로 분리돼 있어 일본의 경우에는 특히 한국과 중국에 비해 차이점이 두드러진다. 중국이나 한국은 확대지향형인 중후장대의 문화라면 일본은 축소지향의 경박단소의 문화이다. 한국의 경우에는 왕, 대, 특대, 대왕표, 대발이 등 크다는 의미의 접두어나 용어들이 좋은 의미로 사용되고, 바위장군, 도깨비 방망이 등 커지는 물건들이 민화에 등장한다. 한국인이 좋아하는 꽃조차도 목련꽃, 무궁화꽃, 호박꽃 등 봉오리가 탐스런 꽃들인데다가 좋아하는 음식의 경우에도 왕갈비, 왕사탕, 왕족발, 왕대포 등 큰 것들을 지향한다.

일본의 경우에는 마메(콩), 히나(병아리) 같은 접두어가 좋다는 의미로 사용되었고, 난쟁이나 달걀귀신과 같은 작아지는 것들이 민화에 등장한다. 일본인은 꽃조차도 벚꽃, 싸리꽃, 은방울꽃 같은 봉오리가 작은 것들을 좋아하고 도시락처럼 축소된 밥상을 선호한다. 중국에서 한국을 거쳐 건너간 생활용품들도 일본에 가면 접는 부채라든지, 접는 침대라든지, 분재처럼 축소되는 경향이 있다.

일본에는 "오니(도깨비)가 되지 말고 잇슨보시(난쟁이)가 되라"는 말이 있는데 난쟁이는 작은 것의 상징이다. 또한 일본은 만화의 천국인데, 만화는 복잡한 사건, 사물, 그리고 시간과 공간을 생략과 변형을 통해 한 프레임 속에 축소해 놓는 축소판 소설인 셈이다. 일본의 국기는 단순화의 특징이 있고, 일본 인형은 손발을 생략했으며, 일본의 정시인 하이쿠는 17자의 가장 짧은 시형을 갖추고 있다. 일본의 등은 한국이나 중국과는 다르게 접으면 한 장으로 축소된다. 일본은 독일에서 들어온 우산을 축소시켜 접는 우산으로 세계에 수출했고, 중국에서 들어온 부채를 쥘부채로 축소시켜 중국이나 유럽으로 역수출했다. 이런 축소지향의 국민성이 미국에서 개발된 진공관 라디오를 축소시킨 트랜지스터 라디오나 어디에든 메고 다닐 수 있는 포터블 축음기인 워크맨을 가능하게 했다. 또한 일본 소니(sony)의 역사를 이룩했고 극소전자산업(microelectronics)을 번창하게 했다. 애니메이션, 만화, 피규어가 일본에서 발전하는 이유도 축소지향과 무관하지 않다.

중국의 경우에는 우리나라와 유사하게 확대지향, 중후장대의 문화라 할 수 있다. 중국인들은 큰 것을 아주 좋아한다. 축소지향의 일본인들과는 달라도 너무 다르다. 국민성이 근본적으로 대물(大物)주의적, 확대지향적인 셈이다. 우주에서 유일하게 관찰 가능하다는 건축물이 만리장성인데, 그 길이가 한국의 경부고속도로보다 무려 15배나 길다. 중국의 자금성은 명(明)과 청(淸)나라의 황제들이 500여 년 이상 거주한 정궁인데, 면적은 21만 평이고 동서남북의 길이는 각각 750미터와 960미터인데다가 입구인 우먼(午門)의 높이는 38미터에 이른다. 수많은 비빈들의 체취가 느껴질 듯한 궁내의 방은 1만여 개에 이른다. 진시황릉이라든지, 아방궁이라든지, 중후장대란 말이 딱 어울리는 확대지향형 문화유산을 자랑한다. 현대에 이르러서도 중국인들은 세계 최대의 콘돔에서부터 무려 750kg이나 나가는 돼지, 웬만한 아이 몸무게와 맞먹는 슈퍼 수박, 세계 최대의 서점 등 확대지향적인 국민성을 숨기지 않고 있다. 중국의 산업에서도 실제 작은 것에 취약하다는 분석도 있다. 반도체 등 초정밀 산업분야에서 후진성을 보이고 있다. 중국은 현대화 과정에서도 중후장대한 산업에 집중하는 경향을 보이고 있는 셈이다.

상거래에서 한국인은 안되는 것도 되는 것처럼, 어려운 것도 쉬운 것처럼, 모르는 것도 아는 것처럼, 없는 것도 있는 것처럼 행동한다. 일본인의 경우에는 안되는 것인지 되는 것인지, 좋아하는 것인지, 싫어하는 것인지, 찬성하는 것인지 반대하는 것인지 알 수 없게 행동한다. 중국인의 경우에는 되는 것도 안되는 것처럼, 쉬운 것도 어려운 것처럼, 아는 것도 모르는 것처럼, 있는 것도 없는 것처럼 행동한다. 우리나라의 한 기업인이 한국인, 일본인, 중국인에 대한 상거래 습성을 경험적으로 정리한 내용이다. 한국이나 중국이 확대지향의 문화를 공유하면서도 한국인의 경우에는 확대포장이나 과시욕이 엿보이고, 중국인은 비밀과 겸손을 중시한다. 자기과시나 공치사는 경멸을 불러일으킨다. 일본인은 국화와 칼처럼 이중성을 가진다. 미소 속에 무엇인가 숨겨져 있다. 축소지향적이고 적어도 외향적으로는 겸손하며 친절하다.

한·중·일 모두 유교문화권에 속해 있으면서도 우리나라 사람들은 형식을 중시하고 남의 눈치를 살피며 자신을 과대포장하려는 의식이 강한 듯하다. 백화점에서 고급 상품일수록 가격이 비싸면 비쌀수록 상품이 불티나게 팔려나가는 파바로티 신드롬(pavarotti syndrome)이 빛을 발하고 롤렉스, 구찌, 티파, 샤넬, 루이비통 등 소위 명품이라는 것들이 짝퉁이 되어 돌아다닌다. 호텔, 골프장 등 어떤 공공장소에 가든 고급승용차가 아니면 사람 대접받기 힘든 외향중심의 과대포장문화이다. 회장님, 사장님, 의원님, 원장님께서 거하시는 집무실에는 승천하는 황룡이 꿈틀대는 명패, 화려한 조명과 소파며 럭셔리한 가구들로 과시효과를 노리는 확대지향문화이다.

## 2 개방과 개혁

중국은 동양문화의 발원지이며 한자 및 유교문화의 발흥지이기도 하다. 중국은 중화사상으로 주변국들을 야만인으로 무시하거나 지배하였고, 남방함대를 폐쇄한다거나 만리장성을 축조하는 것으로 스스로를 우리에 가두고 족쇄를 채우는 쇄국의 우를 범하게 된다.

이 다섯 지역 사람들은 바로 중화와 그 변방의 융, 이 등 오랑캐 족속이었으니 제각기 성정이 달라서 고칠 길이 없다. 동쪽 오랑캐를 일컬어 이(夷)라 했다. 이 족속은 머리를 풀어 헤쳤으며 몸에 문신을 새겼는데, 더러는 음식을 불에 익히지 않고 먹었다.

15세기 초에는 중국은 주철, 나침반, 화약, 종이, 인쇄술 등 새로운 기술들을 발전시켰을 뿐만 아니라 정치적인 힘, 항해술, 제해권 등 세계를 선도하는 지위를 누렸다. 1405년~1433년 사이에는 일곱 차례에 걸쳐 해외선단으로 수백 척의 배로 구성된 보물선 선단을 파견했는데, 그중 가장 큰 배의 길이가 120m, 총인원은 28,000명에 달했다. 정화제독(환관)이 이끌었던 선단이라는 이유와 북방에서 몽고족의 압력을 받는다는 이유로 인해 선단 파견을 중지, 남방함대의 항해를 금지했으며, 조선소 폐지를 결정하게 된다. 운하, 신무기, 천문시계는 내버려졌고, 제철소는 폐쇄됐으며 지폐사용도 중단되었다. 인쇄는 실용적 지식의 보급을 멀리하고 학문적 저술에만 사용되었다.

전근대의 모든 문명 가운데 중국문명만큼 앞서고 자부에 찬 문명은 없을 것이다. 15세기 유럽 인구가 5,000~5,500만 명이었음에 비해 이미 1억~1억 3,000만에 달한 방대한 인구, 빼어난 문화, 11세기 이후 뛰어난 운하시설로 연결된 아주 기름지고 관개시설이 훌륭한 평야, 잘 교육받은 유교관리들에 의해 운영되는 통일된 위계질서의 관료체제 등은 중국사회에 정연함과 정교함을 부여하였다. … 일찍부터 거대한 도서관이 존재했고 활자인쇄가 11세기에 발명되어 많은 책이 대량으로 만들어졌다. 운하건설과 인구증가로 고취된 무역과 산업도 마찬가지로 높은 수준에 있었다. 중국의 도시는 서양의 중세도시에 비해 훨씬 컸으며 무역통로도 광범위하였다. 지폐는 상업유통과 시장확대를 촉진하였다. 11세기 후반 중국 북부에 거대한 제철산업이 발달하여 그 연간 생산량이 약 12만 5,000톤으로 700년 후인 영국의 산업혁명 초기단계의 제철능력보다 앞서 있었다 … 가장 유명한 공식적인 해외원정은 1405~1433년에 걸쳐 정화제독이 이끈 일곱 차례의 장거리 원정이었다. 때로는 수백 척의 배에 수만 명이 타고 나선 이 함대는 말라카와 실론에서부터 홍해 입구와 잔지바르까지 진출했다. 공손한 자세를 보이는 지배자들에게는 선물을 나누어주는 한편 베이징의 권위를 순순히 인정하지 않는 자들에게는 끝내 항복을 받아내었다. 한 배는 동아프리카에서 얼룩말을 대려와 황제를 즐겁게 했고 다른 배는 천자의 지존함을 모르는 실론의 추장을 싣고 왔다. 인도양을 침략한 포르투갈, 네덜란드, 그 밖의 유럽인들과 달리 중국인들은 약탈이나 살인을 저지르지 않았다.

- 폴케네디, 『강대국의 흥망』(*The rising and fall of the great powers*) 중에서 -

그 당시 콜럼버스나 바스코다가마는 보잘 것 없는 세 척의 배(이들의 배는 3개의 돛으로 작동한 것에 비해 정화의 배는 9개의 돛이 작동했다)로 협소한 대서양을 건너 아메리카, 인도양, 아프리카를 정벌했다는 사실을 비교할 때 중국은 엄청난 착각과 착오를 범한 것이다. 이런 세계사적 오류는 중화사상에서 비롯된 오만과 폐쇄성의 결과이다. 명제국은 중앙집권적이고 전제적이며 창의력과 비판 및 상업에 대하여 지나치게 엄격하게 규제했고, 상부의 명확한 지시가 없으면 움직이지 않는 관료주의는 변화보다는 보수를 택하고 쇄신을 짓누른 것이다. 중국은 청나라 건륭제(1735~1795년) 때에만 해도 전 세계 GDP의 70%를 차지할 정도로 융성했다. 중국은 우리에게는 없는 것이 없다. 그러므로 다른 나라와 교역이 필요 없다며 쇄국과 보수를 이어간다. 니얼 퍼거슨은 그의 저서 『시빌라이제이션』에서 18세기 이전까지 중국이나 이슬람문명에 뒤처져 있던 서양문명이 이들을 제압하게 되는 요소들로 경쟁, 과학혁명, 재산권의 확립, 현대의학, 소비자사회, 직업윤리 등에 있음을 주장한다. 반면에 중국은 폐쇄주의나 보수주의로 경쟁심이나 도전정신을 잃게 되는 역동성 없는 경제사회에 직면하게 된다. 현대 중국사회에서도 개혁이 쉽지 않은 중국의 장애요인으로 법의 지배원리를 따르지 않는 시스템, 관료주의의 지나친 통제, 상상력과 창의력을 가로막는 문화적 습성 등이 지적되고 있다.

일본은 섬나라이다 보니 자원이 부족하고 바다 너머 세상에 대한 의문과 동경이 국민성에 영향을 미쳤다. 바다를 건너 새로운 세계로 나아가려는 욕구와 새로운 세계에서 얻는 지식이나 정보에 대한 욕구가 일본인들의 메모문화와 모방의 정신을 강화시켰다. 일본은 미국의 함포외교인 페리 제독의 강요에 의해 1857년부터 개방의 길을 간다. 일본개혁의 주역은 사카모토 료마, 오쿠보 도시미치, 사이고 다카모리 같은 가난한 하급 사무라이 출신 혁신가들이었다. 그들은 대부분 1830년대 태어난 사람들로 아편전쟁으로 중국이 망가지는 소식을 들으면서 일본의 위기를 걱정하며 자란 세대였다. 처음에는 존왕양이파였으나 서양세력과 전쟁을 거치면서 서양의 근대무기가 얼마나 위력적인지 직접 목격하면서 개국파로 돌아서게 된다. 대부분의 젊은 혁신가들은 폭력적인 양이파로서 출발했지만, 나중에 모두 개국파로 돌아섰다. 이토 히로부미와 이노우에 가로우를 통해 양이론자들에서 개국론자로 돌아서는 과정을 알 수 있다. 그들은 1863년 적을 알기 위해 영국에 밀항했는데 상해에 도착했을 때 이노우에가가 개국론자로 바뀌자 이토는 이노우에의 약한 의지를 비난했다. 그런데 영국에 도착하자 이토도 어느 세 개국론자가 되어 있었다. 그들을 놀라게 한 것은 서양의 군사부문보다도 오히려 경제부문이었다고 한다. 1868년 이들에 의해 일본은 바쿠후에서 덴노로 소위 메이지유신 체제가 성공하게 되는데, 메이지유신은 봉건질서를 해체하고 근대라는 변화된 세계로 나가는 개방과 개혁의 시작이었다. 그들은 개혁과 개방의 기치를 내세우고 탈아입구를 주장하며 서방의 모든 것을 받아들이는 데 열을 올리게 되고 일본을 독립되고 당당한 제국주의 국가들과 어깨를 나란히 하게 하는 데 성공하게 된다.

한국의 경우에는 거대한 제국 중국을 세계라는 믿음, 그리고 삼면을 막고 있는 바다 건너 세계에 대해 의문이나 도전의식을 갖고 있지 않았다. 사대주의와 폐쇄주의가 개방이나 개혁을 가로막은 셈이다. 화폐의 경우에도 우리는 세종대왕, 이황, 이이, 이순신, 신사임당 등 조선시대의 인물들이 색인된 반면, 일본의 경우에는 후쿠자와 유키치(1만 엔), 니토베 이나조(옛: 5천 엔) 등 탈아입구나 부국강병을 부르짖은 근대화의 기수들이 등장하고 있다. 후쿠자와 유키치는 동방의 나쁜 친구들(중국, 한국)을 거절한다. 유럽과 미국을 배워야 한다. 일본이 청일전쟁에서 승리하자 황홀하고 꿈만 같아서 저절로 울 수밖에 없다며 일본제국주의의 승리를 감격해 한 대표적인 인물이다.

일본인들은 관념보다는 실제적이고 실용적인 성향이 강해서 새로운 지식이나 정보를 쉽게 모방하는 특성도 가지고 있다. 다른 나라의 정보를 흡수하는 정보의 블랙홀이라고도 한다. 지금도 일본이 한국을 알기 위해 지출하는 정보비용이 한국이 일본을 알기 위해 지출하는 정보비용보다 10배나 많다는 지적도 있다.

> 일본은 원래 백제로부터 서적을 처음으로 얻어서 읽은 몽매한 나라였지만, 중국과 직통한 후로는 쓸만한 서적을 모조리 구입하고, 또한 그 학문이 과거시험을 위한 것이 아니기 때문에 이미 우리나라를 능가하고 있으니, 부끄러운 일이다.
>
> \- 정약용 -

일본의 산업은 모방을 기반으로 하는 양적 팽창에 성공한 것이다. 독일, 미국, 프랑스의 오리지널 기술에다가 일본 특유의 응용력을 가미시켜 경쟁력을 만든 것이다. 일본 제조업의 주류는 자동차, 전자, 카메라, 조선, 제철, 반도체 등 미국의 기초기술을 모방하고 응용하여 제품화하는 데 성공한 것이다. 트랜지스터는 라디오에, 형상기억합금은 메모리브래지어나 치아교정 재료에, 탄소섬유는 골프채, 테니스 라켓, 낚싯대에 이런 식으로 일본은 모방과 응용으로 근대화에 성공한 것이다. 청일전쟁에서 패배하고 중국의 젊은이들이 지일, 극일하기 위해 가장 많이 일본으로 유학을 하게 되었고, 한국의 대표적인 기업인들도 거화취실(去華就實: 합리주의와 실용주의)을 표방하는 와세다대학에서 공부하거나, 한국의 대표적인 기업들이 효율적인 생산과 비용절감을 위해 토요타에서 기업연수를 하는 경우도 많았던 것이다.

4차 산업혁명시대는 혁신적인 기술에 의해 가치가 창출되는 플랫폼경제가 개혁을 주도하고 있다. 미국의 휴스턴대 경영 심리학 전문가인 브리네 브라운 교수는 수치심은 혁신을 죽이는 비밀스러운 살인자라고 주장한다. 수치심은 자아상이 깨지는 데서 느끼는 이기적인 고통이고 죄의식은 타인의 고통을 공감하며 느끼는 고통으로 이타심에서 발원한다. 이런 까닭으로 수치심은 실패를 용납하지 않는 반면 죄의식은 실패를 포용하는 형태로 나타난다. 따라서 수치심을 바탕으로 하는 동양문화는 혁신에 취약하고 죄의식을 바탕으로 한 서양문화는 혁신하기에 용이하다. 국화와 칼의 저자 루스 베네딕트도 일본의 할복문화는 죽음으로 타인의 시선을 피하려는 수치심에서 비롯된 극단적인 행동으로 이해한다. 살아서 실패를 용인하고 그 실패를 극복하려는 죄의식과는 다른 행태이다.

문화에는 인간의 사고, 기호, 행동을 규제하는 구속성이 내재하고 있음을 부인하기 어렵다.

## 3 비판문화

한국의 비판문화는 취약하다. 한국인들은 대체로 칭찬에 약하고 비판에 예민하게 반응한다. 과대포장하기를 좋아하고 자신의 개성이나 내면의 가치보다는 표면적으로 남에게 내보이는 것에 연연해 한다. 대다수의 사람들이 과대포장하고, 우쭐하기 좋아하고, 남들 앞에서 과시하려는 성향을 보인다. 사회심리적 측면에서는 일제와 독재체제하에서 억눌린 굴종에 대한 반동 그리고 헐벗고 굶주림에 대한 부끄러움과 빈천함에 대한 한풀이 심리가 반사적으로 작용한다는 해석도 있다. 사회구조 및 문화적 측면에서는 자기 자신에 대한 성찰과 건전한 비판문화, 개성과 내면적 가치가 사회적으로 존중되거나 평가받지 못하는 사회구조 및 문화가 지배해 온 탓이기도 하다.

"영국인이 3명 모이면 토론을 하고, 독일인 3명 모이면 설계(또는 전쟁)를 하고, 프랑스인이 3명 모이면 혁명을 하고, 일본인이 3명 모이면 장사를 의논하고, 한국인이 3명 모이면 고스톱을 친다"는 말이 있다. 한국에는 노래방 약 9만여 개, PC방 약 5만여 개, 교회 또한 약 5만여 개인 데 반해, 도서관은 2018년 제2차 도서관 발전종합계획으로 68개가 늘어나면 1,106개가 된다. 어떤 보고서에 의하면 우리나라의 지식국력은 미국의 5.9%, 일본의 14%에 불과하며, 미국이나 선진국 대학생들이 일주일에 한 번 정도 술을 마시는 음주문화에 비해 우리나라의 대학생들은 거의 일주일 내내 주신을 모신다. 밤새도록 대학로의 불빛은 휘황찬란하고 대학로의 모든 전봇대를 밤이 다하도록 옮기고 다닌다.

얼마 전 우리나라 성인들의 여가생활에 대한 조사에서 TV 및 DVD 시청하기가 1위, 음악감상이 2위, 전화로 수다떨기가 3위, 그리고 인테넷서핑 즐기기가 4위인 것으로 조사됐다. 사천만의 국민놀이가 고스톱이고 1차, 2차, 3차 그리고 입가심으로 휘청거리는 술문화에 긴긴밤은 휘황찬란한데 우리나라의 출판업은 별볼일 없는 사양산업이며 하루 하루 파산을 모면하기에 급급하다. 『마틴 씨! 한국이 그렇게 좋아요』의 저자 마틴 교수는 한국인들의 특성을 비판했는데 첫째, 불같은 성격, 둘째, 논리적 토론이나 주장을 싫어하는 성격, 셋째, 책을 읽지 않는 문화로 정리하고 있다.

조리 있고 논리적으로 반론을 펴면 "저 자식은 왜 저렇게 말이 많아", "너 지금 어디다 대고 말대꾸야", "어디서 배워먹은 버르장머리냐", "머리는 있는데 덕이 좀 모자란다 말이야!" 다시 묻거나 확인하면 쓸데없이 따진다. 소신 있게 대답하면 고집을 부린다고 면박주기 일쑤이고, 적극적으로 나서면 "설치고 나서길 좋아한다." 윽박지르고, 이유를 설명하면 "핑계가 많다." 설득하기 위해 노력하면 "자꾸 강요한다." 한국은 아직도 자신의 소신을 밝히거나, 구성원 대다수와 다른 소수의견을 제시하거나, 윗사람의 견해에 대한 비판을 가할 수 있는 비판문화가 너무 부족하다. 회의나 세미나 과정에서도 반대의견이나 소수의견을 수렴하려는 노력보다는 이미 만들어진 각본에 의해 다수의견에 동질시키거나 아니면 형식적인 절차를 거치게 하는 준비된 연출에 불과한 경우가 비일비재하다. 무슨 위원회, 자문회의, 운영회의, 심의회의니 하는 것들도 대부분 형식적인 경우가 많다. 이스라엘의 국회에서는 전원일치의 결의는 무효처리된다. 민주적인 의논이란 다수파가 소수파의 비판에 시험을 받는 과정이고, 그 소수의견을 수렴하는 과정이라는 점에 주목해야 한다. 한국의 국회는 소수의석이 무시되고 소수의 의견이 짓밟히는 의사결정 문화를 자랑한다. 하지만 어떤 이유에서든 소수의석이 존중되고 소수의 비판이 수렴되는 의사결정 문화는 민주주의의 필수요건이다.

한국사회는 지나치게 수직사회이다. 대체로 유교문화권에 있는 한·중·일이 수직문화의 특징을 공유하고 있는 것은 사실이지만 우리 한국사회는 수직문화에 지독하리만큼 감염돼 있다. 술자리에서조차도 서열을 분명히 따져야 하고, 술자리 예절과 윗사람에 대한 존칭이 준수돼야 한다. 위계질서에 대한 실수는 곧 건방진 놈 내지는 싹수없는 놈으로 낙인찍혀 구성원으로 대접받을 수 없다. 싸움을 하는 경우에도 나이를 들먹거리며 기세를 세우려고 한다. "너 몇 살이냐? 이마에 피도 안마른 놈이 어쩌구 저쩌구" 하거나, "우리 집에 너 같은 아들이 있어, 이놈아!" 이렇게 수직적인 문화에서는 조직의 유연성을 기대하기 어렵다. 모든 것이 조직의 장에게 보고되고 조직의 장만이 의사결정을 내릴 수 있다. 모든 것이 Top-Down 방식이다. 모든 구성원이 참여하고 모든 구성원이 아이디어를 낼 수 있는 유연한 조직을 만들어야 한다. 국민과의 소통도 바로 이런 것이다. 아랫것들의 의견을 존중하고 소수의 비판을 경청하는 Bottom-Up 방식의 의사결정 문화가 바로 정보의 분산이고 제4차 산업혁명 사회의 필요조건이다.

2017년 11월에 발표된 국제시민의식교육연구(International Civic and Citizenship Study)에 의하면 조사대상국 24개국 중 유일하게 한국 청소년들은 '교실 내 열린 토론 문화'가 "거의 없다"는 결과가 나왔다. 유대인들은 토론문화로 유명하다. 전 세계 인구의 0.2%인 유대인들의 노벨상 수상은 40%를 차지한다. 유대인이 세 명 모이면 세상을 바꿀 수 있다고 한다. 유대인들이 있는 곳이면 어디든 토론하는 도서관 예시바가 있다. 유대인에게 책은 읽거나 외우는 것이 아니라 남이 나와 다름을 인정하고 남과 다른 사람이 되는 법을 배우는 기제에 불과하다. 유대인의 하브르타는 나이, 성별, 계급에 관계없이 두 명이 서로 짝을 지어 서로 논쟁을 통해 진리를 채득해 가는 학습방법이다. 페이스북의 창업자 마크 저커버그를 포함하여 노벨상 수상자의 22%가 하브르타 교육을 체험했다고 한다. 중국의 유대인으로 잘 알려져 있는 객가인(客家人)[1]들이나 한국의 강남엄마들의 교육열은 유대인들의 교육열을 능가하고도 남을 것이다. 중요한 것은 교육의 중심이 교육자가 아닌 피교육자여야 한다는 것과 문제의식을 제기하거나 토론과정에서 문제의 본질을 깨닫는 과정이라는 점이다.

"일본인은 치밀하고 까다로우며 협상테이블에서 본심을 잘 드러내지 않는다. 테이블에서 듣는 일본인의 대답이 동의하는 것인지 거부하는 것인지 분명치 않은 경우가 많다. 영국인은 예스나 노를 표현하는 방법이 하도 다양하여 양자를 구분해서 이해하기 어려운 경우가 많다. 독일인은 계약을 성사시키기는 어렵지만, 일단 계약이 이루어지고 나면 그 계약내용대로 잘 지킨다. 미국인은 예스나 노가 분명하고 합의나 계약이 이루어지면 계약내용대로 잘 지킨다. 그러나 손해를 보게 되거나 계약내용대로 이행을 안한다고 생각하면 아무리 친한 사이라도 소송을 제기하기 때문에 계약을 했으면 잘 지켜야 한다. 한국인은 치켜주고 계속 칭찬을 해주면 거의 모든 비밀을 다 털어놓고, 쉽게 양보하는 경향이 있다. 계약문서도 대강 훑어보고 세부적인 검토 없이 그냥 서명해 버리는 경우가 많다." '개방과 개혁'을 내세우며, 외국의 자본과 기업들을 적극적으로 유치하기 시작한 중국의 정부기관이 중국의 기업인들과 외국의 기업인들 사이의 협상과 상담에 대비하여 참고자료로 만든 외국인들에 대한 성향 평가 자료의 일부이다.

한국인은 비난과 비판을 혼동하거나 거의 동일 개념으로 받아들이는 듯하다. 비난은 남의 잘못이나 결점을 책잡아서 나쁘게 말하는 것임에 반해, 비판이란 사물의 옳고 그름을 밝히어 판단하는 것으로 그 의미를 확연히 구분해야 한다. 어떤 사람을 비난한다는 것은 그 사람을 인격체로서 존중하는 마음 없이 헐뜯는 행위

---

1 중국의 남부 푸젠성과 광동성 일대에 뿌리를 둔 객가인들은 근면성실과 높은 교육열로 많은 인재를 배출한 것으로 유명하다. 중국 신해혁명의 선도자 쑨원, 개방개혁의 기수 덩샤오핑, 싱가포르의 지도자 리콴유, 타이완의 첫 여성 총통 차이잉원 등 모두 객가인의 후예들이다.

를 말하고, 비판한다는 것은 그 사람을 인격체로서 존중함은 물론 그 사람에 대한 기대가 깔려 있는 걱정하는 마음의 표현이다. 비판은 다른 사람이나 다른 견해를 보다 객관적이고 냉철하게 보려는 관점이고 노력에 해당한다. 비판을 통해서 오류나 잘못을 찾아낼 수 있고 그것을 바탕으로 오류나 잘못을 바로잡을 수 있다. 비판은 마치 의사가 환자에 대한 정확한 진단을 내리는 것과 같은 동종의 행위이며, 우리가 보다 발전된 역사를 만들어 가는 정반합(正反合)의 발전법칙과 같은 것이다. 비판 없는 혁신이나 발전은 불가능하다.

"때로 정치는 언어와 양심을 강간한다. 그 극단적인 예를 히틀러 치하의 독일에서 보게 된다. 우리에게겐 그렇듯 정의롭지 못한 정치에 의해 강간당한 언어와 양심은 없었던가? 아니 한국에 과연 양심은 살아 있는가? 물론 신문과 방송엔 양심이 철철 흘러넘친다. 양심적인 지식인들이 양심적인 말을 홍수처럼 쏟아내고 있다. … 나에게 누군가를 꾸짖을 자격은 없다. 나는 다만 누군가가 해야 할 그 악역을 맡고자 할 뿐이다. 그러므로 나의 독선은 우연일 뿐, 용서받을 수 있는 것이라 믿고 싶다." 『전라도 죽이기』의 저자 강준만 교수의 "때로 정치는 양심을 강간한다"는 내용의 머리말이다.

기분을 중시하는 한국인은 아마 세계에서 가장 감정적인 민족일 것이다. 주한 외국인 중에는 한국인은 초감정적이다(koreans are super-emotinal)라고 하는 이도 적지 않다. 얼마 전 유럽 어느 나라 대사는 그렇기 때문에 한국 사회는 예측하기 어려운 사회라고 했다. 일본의 한국 전문가들도 한국은 기복이 심한 감정사회라고 한 바 있다. 그런데 감정이나 기분이 중시되는 사회에서는 고도의 전문지식을 바탕으로 세계수준의 전문가가 해결해야 할 중대 국가문제를 국민정서 기준으로 해결할 소지가 크다. 정치인들도 국가의 미래를 위한 장기적인 안목보다는 그 당시의 국민정서에 기대어 중요한 정책결정을 망칠 수도 있는 것이다.

변명(辨明)이라는 말은 글이나 말로 사실을 분명히 밝힌다는 뜻을 가지고 있다. 그런데 한국인들은 변명이라는 말을 핑계라는 의미로 사용한다. "변명하지 마", 불리한 자기입장을 옹호하거나 자신의 과실이나 죄과를 합리화시키기 위해 교묘하게 말장난한다는 의미로 사용된다. 이것은 토론하고 비판하는 문화의 결핍이나 부재에서 비롯된 언어의 표리현상이라 보여진다. 자신의 입장이나 논리를 사전에 분명히 밝히기보다는 일이 잘못되고 나면 그때서야 눈물을 흘리며 이것저것 온갖 것들을 다 들쳐대며 하소연하기 시작한다. "핑계 없는 무덤 없다." 이 한마디로 온갖 구실과 핑계는 또다시 무시되고 만다. 사전에 자신의 뜻과 의사를 밝힐 수 있는 자연스러운 토론 문화의 부재가 사후적인 핑계의 온상이 된다. 그리고 사후적인 자신의 입장에 대한 사실적 고백은 변명 아닌 핑계로 치부되는 것이다.

1999년에 한국에서 이케하라 마모루라는 일본인이 『한국, 한국인 비판』이라는 책을 출간한 적이 있는데, 이 책에는 "맞아죽을 각오를 하고 이 책을 썼다"는 부제가 달려 있다. 한국의 비판문화에 대한 우려가 담겨 있는 셈이다. 일본에서도 『추악한 일본인』라는 일본인 비판서가 프리드맨 바투에 의해 1992년 출간된 바 있다. 중국인에 대한 비판서인 『추악한 중국인』은 1984년 대만에서 출판되었고 2년 후인 1986년 중국에서도 출판된 바 있다. 그런데 이런 비판서들은 한국, 중국, 일본 모두에서 매도되거나 거부되었다. 반면에 미국에서 발행된 미국인 비판서는 미 국무성의 정책 참고도서로 지정될 만큼 미국인들은 비판문화에 익숙하다.

몇 년 전 '대만의 루쉰', '중국 민족의 양심'이라는 별칭으로 잘 알려진 『추악한 중국인』의 저자 보양이라는 작가가 향년 89세의 나이로 유명을 달리했다. 그는 "우리 중국인의 추악함은 우리 자신의 추악함을 알지 못하는 데 있다," "한 사람의 중국인은 모두 훌륭한 용이지만 세 사람 이상이 모이면 돼지, 벌레가 된다"며 중국문화를 통렬하게 비판했다. 『추악한 중국인』은 1987년 금서조치 당했다가 2004년에야 해금됐다. 또한 저자는 장제스의 직선제 거부를 미국 만화영화 『뽀빠이』에 빗대어 비판한 필화사건으로 1968년 체포돼 간첩혐의로 9년간 감옥생활을 한 경력도 있다. 그는 중국 전통문화를 '장독'으로 비유, 중국인들이 그 속에서 빠져나오지 못한 채 진보를 거부하고 있다고 비판했다. 이 책은 1980년대 '중국의 국민성에 대한 격렬한 논쟁'과 '문화적 자성운동'을 중국본토에서 촉발시키는 데 기여하게 된다. 이 책에서는 죽어도 잘못을 인정하지 않는 중국인을 꼬집고 있는데 내용은 다음과 같다. "미국인의 경우에도 중국인처럼 단점이 참으로 많다는 것은 유사하지만 그들은 그것을 인정하고 고치려고 노력한다는 것이 장점이며 다른 점이다. 중국인은 그렇지 않다. 중국인은 잘못을 인정하기보다는 수만 가지 핑계를 대며 자신의 잘못을 덮으려 한다. 중국인은 사과를 못한다. 그것은 잘못을 인정하는 능력을 상실했다는 것이다. 그래서 중국인은 그 잘못을 인정하기보다는 잘못이 아님을 증명하려고 골몰한다. 중국인이 큰소리치기, 빈말하기, 거짓말하기 좋아하는 것은 모두 잘못을 인정하지 못하는 것에서 비롯되는 것이다." 보양은 이 책에서 중국이 새로워지기 위해서는 비판문화를 적극적으로 수용해야 한다는 점을 통렬하게 역설하고 있다. 이런 점에서 이 책은 우리에게도 시사하는 바가 크다.

유럽이나 미국은 총문화이고, 일본은 칼문화이며 한국이나 중국은 말문화·붓문화라는 특징도 관계가 있는 듯하다. 총문화나 칼문화에서는 잘못된 언행에 대한 자기인정이 목숨과 직결된다. 그래서 명예나 질서도 존중된다. 그러나 말 문화에서는 하루 종일 부정하고 오기를 부려도 당장 단죄되지 않는다는 특징이 있다. 자기변명이나 책임전가 오기를 부릴 수 있는 여지가 있는 셈이다. 일본의 나카네치에 교수는 『논리와 미소 — 일본인과 인도인이 만날 때』라는 글에서 인도인의 경우에는 논리에만 맞으면 심지어 상담이 깨어지더라도 끝까지 말을 하고 보나, 일본인의 경우에는 논리에 맞는다 하더라도 인간관계에 손상이 갈 우려가 있다고 판단되면 논리는 접어두고 오히려 미소로 대한다는 점을 비교하고 있다. 인도인이 인간관계보다 논리를 중시한다면 일본인은 오히려 논리보다 인간관계와 미소를 중시한다는 것이다. 일본인의 경우에는 혼네(속마음)와 다테마에(명분)가 다른 경우가 많다는 것이다. 일본인이 겉으로 웃는다고 속마음도 그럴 것이라고 생각하면 큰 오해가 발생할 수 있다. 라프카디오 헌은 『일본인의 미소』라는 글에서 일본인은 심지어 죽음을 맞으면서도 웃으며, 웃음을 절하는 것 가르치듯이 가르친다고 했다. 그리고 웃음은 오랜 세월 동안 길러진 일본인의 예의이고 소리 없는 언어라 했다.

일본인의 미소는 和(와)문화에 뿌리를 두고 있는 인간관계에 대한 문화적 행태이다. 일본인의 혼네와 다테마에의 이중성은 무사문화의 위험에 대한 갑옷이자 방어술이다. 무사가 중심이 되는 칼의 문화에서 살아남는 지혜로운 처신은 오로지 자제심이었을 법하다. 반면에 한국과 중국은 선비중심의 붓의 문화이다. 선비의 근엄함과 고결함이 선비의 혼이며 선비의 가치이다. 히죽하게 웃는 것은 상대를 모독하는 것이고 자신의 품격에 생채기를 내는 것이다.

"이탈리어는 노래를 위해 존재하고, 프랑스어는 사랑을 위해 존재하며, 독일어는 군인이나 철학자를 위해 존재하고, 영어는 비즈니스를 위해 존재하며, 일본어는 외교를 위해 존재하고, 한국어는 싸움을 위해 존재한다"는 말이 있다. 총이나 칼 대신 삿대질과 욕설로 들이댄다. 중국이나 한국에서 욕설이 발달한 이유이기도 하다. 일본의 욕을 단선율 피리라고 한다면 미국의 욕은 소규모 록밴드이고 한국의 욕은 관현악단과 국악기로 합성된 오케스트라에 버금간다. 한국인들은 극단적인 욕설을 통해 다툼에서 우위를 점하려 하고, 부드럽게 가미된 욕설을 통해 묵은 정을 맛보려 하며, 해학적으로 풀어 나오는 욕설을 통해 음식 맛을 그윽하게 하려 한다. 한국의 욕설문화는 자유롭게 조절되는 수식어들의 다양한 결합과 고저장단의 리듬감이 가미되어 다양성과 현란함을 자랑한다. 미국의 경우에는 fuck에서 비롯되는 몇 가지 변주된 욕설 이외에는 빈천한 상태이고, 일본의 경우에는 욕설이 거의 없다. 일상적인 대화에서도 NO(안돼요)라는 말은 거의 사용되지 않는다. 바카라는 말과 사슴도 구별 못하는 어리석은 자라는 의미의 욕설과, 칙쇼라는 짐승이라는 의미 정도의 욕설이 전부이다. 일본인은 남의 기분이나 견해를 미리 생각하고 말하거나 행동하는 습성이 있다. 분명하게 NO를 잘 표현하지 않는다. 타인과의 불필요한 마찰을 회피하려는 和(와)의 문화에서 길들여진 행동으로 볼 수 있다. 일본문화의 특징을 기쿠바리(상대방에 대한 배려)와 혼네(속마음)-다테마에(말대접 또는 겉치레)에 두는 것도 칼문화와 무관치 않다. 일본어에는 배반(우라깃타)은 칼로 뒤를 베었다는 의미이고, 돕는다(스케다치)는 옆에서 칼을 들고 있다 도와 준다는 뜻이며, 마감한다(시메기리)는 조인 후 잘라낸다는 어의를 가지고 있다.

## 4 가족주의와 집단주의

한국은 세계 제일의 수직사회이다. 세계에서 족보를 가장 중시하고 가장-장남-장손을 중시한다. 일본은 가업을 장남이 역량이 모자라면 차남, 차남이 신통치 못하면 사위, 사위가 마음에 들지 않으면 종업원 중 골라 물려 준다. 한국은 장남에게 많은 재산을 물려 주는 차등상속제를, 중국은 모든 자녀에게 균등하게 나누어 주는 균분상속제를, 일본은 독일처럼 한 자녀에게 몰아 주는 단독상속제를 전통적으로 유지해 왔다.

일본의 '이에'는 우리의 집안과 같은 개념으로 가족공동체의 핵심에 해당하는 관념이다. 한국의 집안은 혈연의 연속성을 중시하는 반면 일본의 이에는 독립된 하나의 관념으로서의 연속성을 중시한다. 한국은 씨받이라는 문화를 낳았다면 일본은 혈연이 아닌 양자, 데릴사위가 발달하였다. 한국은 혈족에서의 양자를, 일본은 혈연이 아닌 양자라는 차이점이 있다. 한국은 상속에 있어서도 혈연주의인데 반하여 일본은 능력중심이라는 차이점을 보인다.

삼성의 이병철 회장은 세 명의 아들 중 가장 어린 이건희를 선택했다. 그리고 자신의 결정을 숨기기 위해 보유주식 대부분을 두 개의 가족재단에 넘기는 치밀한 수법으로 두 형제들이 계열회사의 지배권을 차지할 수 없게끔 만들었다. 일단 이건희가 안전하게 경영권을 장악한 뒤, 이병철 회장의 보유주식은 재단으로부터 이건희에게 넘겨졌다. 이 방법은 병약한 장남을 제쳐내고 삼성가족의 재산분할을 막을 수 있었지만 불안하고 혼란스러웠다. 삼성가의 유산분쟁이 소송과 치열한 인신공격으로까지 번졌고 수많은 재벌가들의 상속분쟁도 이 같은 이유이다.

미국의 경우에는 죽은 자가 유서를 남기는 경우를 제외하고 그 재산은 모두 사회로 환원된다. 이 같은 기본정신은 장기이식에까지 널리 적용되고 있다. 미국의 뉴저지 운전면허증의 뒷면에는 자기의 장기에 대해 사망시 무조건적으로 이식하겠다는 간이유서가 붙어 있다. 미국인들은 자식들에게 유산을 상속하기보다는 배우자나 자선단체 또는 고마운 사람들에게 남기는 상속문화를 가지고 있다. 일본의 경우에는 가업을 장남이 똑똑하지 못하면 차남, 차남이 신통치 못하면 사위, 사위가 마음에 들지 않으면 종업원 중에서 골라 대를 물린다. 경영의 신 마쓰시타 고노스케(마쓰시다전기의 창업자), 기술의 천재 혼다 소이치로(혼다기연의 창업자), CEO가 존경하는 리더 이나모리 가즈오(교세라의 창업주) 세 사람은 일본의 기업인들이 가장 존경하는 인물로 선정된 바 있다. 그들은 소니의 이부카 마사루, 토요타의 토요타 키이치로, 도시바의 다나카 히사시게 등 일본의 유력한 기업가들을 제치고 일본인들이 가장 존경하는 3대 기업인으로 선정된 것이다. 이들은 모두 자신이 창업한 기업을 개인의 소유물이 아닌 사회의 공기로 인식하였을 뿐만 아니라 가족들에게 세습하지 않으므로써 재산에 대한 사회환원 정신을 실천하였던 것이다.

한국의 재벌은 일본의 재벌과 유사한 점이 많다. 하지만 한국의 재벌은 일본의 계열에 비해 훨씬 더 중앙집중화되어 있다. 한국의 재벌은 친족관계에 기반을 두고 있으므로 산하기업의 총수들 사이에는 일본의 계열 구성원 간의 상호관계와는 다른 자연스런 통일성이 존재한다. 한국의 재벌은 조직을 총괄하는 중앙집중화된 비서진을 가지고 있다.

> 중국의 가족중시(효중심) 우선주의는 국가에 대해, 나아가 여타의 모든 관계에 대해 가족이 갖고 있는 우선성이 중국의 정통 유교를 그 방계인 일본의 유교와 매우 상이하게 만들었는데, 이는 동시에 기업조직에도 중요한 영향을 주고 있다. 중국 기업은 가족중심의 기업의 성격을 가진다. 이탈리아의 섬유와 디자이너 의류에서부터 공작기계와 산업용 로봇까지 뭐든 다 만들어 내는 소기업 관계망이 있다. 산업구조상의 결과도 유사하다. 거대 규모의 기업들이 생존하기 위해서는 국가의 지원을 필요로 하는 반면, 민간부문 기업들은 상대적으로 소규모이면서 가족에 의해 통제되고 있다. 이탈리아와 중국, 홍콩, 대만은 사회구조 중 가족이 중심적인 역할을 맡고 있으며, 이에 상응하여 비혈연관계에 기초한 조직이 미약하다. 또한 양측의 산업구조 역시 상호독립성이라는 복잡한 망으로 묶여진, 상대적으로 영세한 가족기업으로 이루져 있다.
>
> \- 프랜시스 후쿠야마, 『트러스트』(*Trust*) 중에서 -

중국의 경우에는 중간조직이 허약한 저신뢰, 가족지향적 사회라는 특징을 보인다. 대만과 홍콩, 이탈리아, 프랑스는 무수한 소규모 민간기업들이 경제의 중앙을 구성하고 있으며 그 다른 한쪽에는 소수의 아주 거대한 국영기업들이 위치하고 있는 그런 부류의 특성을 보인다. 독일과 일본은 유사점이 많다. 독일과 일본의 문화적 유사성이 대부분 고도로 발전된 공동체적 연대감에 따라 형성되었다. 또한 개화기 일본은 독일을 벤치마킹해 근대제도를 도입하게 된다. 두 나라는 공히 청결한 집, 깨끗한 공공시설, 질서정연하고 규율친화적인 사회질서를 가진다. 구성원들이 법이나 규칙에 따라 행동함으로써 문화적 집단에 소속감을 강화시킨다. 히틀러의 나치즘에 대한 광신주의나 천황을 중심으로 하는 국수주의에 대한 광신주의도 유사하고 제2차 세계대전 기간에 추구했던 대동아공영권이나 레벤스라움도 유사성을 가진다. 일본은 근대화과정에서 대륙법체계인 독일법에 영향을 받았고 우리나라도 일본의 영향을 받았다.

한국, 일본, 중국은 이중사회이다. 교육도 학교교육과 사교육으로 나뉜다. 정부와 기업도 합법적인 공식관계가 있고 비공식적인 사적 관계를 유지한다. 정경유착이 심하고 기업총수들의 기소나 처벌도 잦은 이유이다. 3-5법칙이 적용되어 유전무죄라는 지적도 있다. 정치권에서도 비공식적인 실세가 권력을 휘드르고 결국 권력이양기에 감옥가기 일쑤이다. 박철언, 전경환, 김홍일, 최순실에 이르기까지 … 공식적인 활동보다는 학연, 지연, 혈연을 중심으로 하는 비공식적 활동이 중요하다.

한국과 일본은 모두 유교문화권 국가이다. 그러면서도 충을 강조한 일본의 경우에는 사회질서가 중시되는 질서문화를, 효를 지나치게 강조한 한국의 경우에는 공적인 질서보다는 사적인 관계를 중시하는 질서문화가 뿌리내린 듯하다. 충과 효가 충돌하는 경우, 일본의 무사도는 충의를 선택하는 데 아무 주저함이 없었다.

여성들도 주군을 위해 모든 것을 희생하도록 자식들을 독려했다. 무사의 아내도 기꺼이 자식을 충의의 제단에 바쳤다. 일본의 유명한 역사적 인물인 스가와라 미치자네에 관한 이야기다. 스가와라 미치자네는 정적들의 질투로 모함을 받아 수도에서 밀려나 유배자의 몸이 되었다. 이때 적들은 그의 일족의 씨를 말리기 위해 미치자네의 어린 아들 칸 슈사이를 찾아다녔다. 그래서 마침내 미치자네의 옛 부하, 타케베 겐조가 아이를 산골 서당에 숨겨놓은 걸 알아 내고는 겐조에게 아이의 목을 치고 그 목을 바치라는 엄명을 내렸다. 명령을 받은 겐조는 먼저 슈사이를 대신할 적당한 아이를 찾으려 했다. 서당에서 글을 배우는 아이들을 주의 깊게 살펴보았지만, 촌아이들이라 어린 주군과 닮은 구석이 전혀 없었다. 그러나 그의 절망은 오래가지 않았다. 마침 어떤 모자가 서당을 찾아왔는데 그 남자 아이가 어린 군주와 몸집도, 나이도, 얼굴도 꼭 닮았기 때문이다. 그런데 그 아이가 주군과 닮았다는 것은 그 모자도 잘 알고 찾아 온 것이고, 그 모자는 미리 자기 집 제단에서 기도를 올리고 남들 몰래 희생할 것을 결심하고 서당을 찾아온 것이다. 아들은 자신의 목숨을, 어머니는 자신의 마음을 바치기로 결심했다. 그러나 전혀 내색을 하지 않았다. 이런 내막도 모르고서 겐조는 두 사람이 원하는 대로 일을 처리했다. 그 아이의 아버지는 검시관이었고 흉측한 목을 찬찬히 살피더니 차분하면서도 사무적인 말투로 틀림없다고 말했다. 그날 밤, 마을에서 벗어난 어느 집에서는 아들을 잃은 어머니가 자신의 남편을 기다리고 있었다. 그녀의 시아버지는 본래 오랫동안 미치자네의 은혜를 입은 사람이었다. 그런데 미치자네가 사라지는 바람에 그녀의 남편인 마츠오마루는 어쩔 수 없이 은인의 적 휘하에 소속되어 있는 상태였다. 마츠오마루 자신은 비록 잔혹한 주군일지언정 지금 모시고 있는 사람에게 불충을 저지를 수 없었다. 하지만 자신의 아이는 부친의 주군을 위해 큰일을 할 수 있었던 것이다.

- 니토베 이나조, 『일본의 무사도』 중에서 -

조선의 가치관은 효와 충이 충돌하는 경우, 충보다 효가 더 중시되었다. 어떤 장군이 화급한 전투에 투입되는 명령을 받았다 하더라도 부모상을 당하면 임금이고 뭐고 다 때려치고 집에 가서 장례와 3년상을 치러야 했다. 만일 사사로운 부모상보다 국가를 위난에서 구하겠다는 공적인 충을 선택했다가는 전쟁에서 큰 공을 세웠다 할지라도 후에 엄한 문책을 받게 된다. 효를 지나치게 강조한 한국이나 중국의 질서문화 속에는 사회적 질서체계보다는 가정의 질서체계가 중시되었다. 사적 내부규범을 바탕으로 사회의 공적 규범의 구축을 도모하려는 의도를 엿볼 수 있다. 효를 실천하면 할수록 사회질서가 안정되고 그것은 군주의 지배를 더욱 안정되게 할 수 있다는 믿음을 함축하고 있다. 하지만 효를 강조하는 문화가 공·사 구분을 모호하게 만들고 공적인 법과 제도를 무시하는 의식을 싹트게 했다. 법치주의가 민주주의이고 민주적인 생활습관이 자유와 평등을 기반으로 하는 국민주권을 보장한다. 가족주의나 집단주의는 민주주의의 사회적 생태계를 파괴할 수 있고 자칫 파시즘이나 군국주의로 가는 위험을 내포한다.[2]

## 5 신뢰사회

1995년 발간된 『트러스트(*Trust*)』의 저자 프랜시스 후쿠야마는 신뢰는 중요한 경제적 가치이고 경제적 번영은 고신뢰사회라는 문화적 바탕에서 결정된다고 주장한다. 신뢰는 경제학적 용어로 사회적 자본(social capital)이라 한다. 어떤 나라든 선진국 경제로 도약하기 위해서는 사회적 자본의 축적과정이 필요하다. 물적 자본이나 인적 자본도 중요하지만 사회적 자본은 개발도상국들이 경제를 한 단계 더 치고 나가는 강력한 엔진에 해당한다. 사회적 자본이란 개인간 협력을 촉진하는 신뢰, 규범, 네트워크 등 사회적 맥락에서 발생하는 일체의 무형의 자산을 말한다. 국부를 증진시키고 사회적 안정을 도모하는 데 다른 어떤 형태의 자본보다

2 일본의 아베 정권은 국수주의적이고 수정주의적이다. 그들은 천황제, 신군국주의, 신제국주의로 경도되고 있다. 한국에 대한 경제적 공격은 인권, 역사문제를 희석시키고 평화 헌법을 무너뜨리며 전쟁할 수 있는 나라로 나가기 위한 수단이다. 아베 내각 19명 각료 중 15명이 일본회의(천황주권) 소속이고 국회의원 40%가 일본회의 소속이다.

도 경제의 선진화에 필수적인 요소이다. 우리나라의 경우, 사회적 자본의 축적이 OECD 국가 중 22위를 차지하고 있다. 좀 더 설명하자면 신뢰사회, 즉 사회적 자본이 축적된 사회란 첫째, 폭넓은 사회관계를 창출하여 조직적인 기술혁신을 용이하게 만들어 주고, 둘째, 사회적 거래비용을 최소화시켜 효율적 사회관계를 형성시킨다. 미국사회도 개인주의 못지않게 사회적 신뢰를 중시하는 집단지향적 사회관계의 특징을 갖추고 있으며, 일본의 기업들은 대체로 연쇄적인 신뢰관계를 구축하고 있다는 것이 특징이라 할 수 있다.

강한 공동체적 연대를 가진 사회는 고신뢰사회이며, 공동체적 연대가 무너진 사회는 저신뢰사회이다. 공동체적 연대와 결속은 경제적 도약의 기초이다. 그것이 제임스 콜먼이 말하는 사회적 자본이다. 사회적 자본은 경제생활뿐만 아니라 사회적 삶의 모든 국면에 결정적인 영향을 미친다. 한 사회의 연대와 결속은 규범과 가치를 공유하고 개인의 이익을 집단의 이익에 종속시키는 공동체의 능력에 달려 있다. 여기서 신뢰가 탄생하며 신뢰는 중요한 경제적 가치이다.

- 프랜시스 후쿠야마, 『트러스트』(*Trust*) 중에서 -

한국인의 집단생활에서 '독속의 게' 현상은 너무나 보편적이고 자연스럽다. 어려워지거나 불행해지면 서로를 잘 돕지만 누군가가 출세를 하거나 돈을 잘 벌거나 승진이 빠르거나 하면 숨어서 욕을 하고 흉을 본다. 누군가가 이 비평균인간을 헐뜯으면 속으로 시원해지는 카타르시스마저도 느낀다. 옆집 아이가 우리 아이보다 공부를 잘해도 시기심이 나고 옆집 부인이 비싼 옷을 입으면 왠지 흠을 잡고 싶어 한다(독 속에 많은 게를 잡아 넣어두면 제각기 독의 벽을 타고 기어오르려고 한다. 그러나 다른 게가 기어오르는 게를 붙들고 늘어져 밑으로 떨어진다. 이런 현상이 반복됨으로써 어떤 게도 독 밖으로 나올 수 없는 상태를 말한다).

한국 이민이 계약노동을 마치고 일가를 이뤄 좀 살게 되면서부터는 서로 헐뜯고 모략하고 고자질하여 서로가 불화할 뿐더러 성공에 지장을 주기 일쑤였다 한다. 한국 이민들의 자립이 일본인들의 자립에 비해 30년이나 늦고 성공률도 15%에 불과했다는 것은 바로 이 이민국가의 외적인 조건 때문이 아니라 한국 이민끼리의 내적인 조건 때문이었다는 것은 이민 사회에서 상식화돼 있다 한다. 중동의 기업체 진출도 한국 업체끼리 시기, 질투, 모략하는 바람에 일을 적지 않게 놓치거나 불리한 조건으로 맡게 되었다는 것은 알려진 사실이다.

- 이규태, 『한국인의 버릇(버리고 싶은 버릇)』 중에서 -

… 한국 경제가 나라 안에서, 같은 업종끼리 신경전을 벌이는 유치한 라이벌 관계를 넘어서지 못한다면, 한국이 아시아의 리더로서 아시아 모든 나라의 공존공영을 생각하고 행동한다는 것은 애시 당초 불가능한 일이다.

- 모모세 타다시, 『한국이 죽어도 일본을 못 따라잡는 18가지 이유』 중에서 -

이것 또한 한국의 역사와 문화의 부산물이라 할 수 있다. 사촌이 논을 사면 배가 아픈 심리가 이러한 평균인간층의 이탈에 저항을 느끼는 촌락공동체의 체질이라는 주장도 있다. 또한 한국의 험난하고 빈곤했던 역사적 과정 속에서 형성될 수밖에 없었던 한(恨)스런 문화의 결과일지도 모른다. 한국인은 홍익인간과 동방예의지국을 자처하는 평화주의자이며, 다른 사람들을 신성한 인격체로 존중하는 예절중시 국가에 살고 있지 않은가? 그런데 그들은 왜 자신과 인간관계가 없는 사람들이나 자신과 외형상 다른 사람들에 대해 함부로 대하거나 차별하는 몰지각한 태도를 보이는 것일까? 공중장소나 길거리에서 지켜야 할 최소한의 예절이나 질서를 짓밟으며 다른 사람을 배려하지 않는 상스러운 짓거리를 거침없이 해대는 이유는 무엇일까? 집안에서는 예의바르고, 점잖으며, 교양머리 있고, 꽤 싹수있어 보이는 우리의 아이들이 대문 밖에 나오는 순간, 눈에 힘을 주고 "너 죽을래" 하는 표정으로 다른 사람들을 흘대하는 사람으로 돌변하고 있다. 거리에 나가면 운전자가 운전 중 금연하는 것은 기본인데도 불구하고 담배를 피워대는 것은 보통이고 흡연자의 대부분은 차창 밖으로 담뱃재를 털어댈 뿐만 아니라 불을 끄지도 않은 담배 꼬바리를 도로에 던지고 가는 행태는 아주 비일비재하다.

한국, 중국, 일본 모두 유교 영향을 받은 나라들이지만 한국이 유교나 가족주의에 보다 더 경도돼 있다. 혈연, 학연, 지연 같은 가족 중심적 사고가 국가나 지역공동체, 시민사회적 연대를 지향하는 사회 중심적 사고를 제압한다. 이런 현상이 사회적 관점에서 보면 분파주의와 파당주의로 나타난다. 소위 끼리끼리 문화가 계모임에서부터 종친회, 동창회, 향우회, 친목회, 동호인 모임까지, 같은 조직 내에서도 부서별, 계급별, 출신학교별, 출신지역별, 입사기수별 모임까지 정실주의를 양산하는 동아리가 된다. 제도나 시스템에 의해 모든 것이 법과 원칙에 따라 처리되고 해결될 수 있다는 믿음을 가질 수 없다. 무언가 불안하고 허전하다. 그래서 아는 사람을 배경으로 불안에 대한 보호막을 치려 하고 위험에 대한 보험을 들려 한다.

한국의 역사는 외침의 역사이고 중국은 내란의 역사였다. 전쟁을 통해서 민중들은 착취와 수탈에 피폐해질 수밖에 없었다. 가혹한 조세는 반란을 부채질하였고, 생존을 위해 희망 없는 반란에 목숨을 걸어야 했다. 중국의 경우에는 삼국지, 수호지, 소림권법이며 당·송·원·명·청의 지배권력이 바뀔 때마다 지배민족이 탈바꿈하는 내란으로 얼룩진 풍운의 역사였다. 근세에 이르러서도 중국의 역사는 아편전쟁에서 청일전쟁, 만주사변, 그리고 중일전쟁에 이르기까지 외침의 역사였고 공산혁명, 대약진운동, 문화혁명에 이르는 혁명의 연속이었다. 이런 이유에서 중국의 경우에도 지배계급과 피지배계급 간의 관계가 착취와 핍박으로 얼룩진 한의 문화를 형성하게 된다.

반면에 일본의 경우에는 섬나라이고 중국의 원나라가 고려의 도움을 받아 일본원정을 시도했으나 신풍(神風: 가미카제), 태풍으로 인해 두 차례나 실패하게 된다. 일본은 외침으로부터 거의 안전지대나 다름없었으며, 내부적으로도 강력한 중앙정부 중심의 강력한 통치체제가 없어 지배권력이 행사하는 착취와 핍박으로부터 자유로웠다. 따라서 일본의 경우에는 역사적으로 거대한 성곽이나 과중한 부역, 그리고 과중한 세금이 백성들을 반란으로 몰아세우는 일은 발생하지 않았던 것이다. 즉, 지배계급과 피지배계급이 한의 문화가 아닌 은의 문화를 향유할 수 있었다. 꼬붕은 오야붕을 위해 충성을 다하고 오야붕은 꼬붕의 모든 것을 책임진다는 기사도 문화를 성립시켰다. 수직적 주종관계가 은혜를 서로 공유하는 화(和)의 문화로 귀착되는 특성을 보인다.

일본의 천왕(덴노)인 아키히토는 125대 덴노이며 일본 사람들은 이를 만세일계(萬世一系)로 자랑스럽게 생각한다. 일본의 천왕은 일본의 개국신화인 태양신 아마테라스의 직계자손이라는 신토사상의 중심에 있다. 즉, 일본의 천왕은 역사뿐만이 아니라 신화의 정통성마저 함축하는 존재다. 일본 국민들에게 있어 일본의 천왕은 신적인 존재였다. 인간인 천왕을 신적인 존재로 만든 역사적 인물은 아스카 문화를 꽃피웠던 쇼토쿠 태자이다. 그는 덴노를 신격화하고 그를 중심으로 왕권을 확립시킨 다음 17개조의 헌법을 공표하였다. 그가 가장 강조한 통치이념은 바로 和(와)의 정신이고 和의 문화였다.

우리 대학의 강의동 앞에 주차장시설이 있는데, 그중에서 두 면이 장애인 주차장으로 표식이 되어 있다. 그런데 거의 매일 그곳에 장애인 표식이 없는 차가 주차되고 있어 유심히 관찰하게 되었다. 거의 매일 같은 차가 주차되는 것 같은데, 어느 곳에도 장애인 표식이 없었다. 그러던 어느 날 그 곳에 주차하고 내려오는 학생을 불러 세웠다. 그리고 조심스럽게 "학생 미안한데 혹시 장애인입니까?" 갑작스런 질문에 약간 당황한 듯한 그 학생은 잠시 머뭇거리더니, "네, 저 장애인입니다." "근데 저차에는 표식이 없던데요" 하고 되묻자 "네, 제가 정신장애인이거든요" 하고는 총총히 사라져 버렸다.

한국사회에는 정신장애인이 너무도 많은 것 같다. 장애인 주차장에 주차하는 정도야 약간 맛이 간 정도에 불과하다. 장애인들을 이용하여 노동을 착취하거나 국가보조금을 횡령하고 그들에게 가혹행위는 물론 비인간적 학대를 가하는 사건도 종종 발생한다. 이 정도면 중증정신장애인에 해당할 것이다. 우리나라가 장애인이나 사회적 약자를 보호하기 위한 시설물이 충분하지도 못한 상황에서 이런 일들이 벌어지는 것을 보면 우리가 남을 배려하면서 사는 문화에 얼마나 무관심했던가를 되돌아보게 한다. 자기가 살고 있는 마을 주변에 장애인 시설물이 들어올라치면 "우째 이런 일이! 우리 아이들이 병신들을 보면서 자라게 할 수는 없는 일이지. 병신들 때문에 우리 동네 땅값이 떨어질지도 모를 일이야? 하필이면 왜 우리 동네야 결사반대!"가 너무 당연한 권리나 주장으로 묵인되는 사회이다.

일본의 학부모들은 어린 아이들이 싸우고 집에 돌아오면 맞은 아이의 부모나 때린 아이의 부모가 서로 만나 아이들을 잘못 가르친 교육책임에 대해 서로 사죄한다고 한다. 다른 사람의 부탁을 거절하는 경우에도 안된다는 말은 거의 하지 않는다. 상대방에 대한 최소한의 배려인 셈이다. NO라 말하지 않는 일본인이라 하지 않았던가?, 우리의 경우에는 "안돼, 절대 안돼, 죽어도 안돼," 거칠고 극단적인 말문화이다. 사소한 일에 목숨까지 건다. 하루에도 몇 번씩 죽거나 목숨을 걸고 있는 셈이다.

파란색 얼룩말을 잡아오면 백만 달러의 상금을 지급하겠다는 광고가 나붙는다면, "독일인은 도서관으로 달려가 진화론, 생태학, 생존지역에 관한 연구물들을 탐독한다. 영국인은 아프리카 지도를 구입하고 원정 떠날 채비를 갖춘다. 프랑스인은 노새 한 마리 구해다가 파란색 칠을 한다. 일본인은 노새 몸에 파란색 털을 심는다. 스페인 사람은 성대하게 전야제를 치른다. 한국인은 뻥이므로 거들떠보지도 않는다." 우리 사회에 찌든 불신문화에 대한 풍자거리다. 신뢰사회는 다른 사람에 대한 배려, 사회적 규범·규칙·약속을 잘시키는 교육에서 시작된다. 유럽에서는 부모들이 아이들에게 친구를 배려해야 한다 하고, 일본에서는 친구에게 피해를 주면 안된다(다닌니 메이와쿠오 가케루나)고 한다. 한국에서는 무조건 이겨야 한다. 그리고 남의 아이들과 비교하며 엄친아, 엄친딸을 강조한다.

한국은 1953년 1인당 국민소득이 67달러에서 1995년 40년 만에 1만 달러를 달성하며 1인당 국민소득이 200배 성장하는 데 성공한 유일한 나라이다. 일본이나 독일의 경우, 150년에 걸쳐 이루어진 경제적 성과를 한국은 40년 만에 이룬 셈이다. 오로지 과정보다는 결과주의에 집착하고 오기와 편법으로 성장만을 목표로 삼았던 초고속성장의 그늘인 셈이다.

2015년 덴마크는 부패인식지수가 91점, 168개국 중 1위로 세계에서 가장 높은 고신뢰사회로 평가되었다. 여기다가 최근 말레네 뤼달이라는 프랑스 사람이 쓴 『덴마크 사람들처럼』이라는 책은 우리에게 많은 것을 생각하게 한다. 덴마크의 부모들은 아이들에게 매일 겸손 10계명, 즉 네가 특별하다고 생각하지 마라, 네가 남보다 더 똑똑하다고 착각하지 마라 등을 가르친다 하니 놀라운 일이다. 또한 덴마크 사람들은 사치에 부정적이고 돈에 초연한 문화를 자랑한다. 일본은 섬나라이다 보니 외침이 없었고 온(恩)과 와(和)의 문화를 형성할 수 있었다. 일본인들을 경제동물이나 일개미로 만든 이시다 바이간은 "일은 모두 전신수양이며 도를 닦는 과정이다. 근검절약에 투철하고 돈이 안 돼도 노동하라"고 가르쳤다고 한다. 또한 "검약이라는 것은 세상에서 흔히 말하는 것과는 다른 것이다. 나를 위해서 인색하게 구는 것이 아니라, 세상을 위해서 세 개 쓸 것을 두 개만으로 족하게 하는 것이다"라고 강조했다 한다. 이런 영향을 받아 일본인의 생활신조 겐야쿠(검약)는 존경의 대상이 되고, 제이타쿠(낭비)는 금기어이며, 오고리(사치)는 비난과 경멸의 대상으로 굳어진 것이다. 일본인들은 마트에 두부 반 모, 생선 반 마리, 참치회 석 점, 배추 반 포기가 진열돼 있고, 음식점에서 단무지도 추가요금을 지불해야 한다. 어떤 한 사람의 몫도 공짜가 없고, 어느 누구도 봐주는 법이 없다. 이지메문화의 속성이다. 취직하면 어김없이 부모에게 자신의 생활비를 지불해야 한다. 지하철에서 신문은 1/4로 접어서 본다. 덴마크 문화와 일본문화가 유사점을 가지고 있다.

한국은 2016년 부패인식지수가 56점, 37위로 OECD 국가 34개국 중 27위를 나타내고 있다. OECD 평균이 69.9점이어서 절대부패에서는 벗어났으나 아직 공공분야의 부패가 일반적인 것으로 분류되는 국가에 속한다. 관피아(법피아, 핵피아, 금피아: 금융감독원, 교피아, 해피아(해경+해양수산부), 군피아(방산비리)뿐만 아니라 전관예우(사피아)까지 부패에 가담한다. 한국의 경우, 철의 삼각지(Iron tryangle), 즉 정치인, 고위관료, 재벌(대기업) 등 지연, 학연으로 카르텔을 형성하고 권력을 잡은 다음 부패를 통한 이익을 나누는 적패가 부패의 온상이라 할 수 있다. 철의 삼각지는 이미 모두 패밀리를 형성(삼겹사돈, 사겹사돈)하고 있기 때문에 정경유착과 관치금융은 식은 죽 먹기이다.

부패인식지수의 순위는 덴마크, 핀란드, 스웨덴, 네덜란드, 호주, 뉴질랜드, 아이슬란드, 스위스, 미국, 캐나다, 오스트리아, 룩셈브르크, 영국, 독일, 벨기에, 아일랜드, 일본, 대만, 체코, 프랑스, 스페인 순이다. 싱가포르가 85점, 8위로 아시아에서는 1위이고, 1995년 리콴유 전총리는 부패방지는 선택이 아닌 국가생존의 문제로 다루었다. 일본과 홍콩은 75점으로 공동 18위를 차지했다.

부패란 언어적으로 CORRUPTION인데 라틴어 COR(함께) + RUPT(파멸하다)의 의미를 가진다. 경제적으로는 부패는 파멸을 신뢰는 번영을 약속한다. 2016년 OECD의 부패 보고서에 의하면 부패는 민간부문의 생산성을 낮추고, 공공투자를 왜곡하며, 공공재원을 잠식한다. 따라서 지속 가능한 경제성장의 심각한 방해물로 평가한다. 부패가 심한 나라일수록 공무원의 질이 낮고, 공공의 이익과 무관한 규제, 무역장벽, 보조금, 탈세가 많은 것으로 나타났고, 형평성 측면에서도 부패는 불평등과 빈곤을 심화시킨다. 부패지수가 2.52포인트 오르면 지니계수가 0.11포인트 상승하고(소득불균등이 커지는 것을 의미한다.), 부패인식지수가 1점 높아지면 1인당 GDP가 연평균 0.029포인트 상승한다.

미국의 콜게이트대학 존스턴 교수는 국가부패를 4가지 유형으로 분류하고 있는데, 독재형(중국, 인도네시아 등), 족벌형(러시아, 필리핀 등), 엘리트 카르텔형(한국, 이탈리아 등), 시장 로비형(미, 영, 캐나다, 일본 등) 등으로 나누고 있다.

아프리카에서 가장 청렴한 나라는 보츠와나인데, "안녕, 안녕, 부패여! 너에게 작별인사를 해. 우리는 보츠와나에서 태어났어요. 보츠와나의 미래는 우리에게 달려 있어요"라는 국민가요가 유행하고 있다. 보츠와나는 1994년 강력한 부패방지법을 시행하고 적극적인 국민들의 참여로 신뢰사회를 만들고 있는 것이다. 보츠와나는 아프리카에서 가장 빠른 경제성장을 보이고 있는데, 2016년 1인당 명목GDP는 5,897달러로 아프리카에서 최상위권이고 국제신용등급도 1위를 차지하고 있다.

## 6 리더십과 노블레스 오블리주

진정한 리더그룹과 리더십은 봉사와 헌신 그리고 의무와 책임의 실천에서 출발한다. 어떤 사회가 리더그룹에 의해 리더십이 발휘된다는 것은 그 사회의 구성원들에 의해 리더그룹이 신뢰와 존경을 받고 있다는 것을 의미한다. 리더그룹에 대한 존경과 신뢰는 역사적 과정 속에서 쌓여가고, 리더그룹에 대한 불신과 원망도 역사 속에서 누적돼 간다. 리더그룹에 대한 신뢰와 존경은 노블레스 오블리주(nobless oblige)라는 지도계층에 대한 도덕적 의무에서 싹이 자라고 열매 맺을 수 있다. 일본의 천황이나 무사들, 영국의 여왕이나 귀족들(공작, 백작, 후작), 미국의 위대한 대통령들은 역사적으로 국민들로부터 지도계층이 지켜야 될 도덕적 의무에 대해 검증받았다는 것을 의미한다. 반면에 한국사회는 지도계층이 병역회피, 조세포탈, 외화반출, 부정입학, 부동산투기, 주가조작, 이권개입 등으로 일반국민들보다 못한 도덕성을 노출해 왔고, 현란한 말 바꾸기와 교활한 거짓말로 일반국민들을 현혹해 왔으며, 잘못한 일에 대해서는 "기억이 잘 나지 않는다"며 국민을 우롱해 왔다. 이와 같은 노블레스 오블리주의 결핍의 문제는 우리나라 지도자들을 망명, 암살, 자살, 교도소, 파면에 이르게 하는 중요한 요인이 된다. 얼마 전 엠브레인 트렌드모니터 설문조사에 의하면 우리나라의 일반국민들은 상류층의 노블레스 오블리주에 대한 실천성에 대해 겨우 4% 수준의 낮은 믿음을 보이고 있다. 이 조사에서 국회의원 및 정치인에 대한 도덕성은 1.3%, 재벌 및 대기업 임원은

1.7%, 고위공무원 및 관료는 2.1%, 판검사 및 변호사는 6.1%, 언론인은 6.9%인 것으로 조사된 바 있다. 사회를 이끌고 있는 지도계층이 총체적으로 노블레스 오블리주가 빈곤하다는 것을 반영하고 있는 것이다.

프랑스어로 노블레스 오블리주는 귀족은 의무를 갖는다는 귀족과 의무의 합성어인데, 통상적으로 권력이나 부 그리고 명예라는 것은 사회에 대한 책임과 의무를 동반한다는 의미로 사용되고 있다. 프랑스의 백년전쟁 당시 칼레라는 도시가 영국군에 의해 포위당하고 지독한 저항 끝에 칼레는 결국 항복을 하게 되었는데, 영국 왕은 칼레 시민의 생명을 보장하는 조건으로 이 도시 대표 6명의 목을 매 처형할 것을 명령하게 된다. 모두가 머뭇거리는 상황에서 가장 부자인 외스타슈드 생 피에르가 처형을 자청하였고 시장, 법률가 등의 귀족들이 처형에 앞장서게 되자 이런 모습에 감동받은 영국 왕 에드워드 3세는 이들을 모두 사면해 주는 역사적 사건에서 높은 신분에 따르는 도덕적 의무가 빛을 발하게 된다.

로마를 비롯한 영국, 미국 그리고 일본에 이르기까지 소위 지배계층의 도덕적 의무가 명예정신으로 준수되어 왔다. 지금 현재까지 유지되는 영국 여왕의 권위라든지, 일본 천왕의 권위 등은 고귀한 신분에 요구되는 노블레스 오블리주가 실천된 역사적 결과로 보여진다. 영국의 경우에는 엘리자베스 2세 여왕이 제2차 세계대전 때 수송보급장교로 직접 군용트럭을 운전하였고 찰스, 앤드루, 해리 왕자와 같이 징병제가 폐지된 영국에서 왕실과 귀족들은 자진해서 병역의 의무를 다하고 있다. 영국 최고의 명문학교 이튼스쿨의 학생이나 졸업생들이 워털루전쟁이나 1, 2차 세계대전에 대부분 참전하여 많은 전사자를 내었다는 점도 주목해야 한다. 로마의 경우에는 "고귀하게 태어난 사람은 고귀하게 행동해야 한다"라는 노블레스 오블리주가 귀족사회를 불문율처럼 지배하였고, 로마제국의 귀족들은 자신들이 노예와 다른 점은 단순히 신분이 다른 것이 아니라 사회적 의무를 실천할 수 있는 능력과 용기를 가지고 있기 때문에 다르다는 귀족정신을 받들었던 것이다. 일본의 무사도 정신의 경우에도 상무정신, 명예, 예의, 의리를 존중하는 귀족정신의 표출이라 할 것이다.

일본의 무사들은 전쟁에서 패했거나, 적에게 등을 보였거나, 명예를 훼손하는 행위를 하게 되면, 할복을 통해 자신의 명예를 정화시키는 데 주저하지 않았다. 그들은 명예를 너무나 존중한 나머지 "명예가 사라졌을 때, 죽음이야말로 구원이 된다. 죽음은 치욕으로부터 숨을 수 있는 유일한 안식처"라는 믿음을 실천했던 것이다. 일본의 할복(腹切; 하라키리) 문화는 일본의 무사도(사무라이)의 명예정신과 관련된 일본식 명예살인의 독특한 형태라 할 수 있다. 무사가 자신의 명예회복을 위해 자기 자신의 배를 갈라 죽음에 이르게 되는 이 처절한 할복의식을 일본의 무사들은 자랑으로 여겨왔다. 이 같은 행위는 타살이 아닌 자살에 해당하지만 그 의미는 무사도라는 명예중시 문화를 완성하기 위한 극단의 명예살인 문화의 변종이라 할 수 있다.

"그는 천천히 단도를 들어 올려 … 그것을 바라보았다. … 검 끝으로 힘껏 왼쪽 하복부를 찌르더니 천천히 오른쪽으로 잡아당겼다. 다시 비스듬히 왼쪽 위로 그어 올렸다. 이 처절하고도 고통스러운 동작을 취하면서도 그는 얼굴 근육하나 움직이지 않았다. 마침내 그는 단도를 빼내고 앞으로 몸을 굽혀 목을 내밀었다. … 그의 일거수 일투족을 예리하게 주시하던 카이샤쿠닌이 천천히 일어나 단번에 칼을 뽑아 올렸다. 칼이 번쩍였다고 느끼는 순간 … 눈앞에 있는, 숨이 끊긴 몸뚱이에서 뿜어져 나오는 처참한 피의 소리가 그 정숙한 분위기에서 울려 퍼지는 듯했다. … 대표적인 할복(腹切; 하라키리)의 실례로 사콘과 나이키라는 형제의 할복이 있다. 아버지의 원수를 갚기 위해 도구가와 이에야스의 진중에 들었다가 붙잡히게 되고, 막내인 하치마까지 죽이라는 명령이 떨어지는데, 그의 나이는 여덟살이었다. 이에야스는 형제의 용기를 가상히 여겨 명예롭게 죽을 수 있도록 할복을 명하는데, 하치마는 형들이 숨을 거두자 조용히 의복을 벗고 형들이 가르쳐준 대로 훌륭하게 할복 의식을 끝냈다고 한다.

- 니토베 이나조, 『무사도』에서 -

극동 연구가인 헨리 노먼(Henry Norman)은 일본이 동양의 다른 국가들과 유일하게 다른 점으로 "인류가 지금까지 고안해 낸 명예에 관한 규칙들 중, 가장 엄격하고, 가장 숭고하고, 가장 정확한 것이 국민들 사이에 지배적인 영향력을 미치고 있다는 사실"이라고 단언한 바 있다.

일본의 리더그룹에는 사무라이 정신이 배어 있고 영국의 리더그룹에는 귀족정신이 배여 있다. 일본의 리더그룹은 사숙제도를 통해 엄격하고 체계적으로 훈련되며, 영국의 리더그룹은 이튼스쿨이나 해로우 스쿨과 같은 엄격하고 체계적으로 검증된 교육과정을 통해 길러지고 있다. 자유분방한 미국의 경우에도 개척정신이나 선구자 정신이 강조될 뿐만 아니라 미국의 명문대학들은 명예와 전통을 강조하는 학풍을 기반으로 정선된 리더그룹과 리더십을 배양하고 있다. 한국전쟁 당시에도 수많은 미군 장성의 자녀들이 참전했으며, 전사하는 경우도 발생하였다.

자그마한 마케도니아라는 도시국가에서 태어난 알렉산더 대왕은 유럽, 아시아, 아프리카를 정복함으로써 리더십의 중요성을 일깨운다. 강력한 리더십의 바탕에는 노블레스 오블리주가 자리한다. 알렉산더 대왕은 원정을 마치고 아시아 중부의 메마른 게드로시안 사막을 횡단했는데, 고열에 물까지 바닥나 병사들도 지칠 대로 지쳐 있는 상황에서 벌어진 이야기이다. 한 병사가 어렵게 투구에 물을 구해 알렉산더 대왕에게 바쳤는데 그는 병사에게 감사를 표한 뒤, 그 물을 병사들이 모두 보는 앞에서 사막에 버렸다는 이야기이다. 1997년 4월 뉴욕타임스는 세계를 움직인 가장 역사적인 인물로 징기스칸을 선정했는데, 그는 명예, 비전, 신뢰를 가장 중시하는 리더십을 발휘한 세계최대 영토를 가장 짧은 시간에 정벌한 인물이다.

한국에도 유한양행의 창업자의 유서는 좋은 본보기이다. 그는 유서에서 "손녀에게 대학까지의 학자금으로 1만 달러를 준다. 딸에게는 유한공고 안에 있는 묘소와 주변 땅 5,000평을 물려준다. 나의 소유 유한양행 주식 14만 941주는 한국사회 및 교육원조신탁기금에 기증한다." 아들과 부인에게는 한푼도 남기지 않았다. 기업의 경영도 전문경영인에게 맡긴다. 한국의 경영인으로서는 보기 드문 리더십과 노블레스 오블리주를 보여준 것이다.

오늘날의 리더들은 조직의 구성원으로부터 신뢰를 얻는 것은 필수이고, 이지적이며 통찰력과 상상력까지 발휘할 것을 요구한다. 리더는 뛰어난 리더십을 발휘하기 위해 타인을 통제하기 위해 먼저 자신을 통제해야 하는 일종의 심리극 상황에 빠지게 된다. 조직의 나아갈 방향을 설정하고, 조직의 힘을 한곳으로 집중시키며, 조직이 역동성을 가지도록 동기부여를 하는 데에는 신뢰가 기본이 된다.

리더의 상상력은 제임스 번스가 말한 변혁적 방법으로 상대방을 행동하게 만든다. 리더의 재능은 얼핏 불안정하거나 타인의 계획을 반대하는 것처럼 보이며, 때로는 일을 더 잘하려는 욕구로 보이기도 한다. 리더는 아마도 심한 감정적 기복으로 작업장을 불안하게 만들지도 모른다. … 기업의 리더들은 관리자들보다 예술가나 과학자, 철학자들과 공통점이 많다. 따라서 경영대학은 이러한 성향과 관심을 가진 보통 사람들을 리더로 개발하기 위해 교육과정을 전략 논리나 컴퓨터 실습보다는 창의력과 상상력을 발현할 수 있는 사고실험에 집중해야 한다.

- 헨리 민쯔버그 외, 『리더십』 중에서 -

아래의 시는 조광조가 29세 되던 해 진사시험에서 일등으로 합격된 『춘부(春賦)』의 일부분이다. 잘 알려진 바와 같이 명도(明道)정치와 지치주의(至治主義)로 조선왕조를 태평천국으로 만들려 했던 사상가이자 지도자였다. 그는 "나라를 다스리는 것은 도를 밝히는 것에 지나지 않으며(明道), 학문을 하는 것은 아무도 보지 않는 곳에 혼자 있을 때라도 늘 삼가는 것(謹獨)에 지나지 않는다"는 리더그룹의 철저한 노블레스 오블리주를 강조했던 사상가이다. "하늘과 사람이 서로 어긋나게 되고 지도자와 백성이 떨어지게 된 것은 사람이 도덕적으로 타락된 때문이며, 지도자나 지도계층이 도덕적 이상형인 군자가 되지 못한 까닭이다." 개혁과 체제의 전복에 의한 위대한 사회는 불가하다. 체제의 전복은 또 다른 권력독점을, 제도의 개혁은 또 다른 부패한 제도를 낳을 수 있다. 무엇보다 중요한 것은 그 체제와 제도를 만들고 운용하는 사람들의 개혁에 있을 뿐이다. 특히나 그 사회를 이끄는 지도자와 지도계층의 개혁이 무엇보다 중요하다.

샘물이 흘러서 끝까지 가려함이여
흙탕물이 섞이어 맑을 수가 없도다.
위로는 하늘의 밝은 명을 더럽힘이여
아래로는 사람의 윤리와 기강이 게으르도다.
즐거이 아래로 흐르면서 깨닫지 못함이여,
수많은 악이 쌓이는 바로다.

- 최인호, 『유림』 중에서 -

조광조는 태평천국이라는 것은 체제를 개혁하는 것보다 그 체제를 만들고 운용하는 리더들이 개혁돼야 한다는 신념을 가진 지도자였다. 그와 가장 절친했던 지인 양팽손은 조광조에 대하여 "그와 더불어 이야기하면 지초(芝草)나 난초의 향기가 사람에게서 풍기는 것 같고 기상은 비 개인 후인 가을 하늘이요, 얇은 구름이 막 걷힌 뒤의 밝은 달과 같아 인욕(人慾)을 초월한 사람과 같다"고 표현한 바 있다. 조광조는 조선의 임금과 지배계층에게 명도와 근독의 치도를 몸소 실천해 보이고 설파했던 것이다. 조광조는 노블레스 오블리주에 바탕한 리더십, 명도와 근독의 태평천국을 꿈꿨던 사상가였다.

## 7 선진국을 위하여

중국인들은 조화를 중시한다. 그래서 무엇을 하든 짝수로 한다. 사람이 앉을 때도 의자를 꼭 짝수로 놓는다. 중국에서는 손님이 어떤 사람이든 주인의 바로 오른편에 앉는다. 중국인이 좋아하는 숫자는 돈을 번다는 의미의 발재(發財)와 발음이 같은 8, 그리고 매사가 물 흐르듯이 순조롭다는 뜻의 유유대순(流流大順)의 발음과 같은 6을 좋아한다. 9는 장수한다는 말과 발음이 비슷하다. 중국의 신세대들은 我愛你 520, 一生一世 1314라는 숫자를 좋아한다. 죽음을 의미하는 4를 싫어한다. 일본인들은 7은 서양의 영향으로 행운을, 8은 八 아래로 퍼지는 모양이 번창을 의미해서 좋아한다. 4는 발음이 죽음을 뜻하는 死, 9는 고통이나 고생을 뜻하는 苦여서 싫어한다. 한국인은 숫자의 뜻에 무게를 두는데, 3은 가위·바위·보, 삼판 이승제, 3권분립, 7은 행운이라는 서양에서의 의미에 영향을 받아 좋아한다. 한국, 중국, 일본 모두 고통이나 죽음을 싫어하고 부나 번창을 좋아한다. 중국은 일대일로를 통해 옛 비단길의 영광을 재현하려하고, 일본은 아베노믹스를 통해 대동아공영권의 기억을 되살리려 한다. 러시아는 신남방정책으로 동아시아에 대한 경제적 영토를 확장하려 하고, 미국은 미국 제일주의를 휘두르며 세계에 대한 경제패권을 지키려 한다.

한국경제는 J노믹스를 통해 새로운 도약, 선진국 경제로의 진입과 통일한국의 역사를 지나 유라시아 경제권역의 주인공을 꿈꾸고 있다. 절대빈곤을 극복하는 과정에서 필요했던 아니면 묵인됐던 습성이나 타성으로는 선진국으로의 도약을 실현하기 어렵다. 비판문화의 발현, 개방과 개혁의 확대, 신뢰문화의 구축, 리더십과 노블레스 오블리주의 실천 등 많은 것들이 개선하거나 개혁의 대상이 된다. 지나친 가족주의에서 비롯된 파벌주의나 정경유착도 적패로서 청산되어야 한다.

중국인은 돌솥과 같다. 달구기가 여간 어렵지 않다. 그러나 한번 뜨거워진 다음에는 좀처럼 식지 않는다. 식은 줄 알고 잘못 손을 대었다가는 데이기 쉽다. 일본인은 은그릇이다. 조금만 힘을 줘도 잘 찌그러진다. 그러나 아무리 찌그러져 있어도 쉽게 펴질 수가 있다. 한국인은 양철냄비다. 달아오르기도 쉽지만 식기도 쉽다. 그러면서 소리만 요란하게 낸다. 모든게 불 위에 올려 놓을 때뿐이다. 소위 솥단지론이다.

영국인은 근엄하고 절제력이 있으며, 프랑스인은 명랑하고 즉흥적인 반면, 독일인은 무뚝뚝하지만 질서를 존중한다. 일본인은 정직, 정확, 공정하고, 친절과 절약정신이 생활화되어 있다. 중국인은 느리고(만만디) 무질서하다. 한국인은 무질서하고, 패거리짓기를 좋아하며, 빨리빨리가 생활화되어 있다. 한국인들은 빨리, 잽싸게, 얼른, 냉큼, 당장, 즉각, 재깍 등 조급하고 어떤 행동을 재촉하는 부사들을 많이 사용한다. 영국인은 평균적으로 1분에 40~60보를 걷는데 한국인은 1분에 90~120보를 걷는다. 자동차가 신호대기하고 출발하는 경우, 출발하지 않는 앞차에 대해 클랙슨을 누르기까지 기다려 주는 시간이 독일인은 7.8초, 이탈리아인은 4.3초, 한국인은 1초 미만인 것으로 조사되었다. 어디 이뿐이랴! 엘리베이터의 문 열림, 문 닫힘 버튼이 번들번들한 것도 한국이 유일하다. 1971년 서울에서 일어난 대연각 화재(165명 사망하고 타워링 영화의 모델) 당시에는 생명이 위급한 긴급재난 상황에서 다양한 나라 사람들의 대응방식이 서로 다름을 확인시킨 바 있다. 일본인들은 천을 찢어 로프를 만들다가 사망하였고(철저한 준비), 중국인들은 화장실에서 모포를 뒤집어 쓰고 물을 뿌리다 사망하였으며(끝내주는 참을성), 미국인은 매트리스를 앞뒤로 묶고 뛰어내리다 사망하였다(스턴트맨), 그런데 한국인은 대체로 맨몸인 채 일단 뛰어내렸다 한다. 물론 이런 빨리 빨리 문화가 가장 짧은 기간에 가장 빠른 세계제일의 경제성장을 일구어내는 문화적 특성이었다는 점도 부인할 수는 없다. 하지만 이런 빨리 빨리 문화는 과정을 무시하는 지나친 결과주의 문화라든지, 수단과 방법의 정당성을 과소평가하는 편법문화라든지, 속도주의 내지는 한탕주의로 경제윤리를 훼손하는 결과를 가져올 수 있다.

한국인은 성질이 급하고 감정적이며 정당한 과정이나 절차를 무시하려 든다.

중장기적이고 미래지향적인 안목보다는 단기적이고 눈앞에 보이는 것과 그 결과에 주목한다. 단기적으로 힘들고 답답함을 견디기보다는 급행료를 주어서라도 단기적인 욕구를 채우려 한다. 이런 말초적이고 만성결과주의적이며 지속성을 유지하지 못하는 문화적 특성은 어디서 비롯된 것일까? 우리의 말초적이고 만성결과주의적인 문화에 대한 다양한 원인분석이 이뤄져 왔다. 그 내용을 요약정리한다면 네 가지 정도로 압축할 수 있다. 하나, 우리나라 사람들은 사계절이 뚜렷하고 태풍이나 홍수 등 급변하는 자연적 환경 속에서 적응력을 키우다 보니 무엇이든 "쇠뿔도 단김에 빼라는 식"의 빨리 빨리 문화가 형성된 것이라는 관점이다. 둘, 우리나라의 문화형성 과정에서 우리의 주체적인 자생문화가 뿌리를 내려 성숙했다기보다는 주변 강대국의 우성문화인 중국의 문화적 열매만을 따온다든지, 미국의 문화적 열매만을 손쉽게 따와 버리는 과정에서 시행착오를 통해 지혜를 습득하는 과정주의 문화를 경시하는 풍조가 나타나게 되었다는 관점이다. 셋, 외침의 역사와 일제의 강점기, 한국전쟁, 군사혁명 등 파란의 역사적 과정 속에서 임기응변으로라도 살아남아야 하고 임시방편으로라도 배를 채워야 하는 그런 여건 속에서 과정을 중시하고 먼 훗날을 기약하며 멀리 보려는 관점은 무시될 수밖에 없었다는 상황논리이다. 넷, 우리나라의 종교문화의 뿌리를 무교에서 찾는 관점이다. 지금도 우리나라 사람들은 다른 종교를 가진다 하더라도 그 심리적 밑바탕에는 샤머니즘적 요소가 깔려 있다는 관점이다. 교회에서의 부흥회, 북한의 김일성 숭배, 무당의 신들린 굿판은 공통점을 갖고 있는데, 이것은 열정적인 춤과 노래를 통해서 혼돈의 엑스터시를 도출하려는 샤머니즘적 주술행위와 다를 바 없다는 주장이다. 이런 혼돈의 엑스터시 상태에서는 논리나 이성은 그 기능을 상실하게 된다. 우리의 술 문화나 노래 문화가 바로 굿판의 재현이며 무질서하고 합리주의적 분석보다는 자신의 순간적 감에 의존하여 판단하는 대충주의 문화도 굿판이 낳은 엑스터시의 유물이라는 주장인 것이다.

한국방송공사, 일본의 마이니치(每日)신문, 중국의 민간조사기관이 합동으로 서울, 북경, 도쿄의 20세 이상 3,000명을 대상으로 조사연구한 결과에 의하면 지연이 출세에 영향을 미친다에 도쿄가 52%, 북경이 51%, 서울이 80%인 것으로 나타난 바 있다. 한국은 아직도 선거철이 되면 우리가 남이가? 하는 3국시대를 연상케 한다. 역사성을 가진 지역차별과 지역갈등이긴 하지만 정치인들이 이런 편협한 지역주의를 부추기고 있다. 수도권과 비수도권, 영남권과 호남권, 그리고 호남권에서도 광주권과 비광주권, 이런 식의 지역주의가 국가의 균형발전을 망치고 있다.

경제발전과 민주주의의 확산은 지역갈등뿐만 아니라 다양한 사회갈등을 분출시키고 있다. 경제학자 대니 로드릭은 사회가 발전하기 위해서는 갈등을 관리하는 능력이 필요하다고 주장한다. 사회적 갈등의 문제들은 경제적 불확실성을 높여 생산적인 경제행위를 억제하고, 경제행위에 써야 할 자원을 다른 곳으로 분산시킨다. 갈등비용이 경제발전의 발목을 잡는 것이다. 물론 발전된 민주사회일수록 다양한 갈등문제가 발생한다는 것은 자연스런 현상이고, 갈등은 어쩌면 사회발전의 성장통에 비유될 수 있다. 문제는 갈등을 해결하는 방식이나 합의에 도달하는 기술이 충분한가의 문제이다. 한국사회는 개발독재에 의한 경제발전 지상주의에다가 비판문화나 토론문화가 미숙하여 사회적 합의기술의 수준이 낮은 것이 사실이다. 정부는 갈등을 조정하는 심판자인데 불공정한 심판을 보거나 폭력을 행사하여 갈등을 봉합하거나 억눌러온 기억에서 자유롭지 못하다. 이런 이유로 한국의 정부신뢰도는 2016년 기준 OECD 평균인 46%보다 상당히 낮은 수준인 28%인 것으로 나타난 바 있다. 또한 갈등지수는 27개 OECD 국가 중 가장 높게 나타난 반면 갈등관리지수는 가장 낮은 수준에 있다. 2013년 삼성경제연구소의 조사결과에 의하면 한국의 갈등비용은 1인당 GDP의 27%, 국가예산의 60%, 국민 1인당 부담하는 갈등비용은 연간 900만원인 것으로 추산된다. 정부가 신뢰를 회복하는 길은 갈등을 조화롭게 조정하는 정치적 능력에 달려 있다.

경제발전과 그 나라의 문화나 행동습성(국민성)의 인과관계에 대하여는 이론(異論)이 존재한다. 어떤 나라의 문화적 특성이 그 나라의 빈곤, 게으름, 거지근성 같은 국민성을 결정하는 요소가 아니라 경제발전의 성과에서 비롯된 후행적 요소라는 주장도 있다. 경제발전이 결과적으로 문화에 미치는 영향이 훨씬 크다는 주장이고, 경제발전에 유익한 근면, 시간준수, 검약 등의 행동 특성 같은 것들은 경제발전에 의해 결정된다는 논리인 셈이다. 일본의 경우, 20세기 초까지만 해도 게으르고, 시간의 흐름에 전혀 무관심한 사람들, 19세기 중후반까지 독일의 경우에는 둔하고, 굼뜬 사람들, 유전적으로 감정이 결핍되고 점원이나 상점 주인은 어떻게든 손님을 속여 먹으려는 사람들로 묘사되었다고 한다. 문화나 국민성과 경제발전과의 연관성은 다양한 논리가 존재할 수 있다. 또한 닭이 먼저인가?, 아니면 달걀이 먼저인가의 문제일 수 있다. 하지만 유형적 자본보다 무형적 자본, 특히 제3의 자본(신뢰)이 강조되는 현대사회에서 국민성과 같은 문화적 요소는 경제사회의 발전뿐만 아니라 그 경제사회의 질적 수준을 결정하는 주요요소로 주목받고 있다.

## 추천 도서


- A. 토크빌, 은은기 역, 『**미국의 민주주의**』, 계명대학교출판부, 2013.
- KBS 공부하는 인간제작팀, 『**공부하는 인간**』, 예담, 2013.
- 강준만, 『**전라도 죽이기**』, 개마고원, 2017.
- 김하중, 『**떠오르는 용, 중국**』, 비전과 리더십, 2003.
- 니토베 이나조, 미야모토 무사시, 주영현 역, 『**무사도**』, 동서문화사, 2007.
- 루스 베네딕트, 김윤식·오인석 역, 『**국화와 칼**』, 을유문화사, 2008.
- 보양, 김영수 역, 『**추악한 중국인**』, 창해, 2005.
- 아오키 오사무, 이민연 역, 『**일본회의의 정체**』, 율리시즈, 2017.
- 이시하라 신타로, 이용덕 역, 『**선전포고 NO라 말할 수 있는 일본경제**』, 제인앤씨, 2004.
- 이어령, 『**축소지향일본인**』, 문학사상사, 2008.
- 이원복, 『**새로만든 먼나라 이웃나라**』, 김영사, 2013.
- 이케하라 마모루, 『**맞아죽을 각오를 하고 쓴 한국, 한국인 비판**』, 중앙M&B, 1999.
- 최인호, 『**유림**』, 열림원, 2007.
- 프리드맨 바투, 김순호 역, 『**추악한 일본인**』, 이목, 1995.
- 헨리 민쯔버그, 현대경제연구원 역, 『**리더십**』, 21세기북스, 2008.

주제 16

# 부와 빈곤



## 1 부와 빈곤

애덤 스미스 이후 어떻게 하면 부유한 나라를 만들 수 있는가에 대한 논쟁과 연구는 지속되고 있다. 현재 세계는 70억 인구 중 40%가 하루 2달러 미만으로 연명하고 있다. 그런가 하면 말라위의 경우에는 하루 1달러 미만으로 생계를 유지하는 반면 미국의 경우 일년에 6만달러 이상으로 풍요를 누리고 있다. 말라위의 어린이는 약 30%가 영양결핍 상태이고 20% 정도는 5살을 넘기지 못한다. 아이티인 1인당 1년 석탄소비량은 68파운드인데 미국인은 2만 3천파운드로 대비된다. 세계적으로 하루 1,400명의 아이들이 오염된 식수 때문에 죽어가고 있다. 세계 기아인구 순위는 동남아시아, 남아시아, 사하라 이남 아프리카, 중남미, 중동 및 북아프리카로 나타난다. 장 지글러는 그의 저서 『왜 세계의 절반은 굶주리는가?』에서 워싱턴 합의가 승자독식의 문제를 심화시켜 기아국들을 더 어렵게 만든다는 점, 시카고 곡물거래소의 가격결정은 이윤극대화를 노리는 다국적기업들의 이해관계에 의해 좌우되고 있다는 점, 설상가상으로 내전으로 기아는 무기가 되고 테러의 도구로 악용된다는 점, 부유한 나라들은 식량을 대량으로 폐기처분하거나,

법률이나 그 밖의 조치를 통해 농산물 생산량을 크게 제한한다는 점들을 지적하고 있다. 또한, 전 세계에서 생산되는 옥수수의 1/4을 부유한 나라들의 소가 먹어치운다. 미국의 소들은 연간 50톤의 식량을 먹어치우고 기아에 허덕이는 나라의 사람들은 굶주림에 허덕이는 셈이다.

한국의 속담에 “사흘 굶어 담 넘지 않는 도인 없다”는 말이 있다. 굶주림은 인간의 육체를 병들게 하고 인간의 마음을 절망으로 이끌어간다. 한국의 근대소설 『감자』에 보면 무능력한 남편이 아내에게 가난한 자가 배고픔을 해결하는 세 가지 방법 아닌 방법을 운운하고 있다. 첫째는 구걸하는 방법이요, 둘째는 도적질하는 방법이며, 셋째는 몸을 파는 일이라며 자신의 아내에게 채근하고 있다.

굶주린 자가 많은 사회는 결코 건강할 수 없다. 굶주린 자가 많은 경제는 결코 건강한 경제를 유지할 수 없다. 아무리 많은 부를 축적하고 있는 사회일지라도 굶주린 자가 많은 사회라면 그 사회는 결코 평화롭고 아름다울 수 없다. 그 사회는 거지들의 더러움과 도적질의 참담함 그리고 어두운 거래에 의해 타락해 갈 수 밖에 없다.

금메 들어 봇시오. 평산얼 지주고 마름놈한테 등가죽 벳겨지고 피쁘려 감서 굶기를 묵디게 허고 사는 요것이 워디 사람 꼬라지라고 헐 수 있것소. 아나 어런이나 모두 두르딩딩허니 부황이 들어 멋이 되았거나 묵을 것을 찾아 눈네 불키고 헐떡거리는 요 허천달린 꼬라지가 개나 돼지허고 미가 달브요. 끝도 한정도 읎는 뻘밭것 때기 허는 요 팍팍허고 징한 세상살이를 원제까지 젼디고 살것이요.

- 조정래, 『태백산맥』 중에서 -

굶주림은 절망이요, 구속이며, 질병이다. 굶주린 자들에게 희망과 꿈은 존재하지 않는다. 굶주린 자들에게는 기회와 자유가 보장될 수 없다. 그들에게는 육체적 건강과 정신적 건강이 유지될 수 없다. 건강한 사회를 유지하고 건강한 경제를 유지하는 길은 부유한 사람들을 많이 만들어내는 것도 중요하지만 굶주린 자들을 최소화하는 것은 더욱 중요하다.

## 2 빈곤의 원인

아직도 세계인구의 2/3가 굶주린 배를 움켜쥐고 잠자리에 들고 있으며, 1/4은 하루에 1달러로 생계를 겨우 연명해 가는 상황이다. 또한 세계인구 중 약 10억에 가까운 사람들은 너무 과다한 영양섭취로 인한 생명의 위협에 직면해 있으며, 반대로 약 10억에 가까운 사람들은 너무 부족한 영양섭취로 인한 생명의 위험에 직면해 있다.

1850년대만 해도 세계적인 빈부의 차는 거의 미미한 수준이었다. 산업혁명기에 접어들면서 세계의 부는 개선되기 시작했으며, 2000년대에는 국가 간의 빈부격차가 확연하게 드러난다. 사유재산의 인정범위가 제한되는 인도, 중국, 알바니아, 헝가리, 폴란드 같은 나라들은 그렇지 않은 나라들에 비해 1인당 국민소득이 저조하다. 월스트리트 저널과 헤리티지 재단에서 매년 국가별 경제자유지수를 발표하는데 경제적 자유가 삶의 질이나 인적 개발에 영향을 미치는 것으로 분석된다. 제도학파의 창시자인 더글라스 노스는 역사발전의 동인은 효율적인 제도의 존재에 의해 좌우된다고 주장한다. 시장경제가 지닌 효율적인 제도는 ① 사적 소유권을 보장하고 그것을 확산시키는 제도, ② 경쟁을 보장하거나 유발시키는 제도, ③ 자원배분은 정부가 아닌 시장에서 경제주체들이 자발적 교환의 결과로 이루어지게 하는 제도, ④ 폐쇄적이지 않고 개방적으로 자유무역을 촉진하는 제도를 말한다. 여기서 사적 소유권은 개인의 자유를 보장하는 기본적 제도라는 점에서 더욱 주목된다. 소유권은 어떤 개인의 자원에 대한 배타적 권리, 손실을 입혔을 때 보상받을 수 있는 구상적 권리, 자신의 자유의지에 따라 처분할 수 있는 처분권을 포함한다. 따라서 사적 소유권이 없는 자유는 실속 없는 허울에 불과하다. 빈곤은 ① 노동의 질이 낮다. ② 자본축적이 빈곤하다. ③ 기술수준이 열악하다. ④ 자원배분이 비효율적으로 왜곡된다라는 원인에 의해 발생한다. 니얼 퍼거슨은 그의 저서 『시빌라이제이션』에서 서유럽의 문명이 우월했던 동양문명을 제압할 수 있었던 결정적 요인으로 ① 경쟁장려체제의 도입(competition), ② 과학기술의 도입(science), ③ 법치주의와 민주주의의 확립(property), ④ 의학의 발달(medicine), ⑤ 소비지향사회의 구축(consumption), ⑥ 프로테스탄트 직업윤리, 경제윤리의 확립(work)

등으로 정리한 바 있다. 서양의 패권이 흔들리는 것도 이런 여러 가지 성장의 도구들이 세계적으로 공유되는 추세 때문이라고 분석한다.[1]

제프리 삭스 교수는 1983년부터 20여 년간 남미, 동유럽, 아프리카 등을 빨로 뛰며 경험한 것을 토대로 빈곤의 원인을 규명하고 있다. 그는 대부분의 극심한 빈곤의 원인을 물리적 환경에서 찾고 있다. 아프리카의 경우, 말라리아와 같은 질병(Disease), 농사를 망치는 가뭄(Drought), 교통체계가 미비된 낙후된 거리(Distance)를 절대빈곤의 원인으로 지목한다. 그는 이와 같은 빈곤의 원인을 바탕으로 2025년까지 지구상의 절대빈곤을 퇴치할 수 있는 해법을 제시하고 있는데, 선진국이 후진국을 적극 도와야하고 후진국은 개방경제의 성장전략을 추구해야 한다고 주장한다. 선진국의 후진국에 대한 원조규모로는 현재 선진국의 GDP기준 0.2%에서 0.7%까지 그 규모를 확대할 것을 주문하고 있다.

## 3 상대적 빈곤

현대인은 경제생활에서 어쩌면 과거 황제나 임금보다도 더 높은 소비수준을 자랑한다. 미국의 중류생활자들의 경우, 과거 노예를 부리는 시절과 비교했을 때, 현재의 생활수준은 200명의 노예를 부리는 수준이라 한다. 인간의 평균수명만 보더라도 청동기시대에는 20년, 1700년대 30년, 1850년 40년, 1900년이 되어서야 50세를 넘어서게 된다. 현재 동남아 국가의 평균수명은 50세 수준이고 한국의 평균 수명은 80세에 육박한다.

미국 워싱턴대학 연구팀의 조사결과를 보면 2013년 기준 한국인의 건강수명은 남성 68.26세, 여성 72.05세로 나왔다. 한국인의 기대수명이 남성은 77.20세, 여성은 83.66세인 점에 비춰볼 때 건강수명과의 격차는 남성은 8.94년, 여성은 11.61년이었다. 이 연구결과는 한국을 포함해

1 앨빈 토플러는 그의 저서 『부의 미래』에서 부의 창출기반이 변하고 있다고 주장한다. 제1물결에서는(농업사회) 주로 키우는(growing) 것을, 제2물결에서는(산업사회) 만드는(making) 것을, 제3물결에서는(지식, 정보화사회) 서비스(serving), 생각(thinking), 아는 것(knowing), 경험하는(experincing) 것을 기반으로 부가 창출된다.

전 세계 188개국의 2013년 건강수명을 조사한 것으로, 한국의 건강수명은 전 세계 9위였다. 1위는 일본(남성 71.1세 · 여성 75.5세)이었다. 건강수명은 질병 없이 건강하게 살아가는 기간을 뜻한다. 또한 한국보건사회연구원이 '우리나라의 건강수명 산출' 보고서에 의하면 2011년 태어난 아기의 건강수명은 70.74세이고, 성별 건강수명은 남성 68.79세, 여성 72.48세로 나타났다.

절대적으로 보면 현대를 사는 우리는 황제나 임금보다도 더 높은 생활수준을 유지하고 있는 것이다. 그런데 우리는 허전하고 상대적 박탈감에서 자유롭지 못하다. 국제통화기금(IMF)의 자료에 의하면 한국의 상위 10%의 소득집중도가 세계주요국 중 2위를 차지하고 있는 것으로 나타났다. 한국의 상위 10%에 대한 소득집중도는 44.9%에 이르고, 상위층에 소득이 집중되는 속도의 경우에는 세계 1위인 것으로 분석된다. 한국의 경우, 외환위기 이후 경제성장의 과실 대부분이 상위 10%에 집중적으로 배분되고 있다는 것도 확인할 수 있다. 1995년~2012년간의 상위 10%에 대한 소득집중도 상승폭을 보면 한국이 15.7%로 세계 1위를 차지하고 있다. 싱가포르가 11.7%포인트, 미국이 7.3%포인트, 일본이 6.5%포인트, 호주는 1.9%포인트인 것으로 나타났다. 한국사회는 소득불평등이 가속화되고 있고 그 증가 속도가 세계에서 가장 빨라 곧 세계에서 소득이 가장 불평등한 나라가 될 것으로 예측된다. 여기다가 청년실업률은 사상최고치를 경신하고 헬조선이니 표백세대니 흙수저니 자조섞인 신조어들이 우리 사회의 양극화를 대변하고 있다.

세계화는 선진국과 후진국의 양극화도 더욱 심화시켰다는 비판이 있다. 또한 후진국의 경우에는 공해산업이라든지 공해를 해결할 수 있는 기술이나 자본이 부족하고 국민들의 의식도 미약하다. 역사적으로 빵의 문제는 자유와 대체관계이거나 환경과 대체관계인 경우도 종종 나타난다.

건전한 환경이란 어쩌면 부와 경제적 활력을 지닌 나라만이 유지할 수 있는 사치인지도 모른다. 또한 유독 폐기물의 폐기든 열대우림의 채벌이든 환경을 가장 많이 파괴하고 있는 것은 개발도상국이다. 개발도상국은 상대적인 빈곤을 해결하려면 자국의 천연자원을 개발하는 것 이외에 방법이 없다고 느끼고 있고 환경입법을 제정할 만한 사회적 규범도 갖고 있지 않다. 한편 산성비에 의한 삼림의 침식에도 불구하고 미국 북동부와 북유럽 대부분의 지역에서는 백 년 전 아니이백년 전과 비교하더라도 지금이 삶은 더 무성한 것이다.

- 프랜시스 후쿠야마, 『역사의 종말』(*The end of History*)에서 -

시장경제는 빈부격차를 늘린다는 주장이 있다. 하지만 개인의 경제적 자유와 최하위소득 10%의 소득의 관계를 분석한 결과를 보면 시장경제가 잘 시행되는 나라의 하위 10%의 소득이 시장경제가 잘 시행되지 않는 나라의 하위 10%보다 높게 나타난다. 또한 상대적 소득을 비교한 자료에서도 하위 10%의 소득을 전체 소득에서 차지하는 비중으로 비교해 보니 시장경제의 발달과 관계없이 거의 2% 수준을 유지하는 것으로 나타났다. 절대소득으로 보면 시장경제가 잘 시행되는 나라의 하위 10%의 소득이 더 높다는 것을 알 수 있고, 상대소득으로 보면 시장경제가 잘 시행되는 나라의 하위 10% 소득이 더 열악하지 않다는 것을 의미한다. 시장경제는 하위 소득계층의 상대적 빈곤을 적어도 악화시키지는 않는다는 것을, 그리고 절대소득은 오히려 증가시킨다는 것을 의미한다.

## 4 청부사상과 청빈사상

한국의 고전문학 『흥부전』에 보면 흥부는 욕심 없고 가난하며 자식이 많고 마음이 착한 사람으로 묘사되고 있다. 놀부는 욕심이 지나치고, 심술이 많아 오장육부가 아닌 오장칠부를 지닌 심술보를 하나 더 지닌 사람이며, 가난한 동생 흥부를 돕지 않는 냉혈인간으로 대비된다. 전통사회에서 놀부는 민중의 적이요, 흥부는 민중의 선이며 흠모의 대상이다. 우리의 조상들은 『흥부전』을 통해서 가상세계라 할지라도 가난한 자의 한과 꿈을 실현해 보고자 했던 듯하다.

하지만 오늘날과 같은 경제중심사회에서 흥부는 우리의 선이며 윤리이고 추앙의 대상이 될 수 없다. 욕심이 없다는 것은 달리기 시합에서 승부욕이 없으므로 아예 달리기를 포기한다는 것과 같으며, 가난하다는 것은 자랑거리가 아니라 사회에 전혀 기여하지 못하는 무능력자의 푸념에 불과하다. 흥부가 자식들을 지나치게 많이 두어 빈곤함이 더욱 절실하다는 것은 흥부의 인적 자원이 비효율적으로 낭비되고 있다는 어리석음의 상징이고, 흥부가 제비다리를 치료해준 대가로 얻게 된 박씨로부터 일확천금을 얻게 된다는 것은 땀흘려 일하지 않고 일순간의 요령으로 부자가 되었다는 기회주의의 반영이다. 자본주의의 발전은 자본주의 정신이라 할 수 있는 청부윤리와 공정한 자본주의질서에서 발흥한다. 『흥부전』이나 『허생전』에 전개되는 한탕주의나 기회주의와 같은 투기(rent seeking activity)문화는 자본주의 발전의 최대 적이다. 생산을 통해 부자가 되는 다른 사람의 부를 증대시킨 만큼 부를 이루는 Zero Sum Game이 아닌 Positive Sum Game 문화야말로 자본주의 발전을 이끄는 엔진인 셈이다.

"우리나라 사람들은 모두 도둑을 가장으로 둔 어둠의 자식들이라는 걸 인정해야 한다. … 우리는 온몸에 돈독이 오르기 전에 돈의 노예가 아닌가 종합검진을 해봐야 한다. 잘산다는 것이 부자로 산다는 것과 동일한 것으로 인정되는 이 사회에 아무 거부 반응도 없이 살면서, 오로지 돈을 벌기 위해 수단과 방법을 가리지 않았다면 앞으로는 미아리나 청량리 쪽에다 대고 손가락질 해서는 안된다."

- 백현락, 『한국분, 한국인, 한국놈』 중에서 -

자본주의가 서구에서 발생하고 성장할 수 있었던 요인을 막스 베버는 천직사상, 소명의식, 장인정신에서 찾고 있다. 우리는 이것을 '프로테스탄티즘의 윤리'라 한다. 이 같은 경제윤리에는 반드시 부자가 되겠다는 목적의식보다는 성실하고 근검절약하며 자신에게 주어진 직업에 대해 최선을 다해야 한다는 소명의식이 바탕한다. 서구의 자본주의는 이 같은 경제윤리를 근간으로 발전했으며, 일본의 경우에는 이시다 바이간이라는 인물이 일본인들의 경제윤리를 전파하는 데 기여했다. 그는 일한다는 것은 모두 전신수양이라 할 수 있으며, 도를 닦는 과정이다. 근검절약에 투철하고 돈이 되지 않아도 노동하라고 가르쳤다고 한다. 우리나라의 경우, 우리가 잘사는 사회로 가기 위한 수단은 무엇인지를 반문해 보고 싶다. 혹시나 우리는 목적을 위해서라면 어떠한 수단이라도 정당화될 수 있다는 잘못된 믿음에 빠져있는 것은 아닌지?

우리가 살고 있는 현실에서는 가난한 자는 결코 존경과 흠모의 대상이 될 수 없다. 왜냐하면 가난한 자는 다른 사람을 위해 기여하는 바가 없다는 것을 의미하기 때문이다. 자본주의는 능력에 따라 일하고 능력에 따라 분배한다는 분배원리에 따라 작동한다. 이 같은 원칙이 제대로 작동하는 경제사회라면 가난하다는 것은 곧 일하지 않고 빈둥대는 게으름뱅이의 꼬리표이거나 일할 능력이 없어 사회적 도움을 필요로 하는 무능력자의 처량함에 불과하다. 만약 일할 능력이 있으면서도 게으름을 피우는 자의 경우라면 그들은 마땅히 사회적으로 비난의 대상이 되어야 하며, 찌든 가난으로 비롯되는 생활의 버거움을 감수하여야 한다. 하지만 일할 의사가 있음에도 불구하고 일할 능력이 모자라서 가난하게 되는 경우라면 그들은 사회적 비난의 대상이 아니라 사회적 보호의 대상이 되어야 한다.

예를 들어보자. 거지 1명, 건축업자 1명, 투기꾼 1명이 있다 하자. 그들은 본업에 충실하여 모두 1억원의 부를 축적하였다 하자. 거지는 동냥으로 1억원의 부를 획득하였고, 건축업자는 멋진 집을 한 채 지어 팔아 1억원의 부를 획득하였으며, 투기꾼은 다른 사람의 토지를 100평 사고난 후 시세차익만을 노려 또 다른 사람에게 팔아넘긴 다음 1억원의 부를 획득하였다 하자. 여기서 우리가 주목해야 할 점은 건축업자는 자신이 1억원의 부를 획득한 대신 어느 누군가에게 멋진 집 한 채를 새롭게 공급했다는 사실이다. 그는 사회적으로 멋진 집 1채라는 부를 창출하였고, 그 대가로 1억원이라는 자신의 부를 획득한 것이 된다. 그는 자신이 부자가 되는 만큼 다른 누군가를 부자로 만든 것이다.

하지만 거지와 투기꾼의 부는 전혀 다른 성격을 가지고 있다. 거지의 경우 1억원을 얻는 과정에서 다른 사람들에게 아무런 기여를 하지 못한다. 자신이 들고 다니는 깡통 1개조차도 다른 사람이 만든 것이라는 점이다. 거지가 구걸로써 얻게 된 1억원은 동정심 많은 마음씨 착한 사람들의 주머니를 그만큼 가볍게 했을 뿐이다. 투기꾼의 경우 1억원이라는 부는 다른 사람의 부에 전혀 기여하지 못한 부일 뿐만 아니라 오히려 다른 사람들의 부를 빼앗은 결과물이다. 부동산 투기는 단 한 평의 땅도 추가로 늘리지 못한다는 데 문제가 있다. 단지 가격상승에 의한 차익을 얻은 결과일 뿐이다. 부동산을 갖지 못한 사람들을 가난하게 만드는 부의 착취행위라 할 수 있는 것이다.

건축업자는 자신이 부자가 된 만큼 어느 누군가의 부를 증대시켰다. 하지만 거지와 투기꾼은 자신이 부자가 된 만큼 어느 누군가를 가난하게 만들고 있다. 거지가 푼돈을 얻은 만큼 다른 사람을 가난하게 만들었다면 투기꾼은 일확천금을 얻은 만큼 다른 사람을 가난뱅이로 만든 것이다. 거지가 다른 사람들의 동정심에 기대어 자발적으로 부의 이전을 요구하였다면, 투기꾼들은 다른 사람들이 열심히 일하고 있는 동안 그들의 뒷뜰에 침입하여 그들의 자산가치를 훔쳐내고는 당당하게 그들 앞에 나타나서 오히려 자신의 부를 자랑하며 과시하는 졸부(卒富)에 해당한다. 거지보다는 투기꾼들이 땀 흘린 사람들의 재산을 축내는 불한당 중의 불한당이며, 땀흘려 일하는 자들을 좌절시키고, 그들의 피를 빨아 호의호식하는 사회적 기생충이라 할 수 있다.

불한당(不汗黨)이란 땀 한 방울 흘리지 않고 잘 먹고 잘사는 자를 의미한다. 여기서 한(汗)자는 땀을 의미한다. 우리나라의 고전문학 『허생전』에 보면 가난한 선비 허생은 변모 부자에게서 빌린 1만 냥으로 전국의 과일을 쓸어 모아 과일시장을 독점한 뒤 젯상에 과일을 올려 놓으려는 효성이 지극한 백성들의 주머니를 털어 일확천금을 획득한다는 대목이 나오는데 이것 또한 투기행위이며, 지대추구행위(rent seeking activity)에 해당한다.

깨끗한 부와 깨끗한 부자는 존경받아야 한다. 생산활동과 생산자는 존중되어야 한다. 그들은 자기 자신이 부자가 되기 위해 열심히 땀흘리고 있으면서 결과적으로는 다른 사람들의 부를 증대시키는 데 도움을 주고 있는 것이다. 흥부가 우상이 되는 사회보다는 흥부와 놀부가 존재하되 그들이 모두 사회에 기여하는 경제윤리와 경제문화를 형성하는 경제사회가 마련되어야 한다. 동정을 호소하는 거지들의 빈 깡통소리가 빈곤의 허전함이라면 부자들에 대한 존경과 부자들에 의한 자비로움으로 울어대는 풍경소리가 건강한 사회의 풍요로움이어야 한다.

경제적으로 잘산다는 것은 부의 축적이라는 목적달성도 중요하지만 그 목적을 달성하기 위한 수단도 중요하다. 부를 축적하는 수단들이 정당하고 깨끗할 때 부의 축적은 건강하고 풍요로운 사회를 구축할 수 있기 때문이다. 투기나 부정부패 그리고 특혜에 의해 축적되는 부의 경우라면 깨끗한 가난함보다도 사회적으로는 더욱 곤궁하고 더욱 취약한 경제구조를 조장할 수 있다. 부의 축적과정이 정당하다는 것은 자신의 부를 축적시키는 과정에서 다른 사람들의 부를 창출할 수 있다는 것을 의미하며, 다른 사람과의 공정한 경쟁에서 승리했다는 것은 가장 낮은 비용으로 생산물을 다른 사람들에게 공급할 수 있게 되었다는 것을 의미한다. 예를 들어 보자. 투기행위는 마치 도박과 같은 것이다. 세 사람이 고스톱을 쳐 어느 한 사람이 10만원을 땄다 하자. 그가 획득한 도박판의 10만원은 어디에서 비롯되었는가? 그 돈의 의미는 고스톱게임에 동참한 나머지 두 사람의 호주머니를 가볍게 한 결과물이다. 즉 판돈의 전체액수는 불변이며 이 돈 중에서 서로 뜯고 뜯기는 영합게임의 특성을 가진다.

깨끗한 부란 자신의 정당한 노력과 다른 사람과의 정정당당한 경쟁에 의해서 사회적인 부를 창출하면서 축적되어야 한다. 성실하게 노력하고 근검절약해서 부자가 되었다는 것은 다른 사람의 부를 축내지 아니하고 자신의 부를 축적하였다는 의미이다. 여기서 정당한 노력과 정정당당한 경쟁을 통한 부의 축적과정이란 특혜나 부정부패가 개입되지 않는 부의 축적을 의미한다. 먼저 특혜에 의한 부의 축적이란 정경유착에 의해 어떤 사람의 부가 축적되는 것을 의미한다. 예를 든다면 어떤 사람이 정치자금을 정치가에게 불법적으로 지출하고 그 정치자금을 이용한 정치가가 그에게 어떤 경제적 특권을 부여하는 경우를 들 수 있다. 이 같은 경우 두 가지 측면에서 경제적 부당성이 발생할 수 있다. 첫째, 어떤 사업에 대한 인·허가나 어떤 공공사업에 대한 수주권이 결정되는 과정에서 경제논리가 아닌 정치논리가 지배하게 된다. 경제적 논리에 의하면 가장 비용이 낮은 사업계획을 제시하는 생산자가 그 사업의 수주자로 결정되어야 함에도 불구하고 정치논리에 의해 정치자금을 많이 지출한 자가 비용의 수준과는 관계없이 그 사업의 수주자로 결정될 수 있다는 것이다. 정경유착은 정치자금을 지불한 자에게 특혜를 부여함으로써 효율적인 생산자가 경제적 논리에 의해 성장할 수 있는 길을 막아버리는 결과를 가져온다. 둘째, 이러한 정경유착이라는 정치논리에 의해 사업의 성패가 좌우된다면 다른 기업들도 살아남기 위해서는 경제논리보다는 정치논리에 따르도록 유인될 것이다. 기업가나 경영자들은 기술개발이나 견실한 재무구조 그리고 높은 수익률을 제고할 수 있는 경영능력보다는 정치자금을 지불하고 특혜를 얻을 수 있는 정치적 교섭능력이 더욱 필요하게 될 것이다. 따라서 기업들의 흥망성쇄는 생산성이라는 경제논리에 바탕한 경쟁력이 결정하는 것이 아니라 정치적 결탁이라는 특혜논리에 의해 좌우되는 비효율과 비합리의 편법이 지배하게 될 것이다.

부정부패는 국내적으로는 다른 사람들의 부의 축적기회를 빼앗아가고, 생산비용을 증대시키며, 사회적인 비용을 추가적으로 발생시키게 된다. 또한 국제적으로는 수출상품의 경쟁력을 추락시키고, 그 나라의 신인도를 절하시킴은 물론 다른 나라의 투자자들이 투자할 수 있는 환경을 유린하게 된다. 정경유착이나 부정부패는 그 사회의 일부계층을 부자로 만들 수는 있을지라도 사회적으로 풍요롭고 건강한 사회를 건설하는 데에는 걸림돌이며 암적인 존재이다. 특혜나 부정부패가 만연한 경제에서는 부자가 결코 존경받을 수 없다. 성실하고 생산적인 사람들이 정치적이고 기회주의적인 사람들로부터 구축당하게 된다. 부는 부정과 비효율의 상징이 되고, 빈부격차는 갈등과 분열을 촉발하는 도화선이 된다.

부정부패나 독과점을 정당화하는 정경유착이나 관치금융이 존재하지 않으며, 오로지 자유경쟁의 시장논리에 의해 결정된 부의 취득이라면 깨끗한 부에 해당할 것이다. 이 같은 부의 취득은 사회적 생산을 증대시켜 다른 사람들의 부에 기여한 부가 될 것이기 때문이다. 이런 이유로 인해 기업가 우위의 사회는 군인 우위의 사회, 관료 우위의 사회, 종교인 우위의 사회, 정치인 우위의 사회보다 선진사회이며, 경제적으로 풍요를 구가하는 효율적인 사회가 될 수 있는 것이다.

한국경제는 그동안 '성장제일주의'라는 기치 아래 '잘산다는 것은 무엇을 의미하는가, 어떤 수단들을 통하여 잘산다는 목표에 도달할 수 있는 것인가'를 심각하게 고뇌하지 않았으며, 단지 '우리도 한번 잘살아 보아야 한다'라는 목적의식에만 열중해 온 것 같다. 경제적 수단에 대한 정당성보다는 목적달성에 진력해 왔다. 이것이 바로 경제적 정의의 빈곤이며 경제윤리의 빈곤이다. 잘살기 위해서는 먼저 건강하여야 한다. 육체적 건강도 중요하지만 정신적 건강은 더욱 중요하다. 경제적 과실들이 몸과 뼈대를 구축한다면 경제적 수단들은 정신과 영혼을 불러들인다.

진정으로 잘사는 경제란 잘살 수 있는 부의 축적과정이 정당화되어야 한다. 부의 축적과정이 정당화될 때 모든 사람들이 부를 찬양하고 부의 가치를 존중할 수 있다. 부를 축적하는 목적은 경제이론으로 달성할 수 있다. 부를 축적하는 정당성의 문제는 경제윤리가 그 방향을 제시할 수 있다. 경제윤리가 주춧돌을 놓고 경제이론으로 벽돌을 쌓아가는 목적과 수단이 모두 정당화되는 그런 경제가 필요하다.

## 5 쇠사슬의 원리

미국의 저명한 철학자 존 롤즈는 '쇠사슬의 논리'라는 개념으로 분배적 정의를 설명하고 있다. 어떤 사회에 대한 분배의 기준을 마치 쇠사슬의 강도가 결정되는 원리, 즉 가장 강한 고리가 아닌 가장 약한 고리가 전체의 강도를 결정한다는 원리를 적용하고 있는 것이다. 이것을 최솟값 극대화원리라고도 한다. 부유한 자들이 더 부유해지는 것보다 가난한 자들이 더 부유해지는 것이 더 정의로운 사회를 만들 수 있다는 분배의 정의에 대한 기준을 제시하고 있는 것이다.

부자가 되는 것도 굶주린 자가 되는 것도 개인의 능력이며 개인의 자유로운 선택이라 할 수 있다. 개인의 자유와 공정한 경쟁이 보장된 사회의 경우 부자로 성공하든 거지로 좌절하든 그것은 개인의 선택의 문제이자 능력의 문제일 뿐이라고 단정지을 수도 있다. 하지만 인간은 누구나 선천적으로 불구가 될 수도 있으며, 후천적으로 사고에 의해 능력 없는 무능력자로 전락할 수도 있다. 이런 불행조차도 능력과 자유로운 선택의 자유라고 치부한다면 인간의 사회는 정글의 세계와 다를 바 없을 것이다. 불운한 자들에게는 부자가 될 것인가 아니면 굶주린 자가 될 것인가에 대한 선택의 자유가 존재할 수 없다. 그들에게는 오로지 굶주림에 대한 구속만이 방기될 뿐인 것이다. 그들에게는 굶주릴 자유는 있으되 굶주림으로부터 해방될 수 있는 자유는 결코 허용되지 않는 것이다.

예를 들어보자. 먹을 우유가 없어 아사상태에 있는 아이가 있다 하자. 그 아이가 굶어 죽는 자유를 간섭하지 않는 것이 옳은 일인가, 아니면 그 아이에게 먹을 수 있는 자유를 얻을 수 있도록 간여해야 옳은 것인가의 문제이다. 그 아이의 먹을 수 있는 자유를 실현시키기 위해서는 다른 누군가의 재산권에 대한 자유를 침해하여야 한다. 즉 능력 있는 자로부터 재산행사의 자유를 침해하여 그 아이에게 먹을 수 있는 자유를 회복해 주어야 하기 때문이다.

**굶주린 자들의 꿈을 묘사한 '큰사탕바위산'이라는 글이 있다. 큰사탕바위산에는 경찰들이 모두 의족을 하고 있고, 불독들의 이빨은 모두 고무이빨이고, 암탉들은 반숙계란을 낳는다네. 농삿군의**

나무에는 과일이 잔뜩 열려 있고, 헛간에는 건초가 가득하다네. 아, 나는 그곳으로 갈 터이네. 찬 서리 내리지 않는 그곳, 비바람 불지 않는 그 곳으로 … 술이 흐르는 작은 물줄기가 바위틈으로 졸졸 흘러 내린다네. 거기에는 스튜와 위스키 연못도 있다네. 거기에는 삽도 없고, 도끼도 톱도 곡갱이도 없다네. 나는 그 곳에서 살려네. 하루 종일 잘 수 있는 곳. 고된 일 만든 놈들을 목메다는 곳 큰사탕바위산에.

여기서 우리는 굶주린 자에게 굶주림으로부터 해방될 자유를 회복시켜 주기 위해 먹을 것이 넘치는 자로부터 약간의 재산행사의 자유를 빼앗는다 하더라도 사회 전체적인 자유는 훼손되지 않을 수 있다는 논리에 주목하여야 한다. 어느 누군가에 대한 자유의 제한이 다른 누군가에 대한 자유의 신장을 의미하는 것이고, 이것이 우리 사회 전체를 자유롭고 건강하게 만드는 작업이라면 이 같은 수단의 선택은 가치 있는 선택이고 정의로운 선택일 수 있을 것이다.

우리 사회가 보유하고 있는 부의 가치를 돈으로 표시했다 하자. 또한 수백억 원을 소유하고 있는 백만장자와 땡전 한푼 없는 거리의 천사가 있다 하자. 백만장자의 경우에는 많은 돈을 가지고 있으므로 그에게 있어 만원짜리 한 장은 별로 중요하지 않을 수 있다. 하지만 땡전 한푼 없는 거리의 천사의 경우에는 만원짜리 한 장은 돌아가신 어머니보다도 더욱 소중할 수 있다.[2] 우리는 이 같은 예를 통하여 만원짜리 한 장에 대한 분배의 결과가 만원짜리 한 장에 해당하는 부에 대한 만족도나 행복감이 다를 수 있다는 것을 알 수 있다. 만원짜리 한 장이 백만장자에게 가는 것보다는 굶주린 자에게 가는 경우, 사회적 만족이나 기쁨의 정도가 배가될 수 있다는 논리이다. 우리 사회 전체가 얼마나 많은 부를 보유하는가의 문제도 중요하다. 하지만 우리 사회가 얼마나 많은 기쁨과 행복으로 충만할 수 있는가의 문제는 더욱 중요할 수 있다.

우리 사회가 얼마나 많은 부를 보유할 수 있는가의 문제는 효율성, 개인의 자유로운 경제행위와 관련돼 있다. 우리 사회가 얼마나 많은 기쁨과 행복을 창출할 수 있는가의 문제는 공평성, 평등한 부의 분배 문제와 관련돼 있다. 효율성과 개인의 자유가 풍요로운 사회를 가꾸어간다면 공평성과 평등한 부의 분배가 건강

2 이 같은 현상을 소득이나 화폐에 대한 한계효용체감의 법칙이라 한다.

한 사회를 구축해 간다. 풍요로움을 구가할 수 있는 개인적 자유의 확대와 굶주림으로부터 해방될 수 있는 사회적 자유의 확장은 건강한 경제체질을 육성하는 건강법이자 여러 가지 사회적 갈등을 예방하는 백신이기도 하다.

하버드 대학은 '부의 불평등 어떻게 해결할 것인가'라는 화두로 3년간 세계적인 경제학자 및 사회과학자 21명의 풍성한 논쟁을 이끈 바 있다. 피케티의 불평등론에 관한 논쟁, 검증과 평가를 정리한 책 『애프터 피케티』는 지금 세계가 처한 현실, 불평등은 여전히 중요한 문제임을 강조한다. 불평등이 높아질수록 의료나 필수인프라에 대한 투자보다는 부유층들의 생활여건개선에 대한 투자가 과도하게 집중된다. 필요한 것, 가치가 높은 것에 대한 투자가 아닌 자원배분의 왜곡현상이 심화된다. 불평등이 높아질수록 경제성장도 둔화된다. 자원배분이 왜곡되고 상속을 통한 큰 부를 획득하는 사회에서는 창조적 파괴를 통한 혁신에 집중하기 보다는 그 부를 지키기 위해 안주하는 경향이 강화된다. 불평등이 높아질수록 정부가 대다수의 보통사람들보다는 소수의 부자들을 위해 일하는 방향으로 경도되기 쉽다. 부자들은 자원을 이용하여 강한 목소리를 낼 뿐만 아니라 로비를 강화시킬 수 있기 때문이다. 불평등이 높아질수록 부의 우위가 기회의 우위로 전이돼 간다. 부자들은 양질의 교육에 대한 기회가 높아지고, 부를 창출할 수 있는 네트워크나 인맥을 더 많이 활용할 수 있다. 부의 불평등은 상대적으로 가난한 자들에게 경제적 차원뿐만 아니라 사회적 차원에 걸쳐 모든 기회를 좁게 만들고 차별의 쇠사슬을 더욱 옥죄게 한다.

## 6 행복지수

지금까지 일반적으로는 어떤 나라가 잘사는 나라이고 행복한 국민인가를 판단하는 기준으로 GDP, 즉 국내총생산이라는 지표를 활용해 왔다. 국내총생산이란 일 년 동안 어떤 한 나라에서 생산된 제품과 서비스를 화폐가치로 환산한 개념인데, 이것은 모든 부가가치의 총합을 의미하고, 그 나라의 생산능력, 경제성장의 크기를 나타내는 일반화된 척도라 할 수 있다. 많은 것을 생산하는 나라가 많은 사람들의 일자리를 만들 수 있고 많은 것을 소비할 수 있다는 전통적인 경제학적 개념인 것이다. 그런데 최근에는 고용 없는 성장, 소득분배의 불균형, 생태환경의 파괴 같은 문제들이 심각해지면서 GDP와 같은 생산능력 중심의 지표만으로는 국민의 후생이나 복지, 그 나라 사람들이 얼마나 삶에 대해 만족하는지를 측정하는 데 한계가 있다는 것을 공감하게 되었다. 따라서 경제성장이 곧 국민들의 삶의 만족도를 개선한다는 단순논리를 비판하면서 새로운 지표들이 등장하고 있는 상황이다. 예를 든다면 1972년 노드하우스와 토빈 교수가 제안한 경제후생지표(MEW), 유엔개발계획이 매년 발표하는 인간개발지수(HDI), OECD가 회원국 등 36개국을 대상으로 더 나은 삶 지수(BLI), 그리고 부탄왕국에서 개발된 국민행복지수 같은 지표들이 새롭게 주목받고 있다.

한국은 GDP 기준으로는 세계 11위 정도의 순위에 있으나 2016년 기준으로 OECD 34개국 중 더 나은 삶 지수(BLI)는 28위로 나타난 바 있다. 우선 더 나은 삶 지수는 소득 외에 시민참여, 교육, 안전, 주거, 삶의 만족도, 일과 생활의 균형 등 11개의 지표를 반영해 측정한 결과이다. 우리나라는 OECD 34개국 중 28위로 평가되었고, 상위권 국가들은 1위는 노르웨이, 호주, 덴마크, 스위스, 캐나다 순으로 나타났다. 우리나라의 부문별 순위를 보면 교육 6위, 시민참여 10위, 주거와 직업 17위, 안전 21위, 소득 24위, 삶의 만족 31위, 건강 35위, 일과 삶의 균형 36위, 공동체와 환경이 37위로 나타나 있다. 과다업무로 일과 삶의 균형이 무너져 있고 공동체와 환경이 최하위 수준이라는 점에 유의해야 한다. 삶의 만족도의 경우에도 31위로 상대적으로 낮은 수준에 머물고 있는 상황이다.

유엔에서 매년 발표하는 인간개발지수의 경우에도 한국은 10위권 후반수준에 있다. 인간개발지수는 유엔개발계획이 매년 인간개발보고서를 통해 발표하고 있다. 경제의 양적 성장이 아니라 인간존재의 향상을 기준으로 발전을 측정하겠다는 의도에서 개발된 지표이다. 각 국가의 교육수준, 1인당 소득, 평균수명, 고용, 환경 등을 취합한 복합적 후생지수라 할 수 있다. 2014년 기준으로 우리나라는 17위로 1점 만점에 0.898점을 기록했으며, 세계 1위는 노르웨이 0.944점, 2위는 0.935점인 호주가 차지했다. 또한 일과 행복의 관계를 측정한 유엔의 세계행복보고서에서도 호주, 노르웨이, 아이슬란드 국민들의 직업만족도가 가장 높은 것으로 조사된 바 있다.

한편, 1인당 국내총생산이 겨우 2,000달러에도 미치지 못하는 자그마한 왕국 부탄은 세계에서 국민행복지수에서 가장 높은 것으로 나타났다. 1972년 부탄의 통치자 지그메 싱계 왕추크 국왕은 부탄왕국은 국민총생산에서 벗어나 국민총행복을 추구할 것을 역설하였고, 부탄 정부가 설정한 목표는 성장보다는 지속 가능한 경제발전, 환경보전, 문화진흥, 그리고 좋은 통치로 설정하면서 세계의 관심을 끄는 국민행복의 나라로 성장하고 있다. 국민행복지수는 9개의 규범적인 영역으로 구성되는데 심리적 후생, 시간활용, 공동체의 활력, 문화, 건강, 교육, 생태의 다양성, 생활수준, 통치라는 항목으로 측정되고 있다. 영국에 본부를 둔 유럽 신경제재단에서 국가별 행복지수를 측정한 결과 부탄이 세계 1위였고, 한국은 1인당 국내총생산은 10배나 높은 수준이지만 143개국 가운데 68위로 나타나 있다. 무엇보다도 눈에 띄는 영역은 좋은 통치영역인데, 행정의 질이나 효율성, 정직성에 대한 국민들의 평가가 이 지수에 반영되고 있다는 사실에 주목해야 한다.

마르틴 부버는 현대 사회에서 '나-너' 관계가 점점 더 우위에 서는 현상이 인간의 웰빙을 위협한다고 믿었다. 그는 사람을 '사물화'하는 것. 즉 우리의 일상과 인간의 정신 그 자체의 질을 좀먹는 관계의 비인격화에 대해 경고했다. 부버 이전에는 20세기 초반의 미국의 철학자 조지 허버트 메드가 그러한 예언을 했다. 메드는 우리가 인간관계의 거울에 비친 자신의 모습을 보면서 규정하는 정체성의 의미인 '사회적 자아'의 개념을 처음 생각해낸 사람이다. 메드는 사회를 발전시키기 위한 단일 목표로 매우 강화된 소통과 상호 이해를 통한 '완전한 사회지능'을 제안했다. 인간 공동체에 대한 이런 유토피아적 이상은 21세기의 비극과 충돌에 어울리지 않는 것으로 보일지 모른다. 그리고 심리학에서뿐만 아니라 일반적으로 과학적 감수성은 오랫동안 정신세계를 불편하게 느껴 왔다. 많은 과학자들은 차라리 인간의 정신세계를 철학이나 논리학 같은 인문학에 맡겼다. 그러나 뇌의 강한 사회적 반응성은, 우리 자신의 감성뿐 아니라 생활 현상 자체가 다른 이들로 인해 좋거나 나쁘게 유도, 형성되고 이에 따라 우리가 일상 속 사람들에게 미치는 영향에 대해 책임진다는 사실을 인식해야 한다고 요구한다. 부버가 현대인에게 보내는 메시지는 타인이 겪는 고통에 무관심하며 순전히 이기적인 목적으로 사회적 기술을 사용하는 세태에 대한 경고다. 그리고 이것은 공감과 관심을 갖는 태도(자신뿐 아니라 타인에 대해서도 책임지는 교육적 견지)를 높이 평가한다.

- 대니얼 골먼, 『사회지능』(*Social Intelligence*)에서 -

덴마크의 경우에는 인구도 적고 영토도 작으며 천연자원도 없는 나라이지만 국민 전체가 삶의 질을 보장받고, 자유와 평등, 그리고 연대라는 개념이 삶속에 구현될 수 있는 사회정의, 신뢰, 직업에 대한 소명의식 등이 국민들의 의식 속에 바탕하고 있다. 행복지수를 높이는 데에는 경제성장뿐만 아니라 사회적 연대에 관한 교육이나 사회적 개혁의 필요성이 강조되는 이유이다.

## 7 J노믹스

문재인 정부가 들어서면서 이명박, 박근혜 정부의 보수정권이 막을 내리고 J노믹스라는 새로운 경제정책의 시대가 열리고 있다. 문재인 정부의 새로운 경제정책인 J노믹스는 일자리 창출, 그리고 재벌개혁으로 압축될 수 있다. J노믹스라 불리는 문재인 정부의 경제정책의 핵심은 소득주도의 내수활성화를 통한 경제성장의 달성이라 할 수 있다. 일자리 창출을 통해 중산층 서민소득을 늘려 경제성장의 동력으로 삼겠다는 논리에서 출발한다. 이것을 분수효과(trickle-up effect)라고도 한다. 이명박 정부의 경우에는 법인세 인하 등을 통한 기업의 투자의욕을 높여 낙수효과(trickle-down effect)를 기대하는 대기업중심의 정책이었고, 박근혜 정부의 경우에는 부친의 경제개발 5개년계획을 본뜬 경제개혁 3개년계획을 만들어 정부주도의 경제성장을 도출한다는 정책기초를 유지해 왔다. 이명박, 박근혜 정부에서는 정부가 대기업 지원을 통해 고용창출과 매출증대를 가져오고 그로 인해 중소기업이나 소비자들에게도 혜택이 내려가는 소위 낙수효과를 주장해 온 것이다.

이명박 정부는 법인세를 감면하면서 소위 낙수효과에 의해 가계소득도 증가할 것이라는 정책적 논리를 주장해 왔지만, 지난 이명박·박근혜 정부 9년의 경제성적표를 통계적으로 분석해본 결과, 낙수효과는 전혀 나타나고 있지 않다는 것을 증명할 수 있게 되었다. 지난 9년 동안 기업소득은 6.4% 증가하면서 법인세는 4% 증가한 것으로 나타난 반면 가계소득은 4.9% 증가했는데 개인소득세는 연평균 6%가 증가한 것으로 나타나 있다. 가계소득은 기업소득에 비해 덜 증가했음에도 불구하고 세금부담은 상대적으로 더 증가했다는 것을 알 수 있다. 여기에 덧붙여서 소득 양극화 현상의 심화라는 문제도 가벼이 여길 수 없다. 대기업과 중소기업, 수도권과 비수도권, 소득 상위계층과 하위계층, 정규직 노동자와 비정규직 노동자 등 사회 전반에 걸친 양극화 현상이 더욱 심각해지고 있는 것이다. 한국경제의 시한폭탄으로 여겨지는 가계부채의 심각성도 부자기업과 가난한 가계라는 구조적 차원에서 진단하고 처방해야 하는 상황인 것이다. 문재인 정부는 기업에만 쌓여 있는 사내유보금 같은 소득쏠림 현상을 가계와 경제 전반에 고르게 펴지도록 해야 하는 소득확산 중심의 정책과제를 안고 J노믹스를 구상한 것으로 이해할 수 있다. 이명박·박근혜 정부에서 주장했던 낙수효과가 무용지물이라는 논거에서 분수효과를 노리는 정책으로의 전환을 의미하는 것이다.

낙수효과는 한국에서만 실패한 정책으로 낙인 찍히는 것이 아니라 최근 학계에서조차도 낙수효과 무용론이 지배적인 경향을 보이고 있다. 낙수효과란 정부가 세제혜택 등으로 대기업 성장을 지원하면 고용창출과 매출증대효과로 중소기업이나 소비자들에게 혜택이 돌아가 중장기적으로 경기가 좋아진다는 논리에 바탕한다. 그런데 2001년 노벨경제학상을 수상한 조지프 스티글리츠에 의하면 부가 부자들로부터 가난한 사람들에게 흘러내린다는 낙수효과는 대부분의 나라에서 전혀 효과가 나타나지 않는다고 주장하고 있다. 또한, 2015년 IMF, 즉 세계통화기금에서는 소득 상위 20%의 수입이 1% 증가하면 경제성장률은 오히려 0.08% 감소한다는 연구결과를 발표한 바 있다.

낙수효과를 분수효과로 대체하고 새로운 경제성장의 모멘텀을 만들기 위해 소득주도 성장론을 내세우는 것이 문재인 정부의 경제정책, 즉 J노믹스라 할 수 있다. J노믹스의 성공은 4대 재벌(삼성, LG, 현대차, SK)의 개혁에서 출발하고 일자리 창출, 비정규직의 정규직화 등을 통한 근로자들의 임금인상과 교육복지 등을 통한 사람에 대한 투자증대로써 완성될 수 있는 정책기조이다. 이것은 기업투자가 증가해야 경제가 성장할 수 있다는 투자주도 성장론에서 분배를 개선하여 저소득층과 중산층의 소득을 늘려주면 소비확대를 통해 경제가 성장할 수 있다는 소득주도 성장론으로의 개혁적 전환을 의미한다. 낙수효과가 아닌 분수효과를 기반으로 하는 소득주도 성장정책이라 할 수 있다.

하지만 경제학계에서는 일반적으로 소득주도 경제성장론에 부정적이다. 최저임금을 대폭 올리는 경우, 소득채널효과와 비용채널효과가 동시에 나타나는데,

대부분의 경제학자들은 소득채널효과보다 비용채널효과가 큰 것으로 파악한다. 임금을 올리면 가계소득증가→소비증가→생산 및 투자증가→가계소득증가라는 선순환이 일어나는 소득채널효과보다는 임금을 올리면 실질임금상승→노동수요량감소→고용감소→생산감소→가계소득감소의 악순환이 발생하는 비용채널효과가 더 크다고 본다. 또한 경제성장의 동력은 장기적으로 수요측 요인보다 공급측 요인에 의해서 결정되기 때문에 소득채널효과보다 비용채널효과를 더 중시해야 한다고 주장한다. 따라서 최저임금을 대폭 인상하거나 사회복지비 지출을 대폭 증가시켜서 경제성장동력을 확보한다는 것은 현실적으로 거의 불가능한 일이라고 진단한다. 소득은 경제성장의 결과이지 소득이 경제성장의 원천은 아니라는 논리이다. 말이 마차를 끌 수 있지 마차가 말을 끌 수 없다는 풍자에 비유된다.

## 8 자존감과 소비

3포, 5포, N포 세대로 불리는 현재의 젊은이들은 자존감의 위기에 빠져 있다. N포란 연애, 결혼, 출산, 인간관계, 내집마련, 희망, 건강, 외모, 꿈, 삶 등을 포기한다는 의미이다. 모든 걸 포기할 수밖에 없는 상황에서 포미족이나 나홀로족은 늘어만 간다. 희망을 지피울 수 있는 계급의 사다리는 무너지고 흙수저론이 절망을 지배한다. 자존감이 무너지고 타인을 무시하거나 비하하면서 상실감을 메우려 한다. 자존감이란 자지효능감, 자기조절감, 자기안전감으로 이루어진다. 청년실업의 급증은 자기효능감을 위협하고 스마트폰 중독은 자기조절감을 약화시키며 먹거리 포피아는 자기 안전감을 침식시키고 있다. 이태백(이십대 태반이 백수), 청백전(청년백수 전성시대), 이구백(이십대 90%가 백수)와 같은 웃지 못할 유행어가 청년실업 문제의 심각성을 반영하고 있다.

2018년을 전망한 『트렌드코리아 2018』에서는 자존감이 낮아지는 시대적 특징으로 보상소비의 증대, 자기 스스로에게 선물을 주는 자기선물 소비현상의 출현 등을 적시한다. 공포관리이론에 따르면 사람들은 불안의 감정을 물질적 소유를 통해서 보완하려는 본능을 가지고 있다고 본다. 타투와 같은 자신의 개성을 표출하려는 소비행태나 자존감의 확대를 위한 사치품 소비, 자존감을 고양시키기 위한 윤리적 소비가 증가하고 있다고 본다. SNS가 지배하는 타자지향의 사회, 1코노미시대, 개인의 원자화가 이루어지는 과정에서 정체성이 무너지고 자존감이 붕괴되는 새로운 사회문제가 나타나고 있다. 청년 일자리의 창출, 사회적인 계급 사다리의 회복과 같은 다양한 사회적 연대의 강화를 위한 조치들이 필요하다. 무엇보다도 소득계층 간 격차를 줄일 수 있는 부에 대한 분배시스템의 개혁이 절실하다.

## 추천 도서

- Sachs, Jeffrey D., 『*The end of poverty*』, Penguin Books, 2006.
- 김난도 외 7인, 『**트렌드코리아2018**』, 미래의 창, 2017.
- 니얼 퍼거슨, 김정희·구세희 역, 『**시빌라이제이션**』, 21세기북스, 2011.
- 대니얼 골먼, 장석훈 역, 『**사회지능**』, 웅진지식하우스, 2006.
- 데이비드 S. 랜즈, 안진환·최소영 역, 『**국가의 부와 빈곤**』, 한국경제신문사, 2009.
- 로버트. D. 퍼트넘, 정승현 역, 『**나홀로 볼링**』, 페이퍼로드, 2016.
- 마이클 샌델, 김명철 역, 『**정의란 무엇인가**』, 와이즈베리, 2014.
- 앨빈 토플러, 김중용 역, 『**부의 미래**』, 청림출판, 2006.
- 앨빈 토플러/하이디 토플러, 김중웅 역, 『**부의 미래**』, 청림출판, 2006.
- 에릭 바인하커, 정성철·안현실 역, 『**부의 기원**』, 랜덤하우스코리아, 2007.
- 장 지글러, 유영미 역, 『**왜 세계의 절반은 굶주리는가**』, 갈라파고스, 2016.
- 조정래, 『**태백산맥**』, 해냄출판사, 2013.
- 존 롤즈, 황경식 역, 『**정의론**』, 이학사, 2003.
- 토마 피케티 외 25인, 『**애프터 피케티**』, 유엔제이, 율리시즈, 2017.

주제 17

# 유토피아와 경제사회



## 1 유토피아와 사회주의

인간의 유구한 꿈은 잘 먹고 잘 사는 사회를 만드는 것이다. 그동안 인간이 겪어온 생존, 진화, 문명, 변혁의 모든 과정, 현재 우리가 직면하고 있는 복잡다기하고 난해한 모든 문제들, 그리고 우리가 나아가야 할 미래의 모든 염원과 소망조차도 결국은 지구상의 어느 곳이든, 어떤 국가, 어떤 사회든 우리 모두가 사람답게 살 수 있는 자유롭고 풍요로운 세상을 만드는 일일 것이다. 사회는 인간의 생존과 번영의 역사적 산물이며 인간의 삶의 과정을 담아내는 문화적 옹기그릇과도 같다. 인간과 사회에 대한 본질적 의의, 인간과 사회에 대한 존재가치, 그리고 인간이 사회 속에서 꿈꾸고 지향하는 이상향에 대해 논의하고 조망해 본다는 것은 아마도 우리가 이루고자 하는 풍요롭고 행복한 사회를 현실 속에 실현해 가고, 아니면 먼 미래에 비전으로 설정해 가는 필연적 과정이라 할 수 있다.

유토피아(Utopia)란 원래 아무데도 없는 곳(no where)을 의미한다. 토마스 모어는 플랑드르에 사절로 파견 가 있던 중 새로운 세계에 대한 우화와 같은 이야기를 써내려갔다. 그가 그린 유토피아는, 당시의 영국처럼, 필요 없는 유한계급과 독점적 양모산업으로 인해 가난한 사람들이 죽음을 각오하고 범죄자로 내몰리는 그런 국가가 아닌, 정치적 이상국가였다. 모양은 영국과 흡사

> 하나 사유재산이 없고 놀고먹는 사람이 없는 이 나라에선 누구나 여가를 즐기며 사치와 호사에 타인을 희생하지 않는다. 그들의 가치는 진정 정신과 영적 세계에 있으며, 외교는 어리석은 주위 국가로부터 전쟁을 막고자 노력할 뿐 스스로를 다른 국가에 의존치 않는 이상향을 그리고 있다.
>
> \- 토마스 모어, 『유토피아』(Utopia) 중에서 -

인간의 본성은 무엇인가? 인간은 무엇을 추구하는가? 인간은 무엇에 의해 인간의 속성과 능력이 결정되는가? 인간이 사회를 만드는가? 사회가 인간을 만드는가, 아니면 사회를 무엇이 규정하는가? 결국 우리가 지향하는 지고의 인간과 사회는 어떤 것이고, 이상적인 인간과 사회를 위한 조건들은 무엇인가? 현실 속에서 우리 사회가 품고 있는 궁핍과 갈등을 어떻게 하면 풍요와 연대의식으로 엮어낼 수 있는 것인가? 인간이 변해야 하는가, 사회가 변해야 하는가? 인간과 사회는 어떻게 변할 수 있는가? 그동안 우리 인류가 헤쳐 온 역사의 소용돌이 속에서, 우리는 개인주의와 집단주의, 자유주의와 전체주의의 대립을 주목해야 했고, 우리는 어디를 향해 가고 있으며, 현재 우리는 어디에 서 있는가에 대한 물음에 대하여, 특수한 역사가 되풀이되는 형상이론이나 이데아 이론과 역사적 변화를 발전적 진화로 보는 변증법적 이론체계를 주목해야 했다. 20세기를 통해 처절하리만치 간극을 드러냈던 공산주의 사회와 자본주의 사회의 대립과 투쟁, 전체주의와 자유민주주의, 복지국가, 세계화, 신자유주의, 제3의 길에 대한 담론과 논쟁들도 결국 경제적으로 풍요롭고 정신적으로 행복한 사회에 대한 우리들의 열망이요 실천의지이며, 보다 진보된 사회로 나아가기 위한 몸부림의 결과물이다.

모든 생명체는 성(sex)과 식(economy)을 근간으로 생존과 번식 그리고 진화를 거듭해 왔다. 성은 생명체가 한 세대에서 단종, 즉 멸종되는 것을 해결하는 생존전략이며, 식은 생명체가 개체의 생명력을 유지하기 위한 에너지 충전전략에 해당한다. 음식을 섭취하는 것은 단기적인 생존의 방편이고, 교접하여 새로운 세대를 복제하는 것은 장기적인 생존의 방편이다. 이런 이유로 인해 인간과 사회의 본질을 이해하는 데 있어 성적 측면(정신적·심리적 측면을 포함)과 경제적 측면(물질적·문화적 측면을 포함)은 오랜 동안 중요한 담론의 대상이 되어 왔다.[1] 또한 인간은 생명체로

1 유물론과 유심론적 양대 논점은 철학에서도 주요관심 대상이 되고 있다.

서의 속성뿐만 아니라 사회적 관계에 의해 형성되는 문화적 속성의 산물이며 유전적으로나 문화적으로나 복제와 변이 그리고 진화의 길을 걸어왔다. 우리는 인간과 사회를 이해하는 데 생물학적 요소, 문화적 요소, 사회구조적 요소를 주목해야 한다. 왜냐하면 인간의 문명과 역사적 발전은 어떤 경제사회의 출현과 변동, 쇠퇴와 소멸, 그리고 새로운 경제·사회의 출현으로 이해될 수 있으며, 우리의 삶을 담고 있는 경제·사회란 본질적으로 인간의 생존을 결정하는 의식주의 모자이크이며, 인간의 계급적 질서를 실현하는 격투장이고, 풍요롭고 행복한 사회를 열기 위한 시험대였기 때문이다.

헤겔이나 마르크스는 새로운 사회의 출현, 변동, 그리고 쇠퇴, 다시 새로운 사회의 출현과 같은 변화의 전 과정을 보편적인 역사법칙에 의해 보다 이상적인 사회로 나아가기 위한 모순과 모순의 대립과정으로 간주한다. 한편, 오즈왈드 슈펭글러는 『서구의 몰락』(*Der Untergang des Abendlandes*)에서, 아놀드 토인비는『역사의 연구』(*A Study of History*)에서 새로운 사회의 출현, 변동, 그리고 쇠퇴, 다시 새로운 사회의 출현 같은 역사의 변화과정을 각각의 국민사를 중심으로 한 순회적인 역사과정으로 간주하고 있다. 슈펭글러의 경우에는 문화에 초점을, 토인비의 경우에는 사회에 초점을 두고 국민사의 성장과 쇠퇴를 지배하는 일정불변의 법칙을 찾으려 했다. 스펜서의 경우에는 사회진화를 보다 큰 차원의 생물학적 과정의 일부로 간주하여, 생물계에서의 적자생존과 매우 유사한 법칙이 사회적 진화를 지배한다고 생각했다. 한편 근대화이론으로는 마르크스, 뒤르켐, 베버 등의 저작들이 눈길을 끈다. 어느 국가의 산업발전이든 일관된 성장의 패턴이 적용되며, 마침내는 국가와 문화의 차이를 초월한 일정한 사회적·정치적 구조에 도달하게 된다는 논리이다. 즉 공업화와 민주화를 일찍이 실현한 선진제국(미국, 영국 등)을 연구하면 모든 나라가 궁극적으로 도달하게 될 보편적인 패턴을 예측할 수 있다는 주장이다. 그런가 하면 에드가 모랭은 모든 역사가 늘 흔들리는 불확실하고 가변적인 질서와 무질서, 조직의 칵테일이라고 주장하면서 지구의 역사는 불확실성과의 타협과 투쟁의 역사로 규정한다.

오랫동안 수많은 철학자와 사상가들은 그들의 사상과 가치체계로 엮어 낸 이상사회에 대한 비전과 실천전략을 주장해 왔으며, 수많은 종교의 경전과 율법 속에서도 이상세계에 대한 형상과 실천전략의 하나인 계율들을 제시해 왔다. 역사적으로 현시되었던 수많은 사상과 율법들은 대체로 개인의 의식구조를 변화시킴으로써 사회의 현실적 모순들을 극복하고 바람직한 이상사회로 나아갈 수 있다는 관점을 유지한다. 그런데 독특하게도 칼 마르크스는 사상가들의 논리, 어떤 종교집단의 설교나 설법으로도 사회구조를 변화시킨다는 것은 불가능하며, 그의 유물론적 변증법과 사적 유물론을 바탕으로 한 역사발전 법칙에 의해서만 이상사회라는 종착역에 다다를 수 있다고 주장한다. 그것은 오로지 계급투쟁의 결과인 혁명적 수단에 의해서만 가능해진다는 자신만의 논리체계를 구축함으로써 과학적 유토피아론이라 정의한 바 있다.[2] 마르크스는 생시몽의 사회주의, 푸리에의 사회주의, 오웬의 사회주의와 같은 유토피아적 사회주의를 자신의 과학적 사회주의와 구별하고 있다.

점진적인 개혁에 의해 전체적인 사회구조의 변혁을 꿈꾸었던 유토피아적 사회주의를 일견한다.

• 생시몽의 사회주의: 앙리 꽁뜨 드 생시몽은 전쟁과 조직적인 종교, 인종적 편견이 없는 세계를 꿈꾸었다. 그것은 과학이 생활을 지배하는, 사회적 억압이 없는 세계였다. 그는 성적인 자유와 여성의 권리를 주장했고, 협동을 장려하기 위해 남이 채워 주도록 등에 단추가 달린 옷을 디자인하기도 했다. 생시몽이 생각한 사회는 능률적이긴 했으나 불평등하고 비민주주의적인 사회였다. 모든 권력은 엄격히 조직화되고 고도로 집중되어 소위 '산업가'의 손에 들어가도록 되어 있었는데, 이 '산업가'란, 노동계급이 아닌 은행가와 공업기술자 같은 경영 엘리트를 의미한다. 그의 계획은 대부분 실행되지 못했지만 자산을 통제하되 소유하지는 않는 전문가들의 지배에 대한 현대사회의 제도적 발달에 부응한다고 볼 수 있다. 서유럽에서의 산업의 국유화, 구 동유럽에서의 국가관리 경제체제, 제3세계에서의 정부주도하의 현대화 계획 등도 생시몽의 견해와 상당부분 일치한다고 볼 수 있다.

• 푸리에의 사회주의: 샤를르 푸리에는 '팔랑스테리'라는 공동사회를 건설했는데,[3] 이곳에서는 모든 이가 원하는 것을 자유롭게 하면서도 동시에 공공의 이익을 위해 일하게 된다는 것이다. 그는 일이란 즐거워야만 한다고 믿었고, 따라서 사람들은 지루함을 피하기 위해 원하는 대로 일을 바꿀 수 있어야 한다고 생각했다. 또한, 어린이들에게도 자기들이 관심을 갖는 것을 배우도록 허용해야지, 어른들이 생각하기에 어린이들에게 좋을 듯싶은 것을 억지로 하게 만들어서는 안된다고 생각했다. 푸리에는 여성과 남성의 동등한 권리가 동등하다고 믿었으며 가사조차도 공동으로 조직화되어 여성을 해방시켜야 한다고 믿었다. 그는 많은 시간을 써가며 무수한 계획의 청사진

2 영국에 있는 칼 마르크스의 묘비에는 "지금까지 수많은 철학자들이 세상을 여러 가지 방식으로 단지 해석만 해 왔다. 하지만, 중요한 것은 그것을 변화시키는 것이다"라고 새겨져 있다.

3 팔랑스테리는 네모꼴 군사배열을 뜻하는 팔랑크스와 수도원을 뜻하는 모네스테리의 합성어이다.

을 작성했으며 부유한 자선가들을 설득하려 노력하였다. 주로 미국에 개별적인 공동체들이 설립되었는데 그 어느 것도 오래 존속하지는 못했다.

• 오웬의 사회주의: 가난을 딛고 일어나 부유한 실업가로 성공했던 로버트 오웬은 스코틀랜드의 뉴라나아크에 시범공장을 설립해 유명해졌다. 그는 어린아이들을 고용하지 못하게 하고, 나이가 찬 아이들에게는 교육을 제공했다. 노동시간은 제한되어 있었고, 쓸만한 집이 제공되었으며, 협동조합 매점이 생필품을 공급했다. 자신이 유일하게 용납했던 인간 심성의 혁신을 일으키는 본보기인 뉴라나아크의 위력을 확신하고 오웬은 영국 남부와 인디아나주 뉴 하모니 읍에도 시범마을을 만들었으나 모두 실패로 돌아갔다. 미국에서 돌아온 오웬은 경쟁 없는 새로운 도덕적 세계를 실현시키기 위해 협동조합운동에 집중했지만 이 또한 실패로 끝나고 말았다. 유토피아 사회주의자들이 건설한 공동체들은 결국 모두 실패로 돌아갔다. 그러나 그들의 유산은 전후에 세워진 전원도시나 새마을 공동체 가운데 여전히 남아있다.

- 안나 파츄스카, 『사회주의』에서 -

## 2 역사주의와 마르크스주의

마르크스의 사상체계는 유물론적 변증법이며, 모든 역사적 변화는 직선의 논리, 즉 역사변동에는 목적이 있으며, 역사는 그 목적지인 이상사회를 향해 지속적으로 발전해 간다는 사상적 편향이다. 그는 "역사와 자연은 필연적으로 변화하는 성질을 가지고 있다"는 헤겔의 변증법을 취한 다음 헤겔의 관념론을 비판하고 헤겔의 변증법에 오히려 포이에르바하의 유물론을 접목시켰다. 헤겔의 관념론이란 "우주의 모든 사상(事象)은 인간의 마음, 관념을 반영하는 추상에 불과하므로 관념의 변화가 곧 우주를 변화시킨다"는 사상적 편향이다. 이에 반하여 마르크스는 관념이라는 것은 오히려 외적 현상의 반영이며, 인간의 마음에 의하여 반영된, 그리고 사고의 형태로 번역된 유물세계에 불과하다는 유물론적 인식체계를 받아들였다. 헤겔의 변증법과 포이에르바하의 유물론을 접목시킨 것이다. 이것이 곧 유물론적 변증법이다. 따라서 마르크스는 모든 사회제도의 발생은 경제적 변화의 역사적 결과물이라는 유물론적 변증법에 의한 역사발전 법칙을 수립하게 된다. 그는 물질적 생활에서의 생산양식이 생활의 사회적·정치적 그리고 경제적 과정의 일반적 성격을 결정한다고 보았다. 이것은 인간의 의식이 그들의 존재를 결정하는 것이 아니고, 반대로 그들의 사회적 존재가 그들의 의식을 결정한다는 환경적(문화적) 인간결정론에 천착하게 된다. 사회적 생산력이란 인간이 자연으로부터 생계를 얻고자 하는 물질적 수단이다. 생산력이 수렵, 농업, 공업 등을 결정한다. 여기에 인간적 요소, 즉 지식·재능·욕구 등이 모두 포함된다. 인간의 욕구와 능력이 변화하면 사회적 생산력도 변화한다. 여기에서 중요한 것은 인간의 의식은 생산과정의 산물이라는 점이다. 사물에 대한 인간의 사회적 성격과 가치관이 여기서 형성된다. 사회적 생산양식이 달라지면 사회구성원의 본성도 달라진다. 개인은 사회변화에 수동적인 존재이며, 물적 세계가 사회적 관념을 만든다.

당신의 생각이라는 것은 곧 당신의 부르주아적 생산과 부르주아적 재산조건의 반영에 불과하다. 이것은 당신들의 법체계가 오직 당신들의 계급적 의지를 모두에게 적용하도록 법제화시킨 것과 마찬가지로서, 당신들의 의지에 대한 본질적 성격과 방향은 당신들의 계급을 존재하게 하는 경제적 조건에 의해 결정되기 때문이다.

- 칼 마르크스 외, 『공산당선언』(*Communist Manifesto*)에서 -

생산관계란 생산수단의 소유관계, 사회적 잉여에 대한 지배관계를 말하는데, 생산력이 증대함에 따라 사회적 계급(social class)을 발생시킨다. 따라서 사회의 계급구조가 사회적 생산관계라 할 수 있으며, 마르크스는 집단적 이익의 증대를 위한 계급투쟁이야말로 사회의 본질적 요소라고 주장한다. 어떤 사회의 생산양식이란 그 사회의 생산력과 생산관계가 결합된 개념이라 할 수 있다. 마르크스는 어떤 특정한 사회의 생산양식은 그 사회의 생산관계, 즉 계급구조로서 파악될 수 있는 것으로 보았다. 그는 계급구조에 따른 공동사회, 노예제, 봉건제, 자본제 등의 생산양식에 따른 사회구조를 개념화했다. 또한 이런 생산관계가 발전하는 법칙, 유물론적 변증법과 유물사관에 대입시켜 역사발전 법칙을 도출했던 것이다.

마르크스는 경제·사회의 발전단계, 즉 원시 공동사회, 고대 노예사회, 중세 봉건사회, 자본주의사회, 그리고 사회주의 또는 공산사회에 이르는 모든 역사적 변화의 과정들을 바람직한 이상사회로 나아가기 위한 역사적 발전과정으로 인식하였다. 이 점에 있어서는 헤겔과 다를 바 없는 역사주의적 관점이다. 이 같은 경제·사회적 발전단계들은 유물론적 변증법과 사적 유물론에 비추어 과학적 역사 법칙으로 설명하고 각각의 경제·사회적 특성들을 도출해 낼 수 있게 된다. 마르크스는 역사에 있어서 생산이야말로 역사의 알파와 오메가이며, 다른 모든 것들은 성가신 잡담에 불과하다. 다른 기관에 의해 파생되는 약간의 변화요인을 제외한다면 생산양식이야말로 역사의 주인이며 유일한 변동의 원인이라고 주장한다. 마르크스의 유물론적 역사관은 생산력, 생산관계, 그리고 생산양식에 의해 구축된 셈이다.

다음으로 유물론적 변증법이라는 논리체계의 핵심은 '생산력, 생산관계, 생산양식'이라는 어떤 경제·사회의 물적 구조 내지는 조건과 그 경제·사회가 내적으로 안고 있는 모순의 대립이다. 내적 모순의 대립이 모든 변화의 동인이 된다. 변증법이란 어떤 존재의 변화가 내적으로 안고 있는 모순을 극복하고 새로운 개체로 거듭나기 위한 운동의 법칙으로 정의할 수 있다. 즉, 계란에서 병아리가 나오기 위해서는 계란이 깨어져야 하고, 한 톨의 밀알에서 새싹이 돋기 위해서는 밀알이 부패하여야 한다. 여기서 계란이나 밀알은 더욱 발전적인 개체 병아리나 밀 싹으로 변환되기 위해 계란이나 밀알의 존재를 부정하여야 한다. 이런 부정과 부정의 과정을 거쳐 더욱 많은 계란과 더욱 많은 밀알로 나아갈 수 있다는 논리이다.[4]

칸트는 헤겔과 마찬가지로 인류의 역사를 보편적 진보의 역사로 인식했으며, 칸트가 말하는 역사의 최종목표란 인간의 자유가 실현되는 것을 의미했다. 그는 이기적 적대감이 인간을 자유주의로 몰아가는 메커니즘이라 여겼다. 즉 경쟁심, 허영심과 지배하고픈 욕망만이 사회의 창조성의 원천이고 이상향의 목가적 생활로부터는 태어나지 않았던 인간의 잠재능력의 실현을 보증해 주는 요소라 믿었다. … 헤겔도 역사의 진보는 이성의 착실한 발전에서 오는 것이 아니고 인간을 대립과 혁명, 그리고 전쟁으로 인도하는 열정의 맹목적인 상호작용으로부터 태동한 것이라고 생각했다. 그것이 바로 헤겔이 말하는 이성의 교지(狡智)라는 개념이다. 역사는 끊임없는 항쟁의 과정을 겪게 되는데, 그곳에서는 정치와 마찬가지로 사상의 체계도 스스로의 내부모순 때문에 서로 충돌하고 산산조각으로 붕괴되어 버린다. 그리고 그 대신에 보다 모순이 적고, 따라서 보다 고도의 체계가 등장하게 되는데, 그 체계도 또 새로운 다른 모순을 배태해 간다. 이것이 소위 변

4 헤겔 철학에서는 이런 원리를 정(正), 반(反), 합(合)의 논리로 표현한다.

증법이다. … 헤겔의 경우, 세계사는 자유에 대한 인지가 발달되어 가는 과정이라 인식했다. … 동양에서는 단지 '한 사람의 인간'만이 자유를 인지하고 있었다. 그리스와 로마에서는 '일부의 사람'만이 자유를 인지하고 있었다. 현재의 우리들은 '모든 사람들이' 절대적으로 자유롭다는 것을 인지하는 세상에서 살고 있다.

- 프렌시스 후쿠야마, 『역사의 종말』(*The End of History and the Last Man*)에서 -

이 같은 발전적 변환의 원리를 경제·사회의 변환에 접목시켜 자본주의 사회가 보다 발전적인 공산주의 사회로 나아가기 위해서는 자본주의 사회의 내적 모순, 즉 성숙된 자본주의 단계에서는 자본의 유기적 구성도가 고도화됨으로써 산업예비군을 양산하게 된다는 자본축적 과정의 모순에 의해 자본주의 사회는 붕괴하게 되고 새로운 주도세력인 프롤레타리아가 중심이 되는 무소유, 무계급의 이상적 공산사회가 탄생된다는 경제·사회에 대한 마르크스적 탄생설화로 귀착된다.

칼 마르크스는 인간의 존재를 사회적 존재로 규정하였으며, 역사적 발전을 변증법적 법칙, 즉 사적 유물론으로 이해하였다. 그는 역사의 변화과정을 직선적인 진보의 과정으로 정의함으로써 인류사회의 궁극적인 종착역은 공산사회이고, 종착역에 이르는 방법은 오로지 계급투쟁에 의한 사회혁명이라는 사상적 편향을 보이게 된다.[5] 인간의 변화는 사회구조의 변화에 의해서만 가능하다는 논리가 구축되는 셈이다.

최근 4반세기 동안 가장 주목할 만한 역사의 전개는 극우의 군사독재 정권이든, 좌익의 공산주의적 전체주의이든 상관없이 외견상 견고해 보이던 독재체제가 그 중심부에서부터 커다란 약점을 드러내기 시작했다는 것이다. 라틴아메리카에서 동구에 이르기까지, 구 소련에서 중동과 아시아에 이르기까지, 견고했던 정치체제가 이 20년 사이에 흔들리고 있다. 이러한 체제 모두가 안정된 자유민주주의로 대체된 것은 아니지만, 자유민주주의야말로 오늘날 세계 여러 지역과 문화에 걸쳐 일관되게 영향을 행사하고 있는 유일한 정치체제가 되고 있다. 또한 자유주의적 경제원리인 '자유시장경제'가 보급되어 선진공업국에서는 물론 제2차 세계대전이 종결되던 당시만 해도 가난에 시달리던 제3세계에서도 전대미문의 물질적 번영을 구가하고 있다. … 헤겔도 마르크스도, 인간사회의 진화는 한없이 계속되는 것은 아니며, 인류가 그 가장 심오하고도 근본적인

5 양의 질화 법칙, 대립물 상호 삼투의 법칙, 부정의 주정 법칙 등으로 설명되고 있음.

동경을 충족시켜 주는 형태의 사회를 실현했을 때 인간사회의 진화는 종말을 맞을 것이라고 믿고 있었다. 즉 두 사람 모두 '역사의 종말'을 기정사실로 받아들이고 있었던 것이다. 단지 헤겔에게 있어서 역사의 종말은 자유주의 국가인 반면, 마르크스에게는 공산주의 사회였다.

- 프렌시스 후쿠야마, 『역사의 종말』(*The End of History and the Last Man*)에서 -

1917년 러시아에서 성공한 볼셰비키혁명을 시작으로 중국, 동유럽, 북한, 그리고 베트남, 쿠바에 이르기까지 수많은 독립국이나 신생국에서 공산당선언과 마르크스의 자본론에 따른 공산주의 경제체제를 실험하였으나, 오늘날 21세기에 이르러 험난하고 지루했던 공산주의 실험은 실패[6]한 것으로 정리되고 있다. 근대화를 추구하는 대부분의 국가들이 그들이 취할 수 있는 다양한 방식이 존재함에도 불구하고 자본주의적인 방식과 자유민주주의적인 방식을 채택하고 있다. 근대화를 추구하는 스페인, 포르투갈, 러시아, 중국, 그리고 대만과 한국에 이르기까지 두 방식을 효율적으로 적용하는 데 노력하고 있다.

역사주의란 역사는 특수한 역사적 법칙이나 진화적 법칙에 의해서 지배된다고 이해하는 원리이며, 우리가 이 법칙을 발견한다면 우리는 인간의 운명을 예언할 수 있다는 사상적 편향이다. 역사주의의 가장 오래된 가장 단순한 형태는 선민사상에 의해 잘 설명될 수 있다. 이런 사상은 신을 역사의 무대에서 공연되는 연극의 작가로 해석함으로써 역사를 이해하려는 시도의 하나이다. 이런 사상에서는 역사적 발전의 법칙은 신의 의지에 의해서 세워진다. 자연주의적 역사주의는 역사발전의 법칙을 자연의 법칙으로 취급하며, 정신적 역사주의는 역사발전의 법칙을 정신적 발전의 법칙으로 취급하고, 경제적 역사주의는 다시 경제적 발전의 법칙으로 취급한다. 유신론적 역사주의인 선민사상의 중요한 특성을 반영하고 있는 현대의 가장 중요한 두 역사주의 이론은 파시즘의 역사철학과 마르크스의 역사철학이다. 인종주의에서는 선택된 민족 대신에 선택된 인종이 대치되며, 마르크스의 역사철학에서는 선민 대신에 선택된 계급이 대치된다. 두 이론 모두 역사적 예측의 기초를 역사적 해석에 두고 있다.

- 칼 포퍼, 『열린사회와 그 적들』(*The Open Society and Its Enemies*)에서 -

1980년대 들어 공산사회에 대한 실험이 실패하면서 마르크스의 과학적 유토

6 '개방과 개혁'이라는 슬로건을 내걸고 시장경제체제를 받아들이고 있다.

피아에 대한 '역사주의와 전체주의'라는 죄목으로 유죄판결이 내려지고 있다. 20세기에 전 지구상의 인구 중에서 1/3을 지배했던 마르크스의 과학적 유토피아의 본질은 역사주의에서 찾을 수 있다. 역사주의에서는 개인의 가치를 인류역사의 발전에 있어서 별로 중요하지 않은 도구로 인식하고 있으며, 위대한 민족, 그 민족들의 위대한 지도자, 위대한 계급이나 위대한 이념 같은 것들이 가치 있는 주역으로 받아들여진다. 역사주의는 역사라는 무대에서 연출되는 연극을 이해하기 위해, 주인공과 주인공을 제약하는 시나리오, 즉 '역사적 법칙이나 진화적 법칙'을 발견하려 한다. 역사주의의 시나리오는 선민사상에서 출발한다. 선민사상의 기초는 부족사회에서 제공된다. 부족이 존재하지 않는다면 개인의 존재가치는 무의미하다는 부족의 절대적 중요성을 부각시킨다. 예를 들면, 현대의 가장 중요한 역사주의 이론, 파시즘과 마르크시즘에서 "파시즘의 역사적 주인공은 인종이다"라는 집단주의와 "마르크시즘의 역사적 주인공은 계급이다"라는 집단주의로 해석될 수 있다. 즉 개인이라는 존재가치는 선택된 인종 안에서만 인정될 수 있고, 선택된 계급 안에서만 인정될 수 있다는 논리이다. 따라서 파시즘이나 마르크시즘은 전체주의로 분류된다. 한편, 역사주의를 이해하기 위한 또 하나의 요점은 역사에는 목적이 있고, 천년왕국[7]과 같은 역사의 목표지점은 아주 먼 미래에 설정된다는 특성에 있다. 이것은 역사주의가 전체주의와 종말론의 속성을 내포하고 있다는 것을 의미한다. 여기에 덧붙여서 인종주의의 경우, 역사발전의 법칙은 일종의 자연법칙으로 간주된다. 선택된 인종의 우월성은 생물학적 혈통에서 비롯되는 것이며, 이 혈통의 우월성이 역사의 발전과정을 설명해 준다. 다시 말하면 역사적 과정이란 곧 지배권을 행한 '인종 간의 투쟁'으로 정리될 수 있다. 또한, 마르크시즘에서의 역사적 과정이란 경제적 법칙이며, 모든 역사는 경제적 패권을 위한 '계급 간의 투쟁'으로 정리될 수 있다.

**인간이 스스로의 경제적 이익에 대한 명확한 비전을 품고 있는 한 진보적인 근대과학의 논리는 인류사회를 자본주의의 방향으로 인도해 준다. 중상주의, 종속이론 혹은 갖가지 지적 망상에**

7 신약성서 「요한계시록」 제20장에 적힌 문장 해석에서 생겨난 그리스도교의 종말론의 한 형태이다. 천국의 지복을 받기 전에 지상에서의 안식의 시대로 그리스도가 많은 성인들(14만 4,000명)과 함께 천년의 평화의 나라를 건설한다는 내용인데, 이것은 종말론적 신앙과 유토피아적 사상이 융합된 것으로 해석할 수 있다.

의해서 인간은 이러한 명확한 비전을 가질 수 없었다. 그렇지만 아시아와 동유럽의 경험은 오늘날 서로 대립하는 경제 시스템의 어느 쪽이 정말로 맞는 것인가를 예측하는 귀중한 역사의 시금석이 되고 있는 것이다. 구미와 아시아는 물론 제3세계에서도 보편적인 소비문화가 자유민주주의의 원리에 의해서 만들어져 간다. 오늘날에는 그것은 사회 진보의 메커니즘을 이용해서 설명할 수 있는 것이다. 선진기술과 노동의 합리적인 조직화에 의해서 생성된 거대한 생산성과 다이나미즘을 배태한 경제세계는 사회를 동질화하는 헤아릴 수 없는 힘을 갖고 있다. 이 힘은 세계화된 시장의 형성과 다양한 사회의 경제적 야심의 고양과 그 실천을 통해서 세계 전체에 흩어져 있던 사회를 하나로 연결시켜 준다. 이 세계시장경제라는 매력적인 힘은 모든 인간사회를 끊임없이 자신의 세계로 계속 끌어당기고 있고, 그 세계에 참가해서 성공하기 위해서는 자유시장경제원리의 채용이 불가결하다.

- 프렌시스 후쿠야마, 『역사의 종말』(*The End of History and the Last Man*)에서 -

그렇다고 해서 공산주의의 실패가 자본주의, 복지국가, 아니면 신자유주의에 대한 완전한 승리를 의미하는 것은 아니다. 자본주의의 역사만 하더라도 상업자본주의, 산업자본주의, 독점자본주의, 수정자본주의, 복지국가, 신자유주의에 이르는 자본주의가 안고 있는 체제의 내적인 모순으로 인해 변질과 변혁으로 몸부림쳐 왔다. 1920년대의 세계대공황, 두 차례에 걸친 세계대전, 1960년대의 인플레이션, 1970년대의 스태그플레이션, 2008년의 세계금융위기 등은 자본주의 및 신자유주의를 위협하는 세계사적 사건이었고, 계급갈등 및 양극화의 심화, 실업과 상대적 빈곤, 인간소외 및 물신화, 환경의 오염, 기득권과 향락주의 등등의 모순들이 체제의 정체성을 위협하고 있다.

역사적 발전은 어떤 경제사회의 출현과 변동, 쇠퇴와 소멸, 그리고 새로운 경제사회의 탄생으로 정리될 수 있다. 지금까지 정치적으로는 군주정치, 신정정치, 귀족정치, 파시즘, 사회민주주의, 민주사회주의, 자유민주주의라는 이념과 정치질서들이 생성, 변이와 대립, 그리고 투쟁과 진화를 거듭해 왔다. 경제문제는 인간의 생존과 관련된 근원적 문제이며, 인간관계를 규정하는 계급갈등의 문제이고, 풍요롭고 행복한 사회에 대한 비전과 이념에 관련된 문제이다. 경제사회는 경제문제에 대한 가치, 질서, 해결방식을 규정하고 경제가 작동하는 시스템을 제공하며 그 시대의 경제사회적 사상과 목표를 지향한다.

## 3 유토피아에 이르는 길

바람직한 이상사회란 어떤 사회일까? 모든 사람들이 풍요롭고 행복한 사회, 모든 사람들이 자유롭고 평등한 사회, 유토피아나 무릉도원으로 상징되는 추상화된 이상사회를 의미할 것이다. 여기에는 토마스 모어의 유토피아, 플라톤의 국가론, 도연명의 무릉도원, 캄파넬라의 태양의 나라, 안드레아에의 기독교국, 힐톤의 샹그릴라, 베이컨의 뉴 아틀란티스, 벨라미의 회상, 아카디아, 천년왕국 등등이 해당할 것이다. 종교적인 경우에도, 수많은 종파들이 자신들의 교리와 계율을 실천함으로써 '천당과 극락'에 이르는 첩경을 제시해 왔다. 또한 플라톤에서 마르크스에 이르기까지 위대한 사상가들(때로는 덜떨어진 몽상가)은 이상사회에 대한 모형을 제시해 왔다. 에리히 프롬의 경우에는, 우리 인류가 지향해야 할 이상적인 사회로서 건전한 사회(sane society)를 주장하였다. 그는 『건전한 사회』에서 "인간과 인간간의 관계가 애정으로 맺어지는 사회, 피와 흙의 유대로서가 아니라 우애와 단결의 결속에 인간이 뿌리박는 사회, 파괴에 의해서가 아니라 창조에 의해서 자연을 초월할 가능성을 인간에게 부여하고, 순응에 의해서가 아니라 힘의 주체로서 자신을 경험함으로써 자기 존재를 느끼게 하는 사회, 현실을 왜곡하거나 우상을 숭배할 필요도 없이 정향과 신앙의 체제가 존재하는 사회"라고 정의하고 있다. 금세기 위대한 사상가 칼 포퍼의 경우에도 그의 저서 『열린사회와 그 적들』에서 "예술·정치가는 현존하는 제도와 관습을 뿌리째 뽑아버려야 한다. 그는 사람들을 정화하고, 숙청하고, 쫓아내고, 추방하고 죽여 버려야 한다. 우리는 금수로 돌아갈 수 있다. 그러나 우리가 인간으로 남고자 한다며, 오직 하나의 길, 열린사회의 길이 있을 뿐이다"라고 주장하면서 모든 닫힌 사회를 부정하고, 열린사회를 열망하고 있다.

그런데 현실적으로는 시민혁명이나 볼셰비키혁명과 같은 극단적인 피의 혁명뿐만 아니라 복지국가나 신자유주의와 같은 기존체제 내에서의 개혁에 이르기까지 많은 변화를 모색해 왔다. 하지만 아직도 우리의 현실은 모두가 골고루 만족스럽게 풍요롭거나 행복하기는커녕, 결핍과 빈곤으로 인한 불균등과 갈등의 문제로 고민하고 있다. 이와 같은 총체적이고 역사적인 경제·사회적 문제들을 극복하고, 인류사회가 지향하는 이상사회로 안내하는 지름길은 어디에 있는 것일까? 어떤 시대를 막론하고 사회개혁이나 사회혁명은 중단 없이 시도되었으며, 오늘날에도 대부분의 국가 사회 지도자들은 현실사회에 대한 변화와 개혁의지를 입버릇처럼 내세우며 현실적이고 합리적인 정책대안을 모색하고 있다.

그렇다면 어떤 사회를 만들 것인가, 어떻게 만들 것인가? 방법론적 관점에서 접근한다면 사회는 인간이 만들어 놓은 조직된 유기체[8]이고, 인간은 사회가 길들여 놓은 주체적 유기체이다. 따라서 우리가 이상사회로 나아가기 위해 기본적으로 갖춰야 할 항해지도와 항법장치는 다름 아닌 역사 속에서의 인간과 사회의 본질을 정확하게 이해하는 일이며 그 속성을 총체적으로 통찰하는 일일 것이다.

왜냐하면 어떤 사회든 그 사회의 속성은 그 사회를 구성하고 있는 인간들의 성향이 결정하는 것이며, 그 사회를 구성하는 인간들은 그 사회 속에서 문화적으로 복제되고 재창조되는 피조물이기 때문이다. 첫째, 인간을 이해하는 데 있어 ① 생물학적 관점, ② 문화적 관점, ③ 자유의지론적 관점 등 세 가지 관점에서 논의가 이루어지고 있다. 사람의 능력, 성격, 성공 여부는 유전적 요인이나 문화적 요인, 또는 자유의지에 의해 결정된다는 것이다. 둘째, 사회를 이해하는 관점으로서 역사주의를 주목할 수 있는데, 사회제도에 대한 기원과 발전을 보편적 역사법칙에 의해 이해하고자 하는 사상적 편향을 말한다. 역사도 유기체처럼 끊임없이 변화한다는 관점이며, 또한 자연의 법칙처럼 역사도 어떤 보편적 법칙이 존재한다는 주의이다. 역사주의자는 정치의 과학적 기초를 불변하는 역사적 추세에 관한 과학으로 이해한다. 여기서 사회를 역사적 추세로 받아들이는 역사주의와 우리가 우리들의 목적에 따라 인간의 역사에 영향을 미치거나 역사를 바꿀 수 있다는 사회공학적 관점도 존재한다.

플라톤이 구상했던 이상사회에 이르는 길은 "부모와 자식은 서로 확인할 수 없도록 임신은 매년 일정한 결혼축제일에 행해지고, 제철에 태어나지 않은 아이, 즉 생물학적으로 결함이 있는 아이는 없애 버린다.[9] 아이들은 태어나면서 부모로부터 분리되어 특별히 선정된 사람들에 의해 도덕적인 상황 속에서 길러진다"[10]

8 플라톤은 사회를 유기체로, 마르크스는 구성체로, 애덤 스미스는 메커니즘으로 보았다.

9 생물학적 결정론에 해당한다.

10 문화(환경)적 결정론에 해당한다.

고 주장한 바 있다.

플라톤에 따르면, 국가의 계급은 생산자(농민 등), 수호자(군인), 통치자(철인 왕)로 나뉜다. 교육은 이 가운데 수호자, 곧 사회지도층인 군인을 양성하는 데 집중된다. 이들의 선발과 교육과정은 출생과 동시에 이루어지는데, 이들은 음악과 체육 교육을 집중적으로 받는다. 그리고 수호자 중에서 뛰어난 자가 통치자가 된다. 검약과 절제를 몸에 익히고 참된 지혜를 갖춘 철학자를 양성하고, 그에 의해 통치되는 나라. 이것이 바로 플라톤이 그리는 유토피아다. 그리고 이렇게 되었을 때 생산자·수호자·통치자 계급은 각각 절제·용기·지혜의 덕을 이루며 국가는 정의롭게 된다. 쉽게 말하자면 생산자는 절제의 덕, 수호자는 용기의 덕, 통치자는 지혜의 덕을 잘 구현하여 개인과 사회가 온전히 제 기능을 다하게 되면 정의가 이루어진다는 뜻이다.

- 안광복, 『철학, 역사를 만나다』에서 -

플라톤은 국가가 개인을 생물학적·문화적인 측면에서 전적으로 통제할 수 있으며, 그렇게 함으로써 그의 이상향, 최선의 국가에 다다를 수 있는 길을 안내하고 있다. 하지만 그의 길은 개인에게 속박과 굴욕, 그리고 결핍과 고통을 주는 험난한 닫힌사회로 안내하는 길이다. 그의 길은 지상에서 천국을 건설코자 의도된 낭만적 악의가 내포된 길이다. 칼 포퍼는 그의 저서 『열린사회와 그 적들』에서 심미주의적 탈을 쓴 플라톤의 유토피아론을 다음과 같이 비판하고 있다.

플라톤은 역사를 사회 타락의 역사로, 정치적 퇴화의 역사로 규정한다. 따라서 모든 정치적 변화를 억제시킴으로써 변화와 부패의 악이 없는 최선의 국가, 완전한 국가, 황금시기의 국가를 꿈꿨다. 그것은 바로 철저하게 통제된 국가를 의미한다. 플라톤은 정치적 퇴화과정을, 완전한 국가가 성립한 뒤에, 부유한 문벌이 지배하는 과두정치체제가 오고, 그다음으로 방종을 뜻하는 자유가 지배하는 민주정치체제가 오고, 마지막으로 국가의 종말단계인 참주정치체제가 오는 것으로 예정했다. 플라톤은 소크라테스와는 다르게 인간본성의 타고난 한계 때문에 개인은 본질적으로 사회와 국가에 의존한다. 그들은 국가를 통해서만, 또는 국가 내에서만 완전에 도달할 수 있다. 완전한 국가는 그들에게 적당한 사회적 거주지를 제공해야 한다. 그것이 없으면 그들은 부패하고 쇠퇴할 것이 틀림없다. 그러므로 국가만이 자족할 수 있고(경제적 자급자족) 완전할 수 있으며, 개인의 필연적인 불완전성을 완전하게 할 수 있는 이상, 국가는 개인보다 우위를 차지해야 한다. 사회와 인간은 이렇게 상호의존적이다. 하나는 다른 하나 덕분에 존재한다. 사회는 자족이 결여한 인간본성 덕분에 존재한다. 플라톤은 개인주의와 이기주의를 동일시했다. 그리고 그는 어느 누구보다도 개인주의를 극렬하게 혐오했고, 이를 분쇄하기 위해 노력했다. 이런 혐오는 플라톤 철학의 근본적인 이원론에 뿌리박고 있다. 정치적 영역에서 개인이란 플라톤에게는 악 그 자체였다. 따라서 국가의 이익이라는 오직 한 가지 도덕적 기준이 등장한다. 무엇이든지 국가의 이익을 신장시키는 것은 선량하고 덕 있고 정의로우나, 그것을 위협하는 것은 나쁘고 사악하며 부정의한 것이다. 이것이야말로 집단주의나 공리주의의 법전이라 할 수 있다. 즉 선이란 나의 집단이나 나의 부족, 아니면 나의 국가이익 안에서만 존재할 수 있다는 주장이다. 플라톤은 정의를 개인들 사이의 관계로서가 아니고, 계급 사이의 관계에 근거한 전체국가의 한 성질로 간주한다. 만약 국가가 건강하고, 강하고, 통합되어 안정되어 있다면, 그 국가야말로 완결된 사회정의를 구현한다는 논리이다. 플라톤은 최선국가에서 양육이나 교육은 계급의 특권상징이며 특권으로 간주했다. 양육이나 교육은 무기와 같은 지배계급의 도구로서, 지배의 안정을 확보하는 데 필요한 것으로, 인간가축을 통솔하고 지배계급을 단합시키는 데 유용한 수단으로 간주되었다. 유토피아주의에는 플라톤적 접근법의 독특한 특성이 되는 한 요소가 있다. 그것은 유토피아주의의 전폭성, 그것은 사회악을 뿌리째 뽑아 버려야 한다는 확신이며, 세상에 어떤 품위 있는 것을 실현하기 위해서는 비위에 거슬리는 사회제도를 모두 말살해야 한다는 믿음이다. 그것은 비타협적인 급진주의이며, 탐미주의이고 완전주의이다. 탐미주의와 급진주의는 우리로 하여금 이성을 던져 버리게 하고, 그 대신 정치적 기적을 바라는 절망적인 희망을 갖도록 한다. 이것은 아름다운 세계를 꿈꾸는 도취상태에서 솟아나오는 낭만주의이다. 그러나 항상 이성보다는 감정에 호소하는 낭만주의는, 지상에 천국을 건설코자 하는 선한 의도가 있다 해도, 단지 하나의 지옥을 만들 뿐이다. 플라톤의 유토피아는 심미주의적·낭만주의적 탈을 쓴 전체주의라는 지옥의 싹을 틔워내는 악의 씨앗에 해당한다.

여기서 우리는 인간의 사회적 능력과 속성을 설명해 주는 생물학적 결정론, 문화적 결정론, 그리고 자유의지에 의한 결정론이 무엇인지, 그것이 사회제도나

구조에 미치는 영향은 무엇인지 살펴볼 일이다. 생물학적 결정론을 살펴보면 IQ, 성격, 재능, 경제적 능력, 성공 여부 등 인간의 본성은 태어날 때부터 신체구조, 호르몬, 또는 유전자에 의해 이미 결정되어 있다는 주장이며 19세기에는 우생학으로, 20세기에는 사회생물학으로, 그리고 21세기에는 유전공학으로 발전해 가고 있다. 1926년까지 미국에서조차도 흑인폭동에는 뇌수술로, 정신박약, 범죄자 심지어 알코올 중독자까지 결혼을 금지시키거나 불임시술을 강제하는 일들이 발생하였고, 제2차 세계대전 과정에서 히틀러는 고등 인종인 아리안 민족의 피가 하등 인종의 피와 섞여서는 안된다고 주장하고, 가장 순수한 독일인의 신체유형으로 판정된 사람들 사이에서 선택적 교배를 통해 인종정복을 시도하였으며, 그 과정에서 유태인, 집시, 러시아인 등 약 1천만 명에 달하는 사람들이 인종청소당하는 비극도 발생하였다. 1980년대의 영국의 대처리즘이나 미국의 레이거노믹스는 다름 아닌 사회생물학의 영향을 받은 것으로 어린이, 여성, 아시아인과 흑인, 육체적·정신적 불구자, 빈민에 대한 정부의 지원금을 줄이고, 그 돈을 군비강화, 우주개발 및 경제발전에 전용하는 신자유주의의 물결을 불러일으켰다.[11]

그런 반면 인간은 환경적·문화적 존재라는 관점에서 우리 사회를 이상사회로 바꾸려면 먼저 이상사회에 맞춰진 문화적 환경으로 이상적인 인간형을 복제해야 한다는 견해이다. "환경(문화)은 유전만큼이나 중요하다. 아이들이 성장하면서 경험하는 것들은 그들이 가지고 태어나는 것 못지않게 중요하다. 인간이 인간으로 형성되는 것은 본능이 없기 때문이며, 인간이 문화로부터, 다른 인간들로부터 획득하고 학습한 것이 인간의 모든 존재와 소유를 이룬다"는 관점의 문화적(환경) 결정론이다. 실제로 공산사회는 공산사회에 맞는 도덕적 인간을 문화적으로 복제하기 위한 계획과 프로그램을 추진한 바 있다. 구 소련의 콜호즈, 중국의 인민공사, 북한의 탁아소제도는 어린아이들을 부모로부터 분리시켜 특정한 사회적 인물로부터 공산주의형 인간을 교육으로 세뇌시킴으로써 공산이상사회를 이룰 수 있다고 믿었던 것이다.[12]

11 다윈의 진화론이 애덤 스미스의 국부론에 영향을 미쳤듯이 사회복지를 줄이고 경쟁원리를 강조함.

12 자유주의자들은 생물학적 결정론을, 진보주의자들은 문화(환경)적 결정론을 사회를 보는 패러다임으로 삼는다.

영국의 생물학자 도킨스(Richard Dawkins)가 1976년 출간한 저서 『이기적인 유전자』(*The Selfish Gene*)에서 만들어 낸 용어이다. 도킨스에 따르면, 문화의 전달은 유전자(Gene)의 전달처럼 진화의 형태를 취한다. 그러나 언어·옷·관습·의식·건축 등과 같은 문화요소의 진화는 유전자의 진화방식과는 다르다. 따라서 문화가 전달되기 위해서는 유전자가 복제되는 것과 같은 복제기능이 있어야 한다. 즉 바이러스가 숙주 세포에 기생하는 것과 같이 문화의 전달에도 문화의 복제 역할을 하는 중간 매개물, 곧 중간 숙주가 필요한데 이 역할을 하는 정보의 단위·양식·유형·요소가 바로 밈이다. 즉, 생물학적 유전자처럼 사람의 문화심리에 영향을 주는 요소가 밈이다. 도킨스는 '진'(Gene)처럼 복제기능을 하는 이러한 문화요소를 함축하는 한 음절의 용어를 그리스어 '미메메'(mimeme)에서 찾아내 여기서 밈을 만들어냈다. '미메메'에는 '모방'의 뜻이 들어 있다. 밈의 전달형태는 유전자가 정자나 난자를 통해 하나의 신체에서 다른 신체로 전달되는 것과 같이 모방을 통해 한 사람의 뇌에서 다른 사람의 뇌로 전달된다. 이러한 전달과정에서 각각의 밈들은 변이 또는 결합·배척 등을 통해 내부 구조를 변형시키면서 진화한다. 따라서 음악이나 사상, 패션, 도자기나 건축양식, 언어, 종교 등 거의 모든 문화현상들은 밈의 범위 안에 들어 있다. 한 사람의 선행 혹은 악행이 여러 명에게 전달되어 영향을 미치는 것도 밈의 한 예에 속한다.

- 『두산세계대백과사전』에서 -

또한, 인간의 능력과 성격 그리고 재능 및 성공 여부는 유전적 요인과 문화적 요인이 서로 상호작용하여 결정된다는 견해와 유전적·문화적 요인이 아닌 인간만이 가지고 있는 자유의지에 의해 결정된다는 견해들이 나타나 있다. 프랑스의 교육학자이자 철학자인 알랭은 "인간의 모든 것들은 자유의지에 의해 결정된다"고 주장하면서, "바다는 악을 원하지도 또는 선을 원하지도 않는다. 물결은 바람과 달에 따라 일어난다. 우리가 돛을 펼치면 바람은 각도에 따라 돛을 밀어 준다. 우리는 바람의 힘으로 바람을 거슬러 나아가면서 우리의 돛을 조종하고 방향키를 조향한다"고 인간의 자유의지 결정론을 설명하고 있다.

이 장에서 우리는 역사 속에서의 인간과 사회의 본질을 이해하고, 인간과 사회의 관련성을 엿보는 것이다. 또한 무엇으로 인간과 사회를 변화시킬 것인가, 그 변화의 방향은 어떻게 설정되어야 하는가? 또는 사회의 발전에 관한 역사법칙은 존재하는가, 존재한다면 어떤 것들이 있는가에 관해서 문제를 제기하고 있다. 지금까지 우리는 플라톤에서 마르크스, 그리고 칼 포퍼에 이르는 유토피아론과 역사주의에 대한 사상적 편향을 음미한 바 있다. 그리고 우리 인간에 대한 생물학적 관점, 문화적 관점, 자유의지적 결정론에 대해 살펴보았다. 인간의 본성은 그 사회의 본질을 결정한다. 그리고 사회의 속성은 인간의 행태를 규정한다. 인간과 사회는 의존적이다. 인간은 사회적인 동물이다. 그러나 인간은 자유의지를 가진다. 이런 점들이 이상사회에 대한 논의의 출발점이다. 이런 논점에서 인간이 먼저든 아니면 사회가 먼저든 변화를 모색해야 한다. 인간이 먼저 바뀌려면 유전적 요인, 문화적 요인, 자유의지적 요소들을 변화시켜야 한다. 우생학, 유전공학, 인종주의는 인간변화의 관점에서 출발한다. 하지만 플라톤의 국가론, 마르크스의 유물론적 역사관은 사회구조의 변화에서 역사발전의 동기를 찾으려 한다. 인간중심의 역사관이든, 사회중심의 역사관이든 이런 논리를 바탕으로 우리는 개인의 의식구조를 계몽하고, 사회구조를 개혁함으로써 우리가 추구하는 이상사회에 닻을 내릴 수 있다고 믿어 왔다. 그동안의 역사는, 이와 같은 인간개조에 대한 믿음이나 사회개혁에 대한 확신들이 다양한 정치이데올로기를 형성시켰을 뿐만 아니라, 역사 속의 수많은 혁명가들에 의해 끊임없이 그들의 유토피아 건설에 대한 도전과 실험은 거듭되어 왔다. 여기에 덧붙여 어떤 방법으로 변화를 이끌 것인가? 조직이나 사회의 변화가 아래로부터의 변혁에 의한 것이냐, 아니면 위로부터의 변혁에 의한 것이냐, 또는 개인적 의식구조의 계몽에 의한 것이냐, 아니면 사회적 구조의 개혁에 의한 것이냐, 또는 점진적인 개혁에 의한 것이냐, 아니면 급진적인 혁명에 의한 것이냐, 또는 개인적 자유주의냐, 아니면 집단적 전체주의냐에 관한 논쟁도 수많은 사상가들과 혁명가들의 주안점이 되었다.

우리는 마술적 사회나 부족사회, 혹은 집단적 사회는 '닫힌사회'라 부르며, 개개인이 개인적인 결단을 내릴 수 있는 사회는 '열린사회'라 부르고자 한다. 닫힌사회는 하나의 유기체에 그대로 비교될 수 있을 것이다. 소위 국가 유기체 이론이나 생물학적 이론은 상당한 범위에까지 닫힌사회에 적용될 수 있다. 닫힌사회는 그 구성원들이 반생물학적 유대에 의해 함께 묶여 있는 사회이다. 이 사회는 사람들이 노동의 분업이나 상품의 교환과 같은 추상적인 관계에 의해서 상호관계하는 것이 아니라, 만져보고 냄새맡고 바라보고 하는 구체적인 육체적 관계에 의해 맺어진 사회이다. … 열린사회(open society)란 전체주의에 대립되는 개인주의 사회이며, 사회 전체의 급진적 개혁보다는 점차적이고, 부분적인 개혁을 시도하는 점진주의적 사회이다. 닫힌사회(closed society)란 불변적인 금기와 마술 속에 살아가는 원시적 종족사회로서, 국가가 시민생활 전체를 규제하며 개인의 판단이나 책임은 무시된다. 포퍼는 열린사회를 우리가 인간으로 살아남을 수 있는 유일한 사회라고 정의하면서 열린사회의 최대의 적은 역사주의라 불리는 전체론, 역사적 법칙론, 유토피아주의로 규정한다. 즉 포퍼의 열린사회는 개인의 자유와 권리가 확보된 사회이며 개인이 그의 이성에 입각해서 스스로 판단을 내리고 책임을 지는 사회이다. 이때 자유란 다수와 의견을 달리하고 자기 자신의 길을 갈 수 있는 인간진보의 지배자를 비판할 수 있는 권리로서 규정된다.

- 칼 포퍼, 『열린사회와 그 적들』(*The Open Society and Its Enemies*)에서 -

서양의 철학적·역사적 전통은 그리스로부터 시작되었다. 그들은 역사를 영속적인 것이 아닌 반복적인 것으로 이해하고 있었다. 플라톤은 『국가』에서, 정치체제에는 일종의 자연스러운 사이클이 있다고 기술하고 있으며, 아리스토텔레스는 『정치학』에서 어떤 정치체제도 인간을 완전히 만족시킬 수는 없고, 그 불만이 원인이 되어 정권교체가 끝없이 반복된다고 믿고 있었다. 보편적인 역사의식은 크리스트교문명에서 처음으로 나타나게 된다. 나아가 크리스트교는 역사란 신이 인류를 창조하는 것으로 시작되어 신이 인류를 최후에 구제함으로써 끝나는 유한한 과정으로, 역사의 종말을 포함하고 있다. 이 같은 보편적 역사의식과 종말론적 역사의식은 현대사회에 영향을 미친 마르크스의 역사의식이나 헤겔의 역사의식 속에 내재돼 있다.

## 4 역사의 종말과 자유민주주의

역사에 대한 유물론적 해석이라는 것은 역시 불완전하며 모순이 존재한다. 그것은 인간이 단순한 경제적 동물이 아니기 때문이다. 정신현상학에서 헤겔은 역사가 시작될 때 살아 있었던 원시적인 '최초의 인간'에 대해 스테이크나 몸을 따뜻하게 할 수 있는 털자켓이나 생활을 영위하기 위한 주거와 같은 실생활의 현물만이 아니라, 전혀 비물질적인 것을 추구하는 존재라고 정의하고 있다. 특히 그는 다른 사람의 선망의 대상이 되고 싶어한다. 인간은 혼자만으로는 자신을 의식할 수 없다. 다른 사람으로부터 인정받지 못하는 개개인은 인간으로서 자신에 대해 눈을 뜨지 못한다. 인간은 사회적인 존재이고 타인지향형이다. 이와 같은 관점에서 헤겔은 역사의 발전법칙을 인간의 욕망인 '인정받기 위한 투쟁'(struggle for recognition)을 기초개념으로 설정한 비유물론적 역사관을 전개하고 있다. 그는 인간은 동물과 마찬가지로 의식주, 그리고 무엇보다도 우선 자신의 신체를 보존하고자 하는 자연적인 욕망을 갖는다. 그러나 인간은 근본적으로 다른 동물과 구별되는 인간의 선망에 대한 욕구, 즉 타인으로부터 '인정받고 싶다'는 욕구를 부각시킨다. 특히 인간은 자신이 하나의 존재, '인간으로서의 가치나 존엄성을 지닌 존재'로 인정받기를 원한다는 것이다. 그에 따르면 인간이 품고 있는 이 같은 인지에 대한 욕망으로 인해 역사는 발전해 간다는 비유물론적 발전법칙이 성립한다. 예컨대, 원시시대에는 두 명의 전사가 서로 상대에게 자신의 인간다움을 인정받을 욕심으로 목숨을 걸고 치명적 결투를 벌이게 된다. 그런데 어느 한쪽이 죽음에 대한 본능적인 공포로 인해 백기를 들었을 때, 두 전사 사이에는 주종관계가 성립된다는 것이다. 역사가 시작되는 시점에서 이 피비린내 나는 전투에 대한 대가는 음식이나 집, 안전 같은 것이 아닌 순수한 세력의 과시, 즉 자신의 계급에 대한 인정을 얻고자 했던 것이다. 이것은 자기 자신에게 어떠한 가치를 부여하고 그와 같은 존재가치를 인정받고 싶어하는 인간의 속성, 즉 자존심을 말하는 것이다. 헤겔은 이런 존엄성이야말로 역사의 출발점에 선 인간으로 하여금 세력 확장을 위해 생명을 건 투쟁을 하도록 만든 주요 동인이라고 주장하는 것이다. 그런 투쟁의 결과로 계급사회가 출현했고, 다종다양한 형태의 불평등한 귀족사회가 출현하게 되었다. 하지만, 이런 귀족사회에서 주군이 누리던 인정 또한 결함이 내재하기는 마찬가지였다. 왜냐하면 주군이 자신의 존재가치를 인정받는다는 것은, 다른 주군들로부터 인정받는 것이 아니라, 그 인간성 자체가 불완전하다고 여겨지던 노예들로부터 인정을 받는 것을 의미하기 때문이다. 결국 주군과 노예 어느 쪽에서도 서로에 대한 인정의 욕망은 충족될 수 없었던 것이다. 노예는 물론 어떤 측면에서도 인간으로 인정받지 못했다. 이런 결과로 귀족사회에서는 결함투성이의 인정밖에 받을 수 없다는 사실에 대한 불만이 하나의 모순을 형성하여, 그것이 역사를 발전하는 다음 단계로 나아가게 했다는 논리이다.

자존심을 느끼는 속성은 인간 영혼의 패기라고 부르는 부분에서 발생한다. 그것은 인간이 태어나면서 자연히 갖게 되는 정의에 대한 감각과 같은 것이다. 사람들은 자신에게 일정한 가치가 있다고 믿고 있다. 그러므로 타인에게서 자기 생각보다 가치가 없는 인간으로 취급당하면 분노를 느낀다. 거꾸로 자기가 생각한 만큼 가치 있는 생활을 하지 못할 때에는 수치를 느끼며, 자기가 생각하고 있는 가치에 적합한 대우를 받으면 '긍지'를 느끼게 된다. 인정받기 위한 욕망과 그에 따르는 분노와 수치, 긍지와 같은 감정은 인간 속성의 일부이며, 정치세계에서도 핵심적인 요소가 된다. 그리고 헤겔은 이와 같은 감정이 역사의 과정 전체를 움직여 가는 힘이라고 생각한 것이다. … 국내적인 차원에서의 지배와 복종의 관계는 당연히 국제적인 차원에서도 그대로 적용되어, 모든 나라가 국가로서의 인정과 우월성을 추구하며 피비린내 나는 전쟁으로 돌입하게 되는 것이다. 근대적이기는 하지만 충분히 합리적인 인정의 형태가 아닌 민족주의는 과거 수백년간에 걸쳐 인정받기 위한 투쟁을 불러일으켰으며 금세기 최대의 갈등에 대한 원인이 되었다. 이것이 헨리 키신저 같은, 외교정책에서의 현실주의자들이 그려낸 무력외교(power politics)의 세계인 것이다. … 자유민주주의의 국가들로 구성된 세계는 모든 나라가 각각의 정통성을 서로 인정하기 때문에 전쟁을 일으킬 계기는 훨씬 적어질 수밖에 없다. … 인간의 욕망과 이성뿐인 존재에 불과하다면 프랑코 정권하의 스페인, 또는 군사독재하의 한국이나 브라질과 같은 시장경제 지향적인 권위주의 국가 아래에서도 만족하며 살아갈 수 있을 것이다. 그러나 인간은 자기 자신의 가치에 대해 '패기' 넘치는 긍지를 갖고 있기 때문에 그들은 자신을 어린아이 취급이 아닌 어른으로서 대해 주는 정부, 자유로운 개인으로서의 자주성을 인정해 주는 민주적인 정부를 원하게 된 것이다. 오늘날 공산주의가 자유민주주의로 교체되어 가고 있는 것은 공산주의가 인정에 대한 중대한 결함을 내포한 통치형태라는 사실이 인식되었기 때문이다.

- 프렌시스 후쿠야마, 『역사의 종말』(*The End of History and the Last Man*)에서 -

프랜시스 후쿠야마는 『역사의 종말』에서 하나의 정부형태인 자유민주주의가 군주제나 파시즘, 또는 최근의 공산주의와 같은 상반되는 이데올로기를 무너뜨리게 됨에 따라, 지난 수년 사이에 세계적으로 이러한 자유민주주의 정통성에 대해 주목할 만한 공감대가 형성되고 있다고 주장한다. 또한 자유민주주의가 '인류의 이데올로기 진화의 종점'이나 '인류 최후의 정부형태'가 될지도 모르며, 그렇다면 자유민주주의는 '역사의 종말'이 될 것이라고 주장한다. 이전의 여러 정부형태는 내재된 결함이나 불합리성으로 인하여 결국 붕괴될 수밖에 없었지만, 자유민주주의는 어느 정도 이러한 근본적인 내부 모순을 포함하고 있지 않으며, 자유민주주의의 이념은 더 이상 개선할 여지가 없을 정도로 완벽하다고 주장의 논거를 제시한다. 자유민주주의 사회는 주군과 노예라는 본질적으로 불평등한 인정의 형태에서 보편적이고 상호적인 인정의 형태로 진화되었다. 시민 누구나가 다른 모든 시민의 존엄과 인간성을 인정하고, 국가는 그 존엄에 따르는 갖가지 권리를 부여하여 인정을 국가권력으로 보장하게 된다.

마르크스든, 헤겔이든 역사를 일관된 진보의 과정으로 이해하고 있으며, 그것은 끝없는 영속성을 갖고 있는 것이 아니라 인간의 가장 근본적인 욕구를 채우는 사회형태가 출현했을 때 종말을 고할 것으로 믿고 있었다. 즉 역사발전을 이끌어 가는 전동차가 모든 인간이 만족해하는 이상적 사회형태가 출현하면 멈춰 서게 된다는 것이다. 예로부터 존립해 온 다양한 사회제도가 인간의 본성에 반하고 인간에게 유익하지 않은 제도라면 보다 인간적이고 뛰어난 다른 제도와 접촉하고 충돌하면서 배척되거나 진화하면서 최종적으로는 가장 바람직한 사회제도가 살아남을 것이라는 믿음이다. 마르크스는 유물사관에 의한 '계급투쟁'의 긴 터널을 지나 무소유, 무계급을 달성하는 공산주의사회를 종착역으로 예정하고 있는 반면, 헤겔의 경우에는 비유물사관에 의한 '인정받기 위한 투쟁'의 긴 터널을 지나 모두가 대등하게 인간의 존엄과 가치를 인정하는 자유민주주의사회를 종착역으로 예정한 바 있다. 21세기에 이르러 다른 모든 경쟁체제를 물리치고 역사발전의 종착역으로서 '자유민주주의 사회'가 주목받고 있다. 『역사의 종말』은 후쿠야마의 역사적 발전에 관한 의미와 우려, 그리고 불확실한 미래에 대한 예지가 빛나는 역사철학서이다. 이 책에서 후쿠야마는 역사의 종말과 최후의 인간에 대한 역사적 의미와 비판적 예측에 관한 자신의 견해를 정리하고 있다.

인간의 가장 근본적인 욕구에는 욕망, 이성, 그리고 튜모스(thymos)가 있다. 인간을 인간답게 만드는 본질적 욕망은 튜모스라 할 수 있는데, 튜모스, 즉 패기는 과대패기(우월욕망)와 동등패기(대등욕망)로 구분할 수 있다. 자유민주주의 사회는 대등욕망의 사회이다. 사람들은 서로가 서로의 권리를 상호 인정한다. 그리고 그 권리가 인정되고 있는 국가에서는 개인의 생명이 보호되고 있는 한 자유롭게 재산을 늘리는 것에 국가권력이 가능한 한 개입하지 않는 것으로 성립된다. 이것이 대등욕망의 사회이다. 그러나 여기서 철학적이고 논리적인 모순이 발생한다. 모두가 평등해야 한다면 거기에는 위대한 예술도 위대한 학문도 생기지 않게 된다. 모두가 똑같아야 한다면 남보다 우월해지려는 욕망이 상실된 사회가 될 것이다. 니체의 말을 빌리면 그것은 노예의 사회와 다를 바 없다. 노예란 패기를 잃었기 때문에 행복한 사람들의 사회이다. 즉 자유민주주의 사회는 서로의 권리를 인정하면서도 궁극적으로는 노예제 사회를 지향하는 위험을 본질적으로 갖추고 있다. 우월욕망이 없다면 그 사회는 죽은 사회가 될 것이다. 그런데, 우월욕망은 대등욕망과 대립되는 자유민주주의 사회에 충분히 적응되지 못한다는 위험이 있다. … 자유민주주의에서 전형적인 시민이란, 근대 자유주의의 창시자들로부터 조련되어, 쾌적한 자기보존을 위해서라면 자신의 훌륭한 가치에 대한 긍지 높은 신념마저 내던져 버리는 '최후의 인간'이었다. 자유민주주의는 '가슴이 없는 인간', 즉 욕망과 이성만으로 만들어진 '패기'가 부족한 인간, 장기적인 사리사욕의 이해타산을 통해서 너저분한 욕구를 계속해서 채워나가는 데에만 눈치가 빠른 인간을 낳은 것이다. 이 최후의 인간은 타인보다 훌륭한 존재로 인정받고 싶다는 욕망 따위는 털끝만큼도 갖고 있지 않으며, 그와 같은 욕망 없이 인간은 어떠한 미덕이나 업적도 이룰 수 없다. 자신의 행복에 만족하고, 하찮은 욕망을 뛰어넘을 수 없는 자신에게 아무런 수치심도 느끼지 않는 최후의 인간은 요컨대 인간이기를 포기한 존재인 것이다. … 역사의 종말이란 전쟁과 피비린내 나는 혁명의 종말을 의미하게 될 것이다. 목적에 있어서 합의한 인간에게는 싸워야 할 대의는 없어질 것이다. 인간은 경제활동을 통해서 자신의 욕구를 충족시키는데, 이제는 전쟁에 자신의 생명을 걸 필요는 없어진다. 바꿔 말하면 인간은 역사의 출발점이 된 피비린내 나는 싸움 이전처럼 다시 동물이 되는 것이다. 먹이가 주어지고 있는 한, 개는 하루 종일 볕을 쬐면서 마음껏 잠을 잔다. 왜냐하면 개는 자신이 개라는 점에 불만을 품거나 하지 않기 때문이다. 다른 개가 자신보다 뛰어난 행동을 하든, 개로서의 자신의 경력이 바람직하지 않든, 혹은 세계의 먼 어딘가에서 동료가 죽어가고 있든 전혀 개의치 않는다. 부정의 일소에 성공한 사회에 인간이 도달할 수 있었다면, 그 생활은 개의 생활과 닮아가게 될 것이다. 인간의 생활은 그때 부정이 불가피하다고 하는 기묘한 역설을 안게 된다. 이는 부정에 대한 싸움이 인간 속에 최고의 것을 불러일으키기 때문이다. 인간이 충분히 만족하고 있다고 하는 상태는, 인간성의 토대가 무너지거나 또는 인간성이 상실된 상태이다. 이것이 니체가 말하는 '최후의 인간'의 상태인 것이다. … 최후의 인간의 인생이란 정말이지 서구의 정치가가 유권자에게 즐겨 내거는 공약 그 자체, 즉 육체적 안전과 물질적 풍요이다. 이것이 정말로 과거 수십만 년에 걸친 인류의 이야기의 '전부'일까? 이제 인간이기를 그만두고 호모사피엔스 속에 드는 동물로 전락한 자신들의 상황에 행복과 동시에 만족을 느끼고 있는 것을 우리는 무서워해야 하는 것이 아닐까? 그렇지 않으면 우리들이 어느 수준에서는 행복하면서 다른 한편으로는 자신에게 여전히 불만을 느끼고, 그 때문에 지금도 세계를 전쟁과 불공정과 혁명으로 가득 찬 역사로 되돌려버리는, 그런 위험성이 있는 것일까?

- 프렌시스 후쿠야마, 『역사의 종말』(*The End of History and the Last Man*)에서 -

인간의 근본적인 욕구를 가장 잘 충족하는 사회, 특히 인간의 본질적 욕망인 튜모스, 인간으로서의 존엄을 인정받으려는 욕구를 가장 훌륭하게 보장하는 사회, 그것이 곧 자유민주주의 사회라 주장한다. 그런데 우리 인류역사의 종착역이 될지도 모르는 자유민주사회가 이런 대등욕망을 어떤 사회보다도 충족시켜 주는 반면에, 인간만이 자랑할 수 있는 우월욕망을 고사시킬 수 있는 우려가 제기된다. 이것은 우리를 니체가 개념화한 최후의 인간으로 몰아가는 것이다. 자칫하면 우리는 자유민주주의의 대등욕망의 울타리 안에서 우월욕망을 잃어버린, 아예 기억하지도 못하는 한 마리의 개가 될지도 모를 일이다.

## 5 경제학적 유토피아

경제학은 어떤 조건들을 내세워 바람직한 경제사회를 제시하고 있을까? 인류 역사 속에서 생성, 변혁, 소멸을 거듭해 왔던 다양한 형태의 경제사회들은 궁극적으로 어떤 요소들을 충족하는 경제사회를 위해 발전해 가고 있는 것일까?

첫째, 효율적인 경제사회이다. 효율성이 있는 사회란 그 사회가 생산적이란 것을 의미한다. 적어도 전체적으로 물질적 풍요를 구가할 수 있다는 조건이다. 물론 효율적인 사회가 되기 위한 조건에는 여러 가지 상충되는 요소들이 내재하지만 가장 중요한 요건은 개인의 자유라 할 수 있다. 모든 사람들이 자유롭게 선택하고 자신의 개성과 잠재능력을 마음껏 뽐낼 수 있어야 한다. 창의성과 잠재능력이 최대로 발현되는 조건이 성립되는 것이다. 또한 어느 누구의 개입이나 규제, 또는 편파적인 규칙이나 불공정한 판정 없이 자유롭게 경쟁할 수 있어야 한다. 이런 자유경쟁을 통해 창조적 파괴나 정글의 법칙에 의해 비효율성을 퇴출시킬 수 있다. 따라서 효율성은 공평성과 상충하는 요소도 함께 가지고 있다.

둘째, 공평한 경제사회이다. 공평성이 있는 사회란 그 사회가 정의로운 사회라는 것을 의미한다. 평등과 공정한 분배에 의해 모두가 인간답게 살 수 있는 정글의 법칙이 아닌 인권과 인격존중의 법칙이 작동하는 도덕적 인간으로 이루어진 경제사회라 할 수 있다. 또한 공평한 사회가 이뤄지기 위한 요건들이 상충

될 수 있지만 가장 중요한 요건은 평등성이다. 그리고 더욱 복잡한 것은 위에서 언급한 효율과 공평, 자유와 평등은 서로 상충하는 측면을 배제할 수 없는 요소가 내재한다.

셋째, 균형된 경제사회이다. 균형된 경제사회란 총체적으로 필요한 재화와 용역이 수요와 공급이 균형된 것을 의미한다. 다시 말하면 과부족이 발생하지 않는 것을 의미한다. 만약 부족한 경우라면 물가가 지속적으로 상승할 것이요, 이런 경우를 인플레이션이라 하는 것이다. 만약 과잉된 경우라면 물건들이 팔리지 않고 창고에 쌓여 있는 것을 말한다. 재고가 넘쳐나므로 근로자들은 일터에서 계속 일할 수 없게 되고 기업은 파산하며 길거리에는 실업자가 넘실거리게 된다. 이런 상태를 불경기라 하고 실업의 문제가 발생한 경제사회라 한다. 따라서 바람직한 경제사회는 인플레이션이나 실업이 없는 경제사회이고 과잉이나 부족함이 없는 경제상태이다.

넷째, 성장하는 경제사회이다. 경제가 성장해야 소득수준이 증가하고 소비수준이 증가하며 일자리가 늘어난다. 성장하는 경제사회는 보다 많은 사람들에게 보다 더 많은 것들을 소유하고, 보다 더 많은 욕구들을 충족시킬 수 있는 가능경계를 확장해준다.

다섯째, 삶의 질이 높아지는 경제사회이다. 양적으로 높은 성장률을 유지하는 국민경제라 하더라도 그 경제성장으로 인한 삶의 질이 향상되지 않는다면 그와 같은 경제사회를 바람직한 경제상태로 정의할 수는 없는 일이다. 바람직한 경제성장은 반드시 인간의 삶의 질을 개선하는 결과물로 나타나야만 한다. 경제성장의 결과가 물이나 공기를 오염시키고, 사회적 갈등과 불신풍조를 강화시킨다면, 이 같은 경제성장은 경제적 유토피아를 망가뜨리는 위해 요소로 작동할 것이다.

## 추천 도서

- A. J. 토인비, 홍사중 역, 『**역사의 연구**』, 동서문화사, 2007.
- C. 라이트 밀스, 진덕규 역, 『**파워엘리트**』, 한길사, 1993.
- J. K 갈브레이드, 노택선 역, 『**풍요로운 사회**』, 한국경제신문사, 2006.
- 데이비드 리스먼, 유근일 역, 『**고독한 군중**』, 동서문화사, 2016.
- 로버트 D. 퍼트넘, 정승현 역, 『**나 홀로 보링**』, 페이퍼로드, 2009.
- 안광복, 『**철학, 역사를 만나다**』, 웅진지식하우스, 2005.
- 오스발트/A. G. 슈펭글러, 양해림 역, 『**서구의 몰락**』, 책세상, 2008.
- 칼 포퍼, 이한구 역, 『**열린사회와 그 적들**』, 민음사, 2006.
- 토마스 모어, 나종일 역, 『**유토피아**』, 서해문집, 2005.
- 프랜시스 후쿠야마, 이상훈 역, 『**역사의 종말**』, 한마음사, 1997.
- 플라톤, 이환 역, 『**국가론**』, 돋을새김, 2006.

# 참고문헌 및 권장도서

* 학생들의 독서를 권장하고 실천할 수 있도록 세계적으로 널리 읽히는 책을 중심으로 선정하였고, 한국어로 번역된 도서 중심으로 선정하였음을 밝혀 둔다.


강남호·김경표, **경제학원론**, 정독, 2019.

______, **경제학**, 두남, 2016.

______, **잘사는 사회 위대한 사회**, 비즈프라임, 2009.

______, **테마경제**, 민영사, 2005.

강준만, **전라도 죽이기**, 개마고원, 2017.

게오르그 짐멜, 안준섭 외 역, **돈의 철학**, 한길사, 1990.

군나르 뮈르달, 최광열 역, **경제학비판**, 현암사, 1978.

그레고리 맨큐, 김경환 외 역, **맨큐의 경제학**, 교보문고, 2009.

기소르망, 김정은 역, **자본주의 종말과 새 세기**, 한국경제신문사, 1995.

김재기 외, **사회철학대계 2**, 민음사, 1993.

김난도 외 7인, **트렌드코리아2018**, 미래의 창, 2017.

김난도 외 8인, **트렌드코리아2019**, 미래의 창, 2019.

김승욱 외, **알짬 시장경제**, 박영사, 2010.

김영봉, **신경제체제론**, 박영사, 2008.

김하중, **떠오르는 용, 중국**, 비전과 리더십, 2003.

김학은, **돈의 역사**, 학민사, 1994.

니얼 퍼거슨, 김정희·구세희 역, **시빌라이제이션**, 21세기북스, 2011.

니콜라스 로렌스 웬커, 서문식 역, **비트코인 대소동**, 피앤씨미디어, 2018.

니토베 이나조/미야모토 무사시, 주영현 역, **무사도**, 동서문화사, 2007.

다니엘 벨, 김진욱 역, **자본주의의 문화적 모순**, 문학세계사, 1990.

______, 서규환 역, **2000년대의 신세계질서**, 도서출판 디자인하우스, 1991.

______, 신보연 역, **세계석학에게 듣는다**, (주)사회평론, 1994.

다이크, C.E., 오광우 역, **경제철학**, 종로서적, 1988.
대니얼 골먼, 이수경 역, **에코지능**, 웅진지식하우스, 2010.
______, 장석훈 역, **사회지능**, 웅진지식하우스, 2006.
대니얼 벨, 이상두 역, **이데올로기의 종언**, 범우사, 2015.
데니얼 카너만, 이진원 역, **생각에 관한 생각**, 김영사, 2012.
데이비드 리스먼, 유근일 역, **고독한 군중**, 동서문화사, 2016.
데이비드 브룩스, 이경식 역, **소셜 애니멀**, 흐름출판, 2018.
데이비드 S. 랜즈, 안진환·최소영 역, **국가의 부와 빈곤**, 한국경제신문사, 2009.
도널드 케이건, 김지원 역, **전쟁과 인간**, 세종연구원, 2004.
**두산세계대백과사전**, 두산동아, 1997.
레이 커즈와일, 김명남·장시형 역, **특이점이 온다**, 김영사, 2007.
레이첼 카슨, 김은경 역, **침묵의 아침**, 에코리브르, 2002.
로버트. D. 퍼스넘, 정승현 역, **나홀로 볼링**, 페이퍼로드, 2016.
로빈 블랙번, 김영희 외 역, **몰락 이후**, 창작과비평사, 1994.
로저 트리그, 최용철 역, **인간본성에 관한 10가지 철학적 성**찰, 자작나무, 1996.
루드비히 폰 미제스, 김진현 역, **자본주의 정신과 반자본주의 심리**, 교보문고, 1988.
______, 박병호 감역, **인간행위의 경제학**, 경문사, 1987.
루스 베네딕트, 김윤식·오인석 역, **국화와 칼**, 을유문화사, 2008.
리우스, 참한 편집부 역, **자본주의란 무엇인가?**, 참한, 1987.
리처드 니스벳, 최인철 역, **생각의 지도**, 김영사, 2004.
리처드 도킨스, 김명남 역, **지상 최대의 쇼**, 김영사, 2009.
______, 이용철 역, **이기적인 유전자**, 동아출판사, 1992.
______, 이한음 역, **만들어진 신**, 김영사, 2009.
______, 이한음 역, **조상 이야기**, 까치, 2005.
리처드 탈러/캐스 선스타인, 안진환 역, **넛지**, 리더스북스 2009.
마르쿠제, 차인석 역, **일차원적 인간**, 삼성출판사, 1979.
마빈 토케이어, 박인식 편역, **탈무드**, 육문사, 1993.
마빈 해리스, 김찬호 역, **작은 인간**, 민음사, 1995.
______, 박종열 역, **문화의 수수께끼**, 한길사, 2006.
______, 정도영 역, **식인과 제왕**, 한길사, 1995.
______, 박종열 역, **문화의 수수께끼**, 한길사, 1996.
______, 서진영 역, **음식문화의 수수께끼**, 한길사, 1995.

마이클 샌델, 김명철 역, **정의란 무엇인가**, 와이즈베리, 2014.
마이클 해머 외, 안중호 외 역, **리엔지니어링 기업혁명**, 김영사, 1993.
막스 베버, 박종선 역, **프로테스탄티즘의 윤리와 자본주의 정신**, 두리, 1987.
맥스 샤피로, 박정삼 역, **인플레로 돈버는 사람들**, 한울, 2015.
문병호, **공산주의는 끝나는가**, 동아일보사, 1989.
미셸 푸코, 이규현 역, **광기의 역사**, 나남, 2003.
민쯔버그, H., 현대경제연구원 역, **리더십**, 21세기북스, 2008.
밀란 쿤데라, 김병욱 역, **느림**, 민음사, 1995.
바레 프랑소아, 광민사 편집부 역, **노동의 역사**, 광민사, 1979.
백용호, **돈의 경제학**, 비봉출판사, 1997.
버트런트 러셀, 송은경 역, **게으름에 대한 찬양**, 사회평론, 1997.
베르너 좀바르트, 이필우 역, **사랑과 사치와 자본주의**, 까치, 1997.
보양, 김영수 역, **추악한 중국인**, 창해, 2005.
브루베이커, R., 나제민 역, **합리성의 한계**, 법문사, 1985.
브르스 커밍스, 남성욱 역, **김정일코드**, 따뜻한 손, 2005.
비비안 포레스테, 김주경 역, **경제적 공포**, 동문선, 1997.
빌보너/애디슨 위긴, 이수정 역, **세계사를 바꿀 달러의 위기**, 돈키호테, 2006.
새뮤엘 헌팅턴, 이희재 역, **문명의 충돌**, 김영사, 1997.
세라 블래퍼 허디, 유병선 역, **여성은 진화하지 않았다**, 서해문집, 2006
소스타인 베블런, 한성안 역, **유한계급론**, 지만지고전천줄, 2008.
송병락, **마음의 경제학**, 박영사, 1987.
슈마허, E.F., 이상훈 역, **작은 것이 아름답다**, 문예출판사, 2002.
신과학연구회, **신과학운동**, 범양사출판사, 1991.
쑹훙빙, 홍순도 역, **화폐전쟁 1.2.3.4**, 랜덤하우스, 2012
아나톨 칼레츠키, 위선주 역, **자본주의 4.0**, 컬처앤스토리, 2011.
아담 스미스, 유인호 역, **국부론 1. 2**, 동서문화사, 2017.
아사히 저널, 김광희 역, **세계경제삼국지(상, 하)**, 나남, 1990.
아오키 오사무, 이민연 역, **일본회의의 정체**, 율리시즈, 2017.
안광복, **철학, 역사를 만나다**, 웅진지식하우스, 2005.
안나 파츄스카, 이철 역, **사회주의**, 오월, 1990.
알렉산더 H. 샨드, 이상호 역, **자유시장의 도덕성**, 문예출판사, 1996.
앤서니 기든스, 한상진 외 역, **제3의 길**, 책과함께, 2014.

앨빈 토플러, 이규행 역, **권력이동**, 한국경제신문사, 1990.
______, 김진욱 역, **제3의 물결**, 범우사, 2014.
______, 이계행 감역, **전쟁과 반전쟁**, 한국경제신문사, 1994.
앨빈 토플러/하이디 토플러, 김중웅 역, **부의 미래**, 청림출판, 2006.
야마구치 마사아키/궈잉, 이인애 역, **차이나머니**, 전략과 문화, 2008.
양병우 외, **대세계의 역사 (2),(5)**, 삼성출판사, 1987.
양상철, **경제사 학습**, 세계, 1987.
에드가 모랭 외, 이재형 역, **지구는 우리의 조국**, 문예출판사, 1993
에리히 프롬, 김병익 역, **건전한 사회**, 범우사, 1988.
______, 김석희 역, **자유로부터의 도피**, 휴머니스트, 2012.
______, 차경아 역, **소유냐 존재냐**, 까치, 2007.
______, 황문수 역, **인간의 마음**, 문예출판사, 2002.
에릭 바인하커, 정성철·안현실 역, **부의 기원**, 랜덤하우스코리아, 2007.
오스발트 슈펭글러, 양해림 역, **서구의 몰락**, 책세상, 2008.
요미우리신문사, 권재상 역, **최첨단무기시리즈 4**, 이성과 현실사.
우찬제, **욕망의 시학**, 문학과 지성사, 1993.
울프, 박병철 외 역, **과학은 지금 물질에서 마음으로 가고 있다**, 고려원미디어, 1992.
유발 하라리, 김명주 역, **호모 데우스**, 김영사, 2017.
______, 전병근 역, **21세기를 위한 21가지 제언**, 김영사.
______, 조현욱 역, **사피엔스**, 김영사, 2017.
유시민, **거꾸로 읽는 세계사**, 도서출판 푸른나무, 1989.
______, **경제학 카페**, 돌베개, 2002.
윤은기, **정보학 특강**, 김영사, 1991.
이동원, 정갑영 외, **제3의 자본**, 삼성경제연구소, 2009.
이만우·주병기, **재정학**, 율곡출판사, 2015.
이면우, **W이론을 만들자**, 지식산업사, 1992.
이시하라 신타로, 이용덕 역, **선전포고 NO라 말할 수 있는 일본경제**, 제인앤씨, 2004.
이어령, **축소지향 일본인**, 문학사상사, 2008.
이원복 글/그림, 송병락 원저, **국제화시대의 세계경제**, 동아출판사, 1994.
______, 송병락 원저, **만화로 보는 자본주의 공산주의**, 동아출판사, 1991.
______, 송병락 원저, **한국·한국인·한국경제**, 동아출판사, 1993.
이원복, **새로 만든 먼나라 이웃나라**, 김영사, 2013.

이은찬, **팀조직 팀스킬·팀리더쉽**, THS컨설팅, 1996.
이의용, **돈이 보낸 편지**, 대림기획, 1991.
이재율, **경제윤리**, 민음사, 1995.
이준구·이창용, **경제학원론**, 문우사, 2014.
이준구, **재정학**, 문우사, 2016.
이케하라 마모루, **맞아죽을 각오를 하고 쓴 한국, 한국인 비판**, 중앙M&B, 1999.
이학용, **국제경쟁력과 한국인의 의식구조**, 한국경제신문사, 1994.
일린, M., 동완 역, **인간의 역사**, 동서문화사, 2008.
자유주의 경제학연구회, **시카고학파의 경제학**, 민음사, 1994.
장 보드리야르, 이상률 역, **소비의 사회**, 문예출판사, 1992.
장 지글러, 유영미 역, **왜 세계의 절반은 굶주리는가**, 갈라파고스, 2016.
장자크 루소, 주경복 외 역, **인간불평등기원론**, 책세상, 2003.
장하준, 형성백 역, **사다리 걷어차**기, 부키, 2004.
______, 이순희 역, **나쁜 사마리아인들**, 부키, 2007.
잭 웨더 포드, 권루시안 역, **문명과 야만 누가 살아남을 것인가?**, 이론과 실천, 2005.
정갑영, **정갑영의 첫경제학**, 박영사, 2017.
제레미 리프킨, 안진환 역, **한계비용제로사회**, 민음사, 2014.
______, 이경남 역, **공감의 시대**, 민음사, 2015.
______, 이영호 역, **노동의 종말**, 민음사, 2005.
______, 이창희 역, **엔트로피**, 세종연구원, 2007.
제임스 글릭, 박래선·김태훈 역, **인포메이션**, 동아시아, 2017.
제임스 조지 프레이저, 이용대 역, **황금가지**, 한겨레신문사, 2009.
조시 코언, 최창호 역, **How to Read 프로이트**, 웅진지식하우스, 2007.
조정래, **태백산맥**, 해냄출판사, 2013.
조정옥 외, **사회철학대계 3**, 민음사, 1993.
조지 프리드먼 외, 남주흥 감수, **제2차 태평양전쟁**, 동아출판사, 1992.
존 나이스비트 외, 김홍기 역, **메가트랜드 2000**, 한국경제신문사, 1995.
존 롤즈, 황경식 역, **정의론**, 이학사, 2003.
존 메이너드 케인스, 이주영 역, **고용, 이자, 화폐의 일반이론**, 필맥, 2010.
주강현, **우리 문화의 수수께끼(1)**, 한겨레신문사, 2004.
최성 편저, **비즈니스 리엔지니어링의 핵심**, 한국생산성본부, 1994.
최의목 외, **자연주의 경제**, 비봉출판사, 1993.

최인호, **유림**, 열림원, 2007.
최창모, **금기의 수수께끼**, 한길사, 2003.
칩 콘리, 손백희 외 역, **매슬로에게 경영을 묻다**, 비즈니스 맵, 2009.
카릴 지브란, 강은교 역, **예언자**, 문예출판사, 2000.
카푸라, F., 이성범 외 역, **현대물리학과 동양사상**, (주)범양사출판사, 1988.
칼 뢰비트, 이상률 역, **베버와 마르크스**, 문예출판사, 1992.
칼 마르크스 외, 강유원 역, **공산당선언**, 이론과 실천, 2008.
칼 마르크스, 김문수 역, **경제학. 철학초고/자본론 공산당 선언/철학의 빈곤**, 동서문화사, 2016.
______, 김수행 역, **자본론 I (상)**, 비봉출판사, 2005.
칼 세이건, 홍승수 역, **코스모스**, 사이언스북스, 2006.
칼 포퍼, 이한구 역, **열린사회와 그적들**, 민음사, 2006.
칼 폴라니, 박현수 역, **인간의 경제**, 풀빛, 1983.
KBS 공부하는 인간제작팀, **공부하는 인간**, 예담, 2013.
KBS 명견만리제작팀, **명견만리**(윤리, 기술, 중국, 교육 편), 인플루엔셜, 2018.
______, **명견만리**(인구, 경제, 북한, 의료), 인플루엔셜, 2018.
______, **명견만리**(정치, 생애, 직업, 탐구), 인플루엔셜, 2018.
쿠르트 휘브너, 이규영 역, **신화의 진실**, 민음사, 1991.
크리슈나무리티, 정현종 역, **아는 것으로부터의 자유**, 물병자리, 2003.
클라우스 슈밥, 송경진 역, **제4차 산업혁명**, 새로운 현재, 2016.
토드 부크홀츠, 류현 역, **죽은 경제학자의 살아있는 아이디어**, 김영사, 2009.
토마스 S. 쿤, 김명자 역, **과학혁명의 구조**, 까치, 2007.
토마스 모어, 나종일 역, **유토피아**, 서해문집, 2005.
토마스 홉스, 최진원 역, **리바이어**던, 동서문화사, 2009.
토마 피케티 외 25인, **애프터 피케티**, 유엔제이, 율리시즈, 2017.
토인비, A.J., 홍사중 역, **역사의 연구**, 동서문화사, 2007.
페니 루 쿠터/제이 버레슨, 곽주영 역, **역사를 바꾼 17가지 화학이야기(1, 2)**, 사이언스 북스, 2008.
페르낭 브로델, 주경철 역, **물질문명과 자본주의**, 까치, 1997.
프리드먼, M., 김병주 역, **돈의 이야기**, 고려원, 1992.
폴 라파그르, 조형준 역, **게으를 수 있는 권리**, 새물결, 1997.
폴 케네디, 이일주 역, **강대국의 흥망**, 한국경제신문사, 1997.
폴 크루그먼 외, 김재영 외 역, **크루그먼의 경제학**, 시그마프레스, 2008.

프랜시스 후쿠야마, 이상훈 역, **역사의 종말**, 한마음사, 1997.

______, 구승희 역, **트러스트**, 한국경제신문사, 1997.

프리드리히 엥겔스, 이현지 역, **가족 사유재산 국가의 기원**, 계명대학교 출판부, 2008.

프리드리히 하이예크, 김이석 역, **노예의 길**, 나남, 2006.

프리드맨 바투, 김순호 역, **추악한 일본인**, 이목, 1995.

프리드먼, G./르바드 M., 남주홍 **역, 제2차 태평양전쟁**, 동아출판사, 1991.

프리초프 카프라, 구윤서 외 역, **새로운 과학과 문명의 전환**, 범양사, 2007.

플라톤, 이환 역, **국가론**, 돋을새김, 2006.

피터 드러커, 고병국 역, **미래기업**, 한국경제신문사, 1993.

필립 M. 차일드, 정형근 역, **경제전쟁과 미국** CIA, 고려원, 1994.

하순애 외, **교양철학**, 한울아카데미, 1994.

하이데거, 이기상 역, **기술과 전향**, 서광사, 1993.

한스 로슬링 외 2인, 이창신 역, **팩트 풀니스**, 김영사, 2019.

한스 피터 마르틴 외, 강수돌 역, **세계화의 덫**, 영림카디널, 2003.

함경옥, **선비문화**, 한줄기, 1997.

헉슬리, 권세호 역, **멋진 신세계**, 서문문고, 1972.

헨리 죠지, 김윤상 역, **진보와 빈곤**, 도서출판 무실, 1990.

홉스봄, E.J., 정도영 역, **자본의 시대**, 한길사, 1985.

홍성학, **인간의 얼굴을 한 과학**, 서울대학교출판문화원, 2019.

황준성, **질서자유주의 독일의 사회적 시장경제**, 숭실대학교 출판부, 2011.

A. 토크빌, 은은기 역, **미국의 민주주의**, 계명대학교출판부, 2013.

C. 라이트 밀스, 진덕규 역, **파워엘리트**, 한길사, 1993.

Campbell R. McConnell/Stanley L. Brue/Sean M. Flynn, 최광 외 역, **경제학이해**, 생능출판사, 2013.

J. K. 갈브레이드, 노택선 역, **풍요로운 사회**, 한국경제신문사, 2006.

M. Beaud, 김윤자 역, **자본주의의 역사**, 창작사, 1987.

Sachs, Jeffrey D., **The end of poverty**, Penguin Books, 2006.

Yergin, Daniel/Stanislaw, Joseph, **Commanding Heights**, Simon & Schuster, 1998.

## 저자 약력

### 강 남 호

원광대학교 경제학부 교수로서 20여 년 간 경제와 사회 교과를 담당하고 있다. 대통령 직속 국가균형발전위원회 전문위원 및 전라북도 지역혁신협의회 위원으로 국가균형발전을 위한 정책수립에 참여하고 있다. 원광대학교 경영대학 학장 및 경영대학원장, 기획부처장, 평생교육원장, 그리고 인력개발처장 직을 수행하면서 대학교육발전에 기여한 바 있다. 여성대학, 행정대학원 최고여성지도자과정 및 법학전문대학원에서 강의하였으며 특강, TV토론, 신문의 칼럼 등을 통하여 국민경제교육에 노력하고 있다. 국가고시(행정고시, 7급 공무원, 9급 공무원)문제선정, 평가 및 면접위원 등으로 활동하였고, 농촌진흥청 정책과제심의위원, 전라북도 경제통상진흥원 사외이사, 전라북도 재정사업민간평가위원 등으로 활동 중이다.

연구논문으로는 '우리나라 임대주택시장과 법적규제에 관한 연구'외에 다수의 논문이 있고, 저서로는 미시경제학(1996), 지방재정학(공저, 1997), 테마경제(1998), 잘사는 사회 위대한 사회(2008), 경제학(Boys & Melvin, Fundamentals of Economics, 공동번역, 2013), 경제학(2016), 경제학원론(공저, 2019)을 출간하였다.


제2판
**경제와 사회**

초판발행 2018년 2월 28일
제2판인쇄 2019년 9월 5일
제2판발행 2019년 9월 10일

지은이 강남호
펴낸이 김중용

총괄기획 박노일·최준규
편 집 심성보·김인숙

펴낸곳 도서출판 **정독**

경기도 파주시 책향기로 441, 1004동 1004호(동패동, 책향기마을)
등록 제406-2014-000093호
전 화 070)7550-3758 팩 스 02)718-8554
홈페이지 www.jeongdok.co.kr 이메일 pnc@pncmedia.co.kr
ISBN 979-11-89675-42-4 93320





정 가 25,000원